SV

Mark Gevisser

DIE PINKE LINIE

Weltweite Kämpfe um sexuelle
Selbstbestimmung und Geschlechtsidentität

Aus dem Englischen von
Helmut Dierlamm und Heike Schlatterer

Suhrkamp

Die englische Originalausgabe erschien 2020 unter dem Titel *The Pink Line. Journeys Across the World's Queer Frontiers* bei Farrar, Straus and Giroux (New York).

Für Dhianaraj Chetty

Bibliografische Information der Deutschen Nationalbibliothek
Die Deutsche Nationalbibliothek verzeichnet diese Publikation in der Deutschen Nationalbibliografie; detaillierte bibliografische Daten sind im Internet über http://dnb.d-nb.de abrufbar.

Erste Auflage 2021

Satz: Satz-Offizin Hümmer GmbH, Waldbüttelbrunn
Druck: GGP Media GmbH, Pößneck
ISBN 978-3-518-42988-4

INHALT

Eine Identität wird nur dann in Frage gestellt, wenn sie bedroht ist, wenn, zum Beispiel, der Mächtige zu fallen beginnt, wenn der Elende aufzusteigen beginnt oder wenn der Fremde ins Tor tritt, um von diesem Augenblick an nie mehr ein Fremder zu sein. [...] Die Identität ist wie das Gewand, mit dem man die Nacktheit des Ich bedeckt. Wenn es sich aber so verhält, dann ist es am besten, wenn das Gewand lose fällt, ein wenig wie der Burnus der Wüste, durch den die Nacktheit stets gefühlt und manchmal auch gesehen wird. Dieses Vertrauen in die eigene Nacktheit ist es, das einem die Kraft gibt, die Kleider zu wechseln.

James Baldwin, *Teufelswerk*, 1976

VORBEMERKUNG DES AUTORS

ZUR TERMINOLOGIE

Mir gefällt das Wort »queer« wegen seiner Doppeldeutigkeit. Es wird nicht nur von Menschen auf der ganzen Welt neu verwendet, um sich selbst zu bezeichnen, sondern bedeutet auch »anders« oder »schräg« oder »verdreht«. Wer etwa aus einer »queeren Perspektive« schaut, betrachtet die Welt von der Seite, um sie neu zu sehen. Aber offen gesagt ist das Wort auch bequem: Es ist ein Sammelbegriff, in dem (nun ja, nahezu) alle »Ls«, »Gs«, »Bs«, »Ts« und auch die anderen aus dem sich erweiternden Alphabet enthalten sein können. Gerade deshalb jedoch hat das Wort, insbesondere in den Vereinigten Staaten, manchmal seine »queere« Bedeutung verloren. Wenn alle queer sind, ist es niemand mehr. Ich hoffe, dass ich hier die richtige Balance finde.

Außerdem ist »queer« in manchen Teilen der Welt wie etwa in Großbritannien, in afroamerikanischen Communitys und in meinem Heimatland Südafrika bis heute ein problematischer Begriff, denn es wird dort immer noch allzu oft als Beleidigung benutzt. Außerdem lehnen es auch einige Transmenschen ab, die wie Liam, den Sie auf diesen Seiten kennenlernen werden, sehr klar sagen, dass sie hetero sind.

Ich habe mir alle Mühe gegeben, die Sprache zu verwenden, mit der sich die Menschen, über die ich schreibe, am wohlsten fühlen. Ich bezeichne Liam als straighten Transmann, weil er sich selbst so bezeichnet. Sean, dem bei der Geburt ebenfalls das weibliche Geschlecht zugewiesen wurde, ist »genderqueer« und zieht Mehrzahlpronomina vor, also verwende ich die Mehrzahlpronomina – trotz der grammatikalischen Schwierigkeit. Ich habe versucht, mich an dieses Prinzip zu halten, obwohl es im Text zu unvermeidlichen Ungereimtheiten führt. Einige Menschen sprechen von »LGBT-Rechten« und der »LGBT-Community«, andere bevorzugen »LGBTI« und wieder andere »LGBTQ«, »LGBTIQ«, »LGBTQ+« usw. Zu Beginn des 21. Jahrhunderts war »LGBT« der anerkannte Begriff, also verwende ich im Zweifelsfall ihn. Aber wenn Tiwonge sich als eine LGBTI bezeichnet, nenne ich sie ebenso. Wenn Pascha sich transgender nennt, nenne ich sie auch so, und wenn Charlotte sich als Transsexuelle bezeichnet, dito.

In diesem Sinne: »Cisgender« ist ein Begriff, der von der Transcommunity selbst entwickelt wurde, um Menschen wie mich zu bezeichnen: Menschen, deren Geschlechtsidentität und deren Geschlechtsausdruck mit dem Körper kongruent sind, der ihnen bei der Geburt zugewiesen wurde. Ich teile die Skepsis des britischen Philosophen Kwame Anthony Appiah, was die Notwendigkeit betrifft, jeden Satz mit »Als weißer, schwuler, südafrikanischer Cisgender-Mann mittleren Alters aus der Mittelschicht…« zu beginnen oder mit dem, was die Attribute meiner Identität auch sonst immer sein mögen. Im Jahr 2018 schrieb Appiah dazu in einem Kommentar in der *New York Times*: »Da die Mitglieder einer gegebenen Gruppe mit einer bestimmten Identität Erfahrungen gemacht haben, die noch auf einer Vielzahl anderer sozialer Faktoren beruhen, sind sie *nicht* gleich.«[1] Ich spreche für mich selbst und nicht für irgendeine Gruppe. Aber ich spreche von einer bestimmten Position aus, und allen neuen Debatten über »kulturelle Aneignung« zum Trotz möchte ich, dass meine Leser:innen wissen, wo ich herkomme, wenn ich sie darum bitte, mich auf dieser Reise zu begleiten.

Ich hoffe, dass einige von Ihnen sich bei der Lektüre dieses Buches selbst erkennen und sich mit den Menschen identifizieren können, über die ich schreibe. Und ich hoffe, dass es für Sie alle den Reiz des Neuen hat, wie es auch bei mir der Fall war. Allein schon in den vorangegangenen Absätzen gibt es Wörter oder Wendungen, die vielleicht nicht allen vertraut sind: »cisgender«, »bei der Geburt zugewiesenes Geschlecht«. Muss es »Geschlechtsumwandlungsoperation«, »Geschlechtsneuzuweisungsoperation«, »Geschlechtsbejahungsoperation«, »Geschlechtsbestätigungsoperation« oder »Geschlechtsangleichung« heißen? Man bewegt sich noch auf wackligem Grund, wenn sich der Wortschatz einer lange missverstandenen Gruppe von Menschen außerhalb der pathologisierenden Sprache der Medizin gerade erst als allgemeiner Sprachgebrauch durchsetzt. Es gibt Meinungsverschiedenheiten: Manche verwenden den Begriff »transsexuell«, um Menschen zu bezeichnen, die sich einer Operation unterzogen haben; andere lehnen den Begriff wegen seiner abwertenden und sexualisierten Geschichte ab. Auch in diesem Zusammenhang habe ich versucht, einem Kurs zu folgen, der sich sowohl an den Begriffen, mit denen sich die Menschen selbst beschreiben, als auch an den aktuell bestehenden Konventionen orientiert.

Ein wichtiger Grundsatz der aktuellen Bewegung für die Rechte von Transmenschen, insbesondere im Westen, besteht darin, zwischen »sexueller Orientierung« und »Geschlechtsidentität« zu unterscheiden. Einige clevere Slogans aus der Transgender-Bewegung haben mir in diesem Punkt das Verständnis erleichtert. Ich hoffe, Ihnen geht es genauso:

»My gender is between my ears, my sex is between my legs.«
»My gender identity is who I go to bed as, my sexual orientation is who I go to bed with.«
»Sex is what I do with my clothes off, gender expression is what I do with my clothes.«

(»Meine Geschlechtsidentität ist in meinem Kopf, mein biologisches Geschlecht ist zwischen meinen Beinen.«
»Meine Geschlechtsidentität ist, was ich bin, meine sexuelle Orientierung kommt darin zum Ausdruck, mit wem ich ins Bett gehe.«

»Um Sex zu haben, ziehe ich mich aus, um mein Geschlecht auszudrücken, ziehe ich mich an.«)

Sie funktionieren gut in einem US-amerikanischen Kontext, erfassen aber nicht einmal ansatzweise den komplexen Wirbel sexueller Orientierungen und von Geschlechtsidentitäten an anderen Orten. Wenn dieses Buch ein übergreifendes Anliegen hat, dann das, zu zeigen, dass es nicht nur eine Art gibt, in der Welt zu sein.

ZUM THEMA ÜBERSETZUNG

Dieses Buch erzählt die Geschichten vieler Menschen, die gar kein Englisch sprechen, einige sprechen es gut als Zweitsprache, und für einige ist es die Muttersprache. In Malawi und Südafrika, Ägypten, Russland, Indien und Mexiko arbeitete ich mit Chichewa-, Arabisch-, Russisch-, Tamilisch- und Spanisch-Dolmetscher:innen, die mich darüber hinaus bei meinen Recherchen unterstützten. Das Bild von den Menschen, deren Geschichten ich erzähle, ist also durch diese außergewöhnliche Gruppe von Vermittler:innen gebrochen, die bei mir doppelte Arbeit leisten mussten: Sie mussten immer zuhören, während ich ein wenig abschalten konnte, wenn ich eine Frage gestellt hatte und auf die Übersetzung wartete, und sie trafen außerdem Verabredungen, recherchierten und erklärten kulturelle Besonderheiten. Sie alle waren unschätzbar wertvoll, aber ihr Englisch war unterschiedlich gut, und sie hatten ihre sprachlichen Eigenarten, je nachdem, wie und wo sie die Sprache gelernt hatten. Da ich mit den hier porträtierten Personen mehr als sechs Jahre in Kontakt blieb, war ich einige Male gezwungen, jeweils verschiedene Dolmetscher:innen einzusetzen, so dass die von mir interviewte Person in den Transkripten der einzelnen Besuche jeweils eine andere Stimme bekam.

Wenn sich Sheetal aus dem südindischen Bundesstaat Tamil Nadu ordinärer auszudrücken scheint als ihr Schützling Lakshaya, liegt das womöglich nicht nur an ihren unterschiedlichen Persönlichkeiten, sondern daran, dass Sheetal es vorzog, (eine Art) Englisch mit mir zu sprechen, wohingegen Lakshaya kein Englisch konnte und ihr Bild durch das eher standardmäßige Englisch meiner Dolmetscherin Lavanya geprägt ist. Selbst wenn keine Dolmetscher:innen eingesetzt wurden, traten solche Diskrepanzen auf. Ist der Israeli Nadav sprachgewandter als sein palästinensischer Freund Fadi? Ich bezweifle es, aber Nadav lebte als Kind in Australien, und Fadi lernte sein Englisch im Internet.

Manchmal sprach ich auch selbst in unvollkommenem Französisch oder Spanisch mit Menschen, für die eine dieser Sprachen die Muttersprache oder die Zweitsprache ist: Ich bin mir ganz sicher, dass bei der Übertragung etwas verloren ging. Dennoch habe ich trotz all dieser Beschränkungen hart gearbeitet, um meinen Leser:innen die Menschen durch ihre eigene Stimme nahezubringen, also durch Übersetzungen, die so nahe wie möglich an dem dran sind, was meine Interviewpartner:innen zu mir sagten. Doch die Übersetzung ist ein Schirm, und kein durchsichtiger. Das gilt noch einmal stärker für Übertragungen dieses Buches aus dem Englischen in andere Sprachen. Jede Sprache stellt eine eigene soziale Welt mit eigenen Traditionen und Konventionen dar, und es ist alles andere als sicher, dass die Art und Weise, wie sich Menschen in der einen Sprache bezeichnen, in einer anderen richtig oder auch nur angemessen abgebildet werden kann. Ich bitte meine Leser:innen, das im Hinterkopf zu behalten, wenn ich versuche, die Geschichten von Menschen zu erzählen, die unterschiedliche Pronomina, Identitätskategorien und Begriffe für sich verwenden.

ANONYMITÄT UND SICHERHEIT

Mehrere Personen baten mich, ihnen ein Pseudonym zu geben oder sie in meiner Darstellung unkenntlich zu machen. Angesichts der Gefahr, in der queere Menschen, insbesondere in Ländern wie Ägypten und Nigeria, schweben, sicherte ich allen, die es wollten, Anonymität zu. Ich weise stets darauf hin, wenn ich jemanden anonymisiert habe. Seltsamerweise baten mich in den Vereinigten Staaten mehr Menschen als irgendwo sonst, ihren Namen nicht zu benutzen oder nur den Vornamen zu verwenden, damit man sie nicht im Internet aufspüren konnte. Dies mag einerseits daran liegen, dass dieses Buch (zuerst) in den USA erschienen ist, dass die US-Amerikaner:innen im Umgang mit Medien besonders versiert und besonders gut vernetzt sind und dass meine ersten Gesprächspartner:innen dort alle gerade erst volljährig geworden waren und sich berechtigte Sorgen machten, was sie im Erwachsenenleben vielleicht noch verfolgen würde. Doch ich glaube, es lässt auch noch einen anderen Schluss zu, nämlich dass die Debatte in den USA sehr belastet und der kulturelle Diskurs insbesondere über Transgender-Identität extrem fragil und unbeherrscht ist, und das trotz der relativen Sicherheit und Freiheit, die die Menschen dort im Vergleich zu anderen Teilen der Welt genießen.

PROLOG

DAS GESETZ DER LIEBE

»Schwule verloben sich«, lautete die Schlagzeile auf der Titelseite der Tageszeitung *The Nation* aus dem zentralafrikanischen Malawi am Sonntag, dem 28. Dezember 2009. Darüber befand sich eine Fotografie von zwei müde und unbehaglich aussehenden Menschen in jeweils traditionell männlicher und weiblicher Kleidung, die aus demselben gemusterten Waxprint geschnitten war. »Die schwulen Turteltauben Tiwonge Chimbalanga und Steven Monjeza schrieben am Samstag Geschichte, als sie ihre Feiertage durch eine *chinkhoswe* [Verlobungszeremonie] bereicherten«, hieß es in dem Artikel, ergänzt durch den Hinweis, dass es sich um »die erste dokumentierte öffentliche Aktivität von Homosexuellen in diesem Land« gehandelt habe. Auf der linken Seite unten waren ein paar hilfreiche »Kurzinformationen« notiert: Homosexualität sei »illegal in Malawi« und werde, je nach angewandtem Paragrafen, mit einer »Höchststrafe von fünf beziehungsweise 14 Jahren Gefängnis mit oder ohne körperliche Züchtigung« geahndet.[1]

Viereinhalb Jahre später, im Mai 2014, sah ich mir diese Seite zusammen mit Tiwonge Chimbalanga noch einmal an: Sie hatte das Blatt 3000 Kilometer weit und durch viele Länder ins Exil mitgenommen und an die Wellblechwand ihrer Hütte in Tambo Village, einer Township bei Kapstadt, geklebt. Sie hatte den Artikel zwar aufgehängt, erhob aber zugleich Einspruch gegen ihn: »Ich bin kein Schwuler, ich bin eine Frau«, sagte sie auf Englisch und fügte in ihrer Muttersprache Chichewa hinzu: »Sie sagten, ich sei schwul, als sie mich verhafteten. Sie sagten, ich sei von LGBTs aus Übersee bezahlt worden, damit ich meine *chinkhoswe* abhielt. Aber ich lernte das Wort ›schwul‹ erst kennen, als ich es neben diesem Bild sah und als die Polizei kam und mich mitnahm.«

Bei meiner Ankunft einige Stunden zuvor hatte Aunty, wie Chimbalanga überall genannt wurde, mich in einem kunstvollen violetten Ensemble mit Tellerrock und Turban auf der Straße erwartet – einer Kleidung, die in ihrer Heimat gewöhnlich nur bei einer *chinkhoswe* getragen wird. Ich dachte, sie würde sich vielleicht nur so in Schale werfen, wenn sie Besuch bekam, aber wie sich herausstellte, war sie immer so angezogen – so gar nicht der Lycra-Leggings-Stil, den die Frauen in ihrer sandgepeitschten proletarischen Siedlung bevorzugten. Aunty war groß, hatte sehr dunkle Haut und ein breites Gesicht. Sie wäre auch dann aufgefallen, wenn sie nicht versucht hätte, ihren Bartwuchs unter einer dicken Schicht Foundation zu verbergen, die ihrem Gesicht einen silbrigen Glanz verlieh. Sie war spröde und majestätisch, mit einer Art aufgesetztem Hochmut. Doch ich lernte schnell, dass dieser einer mädchenhaften Schüchternheit Platz machen konnte, wenn sie entspannter war oder sich an das Leben zurückerinnerte, das sie geführt hatte, bevor man ihr sagte, dass sie schwul sei, und sie abführte.

Aunty bewegte sich auf die entschlossene Art einer Person, die zusammenbrechen könnte, wenn sie nicht den Kopf oben behält. In ihren silbernen Pumps mit den niedrigen Absätzen führte sie mich über einen durchweichten schmalen Weg zwischen Verschlägen hindurch zu ihrer Hütte, die unter einigen anderen auf dem Hof hinter einem großen Haus stand. Auntys Behausung war bei Weitem die hübscheste, dank der finanziellen Unterstützung, die sie als ehemalige »gewaltlose politische Gefangene« von Amnesty International erhielt. Sie hatte einen großen Fernseher, eine Stereoanlage und eine Clique, zu der auch ihr »Ehemann« Benson gehörte, ein arbeitsloser malawischer Landsmann, der mit ihr zusammenlebte. Ständig schauten Nachbarn vorbei, um die eine oder andere Tomate zu schnorren oder etwas von dem Bier zu holen, das sie als Nebenverdienst verkaufte. »Aunty! Aunty!«, riefen sie mit einer Mischung aus Zuneigung und Spott, wenn sie vor dem verschlossenen Sicherheitstor standen.

Ich hatte etwas zum Essen und zum Trinken mitgebracht: einen Bucket mit Hähnchenkeulen von Kentucky Fried Chicken und eine Magnumflasche Mountain Dew. Benson war ein kleiner, sanfter Mann, auf eine stille Art betrunken und allem Anschein nach von Aunty dominiert. Sie befahl ihm, ein paar Plastikstühle von einem Stapel zu nehmen, und strich, wie mir schien, ein imaginäres Tuch auf dem Tisch glatt, der praktisch den ganzen Raum in einem ihrer zwei Zimmer einnahm. Ohne erkennbare Ordnung waren neben dem Artikel »Schwule verloben sich« weitere Fotos von ihr an die Wand geklebt, auf denen sie offenbar mit Liebhabern und Freund:innen zu sehen war. Außerdem hingen dort weitere Artikel mit Einzelheiten über ihre Gefängnishaft und ihre Freilassung in Malawi. Verteilt dazwischen hingen sorgfältig aus südafrikanischen Illustrierten ausgeschnittene Werbeanzeigen, die zu einer Hyperweiblichkeit der Art »Mädels auf Motorhauben« tendierten. Quer über die Tür des extra großen Kühlschranks hatte jemand mit schwarzem Edding sorgfältig »RÖMER 13,8« geschrieben.

Ich fragte, was es damit auf sich hatte.

Aunty langte über den Tisch und griff sich die zerfledderte grüne Bibel, die sie während ihrer Inhaftierung in Malawi von ihrem regelmäßigsten Besucher geschenkt bekommen hatte, einem Pfarrer, der sie dazu bringen wollte, Reue zu empfinden. Sie öffnete das grüne Buch und las den Vers mit etwas Mühe laut vor: »›Seid niemandem etwas schuldig, außer dass ihr euch untereinander liebt; denn wer den andern liebt, der hat das Gesetz erfüllt.‹«

Warum hatte sie diesen Text auf ihren Kühlschrank geschrieben?

»Das sind die Worte, die auf die Karte für meine Verlobungsfeier gedruckt waren«, sagte sie auf Chichewa – der Amtssprache Malawis –, und ihre Freundin Prisca, die ebenfalls aus Malawi geflohen war, übersetzte. Aunty hatte auch nach vier Jahren in Südafrika noch Probleme mit dem Englischen. »Ich will, dass alle, die mich in meinem Haus besuchen, wissen, was Liebe bedeutet. Dann wissen sie, dass ich nichts falsch gemacht habe.«

—

Als Caroline Somanje, die für den Artikel »Schwule verloben sich« verantwortliche Journalistin, durch einen Tipp auf die öffentliche *chinkhoswe* zweier Männer aufmerksam gemacht wurde, wusste sie, dass die Geschichte ein Knüller war. Sie sagte mir das von Malawi aus am Telefon, als wir 2014 miteinander sprachen. Zuvor hatten sich die malawischen Medien nur mit Homosexualität befasst, wenn ein Mann der Vergewaltigung eines Minderjährigen beschuldigt wurde. Doch nun zog das Thema sogar in Malawi seine Kreise, einem besonders verschlafenen und wenig entwickelten Land Afrikas.

Eine südafrikanische Fernsehgesellschaft produzierte Satellitenfernsehen für Malawi (und ganz Afrika), und in der Seifenoper *Generations* war gerade ein schwarzer schwuler Mann eingeführt worden. In den Nachrichtensendungen wurde oft über die gleichgeschlechtliche Ehe im Westen und insbesondere in den Vereinigten Staaten berichtet, wo das Thema wegen Proposition 8 in Kalifornien – einem Änderungsantrag, mit dem die Verfassung des Bundesstaates per Referendum so geändert werden sollte, dass nur noch heterosexuelle Ehen anerkannt werden durften – heftig diskutiert wurde. Auch durch die Aids-Epidemie wurde Malawi zu einer unwillkommenen Debatte über Homosexualität gezwungen. Sie wurde jedoch nur auf wachsenden Druck internationaler Geldgeber geführt, und so etablierte sich die Auffassung, LGBT-Rechte seien etwas vom Westen Aufgezwungenes. Außerdem war das Thema immer für einen Skandal und den Verkauf von Zeitungen gut: Somanjes Redakteur:innen hatten diesen Effekt vermutlich schon in

Uganda registriert, wo die Boulevardpresse regelmäßig angebliche Homosexuelle an den Pranger stellte.

Als die Journalistin ihren Tipp bekam, fuhr sie eilig zur Mankhoma Lodge in der Nähe des Flughafens in Blantyre, der zweitgrößten Stadt Malawis, wo Aunty als Köchin und Reinigungskraft arbeitete. Als sie dort ankam, war die Stimmung gereizt: »Es war eine riesige Menschenmenge da. Viele waren feindselig. Sie waren nur aus Neugier gekommen, nicht um eine Hochzeit zu feiern. Tiwonge war in Tränen aufgelöst.«

Tatsächlich war der Tipp von Auntys Arbeitgeberin Jean Kamphale, einer prominenten Lokalpolitikerin und Geschäftsfrau, gekommen. Sie hatte sogar für die *chinkhoswe* bezahlt, weil sie dachte, sie werde neue Gäste anziehen, war dann jedoch in Panik geraten, als die Sache aus dem Ruder zu laufen drohte. Bei dem Prozess im Gefolge der Feier sagte sie aus, Aunty habe ihr vorgemacht, dass sie eine Frau sei: Sie habe ihre maskulinen Gesichtszüge damit erklärt, dass sie als Mädchen geboren, aber in ihrer Kindheit verhext worden sei.

Aunty bestätigte, dass sie tatsächlich diese Erklärung gegeben hatte, an die sie offensichtlich selbst glaubte. Aber Kamphale belog das Gericht: Sie hatte die ganze Zeit gewusst, dass Aunty einen männlichen Körper hatte. Dies wurde klar, als ich sie und ihre Familie später, im Jahr 2014, in Blantyre interviewte. Kamphales Tochter Rachael hatte ihre Mutter gebeten, Aunty einzustellen, obwohl »er« »schwul« sei: »Heutzutage sind wir jungen Leute offener dafür«, sagte Rachael zu mir. »Es ist nichts Neues mehr. Wir sind moderner geworden, wir wachsen in einer Welt auf, die sich ständig verändert, und dann treffen wir jemanden, der schwul ist, na und?«

Die Staatsgewalt war anderer Ansicht. Als die Polizei am Morgen nach der Feier mit einem Exemplar von *The Nation* in der Lodge auftauchte, wurde Aunty gezwungen, sich nackt auszuziehen. Als die Polizisten bestätigt fanden, dass sie männliche Genitalien hatte, verhafteten sie sie wegen Verstoß gegen Artikel 153 des Strafgesetzbuchs, einem Überbleibsel aus der britischen Kolonialzeit, das Sex zwischen Homosexuellen als »widernatürlichen Geschlechtsverkehr« verbietet. Chimbalanga und Monjeza wurden angeklagt, obwohl der Artikel nie zuvor gegen einverständlich handelnde Homosexuelle angewendet worden war und es keinen Beweis für Geschlechtsverkehr gab. Nach einem demütigenden Prozess, der die Stadt Blantyre zum Stillstand brachte, wurden die Angeklagten für schuldig befunden und zu der Höchststrafe von 14 Jahren Gefängnis – und damit einhergehend auch Zwangsarbeit – verurteilt. »Ein abschreckendes Urteil«, wie der Richter es formulierte, denn die Öffentlichkeit müsse davor geschützt werden, »dass andere in Versuchung geraten könnten, ihrem [abstoßenden] Beispiel zu folgen«.[2]

Zu dem internationalen Sturm der Entrüstung, der darauf folgte, gehörte eine von Madonna initiierte Onlinepetition (Madonna hat zwei malawische Kinder adoptiert), und er fand seinen Höhepunkt in einem Besuch des damaligen UNO-Generalsekretärs Ban Kimoon, der nach Malawi kam, um sich für eine Begnadigung einzusetzen. Auf einer gemeinsamen Pressekonferenz mit Ban im Juni 2010 erklärte der malawische Präsident Bingu wa Mutharika, dass er Chimbalanga und Monjeza begnadigen werde. Er machte jedoch klar, dass er sich lediglich dem internationalen Druck beuge, denn die beiden hätten »ein Verbrechen gegen unsere Kultur, unsere Religion und unsere Gesetze begangen«.[3]

Steven Monjeza wurde nach seiner Freilassung von *The Nation* für ein Interview bezahlt, in dem er Aunty beschuldigte, ihn verhext zu haben. Er gab seine glückliche Verlobung mit einer lokalen Sexarbeiterin bekannt und kam sechs Monate später wieder ins Gefängnis, weil er ein Handy gestohlen hatte. Als ich Ende 2014 Malawi besuchte, versuchte ich, ihn ausfindig zu machen, doch er saß offenbar schon wieder hinter Gittern.

Aunty bekam wegen der Verfolgung, die sie auch nach ihrer Freilassung in ihrem Heimatland erlitt, schließlich Asyl in Südafrika. Sie war in Malawi so bekannt gewesen, dass sie sich nicht mehr in der Öffentlichkeit blicken lassen konnte. Aber auch ihr Leben in Südafrika war nicht einfach. Wie sie mir zeigte, war ihr Körper schwer gezeichnet: eine Narbe neben der anderen, verursacht durch die Angriffe, deren Opfer sie seit ihrem Umzug nach Kapstadt im Jahr 2011 geworden war.

Einer der Artikel an ihrer Wand irritierte mich jedes Mal, wenn ich sie besuchte. Er zeigte ein Foto von James Small, dem mittlerweile verstorbenen sexy Bad Boy des südafrikanischen Rugby, blutüberströmt auf dem Spielfeld mit der Schlagzeile: »Er lässt sich nichts gefallen« auf Afrikaans. Aunty erzählte, sie müsse ihren Mann Benson beim Einkaufen begleiten, um ihn vor den Beleidigungen wegen seiner Beziehung mit ihr zu schützen. Sie hatte ganz offensichtlich gelernt, ihre Fäuste zu benutzen, und wie ich später beobachten sollte, hatte sie keine Hemmungen, es auch zu tun. Wenn sie jedoch zur Begrüßung einen Knicks machte und schüchtern die Augen niederschlug oder wenn sie beim Gebet in der Kirche sanft schwankte, erinnerte ich mich daran, wer sie war: ein frommes Landmädchen aus einem kleinen Dorf jenseits der Teeplantagen auf den Hängen des Thyolo-Massivs im Süden Malawis, weit, weit weg.

—

Dieses Buch erzählt Auntys Geschichte und die anderer Menschen in verschiedenen Teilen der Welt, die an der Grenze leben, für die ich den Begriff der pinken Linie benutze: Personen in einem Grenzgebiet des Menschenrechtsdiskurses, das die Welt in den ersten zwei Jahrzehnten des 21. Jahrhunderts auf eine gänzlich neue Art teilt und beschreibt. Keine globale soziale Bewegung hat je so schnell an Boden gewonnen, wie die, die inzwischen als LGBT-Bewegung bezeichnet wird: Die Welten, in denen Aunty und ich 2014 lebten, waren für uns beide unvorstellbar anders, als sie auch nur ein Jahrzehnt zuvor gewesen waren – und das obwohl wir aus völlig verschiedenen Orten stammten.

Auntys Hütte in Tambo Village ist keine zwanzig Kilometer von dem hübschen, etwa hundert Jahre alten Bungalow mit Meerblick entfernt, in dem ich dieses Buch schrieb. Mein Mann C und ich kauften das Haus 2012. Drei Jahre zuvor hatten wir geheiratet, 2009, im selben Jahr, als Aunty ihre *chinkhoswe* feierte. Sie jedoch musste ihre offizielle Bindung an einen Mann mit unermesslicher Demütigung, einer Verurteilung zu 14 Jahren Gefängnis und einem Leben im unfreiwilligen Exil bezahlen, mir dagegen brachte meine Ehe ein paar heiß ersehnte Jahre in Paris, Ehegattenvorteile durch Cs Job und dieselben Rechte wie sie jedes andere verheiratete Paar in unserem Heimatland Südafrika genießt. Unsere nach der Abschaffung der Apartheid verabschiedete Verfassung ist berühmt dafür, dass sie weltweit zuerst Gleichberechtigung ohne Ansehen der sexuellen Orientierung garantierte. Zehn Jahre nach ihrer Verabschiedung, im Jahr 2006, wurde Südafrika das fünfte Land der Welt, in dem Ehen zwischen gleichgeschlechtlichen Partnern legalisiert wurden. Wir waren also ein verheiratetes schwules Paar, das auf eine Art von Rechten profitierte, die ich mir als junger Mann nicht hätte vorstellen können.

Drei Jahrzehnte zuvor, mit 19, hatte ich mich unter panischer Angst, die ich unter einer knallharten Trotzhaltung vergrub, bei meinen Eltern geoutet. Sie reagierten verständnisvoll, aber mein Vater konnte seine Sorgen nicht verbergen: Würde ich je die Freuden eines Familienlebens kennenlernen? Würde ich ein einsames Leben führen müssen? Ich hatte meine Position so gut wie möglich verteidigt: Natürlich könne ich Kinder haben; natürlich würde ich Liebe finden. Doch es war das Jahr 1983 – es gab noch nicht einmal das Internet, das mich mit Informationen bewaffnet und mir den Trost einer virtuellen Gemeinschaft geschenkt hätte – und ich hatte Schwierigkeiten, mich selbst zu überzeugen. Und dann, als ich ein junger Erwachsener war, brach die Aids-Epidemie über uns herein und lieferte die grausame Bestätigung all dessen, was man uns schwulen Männern schon immer über uns selbst beigebracht hatte:

Wir waren Sünder, und wir wurden bestraft; unsere Sexualität war krankhaft, und wir würden sterben.

All das weckte bei mir den leidenschaftlichen Glauben, dass ich und andere Menschen wie ich dasselbe Recht hätten wie jedermann, offen zu leben, und ich leistete meinen Beitrag im Kampf um die Anerkennung dieses Rechts. Als Student in den USA der achtziger Jahre übernahm ich das Mantra von Harvey Milk, dem schwulen Politiker aus San Francisco, der nur wenige Jahre zuvor, 1978, ermordet worden war: »Schwule Brüder und Schwestern, ihr müsst euch outen!«[4] Der einzige Weg für Homosexuelle hin zur vollen Teilhabe an der Gesellschaft, der einzige Weg aus der Scham und Heimlichkeit meiner eigenen Jugend, war das Sichtbarwerden, damit andere – unsere Kolleg:innen und Kommiliton:innen, unsere Kinder und Nachbar:innen, unsere Eltern und Priester – wussten, dass es uns gab. Als ich 1990 nach Hause zurückkehrte, nachdem das Verbot der südafrikanischen Befreiungsbewegungen aufgehoben und Nelson Mandela freigelassen worden war, schrieb ich öffentlich über meine sexuelle Orientierung und fungierte als Mitherausgeber eines Buches über schwules und lesbisches Leben in Südafrika. Gleichzeitig wurde ich ein bekannter Journalist, dem es in keiner Weise schadete, dass er sich geoutet hatte.

Zwei Jahrzehnte darauf, 2013, als C und ich in Frankreich lebten, wurde auch dort durch die Aufwertung des Zivilen Solidaritätspakts (Pacte civil de solidarité), einer Form der Lebenspartnerschaft, endlich die gleichgeschlechtliche Ehe legalisiert. An einem Sonntag im Mai kamen Hunderttausende zur Manif pour tous nach Paris, einer Demonstration gegen die gleichgeschlechtliche Ehe und für »die Familie«. Sie wurde von der katholischen Kirche unterstützt, die versuchte, in einer schnell säkularer werdenden Gesellschaft relevant zu bleiben. Viele der Anwesenden trugen T-Shirts mit einem Piktogramm von vier kleinen Figuren: einer Mutter, einem Vater und zwei Kindern.[5] Ich beobachtete gemeinsam mit einer weißen südafrikanischen Freundin, die mit ihrer Frau zwei schwarze Kinder adoptiert hatte, den Demonstrationszug. Wir hatten den Eindruck, dass die Empörung dieser Menschen eher auf Verwirrung als auf Zorn beruhte, Verwirrung darüber, was aus den Sicherheiten ihrer Welt geworden war. Es schien, als besetzten *sie* die Außenseiterposition im neuen sozialen Konsens: Trotz ihrer großen Zahl waren sie laut den Umfragen nur eine Minderheit in der französischen Bevölkerung.[6] Selbst in den Vereinigten Staaten, wo die Rechte Homosexueller lange Gegenstand der Culture Wars gewesen waren, zeigte 2016 eine jährliche Gallup-Umfrage, dass 61 Prozent der US-Amerikaner:innen für die gleichgeschlechtliche Ehe waren.[7]

Schwule oder Lesben, die heiraten und Kinder aufziehen; offen lesbische Staatsoberhäupter und offen schwule Chefs multinationaler Konzerne; Medikamente, die die Pubertät aufhalten und Kindern helfen, die ihr Geschlecht ändern wollen; Direktiven eines US-Präsidenten, die Transkindern erlauben, die ihrer Geschlechtsidentität entsprechenden Toiletten zu benutzen. Das alles war noch undenkbar, als ich in den achtziger Jahren in New York an der Demo zum Christopher Street Day teilnahm und die Gay and Lesbian Awareness Days in Yale mitorganisierte.

Jetzt bin ich ein Mann mittleren Alters, und im zweiten Jahrzehnt des 21. Jahrhunderts ereignen sich solche Veränderungen in progressiven Enklaven auf der ganzen Welt: in der Bay Area und in Buenos Aires, in Amsterdam und Kapstadt sowie an vielen anderen Orten. Doch der Planet dreht sich schneller als je zuvor. Dank des beispiellosen Austauschs von Gütern, Kapital, Menschen und insbesondere von Ideen sowie Informationen, den wir als »Globalisierung« bezeichnen, laden Menschen auf der ganzen Welt die neuen Ideen aus dem Netz herunter und versuchen häufig, sie in ihrer jeweiligen Offlinerealität umzusetzen. Sie beginnen, anders über sich selbst, ihren Platz in der Gesellschaft, ihre Möglichkeiten und ihre Rechte zu denken. Selbst an so abgelegenen Orten wie Blantyre, wo Aunty ihre *chinkhoswe* veranstaltete, werden uralte Konventionen bezüglich Sexualität und Geschlecht erschüttert. Es wird neu ausgehandelt, was privat und was öffentlich, was illegal oder gesellschaftlich akzeptabel ist.

Von 2012 bis 2018, der Hochzeit des neuen globalen Phänomens, reiste ich sehr viel, um zu verstehen, wie und warum sich die Welt veränderte. Meine Reiseziele waren jedoch keineswegs beliebig. Ich wählte die Orte aus, an denen ich die Menschen zu finden hoffte, die mir am besten erzählen könnten, wie die Bewegung für LGBT-Rechte ein neues globales Grenzgebiet im Menschenrechtsdiskurs etablierte – ähnlich, wie dies die Frauenbewegung oder die Bürgerrechtsbewegung, die antikoloniale Bewegung oder die Bewegung zur Abschaffung der Sklaverei in früheren Zeiten getan hatten. Ich wollte verstehen, in welcher Hinsicht der neue Kampf eine Folge dieser früheren und noch bestehenden Bewegungen war, aber auch, wie er sich von diesen unterschied in einer Zeit der digitalen Revolution und der Informationsflut, des Konsumismus und des Massentourismus, der Massenmigration, der Urbanisierung und der globalen Menschenrechtsbewegung.

Ich verfolgte Auntys Reise zurück, indem ich von Kapstadt, das als »gay capital of Africa« für sich wirbt, in ihr abgelegenes Heimatdorf auf den Hängen des Thyolo-Massivs in Malawi reiste. Ich folgte einem schwulen ugandischen Geflüchteten von Kampala nach Nairobi im benachbarten Kenia und weiter zu seinem Resettlement in Kanada. Ich hing mit den transgender und nichtbinären Jugendlichen einer LGBTQQA-Jugendgruppe in Ann Arbor im US-Bundestaat Michigan ab. (LGBTQQA steht für: »lesbian, gay, bisexual, transgender, queer, questioning and asexual«: lesbisch, schwul, bisexuell, transgender, queer, unentschlossen und asexuell) Und ich folgte ihnen, als sie sich über die Vereinigten Staaten verstreuten. Ich verbrachte Zeit mit einer Gruppe von *kothis*: Menschen mit dem »Herz einer Frau im Körper eines Mannes«, die einen Tempel in einem südindischen Fischerdorf bei Pondicherry leiteten, aber auch mit transgender Softwareentwickler:innen, die im nahe gelegenen Bangalore für multinationale Konzerne arbeiteten. Ich sprach mit lesbischen Müttern in Mexiko und transgender Müttern in Russland, mit queeren Ägypter:innen in Straßencafés der Kairoer Innenstadt und queeren Palästinenser:innen in schicken Cafés in Tel Aviv und Ramallah. Ich nahm in Delhi und London, Tel Aviv und Mexico City an Pride-Paraden teil. Und ich folgte der neuen internationalen Elite von Aktivist:innen und Financiers, die in einer endlosen Kette von Treffen und Konferenzen in der Welt herumreisten und die Netzwerke aufbauten, die für die neue globale Agenda eintraten.

Ich wurde Zeuge einer besorgniserregenden neuen globalen Parallelentwicklung: Während gleichgeschlechtliche Ehen und Geschlechtsangleichungen in einigen Teilen der Welt als Zeichen der fortschreitenden Menschlichkeit gefeiert wurden, verschärfte man in anderen Teilen der Welt die Gesetze, um solche Handlungen zu kriminalisieren. Im Jahr 2013, demselben Jahr, als Großbritannien den Marriage (Same Sex Couples) Act verabschiedete, verkündete Nigeria das Gegenstück: den Same Sex Marriage (Prohibition) Act. Sogar die Klammern waren reaktiv. Das nigerianische Gesetz *sollte* die früheren kolonialen Unterdrücker provozieren, und der Titel war auf eine zynische Art vorbeugend: Er zog eine rhetorische Grenzlinie, indem er versprach, die nigerianische Gesellschaft gegen künftige Ansteckung aus dem Westen zu impfen. Das nigerianische Gesetz war das schärfste Anti-Homosexualitätsgesetz der Welt, mit Ausnahme der islamischen Scharia: Es sah nicht nur für Sex, sondern für jede Art von »homosexuellem Verhalten« oder dessen Befürwortung eine Mindeststrafe von 14 Jahren Gefängnis vor. Als Befürwortung galten auch Zusammenkünfte mit Menschen, die für homosexuell gehalten wurden, oder der Umgang mit ihnen.

So wurde eine pinke Linie gezogen: Zwischen den Ländern, die queere Menschen zunehmend als vollwertige Bürger:innen in ihre Gesellschaft integrierten, und denen, die neue Wege fanden, um sie auszuschließen, nun da sie sichtbar geworden waren. Auf der einen Seite der pinken Linie lagen die Länder, in denen die Frauen- sowie die Lesben- und Schwulenbewegung gesellschaftliche Veränderungen herbeigeführt hatten. Sie traten für die Rechte von LGBT-Menschen als logische Anwendung der von den Vereinten Nationen 1948 verabschiedeten Allgemeinen Erklärung der Menschenrechte ein. Auf der anderen Seite standen die Länder, die diese Vorstellungen als Verletzung ihrer »traditionellen Werte« und ihrer »kulturellen Souveränität« verurteilten.

Einige Länder, wie etwa Russland oder Uganda, nutzten LGBT-feindliche Gesetze, um gegen die unaufhaltbare Flut der Globalisierung moralische Barrieren zu errichten. Andere, wie Ägypten, die Türkei und Indonesien, versuchten, ihre Rechtschaffenheit durch die Verfolgung von Transfrauen, der sichtbarsten Manifestation der aus dem Westen stammenden Unmoral, zu beweisen – im Fall von Indonesien sogar, obwohl die als Angehörige eines dritten Geschlechts verstandenen *waria* (Mann-Frau) schon lange Teil der dortigen Gesellschaft gewesen waren.[8] Die Verfolgung wurde oft durch Gesetze gegen Prostitution, »Ausschweifung« oder »Landstreicherei« ins Werk gesetzt, aber wie Auntys Fall deutlich zeigt, war dies in Ländern, die bestehende Sodomie-Verbote vollstreckten oder verschärften, gar nicht notwendig, weil diese gegen jede behördlich als männlich geltende Person eingesetzt werden konnten, ungeachtet ihrer geschlechtlichen Identität.

Im Jahr 2018 änderte die Weltgesundheitsorganisation ihre Internationale statistische Klassifikation der Krankheiten und verwandter Gesundheitsprobleme, das wichtigste weltweit anerkannte Klassifikationssystem für medizinische Diagnosen: Sie nahm den neuen Begriff der »Geschlechtsinkongruenz«, der den alten Begriff der »Geschlechtsidentitätsstörung« abgelöst hatte, aus der Abteilung »psychische Störungen« heraus und ordnete ihn stattdessen dem Thema »sexuelle Gesundheit« zu. Unter Führung von Argentinien und Dänemark hatten einige Länder bereits damit begonnen, »selbstbestimmte« Geschlechtsumwandlungen zu legalisieren, was bedeutete, dass man dafür keine externe Diagnose oder Beurkundung mehr benötigte. In Südasien, wo es seit Jahrhunderten Third-Gender-Communitys gibt, erlebten Aktivist:innen durch die neue globale Transgender-Bewegung einen Aufschwung und konnten, unter Berufung auf die Verfassungen ihrer Länder, Erfolge bei der Anerkennung der Geschlechtsidentität erkämpfen.

Unterdessen war jedoch eine neue pinke Linie gezogen worden, die auf neuen Schlachtfeldern neue Fronten des Kulturkampfes eröffnete. In den Vereinigten Staaten verlief diese Linie durch Schultoiletten, als Behörden und Eltern vor Gericht zogen, um Transmädchen und -jungen daran zu hindern, die Toiletten zu benutzen, die ihrer Geschlechtsidentität entsprachen. Anfang 2018 versuchte Donald Trump, Transpersonen vom Militärdienst auszuschließen – laut *New York Times* ein Zeichen für seine »grausame Entschlossenheit, die USA in ein Land zu verwandeln, das seine Bevölkerung spaltet und entmenschlicht«.[9] Später stellte die Trump-Regierung die Rechte und Chancen von Transpersonen zur Debatte, indem sie Geschlechtsidentität als »biologisch« und unveränderbar definierte.

In vielen Teilen der Welt durchkreuzte die pinke Linie, die man entlang von LGBT-Rechten zog, uralte gesellschaftliche Praktiken, mit Sexualität und Geschlechtervarianz umzugehen. Wie im Westen wurde Homosexualität im späten 20. Jahrhundert auch in Lateinamerika, Asien und sogar Afrika zunehmend als eine Identität verstanden, die Rechte und Anerkennung verdient, und nicht länger nur als ein Sexualverhalten, über das man nicht spricht. Auch eine andere Geschlechtsidentität zu haben als die einem bei der Geburt zugewiesene, wurde zunehmend als ein Menschenrecht betrachtet, dessen Wahrnehmung auch medizinisch und chirurgisch erleichtert werden konnte.

Diese Entwicklung eröffnete einerseits Chancen für Verbesserungen, brachte aber andererseits dort auch neue Schranken mit sich, wo westliche Vorstellungen von der Binarität der Geschlechter sich in Gesellschaften verbreiteten, in denen zuvor ein Verständnis von Geschlechtsidentität als etwas Fluides vorgeherrscht hatte. Plötzlich wurden jahrhundertealte Transgender-Kategorien wie *waria* in Indonesien oder *goor-jigeen* im Senegal mit dem neuen LGBT-Pinsel pink getüncht. In vielen Teilen der Welt gehen Männer Arm in Arm oder Hand in Hand: In Ländern wie Ägypten und Nigeria, in denen angesichts einer neuen Art von Menschen, die für sich Raum und Rechte forderte, eine moralische Panik ausbrach, wurden selbst diese traditionellen Gesten der Zuneigung verdächtig.

Wer in Dakar oder Lagos – oder Kairo oder Kabul – Satellitenfernsehen hat, kann hin- und herschalten zwischen US-amerikanischen LGBT-Kultserien wie *Transparent* oder *Orange Is the New Black* auf dem einen Sender und wahhabitischen Tiraden gegen die Auswüchse westlichen Unglaubens einschließlich Homosexualität und Transgeschlechtlichkeit auf einem anderen. Man kann sich mit seinen Kindern darüber streiten, ob die schwulenfeindlichen Wutausbrüche auf dem Christian Broadcasting Network laufen sollen oder eine brasilianische Telenovela mit einer Nebenhandlung, die Homosexualität thematisiert. BBC, CNN und selbst Al Jazeera berichten über Pride-Paraden aus einer stetig wachsenden Zahl von Ländern, sogar aus Indien und der Türkei, oder von Kindern in den Vereinigten Staaten, die ihre Geschlechtsidentität ändern. Aber man kann auch den Massen von Katholiken in Frankreich und Lateinamerika zusehen, die gegen den neuen Feind der »Genderideologie« auf die Straße gehen – jenen vagen Sammelbegriff, der Sexualerziehung, gleichgeschlechtliche Ehe und Geschlechtsumwandlung einbezieht.

Im Zeitalter der Digitalisierung und der sozialen Medien finden sich bisher isoliert lebende Menschen plötzlich als Teil einer internationalen queeren Community wieder und können Kontakte knüpfen, anfangs in Chatrooms und später auf Dating-Apps oder in sozialen Netzwerken, und dort Ideen von persönlichen Freiheiten und Rechten herunterladen, die sie ermutigen, sichtbarer zu werden und in der Gesellschaft Raum einzunehmen. Aber auf denselben Plattformen können sich auch Mitglieder religiöser Gruppen vernetzen und weit jenseits ihrer jeweiligen Gemeinde oder Moschee Ideologien und Strategien austauschen. Religiöse Identität durchläuft genau wie sexuelle oder geschlechtliche Identität einen Prozess der Globalisierung, und ein Zusammenstoß der beiden war unvermeidlich.

An manchen Orten sorgt eine kulturelle Spaltung dafür, dass sich die Dinge zeitgleich in verschiedene Richtungen bewegen. In Malaysia scheint der konservative Islam an Boden zu gewinnen: Durch die Übernahme von Gesetzen der Scharia, die es unter anderem verbieten, »sich als Frau auszugeben«; durch Razzien in Schwulenbars und durch die Zensur von Ausstellungen und sogar, im Jahr 2018, durch die präzedenzlose Verurteilung zweier Frauen zu öffentlichen Stockschlägen wegen Lesbianismus, weil sie mit einem Dildo in einem Auto erwischt worden waren. Gleichzeitig jedoch setzen sich jüngere und urbanere Bürger:innen in Malaysia – wie auch an vielen anderen Orten – für die Rechte von LGBT-Menschen ein, um sich so als Teil des globalen Dorfes zu identifizieren. Als eine bekannte nationalistische Gruppe im Jahr 2017 zum Boykott von Starbucks aufrief, weil das Unternehmen für die Rechte der queeren Community eintritt, bekannten sich junge urbane Kaffeefans erst recht mit Leidenschaft zu dem »globalen Raum«, den die Kette bereitstellt. »Wir gehen zu Starbucks, weil der Kaffee gut ist, aber auch weil es zu der größeren Welt gehört«, informierte mich ein malaysischer Bekannter. In Indien geben sich Angehörige der Mittelschicht den Anstrich des Weltbürgertums, indem sie die Entkriminalisierung homosexuellen Geschlechtsverkehrs befürworten; in Mexiko und Argentinien tut man dasselbe durch die Unterstützung der gleichgeschlechtlichen Ehe.

Dieser Bewusstseinswandel hat sehr viel mit Massenmigration zu tun: Migration vom Land in die Stadt und grenzüberschreitend von einem Teil der Welt in einen anderen. Menschen finden sich plötzlich in Welten wieder, die ganz anders sind als die, in denen sie aufgewachsen sind und die außerhalb der Reichweite ihrer Sippen und Kirchengemeinden liegen. Weil sie vor Verfolgung fliehen oder ums Überleben kämpfen oder auch weil sie die Möglichkeit zu Besuchen oder Studienaufenthalten im Ausland nutzen, die sich ihnen durch Aufwärtsmobilität bietet, spüren viele erstmals, was »persönliche Autonomie« heißt: die Möglichkeit, eigene Entscheidungen zu treffen. Sie nehmen ihre neuen Vorstellungen von sexueller Orientierung oder Geschlechtsidentität mit nach Hause und sorgen dort für radikale Veränderungen. Gleichzeitig reisen westliche Entwicklungshelfer:innen, Gesundheitsbeamt:innen, Aktivist:innen und Tourist:innen nach Süden oder Osten oder von der Stadt aufs Land.

All diese Bewegungen – über reale und virtuelle Grenzen hinweg, über Land und im Cyberspace – erzeugen bei Menschen auf der ganzen Welt ein neues Gefühl für Raum und Identität. Sie schaffen auch neue Herausforderungen, etwa wenn Menschen versuchen, von der Befreiung, die sie im Internet erleben, zurück zu den Begrenzungen ihrer Offline-Realität zu schalten oder vom ungebundenen Dasein in der Stadt zurück zu ihren Verpflichtungen in der Heimat. Sie produzieren neue Identitäten und Gruppen, die Rechte fordern – und auch panischen Widerstand. Sie lassen neue Horizonte entstehen, wenn sich in Gesellschaften neue Vorstellungen davon etablieren, was es bedeutet, eine Familie zu gründen, weiblich oder männlich zu sein, Mensch zu sein – und auch neue Ängste.

Die pinke Linie verläuft durch Fernsehstudios und Parlamente, durch Nachrichtenredaktionen und Gerichtssäle, durch Schlaf- und Badezimmer und sogar durch manche Körper. Sie spaltet Auntys Leben und das Leben vieler anderer auch.

Über sie zu schreiben, so scheint es mir, war meine Art, die Schuld der Liebe zu begleichen.

1
DIE PINKEN LINIEN DER WELT

»Mr. President, […] haben Sie Präsident Sall gebeten, dafür zu sorgen, dass die Homosexualität im Senegal entkriminalisiert wird? Und Präsident Sall, […] Sie sagten gerade, dass Sie Demokratie und Freiheit schätzen. Werden Sie als neuer Präsident Ihres Landes daran arbeiten, dass Homosexualität in diesem Land entkriminalisiert wird?«[1]

Diese Fragen wurden Barack Obama und seinem Gastgeber, dem senegalesischen Präsidenten Macky Sall, auf der Pressekonferenz nach ihrem Treffen vom 27. Juni 2013 in Dakar gestellt. Dass über dieses Thema gesprochen werden würde, war klar: Am Tag zuvor waren Obama und sein Stab in Jubel ausgebrochen, als sie während ihres Flugs über den Atlantik die Nachricht erreichte, dass der Supreme Court den Defense of Marriage Act (DOMA) für teilweise verfassungswidrig erklärt und damit den Weg für gleichgeschlechtliche Ehen in den gesamten Vereinigten Staaten freigemacht hatte.

Geklagt hatte die über achtzigjährige Witwe Edith Windsor. Ihre Lebenspartnerin Thea Spyer, mit der sie 44 Jahre lang zusammengelebt hatte, war im Jahr 2009 gestorben. Der DOMA verbot die Anerkennung gleichgeschlechtlicher Ehen durch die US-amerikanische Bundesregierung. Windsor hatte geklagt, weil sie nach Thea Spyers Tod nicht die Steuervergünstigungen erhalten hatte, die Ehefrauen normalerweise zustehen. Der Fall löste ein enormes Medienecho aus. In der Begründung des Urteils schrieb Anthony Kennedy, der DOMA habe gleichgeschlechtliche Paare stigmatisiert, indem er einen »eigenen Rechtsstatus« für Homosexuelle gesetzlich verankert habe.

Im Jahr 1996, als der damalige Präsident Bill Clinton (unter Druck, wie er später sagte) den DOMA unterzeichnete, waren 68 Prozent der US-Amerikaner:innen gegen die gleichgeschlechtliche Ehe und nur 27 Prozent dafür. Im Jahr 2018, 22 Jahre später, hatte sich dieses Verhältnis umgekehrt,[2] und Obama bezeichnete die Entwicklung zur »Ehe für alle« später »als die schnellste Veränderung durch eine soziale Bewegung, die ich je erlebt habe«.[3] Er selbst hatte seine Meinung im Mai 2012 öffentlich geändert – nicht zufällig ein Jahr nachdem eine Gallup-Umfrage ergeben hatte, dass erstmals mehr US-Amerikaner:innen für die gleichgeschlechtliche Ehe waren als gegen sie. Nun, ein Jahr später, während des Flugs in den Senegal, gab der Präsident in der Air Force One eine Erklärung ab: »Die Gesetze unseres Landes holen auf und nähern sich der fundamentalen Wahrheit, die Millionen Amerikaner:innen im Herzen tragen: Wenn alle Amerikaner:innen gleich behandelt werden, egal, wer sie sind oder wen sie lieben, haben wir alle mehr Freiheit gewonnen.«[4]

Diese Freiheit herrschte im Senegal nicht. Homosexuelle Handlungen galten nach dem Strafgesetzbuch als »sittenwidrig oder widernatürlich«. Das entsprechende Gesetz war viele Jahre lang in Vergessenheit geraten, wurde nun aber wieder angewandt. Viele Dinge waren zusammenkommen: Die zentripetalen Kräfte der Globalisierung, die die Welt kleiner werden ließen, hatten aggressive Auslegungen des Islam aus der arabischen Welt in das muslimische Land in Westafrika gebracht, genau zu der Zeit, als die Aids-Epidemie dort wütete. Die Lage verschärfte sich in den folgenden Jahren, als Onlinemedien und Satellitenfernsehen dank ihrer immer größeren Reichweite Berichte über LGBT-Rechte und die gleichgeschlechtliche Ehe im Westen im ganzen Senegal verbreiteten.

Im Dezember 2008 war Senegals Regierung Gastgeber einer panafrikanischen Aids-Konferenz. Nun sprach man von »Männern, die Sex mit Männern haben« (MSM). Das Thema spielte auf der Konferenz eine wichtige Rolle. Viele der Teilnehmer:innen waren Mitglieder bei AIDES Sénégal, der MSM-Organisation des Landes. Unter senegalesischen Geistlichen und islamistischen Politiker:innen, die ohnehin schon durch sensationalistische Berichte über eine »Schwulenhochzeit« aufgepeitscht waren, löste die Veranstaltung einen Sturm der Entrüstung aus. Ein unheimliches Vorspiel zu dem Schicksal, das Tiwonge Chimbalanga ein Jahr darauf in Malawi ereilen sollte. Die Behörden reagierten, indem sie einen Workshop von AIDES Sénégal stürmten und die Anwesenden festnahmen. Neun Männer wurden zu je acht Jahren Gefängnis verurteilt, weil sie angeblich ihre Arbeit zur Bekämpfung des HI-Virus als Tarnung genutzt hatten, »um Homosexuelle zu rekrutieren oder Treffen für sie zu organisieren«.[5] Nach fünf brutalen Monaten im Gefängnis wurden sie freigelassen, weil nicht bewiesen werden konnte, dass tatsächlich Geschlechtsverkehr stattgefunden hatte. Doch ihre Leben waren ruiniert. Die meisten von ihnen flohen aus dem Land.

Die Lage hatte sich kaum verändert, als Barack Obama vier Jahre später noch ganz beschwingt von der Euphorie des liberalen Amerika über das Windsor-Urteil im Senegal eintraf. Ich hatte Dakar ein paar Monate zuvor besucht und mich mit wichtigen Aktivist:innen der LGBT-Bewegung getroffen, die voller Furcht im Untergrund lebten. Ein prominenter männlicher Journalist saß im Gefängnis ebenso wie viele Frauen: Wie fast die Hälfte aller weltweit gegen Homosexualität verabschiedeten Gesetze kriminalisierte auch das senegalesische lesbischen Sex.

Die Obama-Regierung hatte den globalen Schutz von LGBT-Rechten im Dezember 2011 zu einer Priorität ihrer Außenpolitik erklärt, als die damalige Außenministerin Hillary Clinton auf einer Konferenz der Vereinten Nationen in Genf ihr berühmtes Statement abgab: »Gay rights are human rights, and human rights are gay rights.«[6] Obama wies US-Institutionen und -Behörden, die international tätig waren, an, »die Kriminalisierung von LGBT-Personen sowie ihres Verhaltens zu bekämpfen« und »auf Übergriffe gegen LGBT-Personen schnell zu reagieren«. Von da an wurde er vom Außenministerium regelmäßig über die Angelegenheit unterrichtet, und er war sicherlich auch darüber informiert, wie das Ministerium 2012 die Lage im Senegal beurteilte: »LGBT-Personen werden häufig verhaftet und werden Opfer von weitverbreiteter Diskriminierung, sozialer Intoleranz und Gewaltakten.«[7]

Nun, in dem prächtigen kolonialen Palais de la République in Dakar, sagte Obama bei der Pressekonferenz, er habe Edith Windsor aus der Air Force One persönlich angerufen und ihr gratuliert. Das Urteil sei »ein Sieg für die amerikanische Demokratie«.[8] Das Thema Entkriminalisierung der Homosexualität sei bei seinem Treffen mit dem senegalesischen Präsidenten nicht angesprochen worden, fügte er hinzu. Obama wollte seinen Gastgeber nicht vor den Kopf stoßen und unterschied daher zwischen persönlichen Überzeugungen, Sitten und Traditionen, die »respektiert« werden müssten, und der Aufgabe des Staates, die darin bestehe, alle Menschen gleich zu behandeln. Schließlich verband er sein eigenes Eintreten für LGBT-Rechte ausdrücklich mit der Geschichte der rassistischen Diskriminierung in seinem Land: »Wir mussten einen langen und harten Kampf für die Bürgerrechte ausfechten, um dafür zu sorgen, dass [alle Menschen gleich behandelt werden].«

Als der senegalesische Präsident an die Reihe kam, brachte er ein Argument vor, das viele Politiker:innen verwenden, die die Forderung nach »universellen Menschenrechten« unter Berufung auf »traditionelle Werte« ablehnen: »Es kann kein Standardmodell geben, das auf alle Nationen anwendbar ist. [...] Wir haben unterschiedliche Traditionen.« Dann forderte er einen befristeten Aufschub für sein Land: Er betonte (fälschlich), dass in seinem Land keine Homosexuellen verfolgt würden, meinte aber, dass die Gesellschaft Zeit brauche, um diese Probleme »zu verdauen«: »Der Senegal [...] ist ein sehr tolerantes Land [...], aber wir sind noch nicht bereit, Homosexualität zu entkriminalisieren.«[9]

Sall selbst war tatsächlich ein liberaler Befürworter der Menschenrechte. Er hatte sich zuvor positiv über die Entkriminalisierung geäußert, und im Vergleich zu anderen afrikanischen Staatsoberhäuptern war seine Stellungnahme gemäßigt, ja sogar ermutigend, weil sie auf Reformen hindeutete. Er stand jedoch unter dem Druck der islamistischen Lobby in seinem Land und musste unbedingt den Eindruck vermeiden, sich dem Westen zu beugen. Später brachte er seine Frustration in einem Interview mit der *Zeit* zum Ausdruck: »Sie haben die gleichgeschlechtlichen Partnerschaften in Europa ja auch erst seit gestern und verlangen es heute schon von Afrikanern? Das geht alles zu schnell. Wir leben in einer Welt, die sich langsam ändert.«[10]

Die Formulierung war vielsagend: Niemand – weder die Journalist:innen von der *Zeit* noch Obama, ja nicht einmal die senegalesische Menschenrechtsbewegung – hatte von Salls Regierung verlangt, gleichgeschlechtliche Ehen zu legalisieren. Man hatte ihn lediglich aufgefordert, das Strafrecht zu reformieren und den Geschlechtsverkehr zwischen Homosexuellen zu entkriminalisieren, weil das Gesetz im Senegal genutzt wurde, um Menschen zu diskriminieren.

Mir aber stachen noch zwei weitere von Salls Aussagen ins Auge, die mir helfen sollten, die in diesem Buch behandelten Fragen zu framen. Die erste lautete: »Wir leben in einer Welt, die sich langsam ändert«, und die zweite war die Behauptung, dass die Menschen, die im Senegal Veränderungen forderten, Außenseiter:innen seien: der Westen, also »Sie« und *nicht* die Senegalesen selbst.

Hatte er recht?

—

Während ich über Salls Annahmen nachgrübelte, kam mir ein anderes Land in den Sinn, in dem eine pinke Linie gezogen wurde – in diesem Fall über die sich auflösenden Überreste des Eisernen Vorhangs hinweg: die Ukraine. Im Vorfeld der Maidan-Revolution von

2013 und der russischen Invasion auf der Krim 2014 rang das Land mit der Frage, ob es seine Bewerbung um eine Mitgliedschaft in der Europäischen Union weiter betreiben oder sich der neuen »eurasischen« Zollunion Wladimir Putins anschließen sollte. Putin attackierte 2013 die EU und ihre Westausdehnung, und er tat dies mit der Behauptung, die »traditionellen Werte« der orthodoxen slawischen Gesellschaft gegen einen dekadenten säkularen Westen zu verteidigen. Ein wichtiges Element seiner *dog whistle politics* bestand darin, Europa als »Gayropa« zu bezeichnen.[11] In der ukrainischen Hauptstadt Kiew errichteten Vertreter:innen des Kreml Plakatwände mit Händchen haltenden Strichmännchen und dem Spruch: »EU-Mitgliedschaft gleich Homo-Ehe«. Und im russischen Fernsehen, das viele Ukrainer schauten, gab es den beliebten gereimten Kalauer: »W Ewropu tscheres schopu« (»Der Weg nach Europa führt durch den Arsch«).[12]

Ein EU-Beitritt hätte tatsächlich eine Übernahme »europäischer Werte« erfordert, zu denen auch der Schutz von LGBT-Menschen gegen Diskriminierung und Gewalt gehört. Die Ukraine und Russland hatten (1991 beziehungsweise 1993) beide die Strafbarkeit von einverständlichem Geschlechtsverkehr zwischen erwachsenen Männern abgeschafft, eine Bedingung für die Mitgliedschaft im Europarat. Nun, da sich in diesen Ländern, in denen nach dem Zusammenbruch der Sowjetunion Orientierungslosigkeit herrschte, eine neue politische und religiöse Elite zu etablieren versuchte, konnte der neue rechtliche Status – und die Sichtbarkeit – homosexueller Menschen als Ausdruck der allgemeinen Gesetzlosigkeit der postkommunistischen Ära interpretiert werden.

Dies war der Trend in einer Region, in der nativistische und nationalistische Politiker:innen die Rechte von LGBT-Personen für die Wiederherstellung einer Souveränität zu instrumentalisieren trachteten, die ihrer Ansicht nach an Europa abgetreten worden war. In Polen profitierten die Kaczyński-Zwillinge beim Aufbau ihrer antieuropäischen Partei Recht und Gerechtigkeit (Prawo i Sprawiedliwość, PiS) in erheblichem Ausmaß von der Dämonisierung der blühenden LGBT-Bewegung ihres Landes. Besonders deutlich zu beobachten war diese Strategie während Andrzej Dudas letztlich erfolgreichem Wahlkampf um das Präsidentenamt. Und in Ungarn verfolgte Viktor Orbáns Fidesz-Partei dieselbe Strategie, etwa indem sie 2012 durch einen Verfassungszusatz gleichgeschlechtliche Ehen verbot. Sowohl in Polen und Ungarn als auch in Russland gehörte staatliche Homophobie zu dem übergreifenden Projekt der Verteidigung der nationalen Identität gegen Migrant:innen, die – neben der Sichtbarkeit von Homosexuellen – als eine negative Folge offener Grenzen betrachtet wurden.

Im selben Zeitraum, als Russland begann, gegen Migrant:innen, und zwar insbesondere gegen solche aus zentralasiatischen Ländern, vorzugehen, verabschiedete die Duma das Gesetz gegen Propaganda von nichttraditionellen sexuellen Beziehungen gegenüber Minderjährigen. Dieses sogenannte »Gesetz gegen homosexuelle Propaganda« verbot jede Erwähnung von Homosexualität in Gegenwart Minderjähriger, sowohl im Gespräch als auch in allen Medien, die diese lesen oder hören konnten. In der Folge kam es zu einer Welle heftiger Angriffe: Es kam zu Hexenjagden gegen Lehrer:innen, Angriffen auf Demonstrant:innen, und Homosexuellen wurden online Fallen gestellt, um sie zu entführen und zu foltern. Besonders schlimme Folgen hatte das Gesetz für Transfrauen, die als sichtbarste und freakigste Erscheinung westlicher Verkommenheit galten.

Die Kritik an dem Gesetz beweise nur den moralischen Bankrott Europas, schimpfte Präsident Putin im Dezember 2013. Die Tendenz des Westens, »das Recht eines jeden auf Gewissensfreiheit, politische Ansichten und ein Privatleben« anzuerkennen, bedeute eine Akzeptanz der »Gleichheit von Gut und Böse«.[13] Als wichtigster Beweis für diesen Trend galt Putin die Normalisierung von Homosexualität: »ein direkter Weg zu Zersetzung und Primitivismus, der zu einer tiefen demografischen und moralischen Krise geführt hat«.[14]

Vor dem Hintergrund all dieser Ereignisse traf ich mich mit der führenden ukrainischen LGBT-Aktivistin Olena Schewtschenko. Sie berichtete mir, dass sie und ihre Mitstreiter:innen für ein viel bescheideneres Ziel als die Ehe für alle kämpften: Sie wollten ein an der russischen Vorlage orientiertes Gesetz verhindern, das gerade von russischen Erfüllungsgehilfen und ukrainischen Nationalist:innen vorgelegt worden war, und sie wollten sich um Schutz vor der ausufernden öffentlichen Gewalt gegen queere Menschen bemühen, die, wie im Senegal, durch deren größere Sichtbarkeit ausgelöst worden war. Einige ihrer Verbündeten in der ukrainischen Zivilgesellschaft vertraten im Gegensatz zu Schewtschenko allerdings die Ansicht, dass die Zeit noch nicht reif sei, über diese Dinge zu sprechen. Die ukrainische Gesellschaft sei nicht bereit für eine solche Diskussion. Diese könne sogar als Beleg für die Behauptung der Opposition missbraucht werden, die Ukrainer:innen würden zu Marionetten Europas degradiert.

Schewtschenko war eine Anwältin in den Dreißigern, die während der Februarrevolution von 2014 eine nur aus Frauen bestehende Militäreinheit anführen sollte. »Ja«, sagte sie zu mir, »ja, sie haben recht. Die ukrainische Gesellschaft ist wirklich nicht bereit für LGBT-Rechte. Das sehe ich auch so. Doch die LGBT-Menschen in der Ukraine lassen sich nicht mehr einschränken. Sie gehen online. Sie schauen fern. Sie reisen. Sie sehen, wie es sein könnte. Warum sollten sie nicht ähnliche Freiheiten haben? Warum sollten sie gezwungen sein, im Verborgenen zu leben? Die Welt ändert sich sehr schnell, und die Ereignisse überholen uns in der Ukraine. Wir haben keine andere Wahl, als es mit einer Aufholjagd zu versuchen.«

—

Wer hat recht?

Der senegalesische Präsident Macky Sall mit der Überzeugung: »Wir leben in einer Welt, die sich langsam ändert«?

Oder die ukrainische Aktivistin Olena Schewtschenko mit der Ansicht: »Die Welt verändert sich sehr schnell. [...] Wir haben keine andere Wahl, als es mit einer Aufholjagd zu versuchen«?

Beide.

Im 21. Jahrhundert ist die pinke Linie eher ein Gebiet als eine Linie. Sie ist ein Grenzgebiet, in dem queere Menschen versuchen, den Widerspruch zwischen der Befreiung und der Community, die sie etwa online oder im Fernsehen oder in Safe Spaces erfahren, und den Beschränkungen auf der Straße und am Arbeitsplatz, im Gerichtssaal und im Wohnzimmer aufzulösen. Die pinke Linie ist ein Gebiet, in dem queere Menschen jedes Mal die Zeitzone wechseln, wenn sie von ihrem Smartphone aufschauen und die um den Familientisch versammelten Menschen sehen oder wenn sie aus dem Underground-Nachtclub wieder in den oberirdischen Nationalstaat hinaufsteigen. In der einen Zone ist die Zeit beschleunigt, in der anderen ist sie gebremst. Wenn man sein Leben als Pendler zwischen den Zeitzonen verbringt, kann einen das ganz schön schwindlig machen.

Wie Aunty in ihrem neuen Heim in Tambo Village waren auch die anderen Menschen, die ich bei den Recherchen für dieses Buch kennenlernte, einer Vielzahl unterschiedlicher Einflüsse unterworfen, die von der Kanzel bis zum Smartphone reichten. Aber wie Aunty, die ganz alleine darauf kam, eine *chinkhoswe* zu veranstalten, und die ihr Leben in Tambo Village selbst gestaltete, hatten auch diese anderen Menschen einen Handlungsspielraum. In dieser Hinsicht wenigstens hatte Olena Schewtschenko etwas verstanden, das Macky Sall nicht sehen konnte oder wollte: Der Ruf nach Veränderung wird vielleicht von externen Akteuren wie Barack Obama oder der Europäischen Union unterstützt, aber er wird von den Senegales:innen oder den Ukrainer:innen selbst erhoben.

—

Dieses Buch ist in erster Linie eine Sammlung von Geschichten mit ganz einzigartigen Protagonist:innen, die an ganz bestimmten Orten ganz persönliche Entscheidungen treffen. Sie treiben ihre eigene Geschichte voran, und der Rest von uns – Aktivist:innen und Politiker:innen, Wissenschaftler:innen, Schriftsteller:innen und Leser:innen – versucht aufzuholen.

Aber dieses Buch ist auch eine Erörterung über das Thema, wie sich die Welt im 21. Jahrhundert verändert und warum dies geschieht. Es ist kein Zufall, dass sich die Vorstellung von LGBT-Rechten genau in dem historischen Augenblick weltweit verbreitete, als in der Ära der Globalisierung alte Grenzen fielen oder ihre Bedeutung verloren. Die Folge war eine rasante globale Verbreitung von Ideen bezüglich der Gleichberechtigung der Geschlechter und der Geschlechtsangleichung. Aber gleichzeitig provozierte dieses Verschwinden von Grenzen eine heftige Gegenreaktion konservativer, patriarchaler und kirchlicher Kräfte, die den unvermeidlichen Kontrollverlust fürchteten, der ihnen durch diesen Prozess droht. Das ist die Dynamik entlang der pinken Linie, insbesondere an Orten, an denen Menschen zum ersten Mal als Schwule oder Lesben oder MSM oder Transpersonen in Erscheinung treten. In den meisten Gesellschaften haben sie schon immer existiert, wenn auch auf Arten, die manchmal umschrieben oder unterdrückt oder exzentrisch waren. Nun jedoch beanspruchen sie einen neuen Status, indem sie neue politische Identitäten annehmen. Und sie werden in eine größere geopolitische Dynamik verwickelt.

Bei den französischen Präsidentschaftswahlen von 2017 sagte die Kandidatin des Front National Marine Le Pen, die Welt sei nicht mehr in »links« und »rechts«, sondern in »Globalisten« und »Patrioten« geteilt. Sie verlor die Wahl gegen Emmanuel Macron (der betonte, dass er ebenfalls ein Patriot sei), aber anderswo auf der Welt errangen Politiker:innen mit ähnlichen Ansichten wie Le Pen große Siege. Donald Trump kam 2016 in den Vereinigten Staaten mit einer nationalistischen Agenda an die Macht und unterstellte den

Befürworter:innen der Globalisierung, sie seien unpatriotisch. Im selben Jahr entschied sich Großbritannien in einer Volksabstimmung für den Austritt aus der Europäischen Union, und kurz nachdem sie ihr Amt als Premierministerin angetreten hatte, äußerte Theresa May den berühmten Satz: »Wer sich für einen Weltbürger hält, ist ein Bürger von Nirgendwo.«[15] Sowohl die Trump-Revolution als auch die des Brexit, die im Jahr 2019 Boris Johnson an die Macht brachte, versuchten, wieder nationale Grenzen gegen den freien Verkehr von Waren und Kapital, insbesondere jedoch gegen den freien Verkehr von Menschen zu etablieren. Die neue Politik will nicht nur neue Mauern errichten, sondern behauptet auch, dass man die alten Mauern zu schnell niedergerissen habe.

Insbesondere in Europa ergänzen diese nationalistischen Bewegungen neuen Typs ihr Programm manchmal durch die Behauptung, nicht nur Arbeitsplätze, sondern auch Werte schützen zu wollen. Als Marine Le Pen 2017 für die französische Präsidentschaft kandidierte, schlossen diese Werte bereits die Rechte von LGBT-Personen mit ein. Der Mann, der dafür das Skript schrieb, war Pim Fortuyn, ein fanatischer Immigrationsgegner aus den Niederlanden, der 2002 ermordet wurde. Der offen schwule Politiker bekam große Unterstützung, als er behauptete, die Intoleranz von Muslim:innen gegenüber Homosexuellen sei eine existenzielle Bedrohung für die europäische Zivilisation. In seine Fußstapfen trat der rechtsextreme Geert Wilders, der sich diese Ansicht und das dazugehörige politische Programm zu eigen machte. Als ein muslimischer Mann mit psychischen Problemen im Juni 2016 in dem queeren Nachtclub Pulse in Orlando im US-Bundesstaat Florida 49 Menschen tötete, prangerte der damals im Wahlkampf befindliche Donald Trump den »radikalislamischen Terrorismus« an; und auch Wilders, in den Niederlanden ebenfalls im Wahlkampf, versuchte, von dem Anschlag zu profitieren, als er sagte: »Die Freiheit, die schwule Menschen haben sollten: einander zu küssen, zu heiraten, Kinder zu haben, ist genau das, was der Islam bekämpft.«[16]

Wilders verlor die Wahl, hatte aber großen Einfluss auf das Programm seiner Gegner. So kam es, dass sogar Mark Rutte von der liberal-bürgerlichen Volkspartei für Freiheit und Demokratie und seit 2010 Ministerpräsident der Niederlande öffentlich von einem »wachsenden Unbehagen [sprach], wenn Menschen unsere Freiheit missbrauchen, [...] wenn sie Schwule belästigen, Frauen in kurzen Röcken anschreien oder normale niederländische Menschen des Rassismus beschuldigen. [...] Wenn Sie unser Land auf eine derart fundamentale Weise ablehnen, wäre es mir recht, wenn Sie es verlassen.«[17]

In Frankreich tanzte Marine Le Pen auf beiden Hochzeiten: Sie sprach sich gegen die gleichgeschlechtliche Ehe aus, nahm aber an den großen Demonstrationen gegen sie nicht teil. In einem Fernsehinterview bei einem Russlandbesuch im Jahr 2013 stimmte sie begeistert der Ansicht ihrer neuen Genoss:innen im Kreml zu und sagte: »Homophilie ist ein Element der Globalisierung.«[18] Aber ihr Stellvertreter und Chefstratege war der schwule Florian Philippot, und sie warb 2017 offen um die Stimmen der schwulen Franzosen mit dem Argument, dass ihre Politik alles sei, was noch zwischen ihnen und dem muslimischen »Hass auf die Homosexuellen« stehe, wie sie es in einer Fernsehdebatte mit Emmanuel Macron formulierte.[19]

Andere rechtsgerichtete europäische Parteien folgten ihrem Beispiel. Im Jahr 2018 sagte ein Sprecher der flämisch-nationalistischen Partei Vlaams Belang (Flämische Interessen) in Belgien, seine Partei sei die schwulenfreundlichste im Land, weil alle anderen bereit seien, »Tausende von Muslimen zu importieren, die ausgesprochen gewaltsame Ideen haben, was schwule oder Transmenschen betrifft«.[20] Die immigrationsfeindliche Alternative für Deutschland (AfD) spricht sich zwar gegen die gleichgeschlechtliche Ehe aus und möchte die Sexualerziehung an den Schulen beschränken, gleichzeitig gehört aber mit Alice Weidel eine offen lesbische Frau zu ihrer Führung. Außerdem gibt es eine Gruppierung von Homosexuellen in der Partei, die betont, dass ein energisches Vorgehen gegen die »islamische Orthodoxie« für das »Überleben« der LGBT-Deutschen notwendig sei.[21] Im Jahr 2016 plakatierte der Berliner Ortsverband der AfD das Foto eines schwulen Paares, daneben der Spruch: »Mein Partner und ich legen keinen Wert auf die Bekanntschaft mit muslimischen Einwanderern, für die unsere Liebe eine Todsünde ist.«[22]

In Westeuropa werden LGBT-Rechte als pinke Linie gegen den Zustrom neuer Migrant:innen genutzt. Gleichzeitig wird in Osteuropa eine pinke Linie gegen den dekadenten westlichen Liberalismus gezogen. In beiden Fällen werden queere Menschen politisch instrumentalisiert wie niemals zuvor. Sie bekommen eine politische Bedeutung, die weit über ihre eigenen Forderungen nach Gleichbehandlung und Würde hinausreicht. Und sie werden für manche zur Verkörperung von Fortschritt und Weltoffenheit und für andere zu Stigmata des moralischen und sozialen Verfalls.

—

Im Jahr 2013 brachte der Einrichtungskonzern Ikea in seinem Onlinemagazin eine Geschichte über Kirsty und Clara, zwei Frauen aus Dorset im Süden Englands, die ihre Wohnung mit Möbeln des Unternehmens eingerichtet hatten: »Wir sind zwei Mütter, die ihren kleinen Jungen in der Dachwohnung von Claras Mutter aufziehen«, wurde Kirsty zitiert. »Wir sind nicht die durchschnittliche Familie mit der durchschnittlichen Wohnung, aber wenn meine Oma zwei Söhne in einem kleinen Wohnwagen aufziehen konnte, dann kriegen wir es auch in unserer kleinen Dachwohnung hin.«

Der Artikel gehörte zu einer globalen Kampagne von Ikea, in der Familien vorgestellt wurden, die in seinen warmen, nordischen Inneneinrichtungen lebten. Dann jedoch zeigte der Konzern eine typische Reaktion auf den Konflikt zwischen einem neuen globalen Trend und der lokalen Realität: Er entfernte die Geschichte aus der russischen Ausgabe seines Magazins, weil er fürchtete, sie könnte das neue Gesetz gegen »homosexuelle Propaganda« verletzen. Gay-Communitys auf der ganzen Welt reagierten empört auf die von Ikea geübte Selbstzensur, einige drohten mit Boykott. Im folgenden Jahr verzichtete Ikea ganz darauf, sein Magazin in Russland zu publizieren, weil das Unternehmen nicht gegen seine eigenen »Werte« verstoßen wollte.[23]

Genau zur selben Zeit, als Ikea Kirsty und Clara aus seiner russischen Werbekampagne verbannte, wurde im russischen Fernsehen eine Folge des Nachrichtenmagazins *Spezialny Korrespondent* (Sonderkorrespondent) ausgestrahlt, bei der es sich angeblich um eine Untersuchung zum Thema LGBT-Rechte handelte, die in Wirklichkeit jedoch sehr grob die Position des Kreml in der Sache vertrat. (Die Folge hatte den Titel »Lizedej«, Schauspieler, was suggerieren sollte, dass erfindungsreiche Russ:innen Homosexuelle »spielten«, um Gelder aus dem Ausland abzusahnen.) Sie sollte folgende Frage klären: »Wird Russland durch [ausländische] Homosexuelle bedroht, die versuchen, unser Land zu infiltrieren, um unter dem Vorwand, dass unser Staat Schwule und Lesben unterdrückt, eine Protestbewegung zu organisieren?«

Als das »Expertengremium« der Sendung hört, dass Sportler:innen desselben Geschlechts bei der Eröffnungsfeier der kommenden Winterspiele im russischen Sotschi aus Solidarität mit LGBT-Russ:innen womöglich Händchen halten werden, bleibt einigen seiner Mitglieder vor Empörung der Mund offen stehen.[24] Nur die bekannte feministische Schriftstellerin Maria Arbatowa, die einzige vernünftige Person in der Runde, sagt vorwurfsvoll: »Hat es vielleicht Einfluss auf den russischen Staatshaushalt, wenn sich Sportler:innen bei den Olympischen Spielen an der Hand halten? Werden dadurch unsere sportlichen Leistungen schlechter?«[25]

Da explodiert Witali Milonow, der schwulenfeindlichste Politiker des Landes, und sagt: »[Wenn Sportler Händchen halten,] lasse ich meine Kinder nicht an den Fernseher.«[26]

»Dann werfen Sie den Fernseher doch weg!«, ermuntert ihn Arbatowa. »Sorgen Sie dafür, dass Ihre Kinder weiterhin nicht das Geringste [über die Welt] wissen!«[27]

Der Schlagabtausch enthielt die Punkte, über die an der pinken Linie auf der ganzen Welt gestritten wird. Arbatowa sah in Milonow einen ängstlichen Provinzler, und er betrachtete sie als wurzellose Kosmopolitin. Sie begrüßte den unvermeidlichen Prozess der Globalisierung im Namen des Fortschritts und der »Menschenrechte«, und er versuchte, seine Kinder im Namen des Glaubens und »traditioneller Werte« vor den Folgen ebendieses Prozesses zu schützen.

Die Auseinandersetzung ist natürlich so alt wie die Moderne selbst. Insbesondere was die Sexualität betrifft, reicht sie bis in das Europa des 19. Jahrhunderts zurück, als Wissenschaftler:innen begannen, das sexuelle Verhalten zu kodifizieren, und man in den Gesellschaften darüber zu sprechen anfing. Sie prägte den Diskurs über die Rechte von Homosexuellen und »Transvestiten« in Berlin und die Prozesse, die 1895 wegen Unzucht gegen Oscar Wilde geführt wurden. Stalin nutzte sie, um in der Sowjetunion der dreißiger Jahre eine moralische Panik gegen Homosexuelle loszutreten, als er nach Razzien an mehreren Moskauer Homosexuellentreffs homosexuellen Geschlechtsverkehr wieder unter Strafe stellte (dieser war nach der Revolution entkriminalisiert worden). Maxim Gorki, der die Entscheidung als Stalins Propagandist in der *Prawda* erklärte, verkündete, es sei an der Zeit, dass das Proletariat derartige vom Westen ausgehende Symptome kapitalistischer Krankheit »wie ein Elefant zermalmt«.[28]

Wie sehr unterscheidet sich diese Sprache wirklich von der Witali Milonows oder der afrikanischer Politiker:innen, die im frühen 21. Jahrhundert versuchen, die Homosexualität weiterhin zu kriminalisieren? Vergleichen wir sie mit der von David Mark, der als nigerianischer Senatspräsident für die schwulenfeindliche Gesetzgebung seines Landes verantwortlich zeichnete. Er sagte 2013: »Es gibt viele gute Werte, die wir von anderen Gesellschaften übernehmen können, aber diesen ganz bestimmt nicht.« Das neue Gesetz werde »dem Rest der Welt, der dieses widernatürliche Verhalten gutheißt, beweisen, dass wir Nigerianer Vernunft, Moral und Menschlichkeit fördern und respektieren«.

Sowohl der Russe Gorki als auch der Nigerianer Mark gerierten sich mit einem Abstand von knapp einem Jahrhundert gegenüber dem Moloch des liberalen westlichen Kapitalismus als Beschützer von Tradition und Moral. Und einer der effektivsten Wege, den Schutz zu gewährleisten, bestand darin, eine pinke Linie zu ziehen. Diese Strategie wurde zu Beginn des 21. Jahrhunderts, als Nachrichten über die »Schwulenrechte« und die »Homoehe« in jeden Winkel der Welt vordrangen, immer häufiger angewandt. So sagte der damalige malaysische Premierminister Mahathir bin Mohamad auf dem Parteitag seiner Regierungspartei im Jahr 2003, die Europäer:innen wollten der Welt eine unbegrenzte Freiheit aufzwingen, die auch »das Recht auf die Ausübung von freiem Sex einschließlich des Analverkehrs mit einschließt. [...] Unsere Lebensweise muss nicht die ihre sein. Für sie existieren keine asiatischen Werte.«[29] Kein Weg war effektiver, um »asiatische« – oder »afrikanische« oder »slawische« oder »muslimische« oder »christliche« oder »proletarische« – Werte zu definieren, als sie gegen diese Abscheulichkeit zu setzen, die der säkulare Westen inzwischen befürwortete.

Obwohl dieses Konstrukt nicht neu ist, gewinnt es im 21. Jahrhundert durch die Geschwindigkeit, mit der sich Ideen rund um den Erdball verbreiten, an Wirkungskraft. »Es gibt immer eine Gegenreaktion, wenn Menschen sich outen«, sagte mir die langjährige US-amerikanische LGBT-Aktivistin Julie Dorf 2014, »doch diese Ära unterscheidet sich dadurch von früher, dass das, was heute in den USA passiert, morgen in Aserbaidschan bekannt ist. Und was die rechten und konservativen Kräfte fürchten, ist tatsächlich wahr: Rechte sind Rechte sind Rechte. Wenn man beginnt, für die Rechte von LGBT-Personen zu kämpfen, führt das irgendwann zu der Forderung nach der Ehe für alle, und das löst Angst aus, selbst wenn die Aktivist:innen der Bewegung heute etwa in Nigeria oder Russland noch gar nicht die Ehe für alle propagieren. Sie fordern lediglich, in Frieden leben zu dürfen und nicht getötet zu werden – denselben grundlegenden Schutz, den alle anderen auch genießen.«

Die Auseinandersetzung über sexuelle Orientierung und Geschlechtsidentität im 21. Jahrhundert ist global, wenngleich sie, wie die Kampagne von Ikea zeigt, lokale oder regionale Besonderheiten aufweist. In Russland und vielen afrikanischen Ländern dreht sie sich, wenigstens für einige, um grundlegende Rechte wie Versammlungsfreiheit und Sicherheit und für andere um den Schutz von Kindern. In anderen Ländern, wie etwa den Vereinigten Staaten, Mexiko oder Frankreich, geht es um die Fragen, was eine Familie sein sollte und wer das Recht hat, eine zu gründen. In den katholischen Ländern Europas und in Lateinamerika ist die pinke Linie Bestandteil eines breiteren Konflikts geworden über »Genderideologie« und den Vorwurf, dass sich der Mensch in einen göttlichen Plan einmische. Im Nahen Osten entfaltete sich die Auseinandersetzung im Zusammenhang mit dem Arabischen Frühling, als eine aufkeimende queere Bewegung die ersten vorsichtigen Schritte Richtung öffentliche Präsenz unternahm – und sogleich als ein negatives Symptom der damaligen Öffnung identifiziert wurde. In einem Großteil Asiens wird die Auseinandersetzung mittels der neuen sozialen Medien geführt, aber auch durch die schnelle Urbanisierung und Industrialisierung vorangetrieben. Diese hat nämlich zur Folge, dass große junge Bevölkerungsteile erstmals weit weg von ihren Familien leben. Auf verschiedene Arten wird mittlerweile auf der ganzen Welt auch über Geschlechtsidentität und über das Recht eines Menschen diskutiert, die Kategorien weiblich und männlich zu wechseln oder irgendwo dazwischen zu leben. Gemeinsam ist den verschiedenen pinken Linien, dass sie ein bestimmtes Verständnis von »Tradition« gegen ein bestimmtes Verständnis von »Modernität« setzen. Die Arbeit queerer Menschen entlang dieser Linien hat oft das Ziel, Tradition und Moderne miteinander zu versöhnen, also den befreienden Gehalt der Modernität zu begrüßen und dennoch die Zugehörigkeit zu ihren Gesellschaften und Communitys zu bewahren.

Die Auseinandersetzung ist, grade weil sie an vielen Orten neu ist, sehr lebhaft und häufig gewaltsam, wenn sich konservative Kräfte gegen die unvermeidlichen Folgen einer gerade erst globalisierten Welt und gegen die Ideen, die sie hervorgebracht hat, wehren. Es ist zu einfach, diese Reaktion als »Homophobie« oder »Transphobie« zu bezeichnen, wenngleich sie oft mit dieser Angst oder diesem Hass verbunden ist oder ihn hervorruft. Sie erzeugt eine moralische Panik, in der homosexuelle oder intergeschlechtliche Menschen zu Sündenböcken oder Schreckgespenstern werden und als Begründung für die Widerherstellung von »Recht und Ordnung« missbraucht oder als negative Kräfte dargestellt werden, gegen die sich die nationale Identität definiert. In den meisten Fällen nehmen diese Kampagnen für sich in Anspruch, »traditionelle Werte« oder die »natürliche Ordnung« vor der Verwüstung durch die moderne Gesellschaft beziehungsweise normale Menschen vor einer globalen oder kosmopolitischen Elite zu schützen.

Persönlich bewegt ob Tiwonge Chimbalangas Schicksal, nutzte der damalige UN-Generalsekretär Ban Ki-moon 2012 die Konferenz der Afrikanischen Union in Addis Abeba, um an die Länder des Kontinents zu appellieren, sie mögen Homosexualität entkriminalisieren – und rief damit bei Kurienkardinal Robert Sarah, dem hochrangigsten Afrikaner im Vatikan, eine sehr harsche Reaktion hervor: »Sie können so etwas Dummes nicht erzwingen. Arme Länder wie Afrika [sic!] akzeptieren es nur, weil es ihnen durch Geld aufgezwungen wird, indem es zur Bedingung für Hilfe gemacht wird.«[30]

Das ist das große Schibboleth des globalen schwulenfeindlichen Diskurses von Maxim Gorki und seinen »Schauspieler:innen« in Russland bis zu Kardinal Sarah und Auntys Verfolger:innen in

Malawi: Homosexualität ist für sie ein Geschäft, eine Form der »Rekrutierung«, die darauf abzielt, arme oder junge Menschen oder Menschen mit dunkler Hautfarbe auszubeuten und die Werte zu kompromittieren, mit denen sie aufgewachsen sind.

—

Das Skript reicht weit zurück in der Geschichte, aber seine erste moderne Aufführung im Zeitalter der Gay Rights erlebte es während der iranischen Revolution von 1979: Die Verteufelung der Homosexualität, unter anderem durch die im Namen der Scharia verhängte Todesstrafe, war eine der Arten, wie sich die neuen Herrscher von der »westlichen Dekadenz« des Schah-Regimes zu unterscheiden suchten (eine weitere bestand natürlich in den enormen Einschränkungen für die Frauen). Es gibt keine verlässlichen Zahlen darüber, wie viele angebliche Homosexuelle seit 1979 im Iran hingerichtet wurden, aber Tausende sind ins Exil gegangen.

Im Jahr 2015 erklärte Ayatollah Ali Chamenei, die iranische Jugend sei wegen der »Kommunikationsmedien, die falsche Gedanken oder Meinungen verbreiten können«, stärker bedroht denn je. Der Iran sei »nicht mehr in einen militärischen Krieg verwickelt«, sondern »in politische, wirtschaftliche und sicherheitspolitische Kriege und, insbesondere, in Kulturkriege«.[31] Chamenei sprach nicht ausdrücklich über Homosexualität, sondern über die zunehmende Verbreitung westlicher Werte in seinem Land. In anderen Erklärungen stellte er freilich klar, dass die Homosexualität und insbesondere die gleichgeschlechtliche Ehe der wichtigste Ausdruck dieses »Massenangriffs auf menschliche Werte« sei.[32]

Derartige Ansichten verbreiteten sich sogar in toleranteren Teilen der Welt. Indonesien, das bevölkerungsreichste muslimische Land der Erde, hatte sich immer durch eine gewisse Unbeschwertheit ausgezeichnet. 2016 jedoch sagte der damalige indonesische Verteidigungsminister Ryamizard Ryacudu während einer bis dahin untypischen Kampagne gegen queere Menschen, die LGBT-Bewegung sei gefährlicher als ein Atomkrieg, weil »wir nicht sehen können, wer unsere Feinde sind, und aus heiterem Himmel alle einer Gehirnwäsche unterzogen werden«. Er sprach von einem »Stellvertreterkrieg«, bei dem »ein anderer Staat die Köpfe der Nation besetzen könnte, ohne dass es jemand bemerkt. [...] Alles, was wir kennen, könnte auf einen Schlag verschwinden. Es ist gefährlich.«[33] Wie Chamenei sprach auch Ryacudu von der Wirkungslosigkeit konventioneller Kriegführung und sogar von Staatsgrenzen gegen die neue Bedrohung. Es handele sich um einen moralischen Krieg, der moralisch geführt werden müsse – eher im Cyberspace als an realen Landesgrenzen.

Im Mai 2017 beherbergte Viktor Orbán in Budapest den sogenannten World Congress of Families (WCF). Organisiert wird der Kongress von der gleichnamigen globalen Initiative, die von US-amerikanischen Evangelikalen und russisch-orthodoxen Konservativen geleitet wird. Orbán postulierte in seiner Eröffnungsrede einen Zusammenhang zwischen seiner harten Politik gegen Immigrant:innen und den »traditionellen Werten« des Christentums und prahlte, die Zäune seines Landes hätten den Lauf der Geschichte verändert, weil sie die nach Europa drängenden Geflüchteten aufgehalten hätten.[34] In einem anderen Teil der Welt war Donald Trump, nachdem er im Wahlkampf ein ähnliches Vertrauen in Zäune und Mauern zum Ausdruck gebracht hatte, gerade zum Präsidenten gewählt worden.

Jack Hanick, ein weiterer Hauptredner auf dem Kongress, betonte freilich den unentschiedenen Charakter der neuen Kämpfe. Der Mitgründer von Fox News war nach Moskau gezogen, um beim Aufbau von Tsargrad TV zu helfen, »Gottes Fernsehen russischen Stils«, wie die *Financial Times* den Sender beschrieb.[35] Auf dem Kongress projizierte er ein Bild aus der US-amerikanischen Familienserie *The Brady Bunch* aus den siebziger Jahren auf eine große Leinwand und sagte: In der Serie habe es vielleicht noch einen männlichen Patriarchen und eine nicht berufstätige Mutter gegeben, aber sie stehe mit ihrer »Patchworkfamilie« dennoch für den Beginn eines unerbittlichen moralischen Abstiegs, der sich bis zu der Serie *Modern Family* fortsetze, in der »die gleichgeschlechtliche Ehe idealisiert wird«. »Dies ist ein Krieg«, so Hanick, »aber kein Krieg, der in der materiellen Welt geführt werden kann«.[36]

Wenn das Fernsehen, wie Hanick es formulierte, »im Zentrum eines spirituellen Krieges steht«, gilt das natürlich erst recht für das Internet.[37] Hanicks Arbeitgeber bei Tsargrad TV war Konstantin Malofejew, ein rechtsgerichteter Oligarch und Aktivist, der in Russland die Liga für Internetsicherheit gegründet hat, die nach chinesischem Vorbild im Namen des Kinderschutzes den Cyberspace patrouilliert. Der Architekt der sogenannten »Großen chinesischen Firewall« war Fang Binxing. Er betonte in einem 2016 von Malofejew veranstalteten Forum für ein sicheres Internet, dass »Grenzen, wenn sie existieren, auch im Cyberspace existieren«. Außerdem äußerte er die Vermutung, dass die US-amerikanische Regierung die Firmen, die den Cyberspace dominieren, direkt kontrolliere.[38] Google, Facebook und Twitter sind natürlich aus dem chinesischen Internet verbannt.

China hatte 1997 homosexuellen Geschlechtsverkehr entkriminalisiert und 2001 Homosexualität entpathologisiert. Doch als die queere Bevölkerung des Landes durch westliche Medien und online immer sichtbarer wurde, erregte dies bald die Aufmerksamkeit der chinesischen Cyber-Marshals. In den Jahren 2016 und 2017 veröffentlichte die Regierung eine Liste mit »abnormalen sexuellen Beziehungen«, die aus dem Fernsehen und dem Internet verbannt wurden. Dazu gehörten »gleichgeschlechtliche Beziehungen« sowie »Inzest«, »sexuelle Perversion« und »sexueller Missbrauch«.[39] Im Jahr 2018 verkündete Sina Weibo, das chinesische Twitter, es werde jegliches Bildmaterial, das pornografisch, gewaltverherrlichend oder homosexuell sei, entfernen, um der Forderung der Regierung zu entsprechen. Dies löste den größten Proteststurm aus, den China bis dahin in Bezug auf LGBT-Themen erlebt hatte. Der Hashtag #IamGay wurde mehr als 500 000 Mal gepostet und mehr als 530 Millionen Mal aufgerufen. Zehntausende twitterten Geschichten über ihre eigene Queerness oder über queere Familienmitglieder oder Freund:innen. Weibo machte schnell einen Rückzieher.

In verschiedenen Teilen der Welt finden Menschen online Gemeinschaft und Informationen – und Sex. Doch die zunehmende Vernetzung bringt auch neue Bedrohungen für ihre Sicherheit mit sich, von Cyber-Mobbing und unerwarteter Bloßstellung bis hin zu online gestellten Fallen. Auf einer internationalen LGBT-Konferenz im Jahr 2012 hörte ich, dass Gegner des Assad-Regimes in Syrien mit Beweisen für ihre Aktivitäten auf Dating-Apps erpresst worden waren. In den folgenden Jahren lockte die Sittenpolizei in Ägypten Dutzende schwuler Männer mit der Dating-App Grindr in die Falle, weshalb das Unternehmen schließlich seine GPS-Ortungsfunktion in Ägypten deaktivierte.[40]

In Russland nutzte die Journalistin Elena Klimowa die sozialen Medien, um mit der Initiative Deti-404 ein Angebot für queere Jugendliche ins Leben zu rufen. 404 ist im Web die Fehlermeldung, die erscheint, wenn eine Website nicht mehr existiert. »Jede zwanzigste Familie hat ein LGBT-Kind, und diese Kinder sind die unsichtbaren ›404-Kinder‹ der Gesellschaft«, schrieb Klimowa.[41] Hunderte Jugendliche besuchten ihre Website, traten auf der russischen Plattform VKontakte einer geschlossenen Gruppe bei oder posteten Porträts und Geschichten auf offenen Seiten. Genau zur selben Zeit nutzte auch die Gruppe Occupy Pedophilia VKontakte, um schwule Männer in die Falle zu locken und anschließend grausige Videos über ihre Misshandlung und Folterung ins Netz zu stellen.

So werden die pinken Linien im 21. Jahrhundert gezogen: von Ikea und Grindr, von *Modern Family* und Weibo, aber auch von den politischen Entscheidungsträger:innen im US-amerikanischen Außenministerium und im Kreml, von den Technokrat:innen bei der UN-Menschenrechtskommission und von den Aktivist:innen beider Seiten.

—

Am 18. Dezember 2008 zog die kämpferische Rama Yade, damals französische Staatssekretärin für Menschenrechte, die erste pinke Linie auf dem Boden der Generalversammlung der Vereinten Nationen, als sie im Namen der Europäischen Union eine Erklärung zur Abstimmung stellte, die »die Verletzung von Menschenrechten und Grundfreiheiten aufgrund der sexuellen Orientierung oder Geschlechtsidentität« verurteilte.[42] 66 Staaten unterstützten die Erklärung. Aber 57 andere unterzeichneten sofort eine Gegenerklärung, in der sie Yades Vorlage als illegale Einmischung in ihre inneren Angelegenheiten verurteilten, weil sie zur »sozialen Normalisierung und möglicherweise Legitimierung vieler beklagenswerter Verhaltensweisen einschließlich der Pädophilie« führen könne.

Später sollte Putins Russland bei der UN die Führung dieser Gegenbewegung übernehmen, aber zum damaligen Zeitpunkt hielt es sich noch heraus: Russland unterzeichnete weder die eine noch die andere Erklärung, und fast alle Unterzeichner der Gegenerklärung stammten aus der muslimischen Welt oder aus Afrika. Doch die durch pinke Linien markierten Grenzen waren nicht so vorhersehbar, wie man hätte annehmen können. Die 66 Unterzeichner von Yades Erklärung standen für faszinierende neue geopolitische Verhältnisse. Die Vereinigten Staaten gehörten nicht zu den Unterzeichnern – noch nicht. Die Regierung unter dem Republikaner George W. Bush war noch im Amt, und in den USA tobte damals eine Debatte über die Ehe für alle. Die US-amerikanische Regierung schien zu glauben, dass ein Staat durch die Unterzeichnung der Erklärung das Recht verlieren könnte, selbst über solche Angelegenheiten zu entscheiden. Kurz nach Barack Obamas Inauguration einen Monat später sollten auch die USA unterschreiben.

Außerdem war die Initiative zwar von den westeuropäischen Staaten vorangetrieben worden, aber zehn Unterzeichnerstaaten lagen in Lateinamerika und erstaunliche 15 in Osteuropa. Die offizielle Anerkennung der LGBT-Rechte, die in späteren Jahren eine nationalistische Gegenreaktion auslöste, galt damals noch als ein Kennzeichen von Modernität, als Merkmal der Zugehörigkeit zu einem neuen globalen, liberalen Konsens nach dem Kalten Krieg und natürlich auch, was am wichtigsten war, als Eintrittskarte in die Europäische Union.

Auch in Lateinamerika begrüßten die neuen posttotalitären Demokratien inzwischen »la diversidad sexual« als Symbol ihrer neuen Offenheit und in Abgrenzung zu ihren autokratischen Vorgängern und der mächtigen katholischen Kirche, die oft insgeheim mit den Diktatoren zusammengearbeitet hatte. Im Jahr 2002 hatte Buenos Aires als erste lateinamerikanische Stadt gleichgeschlechtlichen Partnerschaften ein Anrecht auf dieselben Leistungen zugesprochen wie gegengeschlechtlichen, und im Jahr 2009 verabschiedete Mexico City eine ganze Reihe von Gesetzen, durch die es, mit Ausnahme Kanadas, zum progressivsten Ort in ganz Süd- und Nordamerika wurde: Es legalisierte die gleichgeschlechtliche Ehe, die Adoption durch gleichgeschlechtliche Paare und die selbstbestimmte Änderung der Geschlechtsidentität. Dabei war bemerkenswert, dass der Kampf für Gay Rights schneller gewonnen wurde als der für reproduktive Rechte. 2019 war die gleichgeschlechtliche Ehe in Argentinien, Brasilien, Kolumbien, Ecuador, Uruguay und dem größten Teil Mexikos legal. Abtreibungen dagegen waren nur in Uruguay, Kuba und Mexico City erlaubt. Der Sieg der Bewegung für LGBT-Rechte in der ganzen Region sorgte dafür, dass gleichgeschlechtliche Beziehungen mit Liebe und Familie identifiziert wurden. So konnte man dem Einfluss der katholischen Kirche auf eine Art begegnen, wie dies beim Einsatz für das Recht auf Abtreibung kaum möglich war.

Obwohl die Diskussion bei den Vereinten Nationen von den europäischen Ländern initiiert wurde und – in den Obama-Jahren – die USA die Patenschaft übernahmen, hatten sich, um dem Vorwurf des »Kulturimperialismus« vorzubeugen, lateinamerikanische Länder mehr und mehr an die Spitze gesetzt. Die afrikanischen und islamischen Staaten weigerten sich, auch nur an der Diskussion teilzunehmen. Der Konflikt erreichte einen Höhepunkt im Jahr 2016, als nach vier Jahren heftiger Debatten der UN-Menschenrechtsrat dafür stimmte, einen »unabhängigen Experten«, das heißt einen Aufpasser, einzusetzen, der Fälle von Diskriminierung und Gewalt aufgrund von sexueller Orientierung oder Geschlechtsidentität untersuchen sollte.

Die Gruppe afrikanischer Staaten erhob in der Generalversammlung Widerspruch gegen den Beschluss. Wie mir die damalige US-amerikanische UN-Botschafterin Samantha Power später berichten sollte, unternahm sie mit ihrem Team große Anstrengungen, um eine Aufhebung des Beschlusses zu verhindern. Am Ende erlitt die Gruppe afrikanischer Staaten eine knappe Niederlage von 77 zu 84 Stimmen, und der Experte Victor Madrigal-Borloz konnte mit seiner Arbeit beginnen. Als er 2019 seinen Bericht vorstellte, sagte er, die Zahl der von Diskriminierung und Gewalt betroffenen LGBT-Menschen sei in einem Großteil der Welt wegen der dort herrschenden auf Vorurteilen beruhenden »kriminellen« Unwissenheit nicht zu ermitteln. Da sie über keine Daten verfügten, träfen »die Politiker:innen ihre Entscheidungen im Dunkeln, also allein aufgrund ihrer persönlichen vorgefassten Meinungen und Vorurteile«.[43]

Im Jahr 2016 hatten fast alle afrikanischen und muslimischen Länder gegen die Einsetzung des Experten gestimmt und fast ganz Europa, Nordamerika und Lateinamerika dafür. Überraschungen gab es bei den islamischen Ländern: Albanien und die Türkei stimmten für die Initiative. Die entscheidende Region jedoch war Ostasien gewesen.

Im Jahr 2008 hatte von allen asiatischen Ländern nur Japan die von Rama Yade vorgelegte Deklaration unterzeichnet. In den folgenden Jahren zogen Südkorea, die Philippinen, Thailand und Vietnam nach. (Taiwan, kein Mitgliedsland der Vereinten Nationen, sollte 2019 als erstes asiatisches Land die gleichgeschlechtliche Ehe legalisieren.) Mit Ausnahme der Philippinen lagen diese Länder nicht im theokratischen Einflussbereich des Christentums und des Islam. Es schien, als hätte man dort sowohl ideologisch als auch wirtschaftlich weniger Angst vor der Globalisierung. Zudem waren diese Länder durch die Argumentation multinationaler Konzerne und der Tourismusindustrie beeinflusst, der zufolge Offenheit für LGBT-Rechte ökonomisch vorteilhaft ist. Außerdem war ihre Distanz zu ihren früheren europäischen Kolonialmächten, wenn sie welche gehabt hatten, inzwischen ähnlich wie bei den lateinamerikanischen Ländern so groß, dass sie, anders als viele afrikanische Staaten, kein politisches Kapital mehr daraus schlagen konnten, eine pinke Linie gegen den Neokolonialismus zu ziehen.

—

»Soll die Gesellschaft Homosexualität akzeptieren?«[44]

Diese Frage stellte das US-Meinungsforschungsinstitut Pew Research Center im Juli 2013 in seiner alle vier Jahre stattfindenden Umfrage über globale Einstellungen und Trends. Menschen in 39 Ländern wurden befragt, wobei die Toleranz in Europa und Nordamerika weit größer war als erwartet: In Spanien antworteten 88 Prozent mit ja; in Deutschland 87 Prozent; in Kanada 80 Prozent (nur die USA hinkten mit 60 Prozent weit hinterher). In Afrika jedoch war die Toleranz so gering, dass die Ja-Stimmen fast zu vernachlässigen waren: in Nigeria 2 Prozent; in Uganda und im Senegal 4 Prozent. Dasselbe galt auch für die muslimische Welt: Pakistan 2 Prozent; Ägypten und Indonesien 3 Prozent. Die lateinamerikanischen und asiatischen Länder waren auf das ganze Spektrum verteilt. Pew gab der Umfrage den Titel »The Global Divide on Homosexuality« (Die globale Spaltung in der Einstellung zur Homosexualität). Das Fazit lautete, dass in »eher säkularen und wohlhabenden Ländern« eine »größere Toleranz« gegenüber homosexuellen Menschen herrsche. Russland und China waren allerdings Ausnahmen: Dort bejahten nur 16 beziehungsweise 21 Prozent die Frage.

Wenngleich eine solche Umfrage nur begrenzte Aussagekraft hat, ist sie doch der einzige empirisch vergleichende Indikator für die globalen Einstellungen zu Homosexualität und den Zusammenhang zwischen diesen Einstellungen und der jeweiligen rechtlichen Situation. Wissenschaftler:innen haben eine nützliche »Stufenleiter« entwickelt, was die Rechte Homosexueller betrifft.[45] Auf der untersten Stufe sind die »Grundrechte« angesiedelt: ohne Furcht vor Diskriminierung oder Belästigung leben zu können. Weiter oben stehen die »sexuellen Rechte«: die Entkriminalisierung der gleichgeschlechtlichen Sexualität. Und an der Spitze der Leiter stehen die »Liebesrechte«: das Recht zusammenzuleben, zu heiraten und eine Familie zu gründen. Die auf dieser Stufenleiter am höchsten stehenden Länder sind in der Regel auch die mit den höchsten Toleranzwerten bei der Pew-Umfrage. Dabei ist freilich nicht immer klar, was zuerst da war, das Huhn oder das Ei: Bringt eine tolerante Gesellschaft gerechte Gesetze hervor oder gerechte Gesetze eine tolerante Gesellschaft?

Es gibt freilich ein paar Ausreißer, und der bemerkenswerteste ist mein Heimatland: Südafrika steht zwar ganz oben auf der Stufenleiter der Rechte, weil dort durch die gesetzliche Verankerung der Ehe für alle die »Liebesrechte« garantiert sind, aber auf dem Toleranz-Index des Pew Center erzielt das Land nur 32 Prozent.[46] Brasilien und die Vereinigten Staaten sind die beiden anderen Ausreißer. Auch sie stehen sehr weit oben auf der Stufenleiter der Rechte, haben aber nur ein mittelmäßiges Toleranzniveau. Alle drei Länder haben gemeinsam, dass sie multiethnische Gesellschaften mit großer Ungleichheit sind, also aus vielen Welten in einem Land bestehen. Im Jahr 2013, als die Umfrage stattfand, hatte Südafrika von 157 Ländern den zweithöchsten (die Ungleichheit messenden) Gini-Koeffizienten der Welt; Brasilien stand auf dem 19. und die Vereinigten Staaten auf dem 39. Platz.[47]

Eine Umfrage über die Einstellungen in Südafrika aus dem Jahr 2016 ergab ein komplexeres Bild. Von den durch die staatliche Forschungsagentur Human Sciences Research Council Befragten sagten 72 Prozent, sie lehnten homosexuelle Aktivitäten ab. Dennoch waren 51 Prozent der Ansicht, dass Homosexuelle dieselben Rechte wie alle anderen Südafrikaner:innen haben sollten und nicht diskriminiert werden dürften. Die südafrikanische Organisation The Other Foundation nannte ihren Bericht, für den sie die Umfrage in Auftrag gegeben hatte, deshalb »Progressive Prudes« (Progressive Prüde), als wollte sie nahelegen, dass wir Südafrikaner:innen die pinke Linie in uns tragen:[48] Obwohl wir der Ansicht sind, dass Homosexuelle Rechte haben sollen, sind wir mit dem, was sie tun, nicht einverstanden.

Kann es sein, dass die im Gefolge der Apartheid anerkannten Menschenrechte fortschrittlicher sind als die Haltungen in der Gesellschaft? Und wenn ja, bestätigen diese Ergebnisse Macky Salls Vorwurf, man erwarte von ihm, sich im Senegal zu schnell zu bewegen? Meiner Ansicht nach ist das Gegenteil der Fall: Wenn überhaupt, sprechen sie für die (wenn auch vielleicht ungenügende) »Toleranz« der Südafrikaner, dass so viele von ihnen die Rechte von Personen respektieren, die sie ablehnen. Außerdem lassen sie vermuten, dass man durch die Änderung von Gesetzen tatsächlich Haltungen ändern oder moralische Führung geben kann, selbst wenn der Prozess durch eine Gegenreaktion kompliziert wird.

Ich habe dies schon früh in der jungen südafrikanischen Demokratie erlebt, als ich 1997 über ein junges Paar aus Soweto berichtete. Als Sbongile Malazas Großvater herausfand, dass seine Enkelin eine Beziehung mit Pretty Robiana hatte, richtete er eine Pistole auf Pretty, griff beide Frauen tätlich an und nannte ihre Beziehung »satanisch« und »unafrikanisch«.[49] Die beiden flohen aus Soweto und suchten Schutz in einem Frauenhaus. Als Pretty den Großvater wegen versuchten Mordes anzeigte, reagierte die frisch ernannte schwarze Polizeichefin des Ortes überraschend: »Hier gilt jetzt die Verfassung«, sagte sie. »Ihr beide habt beschlossen, dass ihr dieses Leben leben wollt, und das ist gut für euch, also rufen wir die Familien zusammen und … schließen Frieden.« Die Polizeichefin bestellte beide Familien zu sich und ließ Pretty, eine Frau Mitte zwanzig, eine eidesstattliche Erklärung unterzeichnen, dass sie die Verantwortung für die 19-jährige Sbongile, die noch zur Schule ging, übernehmen werde.

Als die Polizeichefin Sbongiles Familie erklärte, »dass die Beziehung nicht illegal ist«, änderte der Großvater seine Haltung und verhandelte mit Pretty über die Bezahlung eines Brautpreises. Die ganze Sache war, wie ich damals schrieb, »ein verblüffendes Beispiel dafür, wie Menschen ihre Ideologien verändern, um sich neuen Hegemonien anzupassen«. In meinem Artikel zitierte ich Tsietsi Thandekiso, den schwulen Pfarrer, der die beiden verheiratete: »Die Homophobie in den Townships ist nur oberflächlich. […] Wir leben in einer Zeit, in der es eigentlich nichts Besonderes ist, schwul zu sein. […] Es gibt Schwule auf den Straßen und Schwule in den Kneipen. Homosexualität ist ein Teil des Lebens geworden.«[50]

Er war vielleicht etwas zu optimistisch. Auf die Frage, ob sie Lesben »verabscheuten«, antworteten in der »Progressive Prudes«-Umfrage zwei Jahrzehnte später 64 Prozent der schwarzen Befragten mit ja (wohingegen nur 44 Prozent der Weißen zustimmten). Auf die Frage, ob sie Transvestiten »verabscheuten«, antworteten 71 Prozent der Schwarzen (und 49 Prozent der Weißen) mit ja. Angesichts der allgemein bestehenden (auch von mir geteilten) Annahme jedoch, dass weiße Menschen in meinem Land wie andernorts auch von den People of Color durch eine pinke Linie getrennt sind, sind diese Unterschiede nicht annähernd so groß, wie ich erwartet hatte: 29 Prozent meiner weißen Landsleute verabscheuten mich, während dies auf 61 Prozent meiner schwarzen Landsleute nicht zutraf.

Tatsächlich war das Toleranzniveau der befragten schwarzen Südafrikaner:innen im Vergleich zu den Zahlen des Pew Center für andere afrikanische Länder und angesichts der starken Religiosität der schwarzen südafrikanischen Communitys bemerkenswert hoch: 57 Prozent sagten, sie würden ein schwules oder lesbisches Familienmitglied akzeptieren.[51]

Im Jahr 1996, als sich Südafrika seine Post-Apartheid-Verfassung gab, die Diskriminierung aufgrund der sexuellen Orientierung ausdrücklich verbietet, erreichte auch die digitale Revolution immer mehr Haushalte. Die neuen Rechte und die Informationen zu ihrem Gebrauch kamen gleichzeitig in Südafrika an, und in der Folge etablierte sich auf den Straßen und in populären Unterhaltungsformaten eine urbane schwarze queere Subkultur. Pretty und Sbongile gehörten zu einer lebendigen Szene in Soweto, und in Johannesburg gab es eine blühende schwarze schwule Bar- und Clubszene. Im Jahr 2004 gründeten schwarze Aktivist:innen Soweto Pride, und im Fernsehen waren zahlreiche queere schwarze Stars zu sehen. Im selben Zeitraum gedieh dank der vom regierenden African National Congress praktizierten Politik des Black Economic Empowerment die schwarze Mittelklasse Südafrikas. Mehr schwarze Menschen als je zuvor absolvierten ein Universitätsstudium und ergriffen akademische Berufe. »Progressive Prudes« bestätigte, dass gebildete (schwarze und weiße) Südafrikaner:innen gegenüber homosexuellen und genderfluiden Menschen in der Regel toleranter sind als ungebildete.

Doch es gab auch beunruhigende Ergebnisse, die vermuten ließen, wie viel schwieriger das Leben für Tiwonge Chimbalanga sein musste als für mich, wenngleich wir angeblich in dieselbe LGBT-Schublade gehörten. Ich war schockiert zu lesen, dass 73 – es gab tatsächlich eine genaue Zahl – der 3115 Befragten aussagten, sie hätten »Männer, die sich wie Frauen verhalten«, schon einmal oder mehrmals physisch angegriffen. Weitere 218 schlossen nicht aus, dies in Zukunft zu tun. 79 Befragte (auch hier wurde die genaue Zahl genannt) gaben an, sie hätten Frauen, »die sich in der Öffentlichkeit wie Männer kleideten und verhielten«, physisch attackiert, weitere 143 räumten ein, das könne in Zukunft passieren.[52] Die Prozentanteile waren klein, doch die Zahlen sagen etwas darüber aus, wie schnell in Südafrika Angst oder Unwissenheit in Hass und Gewalt umschlagen, und das in einem Land, in dem aufgrund hoher Arbeitslosigkeit gepaart mit weitverbreitetem Alkoholismus ohnehin ein unannehmbares Ausmaß an interpersonaler und geschlechtsbasierter Gewalt herrscht.

Diese Verhältnisse erklären, warum ich wenig Angst vor hassgetriebener Gewalt hatte, während Aunty in nur zwanzig Kilometer Entfernung häufig Opfer gewaltsamer Angriffe wurde. Sie sind auch ein Grund dafür, dass eine ihrer Nachbarinnen in Tambo Village eine Zuflucht für schwarze Lesben aus der Arbeiterklasse eingerichtet hatte, weil diese häufig Opfer »korrektiver Vergewaltigungen« werden, seit sich in den Townships eine schwarze lesbische Subkultur zu behaupten versucht. In einer Zeit extremer wirtschaftlicher Instabilität ist diese Gewalt, die sich insbesondere gegen Butch-Frauen richtet, die blinde Reaktion junger Männer gegen eine neue Kategorie vermeintlich mächtiger Menschen, von denen sie glauben, sie hätten ihre Rolle usurpiert und würden ihnen die Arbeitsplätze und die Frauen stehlen.

Ich bin ein weißer schwuler Mann und lebe auf der, wie der Pew-Report es formuliert, »säkularen und wohlhabenden« Seite einer pinken Linie, die nicht nur die Welt, sondern auch meine Heimatstadt Kapstadt teilt. Aunty ist eine arme, schwarze Transfrau und lebt auf der anderen Seite. Die pinke Linie zwischen uns hat viele Komponenten: Ich wohne hinter Mauern, habe ein Auto und bin gendernormativ; sie lebt in einem überfüllten Hinterhof, muss zu Fuß gehen und ist gendervariant. Jedes Mal, wenn ich meinen am Meer gelegenen Bungalow in Kalk Bay verließ und die kurze Strecke von zwanzig Kilometern an der Küste der False Bay entlang zu Auntys Hütte in Tambo Village fuhr, war mir schmerzlich bewusst, dass ich diese pinke Linie überschritt.

2
AUNTY

CHIMBALANGA – BLANTYRE – KAPSTADT

TIWONGE CHIMBALANGA: »Aunty«, aus Malawi geflohene Bürokraft und inoffizielle Bierverkäuferin, Kapstadt, Ende dreißig. Pronomen: sie.
BENSON: Auntys Mann, malawischer Migrant, arbeitslos, Kapstadt, in den Vierzigern. Pronomen: er.
BLACKIE CHIMBALANGA: Auntys Onkel, Dorfhäuptling, Chimbalanga, Ende siebzig. Pronomen: er.
ANNIE MANDA: Auntys Cousine, Hausfrau, in der Nähe von Chimbalanga, in den Fünfzigern. Pronomen: sie.
GIFT TRAPENCE: Gründer und Direktor des Centre for the Development of People (CEDEP), einer LGBT-Organisation, Malawi, Ende dreißig. Pronomen: er.
DUNKER KAMBA: CEDEP-Führer, Blantyre, Anfang dreißig. Pronomen: er.
MARTIN*: Auntys Sachbearbeiter bei Gender DynamiX, Kapstadt. Pronomen: er.
* Pseudonym

1

Im September 2014 reiste ich von Kapstadt nach Malawi, weil ich besser verstehen wollte, wie Aunty Tiwonge Chimbalanga dort gelebt hatte, bevor sie ihre *chinkhoswe* feierte, bevor sie die Worte »schwul«, »transgender« und »LGBT« zum ersten Mal hörte und bevor sie verhaftet und ins Gefängnis geworfen und nach Südafrika ins Exil getrieben wurde.

Aunty hatte mich gebeten, ein paar Geschenke für ihre Familie mitzunehmen, also machte ich vor meiner Abreise noch einen Besuch in ihrer Hütte in Tambo Village. Sie hatte ein paar gerahmte Studioaufnahmen ausgewählt, die an den Wänden ihrer Hütte gehangen hatten: Sie und ihr Mann Benson lächelnd vor einem Wasserfall oder in einem vergoldeten Pavillon in einem fantastischen Park sitzend. Die Geschenke wickelte sie in mehrere Schichten alte Kleider, die ich an ihre Verwandten verteilen sollte. Dann nahm ich mit dem Smartphone eine Videobotschaft an ihre Familie auf. Sie und Benson schmiegten sich eng aneinander, um beide ins Bild zu kommen; Aunty mit einem imposanten schwarzen Sonnenhut und ihren liebsten neonrosa Plastikperlen auf der schwarzen Rüschenbluse und Benson mit seinem Walnussgesicht und seinen wässrigen Augen. Aunty sagte, sie habe schwierige Zeiten durchgemacht, aber ihre Familie müsse sich keine Sorgen machen. Benson war schüchtern und wortkarg: »Ich bin der Ehemann von Aunty Tiwo, und alles ist in Ordnung.«

Ein paar Tage darauf fuhr ich den holprigen steilen Pfad hinunter, der zu Auntys Dorf führte. Es lag etwa eine Stunde südlich von Blantyre und hieß wie Aunty Chimbalanga. Es war arm und abgelegen: ohne Strom und fließend Wasser und ohne ein Fahrzeug außer meinem eigenen auf der Straße. Auf dem harten roten Boden unter einem stattlichen Mangobaum vor dem Lehmziegelhaus des Häuptlings hatten sich alle Bewohner:innen versammelt. Es hatte sich das Gerücht verbreitet, dass Aunty kommen würde, und alle wollten sie sehen. Aus dem Haus des Häuptlings wurden zwei Plastikstühle gebracht. Er und ich nahmen auf ihnen Platz, während etwa fünfzig Menschen zu unseren Füßen saßen. Ich ließ die gerahmten Fotos herumgehen, die die Dorfbewohner:innen mit vor

Staunen offenem Mund statt Aunty selbst als Beweis für ihr fantastisches Leben im Ausland akzeptierten.

Der Häuptling, Blackie Chimbalanga, war Auntys Onkel mütterlicherseits und ihr Adoptivvater. Er hatte sie als Fünfjährige zu sich genommen, als ihre Mutter starb. »Mein Onkel akzeptierte mich als Mädchen«, hatte mir Aunty erzählt. »Das lag daran, dass ich mich um die anderen Kinder kümmerte. Ich kochte und passte auf sie auf, und wenn ein Baby krank wurde, war ich es, die wusste, dass es Fieber hatte.« Sie berichtete, dass sie einmal beleidigt worden sei und ihre Familie »Beschwerde erhob und die Schuldigen vor ein traditionelles Gericht gestellt wurden«. Laut Aunty war dies drei Mal passiert. Die Schuldigen wurden jedes Mal getadelt und mussten zur Strafe ein paar Hühner abgeben.

Der Häuptling bestätigte, dass es mindestens ein solches Verfahren gegeben hatte. Er war inzwischen Ende siebzig, aber von der erstaunlichen Vitalität alter Landbewohner:innen. Wir trabten den Hügel hinauf zu einer leeren Klinik ohne Vorräte, um etwas Privatsphäre zu haben, und er erzählte mir, dass er mit Frau und Kindern in einem anderen Dorf gelebt hatte, als er Aunty bei sich aufnahm. Als seine Ehe zerbrach und er allein nach Chimbalanga zurückkehrte, hatte er Aunty mitgenommen. Sie war noch ein Kind gewesen, doch der Häuptling »sah nichts Falsches darin, dass sie alle weiblichen Aufgaben erledigte. Jemand musste es tun, entweder sie oder ich.« Die Geschlechterrolle seiner Nichte kam dem Häuptling gut zupass, also verhielt er sich pragmatisch und akzeptierte sie. Das stimmte mit Auntys Erinnerung überein: »Irgendwann sagte mein Onkel zu mir: ›Du bist eine richtige Frau, du bist kein Mann mehr wegen der weiblichen Arbeit, die du tust.‹«

Dennoch fühlte sie sich von ihm ausgebeutet und stritt mit ihm. Sie lief noch im Teenageralter weg und zog zu ihrer Cousine Annie Manda, der Tochter des Häuptlings. Aunty habe sich immer normal gekleidet, erzählte Manda, aber alles andere an ihr sei weiblich gewesen, und zwar so sehr, dass sie oft verhöhnt worden sei. Manda erlebte, wie sie sich handgreiflich gegen den Spott und die Beleidigungen zur Wehr setzte, und versuchte erfolglos, sie davon abzuhalten.

Nachdem sie einige Jahre eine Schule besucht hatte, verließ Aunty im Alter von ungefähr 17 Jahren Mandas Familie. Warum sie ging, ist unklar, doch es hatte offenbar etwas mit einer Verhexung zu tun, die wiederum etwas mit ihrer Geschlechtsidentität zu tun hatte. Auntys Version zufolge hatte sie schweres Kopfweh und Nasenbluten und den Verdacht, dass man sie verhext hatte, um sie zu töten. Also floh sie in den Norden und suchte nach einem traditionellen Heiler, der ihr helfen sollte. Manda erzählte mir jedoch, die Familie habe Aunty für verhext gehalten, weil sie »zu einem Mann heranwuchs, aber nie irgendein Interesse an Frauen hatte. Er ging in den Norden, um sich helfen zu lassen, damit er wie ein Mann handeln und Gefühle für Frauen haben konnte.«

Dies mag die Hoffnung der Familie gewesen sein, aber sie ging nicht in Erfüllung. Als Aunty zwei Jahre später zurückkehrte, hatte sie sich dramatisch verändert: Sie lebte nun völlig als Frau, kleidete sich in die traditionellen Twinsets, die man in der Region als »Nigerians« bezeichnet, und hatte einen neuen Namen angenommen. Sie sagte, sie sei ein Mitglied des im Norden ansässigen Stamms der Tumbuka und nicht mehr der Lomwe, die in ihrer Heimatregion lebten. Da »Tiwonge« geschlechtsneutral ist und das in Malawi auch für die Pronomen gilt, forderte sie die Leute auf, sie »Aunty« zu nennen, obwohl das Wort in der Regel Ehrerbietung ausdrückt und für ältere Frauen reserviert ist.

Aunty erzählte mir, dass der Heiler im Norden sie von ihrer Verhexung befreit habe. Vielleicht war es eine Befreiung von den Fesseln des Geschlechts, die die Gesellschaft ihr aufgezwungen hatte. Weit weg von zu Hause fand sie den Mut, sich neu zu erfinden, damit ihr Äußeres mehr dem glich, wie sie sich in ihrem Inneren fühlte.

Doch sie brauchte auch flüssigen Mut. Nach ihrer Zeit im Norden ließ sie sich in Blantyre nieder und fand Arbeit. Als ich 2014 in der Stadt war, traf ich mich mit ihrer früheren Arbeitgeberin, der pensionierten Bankmanagerin Vaida Kalua. Während wir die Rosen in ihrem Garten bewunderten und Cola aus dem informellen Laden tranken, den sie in ihrem Haus betrieb, erzählte sie mir, dass sie zwischen dem fortschreitenden Alkoholismus ihres Angestellten und seiner wachsenden Entschlossenheit, sich als Frau zu präsentieren, einen Zusammenhang gesehen habe: »Vielleicht ist es der Stress, dass man sich ständig verteidigen muss«, meinte Kalua. Sie hatte Aunty ursprünglich als Hausdiener eingestellt, doch »er trug allmählich immer mehr weibliche Kleider, zuerst das Wickelkleid aus *chitenge* und dann das Top mit der passenden Hose. Es war kein Problem für mich, aber ich wollte ihn schützen, denn er wurde verspottet und beleidigt. Ich wollte ihn überreden, es sein zu lassen. Aber er wollte nicht auf mich hören.«

Für Kalua war Aunty nach wie vor einer der besten Hausdiener, die sie je gehabt hatte, aber nach sieben Jahren Beschäftigung kam es zum Streit. Auslöser waren Auntys Trinkgewohnheiten und unterschiedliche Ansichten zu der Frage, ob es in Ordnung sei, Männer auf das Grundstück zu bringen. Aunty gab die Anstellung bei Kalua auf und zog in eine Hütte. Ihren Lebensunterhalt bestritt sie, indem sie *kachasu*, starken, selbstgebrannten malawischen Schnaps, verkaufte. Mit einem ihrer Kunden ging sie ihre erste ernsthafte Beziehung ein. Er hatte eine Frau und Kinder, aber Aunty akzeptierte sein polygames Verhalten. Bis seine Ehefrau sie einmal zu viel provozierte. Nun wurde Aunty handgreiflich und schlug der Rivalin zwei Zähne aus. Der Mann verließ sie.

Als zwei Jahre darauf ihre Hütte niederbrannte, kam sie mit all ihren Habseligkeiten, einschließlich eines riesigen Teddybären zu der in der Nähe gelegenen Mankhoma Lodge. »Ich hatte Mitleid mit Aunty Tiwo«, berichtete mir Rachael Kamphale, »und außerdem brauchten wir ein Hausmädchen. Meine Mutter war die ganze Zeit unterwegs, jemand musste auf die Kinder aufpassen, ich musste meine Hausaufgaben machen.« Während Aunty für die Lodge arbeitete, lernte sie Steven Monjeza kennen, und er begann, bei ihr zu übernachten. Sie besuchten eine Kirche in der Gegend, und Aunty gab ihre Verlobung bekannt. Einige Monate später hielt das Paar seine *chinkhoswe* und wurde wegen »widernatürlichen Verhaltens« festgenommen.

Die Person, der Aunty in ihrer Heimat am nächsten stand, war der Lehrer ihres Dorfes, ihr Schwager Simon Wangiwa. »Aunt Tiwo gefiel es nicht, wenn man sie wegen ihrer Kleidung oder wegen ihres Verhaltens kritisierte«, erzählte Wangiwa, als ich Chimbalanga besuchte. »Sie fing mit jedem Streit an, der das tat.« Wangiwa fand das vernünftig: »Jeder kann zornig werden, wenn er zu weit getrieben wird. Selbst Sie würden reagieren, Sir, wenn Ihnen jemand auf die Zehen tritt. So groß ist der Unterschied gar nicht.« Er hatte außerdem eine elegante und logische Erklärung dafür, warum er Aunty akzeptierte und nie Streit mit ihr hatte: »Natürlich wusste ich, dass Tiwonge als Junge geboren war. Aber wegen ihres Charakters akzeptierte ich sie als Frau. Ich hörte auf, sie als etwas anderes zu sehen.«

Bei unserer ersten Begegnung sagte mir Aunty, ihre fünf älteren Geschwister seien alle gestorben, vermutlich waren sie demselben Fluch wie ihre Eltern zum Opfer gefallen. Als ich jedoch das Dorf besuchte, entdeckte ich, dass zwei von ihnen immer noch dort lebten: ein Bruder, der herbeieilte und mich begeistert begrüßte, und eine Schwester, die sich nicht blicken ließ. Wie ich hörte, hatte Aunty, kurz bevor sie nach Südafrika ging, eine handgreifliche Auseinandersetzung mit ihr gehabt. Sie war eine fanatische Christin und fand, dass Aunty zu Recht ins Gefängnis gekommen war und auf den rechten Weg zurückkehren sollte.

Obwohl Aunty eine komplizierte Familiengeschichte hatte, fand sie Trost in einer Erzählung familiärer Unterstützung. Diese traf durchaus zu: Ihre Angehörigen waren nicht bei der *chinkhoswe* gewesen (sie hatten keine Einladung erhalten), aber mehrere kamen ihr zu Hilfe, als sie verhaftet wurde. Sie unterstützten sie bei dem

Prozess (Manda saß oft im Gerichtssaal), und sie hießen sie herzlich willkommen, als sie nach ihrer Freilassung wieder in das Dorf zurückzog. Aunty schloss sich der Frauengruppe der Dorfkirche an und wurde ein begeistertes Mitglied ihres Chors. »Ich war stärker, als ich aus dem Gefängnis kam«, sagte sie. »Meine Familie riet mir, mich niemals zu ändern.«

Vielleicht gebührt Häuptling Blackie Chimbalanga hier das letzte Wort. Er teilte mir mit, dass seine Position erblich sei und er damit beschäftigt sei, unter seinen Neffen einen Nachfolger auszusuchen.

»Warum nur Ihre Neffen?«, fragte ich. »Warum nicht Tiwonge?«

»Ja, warum eigentlich nicht?«, sagte er mit einem Augenzwinkern. »Heutzutage haben viele Dörfer eine Frau als Häuptling!«

—

Der Mann, der mich nach Chimbalanga brachte, war Dunker Kamba, ein bärenstarker Lebemann aus Blantyre, die erste Person, die Aunty nach ihrer Verhaftung am 28. Dezember 2009 im Gefängnis besucht hatte.

Kamba ist einer der Gründer einer Einrichtung mit der absichtlich vagen Bezeichnung Centre for the Development of People (CEDEP), die 2007 entstanden war, um die kleine, aber wachsende homosexuelle Community von Blantyre mit Informationen und Hilfsangeboten im Zusammenhang mit Aids zu versorgen. Wie auch andernorts in Afrika waren für die Arbeit mit MSM Finanzmittel frei geworden. Schwule Männer nutzten sie, um sich in Institutionen wie dem CEDEP zu organisieren. »Wenn du dich auf die Menschenrechte berufst, schließen sie dich aus«, erklärte mir Kamba, als wir nach Chimbalanga hinausfuhren. »Aber wenn du mit der öffentlichen Gesundheit argumentierst und Statistiken hast, die deine Existenz beweisen, hören sie dir zu.«

Das Zusammentreffen der Aids-Epidemie mit einer globalen

Bewegung für LGBT-Rechte hat zur Folge, dass sich schwule Menschen zu Beginn des 21. Jahrhunderts vor Ort Gehör verschaffen können, sogar in Malawi. Als Auntys *chinkhoswe* stattfand, war das kleine Land durch Aids, die Globalisierung und schlechte Regierungsführung bereits schwer verwüstet. Das von Tabak- und Teeanbau, Tourismus und Entwicklungshilfe (die vierzig Prozent seines Budgets ausmacht) abhängige Malawi war lange eines der ärmsten, schönsten und konservativsten Länder Afrikas: Bis 1994 durften Frauen dort keine Hosen in der Öffentlichkeit tragen.

Nach der relativ späten Einführung eines Mehrparteiensystems im Jahr 1994 hatte sich Malawi eine vorbildliche Verfassung gegeben, die clevere CEDEP-Aktivist:innen nun für eine Entkriminalisierung des Analverkehrs nutzen wollten. Just in den Monaten vor Auntys Verhaftung im Jahr 2009 hatte CEDEP mit Finanzmitteln aus den Niederlanden eine öffentliche Kampagne für die Aufhebung der homophoben Gesetze gestartet und die Regierung gegen sich aufgebracht. Diese war nicht nur christlich-konservativ und lehnte sich an der Ideologie US-amerikanischer Evangelikaler an, sondern reagierte auch empfindlich auf jede Art von zivilgesellschaftlicher Herausforderung ihrer politischen Autorität. Nur wenige Wochen vor Auntys *chinkhoswe* waren die Büros des CEDEP durchsucht worden. Dunker Kamba war inhaftiert und eine Menge Safer-Sex-Material wegen angeblich pornografischer Inhalte beschlagnahmt worden.[1] Nun, nach der Verhaftung von Aunty und ihrem Bräutigam Steven Monjeza, dachten die Behörden offenbar, CEDEP habe die *chinkhoswe* mit ausländischer Hilfe bewusst veranstaltet, um die Stimmung zu testen oder um die Regierung zu provozieren.

Tatsächlich hatten Dunker Kamba und sein Chef Gift Trapence das erste Mal von der *chinkhoswe* gehört, als sie am Morgen des 28. Dezember in *The Nation* den Artikel »Schwule verloben sich« lasen. Sie hatten Aunty noch nie getroffen, ja nicht einmal von ihr gehört. Weil bei CEDEP jedoch gerade eine Razzia stattgefunden hatte, konnte man sich dort denken, dass Chimbalanga und Monjeza verhaftet worden waren. Also gingen die Aktivist:innen sofort zu dem Polizeirevier, wo die beiden inhaftiert waren. Sie waren die ersten Besucher. Den Zugang zu den Gefangenen mussten sie sich erstreiten: »Man fragte uns: ›Warum wollt ihr diese Tiere sehen?‹«, erinnerte sich Kamba. Am Ende bekamen sie fünf Minuten bewilligt.

»Wenn ich gewusst hätte, dass das passieren würde, hätte ich es nie getan«, sagte Aunty zu Kamba und Trapence. Sie behauptete, sie habe nicht gewusst, dass die Feier illegal war: »Sie dachte, sie sei eine Frau, kein homosexueller Mann, deshalb sah sie bei der Veranstaltung kein Problem«, so Kamba.

Aunty erzählte mir, dass sie mit ihrem früheren Partner schon einmal eine *chinkhoswe* gefeiert hatte, aber privat und in aller Stille. Warum sie sich entschlossen habe, die Feier mit Monjeza öffentlich zu machen? Auf diese Frage gab sie mir verschiedene Antworten: »Es gehört zu unserer Kultur«, sagte sie bei einer Gelegenheit. »Du kannst nicht einfach eines Tages aufwachen und beschließen, dass du verheiratet bist. Du musst die Familien miteinander bekannt machen.« Aber nur Monjezas Familie war bei der Feier dabei gewesen, ihre eigenen Angehörigen nicht. Sie hatte Dancing Girls aus der Stadt engagiert, die bei dem Ritual die Rolle ihrer Verwandten spielen mussten. Es ist üblich, dass die Gäste bei einer *chinkhoswe* einen finanziellen Beitrag leisten. »Ich war sehr bekannt«, sagte Aunty ein anderes Mal. »Ich besuchte eine Menge Hochzeiten und Beerdigungen. So konnten die Leute mir etwas zurückgeben.« In einem Punkt war sie konsistent: »Ich tat es, um gesehen zu werden, weil jeder das Recht hat zu heiraten. Aber ich tat es nicht für andere, nicht für andere LGBT-Leute, damit die sich outen können. *Ich tat es für mich selbst.*«

Aunty hätte vermutlich weniger Bestätigung für ihren weiblichen Platz in der Welt bedurft, wenn man ihr bei der Geburt ein weibliches Geschlecht zugewiesen hätte. Ihre Arbeitgeberin hatte sie, ob aus Naivität oder Geldgier, zu der Feier ermutigt und die Nachricht in ganz Blantyre verbreitet. Nach den Verhaftungen war das gesamte Land aufgepeitscht. »Niemand konnte mehr über etwas anderes reden«, erzählte mir Gift Trapence. »Es stand in den Zeitungen, im Radio wurde darüber geredet, kam im Taxi und auf der Kanzel zur Sprache.« Sodom war entlarvt, »und es war, als wenn ganz Malawi unterginge«. In Blantyre schien jedes Mal die Welt stillzustehen, wenn Aunty und Monjeza vor Gericht auftraten. Die Straßen in der Umgebung des Gerichtsgebäudes waren mit neugierigen und oft sehr feindseligen Schaulustigen verstopft.

Trapence, ein ernster Mann mit einem runden Gesicht, der bei unserer ersten Begegnung Anfang dreißig war, ist ein ausgesprochen effektiver politischer Organisator: Er hat den Diskurs in Malawi geschickt von der »Homoehe«, die im LGBT-Kampf des Westens die Schlagzeilen bestimmt, auf grundlegende Sicherheitsbedürfnisse und die Gesundheitsversorgung gelenkt. Doch nachdem Aunty und Monjeza verhaftet worden waren, »dachten alle, wir versuchten die Ehe hinterrücks doch durchzukriegen. Es war eine wirklich traumatische Zeit für uns. Es gab eine Hexenjagd. Wir mussten als Organisation in den Untergrund gehen, und dasselbe galt auch für die Gay-Community. Wir schlossen unser Büro.«

Als ich 2014 in Blantyre war, lernte ich Amanda kennen, eine »Queen« (so nannte sie sich selbst) mit Universitätsabschluss. Vor den Verhaftungen hatte sie sich, wie sie berichtete, »recht frei« gefühlt, wenn sie in Blantyre nachts in Frauenkleidern ausging. »Ich machte das gern, um Männer anzuziehen, obwohl mir natürlich klar war, dass ich Schwierigkeiten bekommen konnte, wenn ich enttarnt wurde.« Gleich nach Auntys Verhaftung jedoch, »hörte ich damit auf. Ich hatte Angst. Selbst heute noch, viele Jahre später, ist unser ganzes schwules Leben in Blantyre zum Erliegen gekommen. Ich trage bis heute keine Frauenkleider in der Öffentlichkeit. Als ich es ein oder zwei Mal doch getan habe, schrien mir die Leute ›Aunty! Aunty!‹ hinterher. Sie haben nichts vergessen.«

Aunty und Monjeza wurden bei ihrem Prozess Anfang 2010 demütigenden Leibesvisitationen unterzogen, und man ordnete eine Evaluierung ihres Geisteszustands an. Der Großteil der Medien berichtete sowohl sensationslüstern als auch voller Verachtung über den Prozess. Monjeza verlor die Fassung und verwandelte sich in ein weinendes Wrack. Aunty trug in der Regel ein *Chilenje*-Tuch und eine feminine Bluse. In Fernsehaufnahmen ist zu sehen, wie sie zudringliche Hände wegschlägt, als das Paar in einem offenen Lastwagen zum Gericht transportiert wird. Eines Tages brach sie wegen eines Malariaanfalls zusammen und musste sich übergeben. Man ließ sie einfach in ihrem Erbrochenen auf der Anklagebank liegen und zwang sie danach, selbst sauberzumachen.

CEDEP koordinierte die Verteidigung und initiierte eine internationale Solidaritätskampagne. Der britische Rechtsanwalt Richard Bridgland, der in Auntys Verteidigungsteam arbeitete, sagte während des Prozesses zu einer Crew von Dokumentarfilmern, Aunty sei »eine inspirierende Persönlichkeit. Tiwonge sitzt jeden Tag zwölf Stunden mit zwei ärmlichen Mahlzeiten in einer Zelle und ist dennoch makellos gekleidet. Keine Spur von Bitterkeit, nicht das geringste Zeichen von Zorn.« In den ersten Tagen von Auntys Berühmtheit sei ihre Geschlechtsidentität nicht verstanden worden, so Bridgland. »In Großbritannien haben wir Tiwonge als ›gay and proud‹ bezeichnet.«[2]

Eine Freilassung auf Kaution wurde mit der Begründung abgelehnt, das Paar müsse zu seinem eigenen Schutz in Haft bleiben. Der oberste Richter weigerte sich, den Fall zur Entscheidung an das Verfassungsgericht zu verweisen. Schließlich, im Februar 2010, verhängte das Gericht die Maximalstrafe: 14 Jahre Gefängnis. Für einen kurzen Moment machte Malawi international Schlagzeilen. Westliche Hilfsorganisationen drohten mit der Streichung von Hilfsprogrammen. Der britische Menschenrechtsaktivist Peter Tatchell leitete in London eine Solidaritätskampagne, und Madonna startete eine Petition, die 30 000 Menschen unterschrieben. Bei den Vereinten Nationen ließ sich Ban Ki-moon davon überzeugen, dass die Diskriminierung von LGBT-Menschen tatsächlich eine der größten Herausforderungen für die Menschenrechte in unserer Zeit darstelle, und beschloss, das Thema zu einem der Gebiete zu machen, auf denen er als Generalsekretär ein bleibendes Vermächtnis hinterlassen wollte. Er flog persönlich nach Malawi und hielt dort eine Rede vor dem Parlament, in der er zur Aufhebung der Gesetze gegen Homosexualität aufrief. Außerdem hatte er ein Gespräch mit Präsident Peter Mutharika, das zu einer widerstrebenden Begnadigung führte. Madonna wiederum dankte den 30 000 Menschen, die ihre Petition unterzeichnet hatten: »Ich habe stets daran geglaubt, dass Liebe immer siegt«, schrieb sie in einem offenen Brief.[3]

Aunty und Monjeza wurden nach ihrer Freilassung von ihren Unterstützer:innen in die malawische Hauptstadt Lilongwe gefahren, die mit dem Auto rund viereinhalb Stunden weiter nördlich liegt. CEDEP hatte dort einen geheimen Unterschlupf für sie eingerichtet, doch die beiden hatten einen heftigen Streit, und Monjeza verließ nach zwei Wochen das Haus. Er kehrte nach Blantyre zurück, wo er Aunty anschwärzte. Aunty hatte keine nachhaltige psychologische Betreuung und fand Trost, indem sie wieder zur Flasche griff: »Der Alkohol half mir, meine ganzen Probleme zu vergessen«, sagte sie zu mir.

Damals lebten auch Gift Trapence und Dunker Kamba in dem sicheren Haus. Sie mussten sich ebenfalls verstecken, weil Trapence in einer breiten regierungskritischen Protestbewegung eine immer wichtigere Rolle spielte. Er beteiligte sich an der Organisation von zwei Protesttagen, bei denen der Staat 19 Demonstrant:innen tötete. In Reaktion auf dieses brutale Vorgehen und andere Gewalttaten und auf eine Erweiterung des Strafgesetzbuchs, durch die auch lesbischer Sex unter Strafe gestellt wurde, setzte die US-amerikanische Regierung ein Entwicklungshilfepaket in Höhe von 350 Millionen Dollar aus. Gleichzeitig brach die Wirtschaft Malawis unter den Nachwirkungen der Finanzkrise von 2008 und wegen schlechter Regierungsführung zusammen: »Die Leute waren wütend«, berichtete mir Kamba. »Die Hilfe war eingefroren, die Menschen hatten nichts zu essen und nichts zu trinken, es gab kein Benzin und keine alkoholfreien Getränke mehr. Sie suchten nach einem Sündenbock und gaben den Schwulen die Schuld. Wir waren daran schuld, dass die Hilfe aus dem Westen ausblieb!«

Unter diesen Bedingungen waren die Regeln in dem geheimen Unterschlupf von CEDEP sehr streng: Aunty musste bei Einbruch der Dunkelheit zu Hause sein und durfte keine unbekannten Männer mitbringen. Sie gab sich alle Mühe, die Regeln zu befolgen. Mindestens ein Mal kam sie zusammengeschlagen und ausgeraubt zurück. »Wir hatten eine schreckliche Verantwortung zu tragen«, so Kamba. »Was, wenn ihr etwas passiert wäre? Was hätten wir ihrer Familie erzählt?«

Eine religiöse Gruppe hatte angeboten, Auntys Emigration nach Kanada zu finanzieren, aber daraus wurde nichts, und so schlug Amnesty International eine Emigration nach Südafrika vor. Sexuelle Minderheiten sind dort verfassungsrechtlich geschützt, es liegt in der Nähe von Malawi, es gab eine örtliche Transgender-Organisation, die Aunty beherbergen wollte, und sie benötigte kein Visum für das Land. Aber auch dieser Plan ließ sich nicht sofort umsetzen. Es dauerte eine halbe Ewigkeit, bis der Staat Aunty einen Pass ausgestellt hatte. CEDEP und Amnesty war es zu riskant, Aunty in Lilongwe auf das Dokument warten zu lassen, und sie schickten sie zurück in ihr Heimatdorf.

Als sie ein Jahr darauf endlich den Pass bekam, musste sie das Land innerhalb einer Woche verlassen. Dunker Kamba fuhr nach Chimbalanga und holte sie ab, Amnesty International brachte sie in einer Pension in Blantyre unter und organisierte einen Flug für ihre südafrikanischen Gastgeber:innen, um sie abzuholen und nach Südafrika zu begleiten. »Ich will wirklich raus hier, damit ich meine Miniröcke tragen kann, wie ich will«, sagte sie zu einem von ihnen. Das war das Gefühl von Befreiung, mit dem sie in ihre neue Heimat flog.

Am Tag ihres Abflugs kam sie in einem sehr femininen Rock, einer Bluse und mit allen weiblichen Accessoires im Büro von CEDEP an. »Aunty!«, sagte Dunker Kamba, »du willst doch Malawi verlassen. Du weißt ganz genau, dass sie dich im Flughafen nicht durchlassen werden, wenn du dich so in der Öffentlichkeit zeigst!« Schließlich entschied sie sich für eine »geschlechtsneutralere« Alternative als Kompromiss: ein traditionelles Unisex-Outfit mit passendem Hemd und passender Hose. »Ich glaube nicht, dass Aunty schwierig oder trotzig sein wollte«, so Kamba. »Sie fühlt sich nur so sehr als Frau, dass sie nicht versteht, dass sie nicht wie eine aussieht.«

2

Begleitet von Dunker Kamba bestieg Aunty am 28. September 2011 einen Flieger der South African Airways. Etwas mehr als zwei Stunden später landeten sie auf dem O. R. Tambo International Airport in Johannesburg, auf der anderen Seite der pinken Linie. Aunty wurde schon von südafrikanischen Beamt:innen erwartet, als sie bei der Passkontrolle ihren Asylantrag stellte. Amnesty International hatte sich bei der südafrikanischen Regierung für sie eingesetzt, und diese hatte sich bereit erklärt, sie als Geflüchtete aufzunehmen. So wurde sie zu einer der ersten Geflüchteten in Südafrika, denen Asyl gewährt wurde, weil ihnen Verfolgung aufgrund ihrer sexuellen Orientierung oder Geschlechtsidentität drohte.

Sie sollte in Kapstadt untergebracht werden, wo Gender DynamiX (GDX), eine gemeinnützige Organisation, die sich für Transmenschen einsetzt, als ihr Gastgeber fungieren sollte. Während der Bearbeitung ihres Asylantrags wohnte sie jedoch zunächst im Gästehaus des schwulen Pfarrers Paul Mokgethi-Heath in Johannesburg. Auf den Pfarrer machte sie bei ihrer Ankunft einen »traumatisierten« Eindruck, schien sich aber auf ihr neues Leben in Südafrika zu freuen. Besonders lebhaft erinnert er sich an Szenen in seiner

Kirche, »wo sich die ganzen Queens wie Glucken um Aunty scharten und ihr Tipps für ihre Frisur und ihre Nägel gaben, damit sie wie ein *richtige* Frau aussah!«

Der Begriff »LGBT-Geflüchtete:r« ist seit etwa 2005 in Gebrauch, als Geflüchtetenorganisationen in der Türkei einen erheblichen Zustrom von schwulen, lesbischen und transgender Geflüchteten aus dem Iran verzeichneten.[4] Sie flohen aus Angst vor Inhaftierung oder vor dem Druck, sich einer Geschlechtsumwandlung zu unterziehen. Laut der UN-Flüchtlingskonvention von 1951 ist ein:e Geflüchtete:r jede Person, die sich »aus begründeter Furcht vor Verfolgung wegen ihrer Rasse, Religion, Staatszugehörigkeit, Zugehörigkeit zu einer bestimmten sozialen Gruppe oder wegen ihrer politischen Überzeugung außerhalb ihres Heimatlandes befindet«.[5] Im Jahr 2008 entschied der Hohe Flüchtlingskommissar der Vereinten Nationen (UNHCR), dass der Ausdruck »bestimmte soziale Gruppe« auch auf LGBT-Personen zutreffen kann.[6] Einige Länder hatten schon zuvor auf dieser Grundlage Asylanträge bewilligt, aber durch den UNHCR-Beschluss wurde diese Interpretation Bestandteil des Völkerrechts. Gegen Ende der zweiten Amtszeit von Barack Obama nahmen die Vereinigten Staaten mit etwa 75 bis 100 Personen pro Jahr bei Weitem die größte Zahl solcher Geflüchteten auf.[7]

Fünf Jahre zuvor, als Aunty nach Südafrika ausgewandert war, hatten noch die nordeuropäischen Länder die meisten Personen aufgenommen. Belgien zum Beispiel hatte zwischen 2007 und 2010 441 von 1298 Antragstellenden die Einreise ermöglicht.[8] Die sehr hohe Zahl von Ablehnungen in Belgien und anderswo hatte ihre Ursache in Bedenken wegen der »Glaubwürdigkeit« der Betroffenen: Wie sollten die Behörden überprüfen, ob sich ein:e Asylbewerber:in mit Recht vor Verfolgung fürchtete und ob er beziehungsweise sie überhaupt homosexuell war?

Einige Länder, wie etwa die Tschechische Republik, wurden beschuldigt, durch Tests zur sexuellen Erregung die Würde und die Privatsphäre von Asylsuchenden zu verletzen.[9] In anderen Ländern,

Australien und Großbritannien etwa, gab es hitzige juristische Auseinandersetzungen zu der Frage, ob der Staat Asylsuchende abschieben durfte, weil diese sich in ihrer Heimat nicht »diskret« genug verhalten hatten, was ihre sexuelle Orientierung betraf. In Großbritannien wurde zwei solchen Bewerbern (aus Kamerun beziehungsweise dem Iran) der Status als Geflüchteter mit der Begründung verweigert, sie hätten in ihrer Heimat der Verfolgung entgehen können, wenn sie ihre Identität geheim gehalten hätten.[10] Beide legten Berufung ein und bekamen 2010 vor dem Obersten Gerichtshof recht. In der Urteilsbegründung schrieb Lord Roger, einer der Richter, in einer denkwürdigen Passage, die in der LGBT-Bewegung kanonisch geworden ist: »Genau wie männliche Heterosexuelle das Recht haben, sich zu amüsieren, indem sie Rugby spielen, Bier trinken und mit ihren Kumpeln über Frauen reden, haben männliche Homosexuelle das Recht, auf Konzerte von Kylie [Minogue] zu gehen und mit ihren straighten weiblichen Kumpeln über Männer zu reden.«[11]

Ungeachtet der ironischen Verwendung von Stereotypen durch Lord Rodger (Ist ein Schwuler weniger glaubwürdig, wenn er Rugby mag und gern Bier trinkt?) gab das Urteil der Debatte eine neue Richtung, und es wurde vom UNHCR bestätigt. Ein Asylantrag durfte demnach nicht mehr mit der Begründung abgelehnt werden, dass eine LGBT-Person der Verfolgung entgehen könnte, wenn sie ihre Identität verbarg.[12] Nun lehnte im Jahr 2019 ein britischer Einwanderungsrichter den Asylantrag eines homosexuellen Mannes offenbar deshalb ab, weil dieser im Gegensatz zu anderen Asylsuchenden *keinen* Lippenstift trug und sich *nicht* besonders weiblich benahm.[13] Laut einer britischen Statistik wurden im Vereinigten Königreich zwischen 2016 und 2018 mindestens 3100 Asylanträge von Geflüchteten aus Ländern abgelehnt, in denen Homosexualität illegal war, allein 1197 von pakistanischen Asylsuchenden.[14] Die Liberal Democrats kritisierten heftig, was sie als die »Kultur des Unglaubens im Innenministerium« bezeichneten.

Aufgrund der großen Bekanntheit von Auntys Fall gab es bei ihrem Asylantrag in Südafrika keine Probleme mit der »Glaubwürdigkeit«, und es wäre auch nicht vernünftig gewesen, von ihr zu erwarten, ihre Identität zu verbergen. Ihr Antrag wurde in Pretoria nach rekordverdächtigen dreißig Tagen bewilligt. Damals wurde gewöhnlich zunächst nur befristetes Asyl gewährt, und das Verfahren, bis man einen permanenten Status als Geflüchteter erhielt, dauerte durchschnittlich drei Jahre. Wie Aunty mir erzählte, waren die Beamt:innen des Innenministeriums »sehr gut, sehr nett« – keine Spur von der plumpen Diskriminierung, der bürokratischen Hinhaltetaktik und der nackten Erpressung, denen die meisten anderen Asylsuchenden in Südafrika unterworfen sind.

In Kapstadt erhielt Aunty eine separate Wohneinheit in einem Haus für misshandelte Frauen und Kinder in der ehemaligen »Coloured township« Manenberg und wurde in einer nahe gelegenen Schule bei einem Englischkurs für Geflüchtete angemeldet. Die ersten beiden Stufen des Kurses meisterte sie problemlos, hatte aber mit der dritten zu kämpfen und blieb dem Kurs schließlich fern. Ihre Lehrer:innen waren davon überzeugt, dass eine unbehandelte posttraumatische Belastungsstörung die Ursache war. Die scharfsichtige junge Lehrerin Chivonne Africa glaubte, dass Aunty eine Art von Stolz entwickelt hatte, der entsteht, wenn man sich ein Leben lang verteidigen muss: »Sie reagierte allergisch auf jede Art von Korrektur, weil sie sich unbedingt so ausdrücken wollte, wie *sie* sich ausdrücken wollte.« Sobald der Kurs von der grundlegenden Lese- und Rechtschreibfähigkeit zu Themen der Mathematik und Sozialwissenschaften überging, wurde sie zur Schulschwänzerin.

Zur selben Zeit verließ sie das Frauenhaus und begann eine Beziehung mit Benson. Zwar sagte sie zu mir, das Haus sei »ein guter Ort«, aber ihre Anwältin Lusungu Kanyama-Phiri erzählte mir, dass es dort »für Aunty sehr einsam war. Sie hatte wirklich zu kämpfen. Da ist sie nun und versucht, ein neues Leben zu beginnen, die zu sein, die sie sein will, ausgehen, einen Mann kennenlernen, aber:

keine Männerbesuche und Ausgangssperre. Und wenn sie heimlich rausgeht, um was zu trinken und ein bisschen Gesellschaft zu haben, wird sie von Malawier:innen erkannt und misshandelt.«

Innerhalb von vier Monaten nach ihrer Ankunft in Kapstadt wurde sie zwei Mal gewaltsam angegriffen. Beide Male verlor sie das Bewusstsein und musste ins Krankenhaus. Sie zeigte mir Narben von Messerstichen auf ihrem Bein und ihrem Rücken. Beide Male seien die Angreifer Malawier gewesen. Beim ersten Mal hätten sie gesagt, dass sie »eine Schande für Malawi sei«, beim zweiten Mal, dass man ihr eine Lehre erteilen werde, weil sie »zu stolz sei«. Inzwischen hatte das Frauenhaus mit ihr zu kämpfen, weil sie sich nicht an die Regeln hielt. Ihre Gastgeber:innen von GDX kamen zu dem Schluss, dass es besser wäre, ihr eine eigene Unterkunft zu besorgen, und entschieden sich für eine Wohnung im nahe gelegenen Tambo Village. Dort lebte auch Martin, der Sozialarbeiter, der ihr bei der Integration helfen und ein Auge auf sie haben sollte.

Doch ihr neuer Vermieter beschwerte sich fast sofort über die Zechgelage seiner neuen Mieterin und kündigte ihr. GDX beschloss, ihr von einem Teil der von Amnesty gezahlten Beihilfe eine *zozo* (eine vorgefertigte Hütte) zu kaufen, damit sie endlich ihre eigenen vier Wände hatte. Zu diesem Zeitpunkt war ihre Beziehung zu GDX schon fast völlig zerrüttet. »Es gab Vertrauensprobleme«, erzählte mir Simeon Mawanza von Amnesty. »Wir mussten immer wieder vermitteln. Sie war überzeugt davon, dass andere Menschen das für sie bestimmte Geld ausgaben. Das hört man häufig, wenn man in der Entwicklungshilfe arbeitet: ›Andere Menschen nehmen uns unser Geld weg.‹«

»Die Wurzel des Problems bestand darin, dass wir Aunty am Anfang zu sehr verwöhnt haben«, so Liesl Theron, die Gründerin von GDX, die eine wichtige Rolle dabei gespielt hatte, Aunty nach Südafrika zu bringen. »Sie wohnte auf dem Gelände [GDX teilte sich eine umgebaute Schule mit dem Frauenhaus], und irgendwann rannten sechs unserer Mitarbeiter:innen hinter ihr her. Wir haben gemerkt, dass Tiwonge nicht unser einziges Projekt sein konnte, also fuhren wir die sehr sichtbare, intensive Unterstützung, die wir ihr anfangs gaben, etwas zurück – auch weil wir der Ansicht waren, dass sie anfangen sollte, für sich selbst zu sorgen, solange sie noch ihre Beihilfe von Amnesty bekam. Wir wollten, dass sie fliegen lernte, solange sie noch ein Sicherheitsnetz hatte. Aber ich glaube, sie bekam dadurch das Gefühl, dass wir sie im Stich gelassen haben.«

Therons Nachfolger Sibusiso Kheswa wurde mir gegenüber deutlicher: »Das größte Hindernis für ihre Integration ist das Geld, das sie bekommt. Sie hat keinen Antrieb, mit den Leuten hier zu verkehren, wie es alle anderen Fremden tun müssen, um die Sprache zu lernen und eine Beschäftigung zu finden.«

Simeon Mawanza, der Auntys Resettlement-Beihilfe verwaltete, sagte mir, dass er einmal mit ihr durch ein Einkaufszentrum ging und sie auf Straßenhändler aufmerksam machte, die Obst und Gemüse verkauften. »Ich meinte, sie könne doch etwas Ähnliches tun. Sie war empört: ›Ich, Tiwonge Chimbalanga? Auf der Straße Gemüse verkaufen? Niemals.‹ Ich antwortete: ›Irgendwann müssen wir alle tun, was wir tun müssen, damit es wieder aufwärts geht, Schwester.‹«

Tambo Village liegt am Rand von Gugulethu, einer lebhaften, dicht besiedelten Township voller Kirchen und Schulen und mit Kindern auf den Straßen, aber auch mit Shebeens, wie die illegalen Kaschemmen genannt werden, und voller Gefahren. Aunty kam nach Südafrika, um frei zu sein, aber sie war, wie der Sozialarbeiter Martin es formulierte, »zu frei für eine südafrikanische Township«. Er erzählte mir, welchen Schaden ihre Berühmtheit anrichtete: Sie entwickelte nicht nur Starallüren, sondern sie wurde auch erkannt. »›Oh, wir haben dich im Fernsehen gesehen, Aunty! Treffen wir uns mal! Trinken wir einen!‹ Und dann ist das Geld weg.« Martin war knapp zwei Jahre damit beschäftigt, Aunty fast rund um die Uhr zu betreuen, ganz ähnlich wie Dunker in Malawi. Er brachte sie jeden Tag zur Schule, versuchte ihr beim Sparen zu helfen, raste los und kam ihr zu Hilfe, wenn sie angegriffen wurde, und blieb ruhig, wenn sie sich gegen ihn wandte.

Der kleine, stämmige Martin stammt aus der Provinz Ostkap und besitzt die höfliche Schüchternheit und den lakonischen Charme eines Mannes vom Land. Bei seiner Geburt hatte man ihm ein weibliches Geschlecht zugewiesen. Nach Kapstadt kam er vor allem deshalb, weil er sich einer Geschlechtsumwandlung unterziehen wollte. Als ich ihn besuchte, lebte er mit seiner Freundin und ihrem Kleinkind in Tambo Village. Er sprach nicht gerne über seine eigenen Erfahrungen, er erzählte nur, dass »die Leute immer noch schrecklich unwissend sind und man schon ein mutiger Mensch sein muss, um zu sagen: ›Ich bin trans‹«. Dennoch war seine bloße Existenz in den Cape Flats ein Beispiel für ein wichtiges Phänomen der queeren urbanen Kultur Südafrikas im zweiten Jahrzehnt des 21. Jahrhunderts: der steigenden Zahl junger schwarzer Menschen, die sich als Butch-Lesben geoutet haben, nun jedoch Hormone nehmen, ihre Brüste bandagieren und als Männer leben.

Martin hatte GDX etwa ein Jahr bevor wir uns kennenlernten verlassen, die Verbindung zu Aunty aber zunächst nicht abbrechen lassen. Er baute eine Hütte für sie auf, als sie, dieses Mal ohne eigenes Verschulden, wieder umziehen musste. Irgendwann zog er sich jedoch zurück, obwohl er Aunty, wie er mir einmal gestand, immer noch sehr gernhatte. Sie hatte das Fass zum Überlaufen gebracht, als sie eines Sonntagnachmittags bei einer *braai* (Grillparty) in seinem Haus auftauchte und seine Freund:innen beschuldigte, sie hätten ihr Smartphone geklaut, das sie bei einer Sauftour irgendwo hatte liegen lassen. Wenn sie das Trinken unter Kontrolle bringt, so Martin, »wird Aunty fliegen lernen«.

Das Problem bestand seiner Ansicht nach darin, dass sie eine Lüge lebte: »Sie redet sich ein, dass sie in der ›falschen Klasse‹ ist: ›Ich kann für alles zahlen! Ich kann für *dich* zahlen!‹ Sie lebt nicht ihr eigenes Leben, sondern das einer anderen Person. Aber sie arbeitet nicht. Sie ist für keine Arbeit qualifiziert.« Martin zuckte mit den

Schultern. »Vielleicht ist das so ein Gay-Ding. Ich habe einen anderen schwulen Freund, der Sachen trägt, die zu kaufen ich nicht einmal zu träumen wage …«

Obwohl Aunty von Amnesty International dreißig Dollar in der Woche bekam, eine stattliche Summe in einer südafrikanischen Township, hatte sie nie genug Geld. Zusammen mit Benson holte sie ihre Beihilfe jeden Dienstag ab und gab ihm demonstrativ sofort einen Teil davon ab. Sibusiso Kheswa von GDX glaubte, dass Aunty die Beihilfe von Amnesty in ihren Schutz investierte, sie benutzte, »um eine Community um sich herum aufzubauen und sich außerdem Liebhaber zu sichern, die kein eigenes Einkommen hatten«. Kheswa, wie Martin ein Transmann, fügte hinzu, dass »Transfrauen, insbesondere in Beziehungen, meistens viele Kompromisse machen müssen: Wenn da ein Mensch ist, der sagt: ›Du bist meine Frau!‹, verzichtet man auf alles, um sich das zu bewahren.«

Als ich durch die Welt reiste und für dieses Buch recherchierte, lernte ich von Indien bis Russland, von Mexiko bis zu den Philippinen Menschen in solchen Beziehungen kennen. Tatsächlich hatte Auntys früherer Partner, ein Mann aus Zimbabwe, sie geschlagen und ihre Asylpapiere gefälscht, damit er arbeiten konnte. Benson jedoch war »ein guter Mann«, wie Aunty mir gegenüber betonte. »Er schlägt mich nicht, und er liebt mich.«

Es ist jedoch klar, dass es in solchen Beziehungen oft zu Missbrauch kommt. Die Partner können schnell vom Beschützer zu einer Bedrohung werden, insbesondere wenn Geld im Spiel ist. Ich habe das selbst beobachtet, als ich Aunty eines Tages besuchte, nicht bei Benson, sondern bei einem ihrer Freunde. Sie hatte Bernard, einen Malawier, und dessen südafrikanische Frau Asanda eingeladen. Es war Samstagnachmittag, und das Paar trank viel Alkohol. Sie mochten Aunty, sagten sie, und würden sie gegen Beleidigungen verteidigen: »Ich schreie die Leute an, wenn sie Streit mit ihr anfangen«, sagte Asanda. »Ich mache sie auf Xhosa zur Schnecke, dann halten sie den Mund.«

Bernard sagte mir, er sei schon seit zehn Jahren in Südafrika, »also wissen wir über diese Leute [Homosexuelle] Bescheid und sind an sie gewöhnt«. Später jedoch, ein paar Stunden nachdem ich gegangen war, erhielt ich einen hysterischen Anruf von Aunty. Bernard war in einer Shebeen gewesen und stand nun vor ihrer Hütte, stach mit einem Messer auf die Behausung ein und drohte damit, Benson zu töten. Er war gekommen, weil er dachte, ich hätte Benson für ein Interview bezahlt (was ich nicht hatte). Und nun wollte er ebenfalls Geld, weil er mit mir gesprochen hatte.

—

Ein paar Tage nach dem Vorfall mit Bernard fuhr ich wieder nach Tambo Village. Es war etwa 10:30 Uhr an einem Donnerstag, der Morgen nach einem Feiertag, und als ich für das vereinbarte Treffen vor Auntys Hütte hielt, hörte ich laute Musik. Ein Nachbar ging an meinem Auto vorbei und fluchte laut, da merkte ich, dass die Musik aus ihrer Hütte kam. Ich schaute durch das Sicherheitstor und sah Aunty mit Benson und drei weiteren Männern an dem großen Tisch sitzen, während ein malawisches Musikvideo im Fernsehen lief. Die Männer spielten Karten auf dem mit Biergläsern bedeckten Tisch und unterhielten sich angeregt. Als mich die Gruppe sah, machten sich die Männer davon, und die Gastgeberin räumte hastig auf. Wir setzten uns an den Tisch, und sie erklärte mir, dass die Männer gekommen seien, um Benson wegen eines Vorfalls am Tag zuvor zu »trösten«. Der Nachbar, der fluchend an meinem Auto vorbeigelaufen war, hatte Benson beleidigt: Benson habe Aids und nehme antiretrovirale Medikamente. Aunty hatte sich provozieren lassen und war handgreiflich geworden. Als sie die Geschichte erzählte, begann sie hemmungslos zu weinen. Der Grund für ihre heftige Reaktion war offenbar ihre Sorge, dass ihr Mann wegen der Beziehung zu ihr so viel Unheil erdulden musste und sie womöglich deshalb verlassen würde.

Als wir miteinander sprachen, schneite Auntys Freund Bernard herein. Der Streit, der sich einige Tage zuvor ereignet hatte, war offenbar vergessen. Bernard war völlig betrunken und hatte eine notdürftig zugepflasterte, hässliche Wunde am Hals, die ihm jemand am Vorabend mit einer zerbrochenen Flasche beigebracht hatte. Er werde immer wieder verletzt, wenn er in der Shebeen sei, sagte Aunty. »Er betrinkt sich und fängt an herumzuschreien, dann werden die Leute wütend auf ihn. Shebeens sind gefährlich. Deshalb gehe ich dort nicht mehr hin. Ich trinke jetzt nur noch zu Hause.«

Inzwischen weinte sie geradezu verzweifelt. Tambo Village sei zu gefährlich für sie und Benson, sie wolle weg. Sie wolle ihre Hütte verkaufen und ein Zimmer in der Stadt mieten. An jenem Morgen sprachen wir auch über ihre Pläne für eine Geschlechtsumwandlung. Sie sagte, sie wolle dringend Östrogen nehmen, aber die Leute von GDX hatten mir mitgeteilt, dass sie zwei Mal ihren ersten Termin beim Triangle Project verpasst hatte, einer Initiative zur Förderung der Gesundheit von LGBT-Menschen, das Transmenschen an ein kostenloses, staatlich finanziertes Programm zur Hormontherapie vermittelt. Als ich sie darauf ansprach, sagte sie: »Es hat mich niemand hingebracht. Ich kenne mich nicht gut genug aus.«

Die Sprache wird vermutlich eine Barriere gewesen sein, insbesondere wenn es um ein intimes Beratungsgespräch mit einer Ärztin oder einem Therapeuten ging. Doch es gab auch noch ein anderes Problem: Aunty betrachtete sich nicht wirklich als »transgender«, ein Begriff, den sie erst kennenlernte, als man sie an GDX in Kapstadt vermittelt hatte.

Ronald Addinall-Van Straaten, der damals das Programm beim Triangle Project leitete, erklärte mir, dass dieses Phänomen bei seinen Klient:innen nicht selten war. »Manchmal will man zu jemandem sagen: ›Seien wir ehrlich: Das ist, was du tun musst, um zu überleben.‹ Aber wenn man es mit einem Menschen zu tun hat, der extrem hart um seine Identität gekämpft hat und sich permanent mit Menschen herumschlagen musste, die ihm sagten, dass er nicht das ist, von dem er selbst weiß, dass er es ist, dann muss man sein Gefühl für sein eigenes Selbst respektieren.« Als ich an jenem Donnerstagmorgen mit Aunty zusammensaß, wünschte ich, dass sie doch noch ihren Weg zum Triangle Project finden würde, um diese Worte selbst zu hören.

3

Im Juli 2016, fast zwei Jahre nach unserer ersten Begegnung, war Aunty der Star bei Colours of Cape Town, einer Veranstaltung, die an einem Samstag im Nest, einem angesagten Treff »junger afrikanischer Kreativer« im Zentrum von Kapstadt, stattfand.

»Verbringt mit uns eine Nacht der Solidarität mit der LGBT-Geflüchteten-Community«, lautete die Einladung auf Facebook. Sie stammte von People Against Suffering, Oppression and Poverty (PASSOP), der Hilfsorganisation für Geflüchtete, bei der Aunty zwei Mal in der Woche als Praktikantin arbeitete. Mehr als hundert Leute waren gekommen und drängten sich in den Räumen im ersten Stock und auf dem viktorianischen Balkon mit einem gusseisernen Geländer, der auf die Darling Street ganz in der Nähe des Platzes Grand Parade hinausging. Die Zusammensetzung der Gäste war für Kapstadt ungewöhnlich, denn die Stadt ist noch immer stärker segregiert als Johannesburg. Gekommen war eine große Gruppe von Geflüchteten, die ich inzwischen kennengelernt hatte: Menschen aus Simbabwe und Uganda, aus der Demokratischen Republik Kongo und aus Burundi. Sie vermischten sich mit den queeren jungen Leuten, die aus den sozialen Medien von der Veranstaltung erfahren hatten: Junge rebellische Lesben aus der Township Khayelitsha mit Buzz Cut waren da, und ältere Aktivist:innen, die ich zwanzig Jahre lang nicht gesehen hatte. Ein Chor des neu gegründeten Ablegers der nigerianischen LGBT-Kirche House of Rainbow eröffnete die Veranstaltung mit einem himmlischen Gospelgesang.

Ich kam spät, aber ich sah Aunty sofort. Sie strahlte und wirkte geradezu majestätisch in ihrem eleganten violetten »Nigerianischen«: langer Rock und Bluse mit extravagantem goldenen und silbernen Brokat, gekrönt durch einen üppigen Turban. Benson war an ihrer Seite, nickte und lächelte und versank fast in seinem zu ihrem Kostüm passenden Anzug. Aunty stand auf und nahm das Mikro. Ihre Stimme war ein bisschen zaghaft, aber dennoch bestimmt. Sie sprach jedes Wort mit der Sorgfalt aus, die nötig gewesen war, um es niederzuschreiben: »Ich heiße Tiwonge Chimbalanga und bin eine Malawierin, die gegenwärtig in Kapstadt in Südafrika wohnt.« Nachdem sie ihre Beteiligung an der »ersten Homoehe in Malawi« geschildert hatte, berichtete sie von ihren »sehr schmerzhaften« Erfahrungen im Gefängnis und ihren Schwierigkeiten in Südafrika, den Angriffen und der Arbeitslosigkeit. Und sie stellte groß heraus, wie dankbar sie war, dankte 17 Organisationen und Einzelpersonen namentlich und außerdem »all den Leuten, die mich damals [im Gefängnis] besucht und unterstützt haben. Als Menschen müssen wir einander in schwierigen Zeiten helfen, so wie mir geholfen wurde.«

Auf der Veranstaltung wurde ein Flugblatt verteilt: »Afrikanische LGBTI-Menschen, die in ihren Heimatländern in extremer Gefahr schweben, fliehen nach Südafrika und finden dort eine Zuflucht, denn die südafrikanische Verfassung ist die progressivste in der Region. Die gelebte Realität jedoch ist alles andere als ideal. Nach ihrem Resettlement stehen LGBTI-Geflüchtete in Südafrika vor enormen Herausforderungen.« In dem Flugblatt wurde eine »doppelte Marginalisierung« geschildert: Geflüchtete werden »wegen ihrer sexuellen Orientierung beziehungsweise Geschlechtsidentität in ihren eigenen Geflüchteten-Communitys nicht akzeptiert«, und sie werden auch »in den LGBTI-Communitys nicht akzeptiert, weil sie Ausländer:innen« sind.

All dies kam erschwerend zu der Xenophobie hinzu, der die meisten schwarzen Migrant:innen in Südafrika ausgesetzt sind. Seit dem Ende der Apartheid sind Millionen von Afrikaner:innen aus anderen Ländern nach Südafrika gekommen, und in einer Gesellschaft, in der sowohl hohe Arbeitslosigkeit als auch viel Kriminalität herrscht, werden die Ausländer:innen für beides verantwortlich gemacht: Bei einer Welle ausländerfeindlicher Gewalt im Mai 2008 hatte es 62 Tote gegeben; Tausende wurden vertrieben. PASSOP war im Jahr vor den Unruhen gegründet worden, und als Aunty sich in der Organisation engagierte, hatte diese bereits ein LGBTI-Netzwerk mit etwa vierzig Mitgliedern aufgebaut, von denen indes nur wenige wie Aunty aufgrund ihrer sexuellen Orientierung oder Geschlechtsidentität einen offiziellen Asylantrag gestellt hatten. Wie mir der Koordinator von PASSOP, der exilierte kongolesische Menschenrechtsanwalt Guillain Koko, mitteilte, wussten die anderen entweder nicht, »dass sie einen Antrag stellen können, weil sie LGBTI sind, oder sie fürchten, verfolgt oder in ihren Communitys geoutet zu werden, wenn sie einen stellen«.

Koko war viel damit beschäftigt, Mitgliedern des Netzwerks dabei zu helfen, aus Südafrika in andere Länder wie die Vereinigten Staaten überzusiedeln. Der UNHCR unterstützte diese Resettlements, wenn Geflüchtete beweisen konnten, dass sie in dem Land, in das sie geflohen waren, noch immer in derselben Gefahr wie in ihrer Heimat schwebten. Aunty wäre angesichts der Gewalt, die sie in Kapstadt erfahren hatte, eine naheliegende Kandidatin für ein solches Resettlement gewesen, aber sie wollte vor allem wegen Benson nicht ein weiteres Mal in ein anderes Land. Sie hätte es nicht ertragen, noch einen Mann zu verlieren.

—

Bei PASSOP hatte ich Aunty Anfang 2014 zum ersten Mal getroffen. Die Organisation befand sich damals in einer etwas heruntergekommenen Suite über einer Ladenfront in Wynberg, einer der Vorstädte Kapstadts. Den obersten Stock, einen Dachboden, hatte man dem LGBTI-Netzwerk überlassen. Er war mit bunt zusammengewürfelten Möbeln ausgestattet und mit Regenbogentransparenten bespannt, die die Mitarbeiter:innen von PASSOP für eine kürzlich stattgefundene Pride-Parade gebastelt hatten. Das Ganze wirkte wie ein studentischer Aufenthaltsraum. Ständig kamen neue Leute vorbei, verbrachten eine raue Nacht auf der Couch, nutzten das kostenlose WLAN oder konsultierten Koko wegen ihrer Fälle. Auch eine Handvoll ausländischer Praktikant:innen schwirrten permanent in dem Raum herum: US-amerikanische oder europäische Freiwillige, viele von ihnen Promovierende, die gekommen waren, um Feldforschung zu betreiben und sich in einer angenehm offenen Stadt für diese frisch anerkannte Gruppe Marginalisierter zu engagieren.

Aunty war freilich nur selten oben im LGBTI-Loft zu finden. Sie war viel lieber unten »mit den anderen Frauen«, wie sie mir sagte, und half den Betreuerinnen, sich um orientierungslose Neuankömmlinge zu kümmern, die nach einer Möglichkeit suchten, in einem fremden Land zu bleiben. Bei dieser Arbeit hatte Aunty ihre Freundin Prisca kennengelernt, die für mich als Dolmetscherin fungierte: »Anders als viele der anderen ist Aunty Tiwo höflich und freundlich zu allen«, erklärte mir Prisca. »Also denken wir überhaupt nicht daran, wer sie ist. Wir sehen sie einfach nur als eine Person, die uns hilft.«

Prisca bekam große Augen, als sie Auntys Geschichte für mich übersetzte. Sie war eine gläubige Christin, die noch nicht wirklich verstanden hatte, was für eine Identität ihre Freundin hatte. Anfangs wurde sie mit der neuen Erkenntnis fertig, indem sie Aunty als etwas ganz Außerordentliches betrachtete: Sie war ihre Freundin, die sie gernhatte, und auf der anderen Seite standen die anderen, die Sünderinnen. Doch Prisca, eine modische junge Frau, die als Kindermädchen für eine weiße Familie arbeitete, hatte einen offenen Geist und ein großes Herz, und bei unserer letzten Begegnung ein paar Wochen darauf war sie voller Empörung über das Leid, das man Aunty zugefügt hatte, »nur aufgrund dessen, wen sie liebt«.

Wie alle anderen Mitarbeiter:innen von PASSOP kannte auch Prisca Aunty nur nüchtern. Tendai, die simbabwische Rezeptionistin, die ebenfalls mit Aunty befreundet war, verstand überhaupt nicht, worüber ich sprach, als ich sie nach Auntys Trinkgewohnheiten fragte. Sie dachte eine Weile über die Frage nach, dann antwortete sie: »Weißt du, Mark, wenn man daheimsitzt und sich langweilt, dann trinkt man. Deshalb braucht Aunty einen Job.«

Ich nahm mir diese Worte zu Herzen.

Aunty schnorrte mich routinemäßig an, als ich anfing, sie zu besuchen. Ich reagierte, indem ich Lebensmittel mitbrachte oder ihr die Fahrt spendierte, wenn sie sich in der Stadt mit mir traf, oder indem ich den Zahnarzt bezahlte, als Benson über heftige Zahnschmerzen klagte. Nur so kann ich es mit meinem Gewissen vereinbaren, dass ich meinen Job mache und Leute in Not darum bitte, ihre Geschichte mit mir zu teilen. Nachdem ich jedoch mit Tendai und Prisca gesprochen hatte, fand ich eine andere Möglichkeit. PASSOP verlor 2015 seine Finanzierung, musste den größten Teil seiner Mitarbeiter:innen entlassen und konnte die kleine Aufwandsentschädigung (etwa 15 Dollar pro Tag) nicht mehr zahlen, die es bis dahin seinen Praktikant:innen geboten hatte. Dennoch brauchte die Organisation genauso dringend feste Mitarbeiter:innen, wie Aunty das Geld brauchte. Die NGO war die wichtigste Anlaufstelle für Asylsuchende, die in Kapstadt ankamen. Also gab ich PASSOP genügend Geld, um Aunty zwei Tage in der Woche weiterzubeschäftigen. Auf diese Weise bekam Aunty nicht nur einen Grund, weiter zur Arbeit zu gehen, und das dringend benötigte Einkommen, da ihre Beihilfe von Amnesty auslief, sondern PASSOP hatte auch eine zusätzliche Mitarbeiterin. Und die Geflüchteten, die dort ankamen, würden auch weiterhin mit einer Transperson konfrontiert werden, die ihnen half, und dadurch ihre Vorurteile abbauen, wie es bei Prisca geschehen war.

Nachdem ich dieses Arrangement getroffen hatte, hielt ich mich fern. Ich hatte Aunty etwa ein Jahr nicht mehr gesehen, als ich Anfang 2016 wieder mit ihr und PASSOP Kontakt aufnahm und sie zu einer Podiumsdiskussion im Rahmen der Summer School der Universität Kapstadt einlud. Die Mitarbeiter:innen von PASSOP berichteten, dass sie fast jeden Tag vorbeischaute, obwohl sie nur für zwei Tage bezahlt wurde, und ein unentbehrliches Mitglied des Teams geworden war. Sie erledigte nicht nur ihre grundlegenden Putzpflichten, sondern hatte auch gelernt, wie man einen Computer benutzt, und half den ratsuchenden Neuankömmlingen mit ihren Newcomer Letters. Sie nahm an der Universitätsveranstaltung teil, und ein älterer schwuler britischer Mann war von ihrem Auftritt so bewegt, dass er anbot, ihre Beschäftigung bei PASSOP für zwei weitere Tage in der Woche zu finanzieren. Ich zog mich zurück. Die Lücke wurde zuerst von dem Briten und dann von einer deutschen Stiftung gefüllt.

Dank dem Computer bei PASSOP entdeckte Aunty die sozialen Medien. Als sie ihren Starauftritt bei Colours of Cape Town hatte, besaß sie bereits mehr als 700 Freunde bei Facebook. Die meisten waren Malawier:innen oder Mitglieder der Geflüchteten-Community in Kapstadt, aber es waren auch ein paar prominente US-amerikanische Aktivist:innen und mehrere führende afrikanische Politiker:innen, von Uganda bis Simbabwe, darunter. Aunty war nun vernetzt, obwohl sie ihre Status-Updates auf Chichewa schrieb und sie als Bilder nur Selfies postete: Aunty, wie sie eifrig am Computer im PASSOP-Büro sitzt; Aunty vor einem Karussell in einem Park posierend. Als ich sie bei ihrem Auftritt im Nest traf, hing sie an ihrem Smartphone: »Facebook schlecht«, teilte sie mir mit. »Zu viele Malawier:innen. Quatschen Aunty blöd an. Zu viel Scheiße. WhatsApp besser.« Sie schickte mir oft Nachrichten, hielt in ihrem Telegrammstil den Kontakt, was dem Medium absolut angemessen war.

Ich besuchte sie wieder einmal in Tambo Village. Sie und Benson zeigten mir stolz den Imbissstand, den sie neben der Hütte gebaut hatten: Sie war endlich von ihrem hohen Ross gestiegen und hatte das letzte Geld von Amnesty als Startkapital verwendet, um den Stand zu errichten und ihn mit Kohlköpfen und Tomaten, Äpfeln und Zwiebeln auszustatten. Benson sprang ein, wenn sie bei PASSOP arbeitete. Sie erkannte jedoch bald, dass es viel besser lief, wenn sie auch Bier verkaufte, und erweiterte ihr Angebot. Die Nachfrage war größer, dasselbe galt für die Gewinnspanne, und das Bier verdarb nicht so schnell. Sie hörte auf, Gemüse zu verkaufen, und ihre Hütte wurde eine weitere Township-Shebeen.

Sie hatte sich offensichtlich besser an ihre Umgebung angepasst. Statt der raffinierten »nigerianischen« Outfits trug sie an einem gewöhnlichen Werktag nun einen engen verwaschenen Minirock, ein T-Shirt und Turnschuhe mit leuchtend rosa Schnürsenkeln, die farblich zu den Plastikperlen um ihren Hals passten. Sie habe beschlossen, keine Hormone zu nehmen, sagte sie. Das hörte sich inzwischen ganz entschlossen an, ohne die früheren Ausflüchte, dass sie den Weg zum Arzt nicht finden könne. Die kleinen Hügel unter ihrem engen T-Shirt ließen allerdings vermuten, dass sie eine Brustvergrößerungscreme verwendete.

Auch hatte sie offenbar ihren Frieden mit ihren Nachbar:innen gemacht, und sie stellte mir eine neue Freundin vor, eine Xhosa-Frau aus dem Hof mit den Hütten, mit der sie zur Kirche ging. Auch ein älterer Malawier war da, der einfach »Madala« (alter Mann) genannt wurde. Er sagte, er sei von Auntys Familie in ihrem Heimatdorf hergeschickt worden, um nach ihr zu sehen, und habe beschlossen, zu bleiben. Trotz der Angriffe, die ihre Landsleute auf sie verübt hatten, hatte sie es mittlerweile geschafft, eine Gemeinschaft von ihnen um sich zu scharen. Es gab viele Malawier:innen in Tambo Village, und sie lebte weitgehend in einer Chichewa-Welt.

—

Bei Colours of Cape Town erlebte ich, wie Aunty Standing Ovations bekam. Ich war extrem stolz auf sie. Und ich war zufrieden, dass ich eine Rolle dabei gespielt hatte, ihr auf die Füße zu helfen. Ich war dazu nicht nur durch Mitleid oder durch mein Gerechtigkeitsgefühl motiviert gewesen, sondern, weil ich mich ihr verwandt fühlte. Man hatte mich gebeten, bei der Veranstaltung ein paar Worte zu sagen, und ich hatte auf das Problem der »doppelten Marginalisierung« hingewiesen. Geflüchtete suchten gewöhnlich eine Arbeit und eine Zuflucht in ihren eigenen ethnischen oder nationalen Netzwerken, wenn sie in einem Land eintrafen, sagte ich. Wenn sie jedoch queer waren, hatten sie keinen Zugang zu diesen Ressourcen, weil sie wegen ihrer sexuellen Orientierung oder ihrer Geschlechtsidentität geächtet wurden. »*Wir* als LGBT-Kapstädter:innen, die von den Freiheiten dieser Gesellschaft profitieren, sind jetzt ihre Familie«, sagte ich, »und wir haben eine Verpflichtung ihnen gegenüber.«

Sosehr ich daran glaubte, war ich doch beunruhigt über den Stolz und die Befriedigung, die ich wegen meiner Rolle empfand. Ich erinnerte mich an Auntys Helfer, die über die Falle der Abhängigkeit gesprochen hatten. Trug ich zu so einer Abhängigkeit bei? Ich glaubte nicht, da mein Geld an PASSOP gegangen war, wo Aunty es verdient hatte. Aber ich hatte mir nicht genug Mühe gegeben, um anonym zu bleiben, und sie hatte entdeckt, dass ich ihr Förderer war. Warum hatte ich zugelassen, dass das passierte? Hatte ich einen Weißer-Retter-Komplex? Dachte ich etwa, ich hätte mit meinen mickrigen dreißig Dollar pro Woche eine Rolle bei ihrer Erlösung gespielt? Kamen mir deshalb die Tränen, als ich sie jetzt öffentlich sprechen hörte?

Ich grübelte über etwas nach, was mich all die Jahre gequält hatte, als ich über die pinke Linie recherchierte. Der neue Diskurs über sexuelle Orientierung und Geschlechtsidentität verbreitete sich weltweit durch die Träger der Globalisierung – Digitalisierung und Massenmigration, transnationale Menschenrechtsbewegung und Popkultur –, und natürlich musste auch ich mich als einen dieser Träger begreifen. Ich hatte meine eigenen Ideen und Erfahrungen, ganz zu schweigen von meiner Brieftasche (oder der Vorstellung, die sich andere davon machten) und auch meinem eigenen Kampf als schwuler Mann. All das kam zum Vorschein, wenn ich jemandem wie Aunty begegnete.

Als Rezipient eines Open Society Fellowship, eines Programms der Organisation von George Soros, mit dem ich einen Großteil meiner Recherchen finanzierte, war ich mir dieser Zusammenhänge besonders bewusst. Meine Förderer:innen gehörten zu den größten Unterstützer:innen der neuen globalen LGBT-Bewegung, und das öffnete zweifellos Türen für mich. Deshalb war ich gezwungen, darüber nachzudenken, dass ich womöglich Ideen mitbrachte, die vorher nicht da gewesen waren, oder irgendwie beeinflusste, wie Menschen und ihre Communitys über sich selbst und die Welt dachten. Ich hatte vermutlich eine kleine Rolle gespielt, als ich Aunty half, ein stabileres und besser integriertes Leben zu finden, und meinen Teil als »queerer Verwandter« beigetragen. Doch ich musste akzeptieren, dass ich Teil einer Dynamik von Solidarität und Abhängigkeit war, die dem Ziehen der pinken Linie innewohnte und damit auch der globalen queeren Politik dieser Zeit.

Selbst wenn ich mich wirklich gerne für Menschen wie Aunty einsetzte, hatte ich doch mit der Tatsache zu kämpfen, dass allein schon meine Anwesenheit in ihrer Hütte in Tambo Village oder unter dem Baum in ihrem Heimatdorf Chimbalanga den Verdacht nährte, dass Menschen wie ich Menschen wie sie bezahlten, damit sie schwul wurden oder sich als LGBT identifizierten, oder wenigstens, dass es einen Strom von Geldmitteln gab, der Personen mit einer solchen neuen Identität einen Weg zu sozialem Aufstieg eröffnete.

In Malawi hatte es wegen Aunty eine heftige Debatte über diese Dinge gegeben. In Zeitungskommentaren war sie wiederholt beschuldigt worden, ihre *chinkhoswe* aus Gewinnstreben veranstaltet zu haben. Dazu kam der Vorwurf, ihre wenigen malawischen Unterstützer:innen seien alle mit westlichem Geld »gekauft« worden. Der malawische Präsident Bingu wa Mutharika sagte ganz offen, dass er Aunty und Monjeza nur begnadigt hatte, damit die eingefrorene Entwicklungshilfe des Westens wieder floss. Und natürlich wurde es als Beweis für Auntys Abzocke gewertet, dass sie ins Ausland ging: Ihre *chinkhoswe* und ihre Verbindungen mit internationalen Akteur:innen galten als Ticket für alle Reichtümer, die Südafrika zu bieten hatte. Mein Besuch in ihrem Heimatdorf und der exotische Hintergrund der Studiokulissen auf den Fotos, die ich mitbrachte, bestätigten diesen Verdacht.

Kurz nach Auntys Freilassung im Mai 2010 brachte die malawische Zeitung *The Daily Times* den viel zitierten Artikel »NGOs machen Kasse mit Schwulen«: Anonyme Spender:innen, so wurde darin behauptet, hätten lokalen Organisationen 500 000 Dollar geboten, damit sie in Malawi Homosexualität propagierten.[15] Als ich das Land besuchte, stieß ich tatsächlich auf eine boomende Mikroökonomie: Anwält:innen, Journalist:innen und Priester:innen, alle angeblich hetero, die nach Genf flogen und beim UN-Menschenrechtsrat über LGBT-Rechte referierten und die Geld für Sensibilisierungsworkshops erhielten oder sogar dafür, dass sie Artikel in den lokalen Medien platzierten. Das führte zu Stirnrunzeln, wenngleich die zirkulierenden Summen im Vergleich zu anderen Bereichen der Entwicklungshilfe wie Gesundheit oder Bildung natürlich überhaupt nicht ins Gewicht fielen. Es war keine Überraschung, dass selbst ich in Blantyre häufig wegen einer »Gebühr« angegangen wurde: Mehrere Personen, auch der Pastor, der Aunty verheiratete, und ein prominenter LGBT-Aktivist wollten nur mit mir sprechen, wenn ich sie bezahlte. Was ich nicht tat.

In ganz Afrika wurde die These von der »Rekrutierung« von all denen leidenschaftlich vertreten, die das neue soziale Phänomen fürchteten oder ablehnten. Sie war natürlich mit einer weiteren These verbunden: Homosexualität sei eine Form der Ausbeutung oder eine Folge davon, keine angeborene Eigenschaft. Im Westen waren diese Vorstellungen immer schon Bestandteil des homophoben Diskurses. So wurden etwa in Großbritannien wohlhabende Homosexuelle beschuldigt, Männer aus der Arbeiterklasse auszubeuten und zu verderben, indem sie diese für ihre Dienste bezahlten. Der Gedanke nahm auch im Denken antikolonialer Theoretiker:innen einen besonderen Platz ein: Der karibische Psychiater Frantz Fanon, dessen Werke zu zentralen Texten der antikolonialen Bewegung wurden, schrieb, die schwarzen homosexuellen Landsleute, die er in Europa traf, seien nicht, wie Sigmund Freud behauptet hatte, »neurotisch«, sondern praktizierten Homosexualität als »ein Hilfsmittel [zum Überleben] wie [...] andere die Zuhälterei«.[16]

Im Afrika des 21. Jahrhunderts hat der Begriff »Rekrutierung« eine Vielzahl von Spielarten. Im Senegal wird die lukrative Aids-Industrie als das Verführungsinstrument betrachtet; in Nigeria spricht man davon, dass der Teufel sein Unwesen treibe; in Simbabwe wird »Rekrutierung« von Verfechtern eines antiwestlichen Nativismus verwendet. Und in Uganda, wo der Diskurs am hitzigsten ist, spielen alle oben genannten Elemente eine Rolle. Eine ähnliche Haltung herrscht in Russland und anderen Ländern der ehemaligen Sowjetunion, wo Gesetze gegen »homosexuelle Propaganda« erlassen wurden, die eine Rekrutierung ausdrücklich ausschließen sollen, und wo ein ähnlicher nationalistischer Diskurs über die Immunisierung der eigenen Staatsbürger:innen gegen die Auswirkungen des westlichen liberalen Kapitalismus herrscht.

Auntys Geschlechtsidentität war freilich keineswegs eine geeignete Strategie, um der Armut zu entrinnen. Vielmehr wurde sie durch die Stigmatisierung weiter in die Armut getrieben. Dennoch ist unbestreitbar, dass ihre Annahme einer LGBTI-Identität etwas mit dem Kapital zu tun hatte, was diese in der neuen globalen Ökonomie besitzt, in der der reiche Westen (Menschen wie ich) solche Identitäten schätzt und Menschen wie Aunty als verwundbare Personen betrachtet, die unsere Hilfe oder wenigstens unsere Solidarität verdient haben. Aunty wusste genau, was sie tat, als sie dem Publikum bei Colours of Cape Town mitteilte, dass ihre *chinkhoswe* »die erste Homoehe in Malawi« gewesen sei, und als sie am Ende ihrer Rede demonstrativ ihren 17 Förderer:innen dankte, bevor sie die Standing Ovations des Publikums entgegennahm.

Sie verdiente ihren Lebensunterhalt an der pinken Linie.

—

Später im Jahr 2016 besuchte ich Aunty in Tambo Village. Es war Montagmorgen, und wie immer nach dem Wochenende machte die Township einen verschlafenen Eindruck. Aunty schien durcheinander, ihre Hütte war in Unordnung. Ich bemerkte sofort, dass der Fernsehapparat auf ihrem Kühlschrank, ihr kostbarster Besitz, aus dem normalerweise malawische Musikvideos dröhnten, zerbrochen war.

Sie berichtete erbittert, dass sie am Tag zuvor wie immer in die Kirche gegangen war, Benson jedoch daheimgeblieben sei. Als sie am Abend zurückkehrte, hatte Chaos geherrscht: Benson hatte den ganzen Tag Bier getrunken und *dagga* (Marihuana) geraucht und am Abend einen so gewalttätigen Rausch gehabt, dass er Kund:innen anschrie und die Hütte zerlegte. Auntys Nachbar:innen, einschließlich ihres schon lange leidenden Vermieters, versuchten erfolglos zu helfen. Schließlich rief sie Bensons Familie an, die ihr sagte, sie solle ihn rausschmeißen. Alle ihre Nachbar:innen waren derselben Meinung: Es war an der Zeit, Benson den Laufpass zu geben. Während Aunty mir die Geschichte erzählte, saß er zerknirscht oder vielleicht auch nur betrunken neben ihr. Er konnte sich an keinen der Vorfälle des Vortags erinnern.

Ich fuhr Aunty zur Arbeit und lud sie später in einer Filiale der Fast-Food-Kette Nando's in der Nähe von PASSOP zum Mittagessen ein. Sie war total niedergeschlagen: »Ich gebe meinem Mann noch eine letzte Chance«, sagte sie.

»Warum?«, fragte ich. »Er vertrinkt sein Geld und vertreibt deine Kund:innen. Und jetzt hat er deinen Fernseher kaputt gemacht. Warum hörst du nicht auf deine Nachbar:innen und Freund:innen?«

Sie schwieg.

»Weil du ihn liebst?«

»Zu sehr.«

3
NEUE GLOBALE CULTURE WARS?

Im März 2009, dem Jahr, bevor Tiwonge Chimbalanga in Malawi verhaftet wurde, lud der prominente Pfarrer Stephen Langa in dem weiter nördlich gelegenen Uganda zu einem Seminar ein, in dem er »die Agenda der Homosexuellen« entlarven wollte. »Heute«, schrieb er, »erobert die gut finanzierte und gut organisierte homosexuelle Maschinerie ein Land nach dem anderen, indem sie in diesen Ländern homosexuelle Praktiken entkriminalisiert und in einigen von ihnen die gleichgeschlechtliche Ehe legalisiert. Uganda steht heute unter dem enormen Druck dieser Gruppe, die Homosexualität zu entkriminalisieren.«[1]

Langa versprach den afrikanischen Teilnehmer:innen seines Seminars, sie würden lernen, sich vor diesem Moloch »zu schützen«, und hatte drei US-amerikanische Evangelikale als Referenten gewonnen:[2] Caleb Lee Brundidge und Don Schmierer, berühmt-berüchtigte Verfechter der Konversionstherapie in den Vereinigten Staaten, und Scott Lively, der in seinem 1995 erschienenen Buch *The Pink Swastika* behauptet, von Nazideutschland sei eine homosexuelle Verschwörung zur Eroberung der Welt ausgegangen und nun hätten sich Homosexuelle auf der ganzen Welt verbündet, um durch gleichgeschlechtliche Ehen, Scheidungen, Kindsmissbrauch und Aids »soziales Chaos und Zerstörung« zu säen.[3]

Der in Boston ansässige afrikanische Geistliche Kapya Kaoma nahm Langas Einladung an und flog nach Uganda, wo er das Seminar besuchte. Kaoma, ein anglikanischer Pfarrer aus Sambia, war zutiefst besorgt über den Export von Homophobie durch die US-amerikanische religiöse Rechte in seinen Heimatkontinent und über die Welle von Hass und Hetze, die sie dadurch auslöste. Er hatte diese Anstrengungen zuerst in seiner eigenen Kirche bemerkt, als sich US-amerikanische Episkopale, die gegen die Ordination schwuler Priester und gleichgeschlechtliche Ehen waren, sich in den neunziger Jahren mit afrikanischen Anglikaner:innen verbündet hatten. Nun interessierte er sich besonders dafür, wie US-amerikanische Evangelikale versuchten, die Politik in den afrikanischen Ländern nach dem Skript für die Culture Wars zu beeinflussen, das sie in den USA entwickelt und ausgefeilt hatten.[4]

Deshalb besuchte Kaoma, ein heterosexueller Familienvater mit der entwaffnenden Anteilnahme eines Gemeindepfarrers, inkognito Stephen Langas homophobes Seminar. In einem Artikel, den er danach veröffentlichte, zitierte er Scott Livelys Begrüßungsrede, in der dieser die Entkriminalisierung der Homosexualität mit der Legalisierung von Sex mit Tieren und Kindesmisshandlung verglich. Er berichtete von Gesprächen mit Teilnehmer:innen, die meinten, die US-amerikanischen Sprecher hätten ihnen gezeigt, wie wichtig es sei, »im Kampf gegen die Homosexualität standhaft zu bleiben«, wie einer es formulierte. Ein anderer bestätigte, dass sich Scott Lively während seines Aufenthalts in Uganda mit dem Parlamentarier getroffen hatte, der den Gesetzentwurf zum Verbot von Homosexualität formuliert hatte, der die Todesstrafe für »Wiederholungstäter« vorsah. Kaoma gab seinem Bericht den Titel *Globalizing the Culture Wars*, um darauf hinzuweisen, wie die US-amerikanische religiöse Rechte den Krieg ins Ausland trug, den sie in den USA verloren hatte.

Der Begriff »culture wars« wurde ursprünglich in den Vereinigten Staaten geprägt, um die Spaltung der Nation in Bezug auf »moralische« Fragen zu bezeichnen, die in den siebziger Jahren von Konservativen in der Republikanischen Partei vorangetrieben worden war, und zwar als eine Strategie, um Wähler:innen zu mobilisieren und in einer zunehmend säkularen und liberalen Gesellschaft politischen Einfluss zu behalten. Von da an drehten sich die US-amerikanischen Wahlkämpfe um soziale Themen: »Blaue« Demokraten mochten für Sozialausgaben und einen ordentlich finanzierten Staat eintreten, wurden aber zunehmend durch ihre säkularen Werte und ihren gesellschaftlichen Liberalismus definiert; »rote« Republikaner mochten für einen schwachen Staat und niedrige Steuern eintreten, wurden jedoch zunehmend durch ihren sozialen Konservatismus und ihre Überzeugung, die Religion solle die nationalen Werte bestimmen, definiert. Angefangen mit ihrer Gegenreaktion nach Roe v. Wade, dem Urteil des Obersten Gerichtshofs aus dem Jahre 1973, das Abtreibung legalisierte, brachen die US-amerikanischen Kulturkrieger:innen zahlreiche Konflikte über reproduktive Rechte, Sexualerziehung, wissenschaftliche Bildung und natürlich auch über die Rechte von Homosexuellen vom Zaun – Konflikte, die im frühen 21. Jahrhundert im Kampf um die Ehe für alle ihren Höhepunkt erreichten.

Zu dem Zeitpunkt, als Kapya Kaoma in Kampala Scott Lively zuhörte, zeigten freilich die Umfragen in den USA einen deutlichen Trend zur Unterstützung der gleichgeschlechtlichen Ehe. Die religiöse Rechte »hatte jahrzehntelang versucht, LGBT-Menschen zu verteufeln und sie im Verborgenen zu halten«, schrieb die US-amerikanische NGO Southern Poverty Law Center in einem Bericht aus dem Jahr 2013. Doch diese religiöse Rechte war nun offenbar im Begriff, »einen Kampf zu verlieren, den sie inzwischen nicht mehr gewinnen kann. In der Folge wenden die beteiligten Gruppen und Einzelpersonen ihre Aufmerksamkeit mehr und mehr anderen Nationen zu, wo schwulenfeindliche Einstellungen viel stärker sind und Gewalt gegen die homosexuelle Community viel zu häufig vorkommt.«[5]

Das Projekt wurde zwar auch von verrückten Außenseiter:innen wie Scott Lively – dem *lunatic fringe* – vorangetrieben, hatte aber seine Wurzeln tief im Establishment. Es wurde in der Amtszeit des evangelikalen Präsidenten George W. Bush sogar vom Weißen

Haus unterstützt und insbesondere durch den President's Emergency Plan For AIDS Relief (Pepfar) gefördert. Die Initiative bevorzugte »glaubensbasierte« Programme im Kampf gegen HIV/Aids. So wurde zum Beispiel das Predigen von Abstinenz dem Verteilen von Kondomen vorgezogen. Was David Kuo, das Mastermind hinter Bushs evangelikaler Politik, über die US-amerikanische Innenpolitik sagte, galt auch für die globale Aids-Politik: »Wir wussten, dass die Regierung den Menschen Jesus nicht füttern konnte«, sollte er später schreiben, »aber wenn wir privaten religiösen Gruppen Geld zukommen lassen konnten, die praktisch allesamt christlich waren, konnten wir ihnen den Speisesaal zeigen.«[6] Christliche Organisationen aus den USA erhielten Mittel aus dem Pepfar-Budget und gründeten Ableger in Afrika, die nach dem Skript der US-amerikanischen Culture Wars agierten. Dank dieser Finanzmittel errangen sie erhebliche institutionelle Macht und konnten die Politik in Ländern wie Malawi und Uganda beeinflussen.

Zur selben Zeit begann eine US-amerikanische Gruppe von Geistlichen und Politiker:innen, die sogenannte »Family«, damit, in mehreren afrikanischen Ländern die Sozialpolitik mitzugestalten. Ihre Existenz wurde von dem Journalisten Jeff Sharlet aufgedeckt, der sie als »Amerikas heimliche Theokraten« bezeichnete.[7] Die Family sah eine Gelegenheit zur Einflussnahme in Uganda, wo David Bahati ihr wichtigster Vertreter war. Der Abgeordnete des ugandischen Parlaments hatte unter anderem an der Wharton School der University of Pennsylvania studiert und war maßgeblich an der Formulierung des ugandischen Anti-Homosexuality Act beteiligt. »Wir werden das Gesetz früher oder später durchbringen«, sagte er zu Sharlet, als die beiden 2009 in Kampala zusammentrafen. »Und wenn wir es tun, schließen wir das Tor zur Homosexualität und öffnen die Gesellschaft für etwas Größeres.« Das, schrieb Sharlet, »war für Bahati der Kern der Sache. Für ihn ist die Homosexualität nur ein Symptom für ein, wie er von der Family gelernt hat, größeres Übel: die Regierung durch Menschen und nicht durch Gott.«[8]

In Afrika fielen solche Ansichten auf fruchtbaren Boden, denn die »Regierung durch Menschen« hatte sich in weiten Teilen des Kontinents nicht wirklich gut entwickelt. Wie die Islamist:innen hatten auch die Christ:innen ein soziales Anliegen *und* die Mittel, um etwa im Gesundheitsbereich oder im Bildungswesen soziale Dienstleistungen zu erbringen, welche die vielerorts scheiternden Staaten immer weniger finanzieren konnten. Sie waren außerdem synkretistisch und ökumenisch, nahmen Spielarten der Volksfrömmigkeit auf und integrierten sie in ihre Gottesdienste. Ihr vielleicht wichtigstes Merkmal war jedoch, dass sie Wohlstand durch Frömmigkeit versprachen und in einer sehr schwierigen Welt fröhliche und ausgelassene Oasen sein konnten. Es gab mehrere mächtige Konvertit:innen, so etwa Ugandas First Lady Janet Museveni, eine Anhängerin Rick Warrens, des Gründers der kalifornischen Saddleback Megachurch. Warren sagte 2008 bei einem Besuch in Uganda, dass »Homosexualität keine natürliche Lebensweise und deshalb auch kein Menschenrecht ist«.[9]

Es dauerte vier Jahre, bis David Bahatis Anti-Homosexuality Act im Dezember 2013 verabschiedet wurde. Sieben Monate später hob ihn der Oberste Gerichtshof aus verfahrensrechtlichen Gründen auf. In der Zeit seiner Gültigkeit wurde Uganda von einer Welle gewalttätiger Homophobie überschwemmt: Ein prominenter Aktivist wurde getötet, viele andere Homosexuelle wurden von sensationslüsternen Medien geoutet, viele gingen ins Exil. Die Vereinigten Staaten verhängten Sanktionen gegen das Land, und Scott Lively wurde in seiner Heimatstadt im US-Bundesstaat Massachusetts wegen Verbrechen gegen die Menschlichkeit angeklagt. Der Richter, der den Fall im Jahr 2017 nicht annahm, weil er nicht in seine Zuständigkeit fiel, sagte dennoch, seiner Ansicht nach habe der Pastor das Völkerrecht verletzt, indem er sich an einer »bösartigen und furchterregenden Unterdrückungskampagne gegen LGBTI-Personen in Uganda« beteiligt habe.[10]

Die globalen Culture Wars wurden auch in anderen Ländern ausgetragen. In Belize, einer kleinen ehemaligen britischen Kolonie an der karibischen Küste, zog 2013 der Aktivist Caleb Orozco vor Gericht, um die Kriminalisierung von Homosexualität in seinem Land für verfassungswidrig erklären zu lassen. Orozcos wichtigster Gegner war ein gewisser Scott Stirm, ein in Belize tätiger Missionar aus Texas, dessen Finanzmittel und Rechtsbeistände von zwei großen rechtsgerichteten christlichen Organisationen in den USA kamen. Orozco wurde durch Lord Peter Goldsmith, den früheren Attorney General von England, Wales und Nordirland, vertreten und von internationalen Menschenrechtsorganisationen unterstützt. Im Jahr 2016 gewann er schließlich den Prozess.

Wie schon in Uganda behaupteten beide Seiten, sie seien Opfer eines Stellvertreterkriegs, der von Mächten aus dem Ausland geführt werde, die ihre eigene globale Agenda verfolgten. Das Southern Poverty Law Center beschuldigte US-amerikanische christliche Organisationen, durch die »von US-amerikanischen Ideolog:innen ausgebrütete scheußliche Propaganda die Flammen des Schwulenhasses« anzufachen.[11] Stirm konterte mit der Behauptung, seine US-amerikanischen Unterstützer:innen würden den Menschen in Belize lediglich gegen den »globalen homosexuellen Angriff auf Moral und familiäre Werte« beistehen.[12] Nachdem sowohl der alte als auch der neue US-amerikanischer Botschafter Belize zu einer Aufhebung des Gesetzes aufgefordert hatte, verkündete Stirms Belize Association of Evangelical Churches, dass »keine Nation, sei sie groß oder klein, das Recht hat, in die Verfahren einer anderen Nation durch Manipulation, Zwang oder Einmischung einzugreifen«.[13]

Am Ende entschied natürlich der Oberste Gerichtshof von Belize gemäß der Verfassung des Landes, und Caleb Orozco gewann den Prozess. Er wurde zu einer Art Lokalheld und von der Regierung mit einer Reihe von Aufträgen betraut, die nichts mit LGBT-Rechten zu tun hatten. Belize wandte sich neuen Zielen zu.

—

Dasselbe breite Spektrum US-amerikanischer christlicher Akteur:innen ist auch in einem anderen Teil der Welt aktiv, in dem eine pinke Linie gegen den vermeintlichen Kulturimperialismus westlicher Liberaler gezogen werden soll. In dieser Region ist der imperialistische »Aggressor« die Europäische Union, die sich angeblich in die inneren Angelegenheiten ehemaliger Staaten des sowjetischen Blocks einmischt. Da in diesen Ländern eine demografische Krise herrscht, die sich durch einen starken Bevölkerungsrückgang auszeichnet, sind sie ein fruchtbarer Nährboden für die »familienfreundliche« Agenda der Culture Wars: den Kampf gegen Abtreibung, Verhütung und die Gründung homosexueller Familien. Schon 1995 kamen religiöse US-amerikanische Konservative nach Moskau, wo sie mit ihren russischen Gesinnungsgenoss:innen den World Congress of Families initiierten.[14] Bis 2015 entwickelte sich der WCF laut der führenden US-amerikanischen Organisation für LGBT-Rechte, der Human Rights Campaign, zu »einer der einflussreichsten US-amerikanischen Organisationen, die den Export von Hass betreiben«.[15]

Die »Leidenschaft für Familienwerte«, die Russland damals ergriff, kann laut der Journalistin Hannah Levintova des US-amerikanischen Magazins *Mother Jones* auf zwei im Jahr 2010 vom WCF durchgeführte Konferenzen zurückgeführt werden: eine zur Heiligkeit der Mutterschaft in Moskau, bei der Larry Jacobs, Managing Director des WCF, als einer der Hauptredner auftrat; und eine weitere im selben Jahr im US-Bundesstaat Colorado, an der der ehemalige Nachtclubbesitzer Alexej Komow als Abgesandter der russisch-orthodoxen Kirche teilnahm.[16] Später sollten auch Wladimir Putin und Viktor Orbán auf den Zug der »Familienwerte« aufspringen, doch die Saat wurde in Osteuropa durch die erwähnte Zusammenarbeit von US-amerikanischen Evangelikalen und russisch-orthodoxen Christ:innen gelegt.

Alexej Komow war keineswegs der einzige und nicht einmal der mächtigste Befürworter der russischen Gesetze gegen »homosexuelle Propaganda«, doch er war der wichtigste Verbindungsmann zwischen den russischen und den US-amerikanischen Konservativen. Der WCF half ihm dabei, die russische Gruppe FamilyPolicy.ru zu gründen, die den russischen Gesetzgeber:innen auf die US-amerikanischen Erfahrungen gestützte Daten und Strategien lieferte. Das Skript stammte ursprünglich aus den Vereinigten Staaten, angefangen bei Anita Bryants Kampagne Save Our Children, die 1977 im US-Bundesstaat Florida versucht hatte, jeden Bezug auf Homosexualität aus den Lehrplänen zu streichen, und in den USA mehrere Gesetze gegen »homosexuelle Propaganda« durchgebracht hatte. Im Jahr 2017 waren diese Gesetze, die den russischen weit vorausgingen, in sieben US-amerikanischen Bundesstaaten immer noch gültig. Ein berüchtigter Vorläufer war auch Margaret Thatchers Section 28, eine Gesetzeserweiterung des Local Government Act, der Kommunalbehörden verbot, Homosexualität in Schulen »zu begünstigen«. Sie wurde erst 2003 aufgehoben.

Nachdem Russland 2013 das Gesetz gegen »homosexuelle Propaganda« verabschiedet hatte, brachte dessen Autorin Jelena Misulina erfolgreich ein weiteres Gesetzesvorhaben ein, das die Adoption russischer Kinder durch ausländische homosexuelle Paare verbot. Als Begründung für ihre Vorlage stützte sich Misulina auf die umstrittenen Forschungsergebnisse des Soziologen Mark Regnerus von der University of Texas, der behauptete, Kinder homosexueller Eltern seien im Vergleich zu anderen stark benachteiligt und unter anderem viel anfälliger für Missbrauch. Homosexuelle Eltern brächten ihren Kindern bei, schwul zu sein, genau wie bei Alkoholiker:innen eine erhöhte Wahrscheinlichkeit bestehe, dass auch ihre Kinder tränken, verkündete Misulina auf einer Sitzung der Staatsduma. Das sei das »soziale Experiment, das der Westen mit seinen eigenen Kindern« durchführe, und Russland habe genug von solchen Experimenten, »bei denen die Familie zerstört wird«.[17]

Während die US-amerikanischen rechten Christ:innen ihren russischen Brüdern und Schwestern mit ihrem Skript für die Culture Wars zu Hilfe kamen, meinten die Russ:innen, dank ihren Erfahrungen mit dem Kommunismus die US-Amerikaner:innen über die von Alexej Komow sogenannten »Gefahren dieses neuen Totalitarismus« belehren zu können. Komow sprach 2014 in einem Interview mit *Mother Jones* von »einflussreichen Interessenvertreter:innen«, die »eine aggressive Kampagne zur gesellschaftlichen Veränderung durchführen wollen und dafür LGBT-Aktivist:innen in den Kampf schicken. Wir sehen darin eine Fortsetzung derselben revolutionären Agenda, die in der Sowjetunion so viele Menschenleben gekostet hat, als die Kirchen zerstört wurden. Diese politische Korrektheit wird eingesetzt [...], um die religiösen Freiheiten zu unterdrücken und die Familie zu zerstören.«[18]

Komows Gedanke wurde zum gemeinsamen Anliegen einer neuen ökumenischen Bewegung orthodoxer, katholischer und evangelikaler Gegner:innen des neuen Schreckgespensts der »Genderideologie«, die die Akzeptanz der gleichgeschlechtlichen Ehe und von Transmenschen als Beispiele für die größte Bedrohung hielten, die die Menschheit seit dem Kommunismus heimgesucht hatte: die Verleugnung der gottgegebenen Natur des Menschen. Die Bewegung reicht von Süd- und Lateinamerika (wo Jair Bolsonaro zu ihren Vertretern gehört) bis in die Vereinigten Staaten und hat auch in den ehemaligen kommunistischen Staaten Fuß gefasst, nicht nur in Russland, sondern auch in Ungarn und in Polen. Marek Jędraszewski, der Erzbischof von Krakau, vertrat die neue Ideologie 2019 in einer Predigt, in der er sagte, Polen sei zwar »nicht mehr von der roten Pest infiziert«, doch es gebe »eine neue, die unsere Seelen und Herzen und unseren Verstand beherrschen will, [...] weder marxistisch noch bolschewistisch, aber aus demselben Geist geboren, dem neomarxistischen. Nicht rot, sondern in den Farben des Regenbogens.«[19] Dies war Teil der Anti-LGBT-Ideologie-Kampagne der PiS-Partei im letztlich erfolgreichen Wahlkampf um das Präsidentenamt im Jahr 2020.

Im Wahlkampf der PiS-Partei lobte deren Führer Jarosław Kaczyński den Erzbischof für seine Äußerung. »[Wir müssen] in Freiheit leben«, sagte er, »und uns nicht allem unterwerfen, was westlich unserer Grenzen geschieht, [...] wo die Freiheit abgeschafft wird«.[20] In einer damals erhobenen Meinungsumfrage hielten 31 Prozent der polnischen Männer unter 39 »LGBT« und die »Genderideologie« für die größte Bedrohung ihres Landes, eine größere als Russland oder den Klimawandel.[21]

—

Unterdessen auf der anderen Seite der pinken Linie: Im Oktober 2012 saß ich im mittelalterlichen, von Gold und Samt geprägten House of Lords und lauschte der historischen ersten Debatte über LGBT-Themen im britischen Parlament. Der konservative Peer Lord Lexden hatte sein Privileg genutzt, um »die Regierung ihrer Majestät zu fragen, zu welcher Einschätzung sie in Bezug auf die Behandlung homosexueller Männer und Frauen in den Entwicklungsländern gelangt ist«.[22] Es herrschte ein allgemeiner Konsens sowohl rechts als auch links vom Zepter des Speakers, dass das Vereinigte Königreich sich global für die Rechte Homosexueller und deren Schutz einsetzen sollte.

Lord Chris Smith von der Labour Party, der unter Tony Blair als der erste offen schwule britische Minister diente, äußerte sich lobend über die Fortschritte, die in den 15 Jahren zuvor »bei der Sicherung der Rechte und Freiheiten von Lesben und schwulen Männern gemacht wurden«. Doch es sei eine »besondere Schande«, dass dies für einem Großteil des restlichen Commonwealth nicht gelte, wo Homosexualität in 42 der 78 Mitgliedstaaten, einschließlich Malawis, Ugandas und Belizes, immer noch verboten sei. Die »tragische Ironie« bestehe darin, dass diese »Gesetze von uns geerbt sind. Meiner Ansicht nach haben wir deshalb eine besondere Verantwortung, alles in unserer Macht Stehende für eine Änderung der Lage zu unternehmen.«

Als der britische Buggery Act, der ursprünglich die Todesstrafe für homosexuelle Handlungen vorsah, 1533 verabschiedet wurde, geschah dies entlang einer von den Tudors gezogenen pinken Linie. Heinrich VIII. führte das Gesetz ein, um gegen die katholische Kirche anzugehen, deren Klöster als Brutstätten der Homosexualität angesehen wurden und außerdem Gold besaßen, auf das der protestantische König es abgesehen hatte. »Weil der König die Reichtümer der Kirche begehrte, wurde aus einer Sünde ein Verbrechen«, schreibt der Schriftsteller Peter Ackroyd.[23] Die Todesstrafe wurde 1861 aufgehoben, aber 1885 wurde das Gesetz so erweitert, dass jeder sexuelle Kontakt zwischen Männern oder auch nur eine dahingehende Absicht als »grob unsittliches Verhalten« kriminalisiert wurde. Es war diese Klausel, die Oscar Wilde und Tausende weiterer Männer ins Gefängnis brachte, bis einverständliche homosexuelle Handlungen zwischen Erwachsenen 1967 endlich auch in Großbritannien entkriminalisiert wurden, nachdem dies vielerorts in Westeuropa schon lange zuvor geschehen war.

In derselben viktorianischen Ära, in der einvernehmlicher Geschlechtsverkehr zwischen Männern als »grob unsittlich« deklariert wurde, wurde Homosexualität auch in den Kolonien zum Verbrechen erklärt. Lord Thomas Babington Macaulays indisches Strafgesetzbuch von 1860, auf das die meisten Gesetze im Britischen Weltreich gründeten, kriminalisierte »sexuelle Handlungen wider die Natur«. Laut dem indischen Rechtswissenschaftler Alok Gupta entsprang diese Maßnahme zwei besonderen kolonialen Obsessionen: der Angst vor »moralischer Infektion« durch die indigene Bevölkerung und dem Bedürfnis, die neuen Untertanen »moralisch zu reformieren«.[24]

Großbritannien verlor den größten Teil seines Weltreichs, bevor es 1967 die Homosexualität legalisierte, was zur Folge hatte, dass homosexuelle Handlungen in fast allen unabhängig gewordenen Ländern des Commonwealth illegal blieben. Allerdings wurden sie nur selten wirklich bestraft, bis die LGBT-Rechte im 21. Jahrhundert offensiv wahrgenommen wurden. Chris Smith hatte recht, als er in seiner Rede in Westminster in dieser Beziehung von tragischer Ironie sprach: Einige der betroffenen Länder beriefen sich auf Gesetze aus der Kolonialzeit, um ihre Behauptung, Homosexualität sei inakzeptabel, zu untermauern und die Forderung nach ihrer Entkriminalisierung zu einem neokolonialen Angriff auf ihre Souveränität zu erklären.

Dennoch ließ die Vorstellung, Großbritannien habe »eine spezielle Verantwortung«, sich für die Aufhebung von Gesetzen einzusetzen, die es selbst in die Welt gesetzt hatte, eine neue zivilisatorische Mission oder wenigstens ein neues ideologisches Projekt des liberalen Westens vermuten. Ein Jahr vor jener Parlamentssitzung, im Oktober 2011, hatte der britische Premierminister David Cameron erwogen, die Legalisierung der Homosexualität zur Bedingung für britische Entwicklungshilfe zu machen. Die Reaktion war geballte Wut: In einer typischen Reaktion tobte der tansanische Außenminister, dass »wir nicht bereit sind, von irgendeinem reichen Staat, Hilfe anzunehmen, die an inakzeptable Bedingungen geknüpft ist, nur weil wir arm sind«.[25] Afrikanische Aktivist:innen der Schwulenbewegung berichteten über einen signifikanten Anstieg homophober Gewaltakte nach Camerons Erklärung, und fast alle LGBT-Organisationen und führenden Mitglieder der Bewegung unterzeichneten einen offenen Brief, der eine Politik verurteilte, die queeren Afrikaner:innen das Leben nur noch schwerer machen würde.[26] Auch sie waren ja genau wie der Rest ihrer Landsleute Nutznießer der Entwicklungshilfe und würden, wie in Malawi, noch mehr zu Sündenböcken gemacht, wenn diese um ihretwillen eingestellt würde.

Die Geschehnisse in Uganda illustrieren vielleicht am besten die Auswirkungen der Drohung mit internationalem Druck und die komplizierte Lage, in der sich die westlichen Länder (und einige afrikanische Politiker:innen) befinden. Bei einem Gespräch mit dem US-amerikanischen Botschafter im Jahr 2010 hatte der ugandische Staatspräsident Yoweri Museveni nämlich David Bahatis Gesetz gegen die Homosexualität noch verurteilt. Er bezeichnete die darin vorgesehenen harten Strafen als »inakzeptabel« und sagte, das Gesetz werde ad acta gelegt. Ein durchgesickertes Memorandum aus dem US-Außenministerium enthält einen wichtigen Hinweis, warum Museveni seine Meinung vier Jahre später änderte und das Gesetz unterzeichnete: »Der Präsident erwähnte zwei Mal eine kürzlich in einer Lokalzeitung erschienene Karikatur, die ihn in dieser Frage als Marionette von Außenministerin Clinton [und anderen führenden Politiker:innen des Westens] darstellt, und bat die internationalen Geldgeber, sich zurückzuhalten und ihm den notwendigen Spielraum zu lassen, um auf seine Art mit der Gesetzgebung gegen Homosexualität fertigzuwerden.«[27]

In den Jahren nach dem Gespräch mit dem Botschafter wurde das ugandische Gesetz mit der bekannten mörderischen Wirkung dennoch eingebracht, David Cameron machte seine Bemerkung über die Bedingungen für die Entwicklungshilfe, Hillary Clinton stellte klar »Human rights are gay rights«, und die Obama-Regierung erklärte die Förderung von LGBT-Rechten zu einer Priorität ihrer Außenpolitik. Auch drohten die USA, Großbritannien und andere Länder mit Sanktionen, falls Uganda das Gesetz verabschieden sollte. Bis 2014 hatte sich Musevenis Haltung verhärtet. Er war mit der ersten ernst zu nehmenden inneren Opposition seiner 23-jährigen Herrschaft konfrontiert und glaubte sich den Vorwurf, ein Handlanger der alten Kolonialmacht zu sein, nicht mehr leisten zu können. Die geballte Opposition des Westens gegen das Gesetz, sagte er, als er es unterzeichnete, »sei eine Form von Sozialimperialismus, um [seinem Land] soziale Werte aufzuzwingen«.[28] Die Unterzeichnung des Gesetzes war eine Geste antikolonialer Selbstbestimmung gegen diesen »Imperialismus«, selbst wenn die Ideen, die in dem Gesetz ihren Ausdruck fanden, ebenfalls aus dem Westen gekommen waren.

—

Die Politik, die Hillary Clinton im Dezember 2011 auf der Konferenz der Vereinten Nationen verkündete, zeigte fast sofort Wirkung. US-Botschaften boten in ihren Gastländern dringend benötigten Schutz und Hilfsgelder für Verfolgte an, und die USA ließen mehr LGBT-Geflüchtete ins Land als je zuvor. Selbst in der Ära Trump blieben US-amerikanische Gesandtschaften noch einige Zeit lebenswichtige Zufluchtsorte für verfolgte queere Aktivist:innen in Afrika und Asien. Unvermeidlich jedoch wurde diese Menschenrechtspolitik mit der militärischen Agenda der USA verquickt (oder wenigstens in Verbindung gebracht). Im Juli 2011, noch vor Hillary Clintons Rede und keine zwei Monate nachdem Osama bin Laden nicht weit entfernt durch eine US-Luftlandeoperation getötet worden war, fungierte die US-Botschaft in Pakistan auf ihrem Gelände in Islamabad als Gastgeber für eine LGBT-Pride-Veranstaltung. Antiamerikanische Pakistaner:innen machten sich die Verbindung der US-Amerikaner:innen mit der LGBT-Bewegung schnell zunutze: »Wir verurteilen die amerikanische Verschwörung, in unserem Land zur Bisexualität zu ermutigen«, sagte Muhammad Hussain Mehanti, ein führender pakistanischer Geistlicher bei einem Protest gegen die Veranstaltung. »Sie zerstören uns physisch durch den sogenannten Krieg gegen den Terror, und nun entfesseln sie auch noch kulturellen Terrorismus gegen uns.«[29]

Im Jahr 2010 hob die Obama-Regierung beim US-Militär die »Don't Ask, Don't Tell«-Regelung auf, nach der homosexuelle Angehörige der Streitkräfte ihre sexuelle Orientierung zwar nicht offen ausleben durften, es Vorgesetzten aber untersagt war, eine Untersuchung zur sexuellen Orientierung ihrer Untergebenen anzustellen. Schwule und lesbische US-Amerikaner:innen durften fortan offen beim Militär dienen. Im Jahr 2013 fand auf einem US-Stützpunkt in der belagerten afghanischen Stadt Kandahar eine LGBT-Pride-Veranstaltung statt, und das Verteidigungsministerium ließ darüber ein PR-Video drehen. Einer der darin interviewten schwulen US-Amerikaner sagte: »Meiner Ansicht nach ist es sehr wichtig, dass wir hier die Vereinigten Staaten von Amerika vertreten, und wir hoffen, dass wir, wenn wir abziehen, nur positive Eindrücke und ein positives Bild von Amerika hinterlassen, nämlich dass wir ein Land mit Gleichberechtigung sind, das all seine Bürger:innen gleich behandelt.«[30]

Einige LGBT-Aktivist:innen kritisierten, Homosexuelle seien in Ländern wie den USA Teil des Establishments geworden, indem sie das Recht, zu heiraten und beim Militär zu dienen, bekamen und in eine zivilisatorische Mission eingebunden wurden. Eine der Implikationen bestand darin, dass homosexuelle Menschen für die Rechtfertigung von Nationalismus und Rassismus eingespannt wurden, wie etwa von den neuen rechtsgerichteten Politiker:innen in Westeuropa, Pim Fortuyn und Geert Wilders in den Niederlanden, um nur zwei zu nennen. Die Professorin für Women's and Gender Studies an der Rutgers University Jasbir Puar hat dieses Phänomen als »Homonationalismus« bezeichnet.[31] Israel gilt als bekanntes Beispiel: Einige Aktivist:innen beschuldigen das Land, durch die Förderung von LGBT-Rechten Pinkwashing zu betreiben, um seine Menschenrechtsverletzungen an Palästinenser:innen zu kaschieren und sich als Oase liberaler Freiheit zu verkaufen.[32] Tatsächlich hatten die Israelischen Verteidigungsstreitkräfte, schon lange bevor Obama in den USA die »Don't Ask, Don't Tell«-Regelung abschaffte, LGBT-Wehrpflichtige in ihren Reihen aufgenommen.

Einige Aktivist:innen bezweifeln, dass der identitätsbasierte westliche Ansatz für die Ausweitung der sexuellen Freiheit auch für Weltregionen geeignet ist, die nicht über die liberale westliche Tradition verfügen, der die LGBT-Bewegung ihre Existenz verdankt – für Gesellschaften, die in Bezug auf die Integration von Andersartigkeit ihre eigene Geschichte und ihre eigenen Sitten und Gebräuche besitzen. Der eloquenteste und radikalste Vertreter dieser Ansicht ist der Palästinenser Joseph Massad, Professor für zeitgenössische arabische Politik und Ideengeschichte an der Columbia University in New York. Er vertrat 2002 in einem provokativen und einflussreichen Essay die Ansicht, die Menschenrechtsaktivist:innen und die Tourist:innen des Westens hätten die ursprünglichen Formen homosexueller Aktivität in der arabischen Welt zerstört, indem sie sie mit dem Label »gay« versehen hätten. Dadurch, so seine These, sei eine unausgesprochene, aber weitgehend akzeptierte Praxis an die Öffentlichkeit gezerrt und mit der Forderung nach bestimmten Rechten verbunden worden. Massad kritisierte sowohl Human Rights Watch und Amnesty International als auch bestimmte auf LGBT-Themen fokussierte Gruppen wie die New Yorker International Gay and Lesbian Human Rights Commission und bezeichnete sie als »Gay International«. Ihre Fürsprache provoziere seiner Ansicht nach unnötige kulturelle Konflikte und eine neue Wahrnehmung der Homosexualität, die den realen Spielraum verenge statt erweitere, indem sie die fluide Sexualität arabischer Männer in die »binäre westliche« von »gay« oder »hetero« zwinge. Sitten wie das Händchen halten in der Öffentlichkeit oder das gegenseitige Waschen im Hammam (Badehaus), die lange als Tarnung für homosexuelle Aktivitäten gedient hätten, seien dadurch plötzlich suspekt geworden.[33]

Tatsächlich stieß ich während meiner Reisen auf mehrere Beispiele für diese Dynamik. In Nigeria zum Beispiel wurde Händchen halten problematisch, nachdem ein neues Gesetz 2014 jede »öffentliche Zurschaustellung einer gleichgeschlechtlichen Liebesbeziehung« kriminalisiert hatte.[34] Ein weiteres Beispiel ist das Verschwinden der *goor-jigeen*, einer uralten Transcommunity im Senegal, nach einer moralischen Panik im Jahr 2008. Massads Essay ist hilfreich, wenn man diese komplexe Dynamik verstehen will, doch er zieht sich auf eine Art eigenwillige Nostalgie zurück: Wie Macky Sall, der den Ruf nach LGBT-Rechten im Senegal dem Ausland zurechnete (»*Sie* [...] verlangen es [...] von uns Afrikanern«),[35] oder wie Kardinal Robert Sarah, der glaubte, dass die Armen »gekauft« wurden,[36] oder wie der damalige ukrainische Präsident Leonid Krawtschuk, der 1999 »ausländische Filme« für die Homosexualität in seinem Land verantwortlich machte,[37] erliegt auch Massad der Illusion, dass die einheimische Bevölkerung in diesen Ländern bis zur Ankunft der LGBT-Internationalisten weitgehend isoliert und nicht in der Lage war, selbst zu denken – und zu träumen.

—

Manchmal schloss ich in den Jahren, als ich für dieses Buch recherchierte, die Augen und sah eine rote Armee über die afrikanische Savanne (oder die Ebenen Osteuropas) donnern – angeführt von Wladimir Putin, der eine Fahne mit der Aufschrift »Traditionelle Werte« schwenkte, gefolgt von so unterschiedlichen Schlachtreihen wie den rechtsgerichteten US-amerikanischen Evangelikalen, den katholischen Kämpfer:innen gegen die »Genderideologie«, islamischen oder christlichen Würdenträger:innen, Nativist:innen und autoritären Politiker:innen, die sich vor der Demokratie fürchteten. Ihnen kam aus dem Westen unter Führung von Barack Obama eine blaue Armee internationaler Menschenrechtsorganisationen, westlicher Institutionen für die Entwicklungszusammenarbeit, internationaler NGOs für die Aids-Hilfe, multinationaler Konzerne und LGBT-Aktivist:innen entgegen. Ich war natürlich in der blauen Armee.

Das Bild ist verfehlt. Es muss durch die übermäßige Auseinandersetzung mit den Ideen Samuel Huntingtons in *Kampf der Kulturen* irgendwo in meinem Geist entstanden sein, einem Buch, das um die Jahrtausendwende einflussreich war, inzwischen jedoch für seinen geografischen Determinismus und seine einseitige Darstellung der Welt als demokratischer »Westen« und diktaturverhafteter »Rest« zu Recht kritisiert wird.

Die Welt ist komplizierter.

In *Globalizing the Culture Wars* schildert Kapya Kaoma, wie afrikanische Geistliche »Stellvertreter:innen in einem entschieden amerikanischen Konflikt wurden«, als die American Episcopal Church

2003 den offen homosexuellen Priester Gene Robinson zum Bischof von New Hampshire ordinierte. Kaoma untersucht, wie US-amerikanische Dissident:innen afrikanische Anglikaner:innen mit Geldmitteln und homophoben Lehren versorgten. Kaoma zitiert Jim Naughton, der die Netzwerke US-amerikanischer und afrikanischer konservativer Klerikaler untersucht hat und zu dem Schluss gelangte, dass das, »was lange als authentische Stimme der afrikanischen Anglikaner:innen porträtiert wurde, eindeutig nicht afrikanisch ist und vielleicht auch niemals war«.[38]

Aber man kann es auch anders betrachten.

Der nigerianische Bischof Peter Akinola gebot über eine Herde von 17 Millionen Christ:innen, die bei Weitem größte in der anglikanischen Kirche. Er führte auf der Lambeth-Konferenz, der Vollversammlung anglikanischer Bischöfe, von 1998 die Kampagne gegen die Ordination homosexueller Priester und gegen den kirchlichen Segen für die gleichgeschlechtliche Ehe und errang mit 526 zu 70 Stimmen einen spektakulären Sieg.[39] Die Afrikaner:innen verfügten über die nötige Zahl von Stimmen, und es wurde für sie zur Ehrensache, dass sie standhielten, und zwar nicht mehr als die Wilden, sondern als Bollwerk gegen eine neue Invasion der Barbaren. Der Kampf gegen die Homosexualität »war für den afrikanischen Klerus eine Gelegenheit, die unbestreitbare Realität hervorzuheben, dass sich die Macht in der [anglikanischen] Kirche auf die bevölkerungsreicheren afrikanischen Gemeinden verlagerte«, schreibt der in England lehrende Politikwissenschaftler Rahul Rao.[40] Selbst wenn (oder vielleicht sogar weil) die afrikanischen Kirchen von der Unterstützung ihrer US-amerikanischen Brüder und Schwestern profitierten, war die afrikanische Verteidigung biblischer Verbote der Homosexualität von einer Hoffnung auf Erlösung getragen. Was immer man im Westen denken mochte, für sie stand fest, dass sie eine *afrikanische* Position vertraten.

—

Im Jahr 2013 besuchte ich in Washington, DC, einen Vortrag Kapya Kaomas über den Einfluss der US-amerikanischen religiösen Rechten. Homophobie in Afrika, betonte er, sei ein Import aus dem Westen. Viktorianische Missionare hätten sie im 19. Jahrhundert erstmals propagiert, und im 21. Jahrhundert hätten es US-amerikanische Evangelikale ihnen gleichgetan.

Dem widersprach ein anderer anwesender Afrikaner, der kamerunische Aktivist Joel Nana, der eine afrikaweite Koalition mit der Gesundheit von Männern befasster LGBT-Organisationen führte und natürlich zur blauen Armee gehörte. Er sprach nicht nur von der indigenen Homophobie in der afrikanischen Gesellschaft, sondern ging auch auf seine persönliche Entwicklung bei der Arbeit für die International Gay and Lesbian Human Rights Commission ein. Er wollte wissen, ob er mehr oder weniger »authentisch« sei als der in Texas ausgebildete und von der finanziellen Großzügigkeit der US-amerikanischen religiösen Rechten profitierende Pastor Martin Ssempa, der führende ugandische Homophobe aus der roten Armee, oder als der in Kanada ausgebildete Pastor Stephen Langa, der Scott Lively nach Uganda gebracht hatte.

Nana fürchtete, dass man die Afrikaner:innen wieder einmal als rein passive Rezipient:innen westlichen Gedankenguts behandelte, wenn man die Homophobie als reinen Westimport betrachtete. Seiner Ansicht nach nahm man damit genau dieselbe Position ein wie die Evangelikalen, wenn sie die Afrikaner:innen beschuldigten, sich im Rahmen einer internationalen Gay-Agenda korrumpieren oder kaufen zu lassen. »Wenn wir wirklich glauben, dass die Afrikaner:innen Menschen sind, sollten wir auch in der Lage sein zu verstehen, dass sie ihre eigenen Entscheidungen treffen können«, sagte er später zu mir. »Diese Entscheidungen können durch die Notwendigkeit motiviert sein, für ein reales oder imaginiertes persönliches oder kollektives Gut Rechte schützen oder verletzen zu müssen, aber sie sind afrikanische Entscheidungen. Menschen in Afrika vertreten und verteidigen sie. Wer ihnen die Fähigkeit abspricht, dies zu tun, beraubt sie praktisch ihrer Menschlichkeit.«

4
MICHAEL

MBARARA – KAMPALA – NAIROBI – VANCOUVER

MICHAEL BASHAIJA: ugandischer Geflüchteter, Oberschüler, Nairobi, noch keine zwanzig. Pronomen: er.
PIUS: Michaels Freund, ugandischer Geflüchteter, Nairobi, Oberschüler, noch keine zwanzig. Pronomen: er.
ROBERT »CHANGEABLE«: Michaels *mother*, ugandischer Geflüchteter, Grundschullehrer, Nairobi, Ende dreißig. Pronomen: er.
SHANE PHILLIPS: Michaels US-amerikanischer »Vater« und Förderer, Gelegenheitsarbeiter und Menschenrechtsaktivist, Arizona, in den Vierzigern. Pronomen: er.

1

Nach meinem Treffen mit Michael Bashaija im Juli 2015 setzte ich ihn an der Ngong Road in Nairobi ab, damit er ein *matatu*, ein Sammeltaxi, zurück nach Rongai nehmen konnte. Er lebte dort mit zwanzig weiteren ugandischen LGBT-Geflüchteten in einem Haus der Gemeinde. Sie alle waren aus Uganda nach Kenia geflohen. Ich schaute zu, wie Michael seine üppigen *braids* in einer roten Wollmütze verstaute und sich mit seinem schlanken Körper, der durch die engen grünen Jeans noch dünner erschien, an den Rhythmus der Straße anpasste. Er verbarg sein ausdrucksstarkes Wesen hinter einer schwarzen Maske der Männlichkeit und verschwand im Gewühl der Stoßzeit.

Ein paar Stunden zuvor hatte ich zugesehen, wie er die Mütze abnahm und die *braids* ausschüttelte. Sie teilten sich auf dem Schädeldach, so dass sie auf beiden Seiten des Kopfes herabfielen und seinem feinknochigen Gesicht eine Herzform verliehen. Ich hatte ihn ein Jahr nicht gesehen und mir fiel sofort auf, dass er sowohl femininer als auch selbstbewusster war als der schüchterne 18-Jährige, den ich damals in Kampala, der Hauptstadt Ugandas, kennengelernt hatte. Etwas an seinem Verhalten, selbst an der Art, wie er seine Stofftasche wütend und frustriert auf den Boden schleuderte, sagte mir, dass er zu sich selbst gefunden hatte.

Er kam direkt aus dem UNHCR-Büro, als er sich mit mir traf. Er hatte neue Ausweispapiere abgeholt – seine Dokumente waren von kenianischen Polizisten zerrissen worden, weil er sich weigerte, ein Bestechungsgeld zu zahlen. Die Wachen beim UNHCR hatten sich zunächst über ihn lustig gemacht und ihm mit der Begründung »Ihr Ugander bringt die Sünde nach Kenia!« den Zugang verweigert. Schließlich aber war er doch hineingekommen, aber als seine neuen Papiere ausgestellt wurden, hieß es, er müsse die Anhörung wiederholen, nach der er einige Wochen zuvor seine Asylberechtigung erhalten hatte.

Das hatte ihn in Panik versetzt. »Die glauben mir nicht, dass ich LGBTI bin«, sagte er in Tränen aufgelöst, als wir uns trafen. »Ich bin mir sicher. Die denken, ich sei einer von den Betrügern. Oder vielleicht wollen sie mich bestrafen, weil ich an Protesten [gegen den UNHCR] teilgenommen habe.«

Ich hatte Michael zum ersten Mal im Juni 2014 in Kampala getroffen, einen Tag bevor er gegen den Mann aussagte, der ihm auf Facebook eine Falle gestellt und ihn erpresst, zusammengeschlagen und sexuell misshandelt hatte. Der Angriff hatte sich im Februar 2014 ereignet, unmittelbar nachdem Ugandas Präsident Yoweri Museveni das Gesetz gegen homosexuelle Handlungen unterzeichnet hatte. Zwar war die Todesstrafe für »besonders schwere Fälle von Homosexualität« (Sex mit Minderjährigen oder wenn man mit HIV infiziert war) nicht mehr in dem Gesetz enthalten, doch es sah immer noch eine Haftstrafe für jeden vor, der »eine andere Person mit der Absicht berührt, eine homosexuelle Handlung zu begehen«.[1] Dies hatte zu einer Welle von Erpressungen geführt. Michael war nicht das einzige Opfer, doch er hatte sich als Einziger gewehrt und war zur Polizei gegangen, als er seinem Peiniger entronnen war.

Ich war sofort verblüfft gewesen, wie sorgfältig und nachdenklich er sich äußerte, obwohl Englisch nicht seine Muttersprache war und er seit zwei Jahren nicht mehr zur Schule ging. In Kampala hatte er seine Geschichte leidenschaftslos erzählt, als ob er aus weiter Ferne auf sein verletztes Selbst zurückblickte. Nun, in Kenia, jedoch wirkte er bedrückt und angsterfüllt. Ohne eine erfolgreiche Anhörung über seine Asylberechtigung konnte er nichts unternehmen: Er bekäme keine Alien Card von den kenianischen Behörden, die mehr Schutz, eine Arbeitsgenehmigung und die Möglichkeit, sich für ein Resettlement in die USA zu bewerben, bedeutete. »Ich glaube nicht, dass ich es hier schaffe. Schickt mich zurück nach Uganda und lasst mich sterben.« Es war das Flehen eines Teenagers, eine Drohung und ein Hilfeschrei. »Immer noch besser, als hierzubleiben. Hier bin ich doch allen egal.«

—

Michael war sechs Monate zuvor aus Uganda geflohen, als einer von etwa siebzig Ugander:innen, die im Dezember 2014 aufgrund ihrer sexuellen Orientierung oder Geschlechtsidentität einen Asylantrag gestellt hatten – ein absoluter Rekord. Er wurde registriert und ein paar Tage in einem Transitzentrum untergebracht. Außerdem erhielt er 12 000 Kenia-Schilling (rund 95 Euro). Kurz darauf verließ er das Zentrum und zog zu einem Freund, der ihm angeboten hatte, ein Zimmer in der Nähe des Flughafens mit ihm zu teilen.

Eine Woche darauf wurde Michael, als er am ersten Weihnachtstag für das Festessen einkaufte, von drei Männern angerempelt.

»Warum benimmst du dich wie ein Mädchen?«, sagten sie, stießen ihn zu Boden und traten ihn. Er kam mit blauen Flecken und einem geschwollenen Auge nach Hause – entsetzt, weil ihm kein Mensch zu Hilfe gekommen war. Die Worte seiner Angreifer hatten seine Hoffnung auf ein sicheres Asyl schwer erschüttert: »Museveni hat dich aus dem Land gejagt, und jetzt versaust du hier auch alles.«

Michael zog in ein Gebäude in einem zentraleren Viertel, in dem noch mehrere andere Geflüchtete wohnten. Ein paar Wochen später wurde er von der Polizei festgenommen, weil sich Nachbar:innen über eine laute Party beschwert hatten. Er und 34 weitere Ugander:innen wurden im lokalen Polizeirevier in Arrestzellen gesteckt. Michael wurde von den Beamt:innen geschlagen, weil er sein Handy versteckt und behalten hatte, um einen Helfer anzurufen. Nach 24 Stunden Haft hatte er eine Panikattacke und verlor das Bewusstsein. Er kam in ein Krankenhaus und erfuhr bei seiner Entlassung, dass man ihn und die anderen Geflüchteten alle auf die Straße gesetzt hatte. Es war Mitte des Monats, und die Geflüchteten hatten nicht genug Geld, um eine neue Unterkunft zu mieten. Also versammelten sie sich vor der UNHCR-Niederlassung, wurden aber nicht hereingelassen. Aus Protest schliefen sie drei Tage lang vor den Toren der Niederlassung. Als die Gruppe laut UNHCR »gewalttätiges Verhalten« zeigte, fühlten sich seine Vertreter:innen genötigt, die kenianische Polizei zu rufen, um sie zu vertreiben.[2] Zum Glück intervenierte an diesem Punkt Pater Anthony Musaala, ein aufgeklärter katholischer Priester aus Uganda, der in Nairobi lebte. Er mietete zwei Grundstücke in Rongai, die er »Ark Communes« taufte, und brachte Michael und die anderen Geflüchteten dort unter.

Dort wohnte Michael, als ich im Juli 2015 nach Kenia reiste, um ihn zu treffen.

—

Um zu den Ark Communes zu gelangen, musste ich zwanzig Kilometer aus Nairobi hinaus und durch die Stadt Rongai fahren, bis ich zu einer Bar kam, bei der ich rechts abbog. Danach holperte ich einen steilen Feldweg hinunter, der mich zu einem stählernen Tor in einer Mauer aus Schlackenbeton brachte. Hinter dem Tor lag ein großes altes Siedlerhaus. Vor dem Haus war ein Netball-Feld (offenbar nahm die Mannschaft der Ark Communes an den Turnieren in der Gegend teil), und auf der Veranda stand eine schäbige Couch mit aufgeplatztem Polster. Auf dieser Couch wurde ich später von einem Jugendlichen namens Kenneth für Ark TV interviewt. Er war in Kampala ein bekannter Radiomoderator gewesen, bevor er flüchten musste, und verrichtete seine Arbeit in einem schicken marineblauen Blazer und mit einer Retrobrille ohne Gläser, während uns ein anderer Kommunarde mit dem Smartphone filmte.

Im Haus gab es weder fließend Wasser noch einen Herd (gekocht wurde auf einem offenen Feuer) und nur ein paar bunt zusammengewürfelte Möbel, die über den Gemeinschaftsbereich verstreut waren. Eine Liste von Amtsträgern hing im Eingangsbereich an der Wand: »Präsident« war Pater Anthony, der Gründer der Ark Communes. Außerdem gab es einen »obersten Richter« und einen »Minister für Ethik und Integrität«, eine Spitze gegen das ugandische Ministerium desselben Namens, das die staatliche Kampagne gegen Homosexuelle anführte. Michael, mit 19 der jüngste Bewohner, war »Stellvertretender Bildungsminister«. Er hatte die Aufgabe, Ausbildungsmöglichkeiten zu suchen. Zusammen mit zwei anderen aus der Gruppe hatte er kurz zuvor einen Computerkurs belegt, ihn aber aus Geldmangel abbrechen müssen.

Ebenfalls im Eingangsbereich hing eine Liste mit täglichen Aufgaben und eine mit Geboten: »Seid sauber und ordentlich!«; »Seid nett und gastfreundlich!«; »Seid unternehmungslustig!« (zwei Mal); »Seid glücklich!« Eine Tafel mit der Überschrift »Regeln und Vorschriften« listete die Strafen für diverse Vergehen auf: 500 Kenia-

Schilling kostete es, nicht »jederzeit diszipliniert und vorzeigbar« zu sein; und wer die Nacht ohne offizielle Erlaubnis im Bett eines anderen verbrachte, musste fünf Kanister Wasser aus dem Gemeindebrunnen im Dorf holen.

Zum Zeitpunkt meines Besuchs hatten die Ark Communes etwa zwanzig Bewohner:innen, einige teilten sich gemeinsame Schlafzimmer, einige hausten in einer mehrfach unterteilten Doppelgarage und in den Vorratsschuppen außerhalb des Hauptgebäudes. Manche Räume zeigten die Spuren dauerhafterer Bewohner:innen: sorgfältig genähte Vorhänge als Raumteiler, Fotos am Kamin, ordentliche Kleiderstangen. Doch die meisten ließen eine eher kurze Anwesenheit ihrer Bewohner:innen vermuten. Michaels Zimmer, eine Speisekammer neben der Küche, war dunkel und kahl. Auf dem Boden lag eine Matratze und daneben eine Reisetasche mit Vorhängeschloss. Ich hatte Lebensmittel mitgebracht, und während eine Gruppe unter Leitung von Michaels Freund Pius das Mittagessen zubereitete, versammelten sich die anderen Bewohner:innen im Gemeinschaftsbereich und erzählten mir von ihren Leben.

Tony, der lakonische, sehr gut aussehende Leiter der Tanztruppe der Ark Communes, war einige Tage zuvor wegen seines hohen Blutdrucks, den zu behandeln er sich nicht leisten konnte, zusammengebrochen und ins Krankenhaus eingeliefert worden. Doch er war aus der Klinik geflohen, weil der behandelnde Arzt merkte, dass er schwul war, und drohte, die Polizei zu rufen. Alex, ein ängstlicher älterer Mann, war als einer der Ersten aus Uganda nach Kenia geflohen und hatte in dem Geflüchteten-Camp Kakuma an der äthiopischen Grenze die Hölle durchlitten. Er war sehr niedergeschlagen, weil ihm die USA wegen Unglaubwürdigkeit das Resettlement verweigert hatten. Yasin, ein redegewandter Freiberufler in den Dreißigern, war erst kurz zuvor angekommen: Er hatte seinen alten Wohnort verlassen müssen, weil sich ein Mob um seine Unterkunft versammelt hatte, als man herausgefunden hatte, dass die Bewohner:innen dort Homosexuelle waren. Der Häuptling des Dorfes und der örtliche Polizeichef waren den Geflüchteten zu Hilfe gekommen, aber zurückkehren konnten sie natürlich nicht.

Auch in Rongai hatten die Ark Communes bereits das Misstrauen ihrer Nachbar:innen erregt. In Reaktion auf eine Reihe verheerender terroristischer Angriffe 2014 und den Zustrom somalischer Geflüchteter aus dem Norden hatte die kenianische Regierung das Programm Usalama Watch ins Leben gerufen: Alle Kenianer:innen sollten ihre Nachbar:innen kennenlernen und jeden melden, den sie nicht kannten oder verdächtig fanden. Dies löste ganz unvermeidlich Fremdenfeindlichkeit aus und machte den ugandischen Geflüchteten das Leben noch schwerer. Bei den Behörden in Rongai war eine Beschwerde über die »Fremden« eingegangen, und die örtliche Polizei war gekommen und hatte Nachforschungen angestellt. Die Bewohner:innen hatten betont, dass sie *politische* Geflüchtete seien, wie sie es beim UNHCR gelernt hatten, aber weder die Nachbar:innen noch die Polizei hatten sich wirklich überzeugen lassen.

Durch die Heuchelei entstand ein nahezu unauflösliches Dilemma: »Man sagt uns, wir sollen uns bedeckt halten und sogar die Unwahrheit über den Grund unserer Anwesenheit sagen«, berichtete Michael. »Aber man sagt uns auch, wir sollten uns in die kenianische Gesellschaft integrieren und unternehmungslustig sein. Wie soll man beides zugleich tun?«

Die Gruppe litt noch immer unter einer Erklärung, die das Büro des UNHCR in Nairobi ein paar Wochen zuvor veröffentlicht hatte: »LGBTI-Personen in Kenia sollten sich zu ihrer eigenen Sicherheit unbedingt so unauffällig und diskret wie möglich verhalten. [...] Deshalb ist es von größter Wichtigkeit, dass sich die Antragstellenden bedeckt halten.« Michael sagte, er tue sein Möglichstes, »um nicht den Schwulen raushängen zu lassen«. Aber, fuhr er fort und wiederholte einen Satz, der für die Geflüchteten zu einer Art Motto geworden war: »Die Natur hält sich nicht an juristische Gesetze.«

Viele hatten das Gefühl, dass sie in Kenia stärkeren Beschränkungen unterworfen waren als in Uganda. In ihrer Heimat waren sie mit der Situation vertraut gewesen und hatten sich entsprechend verhalten können. »Ich ziehe mich hier völlig anders an«, sagte Kenneth. »Ich habe die Haare geschnitten und alle meine Piercings rausgemacht. Für die Welt sehe ich aus wie ein Mann. Aber ich würde nicht sagen, dass meine Sprache und meine Bewegungen unauffällig sind. Sie sind mir in Fleisch und Blut übergegangen. Ich habe es versucht, echt versucht, aber selbst wenn ich mich so kleide wie jetzt, finden mich die Leute immer noch mädchenhaft.«

Ob er sich daheim in Kampala extravaganter gekleidet habe?

»Natürlich! Dort waren wir obercool!«

Michaels Mentor in den Ark Communes war ein Grundschullehrer Namens Robert, den alle Changeable nannten. Er war Anfang vierzig und war gefeuert worden, als seine sexuelle Orientierung bekannt geworden war. »Michael ist meine Tochter«, sagte Changeable zu mir. »Seit er in Nairobi ist, kommt er viel besser mit sich selbst zurecht. Er erkennt allmählich, dass er nicht nur schwul ist, sondern auch transgender. Deshalb wird er auf der Straße so oft verhauen, für seinen mädchenhaften Gang.«

Michael schien diese Einschätzung zu teilen, wenn auch, so mein Eindruck, nicht mit großer Überzeugung. Ohnehin musste die Sache warten, bis er in die USA umgesiedelt war. Er wollte unbedingt in die Vereinigten Staaten. Aber noch musste er seine Weiblichkeit im Zaum halten, wenn er überleben wollte.

Warum dann die *braids*?

»Das hab ich gemacht, weil ich einfach das Gefühl hatte, ich selbst sein zu müssen. In Uganda gab es Regeln, aber hier bin ich unabhängig. Niemand kann zu mir sagen: ›Tu das nicht, zieh dich nicht so an, Michael, flechte deine Haare nicht.‹«

Michael brauchte die *braids*, und er brauchte die Wollmütze: Das eine diente seiner Selbstverwirklichung, das andere hielt genau diese unter Kontrolle, je nachdem wo er sich gerade befand. Das wäre für jeden Menschen ein schwieriger Balanceakt gewesen, erst recht für einen impulsiven 19-Jährigen, der gerade erst seine Wirkung auf die Welt entdeckte. Er hatte Uganda auf einer Reise zu sich selbst verlassen nach einer von Gewalt und Unterdrückung geprägten Jugend, in der sein Leben nur deshalb gefährdet war, weil er der Mensch war, der er war. Dass er nach Kenia ging, war der erste Schritt in die Freiheit, wie er sie sich vorstellte, in das Leben, von dem er glaubte, dass es ihn in den Vereinigten Staaten erwartete. Und nun lebte er mit einer Gruppe von Menschen zusammen, die genau dieselbe Erwartung hegten. Wie hält man in einer solchen Situation eine solche Erwartung im Zaum? Wie kann man, besonders nach so krassen Erniedrigungen, seine Hoffnung zusammenpacken und sie wieder in der Mütze verstauen?

—

Michaels Leben in Uganda war extrem hart gewesen. Doch was ihn und die meisten Ugander:innen, die ich in Nairobi kennenlernte, nach Kenia gezogen hatte, war ein, wie der UNHCR einräumte, »Pull-Faktor für junge Menschen aus Uganda« gewesen.[3] Im Dezember 2013, als sich abzeichnete, dass Bahatis Gesetzesvorhaben Realität werden würde, hatten sich die ersten 23 LGBT-Geflüchteten in Kakuma im trockenen Norden des Landes gemeldet. In der Regel nimmt das Resettlement von Geflüchteten in ein Drittland drei bis fünf Jahre in Anspruch, doch dem UNHCR war sofort klar, wie verwundbar die Geflüchteten waren, insbesondere in einem Umfeld wie Kakuma mit seinem hohen Anteil an konservativen somalischen und sudanesischen Geflüchteten islamischen Glaubens. Da die Organisation außerdem vom US-amerikanischen Außenministerium, das inzwischen den Schutz von LGBT-Menschen zu einer Priorität seiner Politik gemacht hatte, regelrecht bedrängt wurde, beschleunigte sie das Verfahren auf beispiellose sechs Monate: Mitte 2014 waren die 23 Geflüchteten auf Länder im Westen, insbesondere die Vereinigten Staaten, verteilt.

Der UNHCR war außerdem bereit, die LGBT-Geflüchteten in

einem eigenen Camp neben dem Polizeirevier von Kakuma unterzubringen. Doch das erwies sich als kontraproduktiv: Die Gruppe war dadurch leicht erkennbar, und andere Geflüchtete hielten sie für privilegiert. Die Angriffe wurden immer heftiger, und als eine andere Gruppe ugandischer Geflüchteter in Kakuma eine Protestveranstaltung organisierte, beschloss der UNHCR, die LGBT-Geflüchteten in Nairobi wohnen zu lassen und sie als Ersatz für die Unterkunft und die Verpflegung im Camp mit 6000 Kenia-Schilling (rund 45 Euro) im Monat zu unterstützen.

Das war der »Pull-Faktor«: schnelles Resettlement und monatliche Beihilfe. Kein Wunder, dass das Büro des UNHCR von Bewerbern überschwemmt wurde, auch dann noch, als der Anti-Homosexuality Act wieder aufgehoben worden war. Als ich ein Jahr darauf, im Juli 2015, nach Kenia kam, waren dort 500 ugandische LGBT-Asylsuchende registriert, doch der UNHCR vermutete, dass mindestens 100 von ihnen Betrüger:innen waren. Die Niederlassung der Organisation in Nairobi war von der Geflüchteten-Community selbst darüber informiert worden, dass ein ganzer Bus neuer Asylsuchender von Schleusern den Rat bekommen hatte, »die Schwulenkarte zu spielen«, und dass andere lediglich jeden Monatsanfang über die Grenze kamen, um die Beihilfe zu kassieren, in Wahrheit aber noch in Uganda lebten.

Der UNHCR zog die Notbremse und kehrte zur Standardprozedur zurück. Damit saßen Hunderte von Geflüchteten, die mit einem schnellen Resettlement gerechnet hatten, in Nairobi fest. Dort herrschte, wie Hester Moore vom Büro des UNHCR es mir gegenüber formulierte, »juristisch gesehen genau dasselbe Umfeld wie in Uganda. Und in sozialer Hinsicht ist es auch nicht so viel anders. Nur dass Kenia nicht so viel Aufmerksamkeit erregt hat wie Uganda. Aber die LGBTI-Geflüchteten haben in Kenia mit genau denselben Barrieren zu kämpfen, wenn es um lokale Integration, Beschäftigung, Lebensunterhalt, Sicherheit vor gewaltsamen Übergriffen und den Genuss eines sinnvollen Lebens geht. In der Realität dieser homophoben Gesellschaft ist ihre Lage wirklich sehr schwierig.«

Die ugandischen Geflüchteten unterschieden sich sehr deutlich von allen anderen Geflüchtetengruppen, mit denen das Büro zu tun hatte: Sie waren jung, urban, gebildet und sich ihrer Rechte voll bewusst. Im Gegensatz zu den elenden somalischen oder kongolesischen Dorfbewohner:innen, die vor dem Krieg geflohen waren, hatten sie ihr Heimatland mit der klaren Vorstellung verlassen, dass ihre Rechte verletzt wurden, und rechneten damit, dass sie anderswo respektiert würden. Und sie hatten, nicht zuletzt wegen der Homophobie, die sie in Kenia erfuhren, nicht die Absicht, in diesem Land zu bleiben: »Sie wollen nicht hier sein, sie wollen in den Westen«, informierte mich eine kenianische Frau, die ein kirchliches Integrationsprogramm leitete. »Außerdem glauben viele, dass einen der UNHCR weniger wahrscheinlich umsiedelt, wenn man Suaheli lernt, sich eine Arbeit sucht und sich anpasst. Das Resettlement in ein anderes Land wird ja nur gewährt, wenn man beweisen kann, dass man in seinem ersten Asylland nicht sicher ist.«

So kam es, dass die weltoffenen jungen Leute, die größtenteils aus dem kosmopolitischen Kampala stammten, sich nun in einer Gesellschaft wiederfanden, die mindestens genauso intolerant war wie die, aus der sie geflohen waren. Und sie waren leicht zu identifizieren und wurden deshalb häufig belästigt, eingeschüchtert, erpresst und sogar angegriffen und eingesperrt. Als ich im Juli 2015 nach Nairobi kam, um mich mit Michael und den anderen Geflüchteten zu treffen, bestand die Gruppe größtenteils aus jungen Männern sowie einer Handvoll Lesben und einigen wenigen Transfrauen, allesamt gekränkt, unzufrieden und offenbar weder willens noch in der Lage, sich in die kenianische Gesellschaft zu integrieren. Selbst die LGBT-Community Nairobis betrachtete die Ugander:innen mit Misstrauen. Ein kenianischer Freund von mir war gerade von einer Geschäftsreise nach Kampala zurückgekehrt. Er lobte die Stadt als »das San Francisco Ostafrikas«, fragte sich, warum

Ugander:innen überhaupt flohen, und bezeichnete sie als »schwule Berufsflüchtlinge«, die sein Land als Sprungbrett für den Westen benutzten.

Michael und seine Leute hatten ein schlechtes Image: Sie galten als Abzocker:innen, als Ärgernis.

2

»Ich sage dir Mark, meine Probleme begannen mit der Liebe.«

Das war das Erste, was Michael Bashaija sagte, als ich im Juni 2014 in meinem Hotelzimmer in Kampala das Aufnahmegerät anstellte, ein Jahr bevor ich ihn in Nairobi wiedersehen sollte. Ich war nicht der Erste, dem er seine Geschichte erzählte, und er verstand es, sie gut zu erzählen: Ein britischer Journalist hatte ihn am Tag zuvor interviewt, und seine Entführung und Misshandlung hatten in einem Bericht von Human Rights Watch und Amnesty International eine wichtige Rolle gespielt – so war ich auf ihn aufmerksam geworden.[4]

Michael hatte in der Kasernenstadt im Westen Ugandas, in der er aufwuchs, mit 15 eine Beziehung mit einem Klassenkameraden begonnen. Dieser betrank sich und erzählte seiner Familie von dem Verhältnis. Sie gab Michael die Schuld und kontaktierte seine Eltern. Michaels Vater war Berufssoldat, seine Mutter Pfarrerin. Der Vater ließ ihm in seinem eigenen Haus eine Abreibung von der Militärpolizei verpassen, und die Mutter verbannte ihn aus der Kirche. Er durfte nicht mehr mit seinen Geschwistern zusammen sein, damit er sie nicht »anstecke«. Und seine Eltern gaben ihm nichts mehr zu essen und hörten auf, seine Schulgebühren zu zahlen. Also zog er aus.

All das passierte auf dem Höhepunkt der Kampagne, mit der die Regierung 2012 versuchte, Unterstützung für den Anti-Homosexuality Act zu mobilisieren. Wäre Michael ein paar Jahre älter gewesen und seine Teenagerromanze ein paar Jahre früher entdeckt worden, hätte man das Vergehen wahrscheinlich einfach ignoriert oder sich mit einer Tracht Prügel und einer Verwarnung begnügt. Michael wäre vielleicht einer der wenigen gewesen, die es nach Kampala schafften und sich der blühenden *Kuchu*-Community anschlossen (»kuchu« ist das ugandische Wort für »queer«, das sich die dortige LGBT-Bewegung wiederangeeignet hat). Vermutlich hätte er jedoch die Verwarnung beherzigt und sich stärker bemüht, seine sexuelle Orientierung zu verbergen. Aber er hatte das fragwürdige Glück, auf der pinken Linie geboren zu sein. Die Jahre seiner Kindheit waren zufällig jene, als sich der öffentliche Diskurs über Sexualität einerseits wegen der Aids-Epidemie und andererseits durch die digitale Revolution ausbreitete, während zugleich eine von Homophobie US-amerikanischen Stils geprägte Form des Christentums global propagiert wurde.

Uganda ist größtenteils christlich. Traditionell halten sich Katholik:innen und Anglikaner:innen die Waage, aber in den ersten Jahrzehnten des 21. Jahrhunderts nahm die Zahl der evangelikalen Protestant:innen zu, bis sie 2014 elf Prozent erreichte. Der Zuwachs war in einem erheblichen Ausmaß auf das Wirken US-amerikanischer Missionar:innen zurückzuführen. Michaels Mutter war selbst Mitglied einer evangelikalen Kirche und »wiedergeboren« worden. Der »Gräuel« der Homosexualität war ihr aus 3. Mose 18,22 vermutlich zwar bekannt, wirklich vertraut wurde sie mit dem Thema aber erst in der Zeit um Michaels Geburt im Jahr 1996. Damals bereitete sich die auf der ganzen Welt vertretene anglikanische Kirche nämlich auf die Schlacht um die Homosexualität auf der Lambeth-Konferenz vor. Von den Kanzeln des gesamten Kontinents wurde über das Thema gepredigt, als die anglikanische Kirche Afrikas ihre Mitglieder für den Widerstand gegen die Ordination schwuler Priester und gegen die gleichgeschlechtliche Ehe mobilisierte.

In Uganda war diese Mobilisierung wegen der einzigartigen Geschichte der Homosexualität und der Kirche in diesem Land besonders stark. Buganda war eines der bestorganisierten Königreiche im präkolonialen Afrika gewesen. In den 1880er Jahren, der Zeit der Kolonisierung, war sein *kabaka* (König) der junge Mwanga, ein laut dem christlichen Narrativ über die Eroberung Ugandas der »Praxis der Homosexualität« verfallener Mann, dessen Hof »von gräulichen Lastern« und »schändlichen Leidenschaften« geprägt war. Der *kabaka* war selbst nicht zum Christentum konvertiert, sondern hielt in einer Zeit, als verschiedene Kirchen in seinem Königreich um die Seelen seiner Untertanen rangen, eine Art prekäres Gleichgewicht, indem er sich sowohl mit katholischen als auch mit protestantischen Höflingen umgab. Als sich, wiederum nach dem christlichen Narrativ, einige dieser Männer seinen sexuellen Annäherungsversuchen widersetzten, ließ er mindestens dreißig von ihnen hinrichten, die meisten, indem er sie im März 1886 öffentlich verbrannte. Dies führte dazu, dass er 1888 mit britischer Hilfe durch eine Koalition von Christ:innen und Muslim:innen gestürzt und Uganda letztlich eine britische Kolonie wurde.[5]

Die Entstehung des modernen christlichen Uganda ist also mit der Ausmerzung des Gräuels der Homosexualität verbunden. Die von Mwanga hingerichteten Opfer galten als Kreuzritter gegen das Laster. Sie wurden von der Kirche zu Märtyrern erklärt, und der Ort ihrer Hinrichtung wurde zum heiligsten Wallfahrtsort des Landes. Uganda war daher besonders anfällig für das politische Christentum, das sich durch die Auseinandersetzung in der anglikanischen Kirche ankündigte und in Gestalt der aufblühenden evangelikalen Bewegung im Land Fuß fasste. Wie an so vielen Orten der Welt in dieser Zeit, als die pinke Linie gezogen wurde, schlug jene radikal neue Form des Christentums in Uganda Wurzeln, als sich dort eine schwule Subkultur entwickelte und ängstlichen Patriarchen und Priestern ein neues mächtiges Argument für ihre Bekehrungsversuche an die Hand gab.

Nicht zuletzt wegen der geschickten Arbeit ugandischer, insbesondere christlicher, Aktivist:innen galt das Land irgendwann als einer der schlimmsten Orte auf der Welt für Homosexuelle. Doch meine kenianischen Freund:innen hatten recht: Vor der Vorbereitung des Anti-Homosexuellengesetzes hatte Uganda tatsächlich die offenste Schwulenszene in Ostafrika vorzuweisen. Im Jahr 2004 gründeten LGBT-Aktivist:innen Sexual Minorities Uganda (Smug), die erste solche Organisation auf dem Kontinent mit Ausnahme Südafrikas. Genau wie im Senegal hatte diese Entwicklung viel mit der Aids-Bekämpfung zu tun. Uganda, eines der von der Epidemie am schwersten betroffenen Länder Afrikas, gehörte zu den ersten, die sich der Krise stellten. Organisationen wie Smug bekamen Mittel für die Arbeit mit MSM und schlugen institutionelle Wurzeln. Gleichzeitig taten rechtsgerichtete christliche Organisationen dasselbe und konnten in den USA Pepfar-Gelder für »glaubensbasierte« Initiativen abrufen. Der Zusammenstoß war unvermeidlich.

Als im Westen zunehmend für die gleichgeschlechtliche Ehe geworben wurde und die Schwulenbewegung in Uganda stärker wurde, betrieben die Evangelikalen Lobbyarbeit für einen Verfassungszusatz zur Kriminalisierung der gleichgeschlechtlichen Ehe, und 2005 stimmte das ugandische Parlament mit überwältigender Mehrheit dafür. Michael Bashaija war damals neun Jahre alt und wusste schon, dass er »nicht wie andere Jungen« war und »lieber mädchenhafte Dinge tat«. Früher hätten die Leute das vielleicht einfach nur für abnormal gehalten, nun aber wurde es als Beleg für begangene Gräuel gesehen.

Michaels Eltern dürften die Berichte in der Presse zu dem neuen Verfassungszusatz gelesen haben – ebenso wie die detaillierten Beschreibungen der Lasterhöhlen, wo die Gräuel praktiziert wurden. Am Tag nach der Verabschiedung des Zusatzartikels, publizierte die regierungseigene Zeitung *New Vision*, die größte Zeitung des Landes, einen Leitartikel, in dem sie den Staat aufforderte, »die in der Presse erwähnten Löcher zu besuchen und die Perversen auszuspionieren, zu verhaften und vor Gericht zu stellen«.[6] Zwei Wochen darauf kam eine lokale Polizeieinheit in Kampala dieser Aufforderung nach und führte eine illegale Hausdurchsuchung bei Victor Mukasa durch, dem Gründer von Smug. Sie beschlagnahmte verschiedene Gegenstände, nahm ihn und eine Freundin fest und brachte sie in eine Polizeistation, wo beide verprügelt und sexuell misshandelt wurden.

Mukasa ist transgender. Ihm wurde bei der Geburt das weibliche Geschlecht zugewiesen, und in seiner Kirche wurde er einem grauenhaften »Exorzismus« unterzogen, als jemand seinen »Lesbianismus« enthüllte. Er war furchtlos, klug und, als er festgenommen wurde, bereits global vernetzt. Mit Hilfe internationaler Organisationen verklagte er den ugandischen Staat. Es dauerte knapp vier Jahre, bis das Urteil erfolgte, aber Ende 2008 entschied ein Gericht, dass seine von der Verfassung garantierten Grundrechte verletzt worden waren, und er erhielt eine Entschädigung in Höhe von etwa 7000 Dollar. Die homophoben Evangelikalen in Uganda intensivierten daraufhin mit US-amerikanischer Unterstützung ihre Anstrengungen. Wenige Wochen nach dem Urteil verschickte Stephen Langa seine Einladung zu dem Seminar mit Scott Lively und den anderen US-Amerikaner:innen.

Dann, im Oktober 2010, als Michael Bashaija gerade 14 geworden war, erschien die ugandische Zeitschrift *Rolling Stone* (keine Verbindung mit dem US-amerikanischen *Rolling Stone*) mit den Worten »Hang Them« auf der Titelseite und veröffentlichte die Namen, Fotos und Adressen von hundert prominenten angeblichen Homosexuellen.[7] Umgehend wurden die Genannten bedroht und drangsaliert. Erneut wandten sich die Aktivist:innen von Smug an die unabhängige Justiz ihres Landes. Sie erwirkten eine Verfügung gegen jede weitere solche Publikation und letztlich auch ein Urteil, dass die Veröffentlichung ihre Würde und Privatsphäre verletzt hatte. Der ihnen zugesprochene Schadensersatz war so hoch, dass der *Rolling Stone* eingestellt wurde, doch sein Herausgeber zeigte keine Reue: »Der Krieg gegen die Schwulen wird und muss weitergehen«, sagte er. »Wir müssen unsere Kinder vor diesem dreckigen homosexuellen Angriff schützen.«[8]

Drei Monate darauf wurde David Kato, der Sprecher von Smug, in seinem Haus ermordet. Kato war durch die hitzige öffentliche Debatte zweifellos verwundbarer für gewaltsame Angriffe geworden. Sein Mörder wurde gefasst und verurteilt. Vermutlich hatte es sich um einen Raubmord gehandelt. Der Vorfall heizte die homophobe Stimmung im Land weiter an. Michael Bashaija bekam in der Kasernenstadt, in der er seine Jugend verbrachte, von alledem nichts mit. Aber es war in dieser Zeit, als er langsam begriff, dass er sich zu anderen Männern hingezogen fühlte. Gleichzeitig begannen ugandische Geistliche und vielleicht auch seine Mutter, routinemäßig gegen die Sünde der Homosexualität zu predigen.

Im Februar 2012, als Michael wegen der Beziehung zu seinem Klassenkameraden von seiner Familie verstoßen wurde, erreichte die Berichterstattung über Homosexualität einen neuen Höhepunkt: David Bahati brachte seinen Gesetzentwurf erneut ins Parlament. Einige Tage darauf ließ Simon Lokodo, der Minister für Ethik und Integrität, einen LGBT-Workshop in einem Hotel mit der Begründung beenden, dass es sich um eine »illegale Versammlung« gehandelt habe. Lokodo verteidigte die Aktion später mit den Worten: »Wir können nicht zulassen, dass Terroristen sich organisieren, um unser Land zu zerstören.«[9] Er beschuldigte Leute aus dem Westen, »sie würden Menschen rekrutieren, damit sie rausgehen und die LGBT-Ideologie verbreiten«, und das in seinem Land, wo »Kultur, Tradition und Gesetz Sodomie und Lesbianismus nicht gutheißen«.

—

Das war die Stimmung im Land, als der 15-jährige Michael Bashaija seine Heimatstadt verließ und nach Kampala ging, weil er hoffte, dort andere zu finden, die genauso waren wie er selbst. Alles, was er hatte, waren ein paar Informationen, die er sich heimlich in einem lokalen Internetcafé online zusammengesucht hatte. Ein Mann las den weinenden Jugendlichen am Busbahnhof von Kampala auf, nahm ihn mit in den Osten des Landes und gab ihm einen Job in einem Hotel. Aber nach einem Monat wurde er gekündigt. Er hatte genug Geld für ein Smartphone gespart, das ihn mit der schwulen Community in der ugandischen Hauptstadt verband. »Es war Facebook, das mich gerettet hat, und Facebook, das mich verletzt hat«, sagte er.

In den sozialen Medien lernte Michael einen Mann kennen, der ihn ein paar Wochen beherbergte, Sex mit ihm hatte und ihn dann wieder auf die Straße setzte. Eine Zeit lang fand er Unterschlupf in einer Moschee, bis der Imam entdeckte, dass er ein »christlicher Hund« war, und ihn ebenfalls hinauswarf. Danach wurde der orientierungslose, hungrige junge Mann auf der Straße von einem evangelikalen Christen aufgelesen, der ihn in der Destiny Orphanage and Boarding School rund 25 Kilometer südwestlich der Hauptstadt unterbrachte. Am Ende des Jahres fuhren die Seelenhirten des Internats mit Michael zu seiner Familie. Dort trat ihnen sein betrunkener Vater mit einer Machete in der Hand entgegen und schrie: »Seid ihr die Typen, die meinen Sohn zu einem Homosexuellen gemacht haben?«

Als die frommen Christ:innen auf diese Weise den Grund erfahren hatten, warum Michael auf der Straße gesessen hatte, entschieden sie sich, ihn wieder genau dorthin zu verfrachten. Mein ugandischer Gehilfe gab sich auf Facebook als besorgter Christ aus und setzte sich mit Evah Mugerwa, der leitenden Pastorin der Schule, in Verbindung. Sie rechtfertigte ihr Verhalten folgendermaßen: »Wir konnten keinen Homosexuellen bei uns haben. Wir fürchteten, dass er seine Homosexualität unter seinen Mitschülern verbreiten könnte.« Als mein Helfer meinte, das sei womöglich eine »irrationale Entscheidung« gewesen, entgegnete die Pastorin giftig: »Wie kann ein wiedergeborener Christ auf die Idee kommen, dass wir etwas falsch gemacht haben, als wir einen Homosexuellen auf die Straße setzten???«

So kam es, dass der 16-jährige Michael wieder obdachlos war. Über Facebook verabredete er sich mit einer ganzen Reihe von Männern, die ihn im Stich ließen oder ausbeuteten, mit ihm Sex haben oder ihn auf den Strich schicken wollten, bis er schließlich in der Obhut des älteren studentischen Aktivisten Apollo landete. Dieser nahm ihn Anfang 2014 bei sich auf und bot ihm eine Art Zuflucht.

Kurz darauf, unmittelbar nach der Verabschiedung des Anti-Homosexuality Act, erhielt Michael auf Facebook eine Freundschaftsanfrage von einem gewissen »John Doe«. Der Mann behauptete, er habe Michaels Geschichte in dessen Chronik gelesen und wolle ihm helfen, wieder eine Schule zu besuchen. Er bat ihn, bei ihm vorbeizukommen, damit er seine Geschichte dokumentieren könne. Michael war einverstanden, weil der Mann ein »nettes, ziemlich liebes Gesicht hatte und sprach, als wäre er schwul«. Doch nach seiner Ankunft bei dem Mann wurde er, wie er mir berichtete, in ein Schlafzimmer geführt, wo ein »schwuler Typ, der nackt auf dem Boden lag, von zwei Männern getreten und geschlagen wurde«. Michael wollte fliehen, doch der »nette« Mann hielt ihn auf, warf ihn zu Boden, zwang ihn, sich auszuziehen, und begann, ihn zu schlagen. Er wurde etwa acht Stunden lang festgehalten. In dieser Zeit wurde er gezwungen, mit Kochfett zu masturbieren, das mit rotem Pfeffer vermischt war, seine Peiniger urinierten auf ihn. Er wurde mit heißem Wasser verbrüht und gefesselt und geschlagen und getreten, bis er Blut hustete, und er wurde zum Geschlechtsverkehr mit einem dritten Gefangenen, einem älteren Mann, gezwungen.

»Die ganze Zeit fragten sie mich: ›Wer hat dich zum Schwulen gemacht? Warum bist du schwul? Wer bezahlt dich dafür, dass du schwul bist?‹«, so Michael. Sie nahmen ihm seine Brieftasche und sein Telefon ab und ließen ihn unter wüsten Drohungen frei, als er versprach, mehr Geld zu besorgen. Es gelang ihm, mit seinem

Freund Apollo Kontakt aufzunehmen, und dieser vermittelte ihm den Kontakt zu einer ugandischen Organisation, die die LGBT-Community juristisch unterstützte. Ein Rechtsanwalt begleitete ihn auf ein Polizeirevier, wo er Anzeige erstattete. Die Befragungen traumatisierten ihn zusätzlich, weil die Polizeibeamten den Anwalt anschrien: Menschenrechtsorganisationen wie die seine würden »Schwulen helfen«. Auch hatte er Angst vor der Rache seiner Peiniger. Tatsächlich standen etwa eine Woche später mehrere Leute bei Apollo vor der Tür. »Wir machen dich fertig«, drohten sie. »Wir wissen, was du tust, und werden dich zur Strecke bringen.« Obwohl sie Apollo und ihm damals nichts taten, bekam Michael das Gefühl, dass er verfolgt wurde. Mit Hilfe von Apollo und anderen schrieb er sich an einem Internat ein, verließ Kampala und kehrte nur zurück, wenn er vor Gericht eine Aussage machen musste.

3

Am 27. Dezember 2014, sechs Monate nachdem ich Michael getroffen und er gegen seinen Peiniger ausgesagt hatte, bekam ich folgende Facebook-Nachricht von ihm:

> Hi Mark. Tut mir leid, dass ich dich enttäusche, aber damit mir nichts passiert, muss ich es. Ich bin nach Kenia geflohen. Das war vor zwei Wochen. [...] Die Leute, die mich erpresst haben, waren hinter mir her. Ihr Freund wurde freigelassen, seither jagen sie mich. Ich hatte Angst um mein Leben. Jetzt bin ich als registrierter Flüchtling des UNHCR in Kenia. [...] Ich versuche nun, mich als Flüchtling in Nairobi durchzuschlagen. An Weihnachten haben mich ein paar Kenianer zusammengeschlagen, weil ich wie ein Mädchen laufe. Ich brauche jede Unterstützung, die ich kriegen kann, und ich weiß, dass du mich nicht im Stich lassen wirst. [...] Ich hab dich schrecklich gern, und es tut mir leid wegen der Schule. Frohes neues Jahr.

Ich hatte mitgeholfen, Michael in Uganda den Schulbesuch wieder zu ermöglichen. Dazu hatte ich mich verpflichtet gefühlt, als ich hörte, dass ältere Mitglieder der Community ihn zu einer Rückkehr nach Hause überreden wollten. Ich konnte nicht umhin, an meine eigenen Probleme als junger schwuler Mann zu denken, obwohl ich damals finanziell ausreichend abgesichert war und keine Schwierigkeiten mit meiner Familie hatte: Wie sollte Michael in seiner gegenwärtigen Situation auch nur in irgendeiner Weise sich selbst akzeptieren können? Ich zahlte 200 Dollar, damit er sich anmelden und die zehnte Klasse abschließen konnte, und fragte bei Freund:innen an, die für den Fall, dass er das Jahr schaffte, weitere Unterstützung zusagten.

Das Geld ging direkt an Michaels Internat. Solange er es besuchte und insbesondere, als er in den Ferien wieder in Kampala war, schickte er mir dann und wann eine Nachricht, wenn er kein Geld oder Hunger hatte. Mein Einfluss schien sich auch auf sein Privatleben zu erstrecken. Einmal stellte er mir die intime Frage, ob er einen Liebhaber haben dürfe. Ich versuchte, locker zu reagieren: »Du bist erwachsen, Michael. Du kannst tun, was du willst.« Aber dann ermahnte ich ihn doch, Kondome zu benutzen. Damals nannte er mich »big bro«, großer Bruder. Manchmal schrieb er mir auch wütende Textnachrichten, wenn er kein Taschengeld bekam. Wenn ich ihm nichts schickte, drohte er: »Ich verlasse die Schule. Ich kann hier nicht bleiben.« Er fand es unerträglich, dass »die anderen Schüler glauben, dass ich keine Familie habe, die für mich sorgt.«

Meine Antwort war hart: »Michael, du hast tatsächlich keine Familie. Sie hat dich rausgeworfen. Das ist deine Realität. Das tut mir wirklich leid. Es ist nicht fair. Aber so ist es.«

Dann verließ er tatsächlich die Schule und ging nach Nairobi.

—

Ich antwortete auf die Nachricht, mit der Michael mich über seine Abreise informierte, indem ich ihm Glück wünschte und ihn davon in Kenntnis setzte, dass das Geld, das ich für ihn aufgetrieben hatte, ausschließlich für die Forstsetzung seiner Ausbildung verfügbar war. Er suchte offenbar eifrig nach Möglichkeiten, in Kenia eine Schule zu besuchen, hatte aber alle seine Zeugnisse in Uganda gelassen und hätte von neuem in der achten Klasse beginnen müssen. Doch dafür war er schlicht zu alt. Außerdem hatte er dringendere Bedürfnisse, und ich ließ mich zu einer Art Nothilfe hinreißen. Da der UNHCR seine Zahlungen eine Zeit lang einstellte, weil er einem Betrugsverdacht nachging, schickte ich Michael 250 Dollar. Das Geld war für Nahrungsmittel und eine Wohnung bestimmt, aber er hatte gehört, dass seine Mutter einen Verkehrsunfall gehabt hatte, und schickte deshalb ihr den größten Teil davon. Wie viele verstoßene queere Kinder, die ich auf meinen Reisen kennenlernte, versuchte auch er, sich die Rückkehr in seine Familie zu erkaufen. An diesem Punkt zog ich mich zurück: Ich überwies den Rest der Summe, die ich für Michael aufgetrieben hatte, an Neela Ghoshal, die Mitarbeiterin von Human Rights Watch, durch die ich ihn überhaupt erst kennengelernt hatte, und autorisierte sie, über die Verwendung der Mittel zu entscheiden.

Bei unserer Begegnung in Nairobi erzählte mir Michael, dass er unter schrecklichem Druck stand, Geld an seine kranke Mutter zu schicken, weil er nun in Kenia arbeitete.

»Aber du arbeitest doch gar nicht«, sagte ich. »Du bist ein arbeitsloser Asylbewerber mit einer kleinen Beihilfe vom UNHCR. Du darfst in Kenia doch nicht einmal arbeiten.«

Er sah verlegen aus. »Meine Angehörigen glauben, ich sei hier, weil ich einen Job habe.«

»Warum hast du ihnen nicht die Wahrheit gesagt?«

»Ich wollte nicht, dass meine Mutter weiß, dass es schwules Geld ist, das ich ihr geschickt habe.«

»Was soll das denn sein: schwules Geld?«

Michael zog auf seine typische Weise die Augenbrauen hoch und neigte den Kopf ein winziges bisschen in meine Richtung.

—

Tatsächlich war meine Anwesenheit in Michaels Leben Wasser auf die Mühlen von Leuten wie Michaels Vater, der brüllte: »Sollen doch die Leute, die dir beigebracht haben, ein Homosexueller zu sein, deine Ausbildung finanzieren!«, oder von Michaels Peinigern, die gefragt hatten: »Wer bezahlt dich dafür, dass du schwul bist?« Als Henry Orombi, der anglikanische Erzbischof von Uganda, 2009 mit den Worten zitiert wurde, »die Aktivisten, die schwule Beziehungen propagieren, machen den Leuten finanzielle Angebote«, und »wenn ein Junge Schulgebühren braucht [...] und man ihm Geld anbietet, ist die Versuchung sehr stark«, sprach er von Leuten wie mir.[10]

Es war genau dieses Schreckgespenst der »Rekrutierung«, das genutzt wurde, um die Verschärfung der Homosexuellengesetze über das Verbot des homosexuellen Geschlechtsverkehrs hinaus zu verschärfen. Vielleicht ist es für viele »traditionell gesinnte christliche« Afrikaner:innen leichter, Homosexualität als eine materielle Beziehung zu verstehen, als sie als natürliches, in mancher Hinsicht unerklärliches, menschliches Verhalten zu akzeptieren. Wenn mein Sohn wegen seines Begehrens schwul ist, hat die Welt keinen Sinn mehr: Was ist dann mit all dem, was ich in der Kirche über die Sünde gelernt habe, und was ist mit dem Stammbaum und dem Vermögen meiner Familie? Wenn er jedoch aus Bedürftigkeit oder aus Gier schwul ist, ist das irgendwie verständlich.[11]

Wie Auntys weibliche Identität war natürlich auch Michaels Homosexualität keine Strategie, um aus der Armut herauszukommen. Aber wie bei Aunty lässt sich bei Michael sagen, dass seine Übernahme des »LGBTI«-Labels, wie er und alle anderen Geflüchteten sich nannten, etwas mit dem Kapital zu tun hatte, mit dem dieses

Label in der neuen globalen Ökonomie verknüpft ist, in der der reiche Westen solche Identitäten zu schätzen weiß: Diese Menschen verdienen unsere Hilfe oder wenigstens unsere Solidarität.

Als Michael von seinen Eltern verstoßen wurde, war das LGBTI-Ticket für ihn der sicherste Weg, um zu überleben. Aber selbst wenn die ersten Verbindungen, die er auf Facebook knüpfte, geschäftlicher Natur waren, waren sie doch auch emotionale Beziehungen. Von den *molly houses* in London über die *voguing houses* in Harlem bis zu den *hijra houses* in Mumbai gibt es eine Konstante, was die Communitys sexueller und geschlechtlicher Außenseiter betrifft: Es bilden sich alternative Familien, und Bindungen werden gefestigt, indem die Menschen »Mütter« und »Töchter« oder »Brüder« und »Schwestern« werden.

Als Changeable Michael in der Geflüchteten-Community Nairobis als seine »Tochter« bezeichnete, übernahm er eine Verantwortung und ging eine Beziehung ein, die Michael in Abwesenheit der Familie, die ihn verstoßen hatte, emotional und materiell stützen sollte. Wenn Michael mich »big bro« nannte und sagte, dass er mich gernhatte, handelte es sich möglicherweise um eine gewinnbringende Zurschaustellung von Zuneigung. Aber sie entsprang auch der Sehnsucht nach der Familie, die er samt ihrer emotionalen und materiellen Unterstützung verloren hatte.

In der digitalen Ära von heute, in der diese Familien sowohl virtuell als auch physisch existieren und in der durch die sozialen Medien eine schwindelerregende Beschleunigung intimer Beziehungen möglich ist, bekam Michael natürlich auch einen US-amerikanischen »Vater«: Er hieß Shane Phillips und lebte in Phoenix im US-Bundesstaat Arizona.

Phillips war ein schwuler Mann Ende vierzig, ein frommer Christ, der mir seine Geschichte im September 2015 in einem Skype-Gespräch erzählte. Er war wütend ob der Rolle evangelikaler Rechter in Uganda, seit er um 2009 davon erfahren hatte, und fühlte sich verpflichtet, Afrikaner:innen ein anderes Gesicht des Christentums zu zeigen. Der Wanderarbeiter gründete die Organisation One World Voice mit dem Ziel, »mehr Leben zu retten als sonst jemand auf dem Planeten, weil sich ja sonst keiner mehr was traut auf der Welt«. Er wollte in Phoenix einen Safe Space für umgesiedelte Geflüchtete schaffen. Er bot an, als Michaels *anchor host* in den USA zu fungieren, falls er dorthin umgesiedelt werden sollte. Sein Traum war es, dass Michael der erste Bewohner dieses Geflüchtetenzentrums werden sollte.

Phillips erzählte mir von seinem wachsenden Entsetzen über die Nachrichten aus Uganda und über die unmittelbar drohende Gefahr eines, wie er es auf seiner Website formulierte, »Genozids« an Homosexuellen in dem Land. Er ließ sich von einem Pfarrer 500 Dollar geben, »um ein paar Leute herauszuholen«, und setzte sich auf Facebook mit ugandischen Netzwerken in Verbindung: »Ich lieferte damals für Papa Joe's Pizzas aus und nutzte jeden Penny, den ich übrig hatte, um Leute aus Kampala herauszuholen.«

Gleich nachdem Museveni im Februar 2014 den Anti-Homosexuality Act unterzeichnet hatte, war Phillips online und suchte nach Menschen, denen er helfen konnte. Er fand Charles, einen Mann, bei dem Michael damals wohnte. Phillips schickte so viel Geld, dass beide Männer nach Nairobi reisen und dort Asyl beantragen konnten. Als sich Charles allein mit dem Geld aus dem Staub machte, begannen Phillips und Michael online miteinander zu kommunizieren. »›Ich verspreche, dass ich dir für den Rest deines Lebens ein Vater sein werde, egal was dafür nötig ist‹«, sagte Phillips zu Michael. »Als Michael mir seine Geschichte erzählte, sagte ich zu ihm: ›Ich werde immer an deiner Seite sein‹.«

Michael war einer von drei jungen Ugandern, mit denen Phillips eine solche Verbindung knüpfte. Er sprach von Phillips wie von einem Lebensretter. Als ich mir die Berichte beider Männer anhörte, klangen die typischen Belastungen vieler Vater-Sohn-Beziehungen durch, die Schuldgefühle und die Manipulationen, aber Phillips hielt Wort: Die beiden tauschten fast täglich Nachrichten aus und sprachen regelmäßig online miteinander. Im Februar 2015 lernten sie sich endlich persönlich kennen, als Phillips zum ersten Mal nach Afrika reiste und ein paar Tage in Nairobi verbrachte. Beide Männer weinten vor Glück, und in den online geposteten Fotos ragt Phillips, glatzköpfig und stämmig, voll überströmender amerikanischer Bonhomie, hoch über seinem strahlenden, schlanken Schützling auf.

Phillips' materielle Zuwendungen an Michael waren gering. Er hatte sich bereits mit der Unterstützung anderer Bedürftiger übernommen, und er war kein reicher Mann. Als ihm Michael jedoch Anfang Dezember 2014 immer panischere Nachrichten schickte, Geschichten von Albträumen und Selbstmorddrohungen, überkam Phillips das Gefühl, handeln zu müssen. »Es war klar, dass er rausmusste«, erzählte er mir. »Ich riet ihm, nach Nairobi zu fahren, und schickte ihm Geld für den Bus.«

Phillips hatte sich zu seinem neu entdecken Aktivismus durch die Solidaritätsarbeit anderer US-Amerikaner:innen inspirieren lassen, und zwar insbesondere durch die Aktivistin und Bloggerin Melanie Nathan, die den Rescue Fund to Help LGBT People Escape Africa gegründet hatte.[12] Sie verlieh Spendern, die mehr als 3000 Dollar zahlten, den Titel »Ultimate Savior«. Wer genug Geld für ein Flugticket spendete, erhielt eine »Elie Wiesel Special Coin« (Nathan war von der Solidarität der Jüd:innen mit Opfern des Holocaust und mit sowjetischen Ausreisewilligen inspiriert), und wer genug für einen Pass spendete, erhielt eine »Nelson Mandela Coin« (Nathan war in Südafrika geboren). Ihr Ziel war es, »verfolgten LGBT-Afrikaner:innen bei der Flucht aus ihren Ländern zu helfen, ihnen eine sichere Unterbringung zu verschaffen und sie bei Asylanträgen zu unterstützen«.

Nathan wurde für ihre Anstrengungen große Anerkennung zuteil, und bis heute setzt sie sich unnachgiebig für LGBT-Geflüchtete in den Vereinigten Staaten ein. Doch ihr Ansatz ist auch heftiger Kritik ausgesetzt. So schrieb die südafrikanische Aktivistin Melanie Judge im *Guardian:* »Eine ›Flucht‹ aus Afrika in ein ›besseres Leben in den USA‹ zu propagieren, ohne gleichzeitig die Bedingungen anzusprechen, die dieser Migration zugrunde liegen, ist gefährlich und opportunistisch.« Solche Interventionen, schrieb Judge, seien »bestenfalls palliativ und bevormundend [und] zementierten schlimmstenfalls das Opfer-Image der Afrikaner:innen und das Retter-Image der Westler. Dies gehört zu der Logik, die das Gerede von der ›unafrikanischen Homosexualität‹ am Leben erhält.«[13]

Auch einige führende Aktivist:innen der ugandischen LGBT-Bewegung haben Initiativen wie die von Nathan oder Phillips heftig angegriffen. Sie vertreten die Ansicht, dass sie Situationen wie die, als Michael in Nairobi strandete, überhaupt erst herbeiführen. Als ich dieses Argument gegenüber Phillips vorbrachte, entgegnete er freilich sehr emotional, alle, denen er persönlich geholfen habe (er schätzte ihre Zahl auf etwa vierzig), seien in einer »lebensgefährlichen« Lage und suizidgefährdet gewesen.

Richard Lusimbo, ein Aktivist von Smug, der dafür gesorgt hatte, dass Michael in Uganda eine kleine Unterstützung bekam, sagte, er sei »schockiert« gewesen, als er von Michaels Flucht gehört habe. »Natürlich hatte ihn seine Familie rausgeworfen, und er war Opfer dieses schrecklichen Angriffs geworden, aber danach schien alles zu funktionieren. Die Polizei fasste seinen Peiniger, und er wurde vor Gericht gestellt. Die Community hatte sich [mit Michael] solidarisiert, und er besuchte wieder die Schule. Seine Geschichte schien auf ein gutes Ende hinauszulaufen, und wir brauchen solche Geschichten, um dem Klischee des ›schlimmsten Landes der Welt für Schwule‹ etwas entgegenzusetzen.«

Warum er das Land verlassen habe, fragte ich Michael.

Er bestätigte, dass Shane Phillips ihm dazu geraten hatte, betonte aber, dass er eigentlich keine andere Möglichkeit gehabt habe. Selbst wenn er das Internat wieder hätte besuchen wollen, hätte er noch sechs Wochen für sich selbst sorgen müssen, bevor es wieder aufmachte. Er war 18 und hatte keine Arbeit und keine besonderen

Qualifikationen. Sexarbeit lehnte er ab. Apollo forderte, dass seine Beihilfe von Smug gekürzt würde; sie hatten sich zerstritten. Trotz der Unterstützung hatte er keine feste Unterkunft mehr. Außerdem fühlte er sich akut bedroht, seit er gehört hatte, dass sein Peiniger aus dem Gefängnis entlassen worden war: »Ich hatte das Gefühl, es ist nur noch eine Frage der Zeit, bis sie kommen und mich holen.«

4

An meinem letzten Tag in Nairobi im Juni 2015 ging ich zu einem Auftritt von Michael mit der Tanztruppe der Ark Communes in einem Club in den Ngong-Bergen, zu dem Menschen mit wenig Geld am Wochenende hinausfahren und einen Drink oder ein Essen vom Grill bestellen oder schwimmen gehen. Der Club bestand aus einer Reihe gelb und blau gestrichener überdachter offener Pavillons, die um einen riesigen, glitzernden, blauen Pool gruppiert und deren Wände mit aufmunternden Slogans in Suaheli geschmückt waren. Der Club war ganz in der Nähe der Ark Communes, und ein paar von den Ugander:innen hatten sich mit dem Besitzer angefreundet. Sie hatten mit ihrer Truppe für einen Wettbewerb am Weltflüchtlingstag trainiert und ihn gewonnen. Danach hatten sie dem Besitzer des Clubs vorgeschlagen, am Sonntagnachmittag für Unterhaltung zu sorgen. Sie sammelten Spenden für Kostüme, probten fleißig, wurden ein Riesenerfolg, und der Club zahlte ihnen 15 000 Kenia-Schilling (rund 130 Euro) pro Auftritt.

Michael war einer der Tänzer und begeistert von dem Projekt: »Wir bekommen dadurch die Chance, uns auszudrücken – als Ugander:innen und als LGBTIs. Auch die Chance, als Ugander:innen stolz zu sein!« Die Auftritte verschafften ihnen außerdem einen Raum, in dem sie mit Kenianer:innen aus der Gegend Kontakt aufnehmen konnten, ohne Angst zu haben. Sie konnten sich als LGBTIs ausdrücken, indem sie beim Tanz »den Schwulen ein bisschen mehr rausließen« und bei den traditionellen Tänzen ihre femininen Mitglieder die weiblichen Rollen tanzen ließen mit der Begründung, dass sie eine rein männliche Truppe seien.

Mir fiel allerdings auf, dass bei der Gruppe, die in den Club kam, mehrere Frauen dabei waren. Sockie, der »PR-Mann« der Tänzer, erklärte mir, sie seien mehrere Wochen nicht mehr zu einem Auftritt eingeladen worden. Tatsächlich traten sie an diesem Nachmittag ohne Bezahlung auf, damit ich ihre Show sehen konnte. Sockie fürchtete, dass der Besitzer des Clubs oder seine Stammgäste den Verdacht hatten, dass sie schwul waren. Deshalb hatten sie zur Tarnung eine Gruppe weibliche ugandische Geflüchtete mitgenommen.

Sockie war der MC. »Ich präsentiere!«, schrie er mit weit auf den Kopf geschobener Sonnenbrille in der DJ-Box in ein Mikro. »Rep-REEEE-SEN-TING!!!!!!« Er wiederholte das Wort ein paarmal im Rhythmus des Beats, bis er schließlich zum Punkt kam: »Rep-re-sen-ting UUUUUUUUUU-gan-da!« Die Tanzenden betraten in einer Reihe die Bühne, geführt von ihrem stämmigen Cheftänzer Eddie, dessen Fähigkeit, den traditionellen Buganda-Hüftschwung in einen Hochgeschwindigkeits-Twerk zu verwandeln, die Sensation des Abends war. Die Männer traten mit nacktem Oberkörper in traditionellen Röcken auf, die weit die Schenkel hinaufgerafft waren. Die drei Frauen waren entschieden sittsamer gekleidet.

Auf dem Programm standen traditionelle Tänze aus ganz Uganda mit ein paar eingestreuten ergreifenden Gospelnummern. Die Zuschauer:innen waren an diesem Nachmittag dünn gesät, nur eine Handvoll Besucher:innen, die gelegentlich kicherten, höflich applaudierten und offenbar Spaß hatten. Wie dem auch sei, die Ugander:innen hatten ihre eigenen Leute mitgebracht, und jeder Tanz wurde mit einer ganzen Batterie von Smartphones begeistert dokumentiert; die Videoblogs sollten an diesem Abend die sozialen Medien überschwemmen. Die Truppe genoss den Auftritt und ich auch. Das Ganze war nach vielen langen, trockenen Tagen der Klage von einem Gefühl der Erleichterung getragen.

Der Publikumshit war ein Song aus dem Norden Ugandas, in dem ein künftiger Schwiegersohn mit der Familie seiner Angebeteten um den Brautpreis feilscht. Der stramme Eddie spielte den Bräutigam burlesk grimassierend. Michaels Freund Pius gab den Vater der Braut, den schlanken Körper in einem langen Gewand verborgen. Eine der Frauen spielte die Braut und eine die Mutter. Beide waren, wie es zweifellos der Realität entsprochen hätte, extrem zurückhaltend in ihren Rollen. Ich fragte mich amüsiert, ob sich die Männer wohl auch so zurückgehalten hatten, bevor sie sich gezwungen gefühlt hatten, diese schüchternen Mauerblümchen auftreten zu lassen.

In einem anderen Lied berät eine Mutter ihre verheiratete Tochter über die Freuden der Elternschaft. Es hatte etwas Rührendes, mit welcher Befriedigung diese queeren Außenseiter:innen solche Familienrituale darstellten, obwohl die meisten von ihnen von ihrer eigenen Familie verstoßen worden waren.

Michael nahm, die *braids* unter der roten Wollmütze verborgen, an den traditionellen Tänzen teil. Sein Ausdruck war ernster, mehr nach innen gerichtet, als bei den meisten anderen, und er behielt sein T-Shirt an. Während des Kostümwechsels trat er, immer noch mit der Wollmütze auf dem Kopf, in seinen hautengen grünen Jeans entweder allein oder mit einem zweiten Jungen wieder auf die Bühne und tanzte die Zwischenstücke mit »zeitgenössischer Musik«. Seine Moves wirkten zunächst sorgfältig geplant und deshalb verblüffend, weil sie einen machomäßigen Hip-Hop-Stakkato-Stil mit eher femininen Drehungen kombinierten. Während die Lautsprecher hektische Bässe in die Ngong-Berge pumpten, schloss Michael die Augen und ließ sich vom Beat treiben. Seine Bewegungen wurden weniger strukturiert und flüssiger. Und der ernste Ausdruck, den sein Gesicht während der traditionellen Tänze gehabt hatte, machte einem verzückten Lächeln Platz.

—

Einige Wochen danach verließ Michael die Ark Communes, weil er sich dort nicht mehr sicher fühlte. Wenig später riefen die verbliebenen Bewohner:innen den UNHCR. Sie baten um Hilfe beim Umzug, weil ein Mob sie bedrohte. Die Organisation brachte sie in einem Hotel unter, bis sie eine andere Unterkunft fanden, und riet ihnen, in kleineren, weniger auffälligen Gruppen zu wohnen. Ark Communes aber brach zusammen, als seine älteren und engagierteren Mitglieder in andere Länder umgesiedelt wurden.

Mehrere Männer, die ich in Nairobi kennengelernt hatte, schickten mir Nachrichten aus ihrer neuen Heimat: Alex aus Amsterdam, Roy aus Columbus, Changeable aus Philadelphia. In Nairobi jedoch wurde es immer unsicherer für die noch verbliebenen Geflüchteten. Ende 2015 kündigte der UNHCR an, dass die monatlichen Beihilfen für die LGBT-Geflüchteten eingestellt und durch ein Programm zum Aufbau von Geschäften ersetzt würde, das langfristig nachhaltiger, aber weit weniger verlässlich wirkte. Einige wenige ließen sich darauf ein, andere gaben einfach auf und kehrten nach Uganda zurück. Manche mussten mehr und mehr der Sexarbeit nachgehen, und einige kehrten sogar in das Geflüchteten-Camp Kakuma zurück. Michael und ein Freund reichten einen Antrag auf Unterstützung für einen Lebensmittelstand ein, aber bis Ende 2016 war daraus nichts geworden. In einer anderen Form von Unternehmertum hatte sich Michael jedoch als fähiger erwiesen: Er überlebte durch das Netzwerk individueller Förder:innen, das er aufgebaut hatte. Dazu gehörten Leute wie Shane Phillips und ein weiterer Mann in den Niederlanden, den er ebenfalls online kennengelernt hatte. Sie gaben ihm nicht viel, aber es reichte zum Leben, und Michael war großzügig mit den Mitteln, die er von seinen Förderern bekam, indem er damit weitere Geflüchtete unterstützte.

Im September 2016 hatte er endlich die Anhörung über seinen Status als Geflüchteter und erhielt offiziell Asyl in Kenia. Danach ging er zu einem Gespräch wegen seines Resettlements und bekam die Auskunft, dass man ihn für Kanada empfohlen habe. Das Land sei in Anbetracht seiner Jugend und seiner Verletzlichkeit besser geeignet als die USA, weil es über ein engmaschigeres Sozialsystem verfüge. Womöglich ahnten die Mitarbeiter des UNHCR das Ergebnis der US-amerikanischen Präsidentschaftswahlen von 2016 voraus und rechneten bereits mit den radikalen Veränderungen im Umgang mit Geflüchteten und Migrant:innen, die Donald Trump einführen würde.

Michaels Facebook-Posts wurden munterer, ja sogar vergnügt. Er wirkte wie ein vorwitziger Teenager, der mit seinem neuen Hemd und seinen neuen kurzen Dreadlocks angibt oder einfach freudig davon berichtet, wie er mit seinem Schatz am Samstagabend das Nachtleben genießt. Dennoch blieb sein Leben extrem unvorhersehbar. Als er im November 2016 an einer Lungenentzündung erkrankte, wurde er auf Anweisung des UNHCR in das Nairobi Women's Hospital gebracht. Aber als er entlassen werden sollte, weigerte sich die UNHCR-Niederlassung aus unklaren Gründen, die Rechnung in Höhe von 2000 Dollar zu zahlen. Das Krankenhaus hielt Michael fest, was zur Folge hatte, dass er seine Resettlement-Anhörung in der kanadischen Botschaft verpasste. Schließlich intervenierte Neela Ghoshal von Human Rights Watch, die wie ein Schutzengel auf Michael aufpasste, und der UNHCR beglich die Rechnung. Am Ende des Jahres jedoch, dem zweiten Jahrestag seiner Flucht nach Kenia, war Michael erneut verzweifelt, weil er sich sehr krank fühlte. Wie sich herausstellte, hatte er Tuberkulose, und sein Resettlement durfte erst stattfinden, wenn er wieder gesund war. Erst 2018 wurden die nötigen Dokumente unterzeichnet: Michael würde nach Vancouver reisen.

—

Am 9. September 2018 flog er von Nairobi über Amsterdam in seine neue Heimat in Kanada. Gekleidet in einen leuchtend roten Kapuzenpullover dokumentierte er die Reise in den sozialen Medien und machte das Victoryzeichen auf Selfies, die freilich auch Verwirrung und Angst verrieten. »Vielen Dank euch allen«, schrieb er an seine »kenianischen Freund:innen und Angehörigen«: »Ich hoffe, dass ich euch wiedersehe.«[14]

»Bin gut angekommen«, postete er am folgenden Tag in der Ankunftshalle in Vancouver.[15] Er bekam eine provisorische Unterkunft im Welcome Centre der Immigrant Services Society von British Columbia, und man teilte ihm einen Sozialarbeiter zu. Er besuchte eine Orientierungsveranstaltung, und es wurde ein Bankkonto mit einem Guthaben von 2200 kanadischen Dollar (rund 1450 Euro) für ihn eröffnet. Er würde ein Jahr lang 1000 Dollar (rund 650 Euro) im Monat bekommen, damit er sich eine Existenz aufbauen konnte. Die 1000 Dollar waren in je einen Betrag für Essen, Unterkunft, Kommunikation und Transport aufgeteilt. Außerdem erhielt er noch 550 Dollar (rund 350 Euro) Kleidergeld, hauptsächlich für Winterkleidung.

Seine Facebook-Posts in den ersten paar Wochen kündeten von einem zufallsbestimmten, irgendwie entfremdeten Leben an einem vielversprechenden Ort, wenn auch (noch) nicht von Ungezwungenheit: eine Nahaufnahme von einem Stück Pizza (»Ich genieße das Essen«); Michael in einem Einkaufszentrum mit Tüten (»Shopping«); ein Selfie, auf dem er sich einen Joint anzündet und high wird (»BC [British Columbia] ist wunderbar«); Videos von einem evangelikalen Prediger in einer Halle; ein Underground-Club mit einer Teenager-Punkband; ein Karaokeabend; und – war das möglich? – ein Konzert von Beyoncé. Außerdem hatte er mehrere Belege fotografiert, die bewiesen, dass für verschiedene Unterkünfte in Nairobi die Miete bezahlt worden war.[16] Michael verbrachte viel Zeit damit, anderen Geflüchteten zu helfen, die noch in Afrika waren, und er warb online für seine Michael Bashaija Foundation. Er hatte mehrere Leute in dem Zimmer zurückgelassen, das er in Nairobi gemietet hatte, und schickte ihnen jeden Monat dreißig bis fünfzig Dollar von seinem eigenen Geld, wie er mir bei einem Gespräch im Januar 2019 mitteilte.

Michael postete Nachrichten von Bekannten aus Uganda, die noch immer in Kenia feststeckten. Sie ließen vermuten, dass das Leben in Kenia nicht einfacher wurde. Dies lag insbesondere daran, dass die Welt Uganda und die Probleme von LGBT-Menschen dort nicht mehr auf dem Schirm hatte und die Regierung Trump das Resettlement von Geflüchteten in die USA verlangsamte. Außerdem wurde im Mai 2019 eine von kenianischen Aktivist:innen erhobene, gut begründete Klage gegen das Verbot der Homosexualität in Kenia vom Obersten Gerichtshof des Landes abgelehnt. In dem Urteil hieß es erstaunlicherweise, dass das Gericht keine Anzeichen von Diskriminierung erkennen könne und im Gegenteil die Aufhebung des Verbots verfassungswidrig wäre. Sie werde dazu führen, dass »Personen desselben Geschlechts als Paar zusammenleben«, und das stehe in direktem Konflikt zu dem Verfassungsgebot, dass Ehen zwischen Mann und Frau zu schließen seien.[17]

Eine halbe Welt von alledem entfernt, waren Michaels erste Monate in Vancouver offenbar hart gewesen. Er war ernüchtert und vorsichtig geworden. Durch ein Missverständnis wegen eines Handyvertrags hatte er bereits Schulden und außerdem kein Handy mehr; sein Sozialarbeiter hatte ihn allem Anschein nach aufgegeben; die LGBTQ-Geflüchtetenorganisation, zu der ich ihm den Kontakt vermittelt hatte, machte einen unzuverlässigen Eindruck und reagierte nicht; sein erster Vermieter hatte ihm gekündigt, weil die Resettlement-Stelle seine Miete zu spät gezahlt hatte; sein zweiter Vermieter war nett – ein schwarzer schwuler Mann, den er auf Grindr gefunden hatte, aber bei ihm hatte er keine Privatsphäre, und er wohnte in Surrey, etwa dreißig Kilometer von Vancouver entfernt. Er hatte andere LGBT-Geflüchtete aus Uganda kennengelernt und Weihnachten mit ihnen verbracht, sah sie jedoch nicht oft. Die Entfernungen waren groß, und die Leute hatten viel zu tun.

»Ich habe eine Angststörung«, teilte er mir mit. »Alle, mit denen ich zu reden versuche, meiden mich.« Er war zu einem Jugendtreffen im Qmunity gegangen, Vancouvers LGBTQ-Community-Center, doch die anderen Teilnehmer waren zurückgeschreckt, als er versuchte, ein Gespräch anzufangen. »Selbst im Zug rücken die Leute von mir ab«, sagte er. »Also bleibe ich für mich. Ich habe Angst, mit Leuten zu reden. Und die, mit denen ich spreche, weisen mich einfach zurück.« Seine Verbindung zur Außenwelt war Grindr, nicht gerade das allerfreundlichste Umfeld.

Dennoch fand er durch die Dating-App zwei Freunde: einen Sino-Kanadier und einen Nigerianer. Der eine half ihm, einen Job als Regalauffüller in einem Drogeriemarkt zu finden (den er kündigte, als er nach Surrey zog), und der andere nahm ihn mit in die Kirche, wo Michael begeistert im Chor sang. Aber auch das hielt er nur ein paar Sonntage durch. »Der Pfarrer hält keine einzige Predigt, ohne schlecht über LGBTI-Leute zu reden und davon, dass sie die Welt ruinieren. Ich konnte da nicht dabeisitzen.« Dies galt seiner Ansicht nach auch aus Sicherheitsgründen. »Du weißt, ich bin mädchenhaft, Mark. Was, wenn sie Verdacht schöpfen?«

In diesem schlimmen Tief zwischen Weihnachten und Neujahr 2018 entdeckte er auf Facebook ein Angebot für seelsorgerliche Beratung. Er mailte einen dramatischen Hilferuf, und ein gewisser Jim Jardine von der Port Kells Church meldete sich. Als Michael sagte, er könne nicht bis zum nächsten Jahr warten, suchte ihn der Pfarrer sofort auf. Obwohl Michael nach dem Besuch klar war, dass die Seelsorge aus dem Versuch bestehen würde, ihn von seiner Homosexualität abzubringen, »blieb ich dabei«, wie er mir ein paar Wochen später sagte. »Er versprach mir einen Job. Er sagte, er werde mir mit einer Unterkunft helfen, und ich war verzweifelt.«

Die Stadt Vancouver war dem Beispiel einiger kanadischer Provinzen gefolgt und hatte die gewerbsmäßige Konversionstherapie verboten. Surrey jedoch war eine andere Stadt. Pastor Jardine mochte die Konversion nicht gewerbsmäßig betreiben, dennoch erlebte Michael eine grausame Wiederholung dessen, was ihm die evangelischen Christen nach seiner Flucht nach Kampala angetan hatten.

Die Onlinekommunikation zwischen ihm und Jardine liegt mir vor. Nachdem Michael von Jardine mehrere Nachrichten, Gebete und Bibelstellen über »sexuelle Sittenlosigkeit« erhalten hatte, wollte er den Kontakt abbrechen. »Ich freue mich, dass Sie versucht haben, mir zu helfen«, schrieb er an den Pfarrer. »Aber ich muss mir selbst treu bleiben. Ich bin schwul, und das wird sich nicht ändern. Tut mir leid.«

Doch der Pfarrer gab nicht so schnell auf: »Also, das ist einfach nicht wahr, Michael. Man hat dich ausgenutzt. Es ist wichtig, dass du wieder vom Heiligen Geist erfüllt wirst. [...] Glaube mir, Bruder, ich hätte ihn auch fast verloren. Wenn du frei sein willst, kann ich dir helfen, [...] [aber] wenn du die Sünde und die Schande liebst, kann ich nur noch sehr wenig für dich tun.«

Als auch das nicht half, erhöhte der Pfarrer den Druck: »Dann bist du also nicht interessiert an dem Job meines Bekannten? Kein Problem. Wo wirst du wohnen, mein Freund?«

»Es tut mir leid«, schrieb Michael zurück. »Ich werde mich nicht ändern, deshalb will ich auch keinen Freund, der mich unbedingt ändern will. Ich bleibe sehr gern, wie ich bin, bis Gott über mich richtet. Ich will nicht straight sein.«

Erst da ließ der Pastor Michael fallen, und sagte nur noch, dass er immer für ihn da sein werde, falls er seine Meinung ändere: »Ich wünsche mir von Herzen, dass jeder, der als Sklave gefangen ist, in Gottes Königreich seine Freiheit findet.«

—

Etwa zu diesem Zeitpunkt merkte Michael, dass ein Fremder auf Facebook all seine Posts likte. In seinem verzweifelten Kontaktbedürfnis nahm er wieder einmal Verbindung auf, da der Mann etwa so alt wie er zu sein schien und aus Vancouver stammte. Sie chatteten eine Weile und tauschten diverse Links aus, aber dann schrieb der andere ganz plötzlich: »Hör auf, mir zu schreiben.«

»O. k., tut mir leid«, erwiderte Michael. »Ich dachte, du wolltest reden. Ich wünsche dir noch einen schönen Abend.«

»Verpiss dich verdammt nochmal aus meinem Land, du Spinner«, lautete die Antwort.

Michael war zum ersten Mal in seinem Leben mit einem neuen Phänomen konfrontiert und begann, ein neues Wort zu benutzen: »rassistisch«. Sein chinesischer Freund von Grindr »war, wie sich herausstellte, doch kein so guter Freund. Er hatte diese rassistischen Überzeugungen. Seiner Vorstellung nach waren schwarze Menschen Spielzeuge, arme Dinger, mit denen man tun konnte, was man wollte.«

Ich war erstaunt und traurig über Michaels Stoizismus. Meinem Eindruck nach hatten sich seine Ängste in seiner aktuellen Situation – an dem Ort, der eigentlich seine Zuflucht hätte sein sollen – eher noch verschärft als verringert und bewegten sich auf eine Paranoia zu. Doch es war nichts mehr da von der alten Wut, von der alten Empörung. Ich fühlte mich unbehaglich, als ich ihn drängte, von seinem neuen Leben zu erzählen. Ich merkte, dass er es mit Müh und Not zusammenhielt, also ließ ich ihn die Führung übernehmen. »Es ist nicht, was ich erwartet habe, Mark«, sagte er in einem unserer Gespräche. »Ich dachte, die Leute würden mich willkommen heißen. Sie wirken total freundlich, aber indirekt stoßen sie dich von sich. Ich dachte, mit den Leuten würde alles ganz wunderbar laufen.« Er machte eine Pause. »Aber es ist okay. Es ist okay. Es ist okay. Wirklich, es ist okay.«

Wir sprachen in den folgenden Monaten noch ein oder zwei Mal miteinander, und ich folgte ihm online. Er berichtete, dass er einen Job als Hilfskellner in einem berühmten Restaurant für Meeresfrüchte an der Vancouver-Marina bekommen hatte. Mitte 2019 teilte er mir mit, er habe jetzt einen »echten Freund« gefunden. Er postete überschwängliche Selfies aus einer Hochhauswohnung mit großen Gesten vor der Skyline der Stadt oder ein Foto, das ihn in einem Hemd mit Kragen und dünner schwarzer Krawatte an einem

Cafétisch zeigte und auf dem er schick und weltgewandt aussah. Auf einem anderen Bild kauerte er auf einem Kriegerdenkmal und imitierte den Soldaten hinter ihm, ein Gewehr auf die Zukunft gerichtet.

5
DIE PINKE LINIE DURCH ZEIT UND RAUM

»Es tut uns leid zu sehen, wie Sie [im Westen] leben, aber wir kommentieren das nicht.«[1]

Das sagte der ugandische Präsident Yoweri Museveni vor den internationalen Medien, als er 2014 den Anti-Homosexuality Act seines Landes unterzeichnete. Diese Haltung unterschied sich erheblich von dem Dogma »Homosexualität ist etwas Fremdes«, das andere Politiker:innen Afrikas vertraten, etwa Robert Mugabe, der die Homosexualität für einen Westimport hielt, oder auch ugandische Befürworter:innen des Gesetzes wie David Bahati. Museveni dagegen traf eine Unterscheidung zwischen der Lebensweise der Menschen im Westen, wo die sexuelle Orientierung zur öffentlichen Identität gehöre und deshalb anerkannt werden musste und mit Rechten verbunden war, und der Lebensweise der Menschen in Afrika, wo sie privat war. Dabei hatte er mit seiner Grundannahme recht: Homosexualität ist zwar zu allen Zeiten und in allen Kulturen eine inhärente Komponente menschlichen Verhaltens gewesen, aber die Vorstellung einer schwulen Identität oder von LGBT-Rechten stammt aus dem Westen und ist das Ergebnis einer spezifischen sozialen, politischen und ökonomischen Entwicklung.

Dieser Kontext bestimmt den Verlauf der pinken Linie, die sich sowohl durch die Zeit als auch durch den Raum erstreckt. Die Linie durch den Raum kann als geografische Grenze gesehen werden: zwischen den Teilen der Welt, in denen die Existenz (und die Gleichheit) von Menschen akzeptiert wird, die von geschlechtlichen oder sexuellen Normen abweichen, und den Teilen der Welt, in denen diese Existenz immer noch bestritten wird. Die Linie durch die Zeit kann durch die verschiedenen Epochen als ein Fortschritt von einer repressiven Vergangenheit zu einer egalitären Zukunft gesehen werden. Es wäre jedoch noch genauer, die pinke Linie sowohl im Raum als auch in der Zeit als Grenze zwischen verschiedenen Wissenssystemen zu begreifen: Das eine System versteht Sexualität als etwas Richtiges oder Falsches, das man tut (»Ich schlafe mit Männern«, »Ich schlafe mit Frauen«), das andere als etwas, was man ist, als ein Merkmal der Identität: »Ich bin schwul«, »Ich bin hetero«.

Seit dem späten 19. Jahrhundert machten sich Menschen, zuerst in Europa und dann weltweit, das letztere Verständnis zu eigen. Sie nahmen sexuelle (und geschlechtliche) Identitäten an, die sowohl sozial als auch politisch waren, anfangs als Urning oder Schwuler (in Deutschland), dann als queer, homosexuell, schwul, lesbisch, transgender und wieder queer oder heute als LGBTI, wie Tiwonge Chimbalanga und Michael Bashaija sich selbst bezeichnen würden. Im 21. Jahrhundert wurden in vielen Teilen der Welt Wörter für diese neuen Identitäten geprägt, damit ihre Träger nicht mehr nur als Perverse oder Abartige galten: »mithli« auf Arabisch, »tongzhi« auf Chinsesisch. An anderen Orten erfuhren die Begriffe für uralte Identitäten für ein drittes Geschlecht, wie etwa »hijra« in Indien oder »'yan daudu« in Nigeria, einen Wandel ihrer Bedeutung oder ihres Status, als sie mit den neueren politischen Identitäten »transgender« oder »gay« in Berührung kamen.

—

Jede Gesellschaft hat natürlich ihre eigene Art, Sex und Sexualität, Geschlecht und Geschlechtsidentität zu begreifen. Die europäische Art, die Vorlage für das, was später als LGBT verstanden werden sollte, hat ihre Wurzeln im 18. Jahrhundert, als die Gesellschaft durch Industrialisierung und Urbanisierung eine neue Gestalt annahm und sich moderne Nationalstaaten entwickelten.

Der große französische Theoretiker der Sexualität Michel Foucault hat gezeigt, wie im Zusammenhang mit der Moderne »ein politischer, ökonomischer und technischer Anreiz, vom Sex zu sprechen«, entstand.[2] Dies geschah vor allem deshalb, weil die Regierungen einsehen mussten, dass sie nicht mehr nur Untertan:innen regierten, sondern eine Bevölkerung managten. Das verlangte, dass man sich mit Geburten- und Sterberaten, mit Themen wie Ehe, Fruchtbarkeit und Verhütung und deshalb auch mit Sex und Sexualität befasste. Im 19. Jahrhundert war das Studium der Sexualität ein respektables wissenschaftliches Unterfangen geworden. Von Charles Darwin bis Sigmund Freud untersuchten und kodifizierten Wissenschaftler:innen die Sexualität. Die Begriffe »homosexuell« und »heterosexuell« wurden 1869 von dem österreichisch-ungarischen Journalisten Karl Maria Kertbeny geprägt in dem Versuch, eine wissenschaftliche Bezeichnung für Menschen zu entwickeln, die sich – wie er selbst – zum selben Geschlecht wie dem eigenen hingezogen fühlten. Als Richard von Krafft-Ebing 1886 sein bahnbrechendes Werk *Psychopathia Sexualis* publizierte, übernahm er diese Begriffe in seine wissenschaftliche Terminologie.

Natürlich hatte es zuvor schon religiöse Gebote für das sexuelle Verhalten gegeben, die aus der jüdisch-christlichen Heiligen Schrift abgeleitet und Grundlage der europäischen Gesetze gewesen waren. Nun jedoch wurden neue Dualitäten entwickelt, die neben der alten religiösen Einteilung des menschlichen Verhaltens in »tugendhaft« und »sündig« traten oder ihnen sogar entgegengesetzt wurden. Sexuelles Verhalten wurde nun wissenschaftlich in normal oder abnormal, öffentlich oder privat, gesund oder pathologisch eingeteilt. Selbst wenn es aus der Perspektive des 21. Jahrhunderts nicht so erscheinen mag, war diese Entwicklung auf dem Weg zu den später beanspruchten Rechten ein riesiger Schritt nach vorn: Homosexuellen sollte geholfen werden, sie sollten geheilt oder wenigstens *studiert*, statt wie bisher dämonisiert oder ignoriert werden. Ihnen wurde eine neue Art von Aufmerksamkeit zuteil, und sie fanden, insbesondere in Deutschland, sogar ein gewisses Maß an öffentlicher Anerkennung und bedingter Akzeptanz.

Viel früher schon, in der Französischen Revolution, hatte sich das Prinzip durchgesetzt, dass einverständlicher Geschlechtsverkehr zwischen Erwachsenen legal war, auch wenn er nicht der Fortpflanzung diente. Dieser Grundsatz wurde in den Code civil aufgenommen, der die Grundlage für die Gesetzgebung in einem großen Teil Südeuropas und Lateinamerikas bildete. Im größten Teil Nordeuropas, einschließlich Deutschlands, jedoch blieb Analverkehr manchmal, definiert als Sex, der nicht der Fortpflanzung dient, illegal. 1897 gründete der Sexualwissenschaftler Magnus Hirschfeld seine visionäre Vorläuferin moderner Menschenrechtsorganisationen, um den Paragraf 175 im deutschen Strafgesetzbuch zu bekämpfen. Aber Hirschfelds Wissenschaftlich-humanitärem Komitee gelang es nicht, eine Streichung des Gesetzes durchzusetzen: Einverständliche homosexuelle Handlungen zwischen Erwachsenen standen in der Bundesrepublik bis 1969 unter Strafe. Doch er schaffte es durch seine Kampagne, den Gedanken ins öffentliche Bewusstsein zu bringen, dass Homosexualität weder eine Krankheit noch eine Sünde, sondern eine natürliche Abweichung sein könnte. Dass in Berlin eine homosexuelle Kultur aufblühte, bis sie in den dreißiger Jahren von den Nazis zerstört wurde, war weitgehend Hirschfelds Aktivitäten und der Politik eines progressiven Polizeichefs zu verdanken.

Hirschfeld leitete die ersten primitiven Operationen zur Geschlechtsumwandlung und setzte sich erfolgreich für »Transvestiten« ein (er prägte diesen Begriff, »transsexuell« und »transgender« sollten später folgen). Vierzig Jahre zuvor hatte der Jurist Karl Heinrich Ulrichs das Wort »Urning« beziehungsweise »Uranist« verwendet, um einen Menschen mit einer weiblichen Seele in einem männlichen Körper zu bezeichnen, eine Beschaffenheit, die man Männern zuschrieb, die sich zu Männern hingezogen fühlten. Damals wurde noch nicht wie heute zwischen schwul und transgender unterschieden. Auch Hirschfeld verstand Homosexuelle anfangs als »drittes Geschlecht«, er sollte seine Meinung allerdings ändern.

Beginnend in Deutschland im späten 19. Jahrhundert wurden also »Homosexualität« und »Transvestismus« als öffentliche Identitäten definiert und politisiert in einem Prozess, der sich im Laufe des 20. Jahrhunderts in der westlichen Welt verbreitete und in der Schwulenbewegung in den siebziger Jahren kulminierte. Mit einem Identitätsmerkmal konnte man nicht nur Bindungen mit anderen Menschen eingehen, die dasselbe Merkmal aufwiesen, sondern auch Rechte beanspruchen: Schlossen sich genügend Personen mit diesem Merkmal zusammen, konnten sie sogar politische Macht entwickeln, wie es andere Minderheiten und Interessengruppen insbesondere in den Vereinigten Staaten bereits taten.

Es gab freilich auch eine Kehrseite dieser Dynamik, die bei der Bildung sexueller und geschlechtlicher Identitäten, wie wir sie heute verstehen, ihre eigene Rolle spielte. Sobald die Vorstellung von einer homosexuellen Identität in der Öffentlichkeit Fuß gefasst hatte, konnte die Beschuldigung, homosexuell zu sein (was im christlichen Europa als sündig galt), für andere Zwecke instrumentalisiert werden. Als Vorläufer der Angriffe auf queere Personen, die in einigen Teilen der Welt im 21. Jahrhundert erfolgten, gab es im späten 19. Jahrhundert und frühen 20. Jahrhundert in Deutschland eine ganze Serie von Bloßstellungen angeblicher Homosexueller. Beim sensationellsten dieser Fälle wurde Philipp von Eulenburg durch einen Journalisten geoutet, um seinen engen Freund (und möglichen Liebhaber) Kaiser Wilhelm II. zu diskreditieren. Das gewaltige Aufsehen, das der folgende Prozess erregte, spielte bei der Popularisierung der Vorstellung von einer angeborenen homosexuellen Identität eine größere Rolle als Hirschfelds Bemühungen, gleichwohl vermutlich keineswegs auf die Art, wie es der Sexualwissenschaftler beabsichtigt hätte.

Auch die Katastrophe des Dritten Reichs spielte eine perverse Rolle bei der Herausbildung einer modernen politischen schwulen Identität. Als die Nazis 1933 an die Macht kamen, stammten die allerersten Bücher, die sie verbrannten, aus Hirschfelds Bibliothek. Hitler soll den Sexualwissenschaftler als den gefährlichsten Juden in Deutschland bezeichnet haben.[3] Ein Jahr später wurde der SA-Führer Ernst Röhm mit seiner homosexuellen Clique und vielen anderen in der »Nacht der langen Messer« ermordet. Heinrich Himmler hatte den internen Machtkampf als moralische Säuberung der Partei getarnt. Das Massaker markierte den Beginn der Verfolgung Homosexueller als Gruppe durch das NS-Regime. Tausende wurden festgenommen und in Konzentrationslager verschleppt, wo sie den Rosa Winkel als Kennzeichen tragen mussten. Etwa 7500 von ihnen kamen um.

Der Rosa Winkel wurde später aus gutem Grund das Symbol der Schwulenbewegung. Wer als Mitglied einer Minderheit unterdrückt wurde, konnte auf dieser Grundlage Ansprüche auf Wiedergutmachung erheben. Nach dem Zweiten Weltkrieg wurde das moderne Menschenrechtsregime in der 1948 verkündeten Allgemeinen Erklärung der Menschenrechte kodifiziert. Die Schwulenbewegung bemühte sich fortan darum, dass die dort formulierten Rechte auch für Personen galten, die aufgrund ihrer sexuellen Orientierung oder, was später dazukam, ihrer Geschlechtsidentität diskriminiert wurden.

Die erste Organisation für Schwulenrechte, das niederländische COC (Cultuur en Ontspanningscentrum, Zentrum für Kultur und Entspannung), wurde 1946 in Amsterdam gegründet. In den folgenden Jahrzehnten wurden bestimmte Großstädte im Westen zu Zentren der Bewegung. Manche von ihnen entstanden durch gewaltsamen Protest, wie etwa dem mehrtägigen Aufstand nach einer Razzia in der Schwulenbar Stonewall in New York 1969. Von Amsterdam und London über New York und San Francisco bis Mexico City und Rio de Janeiro verliefen die pinken Linien zunehmend auch an den Stadtgrenzen. Sie trennten mit der Zeit die städtischen Gebiete stärker von den ländlichen, als sie ein Land von einem anderen oder eine Ära von einer anderen trennten.

—

Zu Beginn des 21. Jahrhunderts entstanden auch in Istanbul und Peking, in Moskau und Mumbai queere Communitys, die zumindest relativ betrachtet ähnlich bedeutend waren wie die in den westeuropäischen und den nord- sowie südamerikanischen Städten. Überall auf der Welt, selbst in Ländern, die (wie Russland und Ägypten) LGBT-Rechten feindselig oder (wie China und die Türkei) gleichgültig gegenüberstanden, strömten in den ersten Jahrzehnten des 21. Jahrhunderts mehr und mehr homosexuelle Menschen in die Städte, als Millionen junger Leute in die boomenden Megacitys kamen. Das ließ sich insbesondere in Asien beobachten, wo ein rasanter Industrialisierungsprozess begonnen hatte.

Was in diesen Städten geschah, ähnelte einem Prozess, den der US-amerikanische Historiker John D'Emilio schon 1983 in seinem bahnbrechenden Essay »Capitalism and Gay Identity« geschildert hatte. D'Emilio lieferte, zusammen mit Foucault, eine Schlüsselerklärung, wie die moderne schwule Identität während der industriellen Revolution in Europa entstanden war. Wenn Menschen auf Arbeitssuche vom Land in die Stadt zogen, erlebten und lebten sie »persönliche Autonomie«: Sie waren nicht mehr im selben Ausmaß wie zuvor an Familie und Tradition gebunden, sondern individuelle Arbeiter:innen, die sowohl wegen ihrer Produktivität als auch wegen ihrer Reproduktivität hochgeschätzt wurden. Und sie waren weit weg von zu Hause. Sie verdienten buchstäblich und im übertragenen Sinne den Raum, in dem sie auf ihrem Recht auf Privatsphäre und Entscheidungsfreiheit bestehen konnten. In der Welt der Immigrant:innen und Reisenden waren die Auswirkungen sogar noch ausgeprägter: Junge Leute erfuhren weit weg von ihren Familien oder sogar durch einen Ozean von ihnen getrennt in Städten wie New York oder San Francisco ein beispielloses Maß an persönlicher Freiheit.[4]

Die US-amerikanische Sozialwissenschaftlerin und Aktivistin Susan Stryker stützt sich in ihrem Buch *Transgender History* auf D'Emilios Theorie, um der Frage nachzugehen, welche Rolle die Kräfte des Kapitalismus und der Urbanisierung speziell für Lesben (für die persönliche Autonomie aufgrund der weiblichen Pflichten, zu heiraten, Kinder zu bekommen und Alte zu pflegen, schwieriger zu erlangen, aber wichtiger war) und gendervariante Menschen spielten. Wer bei seiner Geburt ein weibliches Geschlecht zugewiesen bekam, aber erfolgreich als Mann durchkam, »hatte bessere Chancen zu reisen und Arbeit zu finden«;[5] wer bei seiner Geburt als männlich klassifiziert wurde, sich jedoch als Frau fühlte, hatte in den weit entfernten Städten, wo man sich neu erfinden konnte, ebenfalls »mehr Möglichkeiten«, ein unabhängiges Leben zu führen.

Im 21. Jahrhundert vollzog sich auf der ganzen Welt in den sich rapide urbanisierenden Gesellschaften eine Version dieser Dynamik, die D'Emilio und Stryker beschrieben hatten. Sie wurde durch die digitale Revolution noch verstärkt, die in einem beispiellosen Ausmaß Informationen zugänglich machte und Menschen zusammenbrachte. Ebenfalls verstärkend wirkte natürlich auch eine Konsumkultur, die »gay« zu einem globalen Markenzeichen mit eigenen Dating-Portalen und Modestilen, eigener Musik, eigenen Clubs und sogar eigenen Drogen machte.

Selbst auf dem Höhepunkt der russischen Angriffe gegen »homosexuelle Propaganda« feierten jedes Wochenende Tausende junger Männer in den Schwulenclubs von Moskau und St. Petersburg, obwohl sie sich in diesen Städten fast überall sonst diskret verhalten oder im Untergrund bewegen mussten. Im Jahr 2013 sagte die russische Kulturjournalistin Jelena Jampolskaja in der bereits erwähnten Folge »Lizedej« (Schauspieler) eines Nachrichtenmagazins: »Wenn die Leute aus den Provinzstädten nach Moskau kommen, verhalten sie sich zunächst wie echte Männer. Aber ein paar Jahre später sind sie eine Schöpfung von Stylisten geworden«, eine Diagnose, die ihr zu folgender Pointe verhalf: »Schwule werden von Stylisten und nicht von Mama und Papa produziert.«[6]

Stylist war natürlich die Stadt selbst, ein Ort, an dem man sich dem Griff seiner Sippe entwinden und seinen eigenen Weg finden konnte. In indischen Städten waren die neuen Angestellen in den Callcentern und Technologieunternehmen zum ersten Mal weg von zu Hause, machten Nachtschichten und teilten die Unterkunft mit anderen jungen Leuten. Sie konnten ihre Sexualität oder ihre Geschlechtsidentität weit weg von den neugierigen Blicken ihrer Familien erproben und ihre arrangierten Ehen noch eine Zeit lang hinauszögern. Großstädte waren auch Orte, an die man fliehen konnte, wenn man anonym leben wollte oder wenn man einen Unterschlupf suchte. Bis 2011 waren entlaufene Bräute in dem riesigen neuen Industriezentrum Gurgaon bei Delhi ein solches Problem, dass ein Gericht erstmals die Ehe eines lesbischen Paares anerkannte, um die beiden Frauen vor den Ehrenmorden ihrer jeweiligen Familie zu schützen.[7] Bewaffnet mit diesem in der Stadt gesprochenen Urteil, kehrten die beiden in ihren ländlichen Bezirk zurück, wo sie, wie sie später berichteten, akzeptiert wurden.

Wer in der Stadt seinen Lebensunterhalt selbst verdient, erlangt eine gewisse Unabhängigkeit, und auch einen gewissen Status und Spielraum: Durch Überweisungen in die Heimat kann man Respekt und Anerkennung gewinnen, wie Michael es versucht hatte. Doch der eigene Verdienst bringt auch Verpflichtungen mit sich. So überzeugend John D'Emilios Thesen sein mögen: Sie erfassen nicht die ganze Komplexität nichtwestlicher Gesellschaften im 21. Jahrhundert. Dort haben queere Menschen damit zu kämpfen, die Verpflichtungen gegenüber ihrer Familie mit den neu erlernten städtischen Vorstellungen von persönlicher Autonomie in Einklang zu bringen. In China gibt es ein schlagendes Beispiel für dieses Phänomen. Die chinesische App Blued, die größte Gay-App der Welt, hat *vierzig Millionen* Nutzer, von denen viele in der Lage sind, Partner zu finden und Communitys oder Partnerschaften zu bilden, weil sie als städtische Migranten ohne ihre Familien leben. Dennoch sind sie Produkte der chinesischen Ein-Kind-Politik und dazu verpflichtet, den Stammbaum der Familie fortzusetzen. Deshalb verwenden viele zusätzlich Apps, die auf schwule *xinghun*, Scheinehen, zwischen einem lesbischen und einem schwulen Partner spezialisiert sind, damit sie bei dem jährlichen Besuch in ihrem Heimatdort irgendwann ein Enkelkind vorzeigen können. Die größte *Xinghun*-Website, chinagayles.com, hatte 2018 mehr als 400 000 Nutzer:innen und behauptete, mehr als 50 000 Paare zusammengebracht zu haben.

Auch vergrößert die Urbanisierung zwar den Spielraum für aufwärtsmobile queere Personen, aber sie hat manchmal negative Auswirkungen für die ärmeren Schichten. Sandeep Namwali, ein indonesischer Aktivist und Arzt, erklärte mir, was sich in den Jahren nach der Diktatur Suhartos im frühen 21. Jahrhundert abgespielt hat: »Urbanisierung und Gentrifizierung verbanden sich mit dem modernen Islam in dem Projekt, die Städte zu säubern«, einem Projekt, das sowohl eine moralische als auch eine materielle Agenda verfolgt. Transgender *waria* gehören seit Jahrzehnten zum urbanen Leben und verdienen sich ihren Lebensunterhalt auf der Straße mit Sexarbeit und Straßenkunst. Nun jedoch werden Gesetze gegen Landstreicherei genutzt, um sie zu vertreiben, und sie verlieren, insbesondere nach einer moralischen Panik im Jahr 2016, einen großen Teil ihres Raumes und damit die Fähigkeit, ihren Lebensunterhalt zu verdienen. Die es sich leisten können, gehen online; die anderen versinken mehr und mehr im Elend.

—

In anderen Teilen der Welt unterstützen Stadtregierungen Pride-Events oder fungieren sogar selbst als Veranstalter. Dies gilt etwa für den Mardi Gras in Sydney und auch für die umstrittene Tel Aviv Pride, die die Stadt selbst mit finanzieller Unterstützung der israelischen Regierung ausrichtet, um den »pinken« Tourismus zu fördern und Israel als Oase der Toleranz in einer feindseligen Umwelt zu präsentieren. Auch in Mexico City veranstaltet die Stadt die Gay-Pride-Parade. Als ich im Juli 2016 daran teilnahm, war ich verblüfft zu sehen, dass der zentrale Punkt des Marsches, die Statue des Ángel de la Independencia, durch ein offizielles Transparent mit der Inschrift »Ciudad de Diversidad« (Stadt der Vielfalt) geschmückt war.

Mit mehr als einer halben Million Teilnehmer:innen ist die Pride-Parade von Mexico City nach denen von São Paulo und Rio de Janeiro in Brasilien die drittgrößte der Welt. Sie zieht sich kilometerlang über den Paseo de la Reforma und ist, wie es auf der ganzen Welt bei vielen solchen Veranstaltungen üblich ist, in unterschiedliche Abteilungen gegliedert: Zuerst kommen die Gruppen der Aktivist:innen und die Organisationen der Gay-Community Sprechchöre skandierend, dann die unternehmensnahen Gruppen mit ihren Logos, dann die Partytrucks der Nachtclubs und Bars, deren wummernde Bässe durch die Morgenluft schallen, während Go-go-Boys und Dragqueens Kondome in die Menge werfen. Jede Parade hat ihr eigenes Lokalkolorit: Mariachi-Bands und farbenprächtig bestickte Kittel und Ponchos in Mexico City, wirbelnde Derwische in Neu-Delhi oder Lederhosen und Dirndl in München. In Mexico City gibt es zudem eine bewundernswerte Schar schwuler *vaqueros* (Cowboys), und zwar die echten und nicht deren machohafte Imitation.

Bei meinem Besuch überraschten mich jedoch vor allem die schwer zu bestimmenden Teilnehmer:innen, nicht nur, weil sie so zahlreich erschienen waren, sondern auch, weil sie so unterschiedlichen Alters waren. Natürlich waren alle zu erwartenden Untergruppen der globalen Pride-Kultur des 21. Jahrhunderts vertreten: die älteren Paare, die Familien, die Amateur-Performancekünstler:innen, die Bataillone von Gym Boys in Muscle Shirts, die Biker Girls und die transgender Sexarbeiter:innen, die queeren Kids mit ihren Piercings und Shavings, die einsamen alten Queens, die ihre jährliche Huldigung entgegennahmen. Doch die Überraschung kam in Scharen: Zehntausende junger Arbeiter:innen aus *la periferia*, den Vorstädten der Megalopolis, marschierten ruhig neben den Discotrucks, offenbar voller Ehrfurcht vor dem Ereignis – anwesend, aber (wie mir schien), ohne recht zu wissen, was sie tun sollten, bis zu der abendlichen Party auf dem Zócalo, dem berühmten zentralen Platz der Stadt, wo sie einem vertrauteren Muster folgen konnten: Trinken und Tanzen zu der Musik von Superstars, zu denen auch die Pop-Ikone Alejandra Guzmán gehörte.

Eine Zeit lang folgte ich einer Dreiergruppe junger Männer aus dieser Gruppe. Sie trugen Sportkleidung internationaler Marken, die nicht mehr ganz neu war, und wirkten ein wenig desorientiert, als sie einem Discotruck hinterherlatschten. Hin und wieder rafften sie sich zu einer Geste der Ausgelassenheit auf, drehten sich ein paar Mal um sich selbst oder winkten irgendwelchen Zuschauer:innen zu, kehrten aber schnell zu ihrer etwas missmutigen Maskulinität zurück. Als ich sie ansprach und mit ihnen plauderte, merkte ich, dass einer von ihnen, der sich als Jaime vorgestellt hatte, die Fäuste geballt hielt. Ich missverstand die Geste als eine Art passive Aggression, doch während unseres Gesprächs öffnete er sie mit einer theatralischen Geste: Seine Nägel waren abwechselnd mit einem aggressiven Purpurrot und einem milchigen Hellllila lackiert. Er schloss die Hände wieder und erzählte lachend, dass er wieder nüchtern sein und auf solchen Schmuck verzichten müsse, wenn er am nächsten Morgen mit seiner Familie in die Kirche gehe.

Die Pride-Parade in Mexiko war auf meinen Reisen für mich das stärkste Bild dafür, wie Städte als Orte der Möglichkeiten funktionieren für queere Menschen, die andernorts wahrscheinlich mit viel mehr Beschränkungen leben müssen. Und sie war ein deutliches Anzeichen dafür, wie sehr die Kräfte der Globalisierung, darunter natürlich besonders die digitale Revolution und die Urbanisierung, die Gesellschaft verändern, indem sie es einer wachsenden Zahl von Menschen aus der Peripherie ermöglichen, und sei es nur für einen Tag, eine öffentliche Identität anzunehmen.

Jaime und seine Freunde kamen aus Iztapalapa, dem dicht besiedelten und für seine hohe Kriminalitätsrate berüchtigten Arbeiterviertel im Südosten der Stadt. Sie erzählten mir, dass sie ein paar Transfrauen kannten, die in ihrem Viertel auf dem Straßenstrich arbeiteten, und ein älteres lesbisches Paar vom Sehen, hätten aber keinen näheren Kontakt. In ihrem Viertel waren sie junge Heteros. Sie überschritten die pinke Linie nur durch die vierzigminütige Fahrt mit der Metro von Iztapalapa nach La Zona Rosa, das traditionelle Schwulenviertel der Stadt.

—

Dreieinhalb Jahre bevor ich die Pride-Parade in Mexiko besuchte, reiste ich im Dezember 2012 zu den Pride-Veranstaltungen in Bangalore, dem indischen Technologiezentrum im Süden des Landes. Auch dort war ich wie später in Mexiko über die Vielfalt der Teilnehmer:innen verblüfft: Besonders faszinierte mich, wie sich die Angestellten US-amerikanischer Multis, die als Vertreter:innen ihrer Unternehmen erkennbar waren, in der pulsierenden, irgendwie anarchischen Parade unter die Hijras und die radikalen queeren Aktivist:innen mischten. Die Parade, die auf der breiten Steintreppe des Rathauses von Bangalore endete und von der Polizei sorgsam eingewiesen wurde, vermittelte einen Eindruck davon, wie schnell sich das Leben in Indiens Großstädten ändert.

Die Parade von Bangalore war damals eine von elf solchen Veranstaltungen in Indien. Drei Jahre zuvor, im Jahr 2009, hatte der Delhi High Court Paragraf 377 des indischen Strafgesetzbuchs nach einer achtjährigen leidenschaftlichen und fantasievollen Kampagne für teilweise verfassungswidrig erklärt, was einverständliche Beziehungen zwischen Erwachsenen betraf. Kurz nach meinem Besuch in Indien wurde das Urteil in einer Berufungsverhandlung jedoch wieder aufgehoben, und erst 2018 erklärte der voll besetzte Gerichtshof das Gesetz doch noch für verfassungswidrig. Zu diesem Zeitpunkt unterstützten alle indischen Parteien die Entkriminalisierung homosexueller Beziehungen, nur die Bharatiya Janata Party von Premierminister Narendra Modi hatte sich nicht zu der Frage geäußert.

Alle »modernen« Inder:innen, von den Filmmoguln Bollywoods bis zu den Großindustriellen der Hightech-Industrie in Bangalore, hatten sich für die Entkriminalisierung der Homosexualität als Zeichen für den Fortschritt des Landes und seine Zugehörigkeit zu der neuen liberalen Weltwirtschaft eingesetzt. »Indien ist endlich im 21. Jahrhundert angekommen«, hatten die Zeitungen 2009 verkündet, als der Delhi High Court Paragraf 377 erstmals für verfassungswidrig erklärte.[8] Der Schriftsteller Vikram Seth und der Ökonom und Philosoph Amartya Sen hatten an einer Unterschriftensammlung mitgewirkt, in der prominente Inder:innen die Aufhebung des Paragrafen forderten. Bollywood hatte in seinen Filmen endlich den schwulen Protagonisten entdeckt, und Zeitungskolumnist:innen witzelten, der Tag werde kommen, an dem indische Eltern Heiratsanzeigen schalteten, um Bräutigame für ihre schwulen Söhne zu finden.

Auf der Gay-Pride-Parade von Bangalore im Dezember 2012 traf ich eine Gruppe junger Transmänner aus dem Nachbarstaat Kerala. Mit einem kam ich ins Gespräch. Er hieß Dev und arbeitete in Bangalore in einem Callcenter, das nordamerikanische Kund:innen bediente. An seinem Arbeitsplatz galt er als ein jungenhaftes Mädchen »oder vielleicht sogar als Lesbe«, und er kam damit durch, *pant-shirt* (Hose und Hemd) zu tragen. Oder wie seine indischen Kolleg:innen sagten: »Es kommt nicht darauf an, wie ich aussehe, solange ich mich gut anhöre. Niemand kümmert es, wenn mich die Anrufer:innen für einen Mann halten. Ich kann sogar meinen männlichen Namen benutzen.«

Mit seinen asymmetrisch rasierten Haaren und seinen Piercings wirkte Dev tatsächlich wie ein hipper, wenn auch zarter junger Mann auf den Straßen des weltoffenen Bangalore. Daheim in Kerala jedoch war er, ohne Chance auf Veränderung, Tochter und Schwester und künftige Braut. Seine pinke Linie war die Grenze zwischen Karnataka, dem Bundesstaat, in dem Bangalore liegt, und Kerala. Er lachte darüber, wie geschickt er darin geworden war, die Linie zu überqueren, indem er auf dem engen Raum einer Busbahnhofstoilette Frauenkleider anzog, bevor er zu seiner Familie zurückkehrte. Auf der Kerala-Seite der pinken Linie schien eine arrangierte Ehe unvermeidlich, die Dev »bis jetzt noch« durch monatliche Überweisungen hinausschieben konnte: Dass er seine Familie unterstützen musste, diente ihm als Ausrede, warum er noch nicht heiraten konnte. Er träumte davon, nach Honkong zu fliehen und sich operieren zu lassen oder, vielleicht realistischer, von einer Versetzung nach Delhi, weiter weg von seiner Familie.

—

Das ständige Überqueren der pinken Linie und das Doppelleben, das damit verbunden ist, war schon immer und auf der ganzen Welt ein Element queerer Identität. Die damit einhergehenden Dissonanzen können massiv sein: In der Heimat kann eine Enttarnung zur Verstoßung der queeren Person oder sogar zu Gewalt gegen sie führen, und auf der anderen Seite der pinken Linie kann ihre Überquerung als Symbol für Toleranz und Diversität fetischisiert werden.

Ab 2007 nutzte der kämpferische progressive Bürgermeister von Mexico City Marcelo Ebrard verblüffend progressive Gesetze wie die Legalisierung von Abtreibung und der gleichgeschlechtlichen Ehe, um junge fortschrittlich gesinnte Leute – und queere Dollartourist:innen – in die Metropole zu locken, der er den Markennamen »La Ciudad de las Libertades«, die Stadt der Freiheiten, verpasst hatte.[9] Buenos Aires nutzte die progressive Politik Argentiniens, um sich ein ähnliches Image zuzulegen. Die Stadt war, wie es 2018 auf ihrer offiziellen Website hieß, wegen ihrer »Atmosphäre von Toleranz, Diversität, Freiheit und Respekt das wichtigste Reiseziel für LGBT-Reisende in Lateinamerika« geworden.[10]

Diese Anziehungskraft ist ein wichtiges Merkmal von Städten mit sichtbaren queeren Communitys im Zeitalter des Massentourismus. Städte wie Buenos Aires und Rio de Janeiro, Tel Aviv und Kapstadt und natürlich auch Bangkok sind wichtige Ziele für den pinken Tourismus. Ein großer Anteil LGBT-Personen an der Bevölkerung gilt mittlerweile sogar als Indikator für Wirtschaftswachstum, wie der US-amerikanische Ökonom und Stadtplaner Richard Florida 2002 in seinem einflussreichen Buch *The Rise of the Creative Class* behauptete.[11] »Um es deutlich zu sagen«, schrieb Florida prophetisch über San Francisco, »ein Ort, an dem es in Ordnung ist, wenn Männer Händchen haltend, auf der Straße zu sehen sind, ist vermutlich ein Ort, an dem sich auch indische Ingenieur:innen, tätowierte Software-Geeks und im Ausland geborene Unternehmer:innen wohlfühlen.«[12]

Floridas Ideen haben Großstädte in der ganzen Welt beeinflusst, unter anderem auch Singapur, eine moderne und weltoffene Stadt, in der freilich im 21. Jahrhundert noch immer ein Gesetz gegen homosexuellen Geschlechtsverkehr in Kraft und eine autoritäre Regierung im Amt ist. Im Jahr 1998 hatte der frühere langjährige Premierminister Lee Kuan Yew den Westen noch für seine Akzeptanz der Homosexualität kritisiert, aber 2007 hatte er seine Meinung geändert: Er vertrat jetzt die Ansicht, dass Homosexualität entkriminalisiert werden müsse, damit sein boomender Stadtstaat sein Potenzial ausschöpfen könne, und erklärte: »Wenn wir erfolgreiche Menschen anziehen wollen, müssen wir uns mit deren Eigenheiten abfinden, solange sie unser Heimatland nicht verderben.«[13]

Wie sich herausstellte, war der Oberste Gerichtshof von Singapur anderer Meinung: Er erklärte das Gesetz zur Kriminalisierung von Homosexualität nach einer Klage im Jahr 2014 für verfassungsgemäß. Homosexuelle mochten für das Wirtschaftswachstum notwendig sein, aber das Heimatland musste trotzdem vor der Infektion durch sie geschützt werden. Das Urteil ist ein klarer Hinweis darauf, dass LGBT-Menschen auch in Großstädten weiterhin der repressiven Herrschaft ihrer Familien, Kirchen oder Regierungen unterworfen sind, selbst wenn sie allem Anschein nach freier sind als je zuvor.

In *Transgender History* verweist Susan Stryker auf die Tatsache, dass die ersten nordamerikanischen Gesetze gegen Transvestismus mit der rasanten Urbanisierung der 1850er Jahre einhergingen, weil in den Städten gendervariante Menschen in Erscheinung traten. Dies entspricht der Art und Weise, wie die Staatsgewalt in Mexiko und Brasilien Mitte des 20. Jahrhunderts gegen die wachsenden schwulen Subkulturen in ihren Großstädten vorging und wie Gesetze gegen homosexuellen Geschlechtsverkehr in Afrika und der früheren Sowjetunion erstmals angewandt und neue Gesetze erlassen wurden, um die Gay-Communitys in den Großstädten in die Schranken zu weisen.[14]

Doch selbst in einer Stadt wie Lagos im extrem homophoben Nigeria ist die Atmosphäre immerhin tolerant genug und gibt es genügend Lücken im urbanen Gewebe – einen Strand, eine Hotelbar, eine Theaterlobby –, dass queere Menschen online Verbindung miteinander aufnehmen und sich dann irgendwo treffen können. Wie prekär dieser Raum ist, wurde freilich im Juli 2017 deutlich, als die Polizei eine wöchentlich stattfindende Party im Vintage Hotel stürmte. 47 Männer wurden festgenommen und gemäß dem Gesetz zur Verhinderung gleichgeschlechtlicher Ehen angeklagt. In einem Land, in dem sich trotz großer queerer Bevölkerungsanteile in den Städten kein Mensch outet, wurden ihre Fotos in den Mainstream-Medien veröffentlicht. »HIV-Epidemie droht«, schrie die

Schlagzeile der landesweit verbreiteten *Sun*. Die Zeitung behauptete, dass fast alle Festgenommenen in der Haft positiv auf HIV getestet und auf Kaution entlassen worden seien, weshalb sie »jetzt frei in der Gesellschaft herumlaufen«. Das Blatt nahm eine von dem früheren Singapurer Premierminister Lee gebrauchte Metapher wörtlich und brachte die Befürchtung zum Ausdruck, dass die Angeklagten »jeden Tag neue Personen infizieren könnten«, weil »manche von ihnen die Neigung haben, plötzlich wie wild Leute zu infizieren«.[15] Ein Gericht verwarf 2020 die Anklage gegen die Männer.

Im Jahr 2016 reiste ich nach Nigeria und hielt mich eine Zeit lang in Ibadan auf, einer Universitätsstadt im Südwesten, etwa 130 Kilometer von Lagos entfernt. Dort besuchte ich einen Sonntagsgottesdienst der LGBT-Kirche House of Rainbow. Man traf sich in einem unauffälligen Apartment in einer bewachten Wohnanlage. Ich war dabei, als die etwa zwanzig Gemeindemitglieder ankamen: In normaler männlicher Straßenkleidung und mit recht großen Taschen in der Hand klopften sie an die verschlossene Tür der nicht gekennzeichneten Wohnung und wurden eingelassen, nachdem man sie durch das Schlüsselloch in Augenschein genommen hatte. Bevor sie sich jedoch auf dem improvisierten Gestühl niederließen, weißen Plastikstühlen, die um einen Altar mit einer Regenbogenfahne gruppiert waren, verschwanden sie im hinteren Teil der Wohnung und zogen sich um. Das Badezimmer war voll, als sich die Gemeindemitglieder vor der Andacht zurechtmachten, manchmal nur mit einer Rüschenbluse oder ein wenig Mascara oder mit hochhackigen Riemchenschuhen, um, wie einer von ihnen zu mir sagte, »so wie ich wirklich glaube, dass ich bin«, vor den Herrn zu treten. Am Ende des Gottesdiensts ermahnte der Pfarrer Jude Onwambor (tagsüber ein Möbelverkäufer) seine Schäfchen, ihr Make-up zu entfernen, wieder Straßenkleidung anzuziehen und sich »ordentlich zu betragen«, wenn sie die Wohnung, »wie Sie gekommen sind«, wieder verließen.

Die pinke Linie kann eine Grenze zwischen verschiedenen Ländern oder zwischen verschiedenen Teilen der Welt sein, in denen gegensätzliche Ideologien herrschen. Sie kann die Vorstadt von der Innenstadt trennen oder sich zwischen der Vergangenheit und einer potenziellen Zukunft erstrecken. Für queere Menschen selbst entspricht sie jedoch oft einem bewehrten Tor zwischen Angst und Verwundbarkeit auf der einen und Sicherheit und Bestätigung auf der anderen Seite.

—

Im frühen 21. Jahrhundert erwarben sich einige Großstädte den Ruf, für queere Menschen, gleichgültig, ob es sich um Tourist:innen, Shopper:innen oder Geflüchtete aus ökonomischen oder politischen Gründen handelte, ein sicherer Ort zu sein. Im Jahr 2013 besuchte ich eine Unterstützer:innengruppe für LGBT-Migrant:innen im Stadtzentrum von Johannesburg. Sie alle waren zum Arbeiten oder wegen politischer Unruhen in ihrer Heimat, nicht aber wegen ihrer sexuellen Orientierung aus anderen afrikanischen Ländern nach Südafrika gekommen. Nun jedoch konnten sie trotz gewisser Einschränkungen durch Fremdenfeindlichkeit und Kriminalität in der relativen Freiheit ihres Gastlands ein schwules Leben führen und keiner von ihnen wollte mehr nach Hause zurückkehren.

In der arabischen Welt spielt Beirut eine ähnliche Rolle. Es war lange das »Paris des Ostens« gewesen, und als es sich nach den Konflikten im späten 20. Jahrhundert erholt hatte, kamen queere Tourist:innen aus der ganzen Region, die zusammen mit anderen dort Vergnügungen suchten, die es bei ihnen zu Hause nicht gab. Viele Mitglieder der großen libanesischen Diaspora kehrten nach dem Krieg aus Großstädten in Europa und Nordamerika in ihre Heimat zurück. Sie haben viel mit der toleranten, weltoffenen Stimmung in Beirut zu tun. Dasselbe gilt für die vielfältige Bevölkerung der Stadt und ihre positive Einstellung zu Unternehmertum und Handel.

Beirut wurde nicht nur für sein schwules Nachtleben berühmt, sondern übte auch auf Menschen, die vor Gewalt und Verfolgung in anderen Ländern flohen, eine magische Anziehungskraft aus.

Obwohl homosexueller Geschlechtsverkehr im Libanon damals noch illegal war, wurde in Beirut 2004 Helem, die erste offene LGBT-Organisation der Region, gegründet. Sie betrieb ein Gemeinschaftszentrum und baute ein wichtiges internationales queeres Netzwerk auf: die Arab Foundation for Freedoms and Equality (AFE). Im Jahr 2019 jedoch versuchte der Geheimdienst des Landes, die Jahrestagung der AFE zu beenden. Die Namen aller Teilnehmer:innen wurden erfasst und denen aus anderen Ländern wurde für den Libanon ein Wiedereinreiseverbot erteilt. Der Geheimdienst rechtfertigte die Aktion mit dem »Schutz der Gesellschaft vor importierten Lastern«, welche »die Sicherheit und Stabilität der Gesellschaft« beeinträchtigen und die »öffentliche Ordnung im Libanon« stören.[16] Zu den zahlreichen Grenzen, die sich kreuz und quer durch das zersplitterte kleine Land ziehen, war noch eine weitere hinzugekommen: eine pinke Linie.

Die andere »offene« Stadt der Region war bis vor Kurzem Istanbul, eine Folge der Tatsache, dass die Türkei zu Beginn des 21. Jahrhunderts unbedingt EU-Mitglied werden wollte. Als sich die Stadt rasant zu einem Ballungsraum mit mehr als 15 Millionen Einwohner:innen vergrößerte, entwickelte sich auch eine blühende LGBT-Community: Queere Menschen aus dem ganzen Land strömten nach Istanbul, und dasselbe galt auch für queere Geflüchtete insbesondere aus dem Iran. Ab 2003 gab es Gay-Pride-Paraden, die auf dem Taksim-Platz am Gezi-Park starteten – die ersten in der muslimischen Welt. Im Jahr 2013 nahmen mehr als 10 000 Menschen an der Parade teil, 2014 wurde sie nach der Besetzung des Gezi-Parks, bei der LGBT-Aktivist:innen eine wichtige Rolle gespielt hatten, verboten. Aber auch wiederholte Verbote und Einschüchterungsmaßnahmen der Polizei konnten die Parade nicht verhindern: Im Jahr 2019 versammelten sich trotz eines riesigen Polizeiaufgebots

Tausende, und es kam zum Einsatz von Tränengas und Plastikgeschossen, um die Menge zu zerstreuen.

Wie so viele andere Länder erlebte auch die Türkei eine massive Gegenreaktion gegen die neue Sichtbarkeit. Sie reichte vom Verbot aller LGBT-Veranstaltungen in der Hauptstadt Ankara bis zu einer Zunahme von Morden an Transfrauen, die so stark war, dass die Türkei angeblich die höchste Rate in Europa aufwies. Einige türkische Politiker:innen begannen, sich am Skript der globalen Culture Wars zu orientieren. Als Innenminister Süleyman Soylu im September 2019 den USA vorwarf, sie würden den syrisch-kurdischen Aufstand finanzieren, fügte er hinzu, dass sie auch 22 Millionen Dollar Unterstützung an eine LGBT-Organisation in Ankara zahlten: »Muss ich eigens dazu sagen, dass das eigentliche Ziel [der USA] darin besteht, in diesem Land ihre Überzeugungen, ihre Identität und ihre Existenz [durchzusetzen]?«[17]

In Kairo, der zweiten großen Metropole der Region, vollzieht sich die Dynamik, die die pinke Linie in Beirut und Istanbul umgibt, noch einmal dramatischer. Ähnlich wie zahlreiche junge Türk:innen bei den Protesten im Gezi-Park outeten sich auch bei der Revolution von 2011 viele junge Ägypter:innen auf dem Tahrir-Platz. Ein Aktivist, den ich Murad nennen will, berichtete mir, er sei zum Studium von Port Said nach Kairo gezogen. Vor der Revolution habe er »das schwule Leben« gelebt, das die Stadt bot, und sei zugleich in seiner Heimat der respektvolle Sohn seiner frommen muslimischen Familie geblieben. Sein Coming-out in Kairo hatte sich, wie er es formulierte, nur auf »das Internet und sein privates Umfeld« beschränkt. Aber »durch die Revolution änderte sich das alles«, sagte er und beschrieb das, was wenigstens theoretisch in den Städten passiert: »Ich bekam dieses Gefühl der Gemeinsamkeit, diesen Drang, auf der neuen Plattform des Aktivismus meine sicheren Blasen zu verlassen. Wir waren alle auf dem Platz: Heteros, Queers, Sunnit:innen, schiitische Muslim:innen, Kopt:innen. Ich wusste, dass der Platz extrem divers war. Warum konnte die Gesellschaft nicht genauso sein?«

Wir sprachen 2015 miteinander – nach dem Putsch des ägyptischen Militärs zwei Jahr zuvor und der Repressionswelle, die ihm gefolgt war.

6
AMIRA UND MAHA

KAIRO – ISTANBUL – AMSTERDAM

AMIRA: Besitzerin und Chefin des Mädchencafés, Kairo, Ende dreißig. Pronomen: sie.
MAHA: Amiras Frau, Buchhalterin und LGBT-Aktivistin, Kairo, Anfang dreißig. Pronomen: sie.
NAWAL*: Feministische Aktivistin und Revolutionärin, Kairo, Ende dreißig. Pronomen: sie.
ZAKI*: Freiberufler und Intellektueller, Kairo, Ende fünfzig. Pronomen: er.
AYMAN SIRDAR: Popstar, Kairo, Anfang zwanzig. Pronomen: er.
ABDEL RAHMAN: Student, Kairo, Anfang zwanzig. Pronomen: er.
MURAD*: Aktivist und graduierter Student, Kairo, Mitte zwanzig. Pronomen: er.
AMGAD*: Stammkundin im Mädchencafé, Kairo, Anfang zwanzig. Pronomen: sie.
* Pseudonym

1

Das Lokal hieß Ahwet al-Banat: Mädchencafé.

Amira und Maha hatten den Namen auf ein Transparent gemalt und es im Juni 2012 über den Eingang des ehemaligen Ladens gehängt, den sie gemietet hatten. In einer heruntergekommenen Fußgängerzone in der Kairoer Innenstadt wetteiferten die roten Plastikstühle der Frauen mit den schwarzen, weißen oder orangefarbenen der benachbarten Cafés und wurden von den Kellner:innen auf den gesplitterten Gehwegplatten der konkurrierenden Territorien immer wieder auf den richtigen Platz geschoben. Das Kairoer Zentrum war im späten 19. Jahrhundert umgebaut worden, um der weltoffenen Modernität von Paris nachzueifern: Fassaden mit Art-Nouveau-Elementen und gusseisernen Geländern um begrünte Balkone. Etwas mehr als ein Jahrhundert später, in den letzten Wochen der ägyptischen Revolution, die das Land verändert hatte, warfen die eleganten Straßenlaternen wider Erwarten noch immer ihr flackerndes Licht, als die Nacht hereinbrach (alles andere war in einem Zustand fürchterlicher Verwahrlosung), während in Dutzenden von Straßencafés die Kohlen glühten, mit denen die Shishas angezündet wurden. An einem Tisch saßen langhaarige Studenten, an einem anderen spielten Angestellte Backgammon und an einem dritten machten Ladenbesitzer eine Pause. Es war der schwülheiße Sommer des Jahres 2013, die Ruhe vor dem Sturm.

In den letzten Jahren des Mubarak-Regimes war die Kairoer Innenstadt Schauplatz stetig wachsender Proteste gewesen, und »Downtown« war zu einem Inbegriff von Freiheit und Modernität geworden, zu einem Ort, an dem Frauen in der Öffentlichkeit unverschleiert Shisha rauchen und Männer und Frauen nebeneinandersitzen und sogar Händchen halten konnten. Wenngleich die Szenerie immer noch überwiegend von Männern geprägt wurde, waren gemischte Gruppen 2013 mittlerweile recht häufig, und dasselbe galt auch für die leidenschaftlichen nächtlichen Debatten über Politik und Gesellschaft. Downtown war das befreite Gebiet der Revolution, und das Mädchencafé war offenbar ein Teil davon.

Die Frauen hatten ihre Stammgäste wie den gut gekleideten älteren Mann, der sich jeden Abend für ein oder zwei Stunden mit seiner Zeitung im Café niederließ, oder die makellos frisierte Frau ohne Beine, die Punkt 18 Uhr mit dem Rollstuhl kam, um ihre Shisha zu rauchen. Auch drückte sich irgendwo am Rand stets der muskulöse Schlägertyp aus dem Viertel herum, der sich selbst zum Beschützer der Frauen ernannt hatte. Zu fortgeschrittener Stunde kamen allein oder in Gruppen wohlriechende junge Männer in scharf gebügelten Hemden und engen Jeans und zogen Stühle an die immer stärker besetzten Tische. Viele von ihnen bezeichneten sich als »Ladyboys«, queerer ägyptischer Slang für transgender, und obwohl sie auf der Straße Männerkleidung trugen, verriet sich doch immer wieder ihr feminines Selbst: durch einen spitzen Schrei, der das monotone Summen der Straße durchschnitt, einen in den Himmel schießenden Arm; eine extravagante Begrüßung; oder gar durch einen Zickenkrieg. Dann schrillten bei Amira die Alarmglocken, und sie eilte herbei, um ihre Gäste zur Ruhe zu mahnen, bevor sie wieder bei ihrer Shisha am Tisch der Chefin neben der Tür Platz nahm. Um diesen Tisch war oft eine Gruppe lesbischer Frauen versammelt, weniger schrill und weniger um ihr Erscheinungsbild besorgt als die Männer.

Amira war energisch und butch und hatte eine strenge Art, die keinen Widerspruch duldete, aber sie brach leicht in Lachen aus. Sie hatte ihr schulterlanges Haar in einer Baseballkappe verstaut und trug ihre Jeans tiefsitzend. Maha, ihre Frau (die beiden hatten ein Jahr zuvor privat und offensichtlich illegal geheiratet), war etwas jünger, vollbusig und warm, mit einem einladenden Lächeln auf dem von langen Haaren eingerahmten Gesicht. Sie arbeitete in einer ausländischen Botschaft und kam nach der Arbeit ins *ahwa* (Kaffeehaus), um zu helfen. In den Monaten nach der Revolution hatte sie sich an der Gründung von Bedayaa (Anfänge), der ersten LGBT-Organisation Ägyptens beteiligt, und obwohl sie sich nicht als Lesbe geoutet hatte, begeisterte sie sich für dieses neue Anliegen in ihrem Leben.

Vom Mädchencafé aus konnte man mit fortschreitender Nacht den Traumpfaden des postrevolutionären queeren Kairo folgen: hinunter zur El-Horreya-Bar oder dem Griechischen Club auf der Talaat-Harb-Straße, die beide Alkohol verkauften, oder hinüber zum Tahrir-Platz, um jemanden aufzureißen, wenn man wollte. Man konnte auch die ganze Nacht zwischen dem Mädchencafé und einem anderen queerfreundlichen *ahwa* hin und her pendeln, das sich um die Ecke in der Lobby eines großen, aber verkommenen Gebäudes befand und dessen Tische auf eine belebte Straße hinausschwappten. Verkehr war immer, aber in den frühen Morgenstunden, wenn er sich etwas beruhigte, übernahmen die Gäste des Lokals die Herrschaft über die Straße, und die Nachttaxis mussten um Tische mit blubbernden Shishas und lebhaftem Klatsch herumkurven.

»Nach der Revolution waren die Leute so viel auf der Straße wie nie zuvor, und die Gays mehr als alle anderen«, erzählte Maha in fließendem Englisch. »Eines Abends im April 2011 saß eine große Gruppe von uns in dem Café dort drüben«, sie deutete auf ein vornehmeres Lokal. »Es waren ein paar sehr feminine Schwule in unserer Gruppe, mit Make-up und Frauenkleidern, und sie lachten laut. Da rief irgendein Kellner die Militärpolizei. Sie kam und wollte die Taschen der jungen Männer durchsuchen.« Die Polizisten fanden Make-up in einer Handtasche, und die Frauen behaupteten, es gehöre ihnen. Wir lachten bei der Vorstellung, dass die Butch-Lesbe Amira behauptet hatte, das Make-up gehöre ihr. Auch die Polizisten waren damals nicht überzeugt: Sie ermahnten die Gruppe wegen unangemessenem Verhalten und gingen.

»Doch die Kellner in dem Café waren damit nicht zufrieden«, fuhr Maha fort. »Sie beschimpften die Boys. Es kam zu einem heftigen Kampf, und zwei von unseren Gästen wurden als Geiseln genommen.« Das Militär rückte wieder an, und alle zerstreuten sich, aber Maha und ihre Freund:innen waren sich sicher, dass ihnen jemand nach Hause gefolgt war. Das war zwei Monate nach der Revolution auf dem Tahrir-Platz, durch die Mubarak zum Rücktritt gezwungen worden war, und das Militär griff hart durch, um die Ordnung wiederherzustellen. Amira, Maha und ihre Freund:innen gerieten in Panik, insbesondere als Maha Anrufe von einem Mann bekam, der »unheimliche Fragen stellte«. Die Freundinnen blieben in ihrer Wohnung in der Kairoer Innenstadt und trauten sich erst zwei Monate später wieder, öffentliche Orte zu besuchen.

»Das war verrückt. Wir hatten doch keine Revolution gemacht, um zu Hause zu bleiben«, erinnerte sich Maha, und aus dieser Einsicht entstand die Idee für das *ahwa*. Die aus der Revolution geborene Erkenntnis war einfach, aber revolutionär. Amira (die kein Englisch sprach) drückte es auf Arabisch so aus: »Gays haben das Recht auf einen eigenen Ort, wie jeder andere Mensch auch. Auf einen Ort, an dem sie draußen sitzen können, in Sicherheit, ohne belästigt oder gestört zu werden.«

Es dauerte ein Jahr, um die Idee zu verwirklichen, und ein weiteres Jahr, bis das Café wieder geschlossen wurde.

—

Eines Nachmittags kam Maha nach der Arbeit zum Mädchencafé, um mich zu treffen. Ich war in Kairo, um zu verstehen, wie die pinke Linie hier in dieser großartigen Stadt verlief, die offenbar durch die Revolutionen des Arabischen Frühlings im Jahr 2011 befreit worden war. Mir war schon früher klar gewesen, dass ich über den muslimischen Nahen Osten schreiben wollte, und ich hatte auch Istanbul und Beirut in die engere Wahl gezogen, mich aber für Kairo entschieden, weil die offene Szene dort so neu und das Mubarak-Regime so repressiv gewesen war. Amira, Maha und ihre Gäste waren die ersten queeren Ägypter:innen, die sich in der Öffentlichkeit zeigten, obwohl es in dem Land schon immer eine heimliche Szene gegeben hatte: in Privatwohnungen und einigen Restaurants für Leute aus der Mittelschicht und in den Hammams, den öffentlichen Bädern, für die Ärmeren. Auch schwuler Sextourismus war schon immer eine der Attraktionen Kairos gewesen in einer Gesellschaft, in der Geschlechtsverkehr zwischen Männern die akzeptablere Alternative zu vor- oder außerehelichen Affären war, vorausgesetzt, dass er im Geheimen stattfand und man der aktive Partner war. Nicht zuletzt aus diesem Grund hatte es in Ägypten schon einmal eine pinke Linie gegeben, während einer ungeheuren Repressionswelle, die auf eine Razzia im Queen Boat, einem schwimmenden Club auf dem Nil, im Jahr 2001 gefolgt war.

Maha und ich setzten uns an den Tisch der Chefin, tranken kalten Hibiskustee und schauten zu, wie Amira, die Arme in die Hüften gestemmt, einem Lieferanten den Marsch blies.

»Sie ist tough!«, lachte ich.

»Deshalb mag ich sie«, sagte Maha, ebenfalls lachend. »Sie *muss* tough sein. Sie ist die einzige Frau im ganzen Stadtzentrum, die ein *ahwa* besitzt. Ich glaube, das macht uns genauso viele Probleme wie unsere schwulen Gäste. Es treibt die anderen Wirte in den Wahnsinn, dass hier eine Frau gewissermaßen auf Augenhöhe mit ihnen arbeitet. Es ist, als würden wir ihnen nicht nur die Gäste, sondern auch die Autorität wegnehmen. Sie ziehen Amira manchmal sogar damit auf, dass sie sexuell frustriert sein müsse, weil all ihre Kunden *khawalat* [das ägyptische Wort für »Schwuchteln«, abgeleitet von dem Wort für traditionelle tranvestitische Tänzer] sind.«

Amira war schon so häufig bedroht und Eigentum der *ahwa* zerstört worden, dass die Frauen oft an eine Schließung dachten. Sie regten sich außerdem zunehmend über einige ihrer Gäste auf, die ihr auffällig exhaltiertes Verhalten offenbar einfach nicht mäßigen konnten. Zu berauscht waren sie davon, sich erstmals in der Öffentlichkeit zu zeigen. Regelmäßig kam es zu handfesten Auseinandersetzungen, weil einer ihrer Gäste andere Männer allzu dreist anmachte.

Als Maha mir von dem bisher schlimmsten Vorfall berichtete, musste ich an einen Satz denken, den ich gerade in *Sex und die Zitatdelle*, einem Buch über das Liebesleben in der arabischen Welt von der britischen Journalistin Shereen El Feki, gelesen hatte: »Das *ahwa* ist ein ausgesprochen männlicher Ort, man könnte schwören, dass sie Testosteron in die Shisha tun.«[1] »Vor ein paar Monaten«, erzählte Maha, »holten zwei unserer männlichen Gäste, sehr feminine Männer, Pizza aus dem Restaurant da drüben. Dann kamen ein paar Schlägertypen aus der Nachbarschaft herüber und sagten: ›Es ist gut für alle, wenn diese Leute nicht mehr hier sitzen. Wenn wir sie noch einmal sehen, schlagen wir sie zusammen.‹ Natürlich haben wir unsere Gäste nicht hinausgeworfen. Später am Abend kam dann tatsächlich eine Gruppe Arbeiter aus dem benachbarten Café.« Sie deutete auf die Stühle, die nur wenige Meter entfernt hinter einer unsichtbaren Linie standen. »Sie schlugen einen der schwulen Männer, der andere rannte weg. Amira saß drinnen in der Falle.«

Inzwischen war Amira zu uns gestoßen und nahm den Faden auf: »Ein Typ ärgerte den [schwulen] Jungen mit einem Laser. Als der Junge ihn bat, aufzuhören, fing er an, ihn zu schlagen, und rief die anderen herbei. Sie kamen mit Stöcken. Sie schlugen alles kaputt, warfen mit zerbrochenen Stühlen und verprügelten meine Angestellten. Als sie aufgehört hatten, nahm ich von drinnen einen Stuhl und ging hinaus. Ich kickte die zerbrochenen Stühle aus dem Weg und stellte meinen Stuhl genau da hin, wo wir jetzt sitzen. Dann bat ich meine Angestellten, mir eine Shisha zu machen.«

Amira hatte den Angreifern in die Augen gesehen und sie herausgefordert. »Und jetzt? Wollt ihr sonst noch etwas tun?«

2

»Amira und ich waren am 25. Januar die ersten Lesben auf dem Platz«, erzählte Maha mit einem ungewöhnlichen Ausbruch von Begeisterung, als wir eines Nachmittags am Tisch der Chefin saßen. Wie Millionen ihrer Generation waren die beiden zufällig zu Revolutionärinnen geworden: Sie hatten ihre öffentliche Stimme, und einander, während der berühmten »18 Tage des Protests« auf dem Tahrir-Platz gefunden.

Maha hatte damals gerade eine Fernbeziehung mit einer ausländischen Frau beendet und war todtraurig. Sie hatte in den sozialen Medien Beiträge gelesen, in denen zu einem »Tag der Revolte« aufgerufen wurde, und war nach der Arbeit ins Stadtzentrum gefahren, um zu schauen, was da lief. Sie rauchte in einem *ahwa* ihre morgendliche Shisha und landete gegen Mittag mit vielen anderen Gästen an einem großen Tisch. Zu der Runde gehörte auch Amira, die sie über Ecken kannte. Inzwischen kursierten die ersten Berichte, dass sich auf dem Platz eine große Menschenmenge zusammenfand. Maha sagte, sie wolle sehen, was da los sei, und Amira, die sie hinreißend fand, begleitete sie.

Tausende waren bereits versammelt, als sie ankamen. Ein Kern leidenschaftlicher Radikaler schwenkte in der Mitte des Platzes Fahnen und stimmte Sprechchöre an. Um sie herum standen viele weitere und warteten, was passieren würde. »Plötzlich landete aus keinem erkennbaren Grund die erste Tränengasgranate direkt vor unseren Füßen«, erinnerte sich Maha. Die beiden Frauen rannten zunächst zurück zu ihren Freund:innen im Café und kehrten, nachdem sie eine Weile überlegt hatten, auf den Platz zurück: »Und das haben wir dann 18 Tage lang jeden Tag getan, bis Mubarak gestürzt wurde.«

Am 1. Februar nahmen sie am »Marsch der Millionen« auf den Präsidentenpalast teil und waren auch drei Tage später mit dabei, als zwei Millionen Menschen am »Freitag des Abgangs« demonstrierten. Sie wohnten nicht in einem Zelt im Park, aber sie beobachteten die Schlacht zwischen Steine werfenden Revolutionär:innen und den Sicherheitskräften vor dem ägyptischen Museum. Sie sahen, wie Blut vergossen wurde, hielten eine offene Hand in die Luft und schrien mit Millionen anderen »Eine Hand!«, um die Einheit des Volkes und der Armee zu beschwören. Die Erfahrung veränderte ihr Leben.

Nach Mubaraks Rücktritt am 11. Februar schlugen einige Frauen aus Amiras und Mahas Freundeskreis vor, das Ereignis zu feiern. Zunächst wollten sie nach Alexandria an den Strand fahren, doch eine solche Reise wäre nicht sicher gewesen. Also mieteten sie für das Wochenende des 19. Februar für zwei Tage eine Wohnung in der Kairoer Innenstadt, und etwa 15 Frauen zogen dort ein. »Es war *fürchterlich*!«, erinnerte sich Maha mit einem kleinen Aufschrei. »Es war verrückt! Es waren die verrücktesten zwei Tage, die die ganze Gruppe je hatte. Was für ein Drama: betrunkene Frauen, Bier, Schnaps, Gras, Drama, Drama, Drama! Wir verließen die Wohnung nicht. Das war mit das Beste, was wir je gemacht haben. Ich wurde betrunkener, als ich je gewesen bin. Ich saß auf einem Stuhl mit all den Flaschen neben mir und trank und trank und trank. Es gab Musik, die Leute tanzten.«

Irgendwann in ihrem Rausch registrierte Maha, dass jemand sie wiederholt zum Tanzen aufforderte: »Wer ist diese Verrückte? Sieht die denn nicht, dass ich nicht aufstehen kann?« Die Verrückte war Amira. Die beiden hatten sich auf dem Platz angefreundet, und Amira machte nun den ersten Schritt. Maha versuchte aufzustehen, aber sie wurde ohnmächtig. Sie erinnerte sich undeutlich, dass Amira ihr in ihr Zimmer half, sie zu Bett brachte und bei ihr blieb. Als sie wieder zu sich kam, war Amira immer noch da und kühlte ihr das Gesicht mit einem nassen Handtuch. Das war der Beginn ihrer Beziehung.

Als ich Amira danach fragte, stieß sie ein freches Lachen aus. »Wir haben es getan!«, rief sie. »Die Ägypter:innen haben es getan, und *wir* haben es auch getan!«

—

Drei Monate später mieteten die beiden eine Wohnung auf der Talaat-Harb-Straße, mitten im Zentrum der Stadt. Sie befand sich in einem Wohnblock aus dem frühen 20. Jahrhundert, ganz ähnlich dem Jakubiyān-Bau, Nummer 34 derselben Straße, der durch den gleichnamigen Roman des ägyptischen Schriftstellers Alaa al-Aswani berühmt geworden ist. Die Wohnung war von einer verblassten Grandeur, mehrere Balkone, hohe Decken und ein großes Wohnzimmer mit Blick auf die Hauptstraße der Stadt. Damals hatte sich gerade der Vorfall mit der Militärpolizei ereignet, und die beiden Frauen und ihre Freund:innen beschlossen, sich eine Weile drinnen zu treffen. Deshalb wurde die Wohnung »unser privates Indoor-Café«, wie Maha es ausdrückte: Der Salon eines Kreises von Frauen (und von ein oder zwei Männern), die sich nun als Banat Wust-al-Balad, als »Downtown-Girls«, bezeichneten.

»Sie nannten uns die ›Downtown-Leute‹, eine Art Beleidigung – als wären wir arrogant«, erinnerte sich Maha. »Selbst andere LGBT-Menschen sahen uns so. Leute, die engstirnig und religiös waren und den Schein wahrten. *Sie hassten uns.* Aber uns gefiel es, wenn wir ›Downtown-Leute‹ genannt wurden. Wir sind weltoffen, wir sind liberal, wir *sind* downtown.«

Amira hatte seit 2008 in einer eigenen Wohnung im Stadtzentrum gewohnt. Ihre Mutter hatte sie mit einer Freundin erwischt, und sie hatte nach einem Streit ihr Elternhaus verlassen. Sie war die Tochter eines wohlhabenden Ladenbesitzers und hatte, seit sie 15 war, im Geschäft ihres Vaters mitgeholfen. Sie war immer finanziell unabhängig gewesen, hatte als Immobilienmaklerin gearbeitet und eine *ahwa* in Heliopolis geführt. »Aber als ich mein Elternhaus verließ und ins Stadtzentrum zog, zeigte ich mich offener. Ich entwickelte mehr Stolz auf mich selbst, weil ich mich in einem sehr engstirnigen Teil Kairos geoutet hatte.«

Obwohl sich Maha die Miete auf der Talaat-Harb-Straße mit Amira teilte, konnte sie nur ein oder zwei Mal im Monat dort übernachten, wenn sie ihren Eltern vormachte, dass sie wegen ihrer Arbeit reisen musste. Sie wohnte in einem Außenbezirk von Kairo bei ihrer Familie, ebenfalls wohlhabenden Kaufleuten. In der Regel machte sie auf der Talaat-Harb-Straße ein paar Stunden Zwischenstation, wenn sie Feierabend hatte, oder sie kam am Freitag und verbrachte einen ganzen Tag mit Amira. Sie kochte gern, und es war eher diese Aktivität als die Übernachtungen, die sie an die neue gemeinsame Wohnung band. Nach sechs Monaten zog Amira in eine größere Wohnung. Dort feierten die beiden im Januar 2012 ihre Hochzeit. 15 Freund:innen sahen zu, wie sie das Gelübde ablegten und Ringe mit dem eingravierten Datum der Hochzeit tauschten, und nahmen an dem anschließenden Fest teil.

In einem guten Monat schaffte es Maha vielleicht, vier Nächte in Amiras Armen zu verbringen. Sie war wegen des Doppellebens frustriert, wusste aber keinen guten Ausweg, es sei denn, sie hätten das geliebte Kairo verlassen. »Ja«, sagte Maha, »wenn wir nicht wie normale Menschen eine normale Beziehung, eine Liebesbeziehung leben können, denken wir tatsächlich daran, das Land zu verlassen.«

—

Sowohl Amira als auch Maha hatten seit etwa 2007, als das Internet in Ägypten leicht zugänglich wurde, die Begriffe »lesbisch« und »schwul« für sich verwendet. Sie hatten mehreren miteinander verknüpften Netzwerken von Frauen angehört, die einander in Chatrooms gefunden hatten, als die digitale Revolution und die Globalisierung eine spezifische Form der Culture Wars nach Ägypten gebracht hatte: den Konflikt zwischen einem Mainstream, der sich scharenweise einem Islamismus saudischen Stils zuwandte und den der Staat nicht mehr unterdrücken konnte, und einer zunehmend unzufriedenen Generation junger Leute, die sich in der Region online miteinander vernetzte und durch das Internet ein westliches Verständnis von persönlicher Freiheit entwickelte.

Maha erlebte die Spaltung in ihrer eigenen Familie. Ihre Eltern waren säkulare, weltoffene Liberale gewesen. Sie hatten ihre Tochter auf eine koedukative katholische Schule geschickt und sie durch ihre Erziehung auf eine berufliche Kariere vorbereitet. Sie hatte unbedingt Geschichte studieren wollen, aber ihr Vater hatte sich durchgesetzt, und sie hatte wie er selbst Buchhalterin werden müssen, damit sie ihren eigenen Lebensunterhalt verdienen konnte.

Ab dem Jahr 2000 jedoch ging ihre Mutter wie Millionen andere ägyptische Frauen in die Moschee und trug einen Hidschab. Ihr weit gereister Vater hatte sich seiner Frau angeschlossen, und Maha stellte überrascht fest, dass sie plötzlich zu einer frommen Familie gehörte. In jenen Jahren war es an der Universität Mode geworden, sich zu verschleiern, und Maha hatte sich dem Trend gebeugt. Im Jahr 2006 kam es zu einem Konflikt mit ihrer Mutter, der sie veränderte: »Wir schauten im Fernsehen eine Talkshow über die Religion des Bahaitums an, und meine Mutter war mit den Diskussionsteilnehmer:innen einverstanden, die den teilnehmenden Bahai beleidigten. Als ich ihr widersprach, sagte sie: ›Du bist keine wahre Gläubige!‹, und ich sagte: ›Wenn du findest, dass ich keine Gläubige bin, weil ich eine eigene Meinung habe, dann hast du recht. Ich glaube nicht mehr an eure Religion.‹«

Maha war sich damals schon über ihre sexuelle Orientierung im Klaren. Ihre Eltern hatte schon früh Satellitenfernsehen angeschafft, und die Familie hatte mit Begeisterung US-amerikanische Filme angeschaut. Maha erzählte mir, dass sie, als sie 14 war, in einem der Filme sah, wie »ein Mädchen ein anderes küsste. Meine Schwestern waren darüber entsetzt. Ich fand es irgendwie gut.« Das muss Mitte der neunziger Jahre gewesen sein. Sie vergrub ihre frühe Reaktion als Teenager in ihrem Gedächtnis, bis sie nach dem Konflikt mit ihrer Mutter im Internet zu surfen begann. Dort informierte sie sich nicht nur über Homosexualität, sondern auch über Freiheit und Demokratie. Schließlich, im Jahr 2008, wurde sie durch eine ernste Krankheit »erweckt«, wie sie sagte. Sie beschloss, sich nicht mehr mit Männern zu treffen. Und sie gab die Worte »Lesben in Ägypten« in die Suchleiste von MSN Chat ein.

Sie war 22, und ihre Welt explodierte: »Es war meine wilde Zeit. Vom Sommer 2008, bis ich 2011 Amira kennenlernte, hatte ich *acht* Freundinnen. *Acht*!« Sie wurde Mitglied einer Gruppe, die sich in Cafés oder Restaurants traf. Die Gepflogenheit, dass Frauen in der Öffentlichkeit Shisha rauchten, war seltsamerweise zur selben Zeit wie der wahhabitische Islam von der Golfregion nach Ägypten gekommen, und »es war nicht ungewöhnlich, diese ganzen Frauengruppen in der Öffentlichkeit zu sehen, also hatte niemand den Verdacht, dass wir Lesben waren. Und es ist kein Problem, wenn Frauen in der Öffentlichkeit miteinander zärtlich sind.«

Nach einer Weile gesellten sich mehrere schwule Männer zu den Frauen. Amira und Maha betonten gern, »wie viel einfacher das Leben war, als wir nur Frauen in der Gruppe hatten. Als es noch keine Männer gab, die Ärger machten, weil sie zu laut waren«, wie Maha es ausdrückte. Doch es war der Mut, der sie an ihren neuen Freunden reizte: »Sie waren sichtbarer«, sagte Maha. »Sie wissen, wie man Raum beansprucht. Frauen wehren sich nicht genug.«

—

Vor der Revolution war das Leben für Maha voller Angst: »Angst vor der Gesellschaft, Angst vor den Eltern, Angst vor allem. Aber nach der Revolution war es eher: ›Na ja, das ist eben, wer ich bin.‹ Freiheit. Ich glaube nicht, dass es nur für die Gays so war. Es war für alle so. ›Ich kann tun, was ich will. Niemand kann mich aufhalten.‹«

Als ich 2013 Kairo besuchte, hatten meine Gesprächspartner:innen jeweils unterschiedliche Erklärungen für die plötzliche Sichtbarkeit queerer Menschen nach der Revolution von 2011. Zaki, ein Intellektueller und Veteran der Gay-Community, sprach von einer neuen Furchtlosigkeit: »Die Leute begriffen, dass sie nur ein Leben haben und es jederzeit vorbei sein kann, also leben sie es lieber jetzt. Sie gehen mehr Risiken ein. Es ist ein Trau-dich-oder-stirb-Spiel.«

Der Student Abdel Rahman beschrieb wunderbar, wie die Leute den öffentlichen Raum einnahmen: »Die Leute fingen an, die Straßen mit ihren Gedanken und Gefühlen zu überschwemmen, statt sie zu Hause zu lassen, wenn sie rausgingen.«

Die Demonstrationen auf dem Tahrir-Platz hatten laut Amira

nicht nur ihre Bindung an Maha gefestigt, sondern sie traf auch mehr queere Menschen als zuvor: »Es waren so viele dort, und wir lernten uns kennen, anfangs war es Augenkontakt, aber man wusste es einfach! Dann haben wir uns einander vorgestellt. Wir wurden gute Freunde in diesen 18 Tagen. Der Kreis wurde immer größer.«

Auf dem Platz lernten die beiden auch eine feministische Aktivistin kennen, die ich hier Nawal nenne. Für sie sei es eine Erleuchtung gewesen, wie viele queere Menschen an den Protesten teilgenommen hätten, sagte Nawal. »Ich sah nicht nur intellektuelle schwule Männer und Aktivistinnen aus der feministischen Bewegung wie ich selbst eine bin, sondern auch Grüppchen von Transfrauen, Sexarbeiter:innen, die ich aus den öffentlichen Toiletten im Ramses-Bahnhof kannte, Schwule, Lesben, Intellektuelle, Nicht-Intellektuelle. Ich konnte es nicht glauben. *Yanni*, ich hätte jede Einzelne von ihnen küssen können.«

Die enorme Vielfalt war auch ein Zeichen: »Ich dachte, wenn all diese Leute auf die Straße gehen, ist das nicht einfach eine normale Demonstration. Wenn all diese Leute den Schneid haben, sich so zu outen, wird definitiv etwa Großes passieren.« Für Nawal »waren die 18 Tage beinahe so etwas wie eine utopische Gemeinschaft. [...] Menschen, die mich normalerweise belästigt hätten, waren freundlich und kooperativ, gaben mir Essen und boten an, mich zu beschützen.«

Aber Sicherheit und Sichtbarkeit schließen sich offenbar aus, und bei Amira und Maha kam die Desillusionierung schnell. Am 8. März 2011, dem Internationalen Frauentag, folgten sie einem Aufruf auf Facebook und besuchten eine Demonstration auf dem Tahrir-Platz: Sie forderten eine Verfassungsänderung, damit auch Frauen für die Präsidentschaft kandidieren konnten. Die wenigen hundert Frauen, die an der Demo teilnahmen, sahen sich einer viel größeren Gegendemonstration wütender Männer gegenüber. Amira und Maha konnten gar nicht fassen, welche Beleidigungen ihnen dieselben Männer an den Kopf warfen, die noch sechs Wochen zuvor mit ihnen demonstriert hatten: »Bleibt zu Hause!«, schrien sie. »Bleibt in der Küche! Glaubt ihr, dass ihr Präsidentin werden könnt? Das wird nicht passieren!« Amira und Maha versuchten, eine Ausländerin zu schützen, die sexuell belästigt wurde. Gemeinsam mit anderen Frauen bildeten sie einen engen Kreis um sie, um die Gegendemonstranten abzuwehren, die sich in einen wütenden, sexuell übergriffigen Mob verwandelt hatten. Maha wurde von einem hohen Randstein heruntergestoßen und verletzte sich schwer am Knie. Als Amira sie von dem Chaos wegzog, sahen sie, wie etwa dreißig Männer auf die Frau losgingen, die neben ihnen gestanden hatte. Zwei Tage später verfolgte sie das Bild immer noch, und es quälte sie, dass sie der Frau nicht hatten helfen können.

»In den 18 Tagen hat uns niemand etwas getan«, sagte Maha. »Die Leute waren respektvoll und hilfsbereit. Jetzt hat uns die Wahrheit eingeholt. Es ist ein langwieriger Prozess. Man wird nicht einfach plötzlich frei. Man muss hart dafür arbeiten. Wir sind nicht mehr auf den Platz gegangen.«

Stattdessen begannen sie, über ihr *ahwa* nachzudenken.

3

Die sichtbare Anwesenheit queerer Menschen auf dem Tahrir-Platz erschien der feministischen Aktivistin Nawal auch deshalb so wichtig, weil noch ein Jahrzehnt zuvor jede sichtbare Manifestation einer queeren Identität durch brutale Repression in den Untergrund getrieben worden war. Nawal erinnerte sich insbesondere an ein Gespräch, das sie mit drei jungen Männern auf dem Platz geführt hatte. »Sie waren sehr nett. Sie lächelten, berührten einander und sagten zu mir: ›Wir sind jung, und wir haben nicht erlebt, was du erlebt hast. Aber wir wissen, dass wir vorsichtig sein müssen, wegen Queen Boat.‹«

»Queen Boat« hing zu Beginn des 21. Jahrhunderts drohend wie ein Begräbnisschiff über der queeren Identität in Ägypten. Der schwimmende Club war bei Expats und schwulen Einheimischen beliebt. Am 11. Mai 2001 stürmte die ägyptische Sittenpolizei zusammen mit dem Ermittlungsdienst für Staatssicherheit, einem der drei nationalen Geheimdienste des Landes, das Lokal. In der Folge wurden insgesamt 52 Verdächtige angeklagt. Ihnen wurde vorgeworfen, Teil eines »homosexuellen Kults« zu sein.[2]

Ägypten hat kein Gesetz gegen homosexuellen Geschlechtsverkehr, aber seit 1951 ein Gesetz gegen *fujur* oder »Ausschweifung«, eine im Koran benannte Sünde. Das Gesetz zielte ursprünglich auf Prostitution, wurde aber durch einen Gerichtsbeschluss von 1975 auch auf homosexuelles Verhalten angewandt, selbst wenn kein Geld den Besitzer wechselte. Indem die Anklage wegen *fujur* um den Vorwurf der Verschwörung erweitert wurde, konnte der »Queen-Boat-Prozess« vor einem Staatssicherheitsgericht stattfinden. Das provozierte in der ägyptischen Presse die Schlagzeile: »Perverse erklären Ägypten den Krieg!«[3]

Hauptangeklagter war ein wohlhabender 32-jähriger Geschäftsmann und politischer Gegner des damaligen Präsidenten Husni Mubarak. Viele glaubten, die Razzia sei vor allem deshalb veranstaltet worden, um mehr Verdächtige einzusammeln, damit die Anklage wegen Verschwörung plausibler erschien. Die Mitangeklagten stammten aus den unterschiedlichsten Schichten und gingen allen möglichen Berufen nach, vom Straßenverkäufer bis zur Fachkraft. Sie wurden drei Wochen lang im Gefängnis gefoltert und misshandelt, bevor man sie vor Gericht stellte. Von ihren Familien angefleht, ihre Gesichter zu verstecken, trugen sie Masken, die sie im Gefängnis aus weißer Gefängniskleidung angefertigt hatten – ein wirkungsvolles Symbol ihrer Scham. Weder für eine Verschwörung noch für homosexuelles Verhalten gab es belastbare Beweise, wenn man von der berühmt-berüchtigten »forensischen« Analuntersuchung der ägyptischen Behörden absieht, die auf einem längst diskreditierten diagnostischen Verfahren basierte, das im 19. Jahrhundert in Frankreich entwickelt worden war. Dennoch wurden 23 Männer schuldig gesprochen und zu Gefängnisstrafen zwischen zwei und zwölf Jahren verurteilt. Die Freigesprochenen wurden in eine andere Art von Gefängnis entlassen: Die meisten der Opfer wurden von ihren Familien gemieden oder verstoßen, ihre Ehefrauen trennten sich von ihnen und verweigerten ihnen den Zugang zu ihren Kindern. Einigen gelang die Flucht ins Exil, andere gingen in den Untergrund.

Die Razzia im Queen Boat war nur der Anfang einer Repressionswelle, die mehrere Jahre dauerte. Der ägyptische Polizeistaat besaß ein hochwirksames Überwachungssystem. Das plötzliche Auftauchen sozialer Medien in Ägypten dürfte die Behörden, vor allem die Sittenpolizei, auf die schwule Subkultur in Kairo und ganz besonders auf die Beliebtheit des schwimmenden Nachtclubs aufmerksam gemacht haben. Mehrere Jahre lang stellte die Sittenpolizei immer neue Fallen. Sie erpresste Informanten aus der schwulen Community, Partys zu veranstalten, wo sie dann Razzien durchführte. Auch verführte die Polizei einsame Menschen in Chatrooms zu Verabredungen, die in der Regel auf dem Tahrir-Platz stattfanden. Dort wurden sie festgenommen und zum Verhör in den 13. Stock des drohend über dem Platz aufragenden Gebäudes der Staatssicherheit gebracht. Anschließend wurden sie angeklagt. Human Rights Watch registrierte zwischen 2001 und 2004 mindestens 47 Anklagen, die auf solchen Onlinefallen beruhten, hielt sie aber nur für »einen Bruchteil aller Fälle«[4].

Scott Long, der die Recherchen von Human Rights Watch leitete, bezeichnete die Onlinefallen als »Ausbeutung der Einsamkeit«.[5] Aus Angst, weiterhin Menschen auf der Straße zu treffen, oder weil dies an den Treffpunkten, die im Zuge der Repressionswelle geschlossen worden waren, nicht mehr möglich war, suchten Männer Trost in der neu verfügbaren Technologie, die ihnen laut Long »eine gefährliche Scheinsicherheit vermittelt. Man glaubt, man sei sicher, weil man geheim halten kann, wer man ist. Aber man ist nicht sicher, weil auch andere das können.«

Ein scharfsichtiger Artikel von Howard Schneider in der *Washington Post* verortete die Queen-Boat-Razzia und ihre Folgen in einem »größeren kulturellen Kampf zwischen religiösen Traditionalisten und den Befürwortern einer säkulareren und toleranteren Gesellschaft«.[6] In den neunziger Jahren hatte der ägyptische Staat einen gewaltsamen islamistischen Aufstand unterdrückt, und nun war er, so Schneider, »mehr denn je gewillt, Bücher zu verbieten, Dissident:innen ins Gefängnis zu werfen und was er als Abweichler:innen betrachtete zu verfolgen, um dem Vorwurf der Fundamentalisten, das Land verwestliche zu sehr, zu entkräften«.

Der Staat nutzte das »Schwulenthema« noch auf eine weitere Art, nämlich um, wie es der queere Aktivist Murad formulierte, den Menschenrechtsaktivist:innen und ihren Unterstützer:innen im Westen zu signalisieren: »›Bis hierher und nicht weiter! Ihr werdet uns nicht vorschreiben, wer warum welche Rechte hat!‹ Und Mubarak sagte unterdessen zu den Ägypter:innen: ›Seht ihr? Das ist es, was die internationale Community will, wenn sie von Demokratie spricht, und das ist es, wovor wir euch schützen: Analverkehr, Ausschweifung, Perversion.‹«

Die Queen-Boat-Razzia war ein früher Fall, in dem eine pinke Linie gezogen wurde zwischen einer westlich orientierten »globalisierten« Weltsicht, in der die Begierden der Homosexuellen als »schwule« Identität und Subkultur bejaht wurden, und einer patriarchalischen muslimischen Gesellschaft, die fest entschlossen war, sich gegen diesen Ansturm und alles, wofür er stand, zu behaupten. Als eine Gruppe US-amerikanischer Abgeordneter 2001 den Queen-Boat-Prozess verurteilte, reagierte das halbamtliche Nachrichtenmagazin *Al-Ahram al-Arabi* mit der Schlagzeile: »Sei ein Perverser, und Uncle Sam ist auf deiner Seite.«[7] Und die staatliche Tageszeitung *Al-Akhbar* sprach von einer »Globalisierung der Perversion«.

Für Scott Long von Human Rights Watch war die Repressionswelle eine »moralische Panik«, eine von mehreren, die das Mubarak-Regime damals entfesselte, um »die Medien von der wachsenden

Krise eines politischen Systems abzulenken, das in Handlungsunfähigkeit versunken und [...] nicht mehr in der Lage war, sich um die zunehmende Armut oder die immer stärkere Unzufriedenheit der Bevölkerung zu kümmern«. Das Regime wollte »Sündenböcke« schaffen und sich als »Verteidiger der religiösen Orthodoxie neu inszenieren«, obwohl es die islamistische Muslimbruderschaft gewaltsam unterdrückte. Scott schrieb in seinem Bericht, dass in Ägypten damals mehr Männer wegen Homosexualität in Haft saßen als in jedem anderen Land der Welt.[8]

—

Bei einer kleinen Cocktailparty wohlhabender schwuler Freiberufler, die im Sommer 2013 in Zamalek, einem Viertel der gehobenen Mittelschicht stattfand, erwähnte ich, dass ich verschiedene Straßencafés in der Innenstadt besucht hatte. Die anderen Gäste taten entsetzt, und natürlich ging es dabei um die Klasse: »Ich ging einmal hin«, sagte ein Juraprofessor, »und interessierte mich für einen gut aussehenden jungen Mann – bis er den Mund aufmachte. *Die Zähne!*« Doch es ging auch um Sichtbarkeit: »Haben diese Kinder die Lehren aus Queen Boat vergessen?«

Zaki, der im postrevolutionären Ägypten zu mir gesagt hatte, es gehe jetzt um »Trau-dich-oder-stirb«, hatte am Abend der Razzia in letzter Minute beschlossen, nicht ins Queen Boat zu gehen. Was mit seiner Generation nach der Razzia und dem auf sie folgenden Prozess passierte, war, wie er sagte, »ein totaler Rückzug in die Heimlichkeit. Wir verschwanden für Jahre.« Er hatte zu einer eng verbundenen Gruppe von neun Männern gehört. Die anderen acht hatten hastig geheiratet und Familien gegründet.

Die Zeit der Repression und Überwachung nach der Razzia im Queen Boat dauerte etwa fünf Jahre und ebbte 2006 allmählich ab. Dennoch war der Bruch zwischen der Queen-Boat-Generation und den Kindern der Revolution, die wie Amira und Maha auf dem

Platz und später in der Kairoer Innenstadt ihre öffentliche Identität entdeckt hatten, immer noch spürbar.

Zaki war offenbar eines der wenigen Bindeglieder zwischen beiden Generationen. Er war einigermaßen wohlhabend und stellte seine Wohnung für Treffen der neuen LGBT-Organisation Bedayaa zur Verfügung. Die jungen Leute aus der Innenstadt kamen in die reiche Vorstadt, saßen mitten in seiner großen Sammlung von Antiquitäten und Kuriositäten und sprachen über Themen wie Sicherheit, Vertrauen und Sichtbarkeit. Als ich selbst eines Nachmittags in jenem Wohnzimmer saß, zeichnete mir Zaki eine große Karte der Schwulentreffpunkte, die es im Laufe der Jahre in Kairo gegeben hatte, angefangen bei der Nile Hilton's Tavern bis zu den neueren Clubs und Restaurants. In den meisten hatten schwule Gäste keinen Zugang mehr, und Zaki glaubte, dass dies bei der Entstehung einer queeren Szene auf den Gehwegen der Hauptstadt eine große Rolle gespielt hatte: »Sie wollen uns nicht drinnen haben, also sitzen wir draußen.«

Dennoch hielten sich Zakis ältere Freunde aus der Mittelschicht von den Cafés auf den Gehwegen fern, wenn sie in die Innenstadt fuhren. Sie zogen teure Restaurants »kontinentalen Stils« vor, in denen schwule Gäste willkommen waren. Zaki nahm dort ein oder zwei Drinks mit seinen älteren Freunden (in den Straßencafés gab es natürlich keinen Alkohol) und machte später in der Nacht ein paar Abstecher zu den Cafés, wo er sich mit seinen jüngeren und offeneren Freund:innen traf.

—

Als ich an jenem Nachmittag mit ihm in seiner Wohnung saß, zeigte er mir, was ein junger Bekannter von ihm an jenem Morgen auf Facebook gepostet hatte: »Ich habe etwas bekannt zu geben«, hieß es dort auf Arabisch. »Ich fühle mich zu Frauen und Männern gleich stark hingezogen. [...] Ich hoffe, dass ihr mich alle akzeptiert, nachdem ihr jetzt wisst, wer ich wirklich bin. Aber wenn ihr mich nicht akzeptiert, könnt ihr mich am Arsch lecken.«

Zaki schickte dem jungen Mann eine persönliche Mitteilung. »Ich bin stolz auf dich«, schrieb er, »wenn du meinen Rat brauchst, melde dich. Es wird nicht einfach.« Die öffentlichen Reaktionen reichten von humorigem Unglauben (»Gib mir was von deinem Hasch, *habibi*!«) bis zu blankem Entsetzen und radikaler Verurteilung. Noch während wir die Kommentare durchscrollten, wurden wir Zeuge, wie der junge Mann das Gesagte zurücknahm: »An alle, die mir geglaubt haben: Ich muss euch sagen, es war ein Spiel. Ich war dazu gezwungen, weil ich gestern beim Pokern verloren habe.«

»Das ist das Zeitalter, in dem wir leben!«, sagte Zaki. »Die digitale Welt gibt den Leuten den Raum, sich vorzustellen, dass sie etwas sind, und dann«, er schnippte mit den Fingern, »wenn du es schreibst oder sagst, wirst du es und lebst es.«

In einer Gesellschaft wie der ägyptischen können dadurch extreme Dissonanzen entstehen. Zaki und ich sprachen über eine Transfrau, die mit drei Facebook-Profilen jonglierte: einem »straight männlichen« für ihre Familie und ihre Schulfreunde, einem »straight weiblichen«, mit dem sie ausprobieren konnte, wie man sich als Frau fühlt, und einem Transgender-Profil, mit dem sie die Kontakte zu der Onlinecommunity von Menschen wie ihr selbst pflegte. Über den letzten Kanal fand sie eine Schwarzmarktquelle für Östrogen und begann, es zu nehmen. Ihr verändertes Äußeres wirkte bei ihrem »straight weiblichen« Profil Wunder, zog aber auf den Straßen der Stadt negative Reaktionen auf sich und verursachte auch mit ihrer Familie Probleme. Einige ältere Mitglieder der Community bewegten sie dazu, ihre Erkundungen als Transfrau auf ihr Zimmer und ihre Webcam zu beschränken.

»Wir sind die Kinder der Revolution«, sagte der Student Abdel Rahman zu mir, als wir in dem *ahwa* saßen, »aber mehr noch sind wir die Kinder des Internets«. Er war insofern typisch für seine Generation, als er seine Identität online (wie so viele durch Schwulenpornos) entdeckt hatte und über Dating-Sites zur Gay-Community gestoßen war: zuerst über Manjam, dann über Hornet und Grindr, Apps, die GPS-basierte Technologien nutzen. Er war bei Treffen mit Onlinekontakten zweimal ausgeraubt worden, hatte aber auch seinen Freund Fadi kennengelernt, weil er durch Grindr erfuhr, dass sie praktisch Nachbarn waren. Er hing so stark an der App, die ihm den Zugang zu seiner Community verschaffte, wie Zakis Generation in einer anderen Ära an der Tavern Bar oder dem Queen Boat gehangen hatte.

Als ich in Kairo war, traf ich noch jemanden, der sich in den sozialen Medien geoutet hatte. Er hieß Ayman Sirdar und war ein hübscher Popsänger, Typ Schönling, mit langen, lockigen Haaren und einer leidenschaftlichen Fan-Gemeinde vorwiegend weiblicher Fans. Ayman hatte sich Ende 2012 auf seiner Fanpage auf Facebook geoutet, »weil das die Revolution ist und wir sein müssen, wer wir sind«, wie er mir berichtete, als wir zusammen in Heliopolis in einem McDonald's saßen. Er habe einige negative Reaktionen bekommen, hauptsächlich von seiner entfernteren Verwandtschaft, aber seine Beliebtheit bei den Fans beeinträchtigte sein neuer Status offenbar nicht.

Mit Zaki und Maha und ein paar weiteren Freund:innen besuchte ich eines von Aymans Konzerten. Direkt vor der Bühne tanzten junge Frauen im Hidschab zu Aymans großem Hit: einer arabischen Boy-Band-Version von »I Am What I Am« mit Textzeilen wie: »Der Regenbogen will, dass deine Augen den Unterschied lieben, damit sie seine Farben sehen können.«

»Wissen die, wovon dieser Song handelt?«, rief ich in der lauten Musik Zaki zu. »Wissen die, dass er schwul ist?«

»Vielleicht halten sie ihn auch nur für einen modernen jungen Mann«, sagte Zaki. »Wie nennt man das in Europa? Metrosexuell.« Und in Bezug auf den Song sagte er: »Er kündigt ihn immer damit an, dass er ihn allen Menschen widmet, die sich anders fühlen. Und weil sich, insbesondere unter jungen Leuten, *jeder* anders fühlt, können sie verstehen, was er meint.«

Doch dass Ayman sich im Internet geoutet hatte, blieb ein Bestandteil seines digitalen Fingerabdrucks, auch nach dem Militärputsch im Juli 2013 und der homophoben Repressionswelle, die dem Putsch im Rahmen breiterer Unterdrückungsmaßnahmen und der Restaurierung der Militärherrschaft in Ägypten folgte. Ayman erhielt Todesdrohungen, weil er 2014 an einem großen Konzert bei den Pyramiden teilgenommen hatte, und ging ins Exil. Als ich ihn 2017 wieder ausfindig machte, hatte er in den Vereinigten Staaten Asyl bekommen, weil ihm wegen seiner sexuellen Orientierung Verfolgung drohte.

Er verdiente sein Geld als Straßenmusiker in der New Yorker U-Bahn.

4

Als im Februar 2013, einige Monate bevor ich nach Kairo kam, das *ahwa* von Amira und Maha zertrümmert wurde, hatte Amira die Polizei gerufen, während sie noch im Café eingeschlossen war. »Aber natürlich ging niemand ans Telefon«, sagte sie. Die Revolution war ein zweischneidiges Schwert: »Wir haben als Gays wirklich mehr Freiheit, aber die Verbrecher haben auch mehr Freiheit.«

Dieser Zustand der Gesetzlosigkeit war ein neues und schockierendes Merkmal des postrevolutionären Ägypten. In dem Chaos, das ausbrach, nachdem die Muslimbruderschaft 2012 durch Wahlen an die Macht gekommen war, löste sich die Polizei praktisch in Luft auf. Unternehmen ohne Lizenz wie das Mädchencafé konnten überall entstehen. Und queere Menschen konnten öffentlichen Raum beanspruchen wie nie zuvor. Aber sie waren, wie alle Ägypter:innen, auch nie dagewesenen persönlichen Risiken ausgesetzt. Kairo war für seine Sicherheit berühmt gewesen, nun jedoch gab es Angriffe und Raubüberfälle auf den Straßen und sogar Wohnungseinbrüche. Und da in den Augen der meisten Leute queere Menschen ohnehin Verbrecher:innen waren, galt deren neue Sichtbarkeit vielen nur als ein weiterer Beweis für den Zusammenbruch der ägyptischen Gesellschaft nach der Revolution.

Auch die Sichtbarkeit selbst war ein zweischneidiges Schwert oder »Himmel und Hölle zugleich«, wie es Amgad, Stammgast im Mädchencafé, formulierte: »Der Himmel ist, [dass du] auf der Straße endlich du selbst und Teil einer Community sein kannst. Die Hölle ist, dass du so belästigt wirst, wie es nie passierte, als du einfach daheimgeblieben bist.«

Amgad experimentierte vorsichtig mit einer Transgender-Identität, und Amira, die mit ihr befreundet war, erzählte mir, dass ihre Freundin »es tatsächlich heute schwieriger findet, als Frau auszugehen. Früher hat es niemand gemerkt, aber heute kennt uns jeder, und wenn die Leute auf dem Weg zum Tahrir-Platz sind, um gegen die Kriminalität zu protestieren, und einen Ladyboy sehen, dann schreien sie: ›*Das* sind die Verbrecher, wir müssen sie von den Straßen vertreiben!‹«

—

Nur wenige Tage nachdem ich Kairo verlassen hatte, nahmen Amira und Maha am 30. Juni 2013 mit etwa zwanzig Millionen weiterer Ägypter:innen an der vermutlich größten Demonstration in der Geschichte des Landes teil. Sie forderten den Rücktritt von Mohammed Mursi, dem Staatspräsidenten und Führer der Muslimbruderschaft. Es gab zwei Hauptvorwürfe gegen ihn: Er hatte eine islamisierte Verfassung durchgesetzt, die ihm fast diktatorische Vollmachten verlieh, und seine Regierung hatte insbesondere in Bezug auf Recht und Ordnung versagt. Zu der Demonstration hatte die zivile Massenbewegung Tamarod (Rebellion) aufgerufen, an der sich Zaki leidenschaftlich beteiligte.

Das Militär unter General Abdel Fattah al-Sisi nutzte die Protestaktionen von Tamarod, um Mursi mit massiver Unterstützung der Bevölkerung abzusetzen. Ein paar Wochen nach diesem Putsch schlug das Militär einen islamistischen Aufstand nieder. Sisi verkündete den Ausnahmezustand und eine Ausgangssperre ab 19 Uhr. In ihrem *ahwa* waren Amira und Maha nicht nur durch die Ausgangssperre, sondern auch durch die Schutzgeldforderungen der Kriminellen des Viertels bedroht, die mit der nun wieder auf der Bildfläche erscheinenden Polizei gemeinsame Sache machten.

Der Todesstoß für das Mädchencafé war ein Vorfall im Oktober 2013, als Amira mit einem Schläger Streit bekam, der einen ihrer Kellner verprügelt hatte. Bei der Auseinandersetzung zerbrach sie das Taschenmesser des Angreifers, eine kleine, aber demütigende Tat: »Es gefiel ihnen nicht, dass eine Frau ihre Waffen zerstörte«, sagte sie. »Sie kündigten an, dass sie mir etwas Schlimmes antun würden. Alle meine Sachen würden sie stehlen. Und dann gingen sie zu meiner Schwester und drohten, ihr Säure ins Gesicht zu schütten.« Der Preis für eine Weiterführung des Cafés war für Amira und Maha zu hoch geworden. Sie schlossen ihren Laden.

Etwa zum dem Zeitpunkt, als sie aufgaben, fand in einem Fitnessstudio in einem Kairoer Arbeiterviertel eine Razzia statt, über die breit berichtet wurde. 14 Männer wurden verhaftet, im Fernsehen an den Pranger gestellt, in der Haft geschlagen und missbraucht und wegen *fujur* verurteilt. So begann zwölf Jahre nach der Queen-Boat-Razzia die zweite Welle intensiver Verfolgung Homosexueller in Ägypten. Bis November 2016 listete eine Quelle mindestens 274 Personen auf, die in 114 Strafsachen und 21 dokumentierten Hassverbrechen Opfer von Polizeimaßnahmen, Verfolgung oder Gewalt geworden waren.[9] Wieder einmal wurden in Ägypten mehr Menschen wegen Homosexualität ins Gefängnis geworfen als sonst irgendwo auf der Welt. »Wir bekamen jede Woche einen Anruf, dass jemand, den wir kannten, verhaftet worden war«, sagte Maha. »Jedes Mal wurde unser Freundeskreis kleiner, entweder wegen einer Verhaftung oder weil jemand das Land verließ.«

Im September 2014 fühlten sich viele an die Ereignisse nach der Queen-Boat-Razzia erinnert, als acht Männer wegen *fujur* verhaftet und verurteilt wurden, nachdem sie auf einem Boot auf dem Nil angeblich eine gleichgeschlechtliche Hochzeit gefeiert hatten. Drei Monate zuvor hatte jemand auf YouTube ein Video von der Feier gepostet. Es ging viral und landete schließlich im Fernsehen. Nicht zuletzt bei der inzwischen verbotenen Muslimbruderschaft verursachten die Aufnahmen einen Aufschrei der Empörung. Einer ihrer Anführer schrieb auf Twitter: »Zum ersten Mal in Ägypten hören wir von einer Homoehe. Die Führer des Putschs begrüßen die Zerstörungsagenda des Westens und den Verfall der Religion, und Ägypten wird in ein Bordell verwandelt.«[10]

Die Staatsmacht sah sich offenbar zu einer Reaktion genötigt. Oder wie ein Beamter des ägyptischen Außenministeriums in einem Artikel des Onlinemagazins *BuzzFeed* zitiert wurde: »Ägypten und der Rest der arabischen Welt beobachten einander sorgfältig in dieser Zeit nach dem Arabischen Frühling. Niemand will des Säkularismus oder westlicher Werte beschuldigt werden. Um diese Dinge geht es nicht in diesem Moment nach dem Arabischen Frühling und nach dem Islamismus. Wir sind noch immer traditionelle Gesellschaften, und die heutige Führung muss dies der Nation beweisen.«[11]

Im Rahmen einer größeren Säuberungswelle nutzte das neue Regime offenbar auch den Tatbestand *fujur* als Waffe. Es erließ außerdem Bestimmungen gegen sämtliche Formen des Protests: gegen Nichtregierungsorganisationen, die staatliche Repressionen dokumentierten und öffentlich machten, sowie gegen jegliche politische Aktivität, die sich gegen den Staat richtete. Die Gefängnisse waren voller angeblicher Oppositioneller: mehrheitlich Islamist:innen, aber auch Menschenrechtsanwält:innen und linke Aktivist:innen. Dazu sagte die Menschenrechtsanwältin Dalia Abdel Hamid: »Die Polizei will [durch die Verhaftung von] LGBT-Personen beweisen, dass sie die Gesellschaft im Griff hat.«[12] Durch Razzien gegen Ausschweifung konnte das Militär laut Hamid leicht demonstrieren, dass es »islamischer war als die Islamist:innen«, die es entmachtet hatte, und skeptische Ägypter:innen auf seine Seite ziehen.[13]

Im Senegal hatte eine Illustrierte 2008 eine »Schwulenhochzeit« öffentlich gemacht, was letztlich zu der Verhaftung von neun HIV-Aktivist:innen führte. In Malawi wurden Tiwonge Chimbalanga und Steven Monjeza nach einer Titelstory über ihre Verlobung verhaftet und zu 14 Jahren Gefängnis verurteilt. Und auch in Ägypten war das brutale Vorgehen gegen *fujur* in der Ära al-Sisi das Ergebnis eines toxischen Zusammenspiels zwischen sensationalistischen Medien und einem repressiven und ängstlichen Staat. Die kommerziellen Medien wollten von den Einstellungen der Bevölkerung zu den immer wichtiger werdenden Themen LGBT und gleichgeschlechtliche Ehe materiell profitieren, da sich ihr Publikum ohnehin im Internet oder im Satellitenfernsehen über diese Dinge informierte. Die Staatsmacht indes wollte mit ihrem Durchgreifen demonstrieren, dass sie die Kontrolle über eine Bevölkerung hatte, die zunehmend die Geschehnisse in anderen Teilen der Welt und alternative Möglichkeiten des Daseins zur Kenntnis nahm.[14]

Und so wurde die pinke Linie in Ägypten, die bei der Queen-Boat-Razzia 13 Jahre zuvor das erste Mal entstanden war, erneut gezogen. Dieses Mal waren die Fronten nicht nur durch die digitale Revolution und die Massenmedien, sondern auch durch den Arabischen Frühling selbst verschärft. Die Tragik dieser Entwicklung bestand darin, dass junge Araber:innen, die sich während der Revolution geoutet hatten und die von ihr und dem inzwischen für sie zugänglichen globalen Marktplatz der Ideen vermittelten Botschaften der persönlichen Autonomie und Unabhängigkeit internalisiert hatten, sich nun im Grenzgebiet der pinken Linie wiederfanden und als Begründung für eine umfassende Repressionswelle instrumentalisiert wurden. Die staatliche Kampagne hatte es insbesondere auf

Transfrauen (oder gendernonkonforme Männer) abgesehen. Die »Ladyboys« waren seit der Revolution so sichtbar wie nie zuvor und wurden das am leichtesten identifizierbare Symbol der »Ausschweifungen« in der Innenstadt, die Sisis Diktatur bekämpfte.

Ab dem Jahr 2014 stellte die Polizei wieder Fallen im Internet, und zwar noch raffinierter als zuvor. Dating-Apps wie Grindr mit ihrer GPS-Technologie erleichterten der Polizei ihre Arbeit enorm. Deshalb deaktivierte die Dating-App im September 2014 ihre GPS-Funktion für Ägypten, schickte eine standardisierte Warnung an alle Benutzer und postete sogar einen Link zu einer Website mit Informationen über Asylmöglichkeiten in einigen Ländern.

Ein ehemaliger Kellner des Mädchencafés wurde im Internet in eine Falle gelockt und zu drei Jahren Gefängnis verurteilt. Dasselbe passierte auch einem freiwilligen Mitarbeiter von Bedayaa, der LGBT-Organisation, zu deren Führung Maha gehörte. Die Leiter:innen der NGO bekamen Angst und stellten die Arbeit ein. Lesben waren noch nicht in das Fadenkreuz des Regimes geraten, aber Amira und Maha fühlten sich zunehmend isoliert und verwundbar. Im Juli 2014 saß Amira in einem *ahwa* in der Kairoer Innenstadt, als ein Cafébesitzer an ihren Tisch geeilt kam und ihr sagte, sie solle das Viertel schnell verlassen. Die Polizei klappere mit einem Foto von ihr die Cafés ab und frage, ob jemand wüsste, wo die Betreiberin des *al-khawalat*, des Schwuchtel-Cafés, zu finden sei.

Amira hatte Angst. Drei Tage später saß sie in einem Flugzeug nach Istanbul.

—

Ein paar Wochen darauf erzählte mir Maha von einer Fernsehsendung, in der es um die Bedrohung ging, die Atheisten angeblich für die ägyptische Gesellschaft darstellten. Ein Reporter hatte die Gäste eines *ahwa* in der Innenstadt interviewt, das allgemein als »das Café der Atheisten« bekannt war, weil sich dort offenbar die

Revolutionär:innen trafen, die sich noch in der Innenstadt aufhielten. Maha schickte mir den Link. Auf einem der Fotos waren sie und Amira (die Kairo damals noch nicht verlassen hatte) deutlich zu erkennen: Amira spielte mit einem männlichen Freund Backgammon und Maha sah Shisha rauchend zu. Maha übersetzte den Kommentar für mich: »Über Atheisten gibt es verschiedene Meinungen. Die meisten bezeichnen sie als pervers, unwissend und verdorben [und] finden, dass sie aus der Gesellschaft verbannt werden sollten.«[15] (Das arabische Wort für pervers ist »shaz«: Es ist von dem Wort »anders« abgeleitet, hat aber inzwischen die ausschließliche Bedeutung »schwul« oder »homosexuell«.)

Mahas Eltern sahen zufällig die Sendung – und gingen an die Decke. Sie hatte mit keinem ihrer Angehörigen je über ihre sexuelle Orientierung oder ihr politisches Engagement gesprochen, wenngleich ihre Familie Amira kannte und mochte. Nun jedoch, nach der Sendung, sprach eine ihrer Schwestern mit ihr: »Sie sagte, sie wisse von meiner Arbeit für LGBT-Rechte. Sie hatte alle Informationen. Sie wusste einfach alles.« Maha war entsetzt, weil der engste Freund ihrer Schwester ein führender Beamter des polizeilichen Geheimdiensts war: »Entweder hatte er meine Schwester über mich informiert, oder sie würde ihn über mich informieren. Beide Möglichkeiten waren furchterregend.« Sie nahm drei Monate unbezahlten Urlaub, kaufte ein Ticket und flog zu Amira in die Türkei.

Die Frauen wohnten bei Freund:innen, die sie aus der LGBT-Bewegung und der feministischen Bewegung der Region kannten. Als Mahas Urlaub zu Ende ging, mussten sie eine Entscheidung treffen. Sie beschloss, nach Kairo zurückzukehren: »Ich wusste, dass sich dort nichts geändert hatte. Vielleicht war sogar alles noch schlimmer geworden, aber ich wollte zu Hause sein. Ich wollte auch wieder arbeiten gehen.« Amira war anderer Ansicht: Obwohl sie weniger weltgewandt war, war sie stets eher bereit gewesen, das Land zu verlassen. Sie wollte in der Türkei bleiben und einen Asylantrag stellen.

Doch sobald Maha wieder in Ägypten war, revidierte Amira ihren

Entschluss und folgte ihrer Frau zurück nach Kairo. Inzwischen war die Szene in der Innenstadt völlig ausgelöscht. Amira fand eine Wohnung in der Nähe der Pyramiden, weit weg vom Haus von Mahas Familie auf der anderen Seite der Stadt. Ihre Treffpunkte in der Innenstadt konnten sie nicht mehr besuchen, und nun wohnten sie auch noch weit voneinander entfernt. Die beiden Frauen hatten schwer zu kämpfen, um sowohl als Paar als auch in ihrer immer weiter schrumpfenden Community einen Platz zu finden. Lesbische Freundinnen heirateten Männer und bekamen Kinder. Eine von Mahas engsten Freundinnen hatte in den Niederlanden Asyl beantragt, eine andere in Deutschland. Amgad hatte sich, vor allem, damit sie nicht zum Wehrdienst eingezogen wurde, einer Geschlechtsumwandlung unterzogen, verließ aber nie das Haus, weil sie Angst hatte, belästigt zu werden. Amiras Schwester, ebenfalls eine Lesbe, war auf einem Boot mit Syrer:innen von der Türkei nach Griechenland geflüchtet. Sie hatte es nach Belgien geschafft und dort Asyl beantragt.

Im Juli 2015 wurde Maha auf eine Konferenz über LGBT-Rechte in die Niederlande eingeladen, die von der holländischen Regierung mitfinanziert wurde. Sie fand zur selben Zeit wie die Amsterdamer Pride-Parade statt. Maha war begeistert. Sie fühlte sich »frei wie nie zuvor und zum ersten Mal auch sicher«. Nach ihrer Rückkehr versank sie in eine tiefe Depression: Sie kündigte ihre Stelle und kaufte im September 2015 erneut ein Flugticket nach Amsterdam. Bei ihrer Ankunft ließ sie sich von einem Anwalt für Asylrecht beraten. Einen Monat bevor ihr Visum für den Schengenraum auslief, kontaktierte sie die Behörden und trug den folgenden auswendig gelernten Satz vor: »Ich möchte Asyl in den Niederlanden beantragen, weil ich befürchte, in Ägypten als Lesbe verfolgt zu werden.«

Amira blieb in dem immer trüber werdenden Kairo zurück und versuchte verzweifelt, ein Visum zu bekommen, um Maha nach Europa zu folgen.

—

»Amira und ich haben einander ein Jahr und vier Monate nicht gesehen«, berichtete Maha, als wir im März 2017 über WhatsApp miteinander sprachen. »Es war eine harte Zeit, aber wir haben eine starke Beziehung. Wir haben versucht, nicht zusammen zu sein, aber wir haben es nicht geschafft. Deshalb sind wir jetzt wieder zusammen. Zusammen, aber getrennt.«

Maha gab mir eine Video-Führung durch ihre neue Wohnung, die ihr die niederländischen Behörden zugeteilt hatten: im sechsten Stock eines Blocks mit Sozialwohnungen aus den siebziger Jahren in einem Immigrantenviertel. Sie hatte eine hübsche Küche, ein kleines Schlafzimmer, ein Wohnzimmer mit zwei Sofas und natürlich einer Shisha. Außerdem besaß sie einen großen Balkon über einem Kanal, »meinem kleinen Nil«. Mahas Leben war wieder erfüllt. Ihre Wohnung erinnerte sie an die herrlichen Tage in der Talaat-Harb-Straße. Sie zeigte mir die Lebensmittel, die sie auf der Arbeitsplatte in der Küche für ein Hühnergericht bereitgelegt hatte, das sie am Abend für ihre Gäste zubereiten wollte. Überall sah ich Berge von Gepäck herumliegen. »Geflüchtete«, sagte Maha. »Andere Ägypter:innen. Es sind so viele hier. Sie wohnen immer noch in den Aufnahmezentren für Geflüchtete. Sie glauben, es sei nicht sicher, ihre Sachen dort zu lassen, deshalb bewahre ich alles hier für sie auf.« Sie hatte mindestens zehn Ägypter:innen getroffen, die in den Zentren untergebracht waren. Einige von ihnen kannte sie vage aus ihrer Heimat.

Nach ihrer Ankunft war sie selbst in einem der Zentren gewesen, hatte es aber wegen der Homophobie der anderen Geflüchteten schnell wieder verlassen und war zu Freund:innen gezogen. Außerdem fühlte sie sich bei ihrer ersten Anhörung zu ihrem Asylantrag mit dem Dolmetscher unwohl, den sie als homophob empfand: »Er benutzte ständig das Wort ›shaz‹ [pervers] für ›gay‹. Also sagte ich, dass ich bei meiner zweiten Anhörung lieber Englisch sprechen würde, und wenn dafür niemand da sei, wolle ich eine Dolmetscher*in* haben.« Bei der zweiten Anhörung bekam sie tatsächlich eine Dolmetscherin, aber eine verschleierte. »Oh mein Gott«, erinnerte sich Maha: »Wie soll ich der sagen, dass ich gay bin? Aber dann war sie so nett, dass ich ein schlechtes Gewissen bekam, weil ich sie verurteilt hatte.«

Maha fühlte sich auch wegen »der immigrantenfeindlichen Stimmung« in den Niederlanden unbehaglich, insbesondere weil der fremdenfeindliche Politiker Geert Wilders Stimmen gewann, indem er, wie Maha es ausdrückte, »die Gay-Community instrumentalisierte, um die muslimischen Immigrant:innen anzugreifen. Es fühlt sich an, als würde er die eine Hälfte von mir gegen die andere ausspielen.«

Obwohl Wilders Partei für die Freiheit bei den Wahlen im März 2017 nicht die erwarteten Zugewinne verzeichnen konnte, prägten die von ihr verursachten Spannungen stark das Leben, das Maha in den Niederlande kennenlernte: Der Konflikt erhielt einige Wochen nach den Wahlen neue Nahrung, als eine Gruppe marokkanischer Teenager in Arnheim ein Händchen haltendes schwules Paar angriff und verletzte. Aus Protest ließen sich viele niederländische Männer, auch führende Politiker, mit Anzug und Krawatte Händchen haltend in der Öffentlichkeit fotografieren.

Die Niederlande sind dafür berühmt, das schwulenfreundlichste Land der Welt zu sein: Gleichgeschlechtliche Partnerschaften werden dort seit 1998 anerkannt, Diskriminierung aufgrund der sexuellen Orientierung ist seit 1994 verboten. Als Maha 2015 ins Land kam, war die Gleichberechtigung von LGBT-Menschen in der holländischen Gesellschaft tief verankert. Zehn Jahre zuvor hatte die Regierung ein umstrittenes Video für Einwanderungswillige herausgebracht, das als Beispiel für die niederländische Kultur zwei küssende Männer und eine badende Frau ohne Bikinioberteil zeigte. Potenzielle Immigrant:innen wurden bei ihrem Einbürgerungstest zu ihrer Einstellung gegenüber Homosexuellen befragt. Einer der Tests, der 2005 als Beispiel online veröffentlicht wurde, enthielt folgende Frage: »Sie sitzen mit einem Kollegen in einem Café. Am

Tisch neben ihnen streicheln und küssen sich zwei Männer. Sie sind irritiert. Wie reagieren Sie?« Die vorgegebenen Antwortmöglichkeiten lauteten:

a. Sie bleiben sitzen und tun so, als würde es Ihnen nichts ausmachen.
b. Sie sagen Ihrem Kollegen mit erhobener Stimme, was Sie von Homosexualität halten.
c. Sie bitten die Männer, irgendwo anders zu sitzen.[16]

Die Annahmen, die dem Test zugrunde lagen, waren vielsagend: Die Möglichkeit, dass jemand nicht irritiert oder genervt sein könnte, wurde überhaupt nicht berücksichtigt.

Maha war anfangs beeindruckt von der Unterstützung, die sie von den niederländischen Behörden erfuhr. Sobald sie als Geflüchtete anerkannt war, besorgten sie eine Wohnung für sie und subventionierten ihre Miete. In dem Integrationsprogramm, das sie besuchen musste, lernte sie andere queere Geflüchtete kennen, die mehrheitlich aus Syrien stammten und zu ihrem Freundeskreis wurden. Als wir 2017 miteinander sprachen, besuchte sie den staatlich organisierten und vorgeschriebenen kostenlosen Holländischunterricht, um sich an der Universität Amsterdam für ein Masterstudium in Gender Studies einschreiben zu können. Sie war gerade erst aus dem Krankenhaus gekommen, wo man sie wegen eines Blinddarmdurchbruchs einer Notoperation unterzogen hatte: Die ganze Behandlung war kostenlos gewesen, und sie war erstaunt über die Qualität der Pflege.

Dennoch sagte sie, ihr erstes Jahr sei »sehr hart« gewesen. »Ich wusste, dass ich in Sicherheit war und all das, aber ich hatte schrecklich Heimweh nach Ägypten. Ich zog von einem Ort zum anderen. Ich wurde müde, und ich dachte ständig: ›Soll ich zurückgehen und es noch einmal versuchen oder soll ich hierbleiben?‹« Dass sie ihre Angehörigen täuschen musste, war eine besondere Herausforderung, und ihr Vater sprach nicht mehr mit ihr: »Ich habe ihnen erzählt, dass ich genug von Ägypten und meinem Job hatte, und sie fragen ständig, wann ich zurückkomme und sie besuche, und ich kann ihnen darauf keine Antwort geben.« Schließlich entschloss sie sich durchzuhalten. Ihr Plan war, für Amira ein Visum als Lebenspartnerin zu beantragen, wenn sie in etwa einem Jahr dazu berechtigt wäre.

—

Ende 2017 schaffte ich es endlich, auch mit Amira zu sprechen. Wir telefonierten in drei aufeinanderfolgenden Nächten jeweils zwischen 2 und 3 Uhr morgens ägyptischer Zeit (und auch südafrikanischer, in der ich telefonierte). Die Logistik war schwierig gewesen. Amira wollte zu einer Zeit telefonieren, die überall sonst auf der Welt als verrückt gegolten hätte, weil wir auf eine Dolmetscherin angewiesen waren, der sie trauen konnte, und weil sie in einem so abgelegenen Viertel Kairos wohnte, dass die Dolmetscherin lange fahren musste, um dort hinzugelangen. »Weit, weit weg von Downtown«, sagte Amira wehmütig.

Wie es ihr gehe, fragte ich.

»Ich lebe noch.«

Ich wollte wissen, ob ihr Leben sich verändert hatte, seit wir uns das letzte Mal gesehen hatten. Sie stieß einen Schrei aus: »Mein Leben findet nur noch drinnen statt.«

Sie berichtete, dass sie nicht mehr in die Innenstadt gehe. »Ich bin dort zu bekannt, und es ist nicht sicher«, und außerdem gebe es ohnehin keine Cafés mehr, wo LGBT-Menschen sitzen könnten: »Ich bin deprimiert, ich bin einsam. Ich warte nur noch, bis ich einen Weg finde, um Ägypten zu verlassen.«

Ihre Freundin Noor, die für uns dolmetschte, informierte mich, dass ein riesiges Lächeln auf Amiras Gesicht erschien, als ich sie nach »guten Erinnerungen« an das Mädchencafé fragte.

»Es war sehr anstrengend«, sagte Amira, »es zu führen war wirklich sehr anstrengend, und am Ende mussten wir es schließen. Die Leute in der Innenstadt nannten uns ›Café Khawalat‹, aber wir haben alles infrage gestellt. Ich tat etwas für die Community. Ich forderte die Gesellschaft heraus, indem ich es tat.«

Die Verbindung war schlecht. Es trat ein langes Schweigen ein, als Noor mit dem Übersetzen fertig war, und dann ertönten ein paar seltsame klickende Geräusche. Wurden wir abgehört? »Hallo«, schrie ich in mein Handy. *»Hallo Noor, bist du noch da?«*

»Wir sind noch da«, sagte Noor in ihrem ruhigen, bedächtigen Englisch. »Amira sagt, sie wird wieder ein Café eröffnen – in Amsterdam. Dann Tee wir trinken und rauchen Shisha. Es wird nicht in Kairo sein, aber es wird wie in Kairo sein.«

—

Am selben Abend, zu einer etwas zivilisierteren Stunde, sprach ich auch mit Zaki. »Vor drei Jahren hatte ich Hoffnung«, sagte er. »Jetzt habe ich begriffen, dass sich die Lage nie ändern wird. Deshalb habe ich beschlossen, ein normales Leben zu führen, ein Leben im Verborgenen. Der Kampf ist vorbei.« Vielleicht, fügte er hinzu, »ist die Hoffnungslosigkeit so groß, weil die Erwartungen so enorm waren. Ich habe keine Erwartungen mehr.« Dennoch plante er im Gegensatz zu Amira nicht, Ägypten zu verlassen. »In Paris sieht man diese wunderschönen Männer, schwul in aller Öffentlichkeit allein im Café sitzend. Hier bin ich wenigstens nie allein.«

In einer der Nächte am Telefon sprach ich auch mit dem Aktivisten Murad. Er versuchte, einen Platz in einem Graduiertenprogramm in den Vereinigten Staaten zu bekommen.

»Offenbar ist alles wieder wie in der Queen-Boat-Ära«, sagte ich, aber er widersprach heftig: Es gebe vielleicht einen Rückzug aus dem politischen Aktivismus oder dem öffentlichen Leben, »aber in der jüngeren Generation gibt es keinen Rückzug von queerer Identität und Aktivität. Im Gegenteil. Das ist eine Folge des Internets und vielleicht der Revolution. Sie haben sich geoutet, und sie können nicht wieder zurück.«

—

Amira bekam Ende 2017 ihr Visum als Lebenspartnerin und zog nach Amsterdam. Sie und Maha versuchten damals schon fast vier der sieben Jahre, die sie ein Paar waren, außerhalb Ägyptens zu leben, und sie hatten einander zwei Jahre nicht gesehen. Ihre Meinungsverschiedenheiten waren unüberbrückbar geworden. Dieser Umstand und die fremde Stadt machten das Leben für Amira unerträglich. Die beiden trennten sich, und Amira kehrte sechs Monate darauf wieder nach Kairo zurück. Als ich jedoch einige Monate später wieder Kontakt zu ihr aufnahm, bedauerte sie zutiefst, Amsterdam verlassen zu haben, und schmiedete schon wieder einen Plan, um aus Ägypten herauszukommen.

Etwa zum selben Zeitpunkt, Mitte 2018, sprach ich auch wieder mit Maha. Aus ihrer milden Kritik am Leben in Amsterdam war Bitterkeit geworden. »Es gibt eine Menge Diskriminierung in diesem Land«, sagte sie. »Von außen sieht es schön aus, aber wenn du dem System ausgeliefert bist, ist es schrecklich. Es lässt dir keinen Raum, um als Geflüchtete voranzukommen. Vielleicht warst du Ärztin dort, wo du herkommst, aber hier arbeitest du im Supermarkt.« Besonders verhasst war ihr, was sie als »Whitewashing« bezeichnete: die Art, wie die Politiker »das Asylrecht benutzen, um zu zeigen, dass die Niederlande ein großartiges, sicheres Land sind, während das System die Leute in Wirklichkeit fertigmacht«. Der Staat griff den Geflüchteten zwar unter die Arme, aber »wir werden nicht einmal als Bürger:innen zweiter Klasse betrachtet«.

Maha war Koordinatorin einer »queeren Geflüchtetengruppe« namens Sehaq. »Das Wort ist im Arabischen ein Schimpfwort für ›Lesbe‹, und wir wollen es uns wieder aneignen.« Als wir miteinander sprachen, organisierte Maha gerade mit anderen einen Gedenkgottesdienst für ein Mitglied der Gruppe, einen libanesischen Mann, der sich das Leben genommen hatte: »Sein Tod ist eine Mahnung, wie wichtig es ist, dass wir einander unterstützen und eine Gemeinschaft bilden in diesem gewalttätigen und repressiven System, das aktiv daran arbeitet, uns auszuschließen und kaputtzumachen«, lautete die Ankündigung auf der Facebook-Seite der Gruppe.[17]

Sehaq veranstaltete regelmäßig Partys im Vrankrijk, einem besetzten Haus mit einem »politischen Café« auf der Spui-Straße mitten in Amsterdam. »Unsere Art zu tanzen, unsere Art beisammen zu sein, ist als solche schon politisch, weil wir einen Raum schaffen, der nicht existiert«, sagte Nisreen, ein anderes Gründungsmitglied der Gruppe, 2019 dem *Guardian*. »Es ist subversiv, zusammenzukommen und Spaß zu haben und nicht nur nach Sozialleistungen zu fragen. Asylsuchende brauchen keine Sozialleistungen, sie brauchen Freiheit.«[18]

Aber Maha fiel es schwer zu definieren, was Freiheit überhaupt noch bedeutete. Natürlich sei es klug, zwei weitere Jahre in den Niederlanden zu bleiben, bis sie holländische Ausweispapiere bekomme, sagte sie, als wir 2018 miteinander sprachen. Aber sie spielte ständig mit dem Gedanken, ein Flugticket nach Kairo zu kaufen: »Ich habe das Gefühl, als sei ich diese drei Jahre im Transit gewesen, als ob ich auf einer langen Reise wäre. Ich denke jeden einzelnen Tag daran, nach Kairo zurückzukehren.«

7
PINKE SÜNDENBÖCKE

Im September 2017 spielte die enorm populäre libanesische Indie-Band Mashrou' Leila auf dem Music Park Festival in Kairo. Der Lead-Sänger Hamed Sinno ist offen »queer«, einer von ganz wenigen solcher Stars in der arabischen Welt, und während des Konzerts schwenkten zwei Fans eine Regenbogenfahne. Es war nicht das erste Mal, dass dies in Kairo passierte: »Eine Regenbogenfahne, öffentlich, in Kairo«, hatte Sinno nach einem Konzert im Jahr zuvor auf Facebook geschrieben. »Ich bin [...] verdammt stolz auf euch. Wer immer ihr wart, euer Mut ist total inspirierend.«[1]

Dieses Mal jedoch, als Bilder von der Regenbogenfahne in den sozialen Medien die Runde machten, kündigte der ägyptische Generalstaatsanwalt eine Untersuchung an. Bis Januar 2018 wurden mindestens 85 Personen verhaftet und mindestens 40 waren inhaftiert worden, darunter die beiden jungen Leute, die die Fahne geschwenkt hatten. Sie wurden wegen Unterstützung einer illegalen Organisation angeklagt.

Sechs Jahre zuvor, im Jahr 2012, waren junge Iraker:innen, die sich dank der Aufbruchstimmung nach dem Arabischen Frühling befreit fühlten, Opfer einer noch viel brutaleren Verfolgung geworden, als der irakische Innenminister die Emo-Subkultur als »satanischen« ausländischen Einfluss bezeichnete.[2] Emo ist eine androgyne globale Jugendkultur, die im Irak nicht nur mit westlicher Dekadenz, sondern auch mit Homosexualität in Verbindung gebracht wurde. Die irakischen Medien traten eine Anti-Emo-Panik los, und Milizen unternahmen Säuberungsaktionen: Die Unterstützungsmission der Vereinten Nationen im Irak (UNAMI) meldete geschätzte 56 bis 90 Tötungen, von denen sie mindestens zwölf direkt verifizieren konnte – »höchstwahrscheinlich motiviert durch die negative Einstellung zu der Modeerscheinung ›Emo‹ oder die vermutete sexuelle Orientierung« der Opfer.[3]

Es gab einen Präzedenzfall für diese Art von Gewalttaten im Irak. Im April 2009, als der US-amerikanische Truppenabzug begann, zog eine Mörderbande mit schwarzen Masken durch Bagdad, pickte sich Männer heraus, die »weibisch« wirkten, schwärzte sie bei ihren Familien als »Perverse« an, entführte sie und tötete sie auf grausige Arten. Der 35-jährige Hamid entging den Mördern. »Sie kamen in mein Haus und sahen meine Mutter«, berichtete er, »und einer von ihnen sagte ›Wo ist deine Schwuchtel von Sohn?‹ Es waren fünf Männer. Ihre Gesichter waren verhüllt. Zum Glück war ich nicht da. Meine Mutter rief mich weinend an, als sie weg waren. Von da an versteckte ich mich zwei Wochen in einem billigen Hotel. Ich kann meiner Familie nicht mehr gegenübertreten, sie würde mich verstoßen. Ich kann nicht nach Hause.« Hamid floh aus Bagdad, und als ihn einige Wochen danach Mitarbeiter:innen von Human Rights Watch befragten, war er immer noch so traumatisiert, dass er kaum sprechen konnte. Sein Partner, mit dem er zehn Jahre zusammen gewesen war, gehörte zu den Opfern. Er war aus dem Haus seiner Familie verschleppt worden. »Sie hatten seine Leiche auf den Müll geworfen. Seine Genitalien waren abgeschnitten, und ein Stück seiner Kehle war herausgerissen.«[4]

Ein Mitarbeiter der UNAMI schätzte, dass in den chaotischen Monaten des US-amerikanischen Rückzugs Anfang 2009 Hunderte von Männern auf diese Weise getötet worden waren. Einer der Täter sagte einem Journalisten der Zeitung *The National* aus Abu Dhabi, er bekämpfe »eine ernste Krankheit in der Gemeinschaft, die sich schnell in der Jugend ausgebreitet hat und von außen durch die US-amerikanischen Soldaten eingeschleppt worden ist«.

Die Todesschwadronen waren mit der Mahdi-Armee des radikalen Geistlichen Muqtada al-Sadr verbündet. Gegenüber Human Rights Watch äußerten mehrere Personen die Vermutung, dass die schiitischen Milizen versuchten, nach der US-amerikanischen Besatzung nun an die Macht zu gelangen, indem sie sich durch »soziale Säuberungen« hervortaten und »sich dadurch beliebt machen wollten, dass sie Menschen angriffen, die im Irak kaum jemand verteidigen würde«.[5]

Wie auch immer die orthodoxe Auslegung des Koran in Bezug auf homosexuelle Handlungen aussehen mag (darüber herrscht keine Einigkeit): Es gibt kaum Hinweise, dass sie in präkolonialer Zeit mit der Todesstrafe belegt waren, da das Privatleben der Menschen die Wächter der religiösen Gesetze nur wenig kümmerte. Mit dem Aufstieg des politischen Islam im späten 20. und frühen 21. Jahrhundert jedoch, just zu dem Zeitpunkt, als queere Menschen vorsichtig einen Teil des öffentlichen Raums für sich beanspruchten, wurden die Angriffe auf die Homosexualität überall in der muslimischen Welt – vom Senegal bis Tschetschenien, von Ägypten bis Indonesien – in ein größeres politisches Projekt integriert. Nun konnte man mit seinen Tiraden gegen queere Menschen fordern, dass man sich abschotten müsse gegen »den verheerenden moralischen Verfall, der aus dem Westen kommt und den Rest des Planeten erfasst hat«, wie es das geistliche Oberhaupt Irans, Ayatollah Ali Chamenei, 2016 in einer Rede über Homosexualität formulierte.[6]

Im Jahr 2018 stand, unter Berufung auf die Scharia, auf Homosexualität in insgesamt sechs Ländern die Todesstrafe; dasselbe galt für die muslimischen Bundesstaaten Nigerias. In anderen Ländern war die Strafbarkeit Teil eines Verbots von Sex außerhalb der Ehe. Nur in wenigen Staaten wurde die Todesstrafe auch tatsächlich vollstreckt. Doch es gab eine Organisation, die sie eifrig und sogar demonstrativ vollstreckte: den Islamischen Staat. Seit 2012 stärkte das selbst erklärte Kalifat sein globales Onlineprofil, indem es Videomaterial über die Tötung angeblicher Homosexueller verbreitete, oft wurden sie von hohen Gebäuden gestoßen. Bis 2018 hatte Human Rights Watch Beweismaterial gesammelt, das die Hinrichtung von mehr als vierzig Männern zu belegen schien.[7]

Im Juli 2017, als in Bagdad der Schauspieler Karar Nushi ermordet wurde (angeblich für das Verbrechen, lange Haare zu tragen), schrieb der britisch-irakische Filmemacher und Autor Amrou al-Kadhi in der britischen Zeitung *The Independent*, es sei »kein Zufall«, dass »die Gewalt gegen LGBTI+-Menschen im Irak seit der Invasion des Westens im Jahr 2003 dramatisch zugenommen« habe. Homosexualität »bekam das Image eines Westexports«, und »die Verachtung für den Westen ist groß im Irak – was wäre nach der Zerstörung einer Zivilisation ohne *wirklichen* Grund auch anders zu erwarten?«[8]

Gleichgültig, ob die Tötungen nach dem Gesetz oder außergerichtlich erfolgten, sie waren allesamt Morde an der pinken Linie: Sie sollten eine moralische Panik in Bezug auf Homosexuelle lostreten, die als eine dämonische ausländische Bedrohung der »reinen« islamischen Gesellschaft angesehen wurden.

—

Das Konzept der »moralischen Panik« wurde 1972 von dem in Johannesburg geborenen Soziologen Stanley Cohen in seinem Klassiker *Folk Devils and Moral Panics* entwickelt, um Situationen zu beschreiben, in denen »ein Zustand, ein Vorfall, eine Person oder eine Personengruppe als Bedrohung für die Werte und Interessen einer Gesellschaft definiert wird«.[9] In ihrem vorausschauenden Essay »Thinking Sex« aus dem Jahr 1984 beschrieb die US-amerikanische Feministin Gayle Rubin, warum eine moralische Panik oft etwas mit Sex zu tun hat: »Die Medien glühen vor Empörung, die Öffentlichkeit verhält sich wie ein tollwütiger Mob, die Polizei wird aktiviert, und der Staat erlässt neue Gesetze und Vorschriften. Wenn die Wut verflogen ist, hat man irgendeine unschuldige erotische

Gruppe dezimiert, und der Staat hat seine Macht auf neue Bereiche erotischen Verhaltens ausgedehnt.«[10]

Rubin schrieb über die Vereinigten Staaten des 20. Jahrhunderts, doch ihre Worte lassen sich ebenso auf Teile Afrikas, des Nahen Ostens und auf Russland im 21. Jahrhundert oder auf eine der ersten dokumentierten homophoben Paniken beziehen: die Zerstörung der *molly houses* (Schwulentreffs) im London des 18. Jahrhunderts. Analverkehr war damals in Großbritannien ein Kapitalverbrechen, doch das Gesetz, das ihn unter Strafe stellte, wurde nur sehr selten angewendet, bis die Society for the Reformation of Manners einen Kreuzzug gegen die sogenannten *mollies* als Aufhänger für ihre Kampagne zur Säuberung Londons nutzte. *Mollies* nannte man weibische Männer (oder nach heutiger Definition Transfrauen), und *molly houses* waren Kneipen oder Bordelle, die relativ ungehindert betrieben wurden und der breiten Bevölkerung unbekannt waren. Als jedoch die geheimen Ermittlungen der Society 1699 zu einer Polizeirazzia führten, wurden die *mollies* zu einem von der Presse aufgebauschten öffentlichen Skandal mit Dutzenden von Verhaftungen, Prozessen und sogar Hinrichtungen wegen des Kapitalverbrechens Analverkehr. Ähnlich wie bei den moralischen Paniken des 21. Jahrhunderts wurden damals die Kampagnen von der Kanzel aus geführt und oft ausländische Einflüsse für das Übel verantwortlich gemacht: Ein gewisser Pfarrer Bray predigte 1708 in der Londoner Kirche St Mary-le-Bow gegen »eine böse Macht, die in unser Land eindringt« – aus Kontinentaleuropa natürlich.[11]

Noch in einer weiteren Hinsicht ließ diese frühe moralische Panik erahnen, was sich später im Senegal und in Ägypten, in Russland, Uganda und Indonesien ereignen würde: Sie wurde durch den Sturm einer Revolution der Informationstechnologie verbreitet. Was die sozialen Medien für das 21. Jahrhundert sind, waren die Printmedien für das frühe 18. Oder wie es der US-amerikanische Historiker Rictor Norton formuliert: »Die enorme Publicity, die im frühen 18. Jahrhundert in England, Frankreich und den Niederlanden in Form von Gedichten, Einblattdrucken oder Pamphleten auf die Prozesse gegen Homosexuelle folgte, wurde durch Fortschritte in der Technologie des Billigdrucks und eine wachsende öffentliche Gier nach ›Nachrichten‹ ermöglicht.«[12]

Auch Nortons Analyse der Folgen dieser plötzlichen Publizität passt gut auf das 21. Jahrhundert. Die moralische Panik um die *mollies* »outete« diese nicht nur für moderne Historiker:innen und Zeitgenoss:innen, sondern machte sie auch füreinander sichtbar: Die Society for the Reformation of Manners »kurbelte selbst das Wachstum der schwulen Subkultur an«, die »sich durch den Druck dieses reformerischen Umfelds formierte«.[13]

—

Anfang 2016 machte *Republika*, eine konservative, islamistische Zeitung in Indonesien, mit folgender Schlagzeile auf: »LGBT: eine ernste Bedrohung«.[14] Etwa zur selben Zeit reagierte der Minister für Forschung, Technologie und höhere Bildung auf die Broschüre eines »LGBT-Unterstützungsnetzwerks« an der Universität Indonesia mit der Forderung, LGBT-Organisationen von den Universitäten zu verbannen.[15] Angeheizt durch eine sensationslüsterne Boulevardpresse brach in den folgenden Monaten eine landesweite moralische Panik aus, als Politiker:innen, Geistliche und Regierungsstellen gegen LGBT-Rechte Stimmung machten. In den Jahren 2016 und 2017 fanden Razzien in Saunen, Nachtclubs, Hotelzimmern, Friseursalons und Privatwohnungen statt, bei denen mindestens 300 Personen verhaftet wurden. Mit Ausnahme der bei Urlauber:innen beliebten Insel Bali und einigen Bars in Jakarta wurde das öffentliche queere Leben im gesamten Land zum Erliegen gebracht.

»Wenn Amerika niest, bekommt die Welt einen Schnupfen.« Mit diesen Worten erklärte mir Dede Oetomo, der Gründer der indonesischen LGBT-Bewegung, warum die Panik in Indonesien, ein paar Monate nachdem der US-amerikanische Supreme Court die gleichgeschlechtliche Ehe legalisiert hatte, ausgebrochen war. In einem Land, das für seinen Säkularismus und seine Toleranz bekannt war, versuchten Islamisten politische Macht zu gewinnen, indem sie die Nachricht aus den USA für ihre Zwecke nutzten. Sie profitierten davon, dass in Indonesien, teilweise dank den Beihilfen zur Aids-Bekämpfung, zahlreiche LGBT-Organisationen entstanden waren. Sobald der neue pinke Sündenbock gefunden war, sahen sich selbst Mitglieder der liberalen technokratischen Regierung unter Staatspräsident Joko Widodo gezwungen, sich der moralischen Panik anzuschließen, insbesondere da 2019 Wahlen anstanden, die konservative Muslime im Bündnis mit Jokos Herausforderer, einem ehemaligen General, zu gewinnen hofften.

»Sie müssen religiös aussehen und sich auch so anhören, wenn Sie hier in der Mainstream-Politik überleben wollen«, sagte Oetomo zu mir. Letztlich gewann der säkulare Widodo mit großem Vorsprung, doch dies war in erheblichem Ausmaß dem Umstand zu verdanken, dass er den konservativen Geistlichen Ma'ruf Amin für die Vizepräsidentschaft nominiert hatte. Amin hatte als Vorsitzender des Indonesischen Rats der Islamgelehrten (Majelis Ulama Indonesia) eifrig Fatwas gegen LGBT-Menschen unterstützt.[16]

In Ländern, die für sexualisierte moralische Paniken anfällig sind, wissen queere Einwohner:innen, dass sie in Wahlkampfzeiten besonders unauffällig und vorsichtig sein müssen. So beschloss die MSM-Organisation AIDES-Sénégal in der Zeit vor der Präsidentschaftswahl im Senegal 2019, überhaupt nicht mehr öffentlich in Erscheinung zu treten, obwohl Öffentlichkeitsarbeit für sie eine zentrale Rolle spielte. Und während der moralischen Panik im Zusammenhang mit der Wahl in Indonesien im selben Jahr bat der Arzt Sandeep Namwali, der eine Organisation für medizinische Dienstleistungen für *waria* in Yogyakarta gegründet hatte, die Polizei um besonderen Schutz für diese Minderheit.

Er war erstaunt über die Reaktion: Der befehlshabende Offizier war gerne bereit, diese »Minderheit« zu schützen, die seine Leute sehr gut kannten, sofern diese Gemeinschaft nicht Teil der neuen »LGBT-Bedrohung« war. »Ich war verblüfft: Er und seine Leute hatten überhaupt keine Ahnung, was LGBT bedeutete«, so Namwali. »Sie wussten nur, dass es gefährlich war, eine Bedrohung für die Gesellschaft.« Seit den antikommunistischen Säuberungen der Diktatur im späten 20. Jahrhundert war der »unsichtbare innere Feind« ein Thema der indonesischen Politik, und »LGBT war nur seine neueste Manifestation«.

In einem Text über Angriffe auf angebliche Homosexuelle, die zwei Jahrzehnte zuvor in Indonesien stattgefunden hatten, prägte der US-amerikanische Anthropologe Tom Boellstorff den Begriff der »politischen Homophobie«. Damit wollte er beschreiben, »wie männlich-männliches Begehren zu einer Bedrohung für die normative Männlichkeit und damit für die Nation selbst werden kann«.[17] Damals outeten sich erstmals vorsichtig schwule Männer. Boellstorff zeigte, wie die indonesische Staatsmacht mit einem massiven Angriff auf sie die breite Opposition einschüchterte. Genau so setzten auch Wladimir Putin in Russland, Yoweri Museveni in Uganda und Bingu wa Mutharika in Malawi die politische Homophobie zu Beginn des 21. Jahrhunderts ein.

Einen begrenzteren, aber wirkungsvolleren Einsatz politischer Homophobie konnte man 1998 in Malaysia beobachten. Premierminister Mahathir bin Mohamad schaltete seinen damaligen Stellvertreter Anwar Ibrahim aus, indem er ihn der Homosexualität beschuldigte und ihn ins Gefängnis warf. Oder man denke an die Queen-Boat-Razzia in Kairo im Jahr 2001, als Husni Mubarak den Vorwurf der »Ausschweifung« nutzte, um einen Widersacher hinter Gitter zu bringen. Und mit demselben Vorwurf versuchten regimetreue russische Medien Ende 2013 den Ruf des ukrainischen Boxweltmeisters Vitali Klitschko zu zerstören, der sich der Politik zugewandt hatte.[18]

In all diesen Fällen hatte der Vorwurf der Homosexualität eine zweifache Wirkung. Homosexualität war in den genannten Ländern entweder illegal oder galt zumindest als unmoralisch, und daher konnte man den Vorwurf erstens nutzen, um seine Feind:innen anzuschwärzen und seine Unterstützer:innen um sich zu scharen. Und zweitens war er ein effektives Mittel, um die liberale, globalisierte Massenkultur aus dem Westen als Bedrohung der nationalen Souveränität darzustellen. In Malaysia warf Mahathir Mohamad seinen Widersacher Anwar zuerst ins Gefängnis und attackierte dann »Hedonismus« und »Unzucht« als europäische Verletzung »asiatischer Werte«.[19]

In Nigeria und Uganda wurde diese Art der Instrumentalisierung von Homosexualität von ehrgeizigen Politiker:innen betrieben, die auch fanatische Christen waren: David Mark und David Bahati. Angesichts des großen Interesses sensationsgieriger Medien am Thema Homosexualität, konnten sie durch das aggressive Schüren politischer Homophobie ihre religiöse Glaubwürdigkeit stärken und ihre Karrieren fördern. Sie vergrößerten ihre Anhänger:innenschaft, indem sie gegen eine unbeliebte und gefürchtete Community sowie die imaginierte Gefahr der gleichgeschlechtlichen Ehe mobilisierten. Als Populisten behaupteten sie außerdem, eine nationale Identität – ja, eine *afrikanische* Identität – gegen einen neokolonialen Angriff zu verteidigen.

Gewiss gab es Beispiele für westliche Überheblichkeit bei dem Thema oder für die Vermengung von Menschenrechtsfragen mit eher imperialistischen Interessen. Aber in der Regel handelte es sich um vorgeschobene Beschuldigungen, die abstraktere Ängste vor einem Kontrollverlust über die eigenen Untertanen und Territorien im Zeitalter der Globalisierung überdecken sollten. Die Aids-Epidemie und die globale Finanzkrise von 2008 hatten die Abhängigkeit vieler afrikanischer Staaten vom Westen noch vergrößert. Diese Situation stärkte den Willen, den »Neokolonialismus« der Entwicklungshilfe zu bekämpfen. Bei vielen afrikanischen Politiker:innen, aber nicht nur bei ihnen, wuchs das Unbehagen ob dieser Abhängigkeit, und sie suchten nach etwas Eigenem, auf das sie mit Stolz verweisen konnten: Sie mochten arm sein, aber sie hatten wenigstens Werte! Bei den globalen Indikatoren des Wohlergehens konnten sie wenigstens einen ersten Platz beanspruchen: bei der Moralität. Gibt es einen besseren Weg, sich die Unterstützung der Massen zu sichern, als im Namen des Kampfes gegen westliche Dekadenz eine unbeliebte Minderheit zum Sündenbock zu machen?

—

Homosexuelle sind schon lange ein praktischer Sündenbock für soziale Missstände, eine einfache Möglichkeit, den Ruf eines Widersachers zu schädigen, oder eine Gruppe, die man verteufeln kann, um die eigene Rechtschaffenheit zu betonen. Heinrich Himmler machte die Homosexualität (und die Abtreibung) für die niedrige Geburtenrate »arischer Deutscher« verantwortlich – einer der Grundpfeiler der programmatischen Homophobie in Nazideutschland. Wladimir Putin bediente sich dieser Argumentation, als er im Dezember 2013 in einer Rede die Normalisierung der Homosexualität dafür verantwortlich machte, dass die Länder des Westens die »Fähigkeit verloren hätten, sich selbst zu reproduzieren«.[20] Im Westen praktiziere man »eine Politik, die große Familien mit gleichgeschlechtlichen Partnerschaften gleichsetzt«, sagte Putin. Das sei, als setze man »den Glauben an Gott mit dem Glauben an den Satan gleich«. Die demografische Krise Russlands hat freilich kaum etwas mit gleichgeschlechtlichen Paaren und Familien zu tun, doch die politische Homophobie wurde zu einer mächtigen Waffe in Putins pronatalistischem Arsenal. Für seine Kampagne belebte er sogar die Tradition aus den Tagen der Sowjetunion wieder, Orden und Geldpreise an kinderreiche Familien zu verleihen.

Wie in den afrikanischen Ländern waren auch in Russland die aggressivsten Verfechter:innen des Gesetzes gegen »homosexuelle Propaganda« ehrgeizige Regionalpolitiker:innen, die das Thema nutzten, um ihre Anhänger:innenschaft mit Hilfe der Kirche zu vergrößern und durch die Medien ein landesweites Profil zu gewinnen. So kam es, dass zwischen 2006 und 2012 in acht russischen Regionen solche Gesetze verabschiedet wurden. Als Putin auf populistische Methoden angewiesen war, um seine Macht zu erhalten, entdeckte er das Thema für sich und sprang auf den Zug auf.

Putin orientierte sich im Wahlkampf 2011/12 zunehmend nach rechts, nachdem Hunderttausende gegen seine Rückkehr ins Präsidentenamt demonstriert hatten. LGBT-Gruppen mit Regenbogenfahnen waren deutlich sichtbar auf den Demonstrationen vertreten gewesen. Um potenzielle Verluste bei der urbanen Mittelschicht auszugleichen, wandte sich Putin stärker dem Nationalismus, »traditionellen Werten« und der Patronage der orthodoxen Kirche zu. Einer der ersten Anlässe, bei denen diese politische Neuorientierung sichtbar wurde, war die Verfolgung von Pussy Riot wegen Blasphemie. Die feministische Punk-Band hatte mit einem Auftritt in der Moskauer Christ-Erlöser-Kathedrale für den Feminismus und LGBT-Rechte demonstriert. Kurz nach Putins Sieg bei der Präsidentschaftswahl im März 2012 verkündete seine Partei Einiges Russland dann, dass sie für das ganze Land ein föderales Gesetz gegen »homosexuelle Propaganda« vorlegen werde.

Eine moralische Panik gegen queere Menschen zu schüren, die damals in Russland mehr und mehr sichtbar wurden, verschaffte Putin gleich drei Vorteile. Er konnte gegenüber dem staatsbürgerlichen Aktivismus und dem liberalen Individualismus in den Großstädten Stärke zeigen. Er gewann mit dem populistischen Einsatz für familiäre Werte Teile der russischen Wählerschaft und verbesserte seine Beziehungen zur Kirche. Und er konnte dadurch auch mit größtmöglicher Schärfe das imperiale Russland, das er zu etablieren wünschte, gegen die Dekadenz des Westens abgrenzen.

Die sowjetische Propaganda hatte den Nutzen »innerer Feinde« schon lange zu schätzen gewusst: die Vorteile, die es hatte, wenn man in der Bevölkerung die Furcht vor Nachbar:innen, Kolleg:innen oder gar Verwandten schürte, deren schädlicher konterrevolutionärer Einfluss unsichtbar war und der, natürlich durch staatliche Gewalt und Überwachung, aus der Gesellschaft eliminiert werden musste. »Die Homosexuellen« waren für diese Rolle besonders geeignet, gerade weil sie ein »innerer Feind« waren, der seine korrumpierenden Ideen »von außen« bezog.

Ironischerweise gibt es einen US-amerikanischen Präzedenzfall für dieses Manöver der Culture Wars: Senator Joseph McCarthys Behauptung aus dem Jahr 1950, viele der »Roten unter den Betten«, die er ausmerzen wollte, seien homosexuell, weil ja »praktisch jeder aktive Kommunist geistig oder körperlich irgendwie verdreht ist«.[21] McCarthy entfesselte damit die heute sogenannte »Lavender Scare«, in der Homosexualität mit Hochverrat assoziiert wurde und von den vierziger bis zu den siebziger Jahren Tausende US-amerikanischer Bundesangestellter zum Rücktritt gezwungen oder entlassen wurden. »Die amerikanische Hysterie wegen der angeblichen Bedrohung durch Homosexuelle im Kalten Krieg war beispiellos«, schreibt der US-amerikanische Historiker David K. Johnson. »In einer Zeit, als sich die Amerikaner:innen durch einen äußeren Feind bedroht fühlten, der scheinbar immer stärker wurde und ihre militärischen Geheimnisse stahl, ging bei der Suche nach inneren Feinden jedes vernünftige Maß verloren, und die Homosexuellen erwiesen sich als leichtes Ziel.«[22] Die Vorstellung, queere Menschen seien erpressbar und deshalb unzuverlässig, war mitverantwortlich für das primitive Unbehagen bezüglich dieser Gruppe, das selbst nach dem Kalten Krieg noch US-Regierungen prägte, von der Regierung Clinton mit ihrem Don't-Ask-Don't-Tell-Kompromiss von 1993 bis zu Donald Trumps Versuch im Jahr 2016, Transmenschen den Zugang zum Militär zu verwehren.

Queere Menschen als »innere Feinde« zu brandmarken, die ihre Ideen »von außen« beziehen, ermöglichte der russischen Führung, eine ausgeklügelte Strategie zu verfolgen. Im Inland konnte sich die Staatsmacht als Verteidigerin der »familiären Werte« gerieren und weitere Unterdrückungsmaßnahmen gegen die Zivilgesellschaft rechtfertigen: LGBT-Initiativen gehörten zu den ersten Opfern des 2012 erlassenen Gesetzes gegen »ausländische Agenten«, das die Aktivität von Organisationen einschränkte, die mit finanzieller Hilfe aus dem Ausland »politisch tätig« waren.

Gleichzeitig konnte Putin Homophobie als Instrument der Außenpolitik einsetzen. Sie wurde zu einem Schlüsselelement dessen, was der britische Historiker und Journalist Owen Matthews als »konservative Komintern« bezeichnet hat: einer russischen Außenpolitik, bei der »traditionelle Werte« im Mittelpunkt standen.[23] Putins Diplomaten verwendeten den Begriff als eine Art Kitt, um die Länder der ehemaligen Sowjetunion in einer neuen eurasischen Einflusssphäre Russlands wieder gegen den Westen zu vereinen. Auch härtere Mittel wie die Drohung mit Handelsbeschränkungen, die Einstellung von Energielieferungen und natürlich, wie in der Ukraine, auch die militärische Invasion kamen zum Einsatz. Aber die »soften« Propaganda-Instrumente spielten eine wichtige Rolle: Russlands staatlich gelenkte Medien, die das gesamte ehemalige Sowjetreich mit seinen großen russischsprachigen Minderheiten erreichten, und die russisch-orthodoxe Kirche, die im westlichen Teil der ehemaligen Sowjetunion große politische Macht besaß.

In den baltischen Staaten führte das zu einer Spannung: zwischen den proeuropäischen Rechtssystemen der Länder und den Fernsehsendungen, die die russischsprachigen Zuschauer jeden Abend einschalteten. Estland entwickelte sich zu einem toleranten Land nach skandinavischem Vorbild, doch in Lettland und Litauen waren homophobe Einstellungen so verbreitet wie nirgends sonst in der gesamten Europäischen Union. Laut einer Eurobarometer-Umfrage der Europäischen Kommission zum Thema Diskriminierung aus dem Jahr 2015 war die Hälfte der litauischen Bevölkerung der Ansicht, Homosexuelle sollten nicht dieselben Rechte haben wie Heterosexuelle, und mehr als drei Vierteln wäre es unbehaglich gewesen, wenn ihr Kind eine gleichgeschlechtliche Beziehung gehabt hätte. Nur ein Viertel der Litauer:innen und nur ein knappes Fünftel der Lett:innen sprachen sich für die gleichgeschlechtliche Ehe aus.

In Litauen war 2009 ein Gesetz verabschiedet worden, das selbst die Thematisierung von Homosexualität an Schulen verbot. Nun wurden dort umfassendere, am russischen Modell orientierte Gesetze gegen »homosexuelle Propaganda« geplant. Dasselbe geschah in fünf weiteren Ländern der ehemaligen Sowjetunion, von Europa bis zu zur asiatischen Steppe. Keine dieser Initiativen hatte Erfolg, doch die Debatten, die sie auslösten, führten zu einer deutlichen Verschlechterung der Stimmung gegenüber Homosexuellen in der Region, weil sie die »Gefahren« der Homosexualität zum Gegenstand öffentlicher Diskussionen machten. Im Jahr 2017 wurden in Aserbaidschan mindestens 83 Männer festgenommen, mit Elektroschocks gefoltert und im Namen der öffentlichen Gesundheit und Sicherheit gezwungen, weitere Homosexuelle zu nennen. Im selben Jahr veröffentlichte der Generalstaatsanwalt Tadschikistans ein »Register« mit 376 angeblichen Homosexuellen, »wegen ihrer Verwundbarkeit in der Gesellschaft und zu ihrer eigenen Sicherheit und um die Verbreitung sexuell übertragbarer Krankheiten zu verhindern«.[24]

In der russischen Autonomen Republik Tschetschenien fand ab Dezember 2016 ein Pogrom gegen homosexuelle Männer statt. Dabei wurden mehr als hundert Männer festgenommen und gefoltert. Mindestens drei wurden getötet. Masha Gessen schrieb dazu im *New Yorker,* Tschetschenien sei »eine extremere Version Russlands: ein Mafiastaat, der religiöse Rhetorik einsetzt, um die Kontrolle über seine Bürger zu festigen«, wobei »eine primitive, selbst gestrickte Version des Islams« verwendet wird statt einer Version des Christentums.[25] Die russische Zeitung *Nowaja Gaseta,* die zuerst über das Pogrom berichtet hatte, vermutete, dass es sich um eine Reaktion auf den Aufruf russischer Aktivist:innen handelte, im Kaukasus Pride-Paraden abzuhalten.[26] Gessen zufolge war der wahrscheinlichere Anlass jedoch, dass auf dem Handy eines wegen Drogenmissbrauchs festgenommenen Mannes vermeintlich eindeutige Fotos und Nachrichten gefunden wurden.

Wie dem auch sei, jedenfalls wurde eine moralische Panik ausgelöst. Die russische Gesetzgebung gegen »homosexuelle Propaganda« und die durch sie hervorgerufene Homophobie wirkten wie »ein sehr deutliches Signal, dass LGBT-Menschen minderwertig sind«, wie die Vorsitzende des russischen LGBT-Netzwerks Tatjana Winnitschenko im Gespräch mit mir sagte. Der tschetschenische Präsident Ramsan Kadyrow habe dieses Signal »geschickt aufgegriffen und für seine eigenen Ziele genutzt«. Nach dem globalen Aufschrei im Zusammenhang mit den Olympischen Spielen in Sotschi im Jahr 2014 führte das tschetschenische Pogrom nun zum nächsten Aufruhr im Grenzgebiet der pinken Linie in Osteuropa. Bundeskanzlerin Angela Merkel rügte Putin öffentlich. Vor den russischen Botschaften im Westen fanden Demonstrationen statt. Russische LGBT-Aktivist:innen trieben in Nordamerika Gelder auf und organisierten eine Fluchtroute aus Tschetschenien. Sie halfen mehr als fünfzig schwulen Männern, das Land zu verlassen, und brachten sie zeitweilig andernorts in Russland unter. Zwischen April und Juli 2017 erhielten 27 dieser Männer im Westen Asyl, davon allein zwölf in Kanada. Auch lesbische Frauen sahen sich einem neuen Misstrauen ausgesetzt. Einige flohen ebenfalls, weil sie fürchteten, Ehrenmorden zum Opfer zu fallen.

Solche Paniken, schreibt der US-amerikanische Anthropologe Gilbert Herdt in seiner Einleitung zu dem 2009 erschienenen Buch *Moral Panics, Sex Panics,* »sind charakteristisch für Staaten in Zeiten einer polarisierten Öffentlichkeit, sozialen, ökonomischen und politischen Veränderungen sowie Konflikten zwischen staatlichen Kontrollmechanismen und dem freien Ausdruck und der individuellen Ausgestaltung der Sexualität«.[27] Das tschetschenische Pogrom gegen Homosexuelle war, wie es in einem Bericht des russischen LGBT-Netzwerks aus dem Jahr 2017 heißt, Bestandteil einer viel umfassenderen Kampagne der Staatsmacht gegen alles Mögliche, vom Alkoholismus über Frauenrechte bis hin zu den Subkulturen der Jugendlichen, die allesamt als »Manifestationen persönlicher Freiheit« betrachtet wurden, die gegen die Regeln einer idealisierten tschetschenischen Gesellschaft verstießen.[28]

8

PASCHA

LJUBERZY – MOSKAU

PASCHA CAPTANOWSKA: IT-Beraterin und frühere Scharfschützin, Ljuberzy, Anfang vierzig. Pronomen: sie.
JULIA CAPTANOWSKA: Paschas frühere Frau, leitende Versicherungsangestellte, Ljuberzy, Mitte dreißig. Pronomen: sie.
JARIK: Sohn von Pascha und Julia, Ljuberzy, sieben. Pronomen: er.
WALENTINA KUSMINITSCHNA: Paschas Stiefmutter, Friseurin und Fabrikarbeiterin im Ruhestand, Ljuberzy, Mitte siebzig. Pronomen: sie.
ALJA: Paschas Freundin, Psychotherapeutin, Ljuberzy und eine Stadt an der Wolga, Ende dreißig. Pronomen: sie.
WITJA: Aljas Sohn, Student, aus einer Stadt an der Wolga, Teenager, Pronomen: er.
JAEL DEMEDETSKAJA: Transgender-Aktivistin und Mitbesitzerin einer Klinik für Gendermedizin, Moskau, Mitte vierzig. Pronomen: sie.
ANDREJ DEMEDETSKI: Jaels Ehemann und Geschäftspartner, Moskau, Mitte dreißig. Pronomen: er.
WARJA: Busfahrerin und junge Mutter, Archangelsk, Anfang zwanzig. Pronomen: sie.
KATE MESSOROSCH: Hightech-Produktentwicklerin, St. Petersburg, Mitte dreißig. Pronomen: sie.

1

Nach der ersten Anhörung für Pascha Captanowskas Antrag auf Umgang mit ihrem Sohn begegneten sich die beiden Parteien vor dem Gerichtssaal, als sie unbehaglich vor dem Aufzug warteten. Pascha hatte Julia ein Geburtstagsgeschenk für ihren gemeinsamen Sohn Jarik gegeben, der bald acht wurde, und nun konnte sie sich nicht beherrschen: »Was ist mit unserem gemeinsamen Besitz?«, fragte sie mit Bezug auf die Dinge, die Julia aus der Wohnung mitgenommen hatte, als sie Pascha knapp zwei Jahre zuvor mit Jarik verlassen hatte, und auch auf das Auto, mit dem sie davongefahren war.

»Komm mir bloß nicht zu nahe!«, schrie Julia, und bevor Pascha reagieren konnte, schaltete sich Julias Anwältin ein. »Für wen halten Sie sich?«, sagte sie zu Pascha. »Schauen Sie sich doch bloß mal an. Sie sind ein solcher Freak. Man sollte Sie nicht einmal in die Nähe von Kindern lassen!«

Es war der 4. August 2016, und die früheren Eheleute waren im Justizpalast, wie die goldenen Buchstaben auf dem übergroßen Triumphbogen verkündeten, der auf die Fassade des neuen rosafarbenen Gebäudes in Ljuberzy, einer düsteren Trabantenstadt im Südosten von Moskau, geklatscht war. Paschas schulterlanges rotblondes Haar wurde durch ein Stirnband gehalten. Sie hatte nur sehr sparsam Make-up auf ihr feingeschnittenes Gesicht mit den Mandelaugen und den hohen Wangenknochen aufgelegt und trug schwarze Unisex-Hosen und eine einfache Bluse. Ein kleines Herz hing an einer schwarzen Schnur um ihren Hals, und sie hatte zwei Ringe an den Fingern. Ihre Forderungen waren durchaus vernünftig, und anfangs hatten sowohl die Richterin als auch der staatlich beauftragte Sozialarbeiter ermutigend gewirkt. Sie wollte Jarik einmal in der Woche sehen und zweimal im Jahr mit ihm Urlaub machen.

Julia jedoch fand das inakzeptabel. Sie beschuldigte Pascha, »psychische Gewalt« gegen ihren Sohn und sie selbst auszuüben: »Die

Vorstellung, dass er sein Geschlecht ändert und das Kind und ich weiter mit ihm leben, als sei nichts passiert, kann nur einem kranken Gehirn entsprungen sein.«[1] Julia war groß und glamourös und hatte ihre dunklen Haare zu einem straffen Pferdeschwanz gebunden. Sie erzählte dem Gericht, dass Pascha in Frauenunterwäsche im Haus herumgelaufen war. In seiner Aussage fügte ihr Vater dem hinzu, er habe Pascha in Gegenwart des Jungen Milch aus seiner Brust abpumpen sehen. Pascha traute ihren Ohren nicht: Alles gelogen, sagte sie zu mir.

Pascha habe »nie im Interesse des Kindes gehandelt, weder vor der Scheidung noch danach«, sagte Julia aus.[2] Sie und ihr Vater trugen dick auf: Pascha habe es versäumt, Jarik auf den Topf zu setzen, er habe nicht mit ihm gesprochen, und statt mit ihm draußen zu spielen, sei er mit ihm bis morgens um elf im Bett gelegen und habe ihn, wie Julias Vater schimpfte, »geküsst und geleckt, was pervers wirkte, als sich herausstellte, dass er eine Frau ist«, schimpfte der alte Mann. Wenn Jarik nach seinem Vater fragte, antwortete der Großvater laut seiner eigenen Aussage: »Ich sage ihm, dass er keinen Vater mehr hat und sein Vater jetzt eine Frau ist.« Noch schlimmer als diese Aussage war für Pascha die Information, dass ihr sanftmütiger Sohn inzwischen Kampfsportunterricht erhielt und immer wieder »Wenn ich groß bin, nehme ich Rache an meinem Vater« sagte.

Die Richterin E. G. Axenowa entschied zu Julias Gunsten und verfügte ein totales Kommunikationsverbot zwischen Pascha und ihrem Sohn, bis dieser 18 war. Bis dahin würde jeder Kontakt mit Pascha »Schaden anrichten«, nicht nur in Bezug auf die körperliche und geistige Gesundheit des Jungen, sondern auch in Bezug auf seine »ethische Entwicklung« und sein Verständnis »traditioneller Familienwerte«. Für den Fall, dass irgendwelche Zweifel an der Weisheit ihrer Entscheidung bestanden, erhob die Richterin ihr Urteil aus der niederen Sphäre des Familienrechts in die Sphäre des neuen ideologischen Kampfes, den die russische Staatsmacht führte: »Die Klägerin verhehlt ihre Transsexualität nicht. Sie spricht mit dem

Kind über die Möglichkeit der Geschlechtsumwandlung und verletzt damit de facto das föderale Gesetz zum Schutz der Kinder vor schädlichen Informationen, welches die Propaganda für nichttraditionelle sexuelle Beziehungen unter Minderjährigen verbietet.«

Die Richterin legte das vier Jahre zuvor in Kraft getretene berüchtigte Gesetz sehr großzügig aus: Anders als die »nichttraditionellen sexuellen Beziehungen«, für die in Hörweite Minderjähriger nach dem Gesetz nicht »geworben« werden durfte, kamen die Begriffe »Transsexualität« oder »Geschlechtsumwandlung« gar nicht vor.[3]

Pascha war zu einem Opfer auf dem Schlachtfeld an der pinken Linie geworden.

—

Ein Jahr zuvor, im Juli 2015, hatte ich mit Pascha in Jariks einstigem Zimmer gestanden, einer düsteren Gedenkstätte für ein verlorenes Kind. Julia hatte bei ihrem Auszug kaum eine Spur von Jarik zurückgelassen – nur die Kletterseile, die an seinem Stockbett befestigt waren, und ein sentimentales Porträt, das den Jungen nackt mit Engelsflügeln und einem Strauß Pfingstrosen zeigte und das sie selbst gemalt hatte. Darüber hinaus waren lediglich einige von Jarik mit Wachsmalstiften angefertigte Zeichnungen von Figuren aus *Angry Birds* und *Karlsson vom Dach* auf halber Höhe an der Wand übrig geblieben.

Pascha wohnte in einer Eckwohnung im Erdgeschoss eines der Wohnblöcke aus der Chruschtschow-Ära, die sich kilometerlang am Oktjabrski-Prospekt, einer der Hauptstraßen von Ljuberzy, entlangziehen. Die Stadt wurde nach dem Zweiten Weltkrieg erweitert, um Arbeiter aus den nahe gelegenen Fabriken zu beherbergen. In postsowjetischer Zeit war sie als Heimat einer der neuen Moskauer Mafia-Gruppierungen berüchtigt. Als ich mit meiner Dolmetscherin Schenja aus dem *marschrutka*, einem Sammeltaxi, stieg, war es, als beträten wir eine Planstadt aus der Sowjetära, in die allerdings die gegenwärtigen politischen Auseinandersetzungen Einzug gehalten hatten. Auf dem kurzen Weg vom Taxistand zu Paschas Block zählte ich fünf Autos mit dem Aufkleber »Obama *schmoje* [Arschloch]«.

Transmenschen entfernen sich oft so weit wie möglich vom Schauplatz ihres früheren Lebens, um neu zu beginnen. Aber Pascha wohnte seit 37 Jahren in derselben Wohnung, nämlich seit sie vier gewesen war. Sie war in der Sowjetzeit natürlich eine Gemeinschaftswohnung gewesen, wo in den drei Zimmern mit der gemeinsamen Küche mehrere Familien gehaust hatten, aber als die anderen Mieter auszogen, waren Paschas »Großmütter« eingezogen, so dass die Wohnung beim Zusammenbruch der Sowjetunion praktisch nur noch eine Familie beherbergte. Paschas Vater hatte bei der Privatisierung eine Besitzurkunde für die Wohnung bekommen, und als er 1995 starb, hatte Pascha sie geerbt. Sie hatte sie mit modernen Blau- und Grautönen frisch gestrichen, die Geräusche des Boulevards durch Doppelfenster und Jalousien abgeschirmt, und die beiden Schlafzimmer so gelegt, dass ihre Fenster auf einen bewaldeten Streifen zwischen ihrem Wohnblock und der benachbarten Schule hinausgingen.

Sie hatte ihrem Nachnamen eine weibliche Form gegeben: Captanowska statt Captanowski. Ihren Vornamen, eine geschlechtsneutrale Verkleinerungsform, hatte sie behalten, wie sie auch entschieden hatte, in der Wohnung zu bleiben: »Ich will den Leuten zeigen, dass ich immer noch genau derselbe Mensch bin wie früher.« Sie sei genderqueer, sagte sie: Wenngleich sie nach dem aufwändigen und unberechenbaren Verfahren der Operation und der Änderung ihrer Ausweisdokumente eine weibliche Identität angenommen hatte, war ihr Stil androgyn geblieben, wie er immer gewesen war. Bei meinem Besuch trug sie abgeschnittene Unisex-Jeans und ein Baumwollhemd. Als großer, athletischer Mensch versteckte sie ihre verblüffende Schönheit in der Regel hinter ihren schwarzen

Haaren, an denen sie ständig herumzupfte, während sie an ihrer E-Zigarette zog.

Als wir uns kennenlernten, befand sie sich mitten in dem Sorgerechtsstreit um Jarik, voller Trauer über den Verlust ihres Sohnes und erschöpft von dem Kampf um ihn. Außerdem hatte sie unter unvorhergesehenen Nachwirkungen ihrer operativen Geschlechtsangleichung zu leiden: Wegen einer Komplikation bei der Periduralanästhesie fiel ihr das Gehen noch immer schwer, weshalb sie nur selten die Wohnung verließ. Ihre Liebe zur Natur lebte sie aus, indem sie Vogelhäuschen vor ihren Schlafzimmerfenstern anbrachte. Manchmal postete sie auf Facebook kurze Videos der pickenden Vögel, die sie durch die Jalousie aufgenommen hatte. Der Eindruck, den diese Videos vermittelten, mir jedenfalls, war der von Gefangenschaft, aber auch von Hoffnung.

Pascha war reflektiert und redegewandt, aber sehr zurückhaltend. Sie sprach so leise, dass es fast ein Flüstern war. Vielleicht entsprang das einem Bedürfnis, ihrer Stimme einen weiblicheren Klang zu verleihen. Unentschlossenheit oder ein Mangel an Selbstvertrauen waren jedenfalls nicht die Gründe dafür. Sie war der festen Überzeugung, dass es Jarik bei ihr besser gehen würde: »Ich war der Individualität meines Sohnes verpflichtet, wollte, dass er eine eigene Persönlichkeit entwickelt«, sagte sie. »Julia war eher der Ansicht, dass man einem Kind sagen muss, wie es sich zu benehmen hat und was es tun und denken soll. Sie glaubte, dass ich ihn nicht zu einem Mann erzog.«

Pascha begründete ihre Entschlossenheit, Jarik zurückzubekommen, mit der Notwendigkeit, ihn zu retten: »Sie unterziehen ihn jetzt einer Gehirnwäsche, was mich betrifft: Er wird behandelt wie ein Stück Wachs, aus dem sie formen können, was ihnen gefällt. Deshalb finde ich, dass ich ihn aufziehen sollte, dann hätte er die Freiheit, selbst zu bestimmen, was er sein will und was er von anderen hält. Ich kämpfe darum, dass ich ihm ein paar Augenblicke der Sicherheit bieten kann vor dem, was ihm jetzt eingehämmert wird.«

Paschas wichtigster Beweis für ihre Behauptungen war das Gutachten des staatlich ernannten Gremiums von Psycholog:innen, die Jarik wegen ihrer Sorgerechtsklage beurteilt hatten. Wir schauten es uns gemeinsam an. »Auf die Frage nach seinem Zuhause«, heißt es dort, »reagiert Jarik angespannt, ballt die Fäuste [und] verliert vor Wut die Beherrschung. Er sagt: ›Ich habe keinen Vater mehr. [...] Zuerst war er mein lieber, guter Vater, und jetzt ist er nur noch ein verrücktes Weibsbild.‹« Das ist eine schlechte Übersetzung des vulgären russischen Slangs, den der Junge verwendete und den er angeblich von den Erwachsenen in seiner Umgebung gelernt hatte. Pascha habe »Mama und Oma eine Menge Leid verursacht«, sagte er den Gutachter:innen. »Ein Mann sollte das nicht tun.« Er kam immer wieder auf das Thema zurück: Seine Freunde waren »echte Männer«. Sie hatten »Eier« und »gemeinsam lernen wir zu kämpfen, wie richtige Männer in einer Schlacht«. Sein Großvater, einer dieser »richtigen Männer«, hatte zu ihm gesagt, dass »dein Papa jetzt Zöpfe und Ohrringe und Haarspangen trägt«. Man müsse ihm »beibringen, wie die Dinge zu laufen haben«. Jarik berichtete außerdem, dass »meine Mama nicht erlaubt, dass ich Papa besuche, weil er mich mit seiner Krankheit anstecken könnte«.[4]

Die Psycholog:innen weigerten sich, Aussagen zu der Beziehung zwischen Pascha und Jarik zu machen, weil sie die beiden nicht zusammen beobachtet hatten. Doch sie weigerten sich auch, beide für eine Begutachtung zusammenzubringen, weil dies »das Kind destabilisieren« könne.[5] Ohne dass sie eine eingehende Untersuchung vorgenommen hatten, fällten sie also ein Urteil, das sich für Pascha verheerend auswirkte, weil Julia es benutzte, um Pascha den Umgang mit ihrem Sohn zu verwehren.

—

Ihren Sohn Jarik hatte Pascha zum letzten Mal während des Sommers im vorherigen Jahr gesehen, Anfang August 2014, etwa um die Zeit von Jariks sechstem Geburtstag und rund sechs Wochen nachdem Julia ausgezogen war. In der Zeit davor hatte es mehrere Treffen gegeben – immer an öffentlichen Orten und immer so, dass Julia und ein anderes Familienmitglied dabei waren. Dieses Mal fand das Treffen in einem Vergnügungspark statt: Julia kam mit Jarik und vertrieb sich dann mit einer Freundin die Zeit, während der Junge Pascha zu einem Kirmesstand zerrte und verlangte, dass sie einen Teddybären für ihn gewann. Wie in einem Team wechselten sich die beiden ab: Pascha und Jarik warfen je drei Mal mit Dartpfeilen auf Ballons. Sie trafen jedes Mal. Der genervte Besitzer des Standes gab ihnen einen riesigen grauen Bären, der fast größer war als Jarik und von ihm sofort Mischa getauft wurde. Pascha scherzte, dass sie Standverbot bekommen würden, wenn sie so weitermachten. »Was soll ich sagen? Eine Familie von Scharfschütz:innen!«, prahlte sie an jenem Abend auf Facebook: Sie war tatsächlich Scharfschützin bei der Polizei gewesen, und ihr Sohn hatte offenbar ihre Zielgenauigkeit geerbt. Pascha schenkte ihm einen *Star-Wars*-Baukasten von Lego, und als er gehen musste, »winkte mir Jarik wie üblich zum Abschied und warf mir Kusshände zu, die ich auffing und zurückwarf«.[6]

Die Begegnung war eindeutig ein Erfolg: Zwei Tage später wurde Pascha ein weiteres Treffen im Park angeboten. »Keine Bären mehr!«, scherzte sie, als sie ihren Sohn begrüßte.[7] Dieses Mal gab Julias Mutter die Anstandsdame. Als sie am Piratentrampolin am Geländer lehnten und dem Jungen zusahen, bat Pascha ihre Schwiegermutter zu erklären, warum sie dabei war. Die Frau reagierte nicht. Pascha insistierte: »Es ist demütigend und beleidigend für mich, dass ich mein Kind nur treffen kann, wenn zwei andere Personen dabei sind und uns überwachen. Ich bin doch keine Kriminelle oder etwas Derartiges.«

Noch immer sagte die ältere Frau nichts, aber als Pascha weiterbohrte, explodierte sie: »WEIL ICH NICHT MIT DIR SPRECHEN WILL!!!! WEIL ICH DIR IN DIE FRESSE SCHLAGEN WILL!!!!«

»Warum denn???«

»WEGEN DIR SIND ALLE UNSERE LEBEN ZERSTÖRT!!!!«

Die Großbuchstaben sind von Pascha selbst. Sie stammen aus einem Facebook-Post, in dem sie am selben Abend beschrieb, wie sich bei Julias Mutter »das angenehme freundliche Frauengesicht zu einer Grimasse von grenzenlosem Zorn und Hass verzerrte, bei dieser Frau, mit der ich 15 Jahre Seite an Seite gelebt und die mich ›ihren geliebten Schwiegersohn‹ genannt hatte! [...] Wie kann sich ein Mensch SO schnell ändern?«[8]

Julia und ihre Familie entgegneten natürlich (allerdings nicht mir gegenüber, denn Julia reagierte nicht auf meine wiederholten Bitten um ein Gespräch), es sei Pascha gewesen, die sich so schnell und unerklärlich verändert habe. Und sie waren der Ansicht, Pascha habe Öl ins Feuer gegossen. Sie waren wütend, dass sie ihren Bericht von dem Treffen in den sozialen Medien gepostet und den Konflikt an die Öffentlichkeit gebracht hatte. Inzwischen war die Scheidung durch, und Julia brach den Kontakt ab, obwohl Pascha in dem Scheidungsurteil ein Umgangsrecht eingeräumt wurde.

Als Jarik und seine Aufpasser:innen zum nächsten vereinbarten Treffen nicht erschienen, rief Pascha an und bekam die Auskunft, der Junge sei krank. Sie ging mit Geschenken für ihren Sohn zu Julias Eltern, wurde aber nicht in die Wohnung gelassen. Julias Mutter überschüttete sie mit Beleidigungen, und dann kam Julias Bruder mit ein paar Freund:innen, »alle betrunken. Sie versuchten, mich hinaus auf die Straße zu ziehen. Mir war klar, dass sie mich zusammenschlagen wollten, aber als Aktivistin hatte ich einige Erfahrung mit solchen Situationen, also zog ich die Beine an, damit sie mich nicht so leicht tragen konnten. Es gab einen kleinen Menschenauflauf, und eine alte Frau schrie sie an: ›Was macht ihr da? Hört sofort auf!‹ Sie ließen mich fallen und gingen weg.«

Pascha würde Jarik nicht wiedersehen. Die einzigen Nachrichten über ihren Sohn kamen von ihrer Stiefmutter Walentina, die zu Julias Großmutter einen »Babuschka-Draht« hatte. Sie rief ab und zu bei Walentina an, wobei sie es offensichtlich auf Informationen über Paschas juristische Absichten abgesehen hatte.

—

»Pfirsiche!«, verkündete Walentina Kusminitschna, als sie an einem schwülen Julinachmittag im Jahr 2015 über die Schwelle von Paschas Wohnung trat. »Gurken und Pfirsiche! Ich habe wunderbare Sommerpfirsiche und Gurken und Tomaten vom Markt für dich!«

Paschas Stiefmutter war eine pensionierte Fabrikarbeiterin und Friseurin. Die kleine stämmige Frau mit dem ärmellosen geblümten Kleid und der nüchternen Kurzhaarfrisur verfügte über jene einzigartige Kombination von Herzlichkeit und Empfindsamkeit, die eine Babuschka ausmacht. »Pascha ist meine Adoptivtochter«, sagte sie zu mir, schon bevor wir einander vorgestellt worden waren. »Ich habe sie aufgezogen, seit sie sieben war.«

»Eigentlich war ich schon acht«, korrigierte Pascha sie.

»Das weiß ich besser. Du warst sieben. Es war kurz vor deinem achten Geburtstag. Ich bin am Jahresende gekommen.«

»Also fast acht.«

»Wie du meinst! Ich habe deinen Vater geheiratet, als wir uns erst zwei Monate kannten. Wir hatten nicht einen einzigen Streit. Es herrschte Frieden, obwohl zwei und manchmal sogar drei Großmütter bei uns wohnten. Eine ziemliche Leistung! Das Einzige, worüber wir uns stritten, liebe Pascha, war deine Weigerung zu essen. Deine Großmutter versuchte, dir das Essen hineinzustopfen, aber ich habe dich immer unterstützt.«

Als sich die alte Frau vorsichtig neben Pascha auf dem Sofa niedergelassen hatte – sie hatte Herzprobleme und Schmerzen in den Beinen –, bekam sie die neuesten Nachrichten zu hören: Pascha hatte nicht nur die Berufung in ihrem Sorgerechtsverfahren verloren, sondern auch einen Anruf von Julias Anwältin erhalten. Sie hatte ihr mitgeteilt, dass sie das Kind überhaupt nicht mehr sehen dürfe, weil dies laut dem psychologischen Gutachten »destabilisierend« für Jarik wäre. Walentina war empört. »Wenn Sie Pascha und das Kind je zusammen erlebt hätten, wüssten Sie, was für eine besondere Beziehung das ist. Das Ganze tut mir schrecklich weh. Und es macht mich furchtbar wütend.« Sie umarmte »ihre Pascha« und kniff sie in die Wangen: »Sie ist immer mein Kind gewesen. Ich habe sie geliebt, als sie mein Sohn war, und jetzt liebe ich sie als meine Tochter.«

Pascha war erst vier gewesen, als ihr Vater sich von ihrer Mutter getrennt hatte. Er kehrte von einer Geschäftsreise zurück und musste feststellen, dass sein Kind im Krankenhaus war, weil seine Mutter nicht für es gesorgt hatte. Paschas einzige klare Erinnerung an ihre Mutter war, wie sie selbst mit einem Spielzeug auf dem Boden sitzt und zusieht, wie sich die Mutter am Küchentisch bis zur Bewusstlosigkeit betrinkt – die Folge einer unbehandelten postnatalen Depression, wie Pascha inzwischen wusste. Danach hatte sie ihre Mutter nur noch ein oder zwei Mal gesehen, und dieses Verschwinden war eines der Hauptmotive, warum sie so darum kämpfte, im Leben ihres eigenen Kindes präsent zu bleiben. Verstärkt wurde dieses Bemühen natürlich durch das Wissen, dass Julias Familie versuchte, Jarik gegen sie aufzuhetzen. »Als ich klein war, haben mir Leute eine Menge schlimme und schmutzige Dinge über meine Mutter erzählt. Aber als Erwachsene erkannte ich, dass sie gar nicht dieser böse Mensch war, von dem sie sprachen. Sie war ein Opfer, dem man hätte helfen sollen, statt es seinem Schicksal zu überlassen. Mich quält die Vorstellung, dass nun Jarik der Gedanke in den Kopf gesetzt wird, ich sei böse, genau wie es mit mir gemacht wurde, als ich klein war.« Als Erwachsene hatte Pascha nach ihrer Mutter gesucht, doch die Spuren waren dünn. In der Sowjetunion konnten Leute verschwinden.

Paschas Vater zog mit ihr nach Ljuberzy, als er sie zu sich nahm. Er arbeitete als Ingenieur in der nahe gelegenen riesigen Hubschrauberfabrik M. L. Mil. Seine Mutter lebte ebenfalls in Ljuberzy. Selbst wenn Pascha es nicht sagte, war ihr Kampf um das Sorgerecht für Jarik bestimmt auch von der Art beeinflusst, wie ihr Vater sie, atypisch für einen Mann in der russischen Gesellschaft, aufgezogen hatte: »Ich habe diesen Mann wirklich geliebt. Er war für mich ein Vorbild an Humanismus.«

Die drei »Großmütter«, die Pascha aufzogen – die Mutter ihres Vaters und zwei Tanten –, waren eine eindrucksvolle Gruppe, abgehärtet durch eine Kindheit als Waisen im Zweiten Weltkrieg. Ihre Eltern waren während der Säuberungen in den dreißiger Jahren als Kulaken nach Sibirien deportiert worden. Ihre Kinder lebten mit der (durch die Verhältnisse in Russland bedingten) Überzeugung, dass man das Leben gegen die drohende Katastrophe verbarrikadieren muss, und sie hatten »keine sehr positive Einstellung« zu den Menschen, von denen sie regiert wurden. Von ihnen erbte Pascha früh eine Abneigung gegen die russische Spielart des Autoritarismus. Sie hielt sich fern von der Kommunistischen Partei und den Jugendverbänden, die sie vielleicht bildungsmäßig und beruflich vorangebracht hätten.

Die Geschlechterrollen in Paschas Familie waren keineswegs konventionell. Der Vater war natürlich der Hauptverdiener, und er brachte seinem Sohn das Schießen bei, aber er war auch der Softie, der seinen Sohn bei der Entwicklung seiner Individualität unterstützte. Paschas Großmutter dagegen war »der Mann im Haus: Sie duldete keinen Widerspruch.« Tatsächlich war in allen Bereichen der sowjetischen Gesellschaft, von der Arbeit bis zum Sport, Raum für Frauen, die nicht die Stereotype traditioneller Geschlechterrollen erfüllten. Als Walentina Kusminitschna, eine Witwe, mit ihrem zehnjährigen Sohn bei der Familie Captanowski einzog, erwies sie sich als eine solche: Sie ging jeden Tag zur Arbeit, kochte keine einzige Mahlzeit und erledigte keine Hausarbeit. Sie und Pascha standen sich schon bald sehr nahe.

—

Als wir nun in Paschas Wohnzimmer saßen, sagte die Stiefmutter von sich aus und ohne Aufforderung Folgendes über ihre »neue Tochter«: »Natürlich ist das nicht traditionell für unser Land. Es ist nicht konventionell. Wir haben unsere eigenen Konventionen und Traditionen hier in Russland. Andere als ihr im Westen. Aber man muss in jeder Situation Humanist sein« (da war es wieder, dieses Wort). Über Julias Familie sagte sie: »Die haben ziemlich große Angst, und ich kann nicht verstehen warum.«

»Vielleicht haben sie Angst davor, was die anderen denken?«, sagte ich.

»Und warum habe *ich* dann keine Angst?«, entgegnete Walentina. Sie hatte zunächst mit Paschas Identität zu kämpfen gehabt, sich dann aber zu ihrer loyalsten Verteidigerin entwickelt. »Wie hätte ich mich je gegen mein eigenes Kind stellen können, wenn sogar die Mütter von *Mördern* ihre Kinder im Gefängnis besuchen? Meine Pascha ist keine Kriminelle! Sie ist mein Kind, und ich muss sie unterstützen, jetzt, wo die ganze Welt gegen sie ist.« Sie wurde von ihren Gefühlen überwältigt. »Ich geh da rüber [zur Wohnung von Julias Familie] und schlag sie alle zusammen! Die Polizei wird es nicht schaffen, mich aufzuhalten!«

War wirklich die ganze Welt gegen Pascha?

Wir besuchten eine Nachbarin, eine alte Frau namens Natalja Efsejewa. »Ich konnte sehen, wie er sich veränderte, aber ich wollte mich nicht einmischen. Aber dann sieht man diese Sachen im Fernsehen und entdeckt, dass so etwas wirklich passiert, und dass sogar – Gott im Himmel! – dein Nachbar, der kleine Pascha, den du kennst, seit er ein kleiner Junge war, dass dieser kleine Pascha einer von denen ist!«

Natalja Efsejewa bestätigte, dass Pascha für Jarik der wichtigere Elternteil gewesen war, bis Julia ihn mitgenommen hatte. Alle anderen Personen, mit denen ich sprach, sogar eine Freundin von Julias Familie, bestätigten diese Aussage. Pascha war in ihrem ersten Beruf nach dem Militärdienst Scharfschützin bei der Polizei gewesen, hatte aber nach ein paar Jahren gekündigt: »Ich hasste den ängstlichen Ausdruck auf den Gesichtern der Leute, wenn sie einen Mann mit einem Gewehr sahen«, erzählte sie. Also hatte sie auf IT-Beraterin umgeschult und von da an hauptsächlich von zu Hause aus gearbeitet (ihr wichtigster Kunde war die Fluggesellschaft Aeroflot). Julia dagegen war eine leitende Angestellte in der Versicherungsbranche. Sie hatte hart gearbeitet und viel gefeiert und war selten zu Hause gewesen.

Pascha war »ein wunderbarer Vater«, sagte Natalja Efsejewa, »aber er war viel zu weich. Er hat kein Kind je geschimpft.« Sie verdrehte die Augen und wandte sich mit mildem Sarkasmus an Pascha: »Du hast ihm lieber *erklärt*, warum etwas falsch ist, nicht?« Paschas Schwiegereltern sahen das offenbar genauso. Wegen der Disziplin gab es einen Konflikt, der viel älter war, als Paschas Geschlechtsangleichung.

Natalja Efsejewas Sohn war in der Schule Paschas bester Freund gewesen, und obwohl ihr Sohn nichts mehr mit Pascha zu tun haben wollte, betrachtete sie selbst ihre Nachbarin nun als gute Freundin – selbst wenn ihr der richtige Gebrauch der Pronomen nicht gelang – und umarmte sie liebevoll, wenn die beiden einander sahen. Laut Natalja Efsejewa redeten die Leute in dem Gebäude zwar über Pascha, aber »nicht bösartig. Wir kennen die Gründe für ihren Klatsch nicht, also zucken wir nur mit den Schultern. Wenn er unmoralisch wäre, würden wir ihn viel stärker verurteilen. Aber Pascha ist so ein guter Mensch. Manchmal wird ein Junge halt zu einem Mädchen, schätze ich. Das passiert. So ist das Leben.«

2

Pascha arbeitete gewöhnlich von zu Hause aus. Als sie am Dienstagmorgen, dem 26. Juni 2014, unerwartet ins Büro gerufen wurde, hatte sie eine böse Vorahnung: »Julia war einfach zu scharf darauf, dass ich das Haus verließ. Als ich heimkam und sah, dass die beiden weg waren, wusste ich sofort, was passiert war. Ich wurde hysterisch. Ich versuchte mehrmals, Julia anzurufen, aber sie ging nicht ans Telefon.«

Spät am Abend erreichte Pascha Julia schließlich doch noch. »Du musst dir keine Sorgen machen«, sagte sie. »Wir kommen gut zurecht.«

»Und was ist mit mir?«, fragte Pascha.

»Du bist jetzt frei und kannst endlich leben, wie du möchtest.«

Auf eine grausame Art hatte Julia recht. Pascha hatte jahrelang jeden Gedanken an eine Geschlechtsangleichung weit von sich geschoben – und zwar weil sie, wie viele andere auch, fürchtete, ihre Frau und ihren Sohn zu verlieren. Nun jedoch hatte sie, wie sie zu mir sagte, »nichts mehr zu verlieren«.

Ein Freund empfahl ihr eine Klinik für Gendermedizin in Moskau, und dort begann sie ihre Transition: Der Antrag wurde durch eine Kommission von drei Ärzt:innen unter Leitung eines Psychiaters bewilligt. Die medizinische Diagnose lautete »Transsexualismus«. Pascha unterzog sich einer operativen Geschlechtsangleichung. Danach begann der langwierige Prozess, die russische Bürokratie zu einer Änderung ihrer Dokumente zu bewegen (dafür gab es keine Standardprozedur, sie war der Willkür des zuständigen Beamten ausgeliefert).

Dass Pascha Jarik verlor, weil sie eine Frau wurde, ist eine tragische Ironie ihres Schicksals: Denn es war die Geburt ihres Sohnes gewesen, die ihr Gefühl, eine Frau zu sein, wiederaufleben ließ, ein Gefühl, das sie seit ihrem zehnten Lebensjahr unterdrückt hatte. Wie viele Transkinder hatte auch sie in ihrer frühen Kindheit nicht verstanden, warum sie ein Junge genannt wurde und männlich Dinge tun sollte. Aber sie war von Natur aus sportlich, und Schießen war ihre Leidenschaft. Sie liebte die »Konzentration« und die »Ruhe« bei der Schießkunst. Es gelang ihr, ihre Weiblichkeit zu unterdrücken: »Ich habe sie tief in meinem Inneren in einem kleinen

Kästchen verstaut«, sagte sie. »Sie war von außen nicht sichtbar. Mein Leben war wie diese Szene aus *Terminator*, wenn Schwarzenegger prüft, was für Möglichkeiten er hat. Es werden mehrere Optionen auf seinem Sichtfeld eingeblendet, und die angemessenste ist hervorgehoben. Ich handelte möglichst angemessen, damit ich keine Probleme bekam.«

Pascha wurde der Terminator: »Militärdienst? *Hervorgehoben.* Also ging ich zur Armee und wurde Scharfschützin. Heiraten? *Hervorgehoben.* Also heiratete ich Julia. Vaterschaft? *Hervorgehoben.* Also bekamen wir Jarik.«

Doch als Jarik geboren wurde, »kamen all meine weiblichen Gefühle wieder in mir hoch. Ich spürte einfach nur eine große Liebe für dieses kleine Wesen, ich wollte es schützen, füttern, für es sorgen. Aber Männer sollten sich nicht so verhalten. Ich wurde zurechtgewiesen, weil ich zu weich, zu fürsorglich war – nicht männlich genug für einen Vater: Das schockierte und verwirrte mich. Mit der Zeit kam ich zu dem Schluss, dass man mir verbot, diese Gefühle zu zeigen. Als ich das verstanden hatte, erkannte ich, dass ich die Kraft besaß, das Verbot zu missachten und meine Gefühle zu zeigen. Die Gesellschaft hatte nicht das Recht zu bestimmen, was für Gefühle ich haben durfte. Also ließ ich die Gefühle zu. Ich befreite mein Bewusstsein von allem, was mir aufgezwungen worden war. An diesem Punkt habe ich mich als Frau akzeptiert.«

Das alles spielte sich nicht in einem Vakuum ab: Aufgrund der Revolution der Informationstechnologien, des verbesserten Zugangs zu Medikamenten und chirurgischen Verfahren sowie der rechtlichen Erfolge der Schwulenbewegung in der westlichen Welt, die neue Fronten geschaffen und eine Bewegung für die Rechte von Transmenschen inspiriert hatten, nahm die Wahrnehmung des Themas Transgender-Identität weltweit erheblich zu. Es war auch die Zeit, in der eine neue Bürgerrechtsbewegung in Russland mehr und mehr sichtbar wurde. Seit 2006 beantragte eine Gruppe namens GayRussia jedes Jahr eine Genehmigung für eine Pride-Parade in Moskau. Sie wurde jedes Jahr verweigert, und dennoch hielten die Aktivist:innen die Parade jedes Jahr ab, was zu Angriffen von Gegendemonstrant:innen und Festnahmen durch die Polizei führte. In dem neuen LGBT-Alphabet, das sich in den russischen Wortschatz einschrieb (bis 2012 war es selbst für Feinde der Bewegung üblich, das Akronym zu benutzen), begann nun auch das »T« seinen Platz zu beanspruchen: durch transgender Teilnehmer:innen und Schilder bei den jährlich abgebrochenen Pride-Veranstaltungen; durch Dokumentarfilme über Gender auf dem LGBT-Filmfestival in St. Petersburg; durch Auftritte der genderqueeren Aktivistin Grey Violet mit Pussy Riot.

Pascha verbrachte viel Zeit auf der Website transgender.ru, die 2004 gegründet worden war, und in Chatrooms. Zudem wurde sie zur Autodidaktin, indem sie russische und englische Texte las, um sich per Crashkurs die Grundlagen der Gendertheorie anzueignen. Sie beobachtete den neuen Aktivismus aus der Ferne und fühlte sich immer mehr von ihm angesprochen. Anfang 2012 hatte sie das Gefühl, dass es in ihrer Familie gut lief: »Wir waren glücklich, trotz unserer Differenzen«, sagte sie zu mir. »Ich bin keine Masochistin.« Also beschloss sie, Julia ihre Geschlechtsidentität zu offenbaren. Julia dachte zuerst, ihr Ehemann müsse schwul sein, aber als Pascha ihr vorsichtig den Unterschied zwischen sexueller Orientierung und Geschlechtsidentität erklärte, war »Julia ausgesprochen unterstützend und ganz ruhig. Dann jedoch passierte in Russland diese ganze Geschichte mit der Gesetzgebung gegen ›homosexuelle Propaganda‹, und alles änderte sich.«

Für beide.

—

Der Wendepunkt war Wladimir Putins Kampagne für die Wiederwahl als Staatspräsident im Jahr 2011 und seine darauf folgende Amtszeit.

»Plötzlich liefen diese furchtbaren Sendungen im Fernsehen«, erinnerte sich Pascha. »›Es ist schädlich‹, ›es ist eine Krankheit aus dem Westen, die Russland von innen zerstören soll‹.«

Julias Ansichten änderten sich. »Davor war sie recht progressiv und demokratisch gesinnt, nun jedoch schloss sie sich diesen ganzen Pseudopatriot:innen an, bis sie schließlich ›Die Krim gehört uns!‹ schrie«, berichtete Pascha. »Auch ihre Meinungen über sexuelle Minderheiten passten sich dem Mainstream an.« Bei den Diskussionen in der Familie stellte Julia klar, dass sie die neue gegen Homosexuelle gerichtete Gesetzgebung unterstützte, die angeblich nur dem Schutz der Kinder dienen sollte. Zwischen den Eheleuten tat sich eine Kluft auf: Beide radikalisierten sich, aber in entgegengesetzte Richtungen.

Im Dezember 2012 erfuhr Pascha im Internet von einem geplanten Kiss-in vor der Duma. Es handelte sich um eine Protestaktion gegen die bevorstehende erste Lesung des föderalen Gesetzes gegen »homosexuelle Propaganda«, das die entsprechenden regionalen Gesetze so erweitern sollte, dass diese jedes »Bewerben« von »nichttraditionellen sexuellen Orientierungen« umfassten. Verboten werden sollte auch, und das war von zentraler Bedeutung, ein »verzerrtes Bild von der sozialen Gleichwertigkeit traditioneller und nichttraditioneller sexueller Beziehungen« zu zeichnen – mit anderen Worten, der Gleichwertigkeit homo- und heterosexueller Beziehungen.[9] Aus Empörung, aber auch weil sie sich nach Gemeinschaft sehnte, beschloss Pascha, an der Aktion teilzunehmen, aber nur im Hintergrund, als Zuschauerin.

Einige Wochen darauf, an einem bitterkalten Januarmorgen, als die erste Lesung des Gesetzes stattfand, nahm sie erneut an einer Protestaktion teil. Sie hatte nicht vorgehabt, sich festnehmen zu lassen, aber als sie sah, wie andere misshandelt wurden, setzte sie sich in den tiefen Schnee und weigerte sich wegzugehen. Sie gehörte zu insgesamt zwanzig Aktivist:innen, die in einen Polizeibus geladen und in das Polizeirevier in der Twerskaja-Straße gebracht wurden:

»Der Tag des Küssens war ein voller Erfolg«, postete sie auf Facebook, zusammen mit Fotos von sich und anderen Festgenommenen im Bus und auf dem Polizeirevier: »Es gab viele Teilnehmer:innen, Journalist:innen, Polizist:innen und Schlägertypen. Letztere wollten uns angreifen, aber es gelang ihnen nicht. Niemand wurde verletzt.«[10]

Das war Paschas öffentliches Coming-out, nicht als Transfrau zwar, aber als Aktivistin für LGBT-Rechte. Wie zu erwarten, war Julia aufgebracht und beschuldigte Pascha, eine Vereinbarung gebrochen zu haben, indem sie an die Öffentlichkeit gegangen war. »Julia ist eine Perfektionistin«, erklärte mir ein Freund der Familie. »Sie und ihre Familie legen großen Wert darauf, der Welt das ›richtige‹ Gesicht zu zeigen. Man stelle sich vor, dass jemand, den sie kennen, Pascha bei einer dieser Demonstrationen im Fernsehen gesehen hätte! Mit dieser Schande hätte Julia niemals leben können. Außerdem machte sie sich zu Recht Sorgen, dass das Kind gehänselt werden könnte.«

Am 11. Juni 2013 ging Pascha erneut demonstrieren: Wieder zu einem Kiss-in vor der Duma, als die dritte und letzte Lesung des Propaganda-Gesetzes stattfand. Die Polizei war dieses Mal mit mehr Leuten angerückt und sie ging auch rücksichtsloser vor. Auch schien sie weniger gewillt, rechtsgerichtete Gegendemonstrant:innen an gewaltsamen Übergriffen zu hindern. Mehrere Teilnehmer:innen der Aktion wurden schwer misshandelt. Es war Frühsommer, und Pascha hatte auf dem Weg spontan einen Strauß leuchtend rote Pfingstrosen gekauft. Obwohl sie selbst (vielleicht weil sie sich aus Rücksicht auf Julia zurückhielt) dieses Mal nicht festgenommen wurde, gelang es ihr, den Strauß einer Demonstrantin zu geben, die in einen wartenden Polizeibus gezerrt wurde. Das Bild, wie jemand mit den Blumen hinter dem vergitterten Fenster des Busses winkt, als er wegfährt, wurde ein anschauliches Symbol für den Widerstand jenes Tages.

In der Duma stimmten die Abgeordneten fast einstimmig, bei

nur einer Enthaltung, für das Gesetz. Putin unterzeichnete es drei Wochen später. Im September wurde ein Gesetzentwurf für das Familienrecht eingebracht, dem zufolge der Staat das Recht haben sollte, homosexuellen Eltern ihre Kinder wegzunehmen, ein Recht, das er bei Drogensüchtigen, Alkoholiker:innen und anderen Personen mit einem angeblich amoralischen Lebensstil bereits besaß. Der Verfasser des Entwurfs, der Ultranationalist Alexej Schurawlew, erklärte, es reiche nicht aus, »homosexuelle Propaganda« in den Medien und im öffentlichen Raum zu verbieten. Dies müsse auch in »der Familie« geschehen, denn der Schaden, den diese im Kopf eines Kindes anrichten könne, sei »immens«.[11] Wenngleich der Vorschlag bald darauf zurückgezogen wurde, löste schon seine Vorlage Panik in der LGBT-Community aus. Zudem befeuerte er den homophoben Diskurs.

Im Oktober 2013 besuchte ich Sascha Semjonowa, die in St. Petersburg ein Netzwerk für LGBT-Familien betrieb. »Die Botschaft ist klar«, sagte sie, als ich sie auf Schurawlews gerade zur Debatte stehendes Gesetz ansprach: »›Verhaltet euch ruhig, sonst nehmen wir euch eure Kinder und vielleicht auch eure Bars und Nachtclubs weg‹«.

Semjonowa führte für ihr Netzwerk Coming Out St. Petersburg unter 250 Familien der Stadt eine Umfrage durch. Die Teilnehmer:innen waren vorwiegend lesbische Eltern, aber auch einige Transpersonen und schwule Eltern wurden befragt. Mehr als die Hälfte der Befragten planten, Russland zu verlassen. Ein Viertel war noch unentschlossen. Selbst wer bleiben wollte, sprach davon, in Zukunft diskreter sein zu müssen. Semjonowa war selbst Mutter, und sie redete über ihre eigenen Ängste: »Das sind Eltern, die ihren Kindern beigebracht haben, stolz auf ihre Familie zu sein. Und jetzt müssen sie ihnen sagen, sie sollen diskreter sein, ja sogar, sie sollen besser verbergen, dass sie zwei Mütter haben. Stellen Sie sich das vor.« Sie und ihre Familie verließen Russland Ende 2013 und ließen sich in der Tschechischen Republik nieder.

Semjonowas Studie lieferte wichtige Hinweise zum Verständnis der Entwicklung in Russland. Wenn queere Eltern in Erwägung zogen, wieder in den Untergrund zu gehen, bedeutet das, dass sie sich in den Jahren zuvor geoutet und den Untergrund *verlassen* hatten: Allein schon die Existenz eines Netzwerks von 250 queeren Familien in St. Petersburg ist ein Indiz dafür, wie sich die urbane Kultur im Russland des frühen 21. Jahrhunderts verändert hatte.

Tatsächlich gab es in jenen Jahren sogar eine Art »lesbischen Baby-Boom«, wie Semjonowa es formulierte. Dieselbe Entwicklung hatte es in vielen anderen Teilen der Welt gegeben: Das Konzept der queeren Familie erreichte den Mainstream, in einigen Ländern wurden gleichgeschlechtliche Ehen legalisiert und durch das Fernsehen und die sozialen Medien neue Ideen weltweit verbreitet. »Es erschien unvermeidlich, dass das Thema LGBT-Rechte auch in Russland ankommen würde«, sagte Semjonowa. Sie wählte ihre Worte sorgfältig, um die Verhältnisse in den Jahren zu beschreiben, bevor Putin 2012 erneut Präsident wurde: »Es herrschte vielleicht sogar ein gewisser Optimismus.«

Die Städte hatten einen Boom erlebt, Russ:innen reisten durch die ganze Welt und nun profitierten auch breitere Bevölkerungsschichten von den Vorteilen des Kapitalismus, die in den düsteren neunziger Jahren nur einer kleinen Oberschicht zugutegekommen waren. Der Westen übte auf Russ:innen aus der urbanen Mittelschicht noch immer eine starke Anziehungskraft aus, insbesondere wenn es um die persönlichen Freiheiten und den Massenkonsum ging. In den Städten entwickelten sich lebendige schwule Subkulturen. Bis 2012 war Russland eines der am meisten vernetzten Länder der Welt. Selbst wenn sie vielleicht nicht in Clubs gehen oder Sexpartner:innen finden konnten, so hatten Menschen, die in dem riesigen Land sonst isoliert geblieben wären, dank der sozialen Medien nun die Möglichkeit, Verbindungen zu knüpfen und Mitglieder virtueller Communitys zu werden. Zahlreiche Organisationen entstanden – zum Teil mit finanzieller Unterstützung durch die Open Society Foundations von George Soros und niederländischen und skandinavischen Institutionen für Entwicklungszusammenarbeit, die weltweit LGBT-Rechte förderten.

Das erste regionale Gesetz gegen »homosexuelle Propaganda« (im Oblast Rjasan) wurde nicht zufälligerweise im Jahr 2006 unmittelbar nach dem ersten Versuch, in Moskau eine Gay-Pride-Parade zu veranstalten, verabschiedet. Es gab bestimmt Grenzen, die nicht übertreten werden durften: politischer Protest oder auch nur öffentliche Sichtbarkeit und jede Forderung nach Rechten.

—

Hätte Pascha den Mut für ihre Transition auch aufgebracht, wenn es damals in der russischen Gesellschaft keine zunehmend sichtbare Bewegung für LGBT-Rechte und eine wachsende öffentliche Auseinandersetzung über Rechte, die sie unmittelbar betrafen, gegeben hätte?

Pascha konnte das nicht sicher sagen. Eines aber war gewiss: So wie sich Julia in diesen schwierigen Jahren veränderte, indem sie zunehmend das wurde, was ihre Ex-Gattin als »Pseudo-Patriotin« bezeichnete, so veränderte sich auch Pascha, und das nicht nur politisch, sondern auch körperlich. Sie hatte begonnen, Östrogen zu nehmen (ohne ärztliche Überwachung, die Rezeptpflicht wird in Russland sehr lax gehandhabt) und eine Brustvergrößerungscreme zu verwenden.

Während eines Familienurlaubs auf dem Land im Frühjahr 2014 spitzte sich die Lage zu. Julias Tante war Ärztin und kam schnell darauf, was mit Pascha vor sich ging. Ihre Diagnose war bestimmt und brutal: Pascha litt unter einer Geisteskrankheit, und zwar einer gefährlichen, sagte sie der Familie.

Wie stark die persönlichen Spannungen in der Familie wegen Paschas Transition auch waren, die zunehmend schrille öffentliche Diskussion über LGBT-Rechte und Homosexualität dürften sie noch weiter verschärft haben. Diese Diskussion hatte mit der Eröffnung der Olympischen Winterspiele in Sotschi wenige Wochen vor Paschas schicksalhaftem Familienurlaub ihren Höhepunkt erreicht. Durch die Spiele in Sotschi verwandelte sich die Homophobie des Landes von einem heimischen in ein internationales Problem.

In den Jahrzehnten zuvor war es Tradition geworden, dass während der Olympischen Spiele ein Pride House eingerichtet wurde, eine Art Zelt mit Bewirtung für queere Sportler:innen und Fans. Anfang 2012 hatten die russischen Behörden einen Antrag von Russlands streitlustigstem LGBT-Aktivisten Nikolai Alexejew abgelehnt, auch in Sotschi ein Pride House einzurichten. Die Ablehnung wurde von einem lokalen Gericht mit der Begründung bestätigt, dass die Förderung »positiver Einstellungen gegenüber den LGBT-Sportler:innen« in Sotschi nicht nur den »Fundamenten der öffentlichen Moral« widerspreche, sondern die »Souveränität und territoriale Integrität« Russlands untergrabe, indem sie »Extremismus« und eine »Reduktion der Bevölkerung« befürworte.[12]

Diese Vorstellungen waren genau das, was sich gerade als Haltung des Kreml zu dem Thema abzeichnete. Alexejew und seine Mitstreiter:innen schlugen Alarm und wandten sich an die internationale Öffentlichkeit. Ende 2013 berichteten die Medien weltweit mehr über dieses Thema als über fast irgendetwas anderes aus Russland.[13] Diese Berichterstattung war sehr wichtig, um die internationale Aufmerksamkeit auf die Lage von LGBT-Menschen in Russland zu lenken. Die Rede von zahlreichen Pogromen war übertrieben, und die Solidaritätsgesten waren in manchen Fällen irregeleitet – etwa der Boykott von Stolichnaya Wodka in Schwulenbars und -clubs, die Marke befindet sich nicht einmal in russischem Besitz. Diese überzogenen Reaktionen spielten Putin direkt in die Hände: Der Kreml beschuldigte den Westen, eine Verleumdungskampagne zu betreiben, und forderte die Russ:innen auf, ihre Werte gegen den Angriff zu verteidigen.

Bei einem Treffen internationaler Politiker:innen, Journalist:innen und Wissenschaftler:innen im September 2013 warf Putin dem Westen vor, eine »rote Linie« überschritten zu haben. Er sah die russische Souveränität infrage gestellt und bezeichnete die Normalisierung von Homosexualität in seiner Ansprache als »direkten Weg zu Zersetzung und Primitivismus«.[14] Aber, so Putin, Homosexuelle würden in Russland nicht diskriminiert, eine Behauptung, die er in den folgenden Monaten noch oft wiederholen sollte, wobei er häufig Tschaikowski und Puschkin anführte. »Wir verbieten überhaupt nichts, wir treiben keine Menschen zusammen, wir haben keine Strafe für solche Beziehungen, im Gegensatz zu vielen anderen Ländern«, sagte er zu potenziellen Besucher:innen der Spiele von Sotschi. Und dann fügte er einen Nachsatz hinzu, in dem er, wie es auch mit der Gesetzgebung gegen »homosexuelle Propaganda« geschehen war, wieder einmal Homosexualität mit Pädophilie in Verbindung brachte: »Man kann sich ganz entspannt und unbelastet fühlen, aber bitte lasst die Kinder in Ruhe.«[15]

Der russische politische Analyst Alexei Muchin brachte in einem Interview für einen britischen Dokumentarfilm sehr deutlich zum Ausdruck, welchen Deal der Kreml queeren Menschen anbot: »Es stimmt, dass es ganz schön schwierig sein kann, in Russland schwul zu sein. Aber wenn man sich nicht an öffentlichen Aktivitäten der schwulen Community beteiligt, treten die meisten Probleme einfach nicht auf. In Russland schwul zu sein heißt, im Verborgenen zu leben, in einem sehr großen und sehr bequemen Versteck.«[16]

Das Problem der russischen Staatsmacht bestand darin, dass eine wachsende Anzahl von Russ:innen erkannten, dass das Versteck eben doch nicht so bequem war, und das aus denselben Gründen wie in anderen Teilen der globalisierten Welt auch: Sie begriffen, dass sie freier leben und sich selbst mehr verwirklichen konnten, wenn sie nicht länger ein Doppelleben führen mussten, dass sie dieselben Rechte wie ihre straighten Landsleute in Anspruch nehmen konnten und dass die queeren Menschen im Westen es besser hatten. Obwohl Pascha nicht wegen ihrer sexuellen Orientierung, sondern wegen ihrer Geschlechtsidentität im Verborgenen lebte, war die Entwicklung, die sie aus ihrem Versteck lockte, dieselbe.

Sechs Monate nach der Eröffnung der Winterspiele in Sotschi und drei Monate nach dem Frühlingsurlaub auf dem Land, als Julias Tante sich zu Paschas »Krankheit« geäußert hatte, zog Julia mit Jarik aus und reichte die Scheidung ein.

—

Das Propaganda-Gesetz wird nur selten angewendet, wirkt aber dennoch auf eine Art, die Human Rights Watch als »Lizenz zu verletzen« bezeichnet hat, denn die Folgen sind dramatisch:[17] queeren Menschen wurden im Internet Fallen gestellt; abscheuliche Angriffe durch Gruppen wie Occupy Pedophilia; die Vertreibung schwuler und lesbischer Lehrer:innen aus ihrem Beruf; eine starke Zunahme willkürlicher Übergriffe auf schwul wirkende Männer, darunter mehrere Morde; der Überfall auf eine Teegesellschaft im HIV-Zentrum von St. Petersburg, durch den ein junger Mann teilweise erblindete, und brutale Attacken gegen demonstrierende LGBT-Aktivist:innen.

Im Oktober 2013 besuchte ich die nordrussische Stadt Archangelsk. In der gleichnamigen Oblast war zwei Jahre zuvor das zweite regionale Propaganda-Gesetz verabschiedet worden, und zwar eindeutig als Reaktion auf die selbstbewusster werdende LGBT-Community vor Ort. Als ich dort war, brachte mir die junge lesbische Straßenbahnfahrerin Warja einen Aufkleber, den sie an jenem Morgen in ihrer Tram auf ein benutztes Ticket geklebt gefunden hatte: »Zerquetscht die Schwuchteln wie einen Haufen Scheiße!« war über ein Bild gedruckt, auf dem ein feenhaft anmutender Jugendlicher mit lilafarbenen Haaren von einem Springerstiefel zermatscht wurde. Die Aufkleber waren überall in der Stadt. Ein ähnlicher in Moskau zeigte einen Vogel unter dem Wort »petuch« (Hahn), im Slang ein Ausdruck für einen Mann, der im Gefängnis vergewaltigt worden ist. Sexuelle Gewalt gehört, wie die meisten Russ:innen wissen, im Gefängnissystem des Landes zum Alltag – einer der Gründe, warum die staatliche Politik der Homophobie auf so fruchtbaren Boden fällt.

Warja war eine junge Mutter. Sie lebte mit ihrer Freundin zusammen, die ebenfalls ein kleines Kind hatte. Warjas Kleinkind Serafima stammte von einem One-Night-Stand mit einem Mann, den sie in der Archangelsker alternativen *Njeformaly*-Szene (Bewegung der Informellen) kennengelernt hatte, in der viele queere junge Leute in Russland einen Raum für sich fanden. Nach der Ankündigung des neuen Gesetzentwurfs, dem zufolge homosexuellen Eltern die Kinder weggenommen werden sollten, drohte Serafimas Vater Warja mit einer Sorgerechtsklage, obwohl er das Kind nie gesehen hatte.

In Warjas Fall blieb es bei der Drohung, bei anderen jedoch ging es darüber hinaus: In dem Buch *Gay Propaganda: Russian Love Stories* erzählt eine Moskauer Frau, wie sie mit ihren eigenen Eltern einen Sorgerechtsstreit vor Gericht ausfechten musste. Im Gegensatz zu Pascha schaffte sie es, ihr Kind zu behalten, indem sie dem Gericht »bewies«, dass ihre Partnerin nicht ihre Liebhaberin, sondern nur ihre Mitbewohnerin war.[18] Im Jahr 2019 geriet ein schwules Paar unter Verdacht, als sein zwölfjähriger Sohn wegen Bauchschmerzen ins Krankenhaus kam und dort ganz unschuldig erzählte, dass er zwei Väter habe. Nach einer Anhörung teilte man Andrej Waganow und Jewgeni Jerofejew mit, dass der Verdacht des »Kindesmissbrauchs« bestünde und sie den Jungen während der Ermittlungen vermutlich an ein staatliches Rehabilitationszentrum übergeben müssten. Die beiden flohen ins Ausland. Als sie Russland verlassen hatten, wurde ein Verfahren gegen den Adoptionsdienst eröffnet, der ihnen das Kind vermittelt hatte.[19]

Olga, eine lesbische Mutter aus St. Petersburg, berichtete mir, dass ihre Tochter, ein Teenager, in letzter Zeit abscheulichen homophoben Kommentaren und Witzen ihres ehemals toleranten Vaters ausgesetzt sei. Seit es zwölf war, hatte das Mädchen ihre Mutter auf

Versammlungen von Coming Out St. Petersburg begleitet. Dort hatte die Tochter andere Kinder kennengelernt, die in ihren Augen Unterstützung benötigten. Daher wollte sie unter dem Dach von Coming Out St. Petersburg eine Gruppe für »Regenbogenkinder« gründen, doch das wurde ihr nicht erlaubt. Es hätte gegen das Gesetz verstoßen und so die ganze Organisation gefährden können. Nach der Verabschiedung der Gesetze gegen »homosexuelle Propaganda« durfte keine russische LGBT-Organisation mehr für Dienstleistungen werben, die Minderjährige erreichen oder unterstützen sollten.

Just in dem Moment, als sich mehr junge Leute outeten als je zuvor, wurden die Angebote, die ihnen hätten helfen können, plötzlich eingestellt.

Eine mutige Initiative versuchte, die Lücke zu schließen. Und es war indirekt durch diese Initiative, dass Pascha einige Monate nachdem Julia sie verlassen hatte, Ende 2014 ihre neue Partnerin Alja kennenlernte.

3

Alja war dabei, als ich mich im Juni 2015 zum ersten Mal mit Pascha traf. Wir hatten uns in einem Laden mit dem kühnen Namen Propaganda verabredet. In dem im Steampunk-Stil gehaltenen Café, Restaurant und Club in der Nähe des riesigen Gebäudes des Inlandsgeheimdienstes am einstigen Dzierżyński-Platz verkehrte die queere Szene Moskaus. Das Propaganda war berühmt für seine Sonntagnacht-Partys. Wir aber waren an einem Donnerstagnachmittag dort, und Pascha und Alja zwängten sich in eine der bequemen weinroten Nischen an der Tanzfläche.

Pascha war im Schick einer Rock-Lady gekleidet: High-Tops, abgeschnittene Jeans und ein schwarzes T-Shirt mit der Aufschrift »WE LOVE FRIDAYS« in funkelndem Silber und Gold. Alja sah aus, als sei sie einem Sowjetposter entstiegen mit ihrem Wasserfall blonder Haare, einer üppigen Figur und ihren blitzenden halbmondförmigen Augen in derselben Farbe wie ihr eng anliegendes grellblaues Kleid. Sie und Pascha waren damals erst sechs Monate zusammen und unverkennbar verliebt. Sie streichelten einander die Wangen, probierten, was die andere auf dem Teller hatte, vollendeten angefangene Sätze ihrer Partnerin, und immer wenn wir während meiner zwei Besuche in jenem Sommer im Freien waren, gingen sie Arm in Arm oder Hand in Hand, blind für die Blicke, die sie damit manchmal auf sich zogen.

Alja wohnte nicht in Moskau. Sie pendelte inzwischen regelmäßig die acht Stunden mit dem Zug zwischen Moskau und ihrer Heimatstadt an der Wolga, wo sie einen Ehemann und einen Sohn im Teenageralter hatte und eine gut gehende Praxis als Psychotherapeutin besaß. Sie war eine fromme Christin und in einer Familie aufgewachsen, die ihre religiöse Praxis auch in der Sowjetzeit durchgehalten hatte. Als Jugendliche war sie wegen ihres Interesses an sozialer Gerechtigkeit und ihrem Wunsch nach einer persönlichen Beziehung zu Gott in eine evangelisch-lutherische Kirche eingetreten. Sie studierte Theologie und stieg in ihrer Kirchengemeinde von einer Jugendleiterin zur Programmgestalterin der Sonntagsschule auf.

Auch ihr Leben hatte sich durch die Anti-Propaganda-Gesetze und den Hass, der durch sie angeregt worden war, dramatisch verändert. Plötzlich, sagte sie, »wurde aus dem üblichen Sarkasmus, mit dem mein Pfarrer der Homosexualität begegnete, und aus seiner Neigung, sich über andere Menschen lustig zu machen, eine Art rechtschaffener Zorn. Und er hielt nun mindestens ein Mal im Monat eine homophobe Predigt.« Alja sah sich damals nicht als lesbisch oder LGBT. »Wenn überhaupt, könnte man sagen, dass ich bisexuelle Neigungen hatte.« Doch sie hatte ein paar queere Freund:innen, und es gab eine lesbische Frau in der Kirchengemeinde. »Als ich hörte, wie der Priester, der mich als ›Schwester in Christus‹ bezeichnete, auf die Kanzel stieg und Hass predigte, konnte ich die Heuchelei nicht mehr ertragen.« Also verließ sie die Kirche und musste mit ansehen, wie »das Thema in der Öffentlichkeit immer präsenter wurde. Russland begann, dem faschistischen Deutschland zu gleichen, man sonderte eine verwundbare Gruppe aus und erhob Beschuldigungen gegen sie. Ich fragte mich: ›Wer ist als Nächstes dran?‹«

Inzwischen war sie eine zugelassene Psychologin und arbeitete mit Jugendlichen. Sie hatte das Gefühl, dass sie etwas unternehmen musste, und deshalb nahm sie Kontakt mit Deti-404 (Kinder-404) auf, einer Onlineinitiative, die in dem sozialen Netzwerk VKontakte eine geschlossene Gruppe für LGBT-Teenager betrieb. Deti-404 geriet schon bald ins Visier der neuen Anti-Propaganda-Kreuzzügler:innen. Zunächst wurde gegen die Moderatorin von Deti-404, Jelena Klimowa, eine der (seltenen) Anklagen wegen Verstoßes gegen das Propaganda-Gesetz erhoben. Als diese abgewiesen wurde, wurde bei der russischen Aufsichtsbehörde für Kommunikation, Informationstechnologie und Massenkommunikation eine Beschwerde eingereicht. Letztlich entschied ein Gericht, das Onlineprofil des Projekts könne »Kinder glauben machen, homosexuell zu sein hieße, ein tapferer, starker, zuversichtlicher, ausdauernder Mensch mit einem Sinn für Würde und Selbstachtung zu sein«.[20] Klimowa musste eine Strafe von 50 000 Rubel (etwa 550 Euro) zahlen, die Gruppe auf VKontakte wurde im Juli 2015 geschlossen. Sie machte ihre eigene Website auf und setzte ihre Arbeit fort.

Ein wichtiges Element von Deti-404 waren Unterstützungsangebote im Internet für Jugendliche, und Anfang 2014 bot Alja der Organisation ihre Hilfe an. Die Aussagen ihrer neuen jungen Klient:innen stärkten ihre Überzeugung, dass sich Russland Richtung Faschismus bewegte, und sie intensivierte ihr politisches Engagement. Im November 2014 reiste sie nach Moskau und nahm an der ersten LGBT-Familienkonferenz in Russland teil. Dort lernte sie Pascha kennen, die zwei Monate nachdem Julia sie mit Jarik verlassen hatte, auf der Konferenz Trost und Solidarität suchte.

Alja hatte nie zuvor eine Transperson kennengelernt, und konnte die Augen nicht von Pascha lassen: »Ich sah sie an und konnte nicht verstehen, wer das war. Ich hörte sie sagen, dass sie dabei sei, die Transition zu machen, und dass sie eine Aktivistin sei, aber ich verstand immer noch nicht richtig.« Sie hatten zunächst keinen direkten Kontakt, aber Alja machte Pascha später online ausfindig, und sie fingen an zu chatten: »Schon bei unseren ersten Gesprächen verstand ich sie als Frau. Ich hatte das Gefühl, dass sie eine Frau war, viel weiblicher als ich, sogar!«

Dass sie mit Pascha zusammen war, befreite sie von den Stereotypen hinsichtlich Geschlechterrollen und Geschlechtsidentität, die man ihr aufgezwungen hatte. »Den größten Teil meines Lebens«, erzählte sie mir, »wollte ich mich zwingen zu glauben, dass ich als normale Frau leben könnte. Sie wissen schon: Fleischbällchen machen und Kinder großziehen. Doch es dauerte immer nur ein oder zwei Wochen, bis ich mich wieder für ein soziales Projekt engagierte, für etwas, das normalerweise ein Mann tun sollte. Bei Pascha habe ich diese internalisierten Stereotypen nicht. Ich muss mich nicht beschränken, wenn ich mich auf bestimmten Gebieten kompetent fühle. Ich kann einfach ich selbst sein.«

Pascha unterzog sich im Dezember 2014, kurz nach der LGBT-Familienkonferenz, ihrer geschlechtsangleichenden Operation. Damals steckten sie und Alja schon tief in einer Onlineromanze. Doch nach der OP hörte Alja nichts mehr. Sie bekam Angst. Alja konnte nicht nach Moskau reisen, und als sie herausfand, dass man Pascha in ein öffentliches Krankenhaus gebracht hatte (sie war lange, viel zu lange, Wochen dort), bat sie eine Freundin, nach ihr zu sehen. Es hatte Komplikationen gegeben, und Pascha war sehr krank. Als sie Anfang Januar 2015 aus dem Krankenhaus entlassen wurde und nicht selbst für sich sorgen konnte, ließ Alja alles stehen und liegen und fuhr nach Moskau. Sie wollte eigentlich nur für ein paar Tage in die Stadt kommen, aber sie blieb sechs Wochen, bis Pascha die wichtigsten Dinge wieder selbst erledigen konnte. Seit dieser Zeit teilte Alja ihr Leben zwischen Moskau und ihrer Heimatstadt an der Wolga. Wenn sie zu Hause war, sprachen die beiden täglich stundenlang über Skype; wenn sie in Moskau war, taten sie dasselbe mit ihrem 16-jährigen Sohn Witja und auch mit ihrem Ehemann, wenn er daheim war. Alja und ihr Mann hatten eine »offene Beziehung«, wie sie sagte, und er hatte offenbar nichts gegen die neue Liebe in ihrem Leben.

Witja lernte Englisch und konnte es flüssig lesen. Deshalb bat seine Mutter ihn oft, etwas für sie zu übersetzen. Einer der Texte war die Rede der transgender Filmregisseurin Lana Wachowski über ihr Coming-out, die 2012 weltweit für Furore gesorgt hatte.[21] Zu Beginn ihrer Beziehung mit Pascha hatte sie ein Video von dieser Rede verwendet, um Witja ihre neue Partnerin zu erklären. Doch der junge Mann hatte nur desinteressiert mit den Schultern gezuckt. Nun einige Monate darauf, im Sommer 2015, nahm Alja ihren Sohn mit nach Moskau, damit er mit ihr und Pascha die Ferien verbachte. Sie hatte große Angst, ob sie drei miteinander zurechtkommen würden. »Tatsächlich jedoch«, sagte sie lachend, »weiß ich jetzt, dass das einzig und allein meine Sorge war. Sie sind beide introvertiert, doch das würde man nie vermuten, wenn man sie zusammen sieht. Sie reden über Computer und Spiele und Waffen und über Witjas Arbeit als Wiki-Moderator. Ich verstehe davon kein Wort, aber Pascha hat eine Menge Ahnung und das fasziniert Witja. Es sind erst ein paar Tage, und sie sind schon wie alte Freunde.«

Ich traf das Trio in der Wohnung in Ljuberzy, einen Tag nachdem sie zusammen im Kosmonautenmuseum gewesen waren. Witja wohnte in Jariks Zimmer, und Pascha schien sich darüber zu freuen: »In vielerlei Hinsicht erkenne ich mein eigenes Kind, wenn ich ihn ansehe. Ich finde, dass sie einander sogar ähnlich sehen. Und sie kommunizieren auf dieselbe Art: Erst mal recht schüchtern, aber wenn sie mit einem warm werden, dann blühen sie auf.«

Witja sah gut aus und war fleißig, mit ironischer Galanterie, was seine Mutter und ihre neue Freundin betraf, und mit einem trockenen russischen Humor. Er liebte seine Mutter offenbar sehr, und wenn er in Bezug auf die letzten Monate überhaupt eine Schwierigkeit zugab, war es ihre periodische Abwesenheit. Er stand auch seinen Großeltern mütterlicherseits sehr nahe und verbrachte viel Zeit bei ihnen auf dem Dorf unweit seiner Heimatstadt.

»Was wird passieren, wenn Alja Pascha mit nachhause nimmt und sie den Großeltern vorstellt?«, fragte ich ihn.

»Lieber nicht«, sagte er. »Das wäre sehr schwierig.«

Alja beschloss, sich nicht als Paschas Liebhaberin zu outen, um Witja genau solche Schwierigkeiten zu ersparen. Sie legte sich einen Facebook-Account unter dem fiktiven Namen Alja Amada (»geliebt« auf Spanisch) zu, verwendete ein Regenbogeneinhorn als Profilbild und gab dort an, mit Pascha »in einer Beziehung« zu sein. Das war Aljas LGBT-Profil, und sie hielt es von ihrem anderen getrennt.

Ein paar Tage darauf schlenderten wir zusammen durch den Gorki-Park und aßen eine Pizza in einem Café am Fluss. Alja und Pascha hatten Ringe getauscht und fantasierten gern von einem Hochzeitsfest, vielleicht in Dänemark, einem beliebten Ziel für gleichgeschlechtliche russische Paare. Ich erzählte, dass gleichgeschlechtliche Ehen auch in Südafrika legal seien und ich mit meinem Partner verheiratet sei. Ob sie nicht nach Kapstadt kommen wollten?

»Das ist eine wunderbare Idee«, sagte Witja mit todernstem Gesicht. »Und bitte ohne Rückflugtickets.«

Alle lachten.

4

Pascha hatte ihre geschlechtsangleichende Operation in einer Moskauer Klinik vornehmen lassen. Sie war von den Eheleuten Jael und Andrej Demedetski gegründet worden, die beide selbst transgender waren. Jael war vor ihrer OP im Jahr 2009 eine sehr erfolgreiche Finanzanalystin und eine Pionierin des russischen Transgender-Aktivismus gewesen. Sie hatte 2004 die Transgender Foundation gegründet und jene Webseite ins Leben gerufen, auf der Pascha einige Jahre später ihre ersten Nachforschungen anstellen sollte. Jael subventionierte ihre Stiftung durch das Onlineunternehmen Transdostawka (»Trans-delivery«), das Accessoires und Kleidung verkaufte. Im Jahr 2013 eröffnete sie zusammen mit ihrem Mann das Reconstructive Surgery, Androgyny and Sexology Center, eine Klinik, die sämtliche Dienstleistungen rund um die Transition anbot.

Im Juni 2015 stattete ich den beiden dort einen Besuch ab. Die Klinik war nicht leicht zu finden. Sie lag in einem Gewirr von Höfen in einer Art Industriegebiet, nur erkennbar dank eines Schildes mit der Aufschrift »Medizinische Klinik« neben einem Frauengesicht, das auf die Eingangstür gedruckt war. Drinnen gab es eine Rezeption, einen Beratungsraum, einen Operationssaal und eine kleine Krankenstation: ein Zimmer mit zwei Betten und Blick auf einen hübschen kommunalen Garten. Dort hatte Pascha nach ihrer Operation eine Woche gelegen, bevor sie ins Krankenhaus verlegt werden musste.

Andrej Demedetski war Ende dreißig, zurückhaltend und phlegmatisch. Jael war zehn Jahre älter, ausdrucksstark und emotional. Die beiden erzählten mir, dass sie eine freundliche Psychiaterin gefunden und mit ihrer Hilfe ein Beurteilungsgremium zusammengestellt hatten, das eine staatliche Lizenz für die Diagnose von Transsexualismus erhalten hatte. Außerdem hatten sie medizinische Berater:innen eingestellt; sie führten die Behandlungen wesentlich preisgünstiger durch als andere private Einrichtungen (Paschas Kolpopoese hatte etwa 2500 Euro gekostet, zwei Drittel der Summe, die sie überall sonst in Russland hätte zahlen müssen). Im Jahr 2015 führte die Klinik pro Jahr 300 bis 400 geschlechtsangleichende Operationen durch: etwa zwei Drittel von männlich zu weiblich und ein Drittel weiblich zu männlich. Bei Ersteren wurde meistens nur eine Orchiektomie (Entfernung der Hoden) durchgeführt. Das war viel billiger als eine vollständige Nachbildung der Vagina (Kolpopoese), und es war als Beleg einer »unwiderruflichen Veränderung« ausreichend, der verlangt wurde, damit die Patient:innen ihre Ausweispapiere offiziell ändern konnten. Bei Letzteren wurde stets eine Mastektomie (Entfernung des Brustgewebes) durchgeführt und eher selten eine Phalloplastik (Nachbildung des Penis), ein sehr teures Verfahren, das sich überall auf der Welt noch im Entwicklungsstadium befand.

Als Pascha im November 2014 zu ihrer Anhörung vor dem Beurteilungsgremium erschien, hatte sie nach dem Vorgespräch mit der Psychiaterin »ein gutes Gefühl« gehabt. Doch bei der eigentlichen Anhörung fragte sie eine:r der Ärzt:innen mit einer gewissen Feindseligkeit: »Ihnen ist aber klar, dass Sie nie eine *richtige* Frau werden?«

»Was ist Ihre Vorstellung von einer richtigen Frau?«, hatte Pascha zurückgefragt und dann gesagt, sie wisse durchaus, dass sie nie ein Kind bekommen könne, aber »es gibt viele Frauen, die nicht schwanger werden können, und trotzdem sind sie richtige Frauen. Ich bin schon eine richtige Frau. Es geht also nicht wirklich darum, dass ich eine werde.«

Der Mann wollte mit ihr streiten, aber die beiden anderen Mitglieder der Kommission unterbanden eine weitere Auseinandersetzung. Ich traf mich mit Dr. Nadeschda Solowjowa, der Psychiaterin, die das Gremium geleitet hatte. Sie erinnerte sich an Paschas Fall: »Wir fanden sie anpassungsfähig, kommunikativ, kompetent und zu neuen Fertigkeiten der Sozialisation in der Lage. Sie war nicht depressiv«, berichtete sie. »Das sind die Kriterien, nach denen wir in Übereinstimmung mit der ICD-10 [der zehnten Ausgabe der von der Weltgesundheitsorganisation herausgegebenen Internationalen statistischen Klassifikation der Krankheiten und verwandter Gesundheitsprobleme] entscheiden, wie es die russische Regierung verlangt.« Da die diagnostischen Kriterien für Transsexualismus in der

ICD-10 sehr vage und interpretationsbedürftig sind, sagte sie, »konzentrieren wir uns vor allem auf die Exklusion. Etwa indem wir jede möglicherweise zugrunde liegende Psychopathologie wie zum Beispiel Schizophrenie ausschließen, die sich als Geschlechtsidentitätsstörung manifestieren könnte.« Solowjowas Kommission hatte nur wenige Bewerber:innen abgelehnt.

Nadeschda Solowjowa war eine lebhafte und freundliche Frau in ihren Vierzigern. Sie hatte sich ursprünglich auf Demenz spezialisiert und hatte nichts mit dem Thema Transgender zu tun gehabt, bis die Demedetskis sie engagierten. Wie sie mir sagte, verblüffte sie an ihren neuen Patient:innen am meisten, dass man, »um diese Strapazen, diese Tests, diese Wechsel seines Geschlechts durchzustehen, *gesünder* sein muss als die meisten gewöhnlichen Leute. Man muss unglaublich ausgeglichen, vernünftig und stressresistent sein. Es ist nichts für Mutlose.«

—

»Transmenschen haben eine Form von Geisteskrankheit.«[22]

Diesen Satz legte das Meinungsforschungsinstitut Ipsos im Rahmen einer Umfrage Menschen in 23 Ländern vor, um Einstellungen in Bezug auf Transpersonen und deren Rechte zu untersuchen. In Spanien stimmten 8 Prozent dieser Aussage zu; in Argentinien und Großbritannien jeweils 13, in den USA 32 Prozent. Das Land, in dem mit großem Vorsprung die meisten Befragten, nämlich 64 Prozent, Transmenschen für geisteskrank hielten, war Russland. Ebenfalls in Russland waren 59 Prozent der Befragten nicht der Ansicht, dass Transmenschen vor Diskriminierung geschützt werden sollten; auch dies war der bei Weitem größte Anteil. Am tolerantesten und am besten informiert waren die Menschen in Spanien und Schweden. US-Amerikaner:innen waren irgendwo in der Mitte, und die Russ:innen belegten den letzten Platz. Der Grund war womöglich, so vermuteten die Meinungsforscher:innen, »die Anti-LGBT-Kampagne während der Verabschiedung des sogenannten Gesetzes gegen »homosexuelle Propaganda« im Jahr 2012«.

Obwohl »transgender« in dem Gesetz gar nicht vorkommt, wurden Transfrauen, weil sie auffielen und auf andere Russ:innen sonderbar wirkten, unvermeidlich Thema in der Flut von Sendungen, die das staatlich kontrollierte Fernsehen nach der Verabschiedung im Jahr 2013 ausstrahlte. In einer zur Primetime gezeigten Sendung wurde einer Gruppe angeblich gestörter Transmenschen vorgeworfen, an einer Verschwörung zur Destabilisierung Russlands beteiligt zu sein. Die Botschaft war unmissverständlich. Der Westen (der die Ukraine bereits »erobert« hatte) will diesen Freaks Rechte geben: Haltet sie von unseren Kindern fern, sonst verderben sie diese und verursachen den Untergang unserer Kultur.[23]

Als sichtbarste Manifestation eines Phänomens, das inzwischen allgemein als »Perversion« der Homosexualität betrachtet wurde, waren Transfrauen leicht zu identifizieren. In einer Gesellschaft, die die Effemination von Männern verachtete, waren sie schon immer gefährdet gewesen. Nun jedoch wurden sie besonders verwundbar. Im Jahr 2017 versuchte der Abgeordnete Alexej Schurawlew, ein Gesetz durchzubringen, das Transmenschen die Eheschließung verboten hätte. Witali Milonow, der das Gesetz gegen »homosexuelle Propaganda« in St. Petersburg initiiert hatte, versuchte, geschlechtsangleichende Operationen gänzlich zu verbieten. »Langsam fühlt es sich an wie eine Hexenjagd«, sagte Dr. Solowjowa 2015 zu mir. »Natürlich haben wir Angst, dass wir als Nächstes drankommen.«

Sie bezog sich darauf, dass Dmitri Issajew, einer der renommiertesten Psychiater Russlands, kurz zuvor gezwungen worden war, als Leiter des Instituts für klinische Psychologie an der Staatlichen Universität Sankt Petersburg zurückzutreten und auch seine Begutachtungskommission für Geschlechtsangleichung aufzulösen. Bei einer Rufmordkampagne im Internet wurde er unter anderem beschuldigt, »in großem Umfang Bescheinigungen für Perverse« auszustellen. Als ich im Jahr 2017 mit ihm sprach, berichtete er, dass er zwischen 2006 und 2015 mehr als 700 Anträge auf Geschlechtsangleichung geprüft und 70 Prozent positiv beschieden habe. In den letzten Jahren sei die Zahl der Anträge massiv gestiegen. Insbesondere in St. Petersburg gab es eine boomende Transszene. Nach seiner Entlassung war er mit einer Privatklinik »in den Untergrund« gegangen: Obwohl er letztlich doch eine Genehmigung erhalten hatte, seine Begutachtungskommission weiterzuführen, empfing er Klient:innen nur noch nach persönlicher Empfehlung, und weil er nicht mehr im staatlichen System arbeitete, waren die Kosten beträchtlich höher.

—

Außer ihrer Klinik betrieben Jael und Andrej Demedetski auch noch ein Gemeinschaftszentrum im Keller eines großen Wohnblocks aus der Stalinzeit in einer vornehmen Gegend der Stadt in der Nähe der Moskwa. Am Fuß eines Treppenhauses, das man durch eine nicht gekennzeichnete Tür betrat, befand sich der Verkaufsraum von Transdostawka, der auf den ersten Blick typische Crossdressing-Kleidung anzubieten schien: Reizwäsche, paillettenbesetzte Kleider, High Heels mit atemberaubend hohen Absätzen, massenweise Perücken. Bei näherer Betrachtung jedoch war alles im Angebot, was ein Transmann oder eine Transfrau gebrauchen konnte: extravagantes und dezentes Equipment, Make-up, Brustprothesen, Brustbinder, Penisprothesen. Es gab auch einen großen Versammlungsraum und, neben einem Sitzbereich, mehrere Behandlungsräume, in denen Enthaarungsspezialist:innen ihr Handwerk verrichten konnten. In den paar Abendstunden, die ich dort war, klingelte eine Person mit der Kleidung und dem Körper eines Manns mittleren Alters, kam die Treppe herunter und verschwand in den hinteren Räumen. Wenig später tauchte die Person mit dezentem femininem Make-up und in femininer Kleidung wieder auf, blieb eine

Weile im Sitzbereich und bot uns Tee an. Dann verschwand sie wieder, kam in Männerkleidung zurück und verabschiedete sich. Sie wollte offensichtlich noch nicht gehen. Doch sie trug einen Ehering.

Jael und Andrej erzählten mir auch ein wenig über ihre eigenen Leben. Wie viele russische Transmänner hatte es Andrej mit seiner Geschlechtsangleichung eher leicht gehabt und war von seiner Familie akzeptiert worden. Für Butch-Frauen gibt es einen Platz in der russischen Gesellschaft. Und wenn sie eine Transition beginnen, wirkt das Testosteron sehr schnell und ihre femininen Züge verschwinden unter der Gesichtsbehaarung und hinter der tiefen Stimme. Wie in vielen anderen Teilen der Welt ist männliche Effemination auch in Russland mit einem Stigma belegt. Da es für Transfrauen oft schwieriger ist, nach der Transition ihr ursprüngliches Geschlecht zu verbergen, sind sie besonders verwundbar, wenn sie nicht als Frauen angesehen werden. Aus diesem Grund, sagte Jael, »können viele Transmänner wie Andrej mit ihren Familien in Kontakt bleiben, während die Transition für uns Transfrauen bedeutet, unser früheres Leben auszulöschen und ein neues zu beginnen.«

Genauso war es auch Jael ergangen: »Ich war auch verheiratet«, erzählte sie, als wir über Pascha sprachen. »Ich hatte auch ein Kind. Ich schob die Transition wegen meines Sohnes immer wieder hinaus, wartete, bis es laufen und sprechen konnte, wartete, bis es zur Schule ging, und so weiter. Meine Frau wusste genau Bescheid, und als sie sagte, wir sollten warten, bis der Junge erwachsen wäre, erkannte ich, dass ich nicht so lange warten konnte. Ich hätte mich umgebracht. Also bin ich weg.«

Das Kind war fünf. Wie Pascha zahlte auch Jael weiter Unterhalt, aber wie Pascha wurde auch ihr der Umgang mit ihrem Kind verweigert, und das nicht nur von ihrer Ex-Frau, sondern auch von ihrer eigenen Mutter, die versuchte, ihre Transition zu verhindern und sie für geisteskrank erklären zu lassen. Als ihre Frau in einem überregionalen Boulevardblatt eine Rufmordkampagne gegen sie startete (»Geschlechtsumwandlung in einem Gerichtssaal!«), unternahm Jael einen Selbstmordversuch. Sie lag sieben Tage im Koma und brauchte ein Jahr – in dem Andrej sie pflegte –, bis sie wieder gesund war. Als wir uns 2015 kennenlernten, hatte sie seit zehn Jahren keinen Kontakt mehr zu ihrem Sohn gehabt, der inzwischen etwa 15 war. Als wir darüber sprachen, verlor sie die Fassung und zerschlug in ihrem Schmerz ein Glas, bevor sie weinend aus dem Raum rannte.

»Ihr Sohn glaubt bestimmt, dass sie tot ist«, sagte Andrej, als sie hinausgeeilt war. Und nach einer Pause: »Viele von ihren Freund:innen haben sich tatsächlich getötet.«

Ob das etwas mit den Anti-Propaganda-Gesetzen und dem Hass zu tun habe, den diese hervorgerufen hätten, wollte ich von ihm wissen.

»Natürlich, das muss es ja. Wir reden über Menschen, die ohnehin schon depressiv sind, die ihre Familien verlassen mussten. Das hat Auswirkungen auf das Selbstwertgefühl. Besonders weil es die Haltung der Menschen in ihrem Umfeld verändert und diese sich selbst für normal halten und *sie* für eine Abartigkeit.«

Laut Andrej nahm »Jael den Tod ihrer Freund:innen sehr schwer, weil sie für alle in der Transfrauen-Community wie eine Mutter ist. Sie sagt ihnen, sie sollen nach Moskau kommen, sie holt sie auf dem Bahnhof ab. Sie sorgt wirklich gut für sie.«

»Glauben Sie, dass sie durch ihre Arbeit den Verlust ihres Kindes kompensiert?«, fragte meine Übersetzerin Margret.

»Ja, vielleicht. Vielleicht schenkt sie ihnen all die Liebe, die sie ihrem Kind nicht geben konnte.«

—

Im Jahr 2017 traf ich Kate Messorosch, eine weitere Frau, die sich, als sie schon Kinder hatte, einer Transition unterzogen hatte – mit anderen Folgen als bei Pascha und Jael. Sie war 34, hatte einen neunjährigen Jungen und ein dreijähriges Mädchen und arbeitete in der boomenden IT-Branche St. Petersburgs. Ihr russischer Arbeitgeber hatte ihre Transition begrüßt, in dessen Augen sie zur »Diversity« des Unternehmens beitrug und eine Verbindung zu genau der Welt darstellte, von der Putin Russland isolieren wollte. Kates Frau Olga, eine Psychologin, hatte ihre Entscheidung akzeptiert, und obwohl die beiden sich scheiden ließen, wollten sie ihre Kinder unbedingt gemeinsam aufziehen.

Am meisten hatte Kate die Vorbereitung darauf belastet, sich ihrem neunjährigen Sohn Lew zu offenbaren. Aber wie es Kinder tun, hatte der Junge die Sache auf die einfachste Frage heruntergebrochen: »Bleibst du immer eine Frau?«

Als Kate ja sagte, sagte er: »O. k.«, und fragte, ob er zum Spielen hinausgehen könne. Auch die meisten Kinder in Lews Umfeld akzeptierten die Veränderung. Dasselbe galt auch für seine Schule. Dort hatte Kate sich outen müssen, weil Timur Bulatow, Russlands fanatischster Kreuzzügler gegen »Perversion«, der auch für die Entlassung Dmitri Issajews verantwortlich war, eine Kampagne gegen sie gestartet hatte.

Bulatow hatte entdeckt, dass Kate von einer Partei als Vertreterin in die russische Wahlkommission für die Wahlen im September 2016 ernannt worden war, und verteilte Plakate mit einem Foto von ihr und der Aufschrift: »Die Gesellschaft und der gesunde Menschenverstand gebieten, dass diese kranke und sexuell pervertierte Person aus dem Kontrollgremium für die Wahl entfernt wird.« Falls Kate in der Kommission diene, sagte er in einem Fernsehinterview zu dem Thema, »würde sie in einer Schule arbeiten, in der es Teenager gibt«, und das sei ein Verstoß gegen die Propaganda-Gesetzgebung. Schlimmer noch: Auch dass sie mit ihren eigenen Kindern zusammenlebte, verstieß seiner Ansicht nach gegen mindestens 13 föderale Gesetze. Er schwor, bei den zuständigen Behörden eine Beschwerde einzureichen, damit ihr die Kinder weggenommen würden.

Als Bulatow verkündete, er werde Kate an Lews Schule outen, waren Kate und Olga vor ihm dorthin geeilt. Es sei eine öffentliche Schule in einem »sehr typischen« Petersburger Viertel gewesen, berichtete Kate, »doch es gab überhaupt kein Problem«. Dasselbe galt auch für die Polizistin, die auf Betreiben Bulatows in der Schule erschien und sauer war, dass sie ohne jeden Grund losgeschickt worden war. »Sie sagte, es bestehe kein Grund, die Sache noch weiterzuverfolgen«, wie Kate berichtete. Die Partei, die sie für die Wahlkommission aufgestellt hatte, weigerte sich, ihre Nominierung zurückzuziehen, und die anderen Kommissionsmitglieder, die mit ihr zusammenarbeiteten, »machten einfach weiter ruhig und professionell ihren Job«.

Kate und Olga waren hochgebildete Akademikerinnen, die in einer liberalen Blase im europhilen Petersburg arbeiteten. Dennoch waren die Reaktionen der Schule, der Polizistin und der Partei für mich ein Beweis dafür, was für eine Kluft existierte zwischen hasserfüllten Fanatiker:innen wie Bulatow und Milonow und den anständigen Menschen, deren Werte sie zu verteidigen behaupteten. Es gab Julias in Russland, aber es gab auch Olgas.

»Natürlich«, sagte Kate, »war es eine sehr schwierige Zeit, und ich verbrachte viele Stunden mit Anwält:innen, um zu verstehen, was für Rechte ich hatte.« Sie gelangte zu der Überzeugung, dass der Staat kaum etwas unternehmen konnte, um ihr die Kinder wegzunehmen, aber dennoch: »Ich habe immer einen Plan B. Wir sind hier schließlich in Russland. Ich weiß, wie ich das Land in zwei Tagen verlassen kann, ich weiß, wohin ich gehe, wenn etwas passiert, etwas wie physische Gewalt.«

—

Im Jahr 2017 legte Pascha Berufung gegen das Urteil der Richterin E. G. Axenowa ein, das ihr jeden Umgang mit Jarik verbot, bis dieser 18 war. Tragischerweise wirkte sich Paschas absolute Überzeugung, dass sie der bessere Elternweil war, so wahr sie auch sein mochte, zu ihrem Nachteil aus. Als sie auf das Sorgerecht für Jarik klagte, hatten ihre Anwält:innen sie gewarnt, dass sie das angreifbar mache und sie sich lieber auf ein Umgangsrecht einigen solle. Die Anwält:innen behielten recht: Für das Sorgerechtsverfahren musste Jarik durch staatlich benannte Psycholog:innen begutachtet werden. Die Expert:innen urteilten, dass Jarik Probleme mit Paschas neuer Identität hatte, selbst wenn ihm diese Probleme nur von seiner Mutter und deren Familie eingeredet wurden. Auf der Grundlage dieses Gutachtens verwehrte Julia Pascha jeden Zugang zu Jarik.

Pascha legte Berufung ein und verlor. Ein letztes Rechtsmittel blieb ihr: Russlands höchstes Berufungsgericht. Wenn sie dort auch verlor, was extrem wahrscheinlich war, konnte sie, wie ihr Anwalt Larry Wassiljew sagte, vor den Europäischen Gerichtshof für Menschenrechte in Straßburg ziehen. Wassiljew vertrat normalerweise Asylbewerber:innen und war immer zu einem Kampf bereit. Seiner Ansicht nach war das Urteil gegen Pascha eine Verletzung von Artikel 6 der Europäischen Menschenrechtskonvention, der das Recht auf einen fairen Prozess garantiert, und von Artikel 8, der jeder Person die »Achtung ihres Privat- und Familienlebens« garantiert. Da Pascha offenkundig ein fairer Prozess verweigert worden war und da die Menschenrechtskonvention Transsexualität nicht als ungesund oder unmoralisch betrachtete, war Wassiljew zuversichtlich was das Ergebnis betraf.

Er hatte unrecht. Der Europäische Gerichtshof für Menschenrechte teilte seine Ansicht nicht, dass es sich um mehr als nur eine Familienangelegenheit handelte, und weigerte sich im Juli 2018, den Fall anzunehmen, obwohl er 2017 gegen das russische Propaganda-Gesetz entschieden, es als diskriminierend bezeichnet und den drei Klägern einen Schadenersatz in Höhe von insgesamt 43 000 Euro zugesprochen hatte.

—

Im Juli 2017 schloss Aljas Sohn Witja das Gymnasium ab, und die beiden zogen nach Moskau. Pascha hieß sie mit einer fabelhaften neuen Frisur willkommen, einem Kopf voll geflochtener Extensions, leuchtend roten Strähnen, die in ihr natürliches Haar hineingeflochten waren. Vielleicht würde sich mit der neuen Familie in den kommenden Monaten ihre Stimmung heben.

Witja bewarb sich an mehreren Moskauer Universitäten und hoffte, im Herbst einen Studienplatz in Linguistik zu bekommen. Er würde nun dauerhaft in Jariks Zimmer wohnen und neben den alten Zeichnungen von *Angry-Birds-* und *Karlsson*-Figuren zweifellos seine eigenen Spuren hinterlassen. Alja wollte ihre Praxis langsam nach Moskau verlagern und einige ihrer alten Klient:innen per Skype weiterbehandeln. Ihr Mann würde in der Stadt an der Wolga bleiben. Alja und Witja hatten nur ihre Koffer und einen Geraniensetzling mitgebracht. Die Geranie »stammt ursprünglich aus dem Haus meiner Eltern auf dem Land«, erzählte mir Alja. »Dann habe ich sie in unserer Wohnung in der Stadt eingepflanzt. Und nun ist sie hier in Moskau, ein Kind meiner Eltern, wie ich.«

Der Staat hatte inzwischen das Interesse am Thema Homosexualität verloren. Er hatte andere Möglichkeiten gefunden, um den Nationalismus zu befeuern, etwa den Krieg in der Ukraine, und dasselbe galt auch für die überregionalen Medien. Dennoch sagten alle russischen Aktivist:innen, bei denen ich mich erkundigte, dass sich das Leben für queere Russ:innen trotzdem nicht verbessert habe: »Unsere Statistiken zeigen, dass es heute genauso viele Übergriffe und einzelne Menschenrechtsverletzungen gibt wie 2012 oder 2013«, sagte Swetlana Sacharowa vom russischen LGBT-Netzwerk.

Alja hatte ihre eigene Einschätzung, was sich verändert hatte: »Soweit ich sehen kann, ist es keineswegs leichter geworden, sich zu outen«, sagte sie. »Aber die LGBT-Community ist aufmerksamer geworden, aktiver und deshalb auch anspruchsvoller. Deshalb höre ich, wenn ich auf Veranstaltungen andere Psycholog:innen treffe oder wenn ich die Diskussionen der Therapeut:innen in den Onlineforen verfolge, die ganze Zeit von dieser neuen Gruppe hilfesuchender Klient:innen. Plötzlich fragen meine Kolleg:innen: ›Was ist eine nichtbinäre Identität?‹ oder ›Kannst du mir erklären, was internalisierte Homophobie ist?‹ Meine Kolleg:innen beklagen sich beieinander, dass sie nicht wissen, was sie tun sollen!«

Pascha erzählte mir, das sie sich endlich bei ihrer Arbeit geoutet hatte. Besonders überrascht hatte sie die Reaktion ihres Chefs, eines »ganz normalen Mannes«. Er sagte, dass sich seine Ansichten wegen ihr geändert hätten, und er hatte aufgehört, blöde Witze über »Schwuchteln« zu machen. Er war ehrlich neugierig und nicht etwa lüstern. Sie sprach gerne mit ihm, und sie freundeten sich an. Ein paar Monate später jedoch, just als sie erfuhr, dass der Europäische Gerichtshof für Menschenrechte ihren Fall nicht angenommen hatte, sagte man ihr, dass Aeroflot sie nicht weiterbeschäftigen werde. Die Entscheidung hatte nichts mit ihrer Geschlechtsidentität zu tun, doch es war sehr schwer für sie, als Transfrau einen Job zu finden. Im Sommer 2018 hatte ich den Eindruck, dass es ihr nie schlechter gegangen war.

Alja war deshalb frustriert. Sie fand, dass ihre Partnerin professionelle Hilfe oder Medikamente brauchte. Pascha gab zu, dass ihr Zustand Spannungen verursachte: »Ich schaffe es nicht mehr, Gefühle zu zeigen, weil ich so ausgelaugt bin. Und Alja ist traurig über meinen Mangel an Gefühlen. Die beiden hatten ganz offensichtlich nach dem ersten Liebesrausch zu einer komplexen langfristigen Beziehung gefunden, und beide waren sich der jeweiligen Rolle sehr bewusst, die sie in der Dynamik dieser Beziehung spielten. Manchmal, erzählte mir Pascha, mache sie sich Sorgen, dass nur noch Aljas Helfersyndrom sie zusammenhalten würde.

Alja wiederum hatte Pascha bei ihrem Rechtsstreit um das Sorgerecht für Jarik enorm unterstützt und war immer in Moskau gewesen, wenn sie einen Gerichtstermin hatte. Nun jedoch war sie nicht sicher, ob Paschas Entscheidung weiterzumachen, richtig gewesen war. »Nach jedem Gerichtsverfahren verbringt Pascha einen Monat auf dem Sofa. Sie kann nicht aufstehen. Natürlich: Sie trifft keine Schuld …«

—

In einem langen Gespräch, das ich mit Pascha führte, nachdem sie 2017 das Berufungsverfahren verloren hatte, fragte ich sie, was ihr derzeit Freude mache. Als ich sie zwei Jahre zuvor kennengelernt hatte, hatte sie von den ambivalenten Auswirkungen ihrer Transition während ihrer langen Genesungszeit erzählt: »Dem Körper war unwohl, aber die Seele jubelte.« Inzwischen harmonierten Körper und Seele besser. Sie erzählte mir, dass ihre Füße nicht mehr unter einer Neuropathie litten und sie wieder Sport treiben konnte. Sie fuhr begeistert Tretroller und war Mitglied einer losen Gruppe, die sich am Wochenende traf. Manchmal stellte sie Bilder von ihren Ausflügen ins Netz.

Außerdem hörte sie gerne Musik, vorzugsweise Heavy Metal, aber die softere Variante. Sie erzählte mir von einer Aufnahme, die ihr gerade gefiel: ein Cover der südafrikanischen Band Seether von George Michaels Liebeskummerschnulze »Careless Whisper«.

»I'm never gonna dance again«: Ich fand den Song auf YouTube, und wir hörten ihn zusammen – wiegten uns leicht auf Skype, zwischen Kapstadt und Moskau.

9
DAS SCHRECKGESPENST DER GENDERTHEORIE

»On veut du sexe, pas du genre!« (»Wir wollen Sex, nicht Gender!«) Diese seltsame Forderung erhoben Hunderttausende in Sprechchören bei den Demonstrationen von Manif pour tous gegen die gleichgeschlechtliche Ehe, deren Zeuge ich 2013 in Paris wurde.[1] Die Demonstrant:innen verlangten die Restaurierung der gottgegebenen biologischen Binarität statt sich verändernder sozialer Beziehungen, für die der Begriff »Gender« zu stehen scheint.

In den Jahren mobilisierte der Kampf gegen die Gendertheorie oder manchmal auch »Genderideologie« von Paris über Mexico City bis São Paulo Massen von Menschen.[2] Den Kampf führten anfangs Katholiken, bald jedoch wurde er zu einem gemeinsamen ideologischen Anliegen aller konservativen Christen, auch der russisch-orthodoxen in Osteuropa und der evangelikalen in Nord- und Südamerika. Er reduzierte sämtliche Phänomene, gegen die sozial Konservative kämpften – von der Verhütung über die Abtreibung und die gleichgeschlechtliche Ehe bis hin zur Sexualerziehung –, auf eine einzige bösartige Theorie, die angeblich den Kern des westlichen säkularen »Experiments« bildete: die Überzeugung, dass es überhaupt ein soziales Geschlecht gibt.

Der Vatikan war der erste Akteur, der sich gegen die Vorstellung von Gender aussprach. Er reagierte damit auf die Erfolge der feministischen Bewegung im Bereich sexueller Freiheit und reproduktiver Rechte, die diese unter anderem auf zwei wegweisenden Konferenzen der Vereinten Nationen erzielt hatte: der Weltbevölkerungskonferenz 1994 in Kairo und der Weltfrauenkonferenz in Peking ein Jahr später. Schon bevor der konservative Kardinal Joseph Ratzinger zehn Jahre später zu Papst Benedikt XVI. gewählt wurde, warnte er vor den Gefahren des Genderbegriffs. Als Papst sagte er bei einer Ansprache im Jahr 2008: Der Mensch müsse vor der »Selbstzerstörung« bewahrt werden, die durch solche Ideen herbeigeführt werde.[3] In diesem Punkt stimmte ihm sein Nachfolger Franziskus I. zu: »Gott hat Mann und Frau geschaffen«, sagte Franziskus 2016 bei einer Diskussion mit Bischöfen in Polen. »Gott hat die Welt so und so geschaffen … und wir sind dabei, das Gegenteil zu machen.«[4]

Franziskus hatte sich den Ruf erworben, Mitgefühl mit Homosexuellen zu haben: »Wenn einer *Gay* ist und den Herrn sucht und guten Willen hat – wer bin dann ich, ihn zu verurteilen?«, sagte er 2013, und später rief er die Kirche dazu auf, sich bei den Homosexuellen zu entschuldigen.[5] Dennoch wurde er zu einem unversöhnlichen Kämpfer gegen die Gendertheorie und sah diesen Kampf, wie so viele Kritiker der LGBT-Rechte, in einem Zusammenhang mit geopolitischer Ungleichheit: Es gibt »einen wahren ideologischen Kolonialismus«, sagte er 2016 in Polen.[6] »Und einer von diesen [sic!] – ich nenne ihn unverhohlen beim Namen – ist die *Gender*theorie! Heute wird den Kindern – den Kindern! – in der Schule beigebracht, dass jeder sein Geschlecht selber wählen kann. Und warum wird das gelehrt? Weil die Lehrbücher von den Personen und den Institutionen kommen, die dir das Geld geben.«[7]

Die Bewegung gegen die Gendertheorie war in Frankreich besonders stark, wo man in Sachen Fortpflanzung schon lange auf »Naturgegebenes« pochte. Leihmutterschaft ist verboten, und künstliche Befruchtung bisher nur heterosexuellen Paaren erlaubt (was sich dank eines 2020 eingebrachten Gesetzesvorhabens nun ändern soll). Ein Jahr vor der Gründung von Manif pour tous führten Aktivist:innen gegen die Gendertheorie ihren ersten öffentlichkeitswirksamen Kampf, als sie die Einführung des Begriffs »soziales Geschlecht« in den Biologielehrbüchern der höheren Schulen verhindern wollten. »Bei der gleichgeschlechtlichen Ehe geht es nur um eine Minderheit, aber vom Bildungssystem ist stets die überwältigende Mehrheit betroffen«, schrieb der Soziologe Éric Fassin. Damit versuchte er zu erklären, warum die französischen Katholiken ihre Taktik änderten und vom »Angriff auf die Homo-Ehe« zur »Polemik gegen die ›Gendertheorie‹« übergingen.[8]

Noch etwas anderes steckte hinter dem Strategiewechsel: Die katholischen Gläubigen in Frankreich und anderswo waren ihrer Kirche voraus, was die Akzeptanz von Homosexualität anbelangte. Damit waren sie Teil eines größeren Trends: Während große Teile der monotheistischen Welt zu Beginn des 21. Jahrhunderts frommer oder sogar theokratisch wurde, bewegten sich Europa und Lateinamerika, die beiden Regionen, in denen der Katholizismus dominierte, in die entgegengesetzte Richtung. Nichts machte dies deutlicher als die Auseinandersetzungen um die gleichgeschlechtliche Ehe, die in den katholischen Ländern Argentinien (2010) und Irland (2015) geführt wurden.

In Argentinien besuchten laut einer amerikaweiten Umfrage 2010 noch etwa 20 Prozent der Katholiken jede Woche den Gottesdienst, aber 57,7 Prozent waren für die gleichgeschlechtliche Ehe. Dies war nach Kanada mit 63,9 Prozent der zweithöchste Anteil in Nord- und Südamerika, wesentlich höher als der in den Vereinigten Staaten mit noch immer erst 47 Prozent.[9] Als die argentinische Staatspräsidentin Cristina Fernández de Kirchner sich mit ihrer Regierung für die Legalisierung der gleichgeschlechtlichen Ehe einsetzte, äußerten einige politische Beobachter:innen die Vermutung, sie nutze das Thema, um eine pinke Linie gegen die Kirche zu ziehen, die sie und ihren Ehemann und Amtsvorgänger Néstor Kirchner scharf kritisiert hatte, weil sie nicht genug gegen Armut und Ungleichheit unternommen hatten.[10]

Wenn Kirchners Politik tatsächlich eine Falle war, tappte Kardinal Bergoglio, bald danach Papst Franziskus I., voll hinein. Er begann einen leidenschaftlichen Kampf gegen die Gesetzesänderung und bediente sich dabei einer Sprache, die in der modernen Welt kaum noch Sinn hatte: Die gleichgeschlechtliche Ehe entspringe dem »Neid des Dämons, durch den die Sünde in die Welt kam und der verschlagen darauf sinnt, Gottes Ebenbild: Mann und Frau, zu zerstören«.[11] Kirchner verglich den Fanatismus der Kirche in der Angelegenheit mit »den Zeiten der Inquisition«, ein rhetorischer Angriff, der auf fruchtbaren Boden fiel, weil er die Heuchelei der Kirche herausstellte.[12]

Die katholische Kirche hatte in Argentinien wegen ihrer Komplizenschaft mit der Militärdiktatur in den Jahren 1976 bis 1983 und deren »schmutzigem Krieg« ihren moralischen Einfluss verloren. Auch in Irland hatte die Kirche in erster Linie wegen des gewissenlosen Schutzes, den sie pädophilen Priestern angedeihen ließ, viel von ihrer moralischen Überlegenheit eingebüßt. Als das Land im Jahr 2015 über die gleichgeschlechtliche Ehe abstimmte, schrieb der Autor Colm Tóibín, die moralische Autorität der Kirche sei endlich auf ihre nun wahrgenommenen Opfer übergegangen. Zu ihnen gehörten natürlich auch Homosexuelle zusammen mit den missbrauchten Kindern und den Frauen, denen man eine Abtreibung verweigert oder, wenn sie unverheiratet waren, die Kinder weggenommen hatte. Genau wie in Argentinien schien der kirchliche Widerstand gegen die gleichgeschlechtliche Ehe daher auch in Irland die Zahl der Unterstützer:innen rechtlicher Veränderungen eher noch zu vergrößern. In der Volksabstimmung stimmten 2015 62 Prozent der irischen Wähler:innen für die Legalisierung der gleichgeschlechtlichen Ehe, der erste derartige Sieg weltweit.

Einige Daten aus den Vereinigten Staaten lassen einen zweiten Grund vermuten, warum so viele Iren in dem Referendum entgegen der Anweisung der Kirche mit ja stimmten. Die US-amerikanische Organisation Freedom to Marry, die sich in den USA für die gleichgeschlechtliche Ehe einsetzte, führte in den Jahren von 2006 bis

2009 Untersuchungen mit Fokusgruppen durch. Diese ergaben, dass die katholische Kirche einen starken Einfluss auf die Einstellung von Hispanics zu Homosexualität hatte, dieser Einfluss jedoch nachließ, »wenn direkte Erfahrungen im Umgang mit LGBT-Personen und das Wissen über sie nicht mit den Lehren der Kirche übereinstimmen«.[13]

Womöglich war dies auch bei dem irischen Referendum der entscheidende Faktor, oder wie Colm Tóibín es formulierte: Die irische Gesellschaft »ist eine intime Gesellschaft, jeder kennt jemanden, der queer ist oder dessen Bruder schwul ist oder dessen Cousin schwul ist. […] Das Persönliche ist wichtiger als das Politische.«[14] Drei Jahre darauf stimmten die irischen Wähler:innen mit einer sogar noch größeren Mehrheit dafür, Abtreibungen unter bestimmten Umständen zu erlauben. Auch dieses Mal wirkte der fanatische Widerstand der Kirche kontraproduktiv angesichts der Erfahrung, dass Frauen, wie der Euphemismus lautete, »reisen« mussten, um in Großbritannien unerwünschte oder gefährliche Schwangerschaften zu beenden, und angesichts der persönlichen Bekanntschaft mit Betroffenen.

Tiernan Brady, ein führender Organisator der irischen Kampagne für die gleichgeschlechtliche Ehe, zog nach Australien, um die dortige Marriage Equality Campaign zu leiten, nachdem die australische Regierung einer »postalischen Umfrage« im Jahr 2017 zugestimmt hatte. Brady orientierte sich am irischen Vorbild, indem er sich, wie er sagte, auf die »Macht von Erzählungen über persönliche Schicksale« stützte.[15] »Die Leute hier müssen das Problem mit den Augen von Menschen sehen, mit denen sie sich identifizieren können.« In vielen Kommentaren war zu lesen, dass die Mehrheit von 61,6 Prozent, die sich in der Umfrage für die gleichgeschlechtliche Ehe aussprach, auf ebendiese Strategie zurückzuführen sei. Besonders entscheidend sei der Einsatz von Erzählungen über persönliche Schicksale in den sozialen Medien gewesen sowie die enorm erfolgreiche Verwendung des Hashtags #RingYourRellos (Ruf deine Verwandten an), mit dem queere Australier:innen aufgefordert wurden, ihre Verwandten zur Teilnahme an der Umfrage zu bewegen.[16]

Die Fokussierung sozialer Medien auf subjektive Inhalte hat dazu geführt, dass menschliche Einzelschicksale, insbesondere wenn es um Widrigkeiten oder deren Überwindung geht, im digitalen Zeitalter die Nachrichten dominieren. Manif pour tous, die gewiefte französische Bewegung und inzwischen Partei, die für die Mobilisierung gegen die Gendertheorie in anderen Ländern zum Vorbild werden sollte, war sich dessen bewusst: Sie gab sich alle Mühe, Homophobie und Gewalt gegen LGBT-Personen zu verurteilen, und hatte sogar einige schwule Männer in ihrer Führung. Sie war nicht »gegen Schwule«, sondern gegen die »Homo-Ehe«; sie war gegen eine Idee, nicht gegen eine Gruppe von Menschen, nicht gegen die Nachbar:innen, deinen Sohn oder deinen *rello*.

Im zweiten Jahrzehnt des 21. Jahrhunderts wurden die moralischen Paniken auf eine abstraktere Ebene verlagert. Die pinken Sündenböcke waren fortan nicht mehr Menschen, sondern Theorien.

—

In Südamerika gewann der Kampf gegen die »Genderideologie« erhebliche Zugkraft und wurde genutzt, um andere Schlachten zu schlagen. Konservative Christ:innen in Brasilien errangen einen frühen Sieg, als sie 2011 die angreifbare neue Präsidentin Dilma Rousseff zwangen, einen Lehrplan mit dem Titel »Schulen ohne Homophobie« samt dem dazugehörigen Unterrichtsmaterial, das die Gegner:innen als das *kit gay* bezeichneten, zurückzuziehen.[17] LGBT-Rechte gehörten zu den wichtigsten Errungenschaften ihres Vorgängers Lula da Silva. Dass diese nun offenbar aufgegeben wurden, war einer ersten Salve geschuldet, die ein »evangelikaler Block« über die pinke Linie in Brasilien hinwegfeuerte. Dieser Block, der kurze Zeit später den Kongress beherrschen sollte, machte mit konservativen Katholiken und Militaristen in einer Koalition gemeinsame Sache. Sie verfolgten das Ziel, Lulas Arbeiterpartei abzulösen, die sie durch Vorwürfe der Korruption und moralischen Nachgiebigkeit zu diskreditieren versuchten.

Der Kampf gegen das *kit gay* wurde zum Anliegen einer rechtsgerichteten Bewegung namens Escola sim Partido (Schule ohne Partei), die einige Jahre zuvor gegründet worden war. Sie gab vor, Kinder vor dem verderbenden Einfluss der gleichermaßen bösartigen Ideologien des »Genderismus« und des Kommunismus schützen zu wollen. Während des Präsidentschaftswahlkampfes im Jahr 2018 lobte Jair Bolsonaro die Bewegung, die die »Genderideologie« von den Schulen verbannen wollte. Nach seinem Sieg unterstützte er begeistert den Aufruf der Bewegung, »als Lehrer verkleidete ideologische Raubtiere« (wie Bolsonaros Sohn Carlos es in einem Tweet formulierte) zu filmen.[18] Er wies das Bildungsministerium an, Gesetze vorzubereiten, um die Auseinandersetzung mit dem Thema Gender an den Grundschulen zu verbieten.[19]

Ausdrücklich verknüpfte er die Gendertheorie mit dem Kommunismus und bezeichnete die beiden als die ideologischen Bedrohungen, die von der Linken ausgingen: Sie stellten umfassende soziale Experimente gegen die natürliche Ordnung der Dinge dar.[20] Auf diese Weise schmiedete er mit seinem Wahlkampf laut dem brasilianischen Soziologen Gustavo Gomes da Costa Santos »ein homogenes ›Wir‹. Er führte das Lager der guten, rechtschaffenen und treuen Staatsbürger:innen in einen moralischen Kampf gegen die ›Anderen‹, also Kommunist:innen, Unterstützer:innen der PT [Arbeiterpartei], Feminazis und queere Degenerierte. Die Wahl des Jahres 2018 wurde so zu einem moralischen Kreuzzug gegen das Böse, und Bolsonaro präsentierte sich selbst als den Einzigen, der Brasilien vor dem totalen Zusammenbruch retten konnte.«[21]

Eine ähnliche populistische Schlacht gegen die »Genderideologie« war zwei Jahre zuvor in Kolumbien organisiert worden. Nachdem ein homosexueller Teenager Selbstmord begangen hatte, weil er schikaniert worden war, verpflichtete der Verfassungsgerichtshof von Kolumbien den Staat, Abhilfe zu schaffen. Doch als das Bildungsministerium in Übereinstimmung mit dem Urteil ein Handbuch über Sexualität und Gender publizierte, protestierten Tausende auf den Straßen. Sie beschuldigten die offen lesbische Bildungsministerin Gina Parody, ihr Amt zu missbrauchen, um eine »schwule Kolonisierung« – wieder dieser Begriff – des Landes voranzutreiben.[22]

Die Kampagne hatte weitreichende, beabsichtigte, Folgen. Der kolumbianische Staatspräsident Juan Manuel Santos hatte gerade verkündet, die Bevölkerung per Referendum über ein Friedensabkommen entscheiden zu lassen, das er mit der Guerillabewegung Fuerzas Armadas Revolucionarias de Colombia (FARC) ausgehandelt hatte und das den jahrzehntelangen bewaffneten Konflikten im Land ein Ende setzen sollte. Sein konservativer Gegner Álvaro Uribe Vélez nutzte Santos' progressive Haltung, um gegen das Abkommen zu mobilisieren. Kritiker:innen erregten sich über die Verwendung des Wortes »género« (Gender), das in dem zur Abstimmung gestellten Abkommen in einer Klausel über die Entschädigung von Frauen vorkam, denen während der Konflikte Unrecht angetan worden war. »Wenn Sie mich fragen, ob ich Frieden mit der FARC will, sage ich ›Ja‹«, gestand einer der Anführer des Nein-Lagers in einem Kampagnenvideo. »Fragt man mich aber, ob ich die Genderideologie als staatliche Politik gefördert sehen möchte, [...] sage ich ›Nein!‹«.[23]

Santos verlor die Abstimmung um Haaresbreite. Die Mobilisierung sozial konservativer Wähler:innen hatte zweifellos den Ausschlag gegeben. Zwei Jahre später wurde Uribes Protegé Iván Duque Márquez, ein populistischer Konservativer, zum Präsidenten gewählt. Der kolumbianische Politologe José Fernando Serrano-Amaya hat überzeugend dargelegt, dass die kolumbianische Rechte die »Genderideologie« instrumentalisierte, um Santos' Friedensinitiative zu diskreditieren und 2018 wieder an die Macht zu kommen – eine effektive »lokale Adaptation eines globalen Trends der Opposition gegen Gender und sexuelle Rechte«.[24]

Zur selben Zeit wie die Demonstrationen in Kolumbien fanden in Mexiko sogar noch größere Proteste gegen die geplante Legalisierung der gleichgeschlechtlichen Ehe statt. Als Präsident Enrique Peña Nieto verkündete, er werde ein Gesetz zur landesweiten Legalisierung der gleichgeschlechtlichen Ehe vorlegen, wurde nach dem Vorbild der französisch Manif pour tous die Frente Nacional por la Familia (Nationale Front für die Familie) gegründet. Wie in Frankreich übernahm die katholische Kirche zwar keine Führungsrolle in der Bewegung, trug aber erheblich zu ihrer Finanzierung bei und mobilisierte auf Gemeindeebene. Außerdem veröffentlichte Papst Franziskus eine Erklärung zur Unterstützung der Bewegung. Die von säkularen Konservativen geführte Nationale Front war enorm gut choreografiert und betrieb ein professionelles Branding. Die Demonstrant:innen waren ganz in Weiß gekleidet, viele trugen T-Shirts mit Figuren, die eine Hetero-Familie darstellten, und hatten Luftballons dabei. Ihre Botschaften waren wohlüberlegt formuliert. In 125 Städten fanden Demonstrationen statt, die größte mit 400 000 Teilnehmer:innen in Mexico City. In der Folge verlor Peñas Partei der institutionalisierten Revolution in sieben von zwölf Bundesstaaten die Wahlen, Niederlagen, die einige auf seine Initiative zur Legalisierung der gleichgeschlechtlichen Ehe zurückführten. Seine Partei folgte ihm nicht mehr und weigerte sich, den Gesetzentwurf im Kongress weiter zu behandeln – das erste Mal in der mexikanischen Politik, dass sich eine solche Revolte ereignete.

Wie die französische verkündete auch die mexikanische Bewegung lautstark, dass sie Gewalt gegen LGBT-Personen ablehne. Vielmehr stellte sie drei Hauptbotschaften in den Mittelpunkt: die Heiligkeit der heterosexuellen Ehe, das Recht der Kinder auf eine Mutter und einen Vater sowie die Ablehnung der »Genderideologie« bei der Erziehung.[25] Diese Punkte wurden zur heiligen Dreieinigkeit der neuen Schlacht.

Das Verblüffende an all den lateinamerikanischen Kampagnen war, wie sie die Katholiken mit der rasch wachsenden evangelikalprotestantischen Bewegung zusammenbrachten und wie die neue Allianz den Ton des homophoben Diskurses in der Region beträchtlich verschärfte, obwohl sich die Gesetze und sozialen Einstellungen zugunsten homosexueller Menschen veränderten.

Schon lange hatte ein Zweig der lateinamerikanischen Befreiungstheologie – und der kirchlichen Seelsorge – existiert, der für homosexuelle Katholiken offen war. Er zeigte sich am deutlichsten in Kardinal Bergoglios Unterstützung für die Einführung eingetragener Lebenspartnerschaften und Gesetze gegen die Diskriminierung Homosexueller in Argentinien, selbst wenn er gegen die gleichgeschlechtliche Ehe Feuer und Schwefel predigte. Demgegenüber lehnten die fundamentalistischen evangelikalen Kirchen die Homosexualität rundweg ab. Gestützt auf das nordamerikanische Skript nutzten diese rapide expandierenden Unternehmungen außerdem moralische Anliegen, um bei der »heuchlerischen« katholischen Kirche Gemeindeglieder abzuwerben und ihren eigenen politischen Einfluss auszubauen. Besonders ersichtlich ist diese Entwicklung in Guatemala und Honduras, wo 2018 bereits 40 Prozent der Bevölkerung evangelikalen Gemeinden angehörten, und in Brasilien, wo neue Megakirchen behaupteten, 25 Prozent der Bevölkerung zu vertreten. In diesen Ländern herrscht außerdem das größte Ausmaß an homophober und transphober Gewalt in Lateinamerika.[26]

Die »Genderideologie« mag ein eher abstrakter Dämon sein, aber wenigstens nach der evangelikalen Lehre ergreift er von Menschen Besitz und muss ihnen dann ausgetrieben werden. Und obwohl die Kampagnen gegen die Homoehe bestreiten, für homophobe Gewalt oder Diskriminierung zu sein, dehumanisieren sie queere Menschen, indem sie sie als überflüssig ansehen, oder sie erzeugen eine mörderische Wut gegen sie. In den fieberhaften letzten zwei Wochen der mexikanischen Kampagne gegen die gleichgeschlechtliche Ehe wurden zwischen zehn und 15 Transfrauen ermordet, und das in einem Land, in dem es, mit Ausnahme von Brasilien, ohnehin schon weltweit die höchste Zahl dieser Morde gibt.

Die brasilianische Organisation Grupo Gay da Bahia, die Daten über Hassverbrechen sammelt, berichtete, dass 2017 mindestens 445 LGBT-Menschen im Land Opfer von Homophobie wurden: 387 wurden ermordet, 58 begingen Selbstmord – eine Steigerung um 30 Prozent im Vergleich zu 2016. Luiz Mott, der Anthropologe, der die Organisation leitet, bringt die Zunahme der Gewalt in direkten Zusammenhang mit den Hetzreden rechter christlicher Politiker:innen in Brasilien, in denen »LGBT-Personen mit Tieren gleichgesetzt werden«.[27] Der evangelikale Radioprediger Eduardo Cunha war als Sprecher des Unterhauses im brasilianischen Kongress nicht nur die treibende Kraft hinter dem Amtsenthebungsverfahren gegen Dilma Rousseff, sondern auch einer hasserfüllten öffentlichen Kampagne gegen LGBT-Menschen. Präsident Jair Bolsonaro sagt gerne Dinge wie, dass man homosexuelle Kinder durch Schläge zu Heteros machen könne und dass er sich wünschen würde, dass sein Sohn bei einem Autounfall umkäme, wenn dieser schwul wäre.

—

Eine der bizarrsten Schlachten an der globalen pinken Linie fand im November 2017 anlässlich eines Vortrags von Judith Butler an der Universität von São Paulo statt. Als der Besuch bekannt wurde, sammelten christliche Gruppen 370 000 Unterschriften für eine Petition, in der Butler als Bedrohung für die »natürliche Ordnung von Geschlecht, Sexualität und Familie« in Brasilien bezeichnet wurde, um den Vortrag zu verhindern. Während der Veranstaltung verbrannte ein Mob von etwa hundert Personen vor dem Gebäude eine Puppe von Butler, der sie einen pinken BH anzogen und einen Hexenhut aufgesetzt hatten.[28]

Eine Gegendemonstration sicherte den Veranstaltungsort und verteidigte Butler. In dem bekannten Buch *Das Unbehagen der Geschlechter* hatte Butler 1990 geschrieben, dass Gender – Geschlechtsidentität – etwas ist, das wir erlernen, indem wir immer wieder die Skripts des Männlichen oder des Weiblichen »performen«. Vor diesem Hintergrund vermutete Butler, dass die Geschlechterrollen instabil und veränderlich sind.[29] Butler war schon lange eine Kultfigur der akademischen Linken, wenngleich Butlers Werke von Feminist:innen und Transgender-Aktivist:innen kritisiert wurden.[30] Rechte Katholik:innen indes sahen in Judith Butler den Feind. Einer der Ersten war kein Geringerer als Kardinal Ratzinger, der Butlers Arbeiten, kurz bevor er zum Papst gewählt wurde, im Jahr 2004 in seinem »Schreiben an die Bischöfe der katholischen Kirche über die Zusammenarbeit von Mann und Frau in der Kirche und in der Welt« verurteilte.[31] Ihnen galt Butler als wichtigste Vertreterin der Gender Studies und irrtümlicherweise als Mutter der »Genderideologie«.[32]

Rund 10 000 Kilometer entfernt, in Ungarn, wurden die Gender Studies im August 2018 praktisch von den Universitäten verbannt, indem das Fach von der Liste der zugelassenen Masterstudiengänge gestrichen wurde. Was in Ungarn und in Brasilien geschah, entsprach ganz der russischen Linie. Wie bereits erwähnt hatte die Abgeordnete Jelena Misulina schon 2013 verkündet, dass die Russ:innen der großen sozialen Experimente überdrüssig seien, »bei denen die Familie zerstört wird«,[33] und der Aktivist Alexej Komow hatte LGBT-Rechte als die »Fortsetzung derselben revolutionären Agenda, die in der Sowjetunion so viele Menschenleben kostete«, bezeichnet.[34]

Diese rechtsgerichtete Dämonologie erstreckte sich nun von Russland und Osteuropa über den Atlantischen Ozean bis nach Südamerika und in die Vereinigten Staaten. Dort zeigte sie sich in der Entschlossenheit rechter Christen in der Regierung Trump, eine Vorschrift aus der Zeit von Präsident Obama aufzuheben: die Erlaubnis für Kinder, Toiletten in Übereinstimmung mit ihrer Geschlechtsidentität zu benutzen. In einem Memorandum, das im Oktober 2018 an die *New York Times* geleakt wurde, empfahl das

US-Gesundheitsministerium allen Regierungsstellen die Einführung einer Definition von Geschlecht »auf biologischer Basis, die klar, wissenschaftlich begründet, objektiv und anwendbar ist«[35] – also eine unwiderruflich an die Geschlechtsmerkmale bei der Geburt gebundene Definition.

Für diesen Vorschlag verantwortlich war der konservative katholische Aktivist Roger Severino, der neue Leiter des Büros für Bürgerrechte im Gesundheitsministerium. Seine Ansichten waren wohlbekannt. Er war der Koautor eines Artikels, der die Verfügung der Obama-Regierung in der »Toilettenfrage« wie folgt kritisierte: Sie sei »der Gipfel einer Serie einseitiger und häufig gesetzloser [...] Versuche, der gesamten Nation eine neue Definition dessen aufzuzwingen, was es heißt, ein Mann oder eine Frau zu sein«. Dieser Versuch habe »eine massive Gegenreaktion von Menschen ausgelöst, die [...] sich weigern, eine Bundesregierung zu akzeptieren, die von einer derart radikalen Genderideologie getrieben ist«.[36]

Für Politiker:innen – von Donald Trump und Wladimir Putin bis zu Jair Bolsonaro und Viktor Orbán –, die versuchen, diese Gegenreaktion für ihre Zwecke einzuspannen, hat die »Genderideologie« einen doppelten Nutzen. Sie können sie zum einen als eine repressive neue Ideologie präsentieren, die den Menschen ähnlich wie der Kommunismus (und im US-amerikanischen Fall durch einen Erlass der US-Regierung) aufgezwungen wird. Sie können sie zum anderen aber auch als Symptom deuten für die neoliberale Globalisierung, die die nationale Souveränität (oder, in den USA, die »Rechte der Bundesstaaten«) bedroht. Sie ist, wie es der Erzbischof von Krakau 2019 formulierte, die neue »Regenbogenpest«, die die alte »rote« Pest ersetzt hat.[37]

In Ungarn nutzte Viktor Orbán einen Angriff auf die »Genderideologie«, um seinen Landsmann und Kritiker George Soros, einen leidenschaftlichen Befürworter – und Förderer – der Gedankenfreiheit und auch von LGBT-Rechten, noch mehr zu dämonisieren, als er es ohnehin schon tat. »Was wir uns vom Sowjetreich nicht haben gefallen lassen, werden wir uns auch von Soros' Reich nicht gefallen lassen«, sagte er auf einem Parteitag im Jahr 2017. Er behauptete, Soros und sein Reich des Bösen würden sogar die Europäische Union beherrschen und seien fest entschlossen, Ungarn und anderen Ländern einen »Homo brusselicus« aufzuzwingen, einen Menschen »der [seiner] kulturellen, nationalen, religiösen und geschlechtlichen Identität beraubt ist«.[38]

Das Wort »geschlechtlich« war mit Bedacht in die Liste aufgenommen worden. Orbán lieferte auch gleich ein Beispiel für den neuen globalisierten Kosmopolitismus: Soros' »Truppen« wollten insbesondere die uralte natürliche Umwelt zerstören, »in der es Männer und Frauen, Mütter und Väter gab«, und uns »eine Welt aufzwingen«, in der »unklar ist, wer ein Mann und wer eine Frau und was eine Familie ist, und was es bedeutet, ungarisch und christlich zu sein. Sie schaffen ein drittes Geschlecht, sie machen sich über den Glauben lustig, und sie betrachten Familien als überflüssig und die Nation als überholt.«[39]

Orbán brachte die »natürlichen« nationalen Grenzen – wie die Ungarns, die dem Imperialismus, wenn man ihm glauben darf, immer widerstanden hatten – mit den natürlichen Grenzen des Körpers in einen Zusammenhang. Er zog eine pinke Linie um Ungarn und um den Körper, um beides gegen das Globalisierungsprojekt zu verteidigen, das angeblich die »Nationen eliminieren« und »ein Europa mit einer gemischten Bevölkerung schaffen« wollte, indem es Immigrant:innen gestattete, es zu überrennen, und indem es erlaubte, dass Menschen unter Missachtung der natürlichen Ordnung ihre eigenen Körper und Familien erschaffen. 2020 erließ die Regierung unter Viktor Orbán ein Gesetz, das es verbietet, sein Geschlecht in offiziellen Dokumenten ändern zu lassen. Eine Entscheidung des Verfassungsgerichts des Landes über das Gesetz steht noch aus.

—

Orbán hielt die oben zitierte Rede am 12. November 2017, nur fünf Tage nach der Verbrennung der Puppe von Judith Butler in São Paulo. Der Mob verbrannte auch Puppen von George Soros und dem früheren brasilianischen Präsidenten Fernando Henrique Cardoso, einem engen Verbündeten von Soros, der die brasilianische Wirtschaft stark liberalisiert hatte.

Was haben Soros und Cardoso auf dem bizarren Autodafé zu suchen? Ihre Anwesenheit wirft ein grelles Licht auf die Tatsache, dass Butler und die Gendertheorie inzwischen als Elemente einer neokolonialen Globalisierung betrachtet werden, die nicht nur die kulturelle Souveränität und die traditionellen Werte von Nationen wie Brasilien oder Ungarn, sondern auch deren ökonomische Unabhängigkeit gefährden. In dieser Hinsicht folgten die Menschen, die in São Paulo gegen Butlers Vortrag protestierten, Skripts von Papst Franziskus und Viktor Orbán, die die Gendertheorie als eine Form der »ideologischen Kolonisierung« betrachten.

Die brasilianische Anthropologin Isabela Oliveira Kalil befragte die Demonstrant:innen zu ihren politischen Ansichten. 62 Prozent sagten, sie zögen Jair Bolsonaro als Staatspräsident:in anderen rechtsgerichteten Kandidat:innen vor. Ihre Gründe wurden bei einer anderen Frage deutlich: 45,5 Prozent stimmten der Ansicht zu, dass »die Lösung für Brasilien durch göttliches Eingreifen kommen könnte«, und 72,9 Prozent glaubten, dass »eine Intervention des Militärs« die Lösung sein könnte.[40] Nun wurden hier freilich Fanatiker:innen befragt (sie verbrannten schließlich das Abbild einer Philosophin). Aber die Ergebnisse sagen doch – genau wie die Demonstrationen gegen die Gendertheorie rund um den Erdball – etwas darüber aus, wie sich eine pinke Linie ziehen lässt, um eine nostalgische Sehnsucht nach dem Autoritarismus zu fördern. Sie richtet sich gegen die angeblichen Fehler einer Moderne, für die die verrückten Ideen der Gendertheorie als ein hervorragendes Beispiel gelten.

10

ZAIRA UND MARTHA

GUADALAJARA

ZAIRA DE LA O GÓMEZ: Verkäuferin und feministische Aktivistin, Guadalajara, Ende zwanzig. Pronomen: sie.
MARTHA SANDOVAL BLANCO: Zairas Frau, Unternehmerin und Vollzeitmutter, Guadalajara, Mitte vierzig. Pronomen: sie.
SABINA: Ihre Tochter, Guadalajara, vier Jahre. Pronomen: sie.
ALÉ und MAX*: Nachbar:innen von Zaira und Martha, Guadalajara, Anfang dreißig. Pronomen: sie.
MARIBEL LOPEZ und BLANCA: Paar mit einem Baby, Guadalajara, Anfang fünfzig und Ende zwanzig. Pronomen: sie.
LUZ*: Zairas Freundin, lesbische alleinerziehende Mutter, Guadalajara, in ihren Dreißigern. Pronomen: sie.
CLAUDIA*: Mutter, Mitglied von Zairas Gruppe lesbischer Mütter, Guadalajara, Mitte dreißig. Pronomen: sie.
MARIA und SOLEDAD*: Mütter, Mitte dreißig. Pronomen: sie.
* Pseudonym

1

Die Trauung von Zaira de la O Gómez und Martha Sandoval Blanco war auf dem Standesamt Nummer 1 im Stadtzentrum von Guadalajara für den 23. Dezember 2013 um 12 Uhr anberaumt. In letzter Minute wurde sie auf 8:30 Uhr vorverlegt, um den erwarteten Protesten auszuweichen. Religiöse »Pro Familie«-Gruppen hatten Wind von der Sache bekommen und drohten schon die ganze Woche damit, die erste legale gleichgeschlechtliche Eheschließung in dem mexikanischen Bundesstaat Jalisco zu stören. Zairas Mutter hatte am Sonntag zuvor sogar gehört, wie ein Priester in der Kirche die Gläubigen aufgefordert hatte, etwas gegen ihre Tochter zu unternehmen, die er als eine Inkarnation des Teufels beschrieben hatte. Am Tag der Trauung rief sie Zaira noch im Morgengrauen an und bat sie, »um des Kindes willen« (Zairas kleine Tochter Sabina) nicht zu heiraten.

Aber »es war tatsächlich zu Sabis Wohl, dass wir überhaupt heiraten mussten«, sagte Zaira, als wir uns im Juni 2016 in der Innenstadt von Guadalajara in einem Straßencafé im Schatten der herrlichen Kathedrale der Kolonialstadt trafen. Zaira hatte Sabina geboren, und es war dem Paar nicht gelungen, Martha als zweiten Elternteil eintragen zu lassen. Nun hofften sie, dank der Trauung auch Marthas Namen auf Sabinas Geburtsurkunde eintragen lassen zu können.

Zaira war dunkel und füllig, von einer reifen Schönheit. Sie kam gerade von der Arbeit in einem Kaufhaus in der Nähe, wo sie Mexikaner:innen aus der Mittelschicht US-amerikanische Betten verkaufte. Martha war 16 Jahre älter, feingliedrig, mit langen kastanienbraunen Haaren. Sie hatte einen Laden mit Reinigungsmitteln betrieben, war nun jedoch Sabinas Vollzeitmutter. Während Zaira die Geschichte der beiden erzählte, behielt Martha ihre Tochter im Auge, eine lebhafte Vierjährige, die davongerannt war, um einen Musikpavillon auf dem Platz zu inspizieren.

Auf ihrem Handy zeigte mir Zaira Videoclips von der Hochzeit, über die das Lokalfernsehen berichtet hatte. In den Aufnahmen ist zu sehen, wie das Paar aus dem Standesamt kommt. Es wird von einer kleinen Schar Gratulant:innen und Paparazzi erwartet, Zairas Gesicht wird von Gefühlen überschwemmt. Sie trägt ein enges weißes Kleid und hat das schwarze Haar toupiert. Martha ist ebenfalls ganz in Weiß, in einem ärmellosen Kleid mit Spitzendekolleté. Ihre Gefühle, und ihre Schönheit, wirken subtiler als bei ihrer Frau. Unruhe und Freude huschen über ihr Gesicht, während sie Sabina fest an ihre Brust gedrückt hält.[1]

»Beso! Beso! Beso!«, schreit die Menge: »Küssen! Küssen! Küssen!«

Martha lächelt nervös und wendet das Gesicht ab, aber Zaira zieht sie an sich und umarmt sie. Die Menge jubelt.[2]

»*Alles* ist möglich«, sagt Zaira in die Kameras, heiser und überschäumend wie in einem Wahlkampf. »Und dies ist eine Botschaft für alle, die einen Traum haben, der so groß ist wie dieser. Gebt nicht auf, wenn ihr Erfolg haben könnt. Es wird nicht einfach sein.«

Martha sollte mir später erzählen, dass es ihr nicht leichtfiel, den Tag zu genießen. »Ich bin keine Aktivistin, also war es sehr schwer für mich, die Hochzeit mit all den Medien. Meine Familie war sehr dagegen. Es gab Streit.«

Marthas Eltern lebten nicht mehr, ihre Geschwister kamen nicht zum Standesamt. Aber Zairas Eltern waren da, und die Kameras erfassten sie unter einer Regenbogenfahne stehend, stoisch und elegant, der Vater in einem weißen Anzug mit breitem Aufschlag und einem dazu passenden Panamahut, den er verwegen in die Stirn gezogen hatte, die Mutter mit Schmuck behängt. In Worten, die gut geprobt klingen, sagt Señora Gómez zu einem Reporter des Lokalfernsehens: »Ja, unglücklicherweise gibt es noch immer viel Unwissenheit und Intoleranz, aber es ist ihre Entscheidung [zu heiraten]. Sie sind menschliche Wesen, sie haben ihr eigenes Leben, also müssen wir zu ihnen halten, um in Zukunft viele Selbstmorde zu verhindern oder dass Familien zerbrechen oder Menschen ihre Kinder verlieren.«[3]

Es gab tatsächlich ein paar verstreute Demonstrant:innen, doch die Polizei hatte die Straße vor dem Standesamt abgesperrt, und sie begegneten der Hochzeitsgesellschaft nicht. »Die Leute unterstützten uns und bildeten eine Barriere«, erzählte mir Martha später. »Ich kam mir vor wie Angelina Jolie oder jemand Wichtiges. Es war verrückt.«

Der Tag endete mit einem Fest auf einem in leuchtenden Farben gestrichenen Innenhof. Das Hochzeitspaar zeigte seine zusammenpassenden Ringe mit einem in Gold gefassten geschwungenen Regenbogen und ließ sich mit all seinen Freund:innen fotografieren, bevor es sich an eine festliche Tafel setzte, für die alle etwas mitgebracht hatten. Sie schnitten einen riesigen in Regenbogenfarben glasierten und mit zwei silbernen Bräuten geschmückten Hochzeitskuchen an.

—

Als erste Gemeinde in Lateinamerika legalisierte Mexico City 2009 die gleichgeschlechtliche Ehe. Argentinien folgte ein paar Monate später, als erstes Land der Region und zehntes der Welt. In den folgenden sieben Jahren änderten sich die Einstellungen zur gleichgeschlechtlichen Ehe in Lateinamerika gewaltig: Brasilien, Uruguay und Kolumbien legalisierten sie ebenfalls. Gemeinsam mit Argentinien setzten sich diese Länder nun bei den Vereinten Nationen für den globalen Schutz von LGBT-Menschen ein.

In Mexiko war die Situation komplizierter. Einerseits war das Land der Vorreiter in der Region: Der Legalisierung der gleichgeschlechtlichen Ehe ging in Mexico City schon 2006 die eingetragene Lebenspartnerschaft für gleichgeschlechtliche Paare voraus, und beide Reformen waren durch konstitutionelle Neuerungen aus dem Jahr 2001 ermöglicht worden, die die Diskriminierung aufgrund der »Präferenz« verboten. (Die Verfasser waren zu prüde, um das Wort »sexuell« aufzunehmen, das geschah erst 2011.) Andererseits jedoch blieb das Land eine Hochburg nicht nur des konservativen Katholizismus, sondern auch jener Art von Grenzgänger-Machismo, die zu seinem nationalen Image gehörte. Die konservativen Kräfte waren verantwortlich für die massive Gegenreaktion auf Enrique Peña Nietos Ankündigung, die gleichgeschlechtliche Ehe im ganzen Land zu legalisieren, die in dem Jahr erfolgte, als ich Zaira und Martha kennenlernte.

2016 fanden in Mexiko insgesamt 81 Gay-Pride-Veranstaltungen statt, die weltweit größte Zahl mit Ausnahme der USA und Brasiliens. Die größte, mit einer halben Million Teilnehmer:innen, war in Mexico City. Es gibt sie seit 1979, damit war sie die bei Weitem älteste in Lateinamerika. Mexico City wirbt seit mehr als einem Jahrzehnt mit dem Slogan »La Ciudad de las Libertades« (Die Stadt der Freiheiten) für sich. Mit La Zona Rosa gibt es ein schwules Viertel, ähnlich The Castro in San Francisco. Mexico City ist eine Stadt, in der LGBT-Paare offen in der U-Bahn schmusen; in der eifrig um *la vota rosa*, die Wählerstimmen Homosexueller, geworben wird und in der queere Paare heiraten, Kinder adoptieren und sich problemlos als Eltern registrieren lassen können. Transpersonen können legal ihr Geschlecht ändern, ohne vor Gericht zu müssen, und ein öffentliches Krankenhaus bietet eine kostenlose Hormonersatztherapie an. Am wichtigsten ist womöglich, dass in Mexico City in den ersten drei Monaten der Schwangerschaft kostenlose Abtreibungen möglich sind. Abtreibungen sind an keinem anderen Ort in Lateinamerika mit Ausnahme Kubas und Uruguays auch nur legal, es sei denn, die Schwangerschaft ist die Folge einer Vergewaltigung oder der Fötus weist eine Anomalie auf.

Vielleicht noch ausgeprägter als bei seinem Nachbarn im Norden gibt es in Mexiko eine innere pinke Linie. Sie verläuft vor allem um die Hauptstadt herum, einer Oase des Liberalismus. Mexico City ist eine eigene Welt in einem Land mit extrem unterschiedlichen Sitten: eine Folge seiner Geografie und seiner Vielfalt, seines schwerfälligen Föderalsystems und auch seiner Geschichte als ausgesprochen katholisches Land mit einem stark säkular ausgerichteten Staatswesen und einer revolutionären Vergangenheit. Wie in einigen anderen Ländern auch spielte in Mexiko eine umfassende Reform des Rechtssystems neben der digitalen Revolution und der globalen Menschenrechtsbewegung eine wichtige Rolle bei der Veränderung der Normen bezüglich Sexualität und Geschlecht. Wie in Südafrika und in Kolumbien war die konstitutionelle Reform mit der auf ihr beruhenden an den Menschenrechten orientierten Rechtsprechung das Ergebnis politischer Erneuerung nach langen Perioden autoritärer Herrschaft oder des Bürgerkriegs.

Im Falle Mexikos wurde die Verfassungsreform von zwei gegensätzlichen Kräften in einer Art Zangenbewegung gegen den konservativen Katholizismus und die etablierte politische Elite durchgesetzt. In den neunziger Jahren machte der Aufstand der sozialrevolutionären Zapatisten die Rechte der indigenen mexikanischen Bevölkerung zum Gegenstand der politischen Debatte und eröffnete damit eine landesweite Diskussion darüber, wie auch andere marginalisierte Gruppen, etwa Menschen mit Behinderungen oder Homosexuelle, konstitutionellen Schutz erhalten könnten. Unterdessen förderte Staatspräsident Vicente Fox aus dem konservativ-bürgerlichen Lager im Rahmen seiner Modernisierungsagenda das liberale Anliegen individueller Rechte: Mexiko war unter einer Einparteienherrschaft verknöchert, und Fox versuchte, das Land nicht nur durch eine Politik des Freihandels, sondern auch der Menschenrechte zu verjüngen und es in die Weltwirtschaft zu integrieren.

Als jedoch das linksgerichtete Mexico City im Jahr 2009 die gleichgeschlechtliche Ehe legalisierte, erhob Fox' konservativer Nachfolger Felipe Calderón sofort Klage beim Obersten Gerichtshof des Landes mit der Begründung, dass das Gesetz nicht der Definition der Familie in der mexikanischen Verfassung entspreche. Doch der Gerichtshof entschied zugunsten von Mexico City: Zweck der Ehe sei *nicht* die Fortpflanzung, deshalb sei jede Definition, die sich nur auf Heterosexuelle beziehe, diskriminierend. Das Gericht ging sogar noch weiter und verfügte, dass die in Mexico City geschlossenen gleichgeschlechtlichen Ehen überall im Land anzuerkennen seien. Die Regelung der gleichgeschlechtlichen Ehe in Mexiko unterscheidet sich dadurch deutlich von der in den USA, wo gleichgeschlechtliche Ehen nur in den Bundesstaaten anerkannt wurden, in denen sie legal waren – bis der Supreme Court 2015 ihre Geltung im gesamten Land verfügte.

Als Zaira und Martha im Dezember 2013 heirateten, waren in Mexico City seit 2009 bereits 3619 gleichgeschlechtliche Ehen geschlossen worden, keine wirklich riesige Zahl, zumal etwa zehn Prozent der Paare eigens in die Stadt gekommen waren, um zu heiraten.[4] Am 21. März 2010, nur wenige Tage nachdem das Gesetz in Kraft getreten war, hatten 29 Paare aus dem ganzen Land an einer von großem öffentlichen Interesse begleiteten Massenzeremonie auf den Stufen des herrschaftlichen Rathauses der Stadt aus der Kolonialzeit teilgenommen. »Mexico City war eine Art soziales Labor, in dem wir sehen konnten, wie sich der Rest des Landes entwickeln würde«, sagte die altgediente lesbische Aktivistin Lol Kin Castañeda zu mir. Sie hatte die Gruppenheirat organisiert: »Wir nutzten sie, um die Sache in den Bundesstaaten ins Rollen zu bringen«, sagte sie. »Die teilnehmenden Paare gingen unter anderem die Verpflichtung ein, ihre Rechte wahrzunehmen, wenn sie nach Hause kamen, etwa indem sie eine gemeinsame Sozialversicherung verlangten. So sollten im ganzen Land Veränderungen erzwungen werden.«

Zaira und Martha hatten eine radikalere Position. Sie versuchten, die Sache in ihrem eigenen Staat nicht nur dadurch ins Rollen zu bringen, dass sie dort heirateten, sondern auch dadurch, dass sie Martha in Guadalajara als zweiten Elternteil Sabinas registrierten, obwohl dies auch in Mexico City möglich gewesen wäre.

Doch sie waren sich in der Sache nicht einig.

Martha sagte mir sehr deutlich, dass sie auch gerne in Mexico City geheiratet hatte und sich dort als zweiter Elternteil hätte eintragen lassen.

Doch Zaira war hartnäckig: »Natürlich ist es in der Hauptstadt viel einfacher, aber das Einfachste ist nicht unbedingt das Beste«, sagte sie zu mir. »Wir kommen aus Guadalajara, hier leben wir, hier sind wir aufgewachsen, hier ist unsere Tochter geboren, und hier wird sie aufwachsen. In Guadalajara zahlen wir unsere Steuern. Deshalb mussten wir es hier tun. Wir wussten natürlich, dass es länger dauern und komplizierter sein würde, aber wir mussten auch an die denken, die nach uns kommen. Aktivist:innen, die heute fünfzig oder sechzig Jahre alt sind, haben die Tür für uns geöffnet, damit wir von unseren Rechten Gebrauch machen können. Jetzt sind wir dran.«

—

Guadalajara ist keineswegs hinterste Provinz. Die prächtige weitläufige Stadt ist die zweitgrößte Mexikos. Sie verfügt über ein gut erhaltenes Zentrum aus der Kolonialzeit, eine lebendige Kunstszene, ist ein wichtiger Industriestandort und gilt als das Silicon Valley Mexikos. Und sie ist bekannt für ihre große Gay-Community. Die andere große Stadt in Jalisco ist Puerto Vallarta, ein Ferienparadies für LGBT-Gringos. Der Bundesstaat ist jedoch zutiefst konservativ, eine Hochburg rechtsgerichteter katholischer Politik. Als Mexico City die gleichgeschlechtliche Ehe legalisierte, war Jalisco einer von zwei Staaten, die (erfolglos) vor dem Obersten Gerichtshof klagten in dem Bestreben, solche Ehen auf ihrem Territorium nicht anerkennen zu müssen.

Mit dem 2010 gesprochenen Urteil zur gleichgeschlechtlichen Ehe hatte der Gerichtshof tatsächlich auch für Zaira und Martha die Möglichkeit geschaffen, in Guadalajara zu heiraten, anstatt nach Mexico City fahren zu müssen. Aufgrund des komplexen mexikanischen Föderalismus konnte das Gericht Staaten nicht zu einer Änderung ihrer Gesetze verpflichten, aber es konnte ihre Entscheidungen dank einem Mechanismus, genannt *amparo* (wörtlich: Schutz), aufheben. Ein *amparo* verpflichtete die Behörden zur Trauung eines gleichgeschlechtlichen Paares, weil der Staat sonst dessen verfassungsmäßiges Recht auf Gleichheit missachtet hätte.

Den ersten erfolgreichen *amparo* für eine gleichgeschlechtliche Ehe gab es in dem südlichen Staat Oaxaca. Er wurde im Dezember 2012 gewährt. In den folgenden Jahren entstand im ganzen Land ein außergewöhnliches Graswurzelnetzwerk künftiger Ehepaare und engagierter Rechtsanwält:innen, das bei der Gründung von Organisationen für LGBT-Rechte selbst in abgelegenen Provinzstädten Pate stand, von der Wüstenstadt Mexicali im Norden bis Tuxtla in der 3500 Kilometer weiter südlich gelegenen Dschungelregion Chiapas. Alex Alí Méndez Díaz, der Anwalt aus Oaxaca, mit dem alles begonnen hatte, und dessen Organisation im Mittelpunkt all dieser Aktivitäten stand, erzählte mir, dass bis 2017 etwa 200 *amparos* gewährt wurden.

Wie bei Zaira und Martha wurden die meisten durch einen *amparo* ermöglichten Trauungen ohne Zwischenfall durchgeführt, wenngleich die lokalen Behörden manchmal schlichtweg die Vollstreckung verweigerten.[5] Dies geschah etwa in Mexicali, nahe an der Grenze zu den USA. Dort verzögerte die Stadt zwei Jahre lang den Vollzug eines *amparo*, der zwei ortsansässigen Friseuren gewährt worden war, und berief sich schließlich auf eine formale Beschwerde, der zufolge die beiden Männer geisteskrank seien. Diese Maßnahme führte zu einer Kampagne mit dem Hashtag #MisDerechosNoSonLocuras (Meine Rechte sind kein Wahnsinn), die im Januar 2015 landesweit Anhänger:innen fand. Hunderte Unterstützer:innen des Paares versammelten sich vor dem Rathaus von Mexicali. Der Bürgermeister beschloss, die Demonstration aufzulösen, indem er die beiden Männer auf der Stelle verheiratete – ein seltener und großer Sieg durch die Mobilisierung der Bevölkerung in dem Land.

Zwei Wochen bevor im März 2013 in Oaxaca die erste Trauung eines gleichgeschlechtlichen Paares stattfand, hatten sich Zaira und Martha auf dem Standesamt von Guadalajara vorgestellt. Sie wurden erwartungsgemäß wieder fortgeschickt und gaben danach eine Pressekonferenz, auf der sie verkündeten, auf einen *amparo* zu klagen. Die Klage war eine der ersten eines gleichgeschlechtlichen Paares in Mexiko, über die verhandelt und entschieden wurde: Im November 2013 bekamen die beiden ihren *amparo*.

—

Ich hatte meinen Besuch in Guadalajara so geplant, dass ich die jährliche Pride-Parade besuchen konnte. Als wir in dem Straßencafé saßen, zeigte mir Zaira auf ihrem Facebook-Profil ein Foto von der Parade im Jahr zuvor. Auf dem Bild geht Sabina mit einem Regenbogenschal über der Schulter voraus und ist durch eine rosa Leine mit Zaira verbunden. Martha kommt einen Schritt weiter hinten mit einem Kinderwagen, über den ebenfalls regenbogenfarbene Tücher drapiert sind. Beide Frauen tragen Jeans, Wanderstiefel und Cowboyhemden, haben regenbogenfarbene Herrenkrawatten lose um den Hals geschlungen und die langen Haare in Baseballkappen gestopft. Eine Freundin, die neben ihnen läuft, hat ein leuchtend gelbes Schild mit der Aufschrift: »Ich bin SABINA und ich will eine Geburtsurkunde mit den Namen meiner 2 MAMIS«, das I-Tüpfelchen in »MAMIS« ist ein Herz.

Zaira erzählte stolz, dass Sabina die Protestsongs der Bewegung genauso gut kenne wie jeden Kinderreim, und nahm die Kleine auf den Schoß, um es mir zu beweisen. Sabina verpasste »Alerta que camina! La lucha feminista por America Latina!« den Rhythmus eines Kinderreims. Martha lachte entspannt und erzählte, dass ihre Tochter sie am Morgen der letzten Parade geweckt habe, indem sie Regenbogensöckchen (die sie auch jetzt trug) schwenkte und verlangte, dass sie sofort aufbrechen.

Ich hatte eigentlich mit Zaira und Martha an der Parade teilnehmen wollen, doch sie gingen nicht hin. In der Stadt gab es einen Konflikt zwischen den NGOs und Unternehmen mit Verbindungen zur Gay-Community, der dazu geführt hatte, dass an zwei aufeinanderfolgenden Wochenenden konkurrierende Paraden stattfanden. Ich war unwissentlich für die Party und nicht für die Politik in die Stadt gekommen.

Außerdem hatten Zaira und Martha ihren eigenen häuslichen Disput über die Pride-Parade – ein weiterer Grund, ihr fernzubleiben. Zaira fand es »überhaupt nicht falsch, wenn Menschen nackt sind oder wenn sie sich ausdrücken, indem sie sehr wenig anziehen oder indem sie sich küssen oder auch nicht. Das gehört zur Diversität, gehört zu dem, was wir sind als Community. Aber ich weiß, dass Mami«, wie sie Martha nannte, »anderer Ansicht ist. Aber erzähl doch selbst.«

»Also, weil wir jetzt Sabina haben, gefällt es mir nicht mehr, dass dort [auf der Parade] Exhibitionist:innen sind«, sagte Martha vorsichtig. »Zaira findet es in Ordnung, wenn Sabina Demos mit nackten Menschen sieht. Aber ich bin anderer Ansicht. Es gibt gewisse Dinge, auf die kommt man erst, wenn man älter wird. Man muss sie sich verdienen.«

Ich musste gehen, wenn ich rechtzeitig zur Parade kommen wollte. Wir verabschiedeten uns und verabredeten, uns später in ihrem Haus wiederzutreffen. Ich sagte, ich wolle ein kleines Geschenk für Sabina mitbringen. Was ihr denn gefallen könnte?

»Oh, Sabina mag einfach alles«, sagte Zaira. »Ich kenne keinen so begeisterungsfähigen Menschen wie sie. Zurzeit will sie gern Superman *und* Spiderman sein, nicht wahr? Und dann plötzlich ist sie eine Prinzessin.« Es gab keine Genderpolizei in der Familie. »Wenn sie eine Puppe will, kaufen wir ihr eine Puppe. Sie ist frei.«

Eltern wollen sich gern selbst in ihren Kindern sehen. Martha sollte mir Sabina später folgendermaßen beschreiben: »Sie ist ein ernstes Kind. Sie redet gerne. Sie möchte sie selbst sein.«

2

Sabina war begeistert von der bestickten Umhängetasche, die mein Dolmetscher Andres und ich ihr mitbrachten, als wir später am Tag bei der Familie ankamen. Das kleine Mädchen rannte davon, füllte die Tasche mit ihren Lieblingssachen und sauste dann zwischen uns herum und befruchtete unser Gespräch mit ihren Kapriolen, als wir den Nachmittag mit einem Glas frischem Ananassaft begannen. Sabina leerte und füllte mehrmals ihre Tasche, verteilte Kleinigkeiten an die Erwachsenen und sammelte sie dann wieder ein, um sie in die Tasche zu stecken. Von Zeit zu Zeit marschierte sie demonstrativ mit schwingender Umhängetasche durch den Raum.

Die Wohnung befand sich über Marthas Laden in einer bewachten *colonia* im Südosten der Stadt. Die kleinen Häuser der Colonia säumten in typisch mexikanischem Stil auf zweistöckigen Terrassen die Hügel, individuell mit leuchtenden Farben gestrichen und gespickt mit Fernsehantennen und Sicherheitsstacheln. Jedes hatte einen Parkplatz, der in Abwesenheit des Autos als Terrasse diente. Die Wohnung der kleinen Familie bestand aus einem langen rechteckigen Raum, sparsam möbliert und gepflegt, mit einem leuchtend roten Raumteiler, hinter dem sich der Schlafbereich befand, und mit zahlreichen roten Sprenkeln: der Rand der Küchenuhr, die Sitzflächen der Stühle am Esstisch, die hölzernen Äpfel auf dem Tisch. Keine Spur von Religiosität, keine Fotos von der Taufe im selbst gebastelten Rahmen, kein geschmückter Altar der Heiligen Jungfrau, wie man sie oft in mexikanischen Familien findet. Zaira war in einer evangelikalen Kirche aufgewachsen, und sie war eine fromme Protestantin.

Martha war in ihrem Geschäft zwei Mal überfallen worden, mit Messern und Pistolen, aber sie hatte offenbar keine Angst. In Jalisco lagen drei Drogenkartelle miteinander im Streit, doch die Colonia war »sehr sicher« im Vergleich zu anderen Gegenden. Dennoch wurde zwei Jahre nach meinem Besuch Zairas Nichte von bewaffneten Eindringlingen aus ihrem Haus entführt. Sie wurde unversehrt freigelassen, als die Familie ein Lösegeld zahlte.

Martha hatte das Grundstück etwa zehn Jahre zuvor mit Geld gekauft, das sie bei einem zweijährigen Aufenthalt in den USA gespart hatte, und darauf ihren Laden gebaut. Ein paar Jahre später lernten sie und Zaira sich kennen, als beide nach langen Beziehungen eine Bleibe suchten. Sie zogen schließlich zusammen in eine Wohnung im Haus einer gemeinsamen Freundin: »So was von *L Word*«, sagten wir lachend. Sie kamen sich bei nächtlichen Gesprächen über Mutterschaft näher, und Martha klagte Zaira ihr Leid: Sie war nach einer Fehlgeburt unfruchtbar. Sie beschlossen, zusammen ein Kind zu bekommen, und schon nach sechs Monaten war Zaira schwanger – dank einer Samenbank und ihrem früheren Partner, einem Arzt. Die beiden fassten den Plan, über Marthas Laden eine Wohnung zu bauen und ihr Kind dort aufzuziehen.

Aber sobald Sabina geboren war, hatten sie ständig Probleme wegen des inoffiziellen Charakters ihrer Beziehung. Das Baby kam einen Monat zu früh auf die Welt, und Martha wurde anfangs nicht in den Inkubationsraum gelassen. »Wir wurden als ›der Fall‹ bekannt«, sagte Zaira. »Das Krankenhaus drohte damit, die Polizei zu rufen, damit Martha nicht bei unserem kämpfenden Baby sein durfte, diesem kleinen Leben, das uns gehörte. Eines Tages kam sie mit gebrochenem Herzen nach Hause: ›Ich sei nicht die Mutter, sagen die.‹ Am nächsten Tag war ich dort und *kämpfte*. Es dauerte sieben Tage, aber am Schluss haben wir gewonnen. Und als wir einen Monat später gingen, machten die Pfleger:innen Fotos von uns. Sie jubelten: ›Es ist der Fall! Der Fall!‹ Wenn das nächste Mal zwei Mütter kommen, werden sie nicht die Ersten sein …«

Weil Sabina einen Monat zu früh auf die Welt kam, war die Wohnung bei ihrer Geburt noch nicht fertig, und in dem Monat, als sie im Inkubator lag, arbeiteten Zaira und Martha fieberhaft daran, sie fertigzustellen. Sie schafften es gerade so, bekamen aber sofort Probleme mit »der selbsternannten Präsidentin der Colonia«, wie Zaira eine Wichtigtuerin aus der Nachbarschaft bezeichnete, die behauptete, sie würden gegen Verordnungen verstoßen. »Diese Frau wollte uns nicht hier haben, weil wir ein lesbisches Paar waren«, sagte Zaira. »Offensichtlich hatten wir nicht das richtige moralische Ansehen für die Colonia. Aber viele andere Nachbar:innen schauten vorbei und sagten, sie hätten kein Problem mit uns. Die Frau hat uns immer wieder belästigt, und wir mussten ein Kontaktverbot erwirken. Dann gab sie Ruhe! Und inzwischen hatten wir entdeckt, dass wir sehr viele Freund:innen und Unterstützer:innen in der Colonia hatten.«

Zu den Freund:innen gehörte auch ein weiteres lesbisches Paar, das sie mit seinen Kindern auf der Straße getroffen hatten. Alé kam herüber und erzählte mir von der Geschichte des Paares: Der biologische Vater ihres Sohns Robbie war ein schwuler Freund, den der Junge »Papá« nannte und dessen Familie das Kind abgöttisch liebte. Dennoch waren Alé und ihre Frau Max rechtlich die Eltern des Kindes. Sie hatten in Mexico City geheiratet und Robbie dort als ihr Kind registrieren lassen. Die Entscheidung hatte ihnen Max' Mutter sehr erleichtert, als sie drohte, Alé das Kind wegzunehmen, falls ihrer Tochter etwas passieren sollte.

»Nichts tut einer Mutter mehr weh, als das zu hören, wenn ein Kind auf die Welt kommt!«, rief Zaira aus.

»Du gibst dein ganzes Leben«, fügte Martha hinzu, »gibst deine Zeit, deine Liebe …«

—

Der Nachmittag machte der Abenddämmerung Platz, und wir gingen vom Ananassaft zum Bier über. Die Geräusche des Sonntagabends drangen herüber: startende Autos, Männer, die sich an Straßenecken Wortgefechte lieferten, kreischende Teenager. Eine Frau rief an und erkundigte sich, ob Sabina zum Spielen kommen könne. Zaira sah fragend zu Martha hinüber, die zustimmend nickte. Als wir dann in der Wohnung im Obergeschoss plauderten, hörten wir Sabina mit den anderen Kindern auf der Straße direkt vor dem Haus. Sie war bei den Nachbar:innen, langjährigen Kund:innen von Martha, die immer freundlich und entgegenkommend waren. »Es gibt nur ein Problem«, sagte Martha, »sie leben als eine riesige Familie mit Großeltern und Onkeln und Tanten und Neffen zusammen, und Sabi fragt oft: ›Warum sind wir nur zu dritt?‹«

Einmal hatte Sabina ihren Vettern, Marthas Neffen, erzählt, dass sie ›zwei Mamis‹ hatte. »Deine Mamis sind ›tortas‹«, hatten die Jungen gesagt: »Sandwiches«, im mexikanischen Dialekt ein pejorativer Begriff für Lesben, weil sie mit zwei aneinandergepressten Scheiben Brot verglichen werden. Martha hörte das Gespräch mit und war beeindruckt, wie Sabina ihre Familie verteidigte: »Sie hat kein Problem damit, andere zurechtzuweisen. Sie weiß ganz genau, wie das geht.«

Das Problem, sagte Martha, seien ihre Schwestern: »Für sie gehört Sabi nicht zur Familie. Die Vettern kriegen immer kleine Geschenke, und Sabi geht leer aus. Und wenn sie mich Mutter nennt, sagen sie: ›Sie ist nicht deine Mutter.‹« Am Anfang hatten sie Sabina abgelehnt, doch das kleine Mädchen hatte sie für sich eingenommen. »Trotzdem sehen sie sie noch immer nicht als meine Tochter.«

Ob es einfacher wäre, wenn ihr Status rechtlich anerkannt wäre?

»Das wird ein anderer Kampf, weil sie das auch nicht kapieren. ›Warum willst du Sabi *unseren* Namen geben?‹, fragen sie. ›Warum willst du ein Kind aufziehen, das nicht von dir ist?‹«

Wäre Marthas Mutter noch am Leben gewesen, wäre es laut Martha anders gewesen: »Sie hätte Sabi als eines von ihren Enkelkindern geliebt. Da bin ich mir sicher.«

—

Martha war das zehnte von elf Kindern, aufgezogen von einer alleinerziehenden Mutter, die durch den Verkauf von Parfümen und Cremes ihren Lebensunterhalt verdiente. Marthas älteste Schwester brach die Schule ab, um die jüngeren Geschwister zu versorgen. Der Vater war ein Alkoholiker, »der uns praktisch verlassen hatte, obwohl er zu Hause wohnte«, erzählte sie mir.

Martha hatte ihrer Mutter sehr nahegestanden. Sie war am Boden zerstört, als ihre Mutter sie hinauswarf, weil ihre ältere Schwester ihr verraten hatte, dass Martha eine lesbische Beziehung hatte. Martha war damals 22 und zog mit ihrer Freundin zusammen, die mit ihr auf einem Frischwarenmarkt in Guadalajara arbeitete. »Am Ende hat uns meine jüngere Schwester wieder versöhnt. Sie erzählte mir, dass meine Mutter weinte und mich vermisste. Ich habe ein weiches Herz, also sagte ich okay.« Martha zog nie wieder zu Hause ein, aber sie und ihre Mutter entwickelten wieder ein enges Verhältnis, und am Ende war ihre Mutter begeistert von ihrer Freundin: »Ich glaube, wir haben sie mit all den riesigen Körben voller Früchte überzeugt.«

Marthas erster Kuss war mit einer Sporttrainerin an der Schule, und sie hatte ihre meisten Freundinnen, und Liebhaberinnen, in der örtlichen Frauensoftball-Liga gefunden. Mit der Zeit jedoch gefiel ihr dieses Umfeld nicht mehr: Sie hasste die Untreue und die Zickenkriege und beschloss, als wieder einmal eine Beziehung gescheitert war, nach Norden zu gehen und ihr Glück in Kalifornien zu suchen.

Das war 1995. Mit gefälschten Ausweispapieren passierte sie in Tijuana die Grenze und schlug sich bis Santa Barbara durch, wo sich ihre erste Freundin niedergelassen hatte. »Alle meine Kindheitsfreund:innen waren dort, aber ich war trotzdem einsam. Alle arbeiteten die ganze Zeit, wirklich hart, und ich hatte lange keinen Job. Jedes Mal, wenn ich mit meiner Mutter telefonierte, musste ich weinen.« Sie fand schließlich Arbeit als Babysitterin und danach einen Job in einem mexikanischen Restaurant. Auch wenn sie sah, dass in den USA mehr möglich war als in Mexiko – eine Freundin aus ihrer Schule durchlief gerade eine Geschlechtsangleichung –, fing sie keine Beziehung an und schlug keine Wurzeln. »Ich vermisste meine Heimat. Vor allem aber fühlte ich mich wegen meiner Mutter schuldig. Dass sie so weit weg war, brach mir das Herz.« Als Martha mir von dieser zweiten Trennung erzählte, bekam ich ein Gefühl dafür, wie hart das Verstoßen-Werden ein paar Jahre zuvor für sie gewesen sein musste.

Es war ein Montagmorgen, und ich war gekommen, um mit Martha zu sprechen, während Zaira bei der Arbeit war. Martha hatte Sabina oben im Schlafzimmer an ein leuchtend rosa Hello-Kitty-Tablet gesetzt. Das kleine Mädchen kam herunter und erzählte uns, was dort oben mit jemandem namens Diego vor sich ging. Martha war das offenbar unangenehm. Sie erklärte mir, Diego sei Sabinas Geisterfreund. Selbst stammte sie nicht aus einer frommen Familie, aber sie war der festen Überzeugung, dass Sabina getauft werden müsse, um sie vor solchen Dämonen zu schützen: »Es ist nicht das erste Mal. Im Laden hat Sabi einmal erzählt, dass ein Mädchen aus der Toilette gekommen sei.« Die Taufe wäre »ein Schutz, weil in der Bibel steht, dass die Geister dann nicht ihre Seele rauben«.

Doch Zaira war aus zwei Gründen strikt gegen eine Taufe: Erstens war sie selbst keine Katholikin, und zweitens verdammte die Kirche die Familie und ihren Lebensstil.

Ich erwähnte Maria und Soledad, ein anderes lesbisches Paar, das ich in Guadalajara kennengelernt hatte. Es hatte einen Jungen adoptiert, gleich nach seiner Geburt, und ihn in einer Kirche taufen lassen. Dabei waren beide Frauen als seine Eltern anerkannt worden. Martha kannte die Frauen. Sie gehörten zu einer Gruppe lesbischer Mütter, die Zaira gegründet hatte. Doch sie war erstaunt über die Taufe. Also erzählte ich ihr die ganze Geschichte.

Maria und Soledad hatten ihren Sohn Santiago unbedingt taufen lassen und als Eltern an der Taufe teilnehmen wollen. Außerdem hatten sie ihre engsten Freund:innen, einen offen schwulen Mann und eine unverheiratete Frau zu Pat:innen machen wollen (Pat:innen mussten eigentlich ebenfalls verheiratete Eltern sein).

Beim ersten Versuch wurden sie abgewiesen, ohne überhaupt angehört zu werden. In einer zweiten Kirche sagte der Priester, er müsse zunächst einmal in sich gehen: »*In sich gehen!*«, zischte Maria. »Nein danke!« Schließlich empfahl ihnen jemand einen aufgeklärten Priester in einem anderen Teil der Stadt: »Kein Problem«, sagte der. Und so wurde Santiago getauft: an einem Sonntagmorgen vor der ganzen Gemeinde mit seinen lesbischen Müttern und seinem schwulen Patenonkel und seiner unverheirateten straighten Patentante neben dem Taufstein ganz vorn in der Kirche. »Ich glaube nicht, dass das vor zwei Jahren schon möglich gewesen wäre«, sagte

Maria zu mir. »Na ja, es wäre schon möglich gewesen, aber nur heimlich. Man hätte den Schein wahren müssen. Aber heute sind die Leute eher bereit, zuzuhören und ihre Meinung zu ändern.«

»Was hat diese Veränderung verursacht?«

»Die Politik«, antwortete sie. »Wegen der politischen Veränderungen, die in diesem Land stattgefunden haben, ›gegen Diskriminierung sein‹ ist en vogue. [Früher] war Diskriminierung selbstverständlich, aber heute wird sie sogar bestraft.«

—

Zaira war im Alter von 13 Jahren zusammen mit ihrer Familie als evangelikale Christin wiedergeboren worden. Die Konversion der Familie war Teil eines Trends, der in den letzten Jahren des 20. Jahrhunderts die gesamte Region erfasst hatte, als sich die Pfingstbewegung US-amerikanischen Stils auf den Flügeln der digitalen Revolution im Süden ausbreitete. Ursachen waren die wachsende Unzufriedenheit mit der Doppelmoral der katholischen Kirche und, in Mexiko, die schrecklichen gesellschaftlichen Verwerfungen infolge des Krieges gegen die Drogen und des Narco-Terrorismus der Rauschgiftkartelle.

Die leidenschaftliche Zaira war voll dabei: Schon mit 16 war sie Jugendpfarrerin in der Casa de Cristo, der Kirche der Pfingstgemeinde. Doch rief das einen inneren Konflikt hervor: »Ich schloss meinen Vorbereitungskurs ab, obwohl ich wusste, dass ich innerlich anders war. Ich wusste nicht, wie ich es ausdrücken sollte, ich konnte keine ›christlichen‹ Worte dafür finden, aber ich wusste, dass mir Mädchen gefielen. Und ich wusste, dass es falsch war, angesichts dessen, was in der Kirche gepredigt wurde. Ich fühlte mich schuldig. Und ich weiß noch, dass ich Gott auf Knien bat: ›Bitte nimm das von mir. Bestimmt willst du nicht, dass ich schlecht bin …‹«

Doch sie *war* schlecht. Sie begann eine sexuelle Beziehung mit ihrer besten Freundin in der Schule, und als die beiden 18 waren, verriet die Tochter des Pfarrers das Verhältnis. Zaira wurde einer quälenden »Rettungsaktion« unterworfen: Ein vierzigtägiges Fasten und »eine Telefonkette in der Gemeinde. Damit der böse Geist mich verließ, mussten in jeder Stunde des Tages Gemeindemitglieder einander anrufen. All diese Leute beteten für mich, um mich von meinem Lesbianismus zu erlösen!« Sie durfte nicht mehr mit ihrer Freundin sprechen und musste nach der Schule direkt in die Kirche gehen, um zu beten und zu fasten.

Als die vierzig Tage vorbei waren, fragte der Pfarrer sie, wie es ihr ginge. »Ich bin ganz erfüllt vom Heiligen Geist«, antwortete sie. »Aber ich liebe sie immer noch.« Man sagte ihr, sie sei vom Teufel besessen, und sie wurde geächtet, durfte nicht mehr im Chor singen und musste in der Kirche allein sitzen. Nach drei Sonntagen mit diesen Sanktionen teilten ihr die Kirchenältesten mit, dass sie ausgeschlossen werde, wenn sie sich nicht ändere. Sie verließ die Gemeinde, aber sie quälte sich mit Fragen an Gott, warum er sie so geschaffen hatte, obwohl sie ihm doch ihr ganzes Leben gewidmet hatte. Noch verschlimmert wurde ihr Elend dadurch, dass ihre Freundin nicht auf sie gewartet hatte: »Ha! Ich hörte, dass sie mir untreu war – mit der halben Schule!«

Ihr Gefühlschaos beruhigte sich erst, als ihre Eltern sie (endlich) unterstützten. Als sie sich – mit der für sie typischen Dramatik – bei einer Silvesterfeier im Kreis der Großfamilie outete, stand ihr Vater vom Tisch auf und ging: »Eine lesbische Tochter! Nur über meine Leiche!« Und ihre Mutter gab sich selbst die Schuld, weil sie sie auf eine Mädchenschule geschickt hatte: »Ich habe versagt.« Doch die älteren Mitglieder der Familie hielten zu Zaira: »Wir haben es schon immer gewusst. Sie lieben dich. Sie werden sich schon wieder beruhigen.« Und so war es auch. Ihre Mutter machte eine Therapie, und ihr Vater begann, Fragen zu stellen. Bald schon waren beide leidenschaftlich auf ihrer Seite, eine Entwicklung, die sie auf die Werte von »Toleranz und den Respekt« zurückführte, mit denen sie aufgewachsen war.

Zairas Vater war 24 Jahre älter als ihre Mutter und »ein Mann von Welt«. Er hatte die meiste Zeit seines Lebens in den Vereinigten Staaten gelebt. Dort hatte er »von allem ein bisschen gemacht«, von der Küchenarbeit bis zum Amateurboxen, und war schließlich als Geschäftsführer eines Steinbruchs wieder in Guadalajara gelandet. Er war der Casa de Cristo nicht beigetreten, weil, so sagte er seinen Kindern, Gott nicht in einem Haus wohne. Als Zaira von der Kirche ausgeschlossen wurde, bekräftigte er seiner Tochter gegenüber diese Botschaft noch einmal: »Wenn du an Gott glaubst, ist er mit dir.«

Zaira nahm das ernst. Sie suchte online und fand Other Sheep, eine weltweite christliche Gemeinde für LGBT-Personen, die ihren Namen aus Johannes 10,16 herleitete: »Und ich habe noch andere Schafe [*other sheep*], die sind nicht aus diesem Stall; auch sie muss ich herführen, und sie werden meine Stimme hören.« Other Sheep war auch in Ostafrika sehr aktiv, und als Michael Bashaija, auch er geflohen vor der evangelikalen Christenheit, 2014 nach Nairobi kam, war die kenianische Ortsgruppe von Other Sheep eine der Anlaufstellen, bei denen er Hilfe suchte.

Zaira bekam per E-Mail Material von Other Sheep und erfuhr, dass »Gott mich genau so liebt, wie ich bin«. Auf der Universität lernte sie die lesbische Tochter eines evangelikalen Pfarrers kennen. Die beiden freundeten sich dank ihrer ähnlichen Erfahrungen an und gründeten eine Gebetsgruppe. »Wir waren nicht länger ›nutzlose Schafe‹. Wir ›arbeiteten‹ dort, wohin Gott uns geführt hatte, mit Menschen, die uns (in spiritueller Hinsicht) brauchten«, schrieb mir Zaira in einer Botschaft auf Facebook. »Ich reiste jedes Wochenende, und es warteten immer mehr Leute auf uns.« Als die andere Frau krank wurde, brach die Gruppe auseinander, und Zaira engagierte sich stärker politisch.

Als wir uns sechs Jahre später kennenlernten, gehörte sie keiner Kirche mehr an (»Die sind alle homophob hier in Mexiko«), aber ihre Sprache war mit christlichem Vokabular gespickt. »Gott liebt uns«, sagte sie, als sie mir die Geschichte von Sabinas Geburt erzählte. »Er liebt uns *mehr.*« Dafür gab es eine Menge Beweise: Die künstliche Befruchtung war gleich beim ersten Mal erfolgreich gewesen; dank Sabinas früher Geburt und des anschließenden Krankenhausaufenthalts konnten sie die Wohnung rechtzeitig fertigstellen; trotz der frühen Geburt hatte Sabina keine Schäden davongetragen; und »dann hat er uns auch noch ein *Mädchen* geschenkt«.

3

Eines Sonntags luden mich Zaira und Martha zu einem Treffen ihrer lesbischen Müttergruppe ein. Eine Frau namens Claudia hatte ihre Wohnung zur Verfügung gestellt. Ihre Mutter kochte gern Posole, eine aufwändig zubereitete traditionelle Maismehlsuppe für festliche Anlässe, die ihr große Dankbarkeit einbrachte. Zaira und Martha waren aufgeregt. Wir nahmen ein Taxi in eine weit entfernte Vorstadt und hielten unterwegs an, um Bier zu kaufen.

Wir kamen zu spät. Die anderen Mütter hatten ihre Posole schon gegessen: Schalen einer dampfenden Suppe mit riesigen getrockneten Maiskörnern und Schweinefleisch, garniert mit Limone, Chili und Avocado. Sie spielten schon mexikanisches Bilderbingo. Eine Frau rief »El Azteca!«, »El Diablo!« oder »La Sirena!«, während ihre Kinder um sie herumwuselten. Es war wild: Die Erwachsenen tranken Bier, und die Kinder bekamen Süßigkeiten bis zum Abwinken.

Claudia, die Gastgeberin, lebte mit ihren Eltern zusammen. Ihre 14-jährige Tochter war so nett, die anderen Kinder an diesem Nachmittag zu beaufsichtigen. Claudia war erst kürzlich aus einer langen, von Misshandlungen geprägten Beziehung mit einem alkoholkranken Transmann herausgekommen. Sie war sich nicht sicher, ob sie lesbisch war, aber sie brauchte dringend eine Gemeinschaft und war begeistert, dass sich die Gruppe bei ihr versammelt hatte. Noch ein weiteres älteres Paar hatte eine Tochter im Teenageralter, aber die Kinder der anderen acht Familien waren alle jünger als fünf Jahre.

Gab es auch im lesbischen Mexiko einen Babyboom?

Die Volkszählung des Jahres 2012 hatte Verblüffendes ergeben: Die Familie von Zaira und Martha war einer von 229773 Haushalten mit gleichgeschlechtlichen Paaren, das waren in etwa ein Prozent aller Haushalte. Und 75 Prozent dieser gleichgeschlechtlichen Haushalte hatten Kinder.[6] Zum Vergleich: Das US-amerikanische Census Bureau zählte im Jahr 2010 etwa 594000 gleichgeschlechtliche Haushalte, also ebenfalls etwa ein Prozent der Gesamtzahl.[7] Im Verhältnis zur Gesamtbevölkerung gab es also in den USA genauso viele gleichgeschlechtliche Haushalte wie in Mexiko – eine durchaus unerwartete Äquivalenz. Aber nördlich der Grenze hatten viel weniger gleichgeschlechtliche Haushalte Kinder, nämlich nur 115000 oder 25 Prozent. Als Zaira und Martha 2001 beschlossen, Eltern zu werden, waren sie damit unter mexikanischen Partner:innen gleichen Geschlechts keineswegs eine Ausnahme, wie sie es in den USA gewesen wären.

Doch die Demografie des Posole-Events ließ noch etwas anderes vermuten. Die anwesenden Familien waren jung: Die Kinder waren nach 2010 geboren, nachdem die gleichgeschlechtliche Ehe in Mexico City legalisiert worden war. In welchem Ausmaß waren sie eine direkte Folge der rechtlichen und sozialen Akzeptanz schwuler oder lesbischer Beziehungen?

Die von Zaira in Guadalajara gegründete Gruppe war Teil eines landesweiten Netzwerks lesbischer Mütter in Mexiko, das die Mitglieder schlicht La Red (das Netzwerk) nannten. La Red gehörten etwa 2000 über das ganze Land verteilte Familien an. Laut seiner Gründerin Ana de Alejandro García waren etwa 80 Prozent der Mütter in heterosexuellen Beziehungen gewesen, als sie ihre Kinder bekamen, und hatten sich später geoutet. Die Zahl der Frauen jedoch, die »als Lesben« Kinder bekamen, nahm laut García jedes Jahr zu. Ihrer Ansicht nach war diese Veränderung nicht so sehr eine Folge neuer Rechte, sondern beruhte viel stärker »auf dem leichteren Zugang zu reproduktiven Technologien. Dabei geht es weniger um die Technologien selbst als um die online verfügbaren Informationen über sie. Man muss nicht mehr in eine Klinik fahren und Tausende von Pesos zahlen, sondern kann ›Befruchtung‹ googeln und diese mit einem Mann, den man kennt und dem man vertraut, zu Hause durchführen. Das Informationszeitalter ist ein großer Segen für lesbische Mütter.«

Zaira hatte ihre eigene Theorie über den Wandel: »Mutterschaft ist etwas, das man unabhängig davon plant, ob sich die Gesetze ändern oder nicht. Ich wäre auf jeden Fall Mutter geworden. Geändert hat sich, dass ich früher vielleicht geheim gehalten hätte, dass ich lesbisch bin, heute jedoch offen damit umgehe.« In einer früheren Ära hätte sie vielleicht sogar einen Mann geheiratet, um ein Kind zu bekommen, wie es viele ältere lesbische Frauen aus ihrem Bekanntenkreis getan hatten.

Maribel, eine lebhafte Frau mittleren Alters mit einem engen Jeansanzug und Cowboystiefeln hatte beides getan. Sie hatte zwei ältere Kinder, die inzwischen junge Erwachsene waren und aus einer kurzlebigen heterosexuellen Ehe stammten, zu der man sie gezwungen hatte. Und mit ihrer Frau Blanca hatte sie nun ein neu geborenes Kind. Maribel war in den USA zur Welt gekommen und aufgewachsen. In North Carolina war sie Eigentümerin einer Reinigungsfirma gewesen, bevor sie nach Guadalajara gezogen war, um mit Blanca zusammen zu sein. »Ich liebe alle meine Kinder«, sagte sie mit ihrem breiten Südstaatenakzent, »aber natürlich ist es heute anders. Ich ziehe Joushi zusammen mit meiner wunderschönen Frau auf« (und nicht mehr allein und auf der Flucht vor einer heterosexuellen Ehe). »Mein Leben ist der Beweis dafür, was sich [in der Gesellschaft] geändert hat.«

Blanca war eine hinreißende blonde Schlagzeugerin und hatte Maribel bei einer US-Tournee kennengelernt. Ihre Mutter hatte mit ihren früheren Freundinnen nichts zu tun haben wollen, aber sie vergötterte Maribel und bediente sie als Erste am Mittagstisch, wie man es mit jedem Schwiegersohn tut. Dennoch, sagte Blanca, »weinte sie, als ich ihr erzählte, dass ich schwanger war. ›Wie soll das Baby denn ohne Vater aufwachsen?‹ Aber dann sagte meine Schwester: ›Mama, wir sind doch auch ohne Vater aufgewachsen, wo ist das Problem?‹« Das Baby kam auf die Welt, und Blancas Mutter verliebte sich in das Kind.

Im März 2016, ein paar Wochen nach Joushis Geburt, fuhren Maribel und Blanca mit ihr nach Mexico City, wo sie heirateten und sich als ihre Mütter registrieren ließen: »Es ist nicht Vegas, aber es hat echt Spaß gemacht«, lachte Maribel. »Ich bin richtig stolz, Mexikanerin zu sein.«

—

Als sich das Bingo-Spiel in ein fröhliches Chaos aufgelöst hatte, rief Zaira die Teilnehmerinnen zur Ordnung. »Mami! Mach bitte Notizen!«, rief sie quer durch den Raum Martha zu, die neben mir auf der Treppe saß. Die verdrehte die Augen und zog ein Notizbuch aus ihrer Handtasche.

Zaira ließ einen Kalender herumgehen, der von einer LGBT-Elterngruppe in Mexico City produziert worden war, und schlug vor, dass die Gruppe von Guadalajara etwas Ähnliches machen solle: »Seht ihr: Jeden Monat eine Familie. Wir teilen die Monate auf und suchen uns einen Fotografen, und dann entscheidet ihr als Familien, wie ihr gesehen werden wollt.«

Aber Luz, eine alleinerziehende Mutter mit rot gefärbten Haaren, erhob Einspruch: »Glaubt mir, ich weiß, wie gefährlich es ist, gesehen zu werden. Als sie mich geoutet haben, musste ich mein Medizinstudium aufgeben. Also seid vorsichtig mit dem Projekt.«

Maribel widersprach ihr. »Es ist unsere Zeit«, sagte sie. »Wir müssen aufstehen und gesehen werden.« Sie erzählte Luz, dass sie an einer englischsprachigen Schule arbeitete und alle ihre Kolleg:innen und Schüler:innen wussten, was Sache war. Und dass sie ihr sogar gratuliert hätten, als Blanca das Kind bekam: »Schreib uns auf. Wir sind dabei!«

»Was ist mit den Kindern?«, fragte eine andere Frau. »Können wir Entscheidungen über Sichtbarkeit treffen, die auch unsere Kinder angehen? Vielleicht werden sie an der Schule drangsaliert oder kriegen mit den Lehrer:innen Probleme.«

»Meiner Erfahrung nach kommen die Kinder sehr gut zurecht«, antwortete Maribel. »Sie wissen, wie man mit den Dingen umgeht. Wir, die Erwachsenen, haben mit der Scham zu kämpfen.«

Inzwischen war es Nacht, und die leeren Flaschen waren zahlreich. Die Gemüter hatten sich plötzlich erhitzt, doch dann waren alle schnell wieder einer ausgelassenen Laune verfallen. Die Frauen vertieften sich in die Aufteilung der Monate, und als eine sagte, sie wolle wirklich gerne mitmachen, könne aber ihr Gesicht nicht zeigen, schrie eine andere: »Oktober! Gebt ihr den Oktober! Sie kann einen Kürbis auf dem Kopf tragen!« Das Treffen endete schließlich heiter: Die Frauen sammelten ihre Kinder und ihre Habseligkeiten ein und bewegten sich Umarmung für Umarmung langsam zu Tür.

4

Ich war für den Posole-Abend aus Mexico City nach Guadalajara zurückgekehrt, nachdem ich in der Hauptstadt an der Gay-Pride-Parade teilgenommen hatte. Die ersten Demonstrationen in den späten siebziger Jahren hatten ihre Wurzeln in der radikalen mexikanischen Linken und den Ideen der Schwulen- und Lesbenbewegung in den Vereinigten Staaten nach dem Stonewall-Aufstand gehabt. Nun, im Jahr 2016, lautete das Motto der 38. jährlichen Pride-Parade der Stadt »Todas las familias, todos los derechos« (Allen Familien alle Rechte):[8] Die Familie war zur pinken Linie Mexikos geworden.

Die Parade wurde von Familien angeführt: von Ana de Alejandro Garcías Netzwerk lesbischer Mütter (*lesbomaternal*) und von Familias Diversas (*homopaternal*), einer Gruppe, die zum Großteil aus Vätern bestand. Diese war von zwei prominenten schwulen Männern gegründet worden, den ersten, die in Mexiko legal ein Kind adoptiert hatten. Einer der beiden war Felipe Nájera, ein Schauspieler mit dem Aussehen von Rock Hudson. Als ihn die exaltierte Moderatorin vorstellte, ließ sie sich zu einer kleinen Anzüglichkeit hinreißen: »Ich dachte, Sie hätten mehr Erfahrung im Nehmen?«, sagte sie, als er das Mikrofon fallen ließ, das sie ihm gab. »Sind Sie nicht passiv?«

»Soy papa, no passivo«, antwortete er gereizt: »Ich bin Papa, nicht passiv.« Dann forderte er in einer leidenschaftlichen Rede, die gleichgeschlechtliche Ehe im ganzen Land zu legalisieren. Der Wortwechsel mit der Moderatorin illustrierte anschaulich den Konflikt zwischen Zaira und Martha über Sabinas Teilnahme an der Pride-Parade: den kulturellen Clash zwischen dem Ethos der sexuellen Dissidenz als Antrieb der schwul-lesbischen Befreiungsbewegung und dem Bedürfnis, Grenzen zu ziehen, das mit der Elternschaft einherging, nun da viele queere Menschen Familien gründeten.

Als die stürmische und extrem sprachgewandte Ana de Alejandro García das Mikro übernahm, gab es nicht die geringste Andeutung einer Anzüglichkeit. Die Liste von Forderungen, die sie wie ein Maschinengewehr herunterratterte, beinhaltete unter anderem die Legalisierung der (nur in einem Bundesstaat erlaubten) Leihmutterschaft und die Abschaffung eines Phänomens, für das sie selbst den Begriff »gesto-normativity« geprägt hatte, die rechtliche Bevorzugung der leiblichen Mutter gegenüber dem anderen Elternteil. Mit einem Teilaspekt dieses Phänomens hatten natürlich Zaira und Martha zu kämpfen: das Recht einer zweiten Mutter, als Elternteil des Kindes anerkannt zu werden.

Die Mütter und Kinder von La Red blieben ihren feministisch-aktivistischen Wurzeln treu, trugen handgemalte Schilder und stießen die jahrzehntealten lateinamerikanischen Schlachtrufe der Bewegung aus. Die Gruppe von Familias Diversas war raffinierter: ein farbenprächtiger mit Luftballons geschmückter Wagen, in dem die Kinder saßen, außerdem hatten sie einen eigenen Song, den ein bekannter Künstler aufgenommen hatte. Und sie trugen eigens angefertigte T-Shirts: »Diverse Familien für eine bessere Welt für unsere Kinder.«

Wieder in Guadalajara traf ich mich mit Jaime Cobián, dem hochgeschätzten und altgedienten Vorkämpfer der Schwulenbewegung in der Stadt. An seine Organisation hatten sich Zaira und Martha als Erste gewandt, als sie einen *amparo* anstrebten. Cobián hatte selbst ein Kind: Er zog den Sohn seiner Schwester auf, doch er hatte es abgelehnt, ihnen zu helfen. »Warum?«, sagte er hitzig, als ich ihn nach den Gründen fragte: »Es war ein Kind im Spiel. Wenn man die Staatsmacht weckt, tut die vielleicht etwas, das man später bedauert. Ich wollte nicht riskieren, dass ihnen der Staat das Kind wegnimmt, weil sie Lesben sind.« Er war immer noch von der Erinnerung an einen früheren Fall geplagt, als eine Transfrau Sozialhilfe beantragt hatte, um ihr achtjähriges Kind großzuziehen, das seit der Geburt bei ihr lebte. Versuche von Cobiáns Organisation, ihr zu helfen, hatten dazu geführt, dass man ihr das Kind weggenommen hatte.

Zaira und Martha hatten eine andere Theorie, warum Cobián sie abgewiesen hatte: »Sie wollten zuerst *Männer* finden, die heiraten«, sagte Martha. »Das hätte besser ausgesehen. Sie fanden nicht, dass wir als Testfall gut genug waren, weil wir Lesben waren.« Da sie über keine eigenen Mittel verfügten, hatten sie schließlich bei der feministischen Organisation Comité de América Latina y El Caribe para la Defensa de los Derechos de la Mujer (Lateinamerikanisches und karibisches Komitee zur Verteidigung der Frauenrechte, Cladem) Unterstützung gefunden.

Aus Gründen, die ich nicht verstand, hatten sie dieser Organisation inzwischen den Rücken gekehrt und suchten nun jemanden, der ihnen bei einem zweiten *amparo* helfen sollte, um Martha als Sabinas andere Mutter registrieren zu lassen. Jaime Cobián verdrehte die Augen, als er von dem Problem hörte: »Natürlich müssen sie nach Mexico City! Das Kind geht vor.«

—

Die beiden hatten Anfang 2014 zum ersten Mal versucht, Martha als zweiten Elternteil von Sabina registrieren zu lassen. Doch die Behörden hatten sich geweigert, ihre Heiratsurkunde für diesen Zweck anzuerkennen: Laut den Gesetzen von Jalisco durfte in eine Geburtsurkunde nur eine »Mutter« und ein »Vater« eingetragen werden. Zaira und Martha hatten zwei Mal Widerspruch eingelegt und waren zwei Mal gescheitert.

Als Zaira mir die Geschichte erzählte, kamen ihr vor Wut die Tränen. »Es tut mir weh, auch nur daran zu denken, dass meine Tochter einfach so im Nichts landet, wenn mir etwas passiert, wenn ich zum Beispiel von einem Auto überfahren werde. Und die Vorstellung, dass Martha, die seit ihrer Geburt für sie sorgt, sie dann nicht behalten kann, obwohl sie, ehrlich gesagt, mehr eine Mutter für sie ist als ich! Wirklich, das ist deine Tochter, du hast sie geboren« (sie bestand darauf, dass sie beide Sabina »geboren« hatten), »und *du hast keine Rechte*? Es ist einfach wahnsinnig ungerecht. Ich sage: Sollen sie doch zu uns ins Haus kommen, ohne zu wissen, wer physisch mit Sabina schwanger war, und dann sollen sie sagen, wer mehr Mutter ist!«

Als ich zusah, wie Martha dieser Tirade lauschte, und merkte, dass sie traurig war, fühlte ich mich von den Widersprüchen überwältigt: nicht nur in der Beziehung zwischen den beiden, sondern auch in den politischen Ansichten der Menschen, die ich rund um den Erdball traf, ihren öffentlichen Positionen auf der pinken Linie und ihren privaten Kämpfen, miteinander und mit ihren eigenen Dämonen.

Warum war es Zaira so wichtig, nicht nach Mexico City zu fahren? Es gab keine Anzeichen, zumindest soweit ich das mitbekommen hatte, dass sie nicht wollte, dass Martha dieselben Rechte in Bezug auf Sabina erhielt: Sie war eindeutig mit der Rolle ihrer Ehefrau als wichtigster Elternteil einverstanden.

Ich versuchte, ihre Haltung zu verstehen, indem ich mir noch einmal ihren Lebensweg vergegenwärtigte, insbesondere die vierzigtägige als Befreiung getarnte Konversionstherapie, der man sie unterzogen hatte, als sie 18 war, und ihre Ächtung in der Kirche. Sie verstand nicht, warum sie bestraft wurde, weil sie eine Frau liebte, obwohl »ich immer noch dieselbe Person, dieselbe Christin bin, immer noch gute Taten verrichte, meinen Dienst leiste, bete. Ich sagte mir: ›In mir hat sich nichts geändert, der einzige Unterschied besteht darin, dass die Kirche mich nicht mehr liebt.‹ Das hat mich sehr deprimiert. [...] Ich machte Gott Vorwürfe, fragte ihn: ›Warum hast du mich so geschaffen? Ich will dir dienen. Bitte nimm das von mir.‹«

Ob Zaira gemeint hatte, »Nimm die Homosexualität von mir«? Oder »Nimm die Depression von mir«? Nun, zu Beginn ging es um Ersteres, dann um Letzteres. Und dann wurde aus ihrem Wunsch Aktivismus, sie ermächtigte sich selbst zum Handeln: Sie befreite sich selbst von der Last der Depression, indem sie für ihre Rechte und ihre Würde kämpfte. Ich dachte daran, dass sie genau das gesagt hatte, als ich mir die Aufnahmen vom Tag der Hochzeit noch einmal ansah, als sie vor dem Standesamt ganz euphorisch »die Befriedigung und den Triumph« beschrieb, dass sie den Kampf gewonnen hatte und eine höhere Macht, in diesem Fall den Staat, dazu gezwungen hatte, sie als das anzuerkennen, was sie war. Vielleicht war die Hartnäckigkeit, mit der sie darauf bestand, alles in Guadalajara zu erledigen, statt nach Mexico City zu reisen, tief im Trauma ihrer Konversionstherapie verwurzelt und zugleich der Weg, wie sie das Trauma überwand.

Ihre Frau Martha hatte, wie es mir schien, ihre eigenen Dämonen und Ängste: die geliebte Mutter, die sie hinausgeworfen hatte, als sie entdeckte, dass ihre Tochter eine lesbische Beziehung hatte; ihre Unfruchtbarkeit; die Unsicherheit, die viel ältere Partnerin dieser labilen wunderschönen Frau zu sein. Wer hätte ihr vorwerfen können, dass sie nach Mexico City fahren wollte? Aber wer hätte Zaira vorwerfen können, dass sie darauf bestand, für ihre Würde zu kämpfen, um durch den Kampf Depression und Ächtung zu überwinden?

5

»Wir hatten ein bisschen Angst«, sagte Martha zu meiner Gehilfin Julieta, als diese im August 2016, einige Wochen nach meinem Besuch in Guadalajara, mit ihr telefonierte. Die Nationale Front für die Familie legte mit ihrem Vorhaben, die landesweite Legalisierung der gleichgeschlechtlichen Ehe durch Präsident Peña zu stoppen, gerade so richtig los. Alle Priester predigten von der Kanzel über das Thema, und in der ganzen Stadt waren Plakate mit Protestaufrufen zu sehen. Martha und Zaira hatten Sabina zu einer von der LGBT-Community organisierten Gegendemonstration mitgenommen und waren schockiert über die Feindseligkeit, mit der ihnen die andere Seite begegnete. Selbst linke Aktivist:innen, die zuvor solidarisch für LGBT-Anliegen demonstriert hatten, waren nun bei der Nationalen Front – vielleicht weil sie deren »antihomophobe« Selbstdarstellung überzeugt hatte. Martha fragte sich, ob dies vielleicht ein Grund war, dass Menschenrechtsorganisationen es abgelehnt hatten, sie und Zaira bei ihrer Klage zu unterstützen.

Warum hatte Peña überhaupt eine solche Reform angekündigt? Jenaro Villamil, ein prominenter mexikanischer politischer Journalist, sagte mir, seiner Ansicht nach habe der Präsident das Thema benutzt »wie ein Kleinstadtjunge, der sich als *capitalino* [Hauptstädter] profilieren will«. Er wollte in den Club der aufgeklärten globalen Staatsoberhäupter aufgenommen werden (verkörpert durch Barack Obama, den er nachahmte), indem er zum Zeichen seiner Modernität und Kultiviertheit für die gleichgeschlechtliche Ehe eintrat. Villamil und andere Kritiker beschuldigten Peña, angesichts der katastrophalen Menschenrechtslage in seinem Land betreibe er mit »weichen« Themen Pinkwashing. (Der zweite abenteuerliche Kreuzzug, auf den Peña sich einließ, war der für die Legalisierung von Marihuana.)

Allein dass der Präsident und seine Berater:innen das Thema LGBT-Rechte überhaupt als »weich« betrachteten, beweist freilich schon, wie rasant sich die mexikanische Gesellschaft in den sechs Jahren seit der Legalisierung der gleichgeschlechtlichen Ehe in Mexico City verändert hatte. Hatte eine im Jahr 2010 durchgeführte Meinungsumfrage noch ergeben, dass nur 22 Prozent der Mexikaner die gleichgeschlechtliche Ehe unterstützten,[9] so ergab eine im Mai 2016 nach Peñas Ankündigung durchgeführte Umfrage einen Anteil von 65 Prozent.[10] Selbst wenn man mögliche Fehler berücksichtigt, ist die Veränderung erstaunlich.

Dennoch war das Thema, wie sich an der Gegenreaktion zeigte, heftig umstritten. Ein Politiker der konservativen Opposition nannte Peñas Initiative in Bezug auf die Wahlen »ein Gottesgeschenk«.[11] Die christliche Rechte hatte nun ihre eigene pinke Linie. Und was wie die unaufhaltsame Durchsetzung der gleichgeschlechtlichen Ehe in einem mexikanischen Bundesstaat nach dem anderen ausgesehen hatte, verlangsamte sich: Individuelle *Amparo*-Klagen wurden zwar weiterhin erhoben und gewonnen, aber mehrere Staaten, die geplant hatten, die gleichgeschlechtliche Ehe zu legalisieren, legten das Projekt auf Eis.

In 2018 wurde der linke Populist Andrés Manuel López Obrador (oder AMLO, wie er allgemein genannt wird) zum ersten linken mexikanischen Präsidenten seit Jahrzehnten gewählt. Seine Partei Morena hatte ein starkes Pro-LGBT-Programm, doch ihr Gründer pflegte seine Popularität bei den Menschen aus dem Volk, indem er sich von der pinken Linie fernhielt: Der fromme Christ äußerte sich nie zu den Themen Abtreibung oder gleichgeschlechtliche Ehe. In seiner Siegesrede jedoch setzte er immerhin »Menschen aller Denkrichtungen und aller sexueller Präferenzen« auf die lange Liste der Personen, denen seine Regierung dienen sollte.[12]

—

»Sabina macht sich wirklich sehr gut!«, sagte Martha bei dem Gespräch mit Julieta im August 2016. »Sie geht zur Schule und ist sehr glücklich. Sie will sogar an den Wochenenden hingehen!« Zaira und Martha hatten sich mit der Schule über ihre Situation verständigt, und Sabina war vorläufig ohne Geburtsurkunde aufgenommen worden.

Ich versuchte, in Verbindung zu bleiben, aber der Kontakt brach ab. Ich rief an, ich schrieb, ich wandte mich an andere Personen, aber niemand wusste, wie man die beiden erreichen konnte. Schließlich, im Mai 2017, reagierte Zaira auf eine Facebook-Nachricht. Das Problem mit der Registrierung belaste sie beide sehr, ihre Beziehung leide darunter. Inzwischen machte auch die Schule Druck: Die Familie hatte noch bis Ende des Schuljahrs, also zwei Monate, um irgendwie eine Geburtsurkunde vorzulegen. Wenn sie keine Möglichkeit fanden, Martha in das Dokument aufzunehmen, musste es ohne ihren Namen eingereicht werden. »Ich würde allein, als ihre einzige Mutter darin stehen«, schrieb Zaira, »und rechtlich wäre Sabi die Tochter einer alleinerziehenden Mutter, nämlich meine. Das würde bedeuten, das Martha keine Chance mehr hätte, ihre legale Mutter zu werden.«

Zaira schrieb, dass sie sich im Stich gelassen fühle, sogar von der Müttergruppe, die ich an dem Posole-Abend kennengelernt hatte. »Die gehen den leichten Weg, haben Geld und fahren nach Mexico City. Sie versuchen nie, daheim etwas zu verändern, für künftige Generationen.« »Offensichtlich«, fuhr sie fort, »führt alles, was ich dir erzähle, bei Martha und mir zu Stress und Diskussionen. […]

Traurigkeit, Hoffnungslosigkeit, Frustration. […] Alles das ist in unser Leben eingedrungen …« Und sie schloss mit den Worten: »Oh, Mark, vermutlich ist das der Grund, warum ich dir nicht geantwortet habe. Ich wusste nicht, wie ich dir erzählen sollte, dass das, was wir durchmachen, mich tief verletzt. Lass mich erst mal eine Zigarette rauchen gehen, weil ich schon wieder weine.«

—

Zaira und Martha trennten sich im Laufe des Jahres 2018, aber sie gaben den Kampf um einen *amparo* zur Änderung von Sabinas Geburtsurkunde nicht auf, damit Martha als zweiter Elternteil anerkannt wurde. Bis zum Ende des Jahres war ihnen der *amparo* vier Mal verweigert worden. Sie bekamen keine Verlängerung mehr von Sabinas Schule. Also gab Zaira auf. Sie schrieb mir Anfang 2019, dass sie nun doch nach Mexico City fahren würden. Die Sache war für März geplant, aber die Entführung von Zairas Nichte hatte die Familie in »wirtschaftliche Schwierigkeiten« gestürzt.

Zwei Monate darauf wachte ich eines Morgens mit folgender Nachricht von Zaira auf: »Ich grüße dich, aber mit schlechten Nachrichten. Ich habe Krebs.« Ihre Krankheit, eine Form von Leukämie, war zu spät für eine Chemotherapie entdeckt worden, und Zaira wollte sich in einer naturheilkundlichen Klinik behandeln lassen. »Ich muss stark sein, denn, als wäre es mir vorbestimmt und bei meinem Pech habe ich meine Tochter nicht registriert und bin nur noch einen Schritt vom Grab entfernt. Ich habe getan, was ich konnte, um vom Staat eine Geburtsurkunde für zwei Mütter zu bekommen. Meine Frau, meine Tochter und ich, wir haben es verdient. Es sind jetzt sechs Jahre, und wir kämpfen darum, noch einen *amparo* zu beantragen. Selbst im Krankenhaus oder auf dem Sterbebett werde ich noch eine Geburtsurkunde für Sabina fordern.«

Zaira war das Geld für ihre Behandlung ausgegangen, und sie postete Ankündigungen für eine Benefizveranstaltung in einem Club in Guadalajara, die von einer örtlichen Pride-Organisation finanziert wurde. Sie berichtete, dass ihr der Anwalt einer LGBT-Organisation bei ihrem fünften Versuch half, Martha als Elternteil von Sabina einzutragen: »Jetzt ist es dringender als je zuvor, dass ich Martha durch eine offizielle Geburtsurkunde als Sabinas Mutter anerkannt bekomme. Ich kann nicht einmal in Frieden sterben. Das habe ich schon vor sechs Jahren gesagt, und jetzt siehst du, dass ich genau diese Situation durchlebe. So sieht es aus, Mark.«

Ich versuchte, mich gegen den Schmerz abzuschirmen, indem ich zu Zairas überschwänglichen Facebook-Posts zurückscrollte, in der Regel Selfies, oft mit Sabina: in Vergnügungsparks, beim Gewinn einer Medaille im Taekwondo, Limonade schlürfend, schwimmend. Martha war fast nicht mehr online, aber ein knappes Jahr bevor Zaira mir schrieb, hatte sie eines ihrer seltenen Status-Updates gepostet, mit Fotos von Sabina bei der Abschlussfeier des Kindergartens: »Bin hundert Prozent stolz auf meine Tochter, erlebe, wie sie die erste Stufe ihrer Schullaufbahn genommen hat und nun die nächste angeht. So schwierig es auch erschien, wir haben es geschafft, Zaira. Bleiben wir dran, Familie De La O Sandoval.«

»Ich bin so glücklich für [Sabina], weil es ein weiterer Schritt ist«, hatte Zaira Martha direkt geantwortet. »Bin stolz auf deine Leistung und deine Willensstärke. Wir kommen zurecht, meine Liebste. Niemand hat gesagt, dass es leicht sein würde, aber unser kleines Mädchen geht mit festen Schritten voran. Danke! In Liebe.«

Wie auch immer es um Zairas und Marthas Beziehung stehen mochte, was auch immer die Gesetze sagten und wie auch immer Zairas medizinische Prognose lautete, eines war klar: Sabina hatte zwei Mütter.

11
PINKE DOLLARS, GLOBAL GAY

Am 17. März 2012 brach das Kreuzfahrtschiff Celebrity Summit mit 2000 schwulen Männern an Bord von Puerto Rico aus zu einer achttägigen Kreuzfahrt durch die Karibik auf. Das Schiff war Teil einer boomenden Branche und von Atlantis Events gechartert worden, einem US-amerikanischen Unternehmen, das sich auf Gay-Cruises, Kreuzfahrten für schwule Männer, spezialisiert hatte, eine »unbekümmerte Zeit basierend auf Freundschaft, Kameradschaft, Entspannung, Genuss, Abenteuer und purem Vergnügen ohne Hemmungen«.[1] Gay-Cruises waren so beliebt geworden, weil sie den Kunden eine hedonistische, »All gay«-Welt anboten, in der sie im Niemandsland der hohen See sie selbst sein konnten, ohne die üblichen Einschränkungen der heteronormativen Welt: Gesetze, Familie, Arbeitsplatz, Straße. Man verbrachte den Tag sonnenbadend in knapper Badebekleidung und den Abend aufgestylt oder unbekleidet bei Mottopartys; Sex und Drogen gehörten auch dazu. Doch wenn man sich im Hoheitsgewässer des Landes befand, in dessen Hafen das Schiff anlegte, war man auch an die dortigen Gesetze gebunden. Und so riefen Hafenarbeiter prompt die Polizei, als sie zwei nackte Männer beim Sex auf dem Balkon ihrer Kabine beobachteten, während die Celebrity Summit im Hafen von Dominica anlegte.

Die Insel Dominica war früher eine britische Kolonie. Auf ihr ist wie in der gesamten anglophonen Karibik »Sodomie« verboten und kann eine Haftstrafe von bis zu 14 Jahren nach sich ziehen. Die Polizei ging an Bord, verhaftete die beiden Männer und brachte sie ins örtliche Gefängnis. Nach einer Nacht in der Zelle stimmten die Männer einem Deal zu: Die Anklage wegen Sodomie wurde fallengelassen, dafür wurden die beiden wegen unsittlicher Entblößung schuldig gesprochen. Sie mussten 900 US-Dollar Strafe zahlen und wurden auf eigene Kosten abgeschoben. Das Schiff fuhr ohne sie weiter.

Die dominikanische Polizei gab die Verbrecherfotos der beiden an die Presse weiter: gebräunt und muskulös, in blauen Muskelshirts. Die beiden hießen Dennis Mayer – ein pensionierter Polizist, 53 Jahre alt – und John Hart, sein 41-jähriger Partner. Sie waren seit 17 Jahren zusammen. Bei ihrer Rückkehr ins kalifornische Palm Springs berichteten sie den US-amerikanischen Medien, sie seien 19 Stunden lang in einer dunklen, ungezieferverseuchten Zelle ohne Licht, Wasser und Toilette festgehalten worden: »Wir wurden die ganze Nacht schikaniert. Sie führten uns vor wie eine Kuriosität.«[2] Die Polizei habe ihnen Rektaluntersuchungen angedroht und auf der Straße hätten die Leute »gegrölt und protestiert«, als sie das Gerichtsgebäude betraten, wo der Richter sie als »Schurken« und »Vagabunden« bezeichnet habe.

Diese Erfahrung, erklärte Mayer, habe ihm gezeigt, dass es auf der Welt immer noch »Hass und Intoleranz« gebe.[3] Vor allem ärgerte er sich über den Reiseveranstalter, der »2000 Schwule in eine Hafenstadt brachte, wo man uns hasst«. Ein Foto der Männer in eindeutiger Pose, das vom Kai aus aufgenommen wurde, schaffte es auf die Website des Onlinemagazins *Queerty*. Doch die eigentliche Frage, so Mayer, laute nicht, »was wir da auf dem Balkon trieben, sondern, warum einer der größten Veranstalter für Gay-Cruises und Events Mitglieder der LGBT-Community in solche Länder bringt, in denen es Gesetze gegen Homosexuelle gibt«.[4]

Setzten sich Mayer und Hart lapidar über die Gesetze und Gebräuche von Dominica hinweg, oder fühlten sie sich auf ihrem Traumschiff so losgelöst von allem, dass sie vergessen hatten, dass sie sich nicht mehr länger in einem schwimmenden, rund um die Uhr geöffneten schwulen Nachtclub befanden? Wie auch immer: Ihre Erfahrungen lassen sich nicht mit denen von Tiwonge Chimbalanga vergleichen, die in Malawi gedemütigt und eingesperrt wurde, nur weil sie so sein wollte, wie sie ist, oder von Caleb Orozco, der gar nicht so weit von Dominica entfernt, in Belize, gegen ganz ähnliche Sodomie-Gesetze kämpfte. Mayer und Hart stellten sich als Opfer dar, doch einige Bewohner:innen Dominicas – und auch einige Verfasser:innen von Onlinekommentaren in den USA – betrachteten sie als arrogante oder ignorante US-amerikanische Touristen, die sich über die Sitten und Gebräuche des Ortes, den sie besuchten, hinwegsetzten oder die davon nichts wussten und sich auch nicht damit befassten, nicht einmal mit dem Kampf der LGBT-Community auf der Insel.

Mayer und Hart hatten eine pinke Linie überschritten. Ihre Verhaftung zeigte, wie im 21. Jahrhundert Welten aufeinanderprallen können, wenn Vorstellungen von Sexualität und sexueller Freiheit – und natürlich die Menschen, die sie verkörpern – Grenzen überschreiten. Dass von jenen Schiffen Hunderte (überwiegend) weiße Männer an Land strömten, untermauerte nur die Wahrnehmung der Menschen vor Ort, Homosexualität sei ein US-amerikanisches Phänomen, das die Inselbewohner:innen ertragen mussten, wenn sie Geld verdienen wollten, gegen das sie ihrer Ansicht nach aber auch kämpfen mussten, wenn sie ihre Werte schützen wollten. Einige Wochen später richtete der dominikanische Erziehungsminister eine Untersuchungskommission ein, die sich mit »den grundlegenden Ursachen abweichenden Verhaltens und der zunehmenden Häufung von Homosexualität« an den Schulen befassen sollte. Die Untersuchung habe ergeben, dass die Situation schlimmer sei, als er es sich vorgestellt habe, berichtete er anschließend, und so habe er einen Sonderausschuss gebildet, »um der Ausbreitung von Verbrechen, Homosexualität und abweichendem Verhalten an Schulen Einhalt zu gebieten«.[5]

Als ich 2018 Daryl Phillip kontaktierte, den führenden LGBT-Aktivisten auf Dominica, bezeichnete er den Vorfall mit dem Kreuzfahrtschiff als Kollision von Ideologien aus verschiedenen Teilen der Welt, die »uns veranlassten, unsere Rechte in der Gesellschaft zu überdenken. Nirgendwo auf der Welt wird toleriert, dass man Sex in aller Öffentlichkeit hat, aber gleichzeitig wurde dadurch bekannt, dass ›Sodomie‹ im Land verboten ist und dass dieses Verbot die offene Homophobie natürlich weiter antreibt.« Die Verhaftungen hätten zwar die Untersuchung durch den Erziehungsminister nach sich gezogen – eine Initiative, die zu nichts führte, wie mir Phillip erzählte. Doch sie hätten auch die heimische Tourismusindustrie dazu gebracht, ihre Unterstützung für schwule Kreuzfahrten offen zu bekunden, und eine »öffentliche Diskussion« in Gang gebracht, um »die Gesetze gegen Sodomie auf der Insel abzuschaffen«.

Das weiter nördlich in der Karibik gelegene Jamaika war schon lange für extreme homophobe Gewalt bekannt, die mehr von der Dancehall-Kultur und Texten von Sängern wie Buju Banton ausging als von der Kirche. Doch Jamaika war keine Ausnahme: Eine Untersuchung der Organisation Human Rights Watch aus dem Jahr 2018 ergab, dass dieses Phänomen in allen anglophonen Karibikstaaten zu beobachten ist.[6] Ein Aktivist namens Bennet aus St. Lucia berichtete Human Rights Watch: »Leute riefen bei einem Radiosender an und sagten, sie würden mich in den Kopf schießen, mir die Kehle durchschneiden.« Er erinnerte sich, als das erste Kreuzfahrtschiff mit schwulen Reisenden in Jamaika anlegte, hätten die Taxifahrer die Passagiere nicht mitnehmen wollen, als jedoch bekannt wurde, dass bei schwulen Touristen das Geld locker sitze, hätten die Taxifahrer ihre Meinung geändert: »Die Leute dachten, wir würden ein fremdes Konzept auf die Insel bringen, die Jugend würde dadurch ›schwuler‹. Aber dann wurde den Leuten klar, dass die Touristen nichts weiter wollten, als ihren Urlaub zu genießen.«[7]

Könnten die Kreuzfahrtschiffe womöglich als treibende Kraft des Wandels fungieren, in einem Teil der Welt, in dem die im Strafgesetzbuch verbliebenen Anti-Sodomie-Gesetze die englischsprachigen Inseln zu Ausreißern in der Region machten?

2018 wurde Bermuda – ein weitgehend autonomes britisches Überseegebiet – der erste Staat weltweit, der die Einführung der gleichgeschlechtlichen Ehe zurücknahm, als dessen Gouverneur eine Entscheidung des Obersten Gerichtshofs aufhob, die zwei Männern die Eheschließung erlaubte. Der Gouverneur, der auf Druck einer christlichen Lobby handelte, ersetzte die Ehe durch ein Gesetz zur eingetragenen Lebensgemeinschaft. Kevin Dallas, der offen schwul lebende Geschäftsführer der Bermuda Tourism Authority, schrieb dem Parlament, dadurch sei die »Tourismusindustrie unnötig bedroht«, zudem könne der Ruf der Insel »ernsthaften Schaden nehmen«. Er fügte an, dass in der LGBT-Reiseindustrie weltweit 165 Milliarden Dollar ausgegeben werden.[8]

Die bekannte US-amerikanische TV-Moderatorin Ellen DeGeneres rief zu einem Tourismus-Boykott der Insel auf, und das große Kreuzfahrtunternehmen Carnival Cruise Line verkündete, es werde die örtlichen LGBT-Organisationen unterstützen, die gegen die Entscheidung des Gouverneurs Berufung eingeleitet hatten. Carnival erreicht regelmäßig hundert Prozent auf dem Corporate Equality Index, den die US-amerikanische NGO Human Rights Campaign entwickelt hat, um die Haltung US-amerikanischer Unternehmen gegenüber Mitarbeiter:innen, Kund:innen und Anleger:innen aus der LGBT-Community zu bewerten. Die Kreuzfahrtgesellschaft gab folgende Erklärung heraus: »Obwohl wir uns immer an die Gesetze der Länder halten, die unsere Schiffe ansteuern, glauben wir daran, dass Reisen und der Tourismus Menschen und Kulturen einander auf intensive Weise näherbringen. Daher halten wir es für wichtig, uns gemeinsam mit der LGBTQ-Community in Bermuda und ihren vielen Verbündeten gegen sämtliche Aktionen zu stellen, die Reisen und den Tourismus einschränken.«[9] Die Drohung war deutlich.

Im November 2018 wies das bermudische Berufungsgericht den Staat an, die Eheschließung gleichgeschlechtlicher Paare wieder zu bewilligen, und im folgenden Jahr fand auf der Insel die erste Gay

Pride statt, enthusiastisch unterstützt von der Bermuda Tourism Authority. »Die Leute fahren nicht nur zu diesen Veranstaltungen, sondern an Orte, von denen sie wissen, dass sie dort willkommen sind«, bemerkte Kevin Dallas. »In den letzten Jahren hat Bermuda große Fortschritte gemacht. [...] In den sozialen Medien bekommen wir viel mehr positive Reaktionen auf die Insel als letztes Jahr.«[10]

Ebenfalls 2019 hatte Brunei, ein muslimisches Land in Südostasien, ein neues Strafgesetzbuch angekündigt, das die Verhängung der Todesstrafe für homosexuellen Sex ermöglichte – ebenso wie für Ehebruch und die Beleidigung des Propheten Mohammed. Der Schauspieler George Clooney und der Rockstar Elton John stellten sich an die Spitze eines Aufrufs, die Hotels des Sultans von Brunei zu boykottieren, zu denen unter anderem das Beverly Hills Hotel in Los Angeles und das Dorchester in London zählen. Unternehmen und Organisationen wie die Police Federation of England and Wales, die Deutsche Bank und JPMorgan Chase stellten ihre bis dato erhebliche Zusammenarbeit mit den Hotels ein, die Fluggesellschaft Virgin Australia kündigte eine Vereinbarung mit Royal Brunei Airlines, die Tourismuswerbung für das Land wurde auf Veranlassung der britischen Regierung ausgesetzt, und Reiseveranstalter drohten, keine Kunden mehr nach Brunei zu schicken.

Nach nur einem Monat verhängte der Sultan von Brunei ein Moratorium für die Todesstrafe auf Homosexualität und Ehebruch. »Man kann die ›Bösewichte‹ nicht an den Pranger stellen, aber die Leute, die mit ihnen Geschäfte machen, schon«, sagte Clooney in der Talkshow von Ellen DeGeneres und warnte die Nachbarländer Indonesien und Malaysia – in denen ebenfalls eine Verschärfung der Gesetze gegen Homosexualität diskutiert wurde –, die erfolgreiche Kampagne als »Warnschuss« zu betrachten.[11] Ein derartiger Druck ist natürlich genau das, wogegen sich der malaysische Premierminister Mahathir bin Mohamad 2003 empört hatte, als er sagte, der Westen fördere »freien Sex einschließlich der Sodomie« und bedrohe damit asiatische Werte.[12]

In der am Anfang dieses Buches erwähnten Episode des russischen Infomagazins *Spezialny Korrespondent* über Schauspieler hatte der Kreml-nahe Politologe Alexei Muchin behauptet: »Die LGBT-Industrie ist eine globale Industrie, die neue Märkte benötigt.« Die Grundlage für die westliche Unterstützung der Bewegung für LGBT-Rechte in Russland sei »das Verlangen nach Geld und Macht«.[13] In der Rhetorik der globalen politischen Homophobie wird dieser Vorwurf regelmäßig wiederholt. Entweder wird die Mär von der »Rekrutierung« aufgetischt, laut der es bei den LGBT-Rechten nur um »Geld und Einfluss« geht (Menschen würden von Investoren, Sextouristen oder älteren Männern dafür »bezahlt«, schwul zu sein beziehungsweise sich als schwul auszugeben), oder man gibt dem Konsumdenken die Schuld.

Auch der brasilianische Präsident Jair Bolsonaro nahm die pinken Dollars – die wesentlich zur Tourismuswirtschaft des Landes beitragen – ins Visier und erklärte Journalisten im April 2019, er heiße zwar heterosexuelle Sextouristen im Land willkommen, aber: »Wir können nicht zulassen, dass wir als schwules Touristenparadies bekannt werden. Brasilien kann kein Land der schwulen Welt, des schwulen Tourismus sein. Wir haben Familien.«[14] Von dieser Seite der pinken Linie aus betrachtet geht es um eine Schlacht zwischen lokalen traditionellen Werten und der globalen Konsumwelt.

Von der anderen Seite aus gesehen – beispielsweise aus der Perspektive von Daryl Phillip auf Dominica oder aus der von Kevin Dallas in Bermuda, der versucht, die Wirtschaft seines Landes voranzubringen – öffnen Konsumkultur und Tourismus die abgeschottete Welt der Inseln für neue Ideen, Kapital und Menschen sowie für neue Vorstellungen von Freiheit.

—

Nachdem der Oberste Gerichtshof der USA am 26. Juni 2015 geurteilt hatte, dass die Verfassung der Vereinigten Staaten das landesweite Recht auf Heirat auch für gleichgeschlechtliche Paare garantiere, gab Präsident Barack Obama die Anweisung, das Weiße Haus in den Farben der Regenbogenflagge anzustrahlen, und sprach davon, dass »durch unzählige kleine, mutige Schritte von Millionen von Menschen im Laufe der Jahrzehnte [...] ein ganzes Land« erkannt habe: »Liebe ist Liebe.«[15]

Und Liebe ist außerdem Geld.

Kurz nach der Urteilsverkündung veröffentlichte das Kreditkartenunternehmen Visa eine Anzeige mit dem Slogan »Love. Accepted Everywhere«, und Jell-O bewarb seine Desserts mit dem Spruch »JELL-O-V-E is for everyone« und Wackelpuddingwürfeln in Regenbogenfarben.[16] Während hochpreisige Alkoholmarken wie Absolut schon lange Homosexuelle umworben hatten, hüllten sich nun auch auf den Massenmarkt ausgerichtete Biermarken in die Regenbogenfahne: So führte Budweiser eine Sonderedition ein, auf deren Flaschenetikett die Freiheitsstatue samt Regenbogenfarben zu sehen war. Mindestens fünfzig weitere amerikanische Unternehmen gaben ihren Marken einen Regenbogenanstrich, unter anderem Coca-Cola, AT&T, YouTube, Levi's, Mastercard, MTV, Gap und American Airlines.[17]

Ein Jahr zuvor hatte Google aus Protest gegen die Anti-Homosexuellen-Gesetze in Russland bei der Eröffnung der Olympischen Winterspiele in Sotschi das Logo der Suchmaschine in Regenbogenfarben getaucht. Nike, Adidas und Converse wetteiferten mit Regenbogen-Sondereditionen ihrer Turnschuhe um die Gunst der Käufer. 2012 hatte sich die US-amerikanische Supermarktkette Target, die für die Unterstützung konservativer, schwulenfeindlicher Politiker kritisiert worden war, der Kampagne für gleichgeschlechtliche Ehen mit einer Reklame für ihre Hochzeitslisten angeschlossen, bei der zwei lächelnde Händchen haltende Männer mit den Worten »be yourself, together« gezeigt wurden.[18]

Im Juni 2012 wurden die Festivitäten des World Pride in London von einer Phalanx von Unternehmen dominiert, die miteinander um die cleverste LGBT-Version ihres Markenauftritts wetteiferten, und einige nutzten die Gelegenheit sogar zum Direktmarketing: British Airways bot ein »Pride Special« an, einen Rabatt von zwanzig Prozent auf den nächsten Flug. Einige Monate später erlebte ich in Indien, wie sich Mitarbeiter der drei großen US-amerikanischen Unternehmen in der Stadt – Google, Hewlett Packard und Goldman Sachs – auf dem Bengaluru Pride March unter die *hijras* und Queer-Aktivist:innen mischten. Die »Gayglers«, wie sich die unternehmensinterne LGBT-Gruppe bei Google nennt, stahlen allen die Schau mit ihren niedlichen gleichgeschlechtlichen Androiden-Pärchen, die Händchen hielten und Regenbogenfahnen schwenkten.

Einige Wissenschaftler:innen und Aktivist:innen hatten bereits in den neunziger Jahren vorhergesagt, was der britische Sozialwissenschaftler Bob Cant »McPink« genannt hat: »eine globale pinke Wirtschaft, die eine Reihe sich stets wandelnder Lifestyle-Optionen befördert« anstatt eines Kampfes um Rechte und Freiheiten.[19] War die Konsumkultur das neue Schlachtfeld im Kampf um Gleichberechtigung oder hatte sie den Kampf für sich in Beschlag genommen und in eine Marke verwandelt? Der US-amerikanische Kunsthistoriker Frank Smigiel stellte sich eine nicht allzu weit entfernte Zeit vor, in der ein sexuelles Utopia »kein Ort befreiter Körper und Vergnügungen ist, an dem ›Liebe keine Grenzen kennt‹, sondern in der die Mall of America komplett in Regenbogenfarben dekoriert ist, als ob sie verkünden wollte: ›Willkommen, schwule Kunden.‹ Mit neuer Verpackung wird die Homosexualität in der Konsumgesellschaft einfach wie ein weiteres Unternehmenslogo oder ein Markenname erscheinen.«[20]

Mit beeindruckendem Weitblick legte der australische Soziologe Dennis Altman in seinem Essay »On Global Queering« aus dem Jahr 1996 dar, wie die Ausdehnung des freien Marktes die Welt für ein US-amerikanisches Gay-Branding öffnete und damit auch für die – vorwiegend US-amerikanische – Vorstellung, dass »(Homo-)Sexualität die Grundlage für eine soziale, politische und kommerzielle Identität bildet«.[21] Queere Menschen auf der ganzen Welt trugen die gleiche Kleidung und ahmten denselben Stil nach, tanzten zur selben Musik, sahen sich dieselben Pornos an und strebten nach einem Lebensstil, der für US-amerikanische Konsumenten geschaffen worden war. Auch die Pride-Paraden, die rund um den Globus wie Pilze aus dem Boden schossen, feierten eine US-amerikanische Befreiungsmythologie. Selbst in Berlin, der Geburtsstadt der Schwulenbewegung, heißt die Pride-Parade Christopher Street Day, in Erinnerung an den Stonewall-Aufstand, der ein halbes Jahrhundert später in New York stattfand.

Es ist sicher richtig, dass die US-amerikanischen Vorstellungen davon, was »gay« bedeutet, gegen Ende des 20. Jahrhunderts weltweit Verbreitung fanden. Die schwule Subkultur verließ ihre Nische und landete im Mainstream. Dabei setzte sie mit Hilfe der sich rasch globalisierenden Unterhaltungs-, Design- und Modebranche neue Trends. Man schaue sich beispielsweise nur an, wie Madonna Anfang der neunziger Jahre den schwulen Tanzstil Voguing aus Harlem zu einem internationalen Phänomen machte. Zur selben Zeit kamen auch die Begriffe »Pink Pound« und »Pink Dollar« auf, mit denen die Kaufkraft der homosexuellen »Dinks« (kurz für: »Double income, no kids«, zwei Einkommen, keine Kinder) beschrieben wurde.

Wie im Fall von Carnival Cruise und Bermuda oder dem Boykott der Luxushotels im Besitz des Sultans von Brunei war der stetig wachsende pinke Markt ein Grund für viele multinationale Konzerne, die LGBT-Rechte zu einem ihrer »Kernwerte« zu machen. Der andere Grund war die sich verändernde rechtliche Stellung ihrer eigenen Mitarbeiter. Die Firmenzentralen nordamerikanischer und europäischer Unternehmen befanden sich in Ländern, in denen Diskriminierung aufgrund der sexuellen Orientierung und Geschlechtsidentität gesetzlich verboten war. Diese Gesetze hatten natürlich auch Einfluss auf die Unternehmenspolitik, vor allem, wenn es um die Partner:innen der Mitarbeiter:innen und deren Rechte ging. Einige Unternehmen gingen noch weiter und schufen ein LGBT-freundliches Arbeitsumfeld, um queere Mitarbeiter:innen anzulocken. Bei der Bangalore Pride 2012 verkündete Goldman Sachs dementsprechend: »Inklusion bestimmt unsere Unternehmenskultur.«

Bei meinem Besuch in Bangalore lernte ich einen Google Account Strategist namens Yash Godbole kennen. Er erzählte mir, dass er sich anonym in die unternehmenseigene globale Mailingliste für »Gayglers« eingetragen hatte. Ein Mitarbeiter der Personalabteilung machte ihn ausfindig und kontaktierte ihn, um ihn zu fragen, ob er nicht eine LGBT-Gruppe in Indien gründen wolle. Um ihm die Entscheidung zu erleichtern, schickten ihn seine Chefs zum Sydney Gay and Lesbian Mardi Gras, damit »ich sehen konnte, was anderswo läuft und wie die Leute weltweit zu diesem Thema stehen«. Mit der Unterstützung seiner Vorgesetzten wagte Godbole zunächst sein Coming-out bei den Kolleg:innen und dann bei seiner Familie. Dass er bei der Arbeit akzeptiert wurde, »machte den entscheidenden Unterschied« für seine Familie, wie er mir erzählte.

Doch »Diversität und Inklusivität« sind nicht nur eine Strategie bei der Anwerbung von Mitarbeiter:innen, sondern auch ein Mittel zur Markenbildung von Unternehmen, weil sie die Art von zukunftsorientiertem Trendsetting – das Wesen der Modernität – vermittelt, die solche Marken ausstrahlen wollen. Oder wie Heineken es bereits 2011 in einer Kampagne formuliert hatte: »Open your World«.[22]

—

Offene Flaschen, offene Gesellschaften, offen gelebte sexuelle Orientierung. Von Heineken über Google und George Soros bis zu den ideologischen Nachfahren von Harvey Milk (»Schwule Brüder und Schwestern, ihr müsst euch outen!«) sprachen diejenigen, die diese Botschaften verbreiteten, eine bestimmte – vorwiegend US-amerikanische – Form des Schwulseins oder des LGBT-Seins auf der Welt an. In fast jedem Land, das ich während meiner Recherchen besuchte, traf ich junge Menschen, die sich Beyoncé nannten. Und ich sah Regenbogenfahnen und -Aufkleber in ländlichen indischen Dörfern und eleganten Apartments in Mexico City, in Hochhäusern aus der Sowjetzeit in russischen Provinzstädten und in den schäbigen Hütten von Geflüchteten am Stadtrand von Nairobi.

2017 hatte Grindr, die schwule Dating-App, 27 Millionen Nutzer in 192 Ländern. Von Nutzern im repressiven Ägypten, in Nigeria oder im palästinensischen Westjordanland hörte ich, dass die App ihnen nicht nur eine sichere Möglichkeit bot, Gleichgesinnte im selben Viertel oder sogar in derselben Straße zu finden, sondern ihnen auch eine neue, grenzenlose Welt eröffnete, in der ihre Nationalität nur eine von vielen Identitäten darstellte: Sie konnten sich auch als einer der zwölf »Tribes« von Grindr zugehörig identifizieren: Bear, Clean-Cut, Daddy, Discreet, Geek, Jock, Leather, Otter, Poz (HIV-positiv), Rugged, Trans und Twink.

Doch bis 2020 befand sich Grindr – gegründet von einem US-amerikanischen Israeli in New York – komplett im Besitz einer chinesischen Videospielfirma mit Sitz in Peking, obwohl die App in den meisten chinesischen Städten nicht zur Verfügung steht: Dort konnte sich Blued mit seinen fast vierzig Millionen Nutzern halten. Die vom Amerikanischen beeinflusste »globale schwule« Sprache wird also nicht nur von westlichem Kapital finanziert. Zudem hat sie je nachdem, wo sie gesprochen wird, grundlegend andere Bedeutungen entwickelt. Global Gay wurde angepasst und auch »indigenisiert«.[23]

In Indien ist die Dating-App PlanetRomeo – in Deutschland gegründet und zunächst nur auf Deutsch verfügbar, mittlerweile aber von Amsterdam aus betrieben – das wichtigste Onlinekommunikationsportal für homosexuelle und bisexuelle Männer. Sie wird nicht nur zur Kontaktanbahnung genutzt, sondern auch, um schwule Produkte und Partys zu bewerben und andere queere Menschen in der Nähe zu finden. In seiner Doktorarbeit über die App in Indien aus dem Jahr 2011 schreibt der indische Dichter und Aktivist Akhil Katyal, wie die App »die Bühne bereitet für das Idiom einer weltweiten ›echten schwulen Gemeinschaft‹, die das [PlanetRomeo-]Team in seiner Werbung ebenso nutzt wie die User in ihren Profilen mit stark globalisierten Referenzen. Es ist nicht überraschend, wenn Nutzer aus Raipur oder Meerut in Indien Fotos von Brad Pitt, den Backstreet Boys oder Daniel Radcliffe als Profilbilder verwenden, man Bezüge zur ›Bondage-Szene‹ von San Francisco oder der chilenischen Pokémon-Subkultur bei Nutzern aus Kalkutta findet oder Zitate von Mizra Ghalib und Robert Frost, Justin Timberlake und Majrooh Sultanpuri im selben Profil miteinander wetteifern.«[24]

Wie in anderen Ländern stellen auch queere Menschen in Indien ihre Identität aus den digitalen Schubladen des globalen Kleiderschranks zusammen und kombinieren das Gefundene mit ihren lokalen Erfahrungen und kulturellen Bezügen. Auf den ersten Blick mögen sich die Bilder von der Pride-Parade in Manila und der Pride-Parade in Montevideo ähneln, ebenso wie der Beat der Musik in Schwulendiscos, vielleicht gibt es auch gemeinsame Sprachcodes auf Dating-Websites, wenn es um sexuelle Vorlieben geht. Doch am Ende ist das alles nur die äußere Verpackung, wie die Regenbogenfahne, die um verschiedene Agenden, Subjektivitäten und Geschichten drapiert wird.

Kontinuität besteht allerdings in Hinblick auf den Grund, der die Menschen veranlasst, zu diesen Hüllen zu greifen: eine gemeinsame Erfahrung der Ausgrenzung oder Unterdrückung, bei der die Hülle die Funktion eines Talismans übernimmt, als eine Art Vorbote der Befreiung fungiert. All die Beyoncés, die ich traf, sei es nun in Nigeria oder Ägypten, in Uganda, auf den Philippinen oder in Indien, hatten tatsächlich etwas gemeinsam, nicht zuletzt auch in ihren Erfahrungen der Gewalt, die sie aufgrund ihrer femininen Art erleben mussten. Vielleicht hatten sie sich deswegen den Namen einer glamourösen US-amerikanischen Amazone gegeben, der offenbar nichts etwas anhaben kann. Kulturell hatten sie aufgrund ihrer unterschiedlichen Familienstrukturen und Religionen, den verschiedenen Gesellschaftsschichten, aus denen sie stammten, ihrer nationalen oder ethnischen Kultur jedoch fast nichts gemeinsam.

Wie mit den Beyoncés an einem Ende der sozialen Leiter verhielt es sich auch mit den Gayglers am anderen Ende. Oberflächlich betrachtet unterschieden sich die Google-Mitarbeiter:innen, die ich 2012 bei der Bangalore Pride marschieren sah, in ihren T-Shirts mit den niedlichen schwulen Androids kaum von den Teilnehmer:innen der World Pride in London oder des Mardi Gras in Syndey. Doch gab es einen gravierenden Unterschied: Abgesehen von Yash Godbole war keiner der Gayglers offen schwul. Die anderen – insgesamt etwa 150 – waren »Alliierte«, die sich mit der Gruppe solidarisierten, weil es hip und ein Zeichen von Modernität war. Oder wie Dennis Altman im Jahr 2000 feststellte: »Bei der Inanspruchnahme einer lesbischen/schwulen Identität kann es ebenso darum gehen, westlich zu sein, wie um Sexualität.«[25] Deshalb, erklärte er, hätten Südostasiaten das Wort »gay« in ihre Sprache aufgenommen, anstatt seit Langem bestehende lokale Begriffe zu verwenden. Aus demselben Grund wird in Peru der Begriff »modern« und in Mexiko »internacionale« als Bezeichnung für diese Form des »Gay-Seins« verwendet.

In Bangalore gaben die nicht schwulen Gayglers denjenigen Deckung, »die es nicht riskieren können, auf der Straße gesehen zu werden«, erklärte mir Yash Godbole. Google habe vielleicht eine globale Unternehmenskultur der Vielfalt und Inklusivität, aber die »wird natürlich verwischt in Ländern, wo man damit immer noch gegen das Gesetz verstößt und noch viele gesellschaftliche Tabus bestehen«.

—

Von allen Städten und Ländern, die ich besuchte, schien Lagos der Ort zu sein, an dem diese Diskrepanz am deutlichsten zutage trat. Die nigerianische Megastadt dient als westafrikanische Schaltzentrale für ein halbes Dutzend multinationaler Konzerne, liegt jedoch auch in einem Land, in dem bereits die bloße Andeutung von Homosexualität oder die vermeintliche Unterstützung dafür mit einer Haftstrafe von 14 Jahren bestraft werden kann. Eine Pride-Parade ist dort unvorstellbar.

Eines Abends im Oktober besuchte ich die stilvollen Büroräume eines Mannes, den ich hier Teddy nenne und der eine schwule Facebook-Gruppe gegründet hatte. Teddy war Ende dreißig, weltgewandt und weit gereist, mit einem im Fitnessstudio trainierten Körper und dem wissenden Blick, den man in Chelsea oder SoHo findet, aber mittlerweile auch in zunehmendem Maße in den Einkaufszentren und angesagten Clubs von Victoria Island in Lagos. Bei Pizza und Rotwein saßen etwa 15 Mitglieder der Facebook-Gruppe zusammen mit mir am Tisch, Männer und Frauen: Anwält:innen, Unternehmer:innen, Versicherungsleute, Manager:innen. Viele verfügten über die nötigen Mittel für ein Doppelleben. Einige waren in Nigeria verheiratet und hatten Kinder, führten aber parallel langfristige gleichgeschlechtliche Beziehungen im Ausland: »Du hebst ab und bist ein anderer Mensch!«, beschrieb mir ein Anwesender den Flug von Lagos nach London.

Mehrere Mitglieder der Gruppe arbeiteten für multinationale Konzerne, die gerne betonen, wie LGBT-freundlich und divers ihre Unternehmenskultur ist. Dennoch hatte sich keiner von ihnen geoutet, weder bei der Arbeit noch in der Familie. Lagos ist die reichste Stadt auf dem afrikanischen Kontinent mit einer großen, gebildeten, weltgewandten und gut vernetzten Mittelschicht. Warum, fragte ich die anderen am Tisch, glaubten sie, dass Lagos bei der Sexualität nicht dem Trend der Globalisierung und Urbanisierung folgte?

Eine der Frauen – ich nenne sie Ife – arbeitete für einen multinationalen Konzern, dem Diversität sehr wichtig ist. Hatte sie sich bei der Arbeit geoutet? Sie schnaubte verächtlich: »Bist du *wahnsinnig*? Mein *Chef* besucht dieselbe Kirche wie ich!« Alle Anwesenden beim Pizza-Abend gingen ausnahmslos in die Kirche, meistens gehörten sie einer der vielen Pfingstgemeinden an, die in Afrika wie

Pilze aus dem Boden schießen. »Es geht nicht nur um die Religion«, sagte Ife. »Es geht um die Gesellschaft, die Kultur und ums Netzwerken. Man muss in die Kirche gehen, um dazuzugehören und um voranzukommen in der Welt. Ich höre einfach weg, wenn es sein muss – und arbeite fleißig, um für meine nächste Auslandsreise zu sparen.«

—

Im Juli 2018 verstrickten sich Unternehmen in Israel in eine Auseinandersetzung entlang der pinken Linie. Selbst unter der rechtsgerichteten Regierung Benjamin Netanjahus stand Israel unerschütterlich zu LGBT-Rechten, im eigenen Land wie im Ausland. Gleichgeschlechtliche Ehen sind zwar nicht erlaubt (in Israel sind standesamtliche Eheschließungen generell nicht möglich, es gibt nur religiöse Trauungen), doch das Oberste Gericht entschied 2006, dass im Ausland geschlossene gleichgeschlechtliche Ehen offiziell anerkannt werden. Aber wie bei den Debatten um »Genderideologie« in anderen Ländern zog auch die religiöse jüdische Rechte bei der Familie die Grenze: Adoptionen waren praktisch nur heterosexuellen Paaren möglich. Seit 1996 konnten heterosexuelle Paare auch eine Leihmutter engagieren, doch alleinstehenden Frauen wurde dieser Weg erst 2018 durch ein Gesetz ermöglicht, das weiterhin alleinstehende Männer ausschließt. Dadurch werden schwule Männer daran gehindert, eine Leihmutter in Israel zu suchen (im Ausland ist es ihnen hingegen möglich).

Netanjahu hatte sich ursprünglich dafür eingesetzt, bei der Gesetzesänderung 2018 auch schwule Männer zu berücksichtigen, wurde dann aber von seinen orthodoxen Koalitionspartnern in der Regierung zu einem Rückzieher gezwungen. Empört rief die LGBT-Bewegung zu einem landesweiten Streik auf. Am 22. Juli, einem Sonntag, protestierten etwa 100 000 Menschen in Tel Aviv, blockierten den Verkehr und versammelten sich auf dem Rabin-Platz.

Es war eine der größten Demonstrationen, die es in Israel je gegeben hatte, was vor allem daran lag, dass sich auch Unternehmen – multinationale und lokale, private und öffentliche – beteiligten. Mindestens vierzig Firmen stellten ihre Mitarbeiter frei, damit sie zur Kundgebung gehen konnten.

Israels bedeutende IT-Industrie gab die Richtung vor, und zwar mit einer Erklärung von IBM: »Niemandem sollte das grundlegende Menschenrecht – das Recht auf eine Familie – verwehrt werden, nur weil er oder sie sich entschieden hat, sich selbst und der eigenen Identität treu zu bleiben.«[26] Facebook, Microsoft, Apple und viele andere folgten dem Beispiel von IBM, ebenso die Fluggesellschaft El Al und die nationale Transportbehörde. Microsoft, Mellanox und iStore boten Mitarbeitern, die mit dem Gedanken spielten, eine Leihmutter zu engagieren, sogar finanzielle Unterstützung an.

Drei Faktoren trugen zum unerwarteten Aufschwung der von Unternehmen unterstützten LGBT-Bewegung bei. Zum einen die starke pronatalistische Kultur in Israel: Bis zur Geburt ihres zweiten Kindes können Paare Fruchtbarkeitsbehandlungen kostenlos in Anspruch nehmen, und im Gegensatz zu einigen europäischen Ländern wächst in Israel die Bevölkerung. Vor diesem Hintergrund entfaltet der globale Trend zur Ehe und zur Elternschaft in der homosexuellen Kultur beim Kampf um Rechte in Israel eine besonders große Wirkung: Kinder auf die Welt zu bringen ist »fast schon eine nationale Pflicht«, wie Lee Walzer im Jahr 2000 in seinem »schwulen Reisebericht« über Israel schrieb.[27] Diese Verpflichtung basiere auf der Betonung der Familie im Judentum und auf der Erinnerung an den Holocaust, bei dem eine Million jüdische Kinder ermordet wurden, wie Walzer erklärt, aber auch »auf der wahrgenommenen Notwendigkeit, mehr Israelis zu produzieren, um mit der demografischen Entwicklung der arabischen Länder mitzuhalten«.

Der zweite Faktor ist die Empörung über die Scheinheiligkeit der Regierung. Oder wie es in einem Artikel der israelischen Tageszeitung *Haaretz* hieß: »Moment mal, gab es in Israel nicht einen gigantischen Gay Pride Month? Ist [die Regierung] nun LGBT-freundlich oder nicht?«[28] Der israelische Staat investiert viel Geld, um Tel Aviv als internationales Ziel für queere Tourist:innen bekannt zu machen, 2010 wurde dafür eine 88 Millionen Dollar teure Kampagne ins Leben gerufen. Die Pride Week in Tel Aviv wurde von der Behörde für Stadtmarketing von Tel Aviv finanziert und organisiert. Ein gutes Geschäft – 2013 kamen zu dem Anlass 20 000 internationale Tourist:innen ins Land – und gleichzeitig auch gute Propaganda: Durch die Unterstützung der LGBT-Rechte präsentiert sich die Stadt als liberale Oase und als einzige Demokratie in einer schwierigen Region.

Säkulare Israelis sahen Netanjahus Rückzieher als einen weiteren Vorboten einer um sich greifenden Theokratie. Und das war der dritte – und wichtigste – Grund dafür, dass sich die Unternehmen des Landes so engagierten. »Der größte Reichtum Israels sind seine Kreativität, seine Vielfalt und das Talent all seiner Menschen«, hieß es in der Erklärung von Apple. »Leider untergräbt die aktuelle Gesetzgebung […] diese Werte. Apple wird stets seine Werte wie Fairness, die Würde des Menschen und gegenseitigen Respekt bewahren. Wir stehen daher hinter all unseren Mitarbeiter:innen, die eine rechtliche Gleichbehandlung einfordern.«[29]

Das sind die globalen Unternehmenswerte, zu denen sich Firmen wie Apple bekennen. Apple Israel blickte über gewisse Widersprüche in der Erklärung hinweg (wenn es um die Behandlung der Palästinenser:innen geht), um seine Marke bei säkularen und liberalen Israelis aufzupolieren – die wiederum LGBT-Rechte als Zeichen ihrer aufgeklärten, globalen Identität befürworten.

Die Unterstützung der LGBT-Rechte durch Unternehmen und Bürger:innen in Israel war so gesehen ein Indikator dafür, dass es Netanjahu nach den Wahlen 2019 zunächst nicht gelingen würde, eine neue Regierung zu bilden – und die Strafe für seine Allianz mit dem orthodoxen rechten Flügel.

12

FADI UND NADAV

I'BILLIN – TEL AVIV – JAFFA (UND RAMALLAH)

FADI DAEEM: Krankenpfleger, wohnt in Jaffa, Ende zwanzig. Pronomen: er.
NADAV KAIN: Fadis Partner, organisiert Partys und arbeitet in der Modebranche, Tel Aviv und Jaffa, Ende zwanzig. Pronomen: er.
KHADER ABU-SEIF: Fadis bester Freund, Journalist und Texter, Tel Aviv und Jaffa, Ende zwanzig. Pronomen: er.
NABIL*: Student, Ramallah, Mitte zwanzig. Pronomen: er.
DAN*: Nabils Ehemann, Softwareentwickler, Tel Aviv und Ramallah, Ende zwanzig. Pronomen: er.
ZEINAB*: Menschenrechtsaktivistin, Ramallah, Ende zwanzig. Pronomen: sie.
* Pseudonym

1

Als Fadi Daeem seinen Freund Nadav Kain zur Hochzeit seiner Schwester im Juli 2016 in sein Heimatdorf I'billin im Norden Israels mitnahm, trugen die beiden dieselbe Frisur – eine runde Haarplatte auf dem Kopf, die an eine Kippa erinnerte, die restlichen Haare rasiert – und Hipster-Oberlippenbärte. Fadi trug dazu einen schwarzen Anzug mit einer Metallbrosche in Form einer Fliege am obersten Knopf seines weißen Hemdes und sämtlichen Gesichtsschmuck, den er aufbieten konnte: Nasenring, ein Piercing mit silbernem Barbell an der Braue, Diamantohrstecker. Nadav hatte sich bei seinen sonst so grellen Nägeln für »eine etwas zurückgenommene Variante« entschieden, »einen Nude-Ton mit Strasssteinchen«. »Ich wollte bei einer Hochzeit in der Familie nicht dieser krasse Freund sein«, erklärte er mir.

Fadi erzählte mir, er sei nicht sonderlich nervös ob der Aussicht, dass Nadav ihn anlässlich der Hochzeit in sein Heimatdorf begleiten würde. Wir saßen zu dritt an ihrem üblichen Tisch auf dem Gehsteig vor dem Casino San Remo, ein Café ganz in der Nähe ihrer Wohnung im angesagten Viertel Noga in der antiken arabischen Hafenstadt Jaffa, die heute zu Tel Aviv gehört. Mit ihrem wohlfrisierten Malteserhündchen Sushi zu unseren Füßen tranken wir levantinische Limonade aus stylishen Einmachgläsern und Cosmopolitans, als der Nachmittag weiter voranschritt, und lachten über das erste Mal, als Nadav die Daeems in I'billin mit seinen Eltern besucht hatte.

»Meine Mutter!«, rief Fadi und hob in gespielter Verzweiflung die Hände gen Himmel. »Ein Kontrollfreak wie jede arabische Mutter! Sie muss alles über mein Leben wissen.« Fadi hatte ihr erzählt, dass er an den meisten Wochenenden zum Sabbatessen bei den Kains war, »also wollte sie wissen: ›Wer sind diese Leute, die freitagabends für meinen Sohn kochen?‹«

»Glauben sie, sie können für meinen Sohn kochen?«, meldete sich Nadav zu Wort und schlüpfte bei unserem Gespräch in die Rolle der Schwiegermutter, die er als Diva darstellte. »›Denen werde ich's zeigen! Das kann ich viel besser.‹ Und so war es auch! Ich habe noch nie so viel Essen gesehen. Diese unglaublich vielen Tellerchen, die den ganzen Tisch bedeckten, jedes mit einem anderen Gericht. Wahnsinn! Ich liebe ihr Essen.«

»Und meine Mutter im Schlafanzug …«

Im Schlafanzug?

»Ja«, erklärte Fadi. »Das macht sie immer so. ›Oh, es tut mir so leid! Ich bin seit dem Morgengrauen am Kochen. Ich hatte *nicht eine Minute*, um mich umzuziehen …‹«

»Dabei ist sie wunderschön geschminkt, und ihr Haar ist perfekt frisiert. Meine Eltern waren zum ersten Mal bei Araber:innen eingeladen. Sie wussten nicht, wie sie sich verhalten sollten, all diese Tanten und Onkel, die kommen und gehen …«

Nadavs Eltern waren die säkularen Kinder frommer askenasischer Jüd:innen. Sein Vater war ein ranghoher Zivilbeamter beim Militär und erst seit Kurzem im Ruhestand. Eine seiner Großmütter hatte Auschwitz überlebt, ihre Häftlingsnummer war auf ihrem Arm tätowiert. Sie war 13 Jahre alt bei der Befreiung und hatte alle ihre Verwandten verloren. Die neue jüdische Heimat bot ihr einen sicheren Hafen und einen Sinn in ihrem Leben.

Fadis Eltern waren arabische Christ:innen. In ihrer Jugend waren sie aktive Kommunist:innen gewesen, ihren Sohn hatten sie großgezogen mit dem Wissen um die Geschichte des palästinensischen Volkes und seiner Vertreibung und Enteignung während der Nakba, der »Katastrophe«, wie die Palästinenser:innen die Gründung des Staates Israel 1948 nennen. Eine Großmutter von Fadi hatte immer noch die Schlüssel zu ihrem Haus in Haifa, aus dem sie fliehen musste. Die andere erzählte entsetzliche Geschichten von der Einnahme I'billins durch die Jüd:innen. Als Fadi klein war, hatte seine Mutter kein israelisches Fernsehen im Haus erlaubt.

Worüber, fragte ich, hatten sich die Daeems und die Kains beim Essen in I'billin unterhalten?

»Essen«, intonierten die beiden Männer gemeinsam.

»Meine Mutter sagte, sie hätte alles für das Essen günstig in Ramallah eingekauft«, erklärte Fadi.

»Also fragt *meine* Mutter: ›Wie ist es denn derzeit in Ramallah?‹«, ergänzte Nadav.

»›Es ist toll! Mir gefällt es dort sehr. Ich fahre nächste Woche wieder hin.‹«

»Normale Gesprächsthemen, nichts Heikles.«

Ramallah ist die De-facto-Hauptstadt der Palästinenser:innen, freilich im besetzten Westjordanland; ein Symbol der palästinensischen Selbstbestimmung. Als Bürgerin Israels durfte Fadis Mutter in die Stadt fahren, was sie auch oft tat, um eine gute Freundin zu besuchen. Ihre Freundin hingegen durfte seit der zweiten Intifada in den ersten Jahren des 21. Jahrhunderts und dem anschließenden harten Durchgreifen der Israelis nicht mehr ohne Sondergenehmigung nach Israel einreisen, wie alle Palästinenser:innen, die im Westjordanland und Gazastreifen lebten. In diesem Kontext, da waren sich Fadi und Nadav einig, ging es in einem Gespräch zwischen Araber:innen und Jüd:innen über Ramallah immer auch um mehr als nur um Gemüsepreise. Dennoch staunten beide, als sie sich für einen Moment losgelöst von ihrem eigenen Ich betrachteten und die Grenzen erkannten, die *sie* mit ihrer Beziehung überschritten hatten. Sie merkten nun, wie absurd und banal das Zusammentreffen ihrer Familien gewesen war, bei dem sich ihre Mütter über das Einkaufen auf der anderen Seite der Grünen Linie, der Waffenstillstandslinie von 1949 zwischen Israel und den palästinensischen Gebieten, unterhielten.

Fadi war 28, als ich ihn 2016 kennenlernte, und arbeitete als Krankenpfleger in der Abteilung für Innere Medizin am Wolfson Medical Center südlich von Tel Aviv. Er war schüchtern und nachdenklich, hatte große Augen, mit denen er einen intensiv anblickte, ein langes, schönes Gesicht mit tiefen Brauen und einem dichten Bart. Die Arbeit als Krankenpfleger bot ambitionierten Araber:innen eine der wenigen beruflichen Aufstiegsmöglichkeiten in Israel, und Fadi investierte viel in seine Karriere: Er machte Überstunden und absolvierte Lehrgänge, um als Ausbilder zu arbeiten. Außerdem war er ehrenamtlich für Al-Qaws (der Regenbogen) tätig, eine palästinensische LGBT-Organisation, für die er ein Mal die Woche an der Hotline im Einsatz war. Dabei staunte er über die wachsende Zahl der transgender Palästinenser:innen, die von beiden Seiten der Grünen Linie anriefen.

Fadi sprach ein sorgfältig formuliertes, flüssiges Englisch. Seine Bewegungen waren sparsam. Doch seine langen Glieder konnten auch unvermittelt zu einer affektierten Geste ausholen, um seinen trockenen Humor zu unterstreichen, und kamen abrupt zum Einsatz, wenn er empathisch sein wollte. Beim Drehen einer Zigarette rollte er auch immer mit den Augen, er verteidigte leidenschaftlich seine Prinzipien, sah jedoch großzügig über menschliche Schwächen hinweg, wenn auch nicht bei sich selbst. Als Teenager war er ein überzeugter Gothic-Fan gewesen – seine Clique mit »lustigen, freakigen« Außenseitern an seiner arabischen Eliteschule nannte sich United Bitches –, und bevor er Nadav kennenlernte, der in der Modebranche arbeitete, hatte er einen Slacker-Look bevorzugt. Doch mittlerweile war sein Bart stylisher und seine Garderobe mutiger: Er trug gemusterte Hemden unter Overalls, lange schwarze, bis zum Hals zugeknöpfte Tuniken und eine Pilotensonnenbrille. Mit einer Größe von über 1,80 Metern und seinen langen Schritten zog er in Tel Aviv die Blicke auf sich.

Fadi sagte seiner Mutter, dass er schwul sei, als er zwanzig war, bei einem Zusammenbruch nach seiner ersten Trennung. Es gab Tränen, und er wurde zum Psychologen geschickt – einem arabischen, in I'billin –, der ihm Antidepressiva verschrieb, ihm den Rücken stärkte und auch ausführlich mit seiner Mutter redete. Fadis Mutter arbeitete als Sekretärin für den Gemeinderat, sein Vater kümmerte sich um die Alten im Dorf. Beide vergötterten ihren einzigen Sohn (Fadi hat zwei Schwestern) und hatten sein Kinderzimmer so gelassen, wie es war, als er ausgezogen war – ein Schrein seiner Jugend: die palästinensische Flagge über der Tür, geschwungene Graffiti (»Freiheit«) an der in den palästinensischen Nationalfarben gehaltenen Wand, die Buchstaben direkt in Schwarz und Weiß auf die Mauer gemalt. Die größte Bedeutung hatte für Fadi ein Gedicht von Kahlil Gibran: »Eure Kinder sind nicht eure Kinder / Sie sind die Söhne und die Töchter der Sehnsucht des Lebens nach sich selbst.« Als er erwachsen wurde, erzählte mir Fadi, »war es wichtig für mich, meinen Eltern – mir *selbst* – zu sagen, dass sie mich zwar auf die Welt gebracht haben, ich aber meine eigenen Träume und Wünsche habe.« Das schien zu funktionieren: »Ich habe meinen Sohn nicht großgezogen und erzogen, um ihn bei mir zu halten«, pflegte seine Mutter zu sagen.[1] Beide Eltern waren stolz auf das Leben, das er sich in Tel Aviv aufgebaut hatte, vor allem auch angesichts der Einschränkungen, denen Araber:innen in Israel unterworfen sind.

Dennoch gab es natürlich auch Konflikte: »Meine Mutter kann mich völlig überraschend anrufen und mir sagen, dass ich meinen Beziehungsstatus bei Facebook ändern soll, weil sie etwas Schlechtes über mich im Dorf gehört hat. Ich weigere mich: ›Wenn du das nicht akzeptieren willst, ist das dein Problem.‹ Und sie ruft dann zwei Tage später wieder an und entschuldigt sich: ›Ich habe das nicht so gemeint. Selbstverständlich akzeptiere ich dich.‹«

Wenn das im Dorf so war, fragte ich bei unserem Gespräch im Casino San Remo einige Wochen vor der Hochzeit von Fadis Schwester, wie würde seine Mutter dann Nadavs Anwesenheit verkraften?

Nadav glaubte, dass sich niemand groß darum kümmern würde: »Ich bin einfach nur sein seltsamer Freund aus Tel Aviv. Die werden alle so beschäftigt sein, sie werden mich nicht einmal bemerken.«

Er hatte sich gewaltig getäuscht: Die Daeems standen praktisch Schlange, um ihn zu begrüßen. »Anscheinend weiß meine Großfamilie *sehr genau*, wer du bist«, meinte Fadi etwas später zu ihm. »Meine Mutter muss es ihnen erzählt haben.«

Fadi war bewegt davon, wie seine Verwandten – religiöse, konservative Dorfbewohner:innen – »sich der Vorstellung öffneten, dass ich mit einem Mann zusammen bin«.

—

Nach der Hochzeit fügten Fadis Mutter und seine 14-jährige Schwester Nadav zu ihren Freund:innen bei Facebook hinzu, wo er unerhörte Videos unter dem Vorwand postete, Werbung für eine monatlich in Tel Aviv stattfindende »Homo-Techno-Party« namens Kok-Schok zu machen. In den Videos war Nadav meist mit atemberaubenden High Heels und Perücken zu sehen, die Art von schriller Dragqueen, die ihren Ursprung im East Village oder in Berlin hat. Nadav wollte damit die Scheinheiligkeit und Banalität der israelischen Gesellschaft aufs Korn nehmen. Fadis Mutter und Schwester »likten« vor allem diese Videos – was laut Nadav bedeutete, dass »all *ihre* Freund:innen Fadis Mann beim Tanzen und in High Heels sehen. Wir haben den jeweils anderen auf Facebook als unseren Partner angegeben. Unsere Beziehung ist daher kein Geheimnis, weder in I'billin noch am Arbeitsplatz von Fadis Mutter oder an der Schule seiner Schwester. Ich nehme an, das ist die Macht der sozialen Medien. Dass man den Leuten Dinge mitteilen und gleichzeitig eine gewisse Distanz dazu wahren kann, man muss sie nicht mit der Nase darauf stoßen, kann aber trotzdem dafür sorgen, dass sie es erfahren …«

Nadav war zwei Jahre jünger als Fadi und arbeitete für einen der wichtigsten Modedesigner Israels. Er war ein schlanker Rothaariger, lebhaft und liebenswert. Seine lackierten Fingernägel standen in Kontrast zu seinem Schnurrbart und den breiten Koteletten, die sich fast bis zum Kinn zogen. Er trug oft und gern High Heels, auch unter der Woche.

Bevor er Fadi kennenlernte, hatte er mehrere Jahre in Europa gelebt und wollte – wie so viele junge Israelis – auch bald wieder in die Welt hinaus, »weg vom Hass und den Spannungen«.

Fadi hingegen wollte unbedingt bleiben, nicht nur wegen seiner Karriere und seiner Freund:innen und vor allem seiner Familie, sondern auch noch aus einem anderen Grund: »Ich will hier sein, wenn die Palästinenser:innen den Krieg gewinnen. Das will ich nicht verpassen. Ich will Teil der Revolution sein, wenn es dazu kommt. Und ich glaube daran, dass es so kommen wird.«

Doch obwohl er davon träumte, Teil eines freien Palästinas zu sein, gab er zu, dass er Mühe hatte, sich vorzustellen, wie dieses freie

Palästina aussehen würde. In *Oriented*, einem 2015 gedrehten Dokumentarfilm über ihn und zwei Freunde – schwule Palästinenser wie er –, sagt er, er beneide seine Großmutter mit den Schlüsseln zu ihrem Haus in Haifa, »weil sie im einstigen Palästina lebte. Sie weiß, wonach sie sich sehnt, sie weiß, was sie will. Im Gegensatz zu mir. Ich weiß es nicht. Wenn es je einen palästinensischen Staat geben wird oder einen Staat für alle, weiß ich nicht, ob ich das Gefühl haben werde, dazuzugehören.«[2]

Fadi meinte damit auch seine sexuelle Orientierung – und die seltsame Position, in der er sich als palästinensischer schwuler Mann in Israel befand, noch dazu einer, der mit einem Juden zusammen war. Angesichts der unterschiedlichen Sitten und Gebräuche auf beiden Seiten ist die Grüne Linie auch zu einer pinken Linie geworden. Die LGBT-Rechte werden auf beiden Seiten instrumentalisiert, als Trennlinie zwischen Jüd:innen und Araber:innen, Israelis und Palästinenser:innen.

—

Als Fadi 14 war, sagte er seiner Mutter, er wäre lieber ein Israeli (und damit lieber ein Jude als ein Araber).

»Was? Was zum Teufel ist los mit dir???«, war ihre Reaktion in seiner Erinnerung. »*Warum*?«

»Ich glaube, da gehöre ich eher hin. Sie haben weniger Vorurteile und sind offener.«

Sie ließ sich nicht überzeugen. »Du bist noch ein Kind, du verstehst überhaupt nichts. Das geht vorbei.«

Was hatte Fadi auf die Idee gebracht, dass es ihm in einer jüdischen Gesellschaft besser ergehen würde, fragte ich.

»Das Internet«, antwortete er ohne Zögern. Mit 14 begann er eine körperliche Beziehung zu einem Jungen in seiner Klasse. Den beiden war zwar klar, dass sie ihr Verhältnis geheim halten mussten, aber sie schämten sich nicht. Eine Bezeichnung für das, was zwischen ihnen war und zu was sie das machte, hatten sie nicht. Die kam von den anderen auf dem Spielplatz: Eine Gruppe Jungen verhöhnte seinen Freund – der femininer war als Fadi – und nannte ihn »homo«. »Ja, ich bin homo«, antwortete der Freund. »Na und?«

Nach dem Vorfall recherchierte Fadi im Internet und fand Artikel, die er seinem Freund zeigte. »Über Homosexualität und ob sie heilbar ist. Wir erkannten, dass wir nicht allein waren.« Die Artikel waren auf Englisch oder Hebräisch, und bald darauf landete Fadi in einem schwulen israelischen Chatroom. »Mein Hebräisch war nicht so gut, ich hatte immer ein Lexikon neben mir liegen.« Zwischen ihm und einem Mann aus Haifa entwickelte sich eine Onlinefreundschaft: »Ich erfuhr viel über die Gay-Szene und erkannte, dass es da eine ganz neue Welt gab, voller Schwuler, an einem Ort namens Tel Aviv, und wie toll das war und wie die jüdische Gemeinschaft Schwule akzeptierte ...«

Später traf Fadi Palästinenser, die nach Tel Aviv kamen und einen »schwulen Himmel erwarteten. Sie glaubten, sie würden dort glücklich und zufrieden werden, und mussten dann feststellen, dass sie eine andere Identität verbergen müssen, ihre arabische Identität. Sie können in Tel Aviv offen schwul leben, müssen aber ihren Namen oder ihren Akzent ändern, um dazuzugehören. Sie haben sich aus der einen Schublade befreit und finden sich in einer anderen wieder.«

Diese Männer versuchten nicht nur, in der israelischen Gesellschaft dazuzugehören, sondern auch, aus der palästinensischen Gesellschaft zu verschwinden. »Die Welt ist klein hier, alle arabischen Familien kennen sich«, erklärte mir Fadi. »Wenn man ›Jude‹ wird und nur mit jüdischen Männern schläft, wird niemand aus dem Dorf davon erfahren. Man ist sicher.«

Ein anderer schwuler Palästinenser, Marwan, sagte mir etwas Ähnliches. Er stammte aus einer muslimischen Familie in Ost-Jerusalem, und als er anfing, sein homosexuelles Begehren auszuleben,

»fiel es mir leichter, diese ›Sünde‹ auf Hebräisch zu begehen, in einer fremden Sprache; damit man sie nicht im eigenen Haus hat, in der eigenen Sprache«. Für schwule arabische Jugendliche wie Fadi und Marwan war Hebräisch nicht nur die Sprache der Sünde (und Unterdrückung), sondern – verwirrenderweise – auch die Sprache der Möglichkeiten, ja sogar der Befreiung.

Doch am Ende währte Fadis Flirt mit der israelischen Identität nur einige Monate. Bald darauf zog er nach Haifa und besuchte dort das Internat der christlich-orthodoxen Schule, eine Art Kaderschmiede der palästinensischen Elite, wo man dafür sorgt, dass die Schüler:innen zusätzlich zum israelischen Lehrplan die »wahre Geschichte« der Palästinenser:innen erfahren. Fadi verstand seine palästinensische Identität dadurch besser ebenso wie seine schwule. Er war nun auf Arabisch im Internet unterwegs und stieß dort auf die Organisation Al-Qaws, die 2007 in Jerusalem gegründet worden war. Es gab auch eine Gruppe, die sich jeden Mittwoch in Haifa traf, und als Fadi zum ersten Mal voller Nervosität dort auftauchte, lernte er, wie er mir erzählte, »ein nettes Mädchen kennen, das sich an mich wandte und sagte: ›Nur keine Angst, komm rein!‹ Sie war auch auf der Highschool. Und queer und arabisch. Und ein Gothic-Fan! Wow.«

Dann wurde Fadi zu einer der legendären Partys von Al-Qaws eingeladen, die in einem Club in Jaffa stattfand: »Arabische Musik, arabische Leute beim Tanzen, eine arabische Dragshow!« Ein Bericht in *Haaretz* aus dem Jahr 2008 vermittelt einen Eindruck von Fadis Erlebnis: »Eine schwarze Dragqueen mit einer dunkelblonden Perücke, die eine aus einer Kufiya [Palästinensertuch] genähte Tunika trägt, betritt die Bühne. ›Mir ist egal, was die anderen sagen‹, singt sie für ihren Liebsten. ›Ich bin jeden Tag so, wie ich sein will.‹ Später tritt ein Performancekünstler in der Rolle von Arus Falastin auf, der Braut Palästinas, zu den Klängen von Liedern über den Befreiungskampf.« Ein Partygast beschreibt die Party in dem Artikel als »Ort, wo man sich für seine Identität nicht entschuldigen muss.

In den Nachtclubs und bei anderen Partys werden wir aufgefordert, unsere palästinensische Seite draußen vor der Tür zu lassen. Hier wird das nicht von uns verlangt. Im Gegenteil, unsere Identität wird hier gestärkt.«[3]

Bei den Treffen und bei den Partys von Al-Qaws sprach Fadi mit einem Mal »über schwule Politik und die palästinensische Identität. Und es war schön, diese Gespräche zum ersten Mal auf Arabisch anstatt auf Hebräisch zu führen. Das war ein gutes Gefühl. Ich hatte das Gefühl, dass ich dort hingehöre.« Fadis Freund blieb im Dorf und wurde »hetero, um zu überleben«.

Doch Fadi entdeckte, dass er queer und arabisch sein konnte. Er musste sich nicht entscheiden.

2

Fadi und Nadav waren beide im selben Jahr zum ersten Mal auf der Tel Aviv Pride: 2004. Fadi war 16, Nadav 14. Die zweite Intifada war gerade auf ihrem Höhepunkt. Vor allem im Gazastreifen kam es zu schweren Kämpfen, und der damalige Ministerpräsident Ariel Sharon hatte kurz zuvor seinen umstrittenen Plan bekannt gegeben, die israelischen Siedler:innen aus dem Gebiet zum Abzug zu bewegen. Es gab häufig Selbstmordanschläge mit Bomben, und die Israelis waren noch angespannter als sonst.

Nadavs Mutter fuhr ihn von seiner nahe gelegenen Heimatstadt Rosch haAjin zur Pride-Parade in Tel Aviv. Nadav lud sich zwar Schwulenpornos aus dem Internet herunter, betrachtete sich zu jener Zeit jedoch noch nicht als schwul. Er erinnerte sich, er hätte »keine Ahnung« gehabt, dass die Pride-Parade eine LGBT-Veranstaltung war oder was das überhaupt zu bedeuten hatte: »Ich wollte zur Pride, weil dort einige Lieblingsbands von mir spielten, das ist alles. Aber als ich dann dort war, war das der absolute Wahnsinn. Männer in Unterwäsche, Nacktheit, der andere Lebensstil, das hat mir definitiv die Augen geöffnet und mir einen Eindruck vermittelt, was in meinem Leben möglich war.«

Fadis Reaktion auf dieselbe Veranstaltung fiel ganz anders aus. Er war im zweiten Jahr auf dem Internat, und er und sein bester Freund beschlossen, zusammen hinzugehen, obwohl sich noch keiner der beiden vor der Familie geoutet hatte. »Wir wussten nicht, wie wir uns ausstatten sollten, deshalb fragten wir ein paar jüdische Freund:innen, was wir anziehen sollten, und kauften uns neue Sachen. Enge Jeans und Muskelshirts.« Die Jungen nahmen ein *sherut* – ein Sammeltaxi – von Haifa und verirrten sich zunächst hoffnungslos, fanden aber schließlich doch noch den Weg zur Parade.

»Sie war groß und bunt«, so Fadi, »und wir hatten beide das Gefühl, dass wir nicht dazugehörten, ich weiß auch nicht warum. Vielleicht war es zu freizügig. Du weißt schon, Männer, die sich küssen, tanzende Nackte.« Ihm gefielen die Dragqueens und er erinnerte sich an die Hitze an jenem Tag »und natürlich an die heißen Typen«. Aber er hatte das Gefühl, »als ob ›wir nichts wären‹. Alle waren glücklich, feierten ihre Freiheit. Ich weiß noch, ich fragte mich: ›Werde ich je nach Tel Aviv zurückkommen und dort leben?‹ Und ich fragte mich: ›Wie werde ich dann sein?‹«

Die beiden Jungs konnten nicht bis zur Strandparty bleiben, sie mussten zum Abendessen wieder daheim sein. Auf dem Rückweg waren sie sich einig, dass die Pride-Parade nichts für sie war. Hatte Fadi das Gefühl, er wäre ›nichts‹, weil er ein Araber in einer jüdischen Stadt war, weil er bei einer Veranstaltung war, die »Jewish Pride« hieß?

»Ich hatte das Gefühl, nicht dazuzugehören«, wiederholte er. »Ich feierte meine Freiheit nicht wie all die anderen, weil ich eine Identität hatte, die ganz und gar nicht frei war. Ich könnte in bestimmten Gegenden von Tel Aviv leben und schwul und stolz sein, aber in allen anderen Teilen Israels und Palästinas fühle ich mich nicht stolz oder akzeptiert oder dem nahe, wie ich bin. Und ich rede hier noch nicht einmal von meiner *palästinensischen* Identität!«

Mir fiel auf, dass Fadi von der Vergangenheit in die Gegenwart gewechselt war, und ich war berührt, wie er »dem nahe, wie ich bin«, sagte, anstatt einfach »ich selbst«. War es dem queeren Enkel vertriebener Palästinenser:innen, wenn er in Israel lebte, je möglich, mehr zu sein, als seinem wahren Ich »nahe« zu sein? Oder war es ein Geschenk dieser entwurzelten Identität, dass sie eine tiefer liegende Wahrheit in uns allen freilegte: dass es so etwas wie ein »wahres Selbst« nicht gibt und dass wir alle durch den Ort, an dem wir leben, und durch die Dinge, die um uns herum geschehen, definiert sind, durch die Grenzen, die um uns gezogen werden, und die Art, wie wir uns ihnen fügen oder versuchen, sie zu durchbrechen oder abzubauen?

—

Der Aufenthalt in Israel ließ solche Fragen in mir aufkommen.

Im Gegensatz zu Fadi sollte ich hierher»gehören«, und das tat ich in gewisser Weise auch: nicht nur als Jude, sondern – auch wenn mir nicht wohl dabei war – als weißer Südafrikaner, der in diesem Land viel von dem strukturellen Rassismus wiedererkannte, der in dem Apartheidsystem geherrscht hatte, in dem ich aufgewachsen war. Israel war ein Zerrspiegel: Mein Gefühl der Selbstwahrnehmung verschob sich in diesem Land.

Meine erste Recherchereise nach Israel unternahm ich im Juni 2013. Ich hatte sie so gelegt, dass sie mit der legendären Pride Week in Tel Aviv zusammenfiel. Tel Aviv wird häufig als die »schwulste Stadt der Welt« bezeichnet, und tatsächlich war die ganze Stadt mit Regenbogenfahnen geschmückt. 150 000 Menschen waren auf der Straße. Bei der Eröffnungsveranstaltung bekundeten Vertreter:innen aller großen Parteien – einschließlich Benjamin Netanjahus Likud – ihre Unterstützung und übermittelten Grußbotschaften an eine Menge, in der die Zahl der Teilnehmer:innen mit Kindern fast so groß war wie die Zahl derjenigen, die ihre Sixpacks präsentierten.

Bei der New York Pride sieht man nicht viele Stars-and-Stripes-Flaggen, ebenso wenig wie die Trikolore bei der Paris Pride, doch bei der Parade, die durch die Ben-Yehuda-Straße zog, wurden zahlreiche israelische Flaggen geschwenkt, manche auch in Regenbogenfarben. Die Teilnahme war offensichtlich nicht nur eine Bekundung von Zustimmung, sondern auch ein patriotischer Akt.

Nach einigen Stunden zur Schau gestellter Muskeln und stampfender Musik beschloss ich, mich von der Strandparty zurückzuziehen und stattdessen an einem queeren *hawdala* im Unabhängigkeitspark teilzunehmen, einem stillen Ritual am Ende des Sabbats. Etwa fünfzig Leute saßen im Kreis unter den Bäumen. Ein schwuler Rabbi begann den Gottesdienst mit Tamburin und Weihrauch und hob uns mit dem Rhythmus über den Disco-Beat unten am Strand hinweg. Er erinnerte uns daran, dass wir uns an einer der bekanntesten Cruising-Stellen in Tel Aviv befanden, sagte uns aber auch, dass wir nicht nur Kontakt zu unseren jüdischen Vorfahren aufnehmen könnten, sondern auch zu Verstorbenen aus anderen Kulturen: Genau an dieser Stelle hatte sich einst ein muslimischer Friedhof befunden. Das hatte ich nicht gewusst, und ich war entsetzt. Aber vermutlich war ich naiv, schließlich läuft es im modernen Israel oft so.

Ich musste an einen neueren Film des Pornomoguls Michael Lucas denken, der sich eifrig für den Staat Israel einsetzt. In *Men of Israel* sind bildschöne israelische Männer zu sehen, die Körper durchtrainiert von der allgemeinen Wehrpflicht, die an verschiedenen pittoresken Orten Sex haben, unter anderem in den Ruinen eines Dorfes am Rande Jerusalems. Lucas erklärte, das Dorf sei »vor Jahrhunderten verlassen« worden. Aber so lange ist das noch nicht her, die Siedlung wurde während der Nakba geräumt. Lucas sagte auch, er drehe den Film aus Patriotismus (er war kurz zuvor israelischer Staatsbürger geworden), um die Pink-Dollar-Industrie anzukurbeln, ähnlich wie die Filmfirma Bel Ami mit ihren Pornos den Tourismus in der Tschechischen Republik beflügelt.[4] In einer Kritik wurde *Men of Israel* als »Entweihungsporno« bezeichnet.[5] Die *hawdala* war damit natürlich nicht zu vergleichen, dennoch fühlte ich mich unbehaglich aufgrund ihrer eigenen Form der Entweihung: Die Geister vertriebener Palästinenser:innen wurden beschworen, um dem Ritual einen multikulturellen Anstrich zu geben, anstatt dass man sie durch Wiedergutmachung geehrt oder durch Reue besänftigt hätte.

—

Obwohl Fadi mit der Geschichte der Nakba aufgewachsen war und seit seiner Kindheit mit einer palästinensischen Flagge über dem Bett geschlafen hatte, erkannte er erst nach seinem Schulabschluss 2007 und dem Umzug nach Jerusalem, »was es heißt, ein Araber in Israel zu sein«, wie er mir sagte. Fadi begann als Hilfspfleger an einem Hadassah-Krankenhaus und fand eine Unterkunft im arabischen Osten Jerusalems. Auf der täglichen langen Busfahrt in den jüdischen Westen erlebte er, was es heißt, »ein Feind im eigenen Land zu sein. Die Leute sehen dich anders an, behandeln dich anders.« Einmal, im Winter, »war mir am frühen Morgen sehr kalt. Ich trug meine Kufiyah, weil das der einzige warme Schal war, den ich hatte. Mein *Gott*! Ich stieg in den Bus, und die Leute sahen mich an, als ob ich sie gleich umbringen würde.« Ein Sicherheitsmann im Bus fragte nach seinem Ausweis. Weil er ihn nicht dabeihatte, sagte man ihm, er müsse aussteigen. Er versuchte in seinem mittlerweile makellosen Hebräisch zu diskutieren, aber »der Mann packte mich und warf mich aus dem Bus«. Danach trug er nie wieder seine Kufiyah in West-Jerusalem.

Viele Patient:innen in der Hadassah-Klinik waren ultraorthodoxe Jüd:innen. Zu Fadis Verblüffung ließen sie sich nicht von ihm anfassen. »Sie sagten: ›Ich will nicht, dass sich ein Araber um mich kümmert.‹ Und das wird akzeptiert! Meine Chefin sagte zu mir: ›Das ist ihr Glaube. Sie dürfen nicht von Nichtjüd:innen berührt werden.‹« Durch die drei Jahre in Jerusalem wurde Fadi radikalisiert. »Ich wollte meine Identität nicht auslöschen, um durchzukommen. Mir wurde klar, dass ich für meine Existenz als Palästinenser kämpfen musste.«

Der Umzug nach Tel Aviv, wo er sich zum Krankenpfleger ausbilden ließ, war »eine große Erleichterung«. Er freundete sich mit anderen arabischen Student:innen an, darunter auch einige schwule, und mit einigen jüdischen Kommiliton:innen. Aber er ging nie wieder auf die Pride: »Ich habe andere Möglichkeiten, meine Sexualität zu feiern. Ich muss nicht an einer Party teilnehmen, die darauf ausgerichtet ist, der Welt zu zeigen, dass Israel ›der Himmel für Schwule‹ ist. Außerdem schließt die Pride Palästinenser:innen aus. Aus der ganzen Welt können Gays kommen und ihre Freiheit hier in Tel Aviv feiern, aber queere Palästinenser:innen werden durch eine *Mauer* daran gehindert, auch nur daran zu *denken*, nach Tel Aviv zu kommen. Das ist doch absurd!«

In dem Jahr, in dem wir uns trafen, 2016, steckte Fadi in einem Dilemma. *Oriented*, der Film über ihn und zwei seiner Freunde, war der Eröffnungsfilm beim Tel Aviv International LGBT Film Festival (TLVFest) und wurde bei einer glamourösen Veranstaltung im Rahmen der Pride Week vorgestellt. Würde er hingehen? Nach längerem Überlegen verfasste er eine Erklärung und bat den Regisseur Jake Witzenfeld, sie bei der Veranstaltung vorzulesen. Er stellte seine Erklärung auch ins Netz: »Die Vorführung des Films beim TLVFest, einem von der israelischen Regierung geförderten Festival, ist ein direkter Akt des Pinkwashing und steht für das Gegenteil dessen, was ich mit dem Film zu erreichen versuchte. Ein Besatzerland kann nicht die Freiheit feiern und sie gleichzeitig einer ganzen Nation vorenthalten. Ein rassistisches Land kann nicht die Diversität feiern. Ich werde an der Vorführung und den Feiern nicht teilnehmen. Ich hoffe, ihr auch nicht.«[6]

Der Ausdruck »Pinkwashing« wird zunehmend von Aktivist:innen verwendet, die der Meinung sind, Israel nutze seine liberale Haltung zu LGBT-Rechten, um damit seine Rechtsverstöße gegen

Palästinenser:innen reinzuwaschen. Der Begriff stammt aus den USA und wurde dort ursprünglich genutzt, um die Vorgehensweise von Pharmaunternehmen zu beschreiben, die vordergründig Frauen in ihrem Kampf gegen Brustkrebs unterstützten, gleichzeitig aber von deren Erkrankung profitierten.[7] Mittlerweile wird er auch von der Solidaritätsbewegung für die Palästinenser:innen verwendet. In den US-amerikanischen Mainstream gelangte er in diesem Zusammenhang durch die Autorin Sarah Schulman, die Pinkwashing 2011 in der *New York Times* als gezielte Strategie beschrieb, »die anhaltenden Menschenrechtsverletzungen gegen Palästinenser:innen hinter einem modernen Image zu verbergen, das im queeren Leben in Israel zum Ausdruck kommt«.[8]

Die Behauptung, Israel nutze seine Unterstützung für LGBT-Rechte als Feigenblatt für seine Menschenrechtsverstöße, wurde heftig kritisiert. Schließlich ist es offenkundig, dass LGBT-Menschen es in Israel deutlich leichter haben als in jedem anderen Land im Nahen Osten und dass sie sich diese Errungenschaften in erster Linie selbst erkämpft haben. Andererseits instrumentalisiert die israelische Regierung das Thema, um eine pinke Linie zwischen dem Land und seinen Nachbarn zu ziehen. Auch zionistische Organisationen in anderen Ländern argumentieren in diese Richtung: »Wo sonst im Nahen Osten können homosexuelle Offiziere ihrem Land dienen?«, lautet die Frage auf einem Plakat, mit dem eine US-amerikanische zionistische Organisation um Spenden wirbt. »Nur in Israel … Unterstützen Sie die Demokratie. Unterstützen Sie Israel.«[9] Diese Argumentation schaffte es sogar in die israelische Rechtsprechung: In einem wegweisenden Urteil zum Rechtsstatus des Jerusalem Open House (eines LGBT-Zentrums) schrieb ein Richter 2010: »Die Behandlung der Gay-Community ist eines der Merkmale Israels als liberal-demokratischer Staat, mit der er sich von der überwältigenden Mehrheit der Staaten im Nahen Osten abhebt.«[10]

Als ich Fadi und Nadav 2016 kennenlernte, hatte Israel gerade bekannt gegeben, das Land werde eine drei Millionen Dollar teure

Tourismuskampagne ins Leben rufen. Dazu sollte auch ein internationaler Wettbewerb gehören, dessen Gewinner:innen in einem mit Regenbogenfarben bemalten El-Al-Jet nach Tel Aviv geflogen würden. Das Budget für diese Werbeaktion war zehn Mal so hoch wie das Budget für sämtliche soziale Programme für die LGBT-Community. Die wichtigsten israelischen LGBT-Organisationen drohten, sich von der Parade zurückzuziehen. Daraufhin erklärte sich die Regierung eilig bereit, die Mittel für LGBT-Organisationen zu erhöhen.

Nadav, der sich im Netz selten politisch äußerte, machte seiner Wut bei Facebook Luft. Die Kampagne der Regierung diene nicht nur dazu, »reiche Tourist:innen« nach Israel zu bringen, »sondern auch ein Bild der Unschuld zu vermitteln [...] und von der furchtbaren Behandlung seiner Minderheiten abzulenken«, auch der Schwulen, der Trans-Community und »der Palästinenser:innen in den besetzten Gebieten«.[11] Nadav drehte außerdem ein Video für eine Kok-Schok-After-Pride-Party mit dem Slogan »FUCK PRIDE«. In dem Video spielt er eine Prostituierte in Netzstrümpfen und Strapsen, die mit den beruhigenden Tönen von Netanjahus Botschaft zur Pride 2016 – »Wir sind alle nach dem Bild Gottes erschaffen. Wir sind alle Israelis« – in ein schwarzes deutsches Auto gelockt wird. Als sie erkennt, dass es sich um eine Falle handelt, springt sie aus dem Wagen, speit pinkfarbenes Erbrochenes und eilt in einen Waschsalon, um sich zu reinigen.[12]

Seit 2013 gibt es auf der Homepage von Israels Ministerium für auswärtige Angelegenheiten eine »Gay Israel«-Seite. Dort heißt es, Israel sei »für die LGBT-Community eine der integrativsten Gesellschaften der Welt«. »Israel schützt die Rechte seiner LGBT-Bürger, die in den höchsten Rängen und allen Bereichen der israelischen Gesellschaft vertreten sind.«[13]

Ich fragte Nadav, was er davon hielt.

Er tat die Aussage kurz und bündig als »PR-Bullshit« ab. Die Farbe seiner Fingernägel sei der Lackmus-Test. An jenem Tag waren sie in einem dunkelvioletten Metallic-Ton lackiert. Er hielt sie mir unter die Nase: »Klar, Tel Aviv ist womöglich die schwulste Stadt der Welt, und ich kann hier herumlaufen, wie es mir gefällt. Aber Tel Aviv ist eine Blase. Außerhalb der Stadt? Lasse ich meine Hände in den Taschen.«

—

Trotzdem, das musste Nadav zugeben, profitierte er von der liberalen Haltung Israels gegenüber Sexualität, zu der auch die Akzeptanz von Homosexuellen gehörte. Nadav wurde sogar von seiner frommen weitläufigen Verwandtschaft akzeptiert. Er hatte seinen früheren Partner, einen Schweizer Nichtjuden, zum Sederabend mitgenommen, ohne dass es Ärger gegeben hatte.

Wie Fadi hatte Nadav als Teenager der Gothic-Bewegung angehört. Seine Clique wurde Kadischa genannt, nach der Chewra Kadischa, der jüdischen Beerdigungsbruderschaft, »weil wir immer Schwarz trugen«. Die meisten Mitglieder waren queer. Die treibende Kraft von Kadischa war ein Junge, der sich schon sehr früh als Frau zeigte und mittlerweile mit Unterstützung seiner Familie die Transition durchlaufen hatte.

Und wie Fadi hatte Nadav von der digitalen Revolution profitiert (die Israelis waren schon früh mit an Bord). Durch Myspace, »eine Art Freizone, perfekt für jemanden, der wie ich die Grenzen überschreitet«, formte Nadav seine Identität und erweiterte seinen Bekanntenkreis. Dort hatte er, während er »Privatpersonen wie offene Bücher« studierte, die Idee, High Heels zu tragen, und begonnen, seinen eigenen Look zu entwickeln. Doch noch wichtiger war die Bestätigung: »Ich konnte mich im Schutz meiner eigenen vier Wände stylen, die Bilder von mir hochladen und positive Reaktionen dafür erhalten. Das wäre *nie* passiert, wenn ich im Korsett und mit High Heels die Straße in Rosch haAjin entlanggegangen wäre. Dort hätte man mich mit Steinen beworfen.«

Nadav scrollte durch Myspace-Profile und stieß so schließlich auf jemanden, der sein erster Freund werden sollte. Er war älter und hatte schon eine eigene Wohnung. Nadav outete sich gegenüber seinen Eltern, als er anfing, dort zu übernachten, »vor allem, weil ich sie nicht anlügen wollte«. Er war 16. Nach dem ersten Schock akzeptierten seine Eltern seine sexuelle Orientierung und sein Spiel mit den Geschlechtern: Seine Mutter schnürte ihm das Korsett, bevor sie ihn und seine Freund:innen zu Gothic-Partys und später zu Schwulenpartys in Tel Aviv chauffierte.

Wie alle israelischen männlichen Jugendlichen absolvierte Nadav nach der Schule einen dreijährigen Militärdienst (inzwischen ist die Wehrpflicht für Männer auf zweieinhalb Jahre verkürzt worden; die für Frauen dauert nach wie vor zwei Jahre), gezwungenermaßen und tief betrübt, dass er sich von seinen pinkfarbenen Dreadlock-Extensions trennen und die Haare kurz rasieren musste. Doch von seiner Dienstzeit erzählte Nadav munter: Er war Fotograf bei der militärischen Aufklärung, und da »alle immer ins Feld wollten, weil die Männer mit ihren Waffen ja so *heiß* waren, schaffte ich es immer, das zu tun, was ich wollte, mich von der Gewalt fernzuhalten und so wenig wie möglich zu tun. Ich dokumentierte Filmvorführungen für Senior:innen in Tel Aviv oder blieb im Büro am Drucker.« Doch als wir allein waren, erzählte mir Fadi, Nadavs Erfahrungen beim Militär seien das Einzige, worüber er nicht sprechen könne. Er glaubte daher, dass sein Freund durch die Erfahrung »tief traumatisiert« sei.

Nadav konnte sich nicht erinnern, dass seine Homosexualität beim Militär je ein Problem gewesen wäre. Die israelischen Streitkräfte hatten sich bereits 1993 dazu verpflichtet, schwule und lesbische Wehrpflichtige vor Diskriminierung zu schützen. Wenn Nadav gewollt hätte, hätte er in seiner Militäruniform zur Pride-Parade gehen können. Ein Jahr nach Beendigung seines Wehrdienstes postete das israelische Militär ein Foto von zwei Soldaten in Uniform, die bei der Pride-Parade Händchen hielten, mit der Unterschrift: »Gerade ist Pride Month. Wussten Sie, dass die israelischen Streitkräfte alle Soldatinnen und Soldaten gleich behandelt?«[14] (Im selben Jahr kam die angesehene staatlich finanzierte Organisation Israeli Gay Youth zu dem Schluss, dass das Militär in der Praxis »nicht immer so tolerant« ist: In einer von ihr durchgeführten Umfrage unter LGBT-Wehrpflichtigen gaben vierzig Prozent der Befragten an, sie seien schon einmal beschimpft und beleidigt worden, zwanzig Prozent wurden körperlich misshandelt und vier Prozent sexuell missbraucht.)[15]

Für Nadav war es keine große Überraschung, dass Israel – so viele Jahre bevor Barack Obama in den USA die »Don't Ask, Don't Tell«-Regel bei den US-Streitkräften abschaffte – homosexuelle Wehrdienstleistende in die Armee aufnahm: »Anders als die Amerikaner:innen *brauchen* die Israelis das Militär. Wir sind im Krieg, also zählt jeder und jede Einzelne. Alle müssen zum Militär. Wenn das so ist, dann muss man auch die Schwulen nehmen.«

—

In einer Umfrage aus dem Jahr 2016, Nadav und Fadi waren zu der Zeit schon ein Paar, befürworteten über drei Viertel der jüdischen Israelis die gleichgeschlechtliche Ehe.[16] Dazu gehörte auch eine kleine Mehrheit bei denjenigen, die sich dem »religiösen Mainstream« zuordneten oder als »rechtsgerichtet« bezeichneten. Die deutliche Ausnahme bildeten die Ultraorthodoxen. 84 Prozent von ihnen waren dagegen. Seit ihren Anfängen 2002 wurde die Pride-Parade in Jerusalem – nur siebzig Kilometer von Tel Aviv entfernt – von Protesten dieser konservativen Jüd:innen begleitet, es kam sogar zu gewalttätigen Ausschreitungen. 2005, im selben Jahr, in dem der ultraorthodoxe Bürgermeister der Stadt verlangte, die Veranstaltung zu verbieten, durchbrach ein gewisser Yishai Schlissel die Sicherheitsabsperrungen und verletzte drei Personen mit einem Messer. »Ich kam, um im Auftrag Gottes zu morden«, sagte er bei seiner

Befragung. »Wir können solche Verirrungen in unserem Land nicht dulden.«[17] Er verbüßte eine zehnjährige Haftstrafe, doch drei Wochen nach seiner Entlassung ging er wieder mit einem Messer auf Teilnehmer:innen der Jerusalem Pride los, verletzte sechs von ihnen schwer und tötete ein 16-jähriges Mädchen.

Die LGBT-Rechte wurden zum Sinnbild eines modernen, auf sein Ansehen bedachten Staates, das Gegenbild zum theokratischen Schtetl. Eine bekannte lesbische Aktivistin brachte das bereits 1994 auf den Punkt, nach einem wegweisenden Anti-Diskriminierungsurteil, das auf die Klage eines Flugbegleiters der Linie El Al zustande gekommen war: »1988 befanden wir uns noch im Mittelalter [Israel schaffte damals gerade erst die Sodomie-Gesetze ab]. Heute sind wir auf demselben Stand wie die meisten europäischen Länder.«[18] Mit dem »El-Al-Urteil« wurden schwulen und lesbischen Lebenspartner:innen von Staatsangestellten dieselben Versorgungsleistungen zugesprochen wie heterosexuellen Partner:innen. Zwölf Jahre später, 2006, entschied der Oberste Gerichtshof Israels, dass im Ausland geschlossene gleichgeschlechtliche Ehen anerkannt werden müssen.

Gay Rights fanden in der breiten Bevölkerung jedoch nicht nur Unterstützung, weil sie zum Wahrzeichen der Modernität wurden, eine Art Warnschuss an die Theokrat:innen, auch wenn daraus später die bereits erwähnte Pinkwashing-Propaganda wurde. Es lag auch daran, dass sich LGBT-Menschen in Israel als Patriot:innen präsentierten: Sie wollten »Soldatinnen und Mütter« sein, wie es Ruti Kadish formulierte, eine Wegbereiterin der lesbischen Elternschaft. Sie wollten nicht nur ihre verwundbare Heimat schützen, sondern auch Familien gründen und jüdische Kinder hervorbringen.[19] Diese Haltung sorgte 2018 für einen fast landesweiten Konsens – abgesehen von den konservativen religiösen Jüd:innen –, dass auch schwule Männer die Möglichkeit haben sollten, eine Leihmutter in Anspruch zu nehmen, und erklärt die Empörung, die Hunderttausende auf den Rabin-Platz trieb, als die Regierung einen

Rückzieher machte. Fadi und Nadav waren beide mit dabei – obwohl sie sich, wie sie mir später erzählten, etwas unwohl dabei fühlten.

—

Neun Jahre zuvor, im August 2009, ging der 17-jährige Nadav zusammen mit seiner Mutter zur ersten großen Demonstration für Gay Rights in Israel, die ebenfalls auf dem Rabin-Platz stattfand. Zuvor war ein bewaffneter Eindringling ins LGBT-Jugendzentrum von Tel Aviv gestürmt und hatte wahllos um sich geschossen. Ein 15-jähriges Mädchen und ein 26-jähriger Mann wurden getötet, mehrere andere verwundet.[20] »Das war auch persönlich ein Schock«, erinnerte sich Nadav. »Das Gefühl, das hätte ich sein können, hier, in dieser Stadt, die so offen ist, im selben Stadtteil, in dem auch ich wohnte, genau an dem Abend. Plötzlich wird einem wieder bewusst, dass man schwul ist und dass die Leute dich umbringen wollen, weil du schwul bist.«

In einer Gesellschaft, die sehr sensibel auf Terror reagiert, sorgte der Anschlag für tiefe Erschütterung, nicht zuletzt auch deswegen, weil der Hauptverdächtige ein Jude war, der angeblich die Ehre eines Verwandten rächen wollte. Eine Welle der Unterstützung für LGBT-Personen quer durch die ansonsten politisch gespaltene Gesellschaft ging durchs Land. Der Verdächtige kam wieder frei, der Fall ist bis heute nicht aufgeklärt. Doch immerhin erreichte das Thema LGBT durch den schrecklichen Vorfall die Mitte der israelischen Gesellschaft.

Nadav und seine Mutter schlossen sich den etwa 20000 Demonstrant:innen auf dem Platz an, die israelische Flaggen schwenkten und den zahlreichen Redner:innen aus allen gesellschaftlichen und politischen Bereichen zuhörten. Die Eröffnungsansprache kam vom israelischen Präsidenten, dem allseits geschätzten Schimon Peres, der daran erinnerte: »Für unsere Nation gilt das Gebot ›Du sollst nicht töten.‹«[21] Peres' Auftritt, schrieb der israelische Rechtsgelehrte und Aktivist Aeyal Gross, sei zwar »in gewisser Weise ein historischer Augenblick« gewesen, man habe sich bei seinen Worten aber doch gefragt, »ob sie nicht auch für die Palästinenser:innen gelten, die von Israelis getötet werden, vor allem angesichts der jüngsten Feindseligkeiten in Gaza«.[22]

Die Morde brachten führende israelische Politiker:innen vielleicht dazu, Stellung zu LGBT-Rechten zu beziehen, wie die israelische Literaturwissenschaftlerin Gil Hochberg schrieb, doch die meisten hätten es vorgezogen, »das Attentat als isolierten Vorfall zu betrachten und ihn als Ausnahme in einer ansonsten friedlichen, toleranten und liberalen israelischen Gesellschaft darzustellen«.[23] Benjamin Netanjahu vertrat diesen Ansatz auf jeden Fall: »Wir sind ein tolerantes, demokratisches Land«, sagte er als Reaktion auf das Attentat, »in dem die Prinzipien des Rechtsstaates gelten und wir jeden Einzelnen respektieren müssen.«[24]

Sechs Jahre später, 2015, gab Netanjahu nach einem erneuten Anschlag auf Homosexuelle, dieses Mal auf den Nachtclub Pulse in Orlando, eine weitere Erklärung ab: In Florida habe ein »Terrorist« fünfzig Personen getötet, »weil er von einem fanatischen Hass« gegen die »LGBT-Community« getrieben sei. Und er sei »nicht allein«: Es gebe noch den »Islamischen Staat«, der die Menschen »von Dächern stürzt«, und den Iran, »wo man Schwule an Baukränen aufhängt«. Die Intoleranz dieser »Regime und terroristischen Organisationen« richte sich gleichermaßen gegen alle »Ungläubige«: »Diese Woche waren es Schwule in Orlando, einige Tage zuvor waren es Jüd:innen in Tel Aviv.«[25]

Damit warf Netanjahu seinen arabischen Feind:innen praktisch einen mörderischen Schwulenhass vor. Andere – vor allem in der US-amerikanischen zionistischen Bewegung – wurden noch deutlicher. »Während die Mitglieder der palästinensischen Regierung und ihre Familien das Leben queerer Palästinenser:innen zerstören, ist Israel ein sicherer Hafen für die LGBT-Community«, hieß es in einer Broschüre der zionistischen Organisation StandWithUs aus dem Jahr 2011.[26] Im selben Jahr warf der schwule jüdisch-amerikanische Kommentator James Kirchick Aktivist:innen, die sich gegen das Pinkwashing wandten, vor, sie würden ihr eigenes »Whitewashing« betreiben angesichts der »Not der palästinensischen Schwulen« und der »entsetzlichen Unterdrückung Homosexueller im Westjordanland und im Gazastreifen«.[27]

Hatte er recht?

3

2013 war ich auch im Westjordanland unterwegs, vor allem in der Gegend um Ramallah, einem kosmopolitischen Außenposten im besetzten Gebiet mit ausländischen Diplomat:innen und Mitarbeiter:innen von Hilfsorganisationen, einigen internationalen Hotels und vielen Cafés und Restaurants. Ramallah hatte auch eine diskrete Schwulenszene, die sich in ein paar Cafés und im privaten Rahmen traf und hauptsächlich aus Ausländer:innen und Diplomat:innen bestand. Ramallah war ein Ort, den man besuchen konnte, man konnte an der Bir-Zeit-Universität studieren oder für die Regierung arbeiten und war weg von der eigenen Familie. »Es ist nicht gerade Tel Aviv oder Beirut«, sagte mir ein Student aus Nablus, »aber zumindest habe ich hier Luft zum Atmen.«

Die queeren Menschen, die ich in Ramallah traf, wollten anonym bleiben. Allein das unterstrich schon das schwierige Leben queerer Menschen auf dieser Seite der Grünen Linie. Aber »nur weil wir in Deckung bleiben, heißt das nicht automatisch, dass wir unterdrückt werden«, sagte mir eine Frau, die ich hier Zeinab nennen werde. »Vielmehr geht es um Prioritäten. Wir sind ein Volk in einem besetzten Land, das um seine Freiheit kämpft.«

Zeinab, die einen Hidschab trug, war Mitte zwanzig und arbeitete im öffentlichen Dienst. Ihre Kolleg:innen wussten über sie Bescheid, und sie erzählte mir von den Schwierigkeiten, die damit verbunden waren. Doch wurde sie für ihre Arbeit geschätzt. Dass es eine Organisation namens Palestinian Queers for BDS gab, machte in ihrem Leben einen großen Unterschied. »BDS« steht für »Boycott, Divestment and Sanctions« (Boykott, Desinvestitionen und Sanktionen), eine Kampagne, um Israel international zu isolieren, ähnlich wie Südafrika während des Anti-Apartheid-Boykotts. Haneen Maikey von Al-Qaws hatte die Gruppe der palästinensischen Queers ins Leben gerufen. Ich traf Maikey in Ramallah. Sie erzählte mir, die Beteiligung von LGBT-Personen an der zivilgesellschaftlichen Bewegung mache die Palästinenser:innen mit der Vorstellung vertraut, dass queere Menschen auch unter ihnen und nicht nur in Israel leben und dass auch sie patriotisch sind.

»Haben Sie gewusst«, fragte mich Zeinab, »dass homosexuelle Handlungen hier *vierzig* Jahre früher als in Israel legalisiert wurden?« Das ist wahr: Jordanien entkriminalisierte Sodomie 1951, ein Jahr nachdem es das Westjordanland annektiert hatte. Doch im Gazastreifen war Sodomie immer noch eine strafbare Handlung, weil das britische Strafgesetzbuch dort nie reformiert worden war. Zudem war Homosexualität in der Öffentlichkeit in beiden palästinensischen Gebieten ebenso tabu wie die Forderung nach mehr Rechten für Homosexuelle. Diese Tabus hatten wie in der übrigen islamischen Welt religiöse und gesellschaftliche Wurzeln. Sie wurden aber auch von der besonderen politischen Situation im palästinensisch-israelischen Konflikt befeuert. In der Tradition der Befreiungsbewegungen des 20. Jahrhunderts betrachtete die palästinensische Politik jede andere Forderung als Ablenkung vom eigentlichen Ziel, dem Kampf zur Befreiung Palästinas. Darüber hinaus hatte Homosexualität ein ganz besonderes – tödliches – Stigma: Homosexuelle galten als »israelisiert«, sie würden mit den Unterdrücker:innen kollaborieren.

Dieses Denken geht unter anderem auch auf eine Taktik des israelischen Geheimdienstes zurück, die seit der ersten Intifada 1987 angewandt wird. Damals erpressten israelische Agent:innen Palästinenser:innen, die aufgrund ihres Sexualverhaltens verwundbar waren – etwa aufgrund außerehelicher Affären oder ihrer Homosexualität –, und nutzten sie als Informant:innen. Diese Taktik hatte eine ungemein zersetzende Wirkung, wie Haneen Maikey bei einem Solidaritätstreffen 2012 in Paris, bei dem ich ebenfalls anwesend war, berichtete. Noch 25 Jahre später wolle ihr »bester Freund in Ramallah nicht zusammen mit mir in der Öffentlichkeit gesehen werden, weil seine Eltern denken, ich wäre eine Kollaborateurin und würde mit der israelischen Regierung zusammenarbeiten«.[28]

2014 unterzeichneten 43 Veteran:innen und Reservist:innen einer Eliteeinheit des israelischen Militärgeheimdienstes einen offenen Brief, in dem sie ihre Weigerung erklärten, weiter in den besetzten Gebieten tätig zu sein. Einige von ihnen waren unter anderem angewiesen worden, Palästinenser:innen aufgrund ihrer sexuellen Orientierung zu erpressen, damit sie Informationen an den Geheimdienst liefern würden. »Wenn man homosexuell ist und jemanden kennt, der eine gesuchte Person kennt – und wir müssen darüber Bescheid wissen –, dann kann einem Israel das Leben zur Hölle machen«, erklärte einer der Unterzeichner. »Jeder derartige Fall, bei dem man sich eine unschuldige Person ›angelt‹, aus der man Informationen herausquetschen könnte oder die man als Kollaborateur:in rekrutieren könnte, war für uns und den gesamten israelischen Geheimdienst eine Goldgrube.«[29]

Auf diese Weise überlagern sich die pinke Linie und die Grüne Linie. Auf der einen Seite betrachten einige Israelis die palästinensische Homophobie als ein weiteres Beispiel dafür, wie unzivilisiert und rückwärtsgewandt »die Araber« angeblich sind, obwohl es Israelis waren, die schwule Palästinenser erpressten und sie zu Informanten machten. Auf der anderen Seite sehen einige Palästinenser:innen die Akzeptanz der Homosexualität in Israel als ein weiteres Beispiel für die westliche Dekadenz der Siedler:innen auf arabischem Land und als Waffe, die gegen sie gerichtet wird.

Natürlich gibt es auch konservative Islamist:innen, die denselben Unsinn wiederholen, den die Kämpfer:innen für »traditionelle Werte« überall gegen den liberalen Westen vorbringen. So sagte etwa Mahmud az-Zahar, einer der Gründer der Hamas, 2003 in einem Interview mit der Nachrichtenagentur Reuters: »Ihr [im Westen] habt keine Religion. Ihr seid weltlich. Ihr lebt nicht wie menschliche Wesen. Ihr lebt nicht [einmal] wie Tiere. Ihr akzeptiert Homosexualität. Und ihr wollt uns kritisieren?«[30]

Das Zitat stammt aus einer Zeit, als es noch keine palästinensische LGBT-Organisation in den besetzten Gebieten gab. Doch innerhalb eines Jahrzehnts wurde Al-Qaws zu einem sichtbaren Teil der palästinensischen Zivilgesellschaft, vor allem in der BDS-Bewegung. Natürlich kam es unweigerlich zu einer Gegenreaktion: 2019 verbot die Palästinensische Autonomiebehörde nach einem Zwischenfall in Nablus die Aktivitäten von Al-Qaws. Derartige Aktionen würden gegen die »höheren Prinzipien und Werte der palästinensischen Gesellschaft« verstoßen, wie ein Polizeisprecher erklärte, und darauf abzielen, »Unfrieden zu stiften« und den palästinensischen »Frieden« zu untergraben.[31]

Hier zog ein säkularer Palästinenser eine pinke Linie, die ganz den Vorgaben des globalen Kulturkrieges entsprach. Das Besondere in diesem Fall ist jedoch, dass die pinke Linie im Zusammenhang mit dem israelisch-palästinensischen Konflikt nicht nur als Trennlinie zwischen einer bedrängten einheimischen Kultur und dem liberalen kapitalistischen Westen im weitesten Sinne fungiert, sondern auch in Abgrenzung zu einer Besatzungsmacht, die Homosexualität als Waffe *nutzt* gegen die Menschen, die sie unterjocht – und die Menschen erpresst, die sie angeblich retten will.

—

Nabil stammte aus der konservativen Stadt Dschenin im Westjordanland. Er war 24 und studierte Wirtschaft an der Bir-Zeit-Universität. Dan war fünf Jahre älter; ein israelischer Jude aus Kanada, der als Programmierer in Ra'anana arbeitete, dem israelischen Silicon Valley. Die beiden lebten zusammen in Ramallah, und Dan pendelte täglich die knapp vierzig Minuten über die Grüne Linie. Wenn er angehalten wurde, erklärte er vage, er besuche Verwandte in einer Siedlung, wie er mir erzählte, als wir an einem Juniabend 2013 auf dem Dach ihres Wohnhauses saßen. Das Paar teilte sich die Wohnung mit zwei Mitarbeitern ausländischer Hilfsorganisationen. Ihr soziales Umfeld bestand aus den in Ramallah lebenden Ausländer:innen. Nabil lebte in ständiger Angst, enttarnt zu werden, und bemühte sich, seine überwältigende Anspannung hinter seiner charmanten Gastfreundlichkeit zu verbergen, während er mir unermüdlich Pfefferminztee nachschenkte.

Nabil hatte seine Sexualität erkundet, indem er sich nach Männern bei Manjam umsah, einer in der arabischen Welt populären Dating-Website: »Die Typen, die ich fand, waren normalerweise älter und verheiratet. Sie hatten lauter Schuldgefühle.« Er kam aus einer gläubigen Familie. Gegen seinen Selbsthass wehrte er sich, indem er sich gegen den Islam wandte, der ihm gepredigt wurde, und gegen dessen Verbot der Homosexualität und die allgemeine Ablehnung des westlichen Lebensstils, der ihm zunehmend attraktiv erschien. Seine Identität als Atheist war sogar noch stärker als seine Identität als Homosexueller und so schimpfte er im Netz häufig über die Scheinheiligkeit aller Religionen.

Nabil war am Arabischen Golf aufgewachsen und sprach überhaupt kein Hebräisch, doch wie Fadi wurde ihm schnell klar, dass Homosexualität auf der anderen Seite der Grünen Linie deutlich einfacher war. Und so nahm er – wieder wie Fadi – ein Hebräisch-Arabisches Wörterbuch in die Hand und meldete sich bei Atraf an, einer israelischen Dating-App. Dort lernte er Dan kennen, der sich selbst als »Außenseiter und Sonderling« bezeichnete. Dan gehörte bereits einer kleinen bunt gemischten queeren Szene in Tel Aviv an, die auch Fadi und seine Freunde umfasste.

Damals lebte Nabil bei Freund:innen in Amman. Tatsächlich gab es in der jordanischen Hauptstadt eine lebendige Schwulen-Szene im Umfeld von Books@Café, einer Buchhandlung mit Café, die einem älteren schwulen Palästinenser gehörte, doch von ihr hielt sich Nabil fern. Ihm war wohler, wie er mir erklärte, »wenn ich mein Gesicht [jemandem wie Dan] zeigte und mit ihm über das Leben plauderte, weil er jenseits der Grenze lebte. Aufgrund des heiklen Themas fühlte ich mich nicht wohl, wenn ich das mit Palästinenser:innen tat.«

Ende 2011 kam Dan nach Amman, um sich mit Nabil zu treffen, und die beiden begannen eine Beziehung. Im Jahr darauf zog Nabil zum Studium nach Ramallah. Er wünschte sich sehnsüchtig, das schwule Paradies von Tel Aviv und seinen Strand zu sehen, das so nahe lag, aber für ihn unerreichbar war. Eine Einreiseerlaubnis für Israel erhielten Palästinenser:innen aus den besetzten Gebieten für spezifische Gründe oder Anlässe, etwa wenn sie eine medizinische Behandlung benötigten. Und so besorgte sich Nabil im Mai 2012 eine Genehmigung für einen Tag, um sein Herz untersuchen zu lassen. Dan traf ihn am Checkpoint, von dort fuhren sie zusammen nach Jerusalem: Sie wollten durch die Altstadt bummeln, die Nabil seit seiner Kindheit nicht mehr gesehen hatte, und dann ans Meer.

Doch der romantische Tagesausflug ging furchtbar schief. Nicht einmal zwanzig Minuten nachdem sie geparkt hatten, gerieten sie in eine Routinekontrolle der Polizei. Doch da Nabil laut Papieren nur ein Krankenhausaufenthalt genehmigt worden war, wurden beide aufs nahe gelegene Polizeirevier mitgenommen. Nach mehreren unangenehmen Stunden, in denen sie getrennt voneinander verhört wurden, gab Nabil schließlich zu, dass er und Dan ein Paar waren. Irgendwann wurde ihm ein Telefon gereicht, und der Mann am anderen Ende der Leitung stellte sich auf Arabisch als Mitarbeiter des Shin Bet vor – des israelischen Inlandsgeheimdienstes –, der für Ramallah zuständig sei. »Sie können gehen«, sagte ihm der Mann, »aber nur, wenn Sie in drei Tagen in mein Büro am Checkpoint in Qalandia kommen. Wir müssen etwas besprechen.«

Nabil war sofort klar, dass er erpresst werden sollte. Aber er fürchtete, wenn er nicht zu dem Termin ging, würde seine Beziehung zu Dan öffentlich gemacht. Er war bei einem oder zwei Treffen von Al-Qaws in Ramallah gewesen und wandte sich nun an die Leiterin der Gruppe. Doch die fertigte ihn ab: »Sie sagte: ›Ihr schwulen Jungs wollt nur losziehen und das schöne Leben in Tel Aviv genießen, und dann kommt ihr heulend angerannt, wenn ihr in Schwierigkeiten seid!‹«

Da er das Gefühl hatte, keine andere Wahl zu haben, ging Nabil zu dem Mitarbeiter von Shin Bet, der ihm detaillierte persönliche Fragen stellte, bevor er vorschlug, dass Nabil als Informant auf dem Campus von Bir Zeit aktiv werden sollte. Als Nabil nach einem Anwalt fragte, reagierte der Shin-Bet-Offizier ungehalten und drohte ihm mit Gefängnis. Doch wenn Nabil ihm den »sehr kleinen Gefallen« tun würde, um den er ihn gebeten habe, könne er so oft er wolle nach Israel fahren. Dass sonst Nabils sexuelle Orientierung offengelegt werden würde, wurde nicht ausdrücklich erwähnt, doch es war klar, dass es darauf hinauslief.

Nabil lehnte ab. Doch seitdem fürchtete er, dass er öffentlich an den Pranger gestellt und womöglich sogar körperlich angegriffen werden könnte. Der Shin-Bet-Offizier kontaktierte ihn nicht noch einmal und outete ihn auch nicht, aber fortan lebte Nabil in Angst und wollte das Land verlassen. Er und Dan waren damals erst seit wenigen Monaten zusammen, aber da Dan die doppelte Staatsbürgerschaft hatte, hielten sie eine Eheschließung für die beste Möglichkeit, weil Nabil dadurch eine Aufenthaltsgenehmigung für Kanada erhalten konnte. Wie viele im Westjordanland hatte Nabil einen jordanischen Pass, und weil Südafrika das einzige Land war, in dem gleichgeschlechtliche Ehen geschlossen wurden und die Einreise für Jordanier:innen ohne Visum möglich war, kaufte Dan ihnen im Oktober 2012 Flugtickets nach Kapstadt. Das schwule Gästehaus, in dem sie logierten, bot dem Paar die ganze Palette der Hochzeitserfahrungen, einschließlich einer Zeremonie mit Segnung und eines glamourösen Fotoshootings. Die beiden verbrachten eine idyllische Woche in Kapstadt.

Nabil spielte kurz mit dem Gedanken, Asyl in Südafrika zu beantragen, doch dann kehrte er zusammen mit Dan nach Ramallah zurück, um dort sein Visum für Kanada zu beantragen. Das musste über Ägypten abgewickelt werden, allerdings ging sein Antrag in dem Chaos nach der Revolution verloren. Als ich Nabil ein Jahr nach seiner Verhaftung traf, saß er immer noch in Ramallah fest und kämpfte mit Panikattacken. Dan war bei ihm eingezogen, um ihm beizustehen, aber seine Anwesenheit machte Nabil noch verwundbarer: Kürzlich waren ihre Mitbewohner von palästinensischen Freund:innen ins Kreuzverhör genommen worden, die nach dem »kanadischen Typen« fragten, der bei ihnen wohnte. In den Wochen nach unserem Treffen nahmen die Fragen zu, bis Dan das Gefühl hatte, es sei für ihn in Ramallah nicht mehr sicher. Er kehrte nach Tel Aviv zurück, und Nabil floh nach Istanbul, wo das Paar Kontakte hatte, um dort auf sein Visum zu warten.

Ich hatte Nabil und Dan über Amira Hass kennengelernt, eine israelische Journalistin, die in Ramallah lebt und für die *Haaretz* schreibt. In einem 2012 erschienenen Artikel über den Fall veröffentlichte Hass eine Bestätigung der Polizei von Jerusalem, dass Nabil auf dem Revier festgehalten worden und die Information an eine »Kontaktstelle bei der Zivilverwaltung« im Westjordanland weitergeleitet worden sei. Die Frage, ob sie detaillierte Informationen zu dem von ihr festgehaltenen Besucher an den Inlandsgeheimdienst übermittelt habe, hatte die Polizei der *Haaretz* allerdings nicht beantwortet, wie Hass trocken feststellte.[32]

—

Vor 2003 hätte jemand wie Nabil Tel Aviv relativ einfach besuchen können – und sogar dortbleiben können. Um die Jahrtausendwende wurde viel über Palästinenser:innen berichtet, die vor Verfolgung geflohen waren und den Weg in die Stadt gefunden hatten. Ein Artikel in dem US-amerikanischen Magazin *New Republic* aus dem Jahr 2002 zitierte einen Mann aus Gaza, der brutal gefoltert worden war, anscheinend von seinen eigenen Leuten. Er wurde an den Armen aufgehängt, sein Kopf wurde mit Fäkalien beschmiert, und er wurde mit einer Colaflasche vergewaltigt, weil er sich geweigert hatte, als »Undercover-Sexagent« tätig zu werden. Andere berichteten, sie seien eingesperrt und gefoltert worden, weil sie angeblich Kollaborateure seien.[33] In einem glaubhaften Bericht von 2008 mit dem Titel *Nowhere to Run*, den die Abteilung für öffentliches Recht an der Universität von Tel Aviv veröffentlichte, sind Aussagen von mittlerweile in Israel lebenden Palästinenser:innen dokumentiert, die von palästinensischen Milizen und Behörden verfolgt wurden.[34]

2012 sah Fadi den gefeierten israelischen Dokumentarfilm *The Invisible Men* über drei schwule Palästinenser, die, so erzählen sie, unter furchtbaren Bedingungen gelebt hatten und deshalb nach Tel Aviv geflohen waren, wo man ihnen geholfen hatte, sich anderswo anzusiedeln.[35] »Ich dachte: ›Gut für sie!‹«, erzählte mir Fadi. »Es gibt keine Möglichkeit, die besetzten Gebiete zu verlassen, man bekommt kein Visum, um irgendwo hinzureisen, und sie benutzten Israel, die Besatzungsmacht, als Helfer für ihre Flucht.« Dennoch zweifelte er am Wahrheitsgehalt ihrer Behauptungen. »Ich komme aus einer arabischen Kultur. Ich weiß, dass die arabische Kultur Homosexualität nicht so leicht toleriert und dass wir als queere Menschen für unsere Akzeptanz kämpfen müssen. Aber meiner Erfahrung nach wird man von der Familie nicht so gequält, sie versuchen nicht, einen zu ermorden, nur weil man schwul ist.«

Fadi betonte, dass seine eigene Erfahrung und die Akzeptanz in seiner Familie nicht darauf zurückzuführen seien, dass seine Familie Kontakt zu israelischen Gepflogenheiten und Medien hatte:

»Meine Familie lebt in Israel, aber vor allem lebt sie in einem Dorf. Ihr Leben ist arabisch und ihre Welt ist arabisch. Sie schauen kein israelisches Fernsehen, sie lesen keine hebräischen Zeitungen. Als ich ihnen sagte, dass ich schwul bin, hörten sie dieses Wort zum ersten Mal. Ich musste sie Schritt für Schritt heranführen, alles erklären. Ich bin so ziemlich der Einzige in meiner Familie, der sich mit der israelischen Gesellschaft beschäftigt und in sie eintauchen musste, um zu überleben. Deshalb glaube ich nicht, dass meine Familie sich groß von einer Familie im Westjordanland unterscheidet.«

Selbstverständlich, das gab er zu, sei das Leben für schwule Menschen im Westjordanland »sehr viel härter als für mich. Beispielsweise können sie nicht reisen. Ich habe das Privileg, in Tel Aviv zu leben, ich kann auf Partys gehen, in Schwulenclubs, so leben, wie ich es möchte. In Ramallah ist das anders.« Dennoch waren die Geschichten, die er von Bewohner:innen des Westjordanlands hörte, wenn er zum Jahrestreffen von Al-Qaws fuhr, seinem Eindruck nach »bei Weitem nicht so krass« wie das, was er in den israelischen Medien darüber sah oder las. Die Leute, die ich in Ramallah traf, teilten Fadis Einschätzung. Allerdings gab Al-Qaws nach dem Verbot ihrer Aktivitäten durch die Palästinensische Autonomiebehörde 2019 zu, dass die Drohungen gegen ihre Mitglieder in den sozialen Medien zugenommen hätten.

Doch unabhängig von ihrem Wahrheitsgehalt wurden die Berichte palästinensischer Männer, die um die Jahrtausendwende nach Israel geflohen waren, ideologisch ausgeschlachtet und Teil eines Rettungsnarrativs: Palästinensische Homosexuelle flohen aus ihrer brutalen Heimat und fanden Zuflucht in Israel, das sie mit offenen Armen empfing. Im Jahr 2004 erklärte der US-amerikanische Jurist Alan Dershowitz – der später zeitweise Mitglied des Verteidigungsteams von Donald Trump während des ersten Amtsenthebungsverfahrens gegen ihn werden sollte: »Ich unterstütze Israel, weil ich die Rechte von Homosexuellen unterstütze«, und behauptete, er habe mit den israelischen Behörden zusammengearbeitet, damit diese vierzig schwulen palästinensischen Geflüchteten Asyl gewährten.[36] Tatsächlich untersagt das israelische Recht *allen* Palästinenser:innen Asyl. Als der bekannte Juraprofessor darauf hingewiesen wurde, zog er seine Aussage zurück und behauptete, er sei falsch informiert worden: Den vierzig Geflüchteten sei eine Art Hausarrest – alles andere als Asyl – gewährt worden, wodurch sie vorübergehend in Israel bleiben konnten.

Niemand weiß, wie viele Geflüchtete zwischen 1995 und 2003 nach Israel kamen. Fadi sagte mir, er hätte »viele« getroffen. Shaul Ganon, ein israelischer Aktivist, der sich für Geflüchtete engagiert, schätzt ihre Zahl auf 300 bis 900, doch Belege für eine Umsiedlung der Betroffenen mit israelischer Unterstützung gibt es nur für drei – die drei Männer, die in *The Invisible Men* zu sehen sind. Der Rest, wie viele es auch sein mögen, verschwand im Gewimmel von Tel Aviv und lebt meist auf der Straße. Viele halten sich mit Sexarbeit über Wasser. Diese Geflüchteten »stecken mitten im israelisch-palästinensischen Konflikt fest«, wie es in *Nowhere to Run* heißt. Zu Hause würden sie verfolgt, und »in Israel werden sie von der Polizei gejagt, die sie in die Gebiete zurückbringen will, aus denen sie entkommen sind und wo sie normalerweise gezwungen sind, im Verborgenen zu leben und am Ende erneut zu fliehen«.[37]

4

»Willkommen in Palästina!«

Mit diesen Worten und einem schelmischen Funkeln in den Augen begrüßte mich Fadis bester Freund Khader Abu-Seif bei unserem ersten Treffen im Juni 2013 in Tel Aviv. Wir hatten uns im Garten eines Cafés in der Nähe seiner Wohnung verabredet, inmitten hipper Israelis. Für einen Außenstehenden strahlte er das Selbstvertrauen aus, das seine Generation in ihrer palästinensischen Identität gefunden hatte. Sie hatten auf ihre eigene Art vom Arabischen Frühling profitiert.

Khader, den ich vor Fadi kennenlernte, war ein charismatischer Lebemann mit verwegenem Charme und einer unwiderstehlichen Energie. Irgendwie war er zu einer Art Sprecher der schwulen arabischen Welt von Tel Aviv geworden. Er wurde häufig in den Medien zitiert und hatte eine Kolumne in der israelischen Ausgabe des Magazins *Time Out*. Im Gegensatz zu Fadi war er ein Stadtkind: Er stammte aus einer berüchtigten Gangsterfamilie, war mit jüdischen Kindern zur Schule gegangen, schrieb lieber Hebräisch als Arabisch und war seit seinen frühen Teenagerjahren Stammgast in den Schwulenclubs der Stadt. Er arbeitete auch für Aguda, Israels nationale LGBT-Organisation, wo er für arabische Belange zuständig war. Fadis Kameraden bei Al-Qaws, die sich der BDS-Bewegung zurechneten und eine »Normalisierung« der Beziehung zu israelischen Institutionen ablehnten, schmähten ihn wegen seiner Tätigkeit für Aguda als Kollaborateur.

Khader machte kein Geheimnis daraus, dass er unter Jüd:innen lebte – sie waren Freund:innen und Liebhaber –, er erklärte aber auch klar und deutlich, dass er von ihnen weder »gerettet« noch unterworfen werden wollte. Im Film *Oriented* sieht man ihn vor jüdischem Publikum, dem er erklärt, wie sehr es ihn ärgere, wenn Journalist:innen von ihm erwarten würden, den »leidenden« Palästinenser zu geben, obwohl er in Wirklichkeit von seiner Familie akzeptiert werde: »Man hat das Gefühl, als ob Israel und der Westen ein Monopol auf das Konzept des Liberalismus und des Coming-outs hätten«, sagt er im Film.

Als sich Khader und Fadi als Teenager im Internet kennenlernten, schienen sie überhaupt nicht zusammenzupassen: »Ich war Gothic-Fan«, erklärte mir Fadi, »und Khader war ... *sprunghaft*«. Doch trotz ihrer unterschiedlichen Einstellung freundeten sie sich an, als Fadi nach Tel Aviv zog und seine Ausbildung zum Krankenpfleger begann. Khader zeigte Fadi das schwule Tel Aviv und Fadi übernahm die Verantwortung für Khaders politische Bildung. Trocken bemerkte er, Khader »hatte zwar eine Kolumne über queere Palästinenser:innen, kannte aber keinen einzigen so *richtig*«.

Es entstand eine muntere Gruppe aus Freund:innen und »Kollaborateur:innen«, schwulen Männern und heterosexuellen Frauen, die sich ebenfalls gegen gesellschaftliche Konventionen wandten. Das Kollektiv nannte sich Qambuta (Blumenkohl), auf den Namen waren sie eines Abends beim Kochen in Fadis Küche gekommen. Fadi und sein Freund Na'eem – ebenfalls Krankenpfleger – lebten in einem charmanten und etwas baufälligen Haus aus osmanischer Zeit, das sie in einem durchmischten Viertel von Jaffa gefunden hatten, zwischen einem arabischen Lebensmittelladen und dem berühmtesten Hummus-Restaurant der Stadt, Abu Hassan.

—

In der Auftaktszene von *Oriented* wuseln Fadi, Khader und Na'eem durch das Haus in Jaffa, trinken Wodka-Cocktails und bereiten eine Qambuta-Party vor. Sie unterhalten sich in ihrer üblichen polyglotten Mischung aus Arabisch, Englisch und Hebräisch darüber, wer alles kommen wird. Khaders Freund, ein israelischer DJ, der sich auf arabische Musik spezialisiert hat, wird auflegen.

»Wie viele Freunde bringt er mit?«, fragt Na'eem.

»Nur einen«, antwortet Khader, »aber es kommen sicher mehr.«

»Ich will nur wissen, wie viele Jüd:innen da sein werden. Ein Viertel? Die Hälfte der Gäste?«

»Klar werden Jüd:innen kommen.«

Na'eem lässt nicht locker: »Wie viel Prozent? 75? 50?«

»Wo ist das Problem?«, schnauzt Khader ihn an.

»Daran ist *alles* ein Problem«, meldet sich Fadi zu Wort.

»Warum? Das sind Linke. Wenn es cool ist, dass sie ins Anna Loulou [einen Club in Jaffa] gehen, warum dann nicht auch zu uns?«

»Weil es *unsere* Party ist …«, meint Fadi.

»Trotzdem, sie lieben Partys und sie unterstützen uns. Sie kommen nicht, um uns unterzubuttern und ›Viva la Occupation!‹ zu rufen.«

»Sie kommen, um uns zu retten«, sagt Fadi trocken.

Khader verdreht die Augen, nimmt einen Schal als Hidschab und gibt die Tunte: »Unsere Retter, ja.«

—

Später sieht man Fadi im Bett, wie er mit seiner besten Freundin telefoniert. Im Film wirkt es so, als ob es der Morgen nach der Qambuta-Party wäre.

»Mir platzt gleich der Schädel«, sagt Fadi. »Oh mein Gott ... Ich habe gesündigt.«

»Was hast du gemacht?«

»Ich bin mit jemandem mit ... Er war heiß. Sehr heiß.«

»Wie heißt er?«

»Binyamin.«

»Binyamin? Binyamin wie in Binyamin?«

»Ein Jude. Ein Jude.«

»Nein!«

—

Tatsächlich trafen sich Fadi und Binyamin – »Ben« – nicht bei der Qambuta-Party, sondern im Anna Loulou, einem kleinen, mittlerweile geschlossenen Club in der Festungsmauer der Stadt und Epizentrum der Queer-Szene von Tel Aviv. Für Fadi und seine Freund:innen war Anna Loulou ihr zweites Zuhause: ein Club, der aufgrund der bunten Mischung seiner Gäste einzigartig war, Araber:innen und Jüd:innen, Homos und Heteros.

Ben war US-Amerikaner, groß und gut gebaut, und zwischen den beiden knisterte es sofort. Fadi nahm ihn mit nach Hause: »Wir hatten Sex und dann sah er die ganzen palästinensischen Flaggen in meinem Schlafzimmer und sagte: ›Du musst mich bei Facebook adden, bevor ich gehe.‹« Fadi verstand nicht, warum ihm das so wichtig war, gab aber nach. Sobald er Bens Profil sah, wurde ihm klar, was Ben ihm damit sagen wollte: Er war Soldat und überzeugter Zionist, der für die Alija nach Israel zurückgekehrt war, um in der israelischen Armee zu dienen.

Die beiden waren wahnsinnig ineinander verliebt – und stritten sich auch »wie wahnsinnig«, wie Fadi erzählte. »Einmal war es so schlimm, dass wir sogar aus dem Anna Loulou geworfen wurden. Eben noch tranken wir Drinks an der Bar und alles ist lustig und nett, und dann kommen wir auf dieses Thema. Er sagte, er hätte kein Problem damit, dass ich Palästinenser bin, aber das war natürlich gelogen. Er hatte das Gefühl, ich würde versuchen, ihn von seinem Zionismus abzubringen.«

In *Oriented* zeigt die Kamera Fadi mit seiner Freundin in einer ruhigen Ecke bei einer Hochzeit, ein paar Wochen nachdem er Ben kennengelernt hat. Er schildert ihr die komplizierte Situation, in der er steckt: »Ich fühle mich schwach«, sagt er. »Ich habe mich in einen Zionisten verknallt … Ich bin verliebt in den Feind.«[38] Er hat kein Problem damit, dass Ben Jude ist, aber »ich habe ein Problem damit, dass er nicht glaubt, dass es hier eine israelische Besatzung gibt … dass meine Leute eine Katastrophe erlebten. […] Wie kann man so jemanden lieben?«

Nach sechs Monaten machte Fadi Schluss. Die Trennung war bitter. Nach Ausbruch des Gazakriegs 2014 schickte Ben Fadi eine Nachricht: »Tut mir sehr leid, was da in Gaza geschieht.« Überrascht sah Fadi, dass Bens Profilbild die israelische Flagge zusammen mit der palästinensischen zeigte, ein Meme, das damals israelische Linke verwendeten.

»Was ist denn mit dir passiert?«, schrieb Fadi.

»Ich habe einfach darüber nachgedacht«, antwortete Ben.

—

Fadi traf Nadav auf einer Party Anfang 2014, sechs Monate nach der Trennung von Ben. Die *Oriented*-Kamera war damals noch mit dabei, und in einer Szene sieht man ihn und Khader bei einem Gespräch über den Neuen in seinem Leben. »Man sieht deutlich, dass es keinen Kampf um Identität zwischen euch gibt«, sagt Khader zu seinem Freund. Da gibt es kein jüdisch und arabisch. Nur Fadi und Nadav.«

»Wie zwei verlorene kleine Mädels, die einander gefunden haben«, sagt Fadi in seiner typisch trockenen Art. »Mit Ben ging es darum, wer sich stärker unterlegen fühlte, [aber] in meiner Beziehung zu Nadav kann ich mich entspannen, kann atmen.«

Wie für ihn typisch verliebte sich Fadi vollkommen und Hals über Kopf in Nadav. Nadav hatte mehrere Monate im Ausland gelebt: »Ich war völlig ahnungslos«, sagte er mir. »Ich wusste nicht einmal, dass Fadi ein arabischer Name ist. Dass er Araber war, darauf kam ich gar nicht. Ich hatte überhaupt keine politischen Vorstellungen.« Als Fadi ihn über seine Herkunft und seine politische Haltung aufklärte, zuckte Nadav mit den Schultern.

Man könnte meinen, dass Fadi empört gewesen wäre, aber das war er nicht. Nach dem doktrinären Gebaren von Al-Qaws und dem Konflikt mit Ben fand er Nadavs Art ungemein erfrischend. »Politik ist für Nadav kein Thema«, sagte mir Fadi. »Natürlich definiert er sich als Israeli, und er kennt die Geschichte der Palästinenser:innen. Er leugnet sie nicht wie Ben. Aber wir reden nicht über Politik. Das ist eins der Dinge, die ich an ihm liebe, dass er so unpolitisch ist. Sexuelle Identität und Genderidentität, das ist sein Ding, dafür lebt er, dafür atmet er. Aber Israel und Palästina? Das interessiert ihn nicht.«

Nachdem die beiden etwa ein Jahr zusammen waren, beschlossen sie zusammenzuziehen. Sie fanden eine hübsche Wohnung in einem neuen, steinverkleideten Apartmenthaus der oberen Preisklasse am ehemaligen Standort des Obst- und Gemüsemarktes von Jaffa, nur eine Straße von ihren Stammcafés im Szeneviertel Noga entfernt. Zum ersten Mal in seinem Leben hängte Fadi keine Palästinenserflagge über sein Bett: »Ich hatte nicht das Gefühl, dass ich Nadav meine palästinensische Identität beweisen müsste. Natürlich habe ich die Flagge noch, aber ich hänge sie nicht mehr auf.«

Doch als Fadi eine Kopie der Endfassung von *Oriented* mit nach Hause brachte und vorführte, reagierte Nadav leicht verstimmt: »Das war schwierig für mich«, sagte er mir. »Die ganze Zeit hieß es ›Juden, Juden, Juden.‹ Warum reden die die ganze Zeit so über jüdische Menschen?«

Fadi erklärte ihm, wenn Palästinenser:innen von Jüd:innen sprachen, meinten sie Zionist:innen, dennoch fand Nadav das rassistisch: »Ich bin Jude, und ich stehe ohne Wenn und Aber zu dir. Ich liebe dich. Und trotzdem siehst du mich als ›einen von diesen Juden …‹« Fadi nahm seinen Standpunkt ernst, und am Ende erklärte sich die Produktion einverstanden, in den Untertiteln »Jüd:innen« durch »israelische Jüd:innen« zu ersetzen – obwohl das nicht die wörtliche Übersetzung ist.

Fadi erzählte Nadav alles über Ben. »Ich versuchte ihm zu erklären, wie sehr er sich von Ben unterschied. Ich sagte ihm auch, dass Ben auch mich verändert hatte, so wie ich offenbar seine Haltung zu Palästinenser:innen verändert hatte. Vor Ben war ich total gegen die Idee, ich konnte mir es nicht einmal *vorstellen*, mich in einen Juden zu verlieben, sorry, ich meine natürlich einen *israelischen* Juden!« Wir lachten alle drei. »Und als dann das mit Ben passierte, erkannte ich, dass man seine Gefühle nicht kontrollieren kann. Das war so extrem. Ich erkannte, dass Liebe keine Religion respektiert, keine unterschiedlichen politischen Ansichten, keine Nationalitäten …«

Fadi brach ab, bevor er »keine Grenzen« sagte – er wusste, wie abgedroschen das klingen würde. Trotzdem meinte er es so. Er sei sich auch über das Kräfteverhältnis in seiner Beziehung zu Nadav im Klaren und darüber, wie es ihren jeweiligen Platz in der israelischen Gesellschaft spiegle. Mit der zunehmenden politischen Polarisierung nach dem Gazakrieg 2014 spürte er die misstrauischen Blicke, die sich auf ihn richteten, mehr als je zuvor, und er verzichtete nun darauf, seine politische Meinung bei der Arbeit zu äußern. Es störte ihn auch, dass Nadav derjenige war, der nach einer neuen Wohnung für sie suchte, obwohl er derjenige mit dem sicheren Job im öffentlichen Dienst war.

Und dann war da noch die Sprache. In ihrer Beziehung sprachen sie Hebräisch, denn Nadav machte keine Anstalten, Arabisch zu lernen. »Anfangs dachte ich, ich kann nicht mit einem Typ zusammen sein, der meine Kultur und meine Musik nicht versteht, das ist auch heute manchmal noch schwer«, sagte Fadi. Die Sprache verstärkte bei Fadi das Gefühl der Entfremdung. Bei der Arbeit durfte er nicht Arabisch sprechen, nicht einmal mit seinen arabischen Kolleg:innen – das sei eine landesweite Vorschrift, erklärte er mir, angeblich wollte man damit Spaltungen am Arbeitsplatz verhindern. »Es gibt *ganze* Tage, an denen ich meine eigene Sprache nicht spreche.«

Ich sagte Fadi, dass mir die Formulierung aufgefallen sei, mit der er sich selbst beschrieben habe, »nahe dem, wie ich bin«. Er lachte: »Ich habe erkannt, dass ich *nie* vollkommen ich selbst sein werde, egal wo ich hingehe. Diese Erkenntnis ist eine Erleichterung für mich. Ich heule deswegen nicht rum. Ich akzeptiere es, ich spiele sogar damit. Wenn ich mein Zuhause brauche, meine Eltern, meine Sprache, fahre ich aufs Dorf. Wenn ich Nadav brauche, gehe ich zu Nadav.« Die Leute, die sie »von außen« als Paar wahrnehmen würden, »halten uns für seltsam. Wir mögen andere Dinge als die anderen. Wir haben eine andere Sprache, die niemand außer uns versteht. Wir wissen, dass wir anders sind, aber wir fühlen uns wohl miteinander, besser, als sich einer von uns allein an irgendeinem anderen Ort fühlen würde.«

Fadi fand, die Formulierung, mit der er in *Oriented* seine Beziehung zu Nadav beschrieben hatte, brachte es auf den Punkt: »›Zwei verlorene kleine Mädels.‹ Das gefällt mir.«

—

Das Qambuta-Kollektiv drehte unter Khaders Regie zwei Videos, die auch bei YouTube zu sehen sind. Im ersten, einem Tribut an eine Liebeskummerschnulze der libanesischen Sängerin Yasmine Hamdan, spielen Fadi und seine Freunde junge Araber, die mit ihrem Schicksal kämpfen: queere Männer und Frauen, die in eine heterosexuelle Ehe gezwungen wurden.[39] »Aber wir hatten das Gefühl, dass wir vielleicht zu voreingenommen gegenüber der arabischen Community waren«, erklärte Fadi, »deshalb wollten wir den Leuten in unserem nächsten Video zeigen: ›Wir denken auch so wie ihr. Wir sind auch Palästinenser:innen.‹«

Sie entschieden sich, ein Video zum Thema Recht auf Rückkehr zu drehen, wieder zur Musik einer Schnulze (wir reden hier schließlich von schwulen Männern), dieses Mal von der libanesischen Boygroup Adonis, eine Klage über die verlorene Liebe mit dem Titel »Sawt el Madini« (»Der Klang der Stadt«).[40] Die Idee zu dem Video kam ihnen, als sie feststellten, dass alle Großeltern des Kollektivs die Schlüssel zu ihren Häusern nach ihrer Vertreibung 1948 aufbewahrt hatten. Im Video hasten Fadi und seine Freund:innen durch zerstörte Gebäude, die wie (Alb-)Traumlandschaften aussehen, Symbol der Enteignung ihrer Vorfahren. Am Ende wirken die Schlüssel zu den Häusern ihrer Großeltern wie der Schlüssel zu ihrer eigenen Identität als Palästinenser:innen, die im 21. Jahrhundert in Israel leben. In der letzten Szene laufen sie befreit auf die Kamera zu.

Ich erkannte in ihrer Entscheidung für den Song »Sawt el Madini« noch eine weitere Bedeutung, die aus der ersten Zeile des Textes hervorgeht: »Die Stimmen der Stadt rufen mich.«[41] Darin steckt ein Hinweis auf Khaders urbane Identität, die er häufiger thematisierte, etwa in einem Interview, in dem er den Unterschied zwischen sich und den »schwulen Arabern von Haifa« hervorhob: Sie seien »Jungs aus dem Dorf, wir sind Jungs aus der Stadt«, was bedeutete: »Sie sind politischer als wir. Sie wollen nur Arabisch oder Englisch sprechen, niemals Hebräisch. Wir hier in Tel Aviv, wir experimentieren mit anderen Kulturen.«[42]

Auch Fadi – der ja ebenfalls aus einem Dorf stammt – war der Meinung, dass die Stadt ein Ort jenseits der Politik sei: »In jedem Land«, erklärte er mir, »ist die ›Großstadt‹ der Ort, wo Politik keine so wichtige Rolle spielt. Die persönliche Freiheit, die man dort für sich findet, gibt einem das Gefühl, dass es andere Dinge im Leben gibt als Politik. Wenn man zum ersten Mal in eine große Stadt kommt, möchte man Spaß haben, Partys feiern und mit jedem schlafen! Dieses Gefühl gibt einem Tel Aviv. Ich vergesse die Politik. Und wenn ich mich daran erinnern muss, wo ich herkomme, dann fahre ich aufs Dorf.«

In einem Land wie Israel ist Politik ein anderes Wort für Spaltung, und diese Männer – Fadi und Nadav, Khader oder Nabil in Ramallah, er vielleicht sogar noch mehr als die anderen – hungerten nach einem urbanen Schmelztiegel, in dem Ethnizität, Nationalität oder Religion die Menschen nicht definierten und auch nicht ihr vorrangiges Merkmal waren, obwohl alle drei anerkannt und sogar gefeiert wurden. Und weil ihre nationale Identität durch den Konflikt bestimmt wurde, fühlten sich diese Männer besonders stark zu einer kosmopolitischen Identität hingezogen, die über die blutigen Linien im Sand hinausging.

Bei meinem Aufenthalt in Israel und den palästinensischen Gebieten traf ich auch einige der Frauen, die Aswat gegründet hatten, eine wegweisende palästinensische Lesbenorganisation in Haifa. Wie Fadi und seine Freunde hatten sie die israelische Staatsbürgerschaft und wie sie vollführten sie einen Balanceakt zwischen dem wachsenden palästinensischen Nationalismus und der feministischen israelisch-jüdischen Welt ihrer Kameradinnen und Geliebten. Eine dieser Frauen traf ich 2014 in Paris: »Die Leute hier«, meinte sie, während sie die Passant:innen von unserem Tisch auf dem Gehsteig eines Cafés in einem ethnisch gemischten Quartier betrachtete, »sind das Araber:innen? Sind das Jüd:innen? Wer weiß das schon? Wen kümmert es?«

—

»Die Stimmen der Stadt rufen mich.«

Anfang 2017 zogen Fadi und Nadav in eine größere Wohnung an der geschäftigen Achad-Ha'am-Straße, die vom Rothschild-Boulevard abzweigt, mitten im Zentrum von Tel Aviv. Urbaner konnte man in Israel nicht wohnen.

Als ich sie ein Jahr später besuchte, erfuhr ich zu meinem Bedauern, dass sie sich nach vier Jahren getrennt hatten; einvernehmlich, wie beide betonten. »Schließlich gibt es noch Sushi«, erklärte Nadav. Sie hatten das gemeinsame Sorgerecht für den Hund.

Fadi wollte nicht über die Trennung reden. Nadav erläuterte mir: »Wir brachten uns nicht gegenseitig voran, vor allem nicht in die Richtung, in die wir als Individuen jeweils gehen wollten.« Nadav war mehr denn je mit seiner Event-Agentur beschäftigt und organisierte Veranstaltungen, und Fadi absolvierte eine Zusatzausbildung in der Notfallpflege. »Uns wurde klar, dass keiner von uns bereit ist, Opfer für unsere Beziehung zu bringen, deshalb mussten wir einander loslassen.«

Nadav zog aus, und Khader und Na'eem zogen ein: Die Qambuta-Hausgemeinschaft war wiederhergestellt, doch dieses Mal nicht im arabischen Jaffa, sondern mitten im Zentrum der jüdischen Stadt. »Mir gefällt es hier sehr gut«, sagte mir Fadi, »im Zentrum von allem.« Jaffa sei »sehr touristisch« geworden. »Dort sind all die reichen weißen Leute hingezogen, weil es so ›orientalisch‹ ist.« Auf jeden Fall sei Tel Aviv arabischer, als man denkt: »Man hört die ganze Zeit Arabisch, die Straße ist sehr gemischt, sogar unsere Nachbarn hier im Haus sind Araber:innen.« Nadav spielte immer noch mit dem Gedanken, ins Ausland zu gehen, doch für Fadi stand mehr denn je fest: Hier war sein Zuhause. »Wenn es so etwas wie eine langfristige Beziehung für mich gibt, dann ist es die zu Tel Aviv.«

Da die beiden nun getrennt waren, gingen sie auch jeder für sich zu der großen Demonstration im Juli 2018 auf dem Rabin-Platz, um dagegen zu protestieren, dass schwule Männer von den neuen Regelungen zur Leihmutterschaft ausgeschlossen wurden. Fadi erzählte mir, er habe das Gefühl gehabt, auf dem Rabin-Platz »nicht dazuzugehören«: Das Ganze schien ein »Problem der weißen Männer, die für die Schwulen in Israel die Inanspruchnahme von Leihmüttern forderten, während man in Palästina nicht einmal sagen kann, dass man schwul ist«. Mir fiel auf, dass er jetzt das Wort »weiß« anstelle von »jüdisch« oder »zionistisch« benutzte. Das war Ausdruck neuer radikaler politischer Ansätze in Israel, die globalisierte Vorstellungen von »Siedlerkolonialismus« sowie die *race politics* der Black-Lives-Matter-Bewegung in die Analyse der Geschehnisse im Land integrierten. Fadi hatte beim Sprechen auch eine neue Freiheit gewonnen und hatte seine Zurückhaltung abgelegt, wenn es um die Lebensrealität palästinensischer queerer Menschen ging. Er fürchtete nicht mehr, dass man ihn als Propagandisten Israels brandmarken könnte.

In der folgenden Woche nahm Fadi an einer Veranstaltung teil, die ihm deutlich sinnvoller erschien als die Demonstration auf dem Rabin-Platz. Es war eine Pride-Parade in Lod, einer antiken arabischen Stadt südöstlich von Tel Aviv in der Nähe des Ben-Gurion-Flughafens. Sein Freund Khader war einer der Redner. Laut Fadis Schilderung sagte Khader: »Gemeinsam schaffen wir eine bessere Zukunft für unsere Kinder. Eine Zukunft, in der es okay ist, Araber:in, Palästinenser:in, Jüd:in, schwul, transgender oder was zur Hölle auch immer zu sein …« Das ist die Vision seiner Generation, die immer mehr an Überzeugungskraft gewinnt: ein einziger säkularer demokratischer Staat, in dem alle gleich sind.

Fadi reagierte sehr »emotional«, wie er mir erzählte, wenn er hörte, wie »arabische Leute darüber reden, wie ähnlich Homophobie dem Hass ist, [der jemandem entgegenschlägt] nur weil man Araber:in ist – was heißt, dass die Diskriminierung von Araber:innen der Diskriminierung von Schwulen ähnelt«. An dem Protestmarsch nahmen nur fünfzig Personen teil, aber es war »ein Anfang«, der Fadi mit großer »Hoffnung« erfüllte. Und weil in Lod während der

Nakba eine der brutalsten Vertreibungen von Palästinenser:innen stattgefunden hatte, war es für Fadi wie eine Art Heimkehr: »Wenn sogar in Lod eine Gay-Parade stattfinden kann, einer Stadt, die bis ins Mark arabisch ist, was ist dann noch alles möglich?«

Nadav sagte mir, er halte das Thema Leihmütter für »problematisch«, habe aber trotzdem an der Demonstration auf dem Rabin-Platz teilgenommen. »Der ganze Tag war sehr emotional, weil dadurch viele Gay-Themen und nicht nur die Leihmutterschaft ins Blickfeld der Öffentlichkeit gerückt sind.« Doch persönlich habe ihn deutlich mehr eine Demonstration bewegt, die er einige Stunden zuvor besucht hatte und bei der es um Gewalt gegen Transmenschen ging: »Das ist das wahre Problem. Schwule Männer, die eine Frau dafür bezahlen, dass sie ihnen ihre Kinder auf die Welt bringt, im Vergleich zu Menschen, die jeden Tag ihr Leben riskieren, wenn sie das Haus verlassen? Kein Vergleich.«

13
TRANSGENDER-CULTURE-WARS

In den ersten beiden Jahrzehnten des 21. Jahrhunderts vollzog sich in der LGBT-Politik des Westens ein tiefgreifender Wandel, bei dem sich die öffentliche Aufmerksamkeit von »L« und »G« zu »T« verlagerte.

Offen homosexuell lebende Menschen können inzwischen in einigen Ländern beim Militär dienen, heiraten, Kinder adoptieren, eine eigene Talkshow im Fernsehen moderieren, große Unternehmen leiten, Wahlen gewinnen und sogar Staaten regieren (wenn auch nur kleine: Irland, Island, Belgien, Luxemburg, Serbien). Im 20. Jahrhundert war die Agenda der Schwulenbewegung radikal und grenzüberschreitend: vom Stonewall-Aufstand 1969 über die Ära der sexuellen Befreiung in den siebziger Jahren bis zur wütenden Reaktion auf die Aids-Epidemie. Nun, im 21. Jahrhundert, machte die Bewegung ihre Siege geltend und zog sich ins Private zurück. Man gab sich bedeckt und zog in die Vororte, bildete Fahrgemeinschaften, um die Kinder zur Schule zu bringen, und ging zum Militär. Das war, wie der Titel einer neuen Fernseh-Sitcom verhieß, *The New Normal*, die neue Normalität. Und so erklärte etwa der britische Premierminister David Cameron beim Parteitag der Konservativen 2011: »Ich unterstütze die gleichgeschlechtliche Ehe, *weil* ich ein Konservativer bin.«[1]

Acht Jahre später bewarb sich in den USA ein offen schwuler Mann mit einer glaubwürdigen Kampagne für die Präsidentschaftskandidatur der Demokratischen Partei, mit seinem Ehemann an seiner Seite: »First Family«, titelte *Time* im Mai 2019, dazu war ein Porträt von Pete und Chasten Buttigieg zu sehen, glatt rasiert und in Button-Down-Hemden und marinefarbenen Chinohosen vor ihrem typisch US-amerikanischen Haus mit Holzverkleidung in der Kleinstadt South Bend in Indiana.[2] Knapp vier Jahre nachdem der Oberste Gerichtshof der USA entschieden hatte, dass gleichgeschlechtliche Ehen im ganzen Land offiziell anerkannt werden mussten, ergab eine Umfrage im April 2019, dass sich 70 Prozent der US-amerikanischen Wähler:innen vorstellen konnten, »einen schwulen Mann als Präsidenten zu wählen« – obwohl nur 36 Prozent dachten, das Land sei schon dafür bereit.[3]

Im Rennen um die Kandidatur der Demokratischen Partei unterlag Buttigieg letztlich Joe Biden, der ihn später als Verkehrsminister in sein Kabinett berief. Fünf Jahre zuvor, nachdem er als Bürgermeister von South Bend sein Coming-out gehabt hatte, schrieb er in der Lokalzeitung seiner Heimatstadt: »Wenn die verschiedenen Seiten auf Beschimpfungen und Panikmache verzichten, können wir dieses Problem auf der Grundlage dessen lösen, was das Beste an Indiana ist: Werte wie Respekt, Anstand und die Unterstützung unserer Familien – aller Familien.«[4] Er bezog sich auf die polarisierende Gesetzgebung in Indiana, die es Unternehmen erlaubte, LGBT-Menschen unter Berufung auf die »religiöse Freiheit« zu diskriminieren. Als ein verheirateter Kirchgänger und Militärveteran, der aus dem Kernland eines Bundesstaates kam, in dem die Republikaner:innen die Mehrheit hatten, konnte er sich auf »Familienwerte« berufen, die lange das ureigene Terrain der Rechten gewesen waren.

Wenn das nun ihre neue Agenda sei, überlegte der US-amerikanische Historiker Martin Duberman in einem 2018 erschienenen Buch, sei dann die Schwulenbewegung gescheitert?[5] Duberman vertrat eine linke Perspektive: Durch das Aufrücken ins Establishment sei die radikale Natur des schwulen Kampfes, von der Infragestellung der Kernfamilie bis zur sexuellen Befreiung, verraten – oder verbannt –

worden. Dies sei der Grund, warum sich eine wachsende Zahl von Menschen »queer« nennen. Sie würden diese »Homonormativität« ablehnen oder hinterfragen.

Doch so einfach ist die Sache nicht. Die Schwulenbewegung hat neue Gräben aufgerissen und muss ihre Schlachten nun inmitten der Gesellschaft austragen: in den Klassenzimmern, den Schulbehörden, in Kasernen, am Arbeitsplatz und bei der Gesetzgebung. Meine schwulen Freunde, die Kinder haben, zu Elternabenden gehen, auch mal ins Krankenhaus müssen oder auf Kindergeburtstagsfeiern, sind stärker an der Front engagiert als ich, selbst wenn ihr Leben konventioneller wirkt. Und ihre Anwesenheit konfrontiert mehr Leute als je zuvor mit der Vorstellung, dass es Liebe nicht nur bei heterosexuellen Paaren gibt und dass Familien ganz unterschiedlich zusammengesetzt sein können. Es wäre auch ein Fehler anzunehmen, dass der Kampf vorbei ist, nur weil Gay-Sein als »neue Normalität« gefeiert wird – Homosexuelle jetzt also heiraten, Kinder großziehen und ihr Land verteidigen dürfen. Eine 2017 durchgeführte Umfrage unter LGBT-Jugendlichen in den USA kam zu dem Ergebnis, dass 70,1 Prozent von ihnen verbale Beleidigungen und 28,9 Prozent körperliche Belästigungen aufgrund ihrer sexuellen Orientierung erfahren hatten.[6] 2018 gaben 25 Prozent der Befragten bei der National LGBT Survey der britischen Regierung an, sie seien im Vorjahr aufgrund ihrer sexuellen Orientierung oder Geschlechtsidentität belästigt oder beleidigt oder mit einem negativen Kommentar bedacht worden.[7] Fast die Hälfte aller US-amerikanischen LGBT-Personen hat sich laut einer Umfrage von 2018 bei der Arbeit nicht geoutet.[8] Zwanzig Prozent der Befragten unter britischen schwulen, lesbischen oder bisexuellen Arbeitnehmer:innen hat bei der Arbeit homophobe Schikanen erlebt, wie eine Umfrage aus dem Jahr 2013 ergab.[9]

Dennoch kann man von einem Abklingen des Kulturkrieges im Zusammenhang mit Homosexualität sprechen, allerdings eröffnen sich in einigen Teilen der Welt neue Schlachtfelder, bei denen es nicht nur um »Genderideologie« geht wie in Lateinamerika und Frankreich, sondern insbesondere um »Genderidentität«. Vor allem in den USA und Großbritannien werden Rechte von Transmenschen zunehmend als neue Kampfzone betrachtet, in der man die Bürgerrechte noch durchsetzen muss. Andere sehen darin hingegen eine Reductio ad absurdum der Identitätspolitik, eine Art Privatvergnügen einer Minderheit, die ihre Ansprüche durchsetzen will, auch wenn sie damit das Wohl der Mehrheit beeinträchtigen könnte.

—

Im Mai 2014 verkündete *Time* den »Transgender Tipping Point« für die USA und zeigte Laverne Cox – den glamourösen Star aus *Orange Is the New Black* – auf dem Cover.[10] Das Magazin brachte die Bewegung für die Rechte von Transmenschen ausdrücklich mit den Errungenschaften der Schwulenbewegung in Verbindung. »Fast ein Jahr nachdem der Oberste Gerichtshof entschieden hat, dass US-Amerikaner:innen ungehindert die Person heiraten können, die sie lieben, unabhängig von ihrem Geschlecht, ist eine weitere Bürgerrechtsbewegung im Begriff, lange bestehende kulturelle Normen und Ansichten infrage zu stellen«, schrieb die Autorin Katy Steinmetz.[11]

»Schwule Brüder und Schwestern, ihr müsst euch outen!« Die Maxime von Harvey Milk, die zum Leitsatz der Schwulenbewegung wurde, werde nun auch von der Transgender-Bewegung aufgegriffen. Auch sie würde »vom Rand kommend immer mehr ins Blickfeld rücken und für ihre Gleichstellung in der Gesellschaft kämpfen«, so Steinmetz.[12] Diese »neue Transparenz« verbessere »das Leben einer lange missverstandenen Minderheit und trägt erste politische Früchte, nachdem Transgender-Aktivist:innen und ihre Unterstützer:innen auf Veränderungen in Schulen, Krankenhäusern, am Arbeitsplatz, in Gefängnissen und beim Militär drängen«.

Das Transgender-Narrativ war schon bald fester Bestandteil in der Berichterstattung US-amerikanischer Medien. In einer Zeit der gesellschaftlichen Spannungen und der Neubewertung des »amerikanischen Traums«, antirassistischer Massendemonstrationen und »Make America great again« grölenden Trump-Anhänger:innen wurde die erfolgreiche Geschlechtsangleichung von Transpersonen, ihre Entwicklung von der Raupe zum Schmetterling, zum Symbol einer speziell US-amerikanischen Form der Erlösung: eine Person, die sich allen Widrigkeiten zum Trotz durchsetzt und sich selbst treu bleibt. »Immer mehr von uns leben offen und verfolgen auch ihre Träume ganz offen«, wird Laverne Cox in dem erwähnten *Time*-Artikel zitiert. »Und so können die Leute sagen, ›Oh ja, ich kenne jemanden, der trans ist.‹ Wenn man eine konkrete Bezugsperson hat, wird der Unterschied entmystifiziert.«[13] Laut einer Umfrage hat sich die Zahl der Personen in den Vereinigten Staaten, die einen Transmenschen kennen, von 8 Prozent im Jahr 2008 auf 16 Prozent im Jahr 2015 verdoppelt.[14]

Der Sommer 2015 markierte den bisherigen Höchststand der Sichtbarkeit von Transmenschen in den USA. Dank der Soft Power US-amerikanischer Medien verbreitete er sich weltweit: Der Kabelsender TLC startete die Reality-TV-Serie *I Am Jazz* über einen transgender Teenager; die *New York Times* rief ihre Reihe »Transgender Today« ins Leben, und TV-Star Bruce Jenner – ehemalige Goldmedaillengewinnerin im Zehnkampf – outete sich auf dem Cover von *Vanity Fair* und im Fernsehen als transgender und verwendet seitdem den Vornamen Caitlyn. Für die Jugendkultur vielleicht noch bedeutsamer ist Miley Cyrus' Bekenntnis, sie betrachte sich selbst als genderfluid.

Doch die Sichtbarkeit erwies sich als zweischneidiges Schwert, wie mir die in Michigan lebende Transgender-Aktivistin Charlotte Cleo Wolf erläuterte: »Es gab einen allmählichen Trend der kulturellen Anpassung, aber mit Caitlyn wurde das alles plötzlich so effekthascherisch.« Dass etwa zur selben Zeit gleichgeschlechtliche Ehen normalisiert wurden, hatte nach Wolfs Eindruck den Effekt, dass »Transpersonen zur neuen Kaste der Unberührbaren« wurden, eine Position, die zuvor Homosexuelle innehatten.

Wie viele transfeminine Aktivist:innen war Wolf überzeugt, dass die Situation »angsteinflößender und gefährlicher« sei als früher, gerade weil Transmenschen »ins Blickfeld der Öffentlichkeit geraten sind. Es ist nicht so, dass die Leute uns heute mehr hassen. Aber jetzt wissen die, die uns hassen, dass es uns gibt. Davor wurden die Leute vielleicht gewalttätig, wenn wir ihnen auffielen. Heute *suchen* die Leute nach uns.«

Die Statistik scheint Wolfs Eindruck zu bestätigen: 2014 gab es in den USA 9 dokumentierte Morde an Transmenschen, 2015 waren es 22 und 2016 sogar 30 Fälle.[15] Das könnte aber auch daran liegen, dass die Sichtbarkeit in beide Richtungen funktioniert: dass Transmenschen einerseits häufiger zu Opfern werden, dass man sie aber auch im Gegensatz zu früher als transgender erfasst – ob tot oder lebendig.

—

2014 erzählte mir Herb Schreier, ein Kinderpsychiater aus der Bay Area, von einem siebenjährigen Kind, das seit Jahren mit seiner Geschlechtsidentität gerungen hatte. Nach einem Aufenthalt in einem Ferienlager für Transkinder verkündete das Kind seinen Eltern: »Mommy, jetzt weiß ich endlich, was ich bin. Ich bin ein ›they‹.« Schreier, der Mitte siebzig ist, merkte an, wie schnell sich die gesellschaftliche Haltung zu Homosexualität bereits gewandelt habe: »Wer hätte sich noch vor einer Generation vorstellen können, dass zwei Männer oder zwei Frauen heiraten und eine Familie gründen? In der kommenden Generation werden wir auf das Thema Gender zurückblicken und sagen: ›Oh, dieser genderbinäre Unfug von männlich und weiblich, zum Glück sind wir darüber hinweg!‹«

Man kann sich allerdings nur schwer vorstellen, dass etwas, das so tief in der menschlichen Kultur verwurzelt ist wie die binäre Geschlechtsidentität, jemals verschwindet. Dennoch vollzieht sich derzeit vor allem in den USA etwas noch nie Dagewesenes in Form des Transgender-Phänomens – bei dem es um die Überschreitung der Genderlinie geht – und seiner Begleiterscheinung, der nichtbinären Bewegung, die darauf abzielt, das alles abzuschaffen.

2002 bot keines der in den Vereinigten Staaten ansässigen Fortune-500-Unternehmen eine betriebliche Krankenversicherung an, welche die Kosten für Leistungen im Zusammenhang mit einer Geschlechtsangleichung übernahm. 2017 war das bei einem Drittel der Fall.[16] 2018 ermöglichten 17 US-Bundesstaaten ihren Angestellten im öffentlichen Dienst derartige Leistungen, 18 US-Bundesstaaten boten sie über ihre staatliche Gesundheitsvorsorge im Rahmen von Medicaid an. Das erste medizinische Zentrum für Kinder mit Problemen bezüglich ihrer Geschlechtsidentität in den USA wurde 2007 am Boston Children's Hospital gegründet. Gerade einmal ein Jahrzehnt später existierten vierzig derartige Einrichtungen.[17] Zwischen 2010 und 2017 stieg die Zahl der Überweisungen an das Center for Transyouth Health and Development am Children's Hospital von Los Angeles – der größten derartigen Einrichtung in den USA – um das Zehnfache, von 25 auf 255 pro Jahr.[18] In jenem Jahr half das Zentrum über tausend Kindern und Jugendlichen bei einer Geschlechtsangleichung.

Eine ähnliche Entwicklung ist auch in anderen Teilen der Welt zu beobachten. An das Royal Children's Hospital im australischen Melbourne wurden 2012 18 Jugendliche überwiesen, die eine Geschlechtsangleichung wünschten; 2017 waren es über 250.[19] Der britische Gender Identity Development Service (GIDS) verzeichnete einen Anstieg um das *Zwanzigfache* bei den jährlichen Überweisungen von Personen unter 18 Jahren an eine Klinik für Gendermedizin. Während es 2010 noch weniger als hundert gewesen waren, war ihre Zahl 2017 auf über 2000 gestiegen.[20] Dennoch waren die Zahlen niedrig im Vergleich zu dem Maß an Aufmerksamkeit, die das Thema in der Öffentlichkeit und Politik erhielt.

Natürlich gab es schon lange eine Bewegung für die Rechte von Transmenschen, die bis zu Magnus Hirschfelds Pionierarbeit in Berlin zu Beginn des 20. Jahrhunderts zurückreicht, auch wenn zu jener Zeit andere Ausdrücke verwendet wurden. Die anglophonen Mainstream-Medien beschäftigten sich erstmals 1952 mit dem Thema, als ein US-amerikanischer ehemaliger GI nach einer geschlechtsangleichenden Operation in Dänemark als Christine Jorgensen berühmt wurde und in der Presse als »blonde Bombe« Furore machte.[21] Während sich weiße Transfrauen aus der Mittelschicht auf ihr unmittelbares Umfeld beschränkten und Organisationen wie den Hose and Heels Club gründeten, gingen nichtweiße Transfrauen aus sozial schwachen Schichten auf die Straße und kämpften gegen Diskriminierung in Restaurants und Bars – eine Bewegung, die schließlich im Stonewall-Aufstand von 1969 ihren Höhepunkt fand. Doch im 21. Jahrhundert erhielt die Bewegung eine neue Komponente, eine Komponente, die sie angreifbarer, aber auch größer macht als je zuvor: Sie wurde zur Jugendbewegung.

In der Mitte des 20. Jahrhunderts zeigte der US-amerikanische Sexualforscher Alfred Kinsey, dass die sexuelle Orientierung nicht auf die unveränderliche Binärität von »heterosexuell« und »homosexuell« festgelegt ist, sondern dass es ein breites Spektrum weiterer Möglichkeiten gibt. Im 21. Jahrhundert verlangen die Menschen nun, auch die Geschlechtsidentität auf diese Weise zu betrachten, anstatt das Geschlecht auf die beiden entgegengesetzten Pole männlich oder weiblich zu fixieren. Der große Unterschied besteht darin, dass diese Forderung nicht von Männern in weißen Kitteln erhoben wird, sondern von Jugendlichen, die die Genderkonventionen der älteren Generationen infrage stellen. Mit dem Schlagwort »Gender« wollen sie sich Gehör verschaffen, mit »Gender« kritisieren sie das System, in dem sie aufgewachsen waren. Dabei geht es zwar auch um menschliches Verhalten und Biologie, vor allem aber um Politik und die Kluft zwischen den Generationen.

Der US-amerikanische Medizinanthropologe Eric Plemons, der

an der wegweisenden Transgender Studies Initiative der University of Arizona mitarbeitet, erzählte mir, bei seiner Arbeit in einer Anlaufstelle für obdachlose queere Jugendliche in Portland habe es eine Tafel gegeben, auf der die Jugendlichen ihre Namen und Pronomen notierten. Diese konnten sie jeden Tag ändern, die Pronomen waren auch nicht auf »he«, »she« und »they« beschränkt, es gab auch »ze«, »hir« und »em«. Außerdem verwendeten die Jugendlichen andere Substantive, vor allem Tiere wie »Wolf« oder »Vogel« anstelle der Pronomen.

»Egal was auf der Tafel stand«, berichtete Plemons, »die Erwartung war immer, dass die Erwachsenen im Jugendzentrum darauf eingehen und die Bezeichnungen respektieren würden.« Plemons – selbst transgender und bei unserem Gespräch Mitte vierzig – wirkte leicht genervt, aber auch ein bisschen neidisch, »weil diese Jugendlichen einfach solche Forderungen an die Erwachsenen richten, die Leute wie ich in meiner Generation nie stellen konnten«. Im Gegensatz zu vielen anderen Erwachsenen sah er darin weniger eine dreiste Anspruchshaltung als vielmehr eine »starke Position, die diese Jugendlichen haben: ›Du musst mir zuhören.‹ Das ist ein Aufruf an die Erwachsenen, ihnen eine Form der Anerkennung zukommen zu lassen, die Jugendliche in der Gesellschaft traditionell nicht hatten.«

Darin spiegelt sich neben der medizinischen und digitalen Revolution auch ein grundlegender Wandel in der Kindererziehung, vor allem in der anglophonen Welt. Joel Baum, der eine Organisation für Erziehung und Beratung namens Gender Spectrum in Kalifornien leitet, erklärte mir das so: »Die Vorstellung, ›Kinder soll man sehen, nicht hören‹, gilt nicht mehr. Wenn wir also Kinder heute fragen: ›Wer bist du?‹, dann sagen sie uns das. Es ist unsere Verantwortung, ihnen zuzuhören.«

Daraus lässt sich eine der strittigsten Grundfragen der neuen Transgender-Bewegung ableiten: Sollen Eltern auf ihre Kinder »hören«, wenn sie eine Transgender-Identität geltend machen, oder sollen sie dagegenhalten, wenn sie glauben, es handele sich nur um eine

»Phase«, eine Form der Rebellion oder sogar – wie manche Eltern denken – eine Form der »sozialen Ansteckung« infolge des Konformitätsdrucks im Internet oder im realen Leben?

»Identität ist ein Prozess«, erklärt der US-amerikanische Psychologe und Sexualwissenschaftler Kenneth Zucker in einer BBC-Dokumentation aus dem Jahr 2017.[22] »Sie ist kompliziert. Und es dauert lange, bis ein Kind weiß, wer es wirklich ist. Ein vierjähriges Kind kann verkünden, es sei ein Hund. Geht man dann los und kauft Hundefutter?« Kenneth galt in Nordamerika lange als Pionier bei der Behandlung geschlechtsspezifischer Identitätsstörungen bei Kindern, aber da er die Meinung vertrat, eine Angleichung dürfe immer nur das letzte Mittel sein und es gebe auch weniger dauerhafte Möglichkeiten bei einer juvenilen Geschlechtsdysphorie, wurden seine Methoden in zunehmendem Maße als eine Form der Konversionstherapie betrachtet. Nach einer externen Überprüfung musste er 2015 die Leitung der Family Gender Identity Clinic am Toronto Centre for Addiction and Mental Health (CAMH) niederlegen.

Das feierten viele in der Transcommunity und deren Verbündete als Sieg. Doch 500 Ärzt:innen an Kliniken und Mediziner:innen in der Forschung unterzeichneten eine Petition zu Zuckers Verteidigung, und der US-amerikanische Journalist Jesse Singal bezeichnete Zuckers Entlassung nach einer eingehenden Untersuchung für das Magazin *The Cut* provokativ als »Schauprozess«.[23] Zucker verklagte das CAMH. 2018 erklärte sich die Klinik zu einer Einigung bereit, räumte ein, Zuckers Haltung falsch wiedergegeben zu haben, und entschuldigte sich. Allerdings ernannte ihn das CAMH nicht wieder zum Leiter der Klinik und öffnete sie auch nicht wieder. Dennoch fühlte sich Zucker nach eigenen Angaben »rehabilitiert«:[24] Seine Haltung sei weit entfernt von einer Konversionstherapie, doch seinem Eindruck zufolge sei der Bereich Geschlechtsdysphorie »von der Politik so vergiftet«, dass legitime wissenschaftliche Zweifel unterdrückt würden.

Eine der prominentesten Kritiker:innen von Zuckers Ansatz war die Psychologin Diane Ehrensaft vom Child and Adolescent Gender Center in San Francisco, die mehrere Bücher über Kinder und Geschlechtsidentität verfasst hat. »Wenn wir sagen ›Hört den Kindern zu‹, heißt es abwehrend: ›Kinder können nicht wissen, wer sie sind‹«, sagte sie mir. Doch beim Eltern-Sein gehe es auch darum, gut zuzuhören: »Es ist ein großer Unterschied, ob ein Kind später ins Bett gehen will oder ob Jugendliche uns etwas Wichtiges über sich selbst sagen wollen.«

Zucker beschrieb seinen Ansatz als »aufmerksames Beobachten und Abwarten«, doch seine Kritiker:innen meinten, er empfehle die Korrektur von Cross-Gender-Ausdrucksformen: Psycholog:innen wie Ehrensaft warfen ihm vor, damit könne man den Kindern großen Schaden zufügen. Einige wiesen außerdem darauf hin, Teenager könnten Informationen über Hormone im Internet finden und die entsprechenden Präparate auf der Straße kaufen. Da sie ohnehin mit ihrem Geschlecht experimentieren würden, sollten sie das am besten in einem geschützten Rahmen und unter Aufsicht tun. Dieser »geschlechtsbestätigende« Ansatz wurde von immer mehr Mediziner:innen in Nordamerika vertreten. Doch mit der wachsenden Transgender-Bewegung nahm auch die Kritik daran zu, und Zuckers Ansatz (den seine Gegner:innen als »regulativ« bezeichneten) wurde von einer steigenden Anzahl beunruhigter Eltern unterstützt: Was, wenn das Kind in einem frühen Alter in einer Transgender-Identität bestätigt wurde, dies aber später bereut?

In Großbritannien versuchte der GIDS einen Mittelweg einzuschlagen und folgte einem Ansatz, den seine Leiterin Polly Carmichael als »Bestätigung, ohne sich festzulegen«, umschrieb: »Wir versuchen positiv und unterstützend zu wirken, ohne unsere eigene Agenda (oder die *anderer*) zu verfolgen«, sagte sie 2017 bei einem Vortrag und riet zu einer »neugierigen Haltung«.[25]

Doch in Nordamerika vertraten die beiden Lager, wie mir Eric Plemons erläuterte, zunehmend »voneinander abweichende, aber umso leidenschaftlichere Positionen« und standen einander unversöhnlich gegenüber. Plemons hatte den Eindruck, dass beide Seiten ihre Belege so wählten, wie sie in ihre Argumentation passten, und quasi »die Rosinen herauspickten«, es gebe also keinen Konsens, weder klinisch noch anderweitig. Die Entwicklung beunruhigte ihn: »Eine Diabetesbehandlung ändert man auch nicht aufgrund von ein oder zwei kleinen Studien, aber im Bereich Transgender wird so verfahren, weil es eben nicht nur um Gesundheit geht. Es geht um Moral und Politik. Man unterscheidet zwischen einer richtigen und einer falschen Seite.«

Quer durch das Thema Geschlechtsangleichung verläuft die neue pinke Linie.

—

Beim Kampf um Rechte für Transmenschen geht es nicht nur um den Zugang zu gesundheitlichen Versorgungsleistungen oder um ein Ende der Diskriminierung und Gewalt. Es geht auch um das Recht, so akzeptiert oder bestätigt zu werden, wie man ist, und um das Recht, das für sich selbst zu entscheiden. Und damit erhält das grundlegende Menschenrecht auf Selbstbestimmung eine kontrovers diskutierte neue Wendung.

Die Betroffenen stellen nicht nur die Art und Weise infrage, wie man ihnen bei der Geburt ein Geschlecht »zuweist«, sondern auch die Diagnose, mit der sie in Form einer »Geschlechtsidentitätsstörung« oder »Geschlechtsdysphorie« pathologisiert werden. So wie man Homosexualität im Laufe der Zeit als natürliche Varianz menschlichen Verhaltens erkannt hat, soll nun auch die Gendernonkonformität mit anderen Augen gesehen werden. Nicht als Krankheit, sondern als eine Identität.

In der fünften Auflage des diagnostischen und statistischen Leitfadens für psychische Störungen der American Psychiatric Association aus dem Jahr 2013 wurde die Diagnose »Geschlechtsidentitätsstörung« durch »Geschlechtsdysphorie« ersetzt und als »Zustand des Unbehagens« mit dem eigenen Körper beschrieben.[26] Im weiteren Verlauf des Jahrzehnts setzten sich Mediziner:innen dafür ein, den Begriff »Geschlechtsdysphorie« komplett aus dem diagnostischen Leitfaden zu entfernen, wie es mit »Homosexualität« bereits 1973 geschehen war. Man empfahl, stattdessen eine Skala der »Geschlechtskongruenz« zu verwenden, mit der ermittelt werden sollte, inwieweit »Transpersonen ihre Geschlechtsidentität und ihr äußeres Erscheinungsbild als stimmig und authentisch empfinden und sich damit wohlfühlen«, wie es die Urheber:innen des Konzepts in einer Studie aus dem Jahr 2012 formulierten.[27] Transmenschen sollten mit Hilfe eines positiven Wertes anstelle eines negativen wie Unbehagen oder einer Störung eingestuft werden.

Darin spiegelt sich eine allgemeine kulturelle Revolution im Verständnis des Körpers, von »Krankheit« zum »Wohlbefinden« (»From illness to wellness«), um einen bekannten Slogan aufzugreifen. Von Ernährung und Fitness über Anti-Aging-Kuren und Schönheitsoperationen betrachtet man »Gesundheit zunehmend unter dem Aspekt der Optimierung und Selbstverwirklichung anstelle der Heilung«, erklärte mir Eric Plemons. Plemons sprach darüber, wie ein Thema, mit dem sich kurz zuvor noch vor allem Transmenschen auseinandergesetzt hatten – »Ich bin ein weibliches Wesen, gefangen in einem männlichen Körper« –, nun alle beschäftigte: »›Ich bin ein dünner Mensch, gefangen in einem dicken Körper‹, ›Ich bin ein schöner Mensch, gefangen in einem hässlichen Körper‹ ... Früher war Transsexualismus eine Krankheit, die behandelt wurde. Heute ist er einfach ein weiterer Aspekt im amerikanischen Diskurs der Selbstoptimierung: ›Ich will mein wahres Ich sein.‹«

Und natürlich ist man selbst der einzige Mensch, der weiß, wie dieses wahre »Ich« beschaffen ist. 2012 ermöglichte Argentinien als erstes Land weltweit per Gesetz einen Wechsel des Geschlechts allein aufgrund der »Selbstidentifikation«.[28] Seine Geschlechtszugehörigkeit kann man dort ohne externe Zertifizierung, psychiatrische Diagnose oder medizinischen Eingriff offiziell ändern. 2018 war das in neun weiteren Ländern rechtlich möglich: Dänemark, Irland, Norwegen, Malta, Belgien, Kolumbien, Portugal, Brasilien und Pakistan. Die World Professional Association for Transgender Health plädierte für ein Modell des »informed consent« und empfahl, Patient:innen sollten das Recht haben, allein zu entscheiden, ob sie eine medizinische Angleichung möchten – nur bei Operationen sollte die Konsultation eines Psychologen nach wie vor erforderlich sein.[29]

Aber wie so oft, wenn über »Minderheitenrechte« diskutiert wird, meldeten sich Stimmen, die behaupteten, die Rechte der Mehrheit könnten beeinträchtigt werden. In den USA entwickelte sich daraus ein neues Schlachtfeld im Krieg der Kulturen. Und in Großbritannien entbrannte die heftigste Debatte über sexuelle Orientierung und Geschlechtsidentität, seit unter Margaret Thatcher 1988 mit der berüchtigten Section 28 die »Förderung« von Homosexualität an Schulen verboten worden war. Die Debatte löste einen »erbitterten Kulturkampf« aus, wie die *Guardian*-Kolumnistin Hadley Freeman 2019 schrieb, »in dem Frauen, ob trans oder nicht, die Verlierer:innen waren, weil sie sich zu Unrecht angegriffen fühlten. [...] Biologische Frauen hatten das Gefühl, man würde ihnen vorschreiben, an Zauberei zu glauben, ihre gelebte Erfahrung zu verleugnen und die Biologie als irrelevant zu betrachten, während sich Transfrauen aufgefordert fühlten, ihre Identität zu verteidigen.«[30]

Eine der prominentesten Stimmen in Großbritannien, die sich gegen die Normalisierung von Transgender-Identitäten aussprach, war J. K. Rowling. In einer Reihe von Tweets kritisierte die Autorin der *Harry-Potter*-Saga 2020, dass in Dokumenten der öffentlichen Gesundheitsversorgung nun von »Menschen, die menstruieren«, anstatt von »Frauen« die Rede war, um Transmänner zu berücksichtigen: »Wenn das biologische Geschlecht nicht real ist, dann löscht das die weltweit gelebte Realität von Frauen aus«, schrieb sie auf Twitter.[31] »Ich kenne und liebe Transmenschen, aber wenn man das Konzept des biologischen Geschlechts auslöscht, wird vielen die Fähigkeit genommen, sinnvoll über ihr Leben zu sprechen. Es ist kein Hass, die Wahrheit auszusprechen.«[32] Rowlings Äußerungen zogen einen Sturm der Entrüstung nach sich, mehrere Schauspieler:innen aus den *Harry-Potter*-Filmen wandten sich von ihr ab. Daraufhin veröffentlichte Rowling auf ihrer Website einen Text, in dem sie ihre eigenen Erfahrungen von Missbrauch und Übergriffen als Begründung für ihre Sorge anführte, dass die neuen Transgender-Identitäten für Frauen eine Gefahr darstellten.[33]

Mit ihren Aussagen gehört Rowling zu einer wachsenden Bewegung in Großbritannien. Diese wehrt sich gegen die erklärte Absicht der Regierung, Menschen zu gestatten, ihr Geschlecht ohne medizinische Zertifizierung zu ändern.

Nachdem das Vereinigte Königreich vor dem Europäischen Gerichtshof für Menschenrechte verklagt worden war und verloren hatte, war das Land 2004 weltweit das erste, das eine offizielle Änderung der Geschlechtsidentität ermöglichte, ohne dass eine Operation erforderlich war. Allerdings benötigte man immer noch ein psychiatrisches Gutachten. Dazu kam die Verpflichtung, vor einer Änderung zwei Jahre in dem gefühlten Geschlecht zu leben. Transmenschen fanden diesen Vorgang »übermäßig bürokratisch und in ihr Leben eingreifend«, wie die damalige Premierministerin Theresa May 2018 erklärte, nachdem ihre Regierung eine bis dahin beispiellose landesweite Umfrage unter LGBT-Personen durchgeführt hatte. Viele wünschten sich einen »reibungsloseren und weniger medizinischen Ablauf – weil Transgender niemals als Krankheit betrachtet werden sollte«, erläuterte May.[34] Entsprechend initiierte ihre Regierung einen öffentlichen Dialog zu Änderungen des Gesetzes. Vielleicht dachte die Regierung May angesichts der hitzigen Brexit-Debatte, sie könne damit einen einfachen Sieg zur Verbesserung des politischen Klimas erringen. Doch kamen auch gravierende Einwände zur Sprache.

In einem zornigen Leitartikel wurde in *The Economist* der Vorwurf erhoben, die »Selbstidentifizierung« würde das Wohl von Kindern beeinträchtigen, weil sie Kinder und Jugendliche zu einer Behandlung verleite, die nicht mehr rückgängig zu machen sei.[35] Noch dazu könnten »übergriffige, sexuell aggressive Männer behaupten, sie seien transgender, um leichter Verbrechen zu begehen«, indem sie eine weibliche Identität annehmen und dadurch Zugang zu Räumen erhalten würden, die nur Frauen vorbehalten seien, von Toiletten über Gefängnisse bis zu Obdachlosenasylen. Helen Joyce, leitende Redakteurin bei der Wochenzeitung, beschrieb an anderer Stelle, wie Geschlechtsidentität zur »politischen Plattform« geworden sei: »Der Kampf um die gleichgeschlechtliche Ehe war vorüber. Die Gruppen, die sich für sie eingesetzt hatten, waren mittlerweile groß, wohlhabend und politisch einflussreich, und sie wandten sich einem neuen Anliegen zu, [… um] ihren Einfluss zu sichern. Bei der politischen Linken glaubten viele wie selbstverständlich an eine neue Achse der Unterdrückung. Bei der politischen Rechten bedauerten einige, darunter auch viele britische Konservative, dass sie die gleichgeschlechtliche Ehe zu spät unterstützt hatten.«[36]

In Joyces Augen zogen Institutionen und Ideolog:innen eine neue pinke Linie, und zwar um so – unvernünftigerweise – ihren eigenen Bedürfnissen im Hinblick auf Fortschritte bei den Bürgerrechten nachzukommen, nun, da die Erfolge bei der gleichgeschlechtlichen Ehe zunehmend verblassten.

Allerdings ließ sich das Hauptargument gegen die Selbstidentifizierung, das im *Economist* und von anderen vorgebracht wurde – dass dadurch der Missbrauch von Frauen und Kindern erleichtert würde –, problemlos widerlegen. Bereits mit dem Equality Act von 2010 hatten Transfrauen Zugang zu vielen nur Frauen vorbehaltenen Bereichen erhalten. Seitdem hatte es zwar gelegentliche Fälle von Missbrauch gegeben, doch laut Regierung war das bestehende Strafrecht für die Handhabung dieser Fälle ausreichend. Zudem gab es keine Hinweise aus Pionierländern wie Argentinien oder Dänemark, dass es aufgrund der Selbstidentifikation zum Betrug mit der Geschlechtsidentität oder einem Anstieg geschlechtsbasierter Gewalt gekommen wäre.[37]

Warum schlugen die Wellen dann so hoch? In einem Beitrag für das Open-Future-Forum des *Economist* zu dem Thema identifizierte der britische Journalist Nick Duffy den Moment, »in dem der Schalter umgelegt wurde«, als den 3. November 2015. Damals stimmten die Bürger:innen im texanischen Houston gegen die »Equal Rights Ordinance« (Gleichberechtigungsverfügung).[38] Ausführlich beschrieb Duffy, wie den Bürger:innen in der von christlichen Konservativen geführten Kampagne gegen das vorgeschlagene Gesetz »unablässig ein und dieselbe Botschaft eingehämmert wurde: Wer dafür stimmt, erlaubt Transfrauen den Zugang zu Damentoiletten. Frauen werden nicht mehr sicher sein; junge Mädchen werden nicht mehr sicher sein; Familienmitglieder werden nicht mehr sicher sein. Das wurde in jedem Interview wiederholt, in jeder Veröffentlichung, in jeder Reklame« – darunter auch eine Werbung, in der die Vergewaltigung eines kleinen Mädchens in einer Toilette nachgestellt wurde.

Duffys Kernaussage lautete: Konservative Evangelikale verloren überall »in den Vereinigten Staaten an Boden«. Ihre gebetsmühlenartig vorgetragenen Warnungen vor den Gefahren der Homosexualität vermochten nur wenig auszurichten gegen den Slogan ›Liebe ist Liebe‹«, den die Bewegung für die gleichgeschlechtliche Ehe propagierte. Also hatten sie in den Culture Wars ein neues Schlachtfeld gefunden: den Kampf gegen die Rechte von Transmenschen.[39] Und in einer Art »surrealem Transfer« importierten britische Feministinnen ein Argument rechter US-amerikanischer Fundamentalist:innen. Britische Feministinnen, die einer Transgender-Identität kritisch gegenüberstanden, erwiderten auf diesen Vorwurf, sie seien freier als ihre US-amerikanischen Schwestern und könnten ihre Bedenken äußern, weil es in Großbritannien, anders als in den USA, eben keinen rechten christlichen Flügel gebe: Sie müssten nicht fürchten, mit Homophoben und Abtreibungsgegner:innen in einen Topf geworfen zu werden.[40]

Beide Seiten in diesem neuen Kulturkrieg waren also der Ansicht, dass die jeweils andere eine neue pinke Linie bei der Geschlechtsidentität gezogen hatte. In Großbritannien entstand diese pinke Linie im Zuge der Diskussion über das Thema Selbstidentifikation; in den USA verlief sie mitten durch öffentliche Toiletten und war der Anstoß für die »Bathroom Debate«.

—

2015 verfolgte ich die Debatte um Schultoiletten im US-amerikanischen Mittleren Westen und reiste deswegen in zwei ländliche Schulbezirke in der Nähe von Ann Arbor im Bundesstaat Michigan. Beide Bezirke waren aufgefordert worden, für Transkinder ihre Toilettenregelung zu ändern.

Zufälligerweise lebte in einem dieser Bezirke, in Dexter, auch der Vater eines Transkindes, ein Mann namens Will Sherry, der das LGBTI-Studierendenzentrum an der University of Michigan in Ann Arbor leitete. Sherry und seine Frau hatten drei Kinder, die Schulen im Bezirk Dexter besuchten, und als das Thema aufkam, bot er Workshops zur Sensibilisierung an. Seiner Ansicht nach war die neue Sichtbarkeit von Transpersonen »auch eine Folge der Graswurzelinitiativen, die entstehen, wenn sich jemand in einer Gemeinschaft outet, und nicht nur der Caitlyn-Jenner-Momente in den Massenmedien«.

In Dexter gab es keine Probleme, doch in Grass Lake, etwas weiter entfernt vom liberalen Ann Arbor, entbrannte im Herbst 2017 ein erbitterter Kampf, als ein zehnjähriges Kind namens Cruz Neely die Erlaubnis erhielt, die Jungentoilette der Schule zu benutzen, nachdem sich Cruz in der Schule als Junge geoutet hatte. Die Familie von Cruz ging bereits seit über einem Jahr zu einem Gendertherapeuten, der sie darin unterstützen sollte, das Beharren ihres Kindes, ein Junge zu sein, zu verstehen, und um etwas gegen seine depressive Stimmung zu unternehmen, die man als suizidal bezeichnen konnte. Seine negativen Gefühle wurden durch die Schule noch verstärkt, wo er sich weigerte, auf die Toilette zu gehen. Zusammen mit dem Therapeuten entschied die Familie, dass er die dritte Klasse als Junge beginnen sollte, mit einem neuen Namen. Die Eltern informierten die Schulleitung, die anfangs keine Einwände erhob, weder bei der Toilettenbenutzung noch bei anderen Punkten. »Es war erstaunlich, was für einen Unterschied das für Cruz machte«, erzählte mir Terri Neely. »Wenn die Leute sagen: ›Ach, es geht doch nur um eine Toilette, Ihr Kind wird zu einer Snowflake‹, haben sie nichts verstanden. Nein: Das ist ein Symbol der Akzeptanz. Erwachsene sagen damit dem Kind: ›Wir glauben dir, dass du das bist, was du sagst.‹ Und man vermittelt auch den anderen Kindern, dass das ein Junge ist und kein komischer Freak, der die Lehrer:innentoilette benutzen muss.«

Trotzdem erklärte sich die Familie Neely einverstanden, dass Cruz die Lehrer:innentoilette benutzen sollte, bis um die Urinale in der Jungentoilette Kabinen gebaut worden waren. Bei den Toiletten gab es, wie an den meisten anderen Schulen, bereits Kabinen. Doch im Schulbezirk wollten einige Bürger:innen den Kompromiss nicht akzeptieren. Sie brachten das Thema in den Sitzungen der Schulbehörde zur Sprache und machten es über die Facebook-Seite des Ortes publik. Die Beschwerden ließen sich in zwei Kategorien unterteilen: Die Anwesenheit von Cruz in der Jungentoilette verletze die »religiöse Freiheit« der anderen Kinder, und die »echten« Jungen seien gefährdet, weil man ihnen ungehöriges Verhalten vorwerfen könne, da Cruz in Wirklichkeit ein Mädchen sei.[41]

Terri Neely zeigte mir einige Hasskommentare bei Facebook. Sie waren hämisch und vulgär, Ausdruck genau jener Rebellion gegen den Liberalismus der Eliten, die kurz zuvor Donald Trump an die Macht gebracht hatte: »Sollen sie doch nach Ann Arbor ziehen und dort ihr progressives Selbst ausleben. [...] Sie bereichern unsere verschlafene kleine Stadt nicht durch ihre Musik [die Neelys hatten vor Kurzem eine Musikschule eröffnet], sondern zwingen unseren Kindern ihren Transgender-BS [Bullshit] auf. [...] HAUT AB!!!!!«[42]

Grass Lake liegt in einem Wahlbezirk, in dem Donald Trump 2016 gut sechzig Prozent der Stimmen erhielt. Terri Neely, die sich selbst als gemäßigte Demokratin beschrieb, hatte keine Zweifel daran, dass sich ihre Gegner »durch Trump ermutigt fühlen. Als ob Diskriminierung wieder erlaubt wäre. Sie halten Political Correctness für einen Haufen Blödsinn, der einen zum Waschlappen macht.« Nachdem die Republikanische Partei in Kansas 2018 beschlossen hatte, »sich gegen alle Bestrebungen zu wenden, die Transgender-Identität anzuerkennen«, verlinkte die Hauptgegnerin der Neelys einen Artikel zu der Entscheidung und schrieb dazu:[43] »Klug! Vernünftig! Normal!« Die Frau rief außerdem ein Hashtag ins Leben, um ihre politische Haltung zu verdeutlichen: #BuildTheWallNot TheStall (Baut die Mauer, nicht die Toilettenkabinen) – mit der Mauer meinte sie natürlich jene, die Trump an der Grenze zu Mexiko bauen wollte, um Einwander:innen abzuhalten.[44]

Die Schulbehörde erklärte sich schließlich damit einverstanden, dass Cruz die Jungentoilette benutzen durfte. Neely sagte mir, sie glaube, eine schweigende Mehrheit befürworte die Maßnahme: Das seien »anständige Leute«, die »früher einfach nie die Möglichkeit hatten, sich mit Transmenschen zu beschäftigen, aber jetzt ihr Bestes geben, um die Sache zu verstehen«. Sie glaubte sogar, aufgrund der heftigen Reaktion der Gegner:innen fühlten sich viele veranlasst, ihre Familie zu unterstützen: »Die Leute merkten, wie extrem das alles wurde, von Demonstrationen der White-Supremacy-Bewegung in Charlottesville bis zu Aufforderungen bei Facebook an die Polizei, *in die Toilettenräume zu marschieren und meinen Zehnjährigen hier in Grass Lake zu verhaften*!! Ich bin überzeugt, dass die Leute gemerkt haben, dass es brenzlig wurde, und das hat einige motiviert, die sich sonst nicht zu Wort melden.«

Dennoch wollte eine Gruppe in Grass Lake die Sache vor Gericht bringen. Sie begründete ihr Vorhaben damit, dass die »Vermischung der Geschlechter« auf der Schultoilette »die körperliche Privatsphäre und die Meinungsfreiheit« ihrer Kinder gefährde. Unterstüzt wurde sie von der Alliance Defending Freedom (ADF), einer konservativen christlichen Non-Profit-Organisation, die für »religiöse Freiheit« eintritt und derartige Prozesse im ganzen Land führt. Doch die Erfolgsaussichten waren gering: Obwohl Donald Trump versuchte, die Reformen der Obama-Regierung rückgängig zu machen, festigte die Rechtsprechung die Rechte von transgender Schüler:innen. Nach Ansicht von Terri Neely war das der Grund, warum die Schulbehörde ihrem Sohn entgegenkam: Nach juristischer Beratung war sie zu der Einschätzung gelangt, dass sie keine andere Wahl hatte.

—

Im Mai 2016, etwa zur selben Zeit, als die Neelys einen Gendertherapeuten aufsuchten, verschickte die Regierung unter Präsident Obama einen sogenannten »Dear Colleague Letter« an sämtliche Schulbezirke des Landes. Das Rundschreiben informierte darüber, dass sich Title IX – das Gesetz, das Diskriminierung aufgrund des biologischen Geschlechts an staatlich finanzierten Erziehungseinrichtungen verbietet – auch auf Geschlechtsidentität erstrecke.[45] Damit waren die Schulen im Grunde verpflichtet, Transkindern die Nutzung der Toiletten »im Einklang mit ihrer Geschlechtsidentität« zu erlauben.

Die Obama-Regierung hatte sich des Themas Rechte von Transmenschen angenommen, weil sich innerhalb der Bewegung für LGBT-Rechte der Schwerpunkt verlagert hatte. Die gleichgeschlechtliche Ehe hatte einem neuen Thema Platz gemacht. 2012 hatte der damalige Vizepräsident Joe Biden Rechte von Transmenschen wortgewandt als »das Bürgerrechtsthema unserer Zeit« bezeichnet. 2010 hatte das US-Außenministerium unter Hillary Clinton die Vorschriften geändert und es Transmenschen ermöglicht, die Geschlechtsangabe im Pass ohne den Nachweis einer Operation zu ändern.[46] Obama besetzte hochrangige Positionen mit Transpersonen und lud Transkinder zur alljährlichen Ostereiersuche im Weißen Haus ein. Doch noch wichtiger war, dass er Transmenschen zum Militär zuließ und seine Regierung diesen ausdrücklich gleichberechtigten Zugang zur Gesundheitsversorgung im Rahmen des Affordable Care Act einräumte.

Doch vor allem mit der Haltung seiner Regierung zu Title IX brachte Obama die konservative christliche Lobby gegen sich auf. Nach ihrem Triumph bei der Abstimmung über die Equal Rights Ordinance 2015 in Houston hatte sie das Potenzial dieses neuen Kreuzzugs erkannt. Als Reaktion auf das Rundschreiben an die Schulbehörden im Mai 2016 verabschiedete der Bundesstaat North Carolina ein Gesetz, das es Transmenschen ausdrücklich verbot, öffentliche Toiletten gemäß ihrer Geschlechtsidentität zu benutzen. US-Justizministerin Loretta Lynch reagierte mit einer Klage wegen angeblicher Verstöße gegen den Civil Rights Act, und eine Reihe von Städten und Bundesstaaten, darunter Kalifornien, verabschiedete Resolutionen, die ihren Staatsbediensteten *untersagten*, nach North Carolina zu reisen oder dort Amtsgeschäfte zu tätigen. Private Unternehmen schlossen sich dem Boykott an: Mehrere große Sportveranstaltungen wurden abgesagt oder an andere Orte verlegt.

North Carolina hob das Gesetz aufgrund der finanziellen Einbußen wieder auf, nicht aufgrund moralischer oder rechtlicher Bedenken. Doch elf andere Bundesstaaten beschlossen, die Obama-Regierung wegen der von ihr erlassenen Schutzmaßnahmen für transgender Schüler:innen zu verklagen. Unter Führung von Texas warfen die überwiegend im Süden der USA liegenden Bundesstaaten der Regierung in Washington vor, sie wolle »Bildungseinrichtungen im ganzen Land in Laboratorien für ein umfangreiches soziales Experiment verwandeln, wobei sie den demokratischen Prozess missachtet und die Politik des gesunden Menschenverstandes zum Schutz von Kindern und grundlegenden Persönlichkeitsrechten mit Füßen tritt«.[47] Anfang 2017 konnten die Bundesstaaten ihre Klage zurückziehen: Donald Trump war nun an der Macht.

Zwei Monate nach seinem Amtsantritt revidierte er Obamas Interpretation von Title IX.

Doch in vielen liberalen Teilen des Landes hatte sich der Kulturwandel bereits vollzogen. Im US-Bundesstaat Massachusetts und in New York City wurden Schulen verpflichtet, Kindern zu erlauben, die Toiletten zu benutzen, die ihrer Geschlechtsidentität entsprachen. Diane Ehrensaft erzählte mir, in der Bay Area sei es »auf dem Schulhof üblich, das eigene Geschlecht infrage zu stellen«. In konservativeren Regionen wurde die Frage der Toilettennutzung indes zu einer pinken Linie auf den drei großen Schlachtfeldern, auf denen sich die christliche Rechte engagierte: bei der Verteidigung der »Familie«, beim Schutz der »religiösen Freiheit« und beim Kampf gegen staatliche Einmischung in lokale Angelegenheiten.

Die ADF, berüchtigt dafür, unter Berufung auf die religiöse Freiheit gegen gleichgeschlechtliche Ehe und Abtreibung zu kämpfen, nahm sich zahlreicher Fälle im ganzen Land an. Die ADF und ihre Verbündeten bezeichneten ihr Vorgehen als Kampf gegen die, wie Tony Perkins von der rechten Lobbyorganisation Family Research Council schrieb, »Besessenheit der Obama-Regierung mit ihrer Transgender-Agenda« und ihrer »Bevorzugung von sexuellem Extremismus gegenüber dem Wohlergehen der Kinder«, indem sie mit einer Kürzung staatlicher Mittel drohe.[48] In dieser Hinsicht glich die Kritik US-amerikanischer Konservativer an den Rechten für LGBT-Personen den in anderen Teilen der Welt vorgebrachten Argumenten: Die Wünsche Einzelner würden über das Wohlergehen der Mehrheit gestellt.

Im US-amerikanischen Kernland richtete sich der Kampf auch gegen – um die Worte von Papst Franziskus zu verwenden – die »ideologische Kolonialisierung« durch die Gendertheorie, wobei in diesem Fall Washington der Kolonisator war.[49] Oder wie es Tony Perkins formulierte: »Es ist eindeutig: Die Obama-Regierung wird vor nichts haltmachen, um ihre Agenda voranzutreiben. Sie ist bereit, dafür eine ganze Generation von Kindern zu opfern. Wir ziehen den Hut vor Gruppen wie der ADF, die für Familien und Schulbezirke einstehen, wenn sie sich weigern, ihre Kinder auf dem Altar der Geschlechtsanarchie zu opfern.«[50]

Im Mai 2018 entschied ein Berufungsgericht, dass sich Title IX neben dem »biologischen Geschlecht« auch auf die »Geschlechtsidentität« beziehe. Andere Gerichte fällten ähnliche Urteile. Doch die konservativen Organisationen schienen entschlossen, weiter zu prozessieren, nicht weil sie Aussicht auf Erfolg hatten, sondern vielmehr, weil sie ihre Klagen für Zwecke der politischen Mobilisierung nutzen wollten.

Gleich zu Beginn seiner Amtszeit 2017 setzte Donald Trump den liberalen »Exzessen« der Obama-Ära ein Ende und versuchte, Rechte für Transpersonen zurückzunehmen. Er tat umgehend kund, dass transgender Bewerber:innen nicht ins Militär aufgenommen werden dürften und Title IX anders auszulegen sei. 2018 bemühten sich seine Diplomat:innen, den Begriff »Gender« aus UN-Dokumenten zu Menschenrechtsfragen zu streichen (wobei sie ihn zumeist durch »Frau« ersetzten).[51] Ein Mitarbeiter des US-Justizministeriums erklärte dem Obersten Gerichtshof der USA, er glaube nicht, dass transgender Angestellte durch Bundesgesetze vor Diskriminierung geschützt seien.[52] Ende 2018 wurde ein Entwurf des US-Gesundheitsministeriums an die *New York Times* geleakt, aus dem hervorging, dass die Trump-Regierung das Geschlecht als »unabänderlich« definieren wollte. Damit wäre jede Geschlechtsumwandlung oder Transgender-Identität rechtlich unmöglich gemacht worden.[53] All dem lag Trumps Bestreben zugrunde, seine konservative evangelikale Wählerbasis zufriedenzustellen. Für sie war die »Genderideologie« zur neuen Verkörperung des Bösen geworden: Sie wollten ein neues Bollwerk gegen die Angriffe auf »die Familie« errichten, nachdem die gleichgeschlechtliche Ehe eingeführt worden war und von der Mehrheit der US-Amerikaner:innen akzeptiert wurde.

Wie bei Schlachten gegen die »Genderideologie« überall auf der

Welt war dies die logische Fortsetzung des vorangegangenen Backlashs gegen die Schwulenbewegung. Auch damals war die Gegenreaktion eine moralische Panik gewesen aufgrund der vermeintlichen Notwendigkeit, Kinder und Familien vor »schädlichen« Einflüssen und sexbesessenen Erwachsenen zu schützen.

—

Die bekanntesten Fälle zur Toilettenfrage aus den letzten Jahren belegen die besondere Ausprägung des Kulturkrieges in den USA. Gavin Grimm klagte als Teenager gegen die Schulbehörde von Gloucester County in Virginia, nachdem ihm 2015 die Benutzung der Jungentoiletten untersagt worden war. Grimm war als Mädchen geboren worden, hatte jedoch eine männliche Identität angenommen. Wie in Grass Lake war die Erlaubnis zur Benutzung der Jungentoilette nach Beschwerden wieder rückgängig gemacht worden. Grimm hatte den Prozess zunächst verloren, in der Berufung aber gewonnen. Die Schulbehörde wandte sich an den Obersten Gerichtshof, der sich ursprünglich bereit erklärte, den Fall anzunehmen, ihn 2017 aber doch an das Bezirksgericht zurückgab, nachdem Trump das Präsidentenamt angetreten und sich die Haltung der Regierung zu Title IX geändert hatte. Grimm gewann den Prozess schließlich im August 2019.

Obwohl der Oberste Gerichtshof den Fall abgelehnt hatte, zeigt die Zahl der Klagen auf beiden Seiten das Ausmaß, in dem Toiletten zum Schlachtfeld eines neuen nationalen Kulturkampfs geworden sind. Gavon Grimm wurde – von Anfang an – von der American Civil Liberties Union vertreten, die von einer ganzen Reihe von Menschenrechtsorganisationen unterstützt wird. Auf der anderen Seite hatten konservative Organisationen mobilgemacht, darunter auch die ADF. Es gibt jedoch eine Gruppe auf dieser Seite, die besonders heraussticht: die feministische Organisation Women's Liberation Front (WoLF). Sie tat sich mit der rechtsgerichteten Family Policy Alliance zusammen und erklärte in einer Stellungnahme, Transfrauen und -mädchen seien in Wirklichkeit »Männer«, die versuchen würden, Frauen Chancen wegzunehmen, indem sie sich »bloß als Frauen ›identifizieren‹«.[54]

Auf der Website von WoLF werden die Einwände gegen die Title-IX-Auslegung der Obama-Regierung näher erläutert. Durch sie sei die Möglichkeit beseitigt worden, »an öffentlich finanzierten Schulen rechtlich zwischen männlich und weiblich zu unterscheiden«. Auch »die Rechte von Mädchen auf Privatsphäre und Freiheit von männlicher sexueller Belästigung« seien zunichtegemacht worden. Sie seien nun »männlicher Nacktheit und männlichem Voyeurismus« ausgesetzt. Frauen und Mädchen sei ihr »rechtlicher Schutz« genommen worden.[55]

2019 verbündete sich WoLF mit der rechtsgerichteten Heritage Foundation. Sie hatten es auf Bestimmungen bezüglich des biologischen Geschlechts im Civil Rights Act von 1964 abgesehen, auf die sich die Argumentation zum Schutz von Transmenschen vor Diskriminierung stützte. Der konkrete Anlass war die Verhandlung des Falles von Aimee Stephens, einer Frau aus dem US-Bundesstaat Michigan, vor dem Obersten Gerichtshof. Ihr Arbeitgeber, ein Bestattungsunternehmen, hatte sie entlassen, nachdem sie sich als transgender geoutet hatte. WoLF begründete ihre Opposition zu der Entscheidung mit der »Sorge um die Sicherheit und körperliche Unversehrtheit der Frauen und Kinder«, »deren Leben gefährdet oder ruiniert werden könnten«, wenn Menschen wie Stephens rechtlich als Frauen gleichgestellt werden würden.[56]

In einer wegweisenden Entscheidung urteilte das Gericht zugunsten von Stephens, tragischerweise kurz nach ihrem Tod im Mai 2020. Aber sogar die progressive Richterin Sonia Sotomayor hatte bei einer Anhörung zu dem Fall im Oktober 2019 eingeräumt, dass dieses Argument ernst zu nehmen ist: »Auf der einen Seite ist da also eine Transperson, die sich zu Recht als Frau identifiziert und die Damentoilette nutzen will«, erklärte sie. »Aber auf der anderen Seite gibt es Frauen, denen es unangenehm ist [… und] die sich bedrängt fühlen, wenn jemand, der immer noch männliche Merkmale hat, ihre Toilette betritt. Deswegen gibt es ja verschiedene Toiletten. Die Kernfrage lautet also: Wie gehen wir damit um?«[57]

1972 verwehrten lesbische Feministinnen (und schwule Männer) Transfrauen die Teilnahme an der Pride-Parade in San Francisco, und 1973 wurde die transsexuelle Sängerin Beth Elliott von einer feministischen Konferenz in Los Angeles ausgeschlossen. Zuvor hatte die Hauptrednerin Robin Morgan sie als »Opportunistin, Eindringling und zersetzende Kraft – mit der Mentalität eines Vergewaltigers« bezeichnet.[58]

Von Janice Raymonds 1979 erschienenem Buch *The Transsexual Empire*, in dem sie die Transgender-Medizin mit der nationalsozialistischen Eugenik verglich,[59] bis zu Germaine Greers hämischer Verunglimpfung von Transfrauen als »Frauenimitatoren«[60] zieht sich diese Haltung durch das feministische Denken. Zu Beginn des 21. Jahrhunderts flammte die Kritik erneut auf, was nicht zuletzt auch an der Zahl der Transmänner lag, die sich outeten. Sie war nicht nur ideologischer Natur: Vor allem Mütter und Mediziner:innen zeigten sich besorgt angesichts der wachsenden Zahl der pubertierenden Mädchen, die eine Transition wollten. Würden sie dadurch wirklich ihr wahres Ich finden oder waren sie Opfer eines Gender-Bias und wollten dem Frau-Sein in einer misogynen Gesellschaft entfliehen?

In Großbritannien nutzten zehn Frauen die London Pride im Juli 2018 für ihr Anliegen und verkündeten auf Transparenten »Transaktivismus vernichtet Lesben« und »lesbisch = weiblich«.[61] Sie gehörten einer Gruppe namens Get the L Out (Raus mit dem L) an, was bedeutet, dass das »L« aus dem Begriff »LGBT Pride« getilgt werden sollte. Eine der Protestierenden sagte einem Reporter: »Ein Mann kann nicht lesbisch sein, eine Person mit einem Penis kann keine Lesbe sein.«

Die meisten britischen LGBT-Organisationen verurteilten den

Protest von Get the L Out als »transphob«.[62] Doch trotz ihrer geringen Zahl vertraten die beteiligten Frauen keine Außenseitermeinung im Land: Im Oktober 2018 unterzeichneten über 7000 Personen eine von 33 prominenten Schwulen und Lesben propagierte Petition, in der die Entscheidung von Stonewall, der führenden LGBT-Organisation des Landes, sich für die Rechte von Transmenschen einzusetzen, kritisiert wurde. Als Grund wurde eine Gefährdung der lesbischen Identität und Kultur angegeben.[63]

—

Neben den Toiletten ist der Sport ein weiteres Schlachtfeld in den Genderkulturkriegen des 21. Jahrhunderts. Die WoLF-Feministinnen sprachen von einer »grausamen Ironie« in der Entscheidung der Obama-Regierung, Diskriminierung aufgrund des Geschlechts so auszulegen, dass dazu auch die Diskriminierung aufgrund der »Geschlechtsidentität« gehörte. »Title IX, ein Gesetz, das unter anderem zur Förderung des Frauensports verabschiedet wurde, wird nun zu seiner Demontage eingesetzt, weil männliche Sportler die ›Geschlechtsidentität‹ dazu nutzen, Zugang zu weiblichen Mannschaften zu erlangen, und so Plätze in Anspruch nehmen, die ansonsten an Frauen gegangen wären, und den Wettbewerb dominieren.«[64]

Das Thema Frauensport und Benachteiligung sorgte 2018 weltweit für Debatten: Die südafrikanische Mittelstreckenläuferin und Olympiasiegerin Caster Semenya, die mehrere Rekorde gebrochen hat, wurde zwar als Mädchen erzogen und hielt sich auch immer für eine Frau, doch medizinische Tests ergaben, dass sich bei ihr »Unterschiede bei der sexuellen Entwicklung« gezeigt hätten, die sich unter anderem in einem hohen Testosteronspiegel niederschlugen. Als ihr der Internationale Leichtathletikverband (IAAF) 2018 mitteilte, sie müsse ihren Testosteronspiegel mit Medikamenten senken, wenn sie weiterhin als Frau antreten wolle, reichte Semenya Klage beim Internationalen Sportgerichtshof ein. Das Urteil des unabhängigen Schiedsgerichts vom April 2019 fiel jedoch zu ihren Ungunsten aus: Der Beschluss des IAAF sei zwar tatsächlich diskriminierend für die Sportlerin, doch diese Diskriminierung sei »notwendig«, um »die Integrität der Frauenleichtathletik« zu bewahren.[65]

Geschlechtsüberprüfungen von Athletinnen werden seit den fünfziger Jahren durchgeführt. In früheren Zeiten wurden die wenigen Frauen, die »Unterschiede bei der sexuellen Entwicklung« zeigten (was normalerweise hieß, dass sie XY-Chromosomen anstelle der XX-Chromosomen oder nicht eindeutige Genitalien hatten), einfach vom Wettbewerb ausgeschlossen, wie im Fall der Sprinterin Ewa Kłobukowska 1967. Der polnischen Sportlerin wurden ihre bei den Olympischen Spielen von 1964 gewonnenen Medaillen aberkannt. Mit 21 Jahren war ihre Karriere beendet.

Doch fünfzig Jahre später hatten sich die Zeiten geändert. Semenya ließ sich nicht einfach kaltstellen: Sie lebte offen lesbisch, war mit einer Frau zusammen und hatte das moralische Gewicht der südafrikanischen Verfassung hinter sich *und* die finanzielle Rückendeckung ihres Sponsors Nike. Ihre Butchness und ihr Kampfgeist wurden nicht verunglimpft, sondern gefeiert. Sie wurde zum internationalen Symbol für Menschenrechte. Sowohl der Protest gegen sie als auch ihre Kampfbereitschaft sind Ausdruck der Genderkulturkriege. Sie war zwar nicht transgender oder genderfluid, wurde aber dennoch zum Symbol, auch für diejenigen, die sich gegen sie wandten, weil ihr Beispiel zeigte, wie die neue Genderordnung den hart erkämpften weiblichen Raum gefährden könnte. Für ihre Unterstützer:innen war sie nicht nur ein Opfer, dem man die Würde und körperliche Integrität geraubt hatte, sondern auch ein Symbol für die zunehmend unhaltbare Linie, die man einst zwischen Männern und Frauen gezogen hatte und an der man festhielt, obwohl mittlerweile sowohl in der Wissenschaft als auch in der Kultur klar war, dass Geschlecht und Gender alles andere als eindimensional sind.

Eine der Stimmen, die Bedenken äußerten, gehörte der großen Tennisspielerin Martina Navratilova, die sich sehr für Frauen- und Schwulenrechte einsetzt. Navratilova schrieb Anfang 2019 in einem Kommentar in der *Times* über die von ihr befürchteten Konsequenzen für den Frauensport in einer Zeit, in der die Transgender-Identität anerkannt wird: »Ein Mann kann beschließen, weiblich zu sein, kann Hormone nehmen, wenn dies von welchem Sportverband auch immer verlangt wird, er kann alle möglichen Wettbewerbe gewinnen und vielleicht ein kleines Vermögen verdienen und dann seine Entscheidung rückgängig machen und Kinder zeugen, wenn er es will«, schrieb sie. »Das ist Wahnsinn und Betrug. Ich spreche eine Transfrau gern in der von ihr bevorzugten Form an, aber ich würde nur ungern gegen sie antreten. Das wäre nicht fair.«[66]

Navratilova sprach nicht mit Bezug auf konkrete Ereignisse, sondern äußerte Bedenken hinsichtlich einer möglichen zukünftigen Entwicklung. Mit Ausnahme eines häufig angeführten Leichtathletikwettkampfs im US-Bundesstaat Connecticut, bei dem 2018 zwei Transmädchen gewannen, gibt es nur wenige aktuelle Beispiele für Siege von Transfrauen im Sport, ganz zu schweigen von Fällen, in denen die Geschlechtsidentität missbraucht wurde. Angesichts dieser Umstände – und natürlich der Hindernisse, die die beiden transgender Teenager in Connecticut überwinden mussten, um überhaupt bei dem Wettbewerb anzutreten – kam die US-amerikanische Transaktivistin Julia Serano zu dem Schluss, dass die Panikmache Teil eines größeren Kulturkampfes um Genderidentität sei: »Die Angriffe gegen transgender und intersexuelle Sportler:innen sowie gendernonkonforme Athlet:innen erinnern stark an die Diskussionen um die Benutzung öffentlicher Toiletten und ganz allgemein an die Anti-Trans-Hysterie, die derzeit herrscht«, erklärte Serano zu der Zeit, als das Urteil zu Semenya verkündet wurde. »Die Leute wollen glauben, dass ein wesenshafter Unterschied zwischen Männern und Frauen existiert, durch den sie in komplett voneinander getrennte eindeutige Kategorien fallen. Aber in Wirklichkeit gibt es ihn nicht.«[67]

Caster Semenya selbst hatte keinerlei Zweifel hinsichtlich ihres Geschlechts – und ihres Könnens: »Ich bin eine Frau, und ich bin schnell«, sagte sie, als sie Berufung einlegte.[68] In einer wilden und genialen Erklärung nach dem Urteil, das zu ihren Ungunsten ausgefallen war, schrieb sie: »Sie wollten mich dazu bringen, meinen Körper zu verändern, Medikamente zur Senkung meines Testosteronspiegels einzunehmen. [...] Sie glauben ihren Kindern und Ehefrauen, wenn sie ihnen sagen, wer sie sind. Aber sie wollen, dass ich meinen Körper verändere? Mich beschämenden Tests unterziehen, wenn ich ihnen sage, wer ich bin? Ich bin jemandes Kind. Ich bin jemandes Tochter. Ich bin jemandes Frau. [...] Ich weiß, wer ich bin.«[69]

Semenyas Fall wurde zu einer Art Lackmustest für eine der wichtigsten Fragen im Zeitalter der Identitätspolitik: Welche Beziehung besteht zwischen dem, was wir in uns fühlen, und dem, wie die Welt uns sieht und definiert?

—

Vor allem in den USA stürzten die Genderkulturkriege Räume und Institutionen in eine Krise, die weit über Toiletten und Sportplätze hinausreichte: vom legendären Michigan Womyn's Music Festival, das eine Kontroverse auslöste, weil es auf seinem Grundsatz »womyn-born womyn« (nur für Frauen, die als Frauen geboren wurden und aufwuchsen) beharrte, bis zu Frauencolleges, die nun ihre Aufnahmebedingungen überarbeiten mussten – und um ihre Existenzberechtigung fürchteten.[70] Das Smith College im US-Bundesstaat Massachusetts beispielsweise hatte einer Transfrau zwei Mal die Aufnahme verweigert. Nach Protesten 2015 sah sich die Hochschule gezwungen, ihre Zulassungsprinzipien zu ändern und sich anderen Frauencolleges – Mills, Bryn Mawr, Barnard und Wellesley – anzuschließen, die Transfrauen offenstanden, noch bevor diese ihren rechtlichen Status geändert hatten, solange sie als Frauen lebten. 2018 hatte etwa die Hälfte der 34 US-amerikanischen Frauencolleges Transfrauen zugelassen.

Die Hochschulen müssen sich auch mit Transmännern auseinandersetzen. So gibt es Bewerberinnen, die sich als weiblich bezeichnen, aber dann auf dem Campus die Transition zum Mann durchlaufen. Darf man einen *Mann* in einem rein weiblichen Raum dulden? Einige Hochschulen wie etwa Wellesley berücksichtigen Bewerbungen von Transmännern nicht, erlauben aber denjenigen zu bleiben, die ihr Coming-out während des Studiums hatten. 2014 gab es 24 derartige Studierende in Wellesley, und die Studiendekanin wurde mit den Worten zitiert, die Hochschule habe noch nicht ausgearbeitet, »wie man ein Frauencollege in einer Zeit bleiben kann, wenn Geschlecht nicht länger als binär betrachtet wird«.[71]

Damit erhielten die Kulturkriege eine wichtige neue Dimension. In der westlichen Welt und vor allem in den USA verlagerte sich der Schwerpunkt im 21. Jahrhundert von Gay Rights zu Trans Rights. Die Kriege werden an zwei Fronten ausgetragen: die eine Front bildet der politisch rechts orientierte religiöse Konservatismus, die andere eine bestimmte Form des Feminismus, die traditionell links gerichtet war.

Was die Sache noch komplizierter macht, ist die Tatsache, dass sich diese Ideologien mit der Sorge um die Kinder und Jugendlichen vermischen, die eine Transition durchlaufen. Die neue pinke Linie, die sich durch die Diskussion um die Rechte von Transmenschen in Ländern wie den USA und Großbritannien zieht, berührt auch Bereiche wie jugendliche Rebellion im Hinblick auf Geschlechterrollen, Generationskonflikte um die Rechte von Kindern und ihre Rolle in der Gesellschaft und die Verantwortung und Zuständigkeit der Erwachsenen, in deren Obhut die Kinder leben.

14

RIOT YOUTH

ANN ARBOR UND UMGEBUNG

LIAM KAI*: Mitglied bei Riot Youth, im letzten Jahr auf der Highschool in der Nähe von Ann Arbor, dann Student an der University of Michigan, noch keine zwanzig. Pronomen: er.
BETH*: Liams Mutter, Sozialarbeiterin in der Nähe von Ann Arbor, Mitte fünfzig. Pronomen: sie.
SUSAN*: Liams zweite Mutter, von der er sich entfremdet hat, lebt in der Nähe von Ann Arbor, Mitte fünfzig. Pronomen: sie.
ANDREA*: Beth' Frau, Sozialarbeiterin in der Nähe von Ann Arbor, Mitte fünfzig. Pronomen: sie.
* Pseudonym

Waking up with a headache – kinda sucks.
Waking up with a flat chest – priceless.[1]
(Mit Kopfschmerzen aufwachen – bisschen ätzend.
Mit einer flachen Brust aufwachen – unbezahlbar.)

Die Zeilen stammen von Liam Kai, einem 18-jährigen Teenager, der kurz zuvor seinen Highschool-Abschluss in einer Stadt in der Nähe von Ann Arbor in Michigan gemacht hatte. Er twitterte sie am 18. Juni 2014. Neun Tage waren seit seiner Operation vergangen, am Tag vorher waren die Verbände und Kanülen entfernt worden. Am selben Tag postete er auch ein Video auf Instagram. Während der Arzt den Verband abwickelt, schaut Liam auf seine nun jungenhafte Brust und jubelt: »Dude!« In wenigen Wochen würde er mit den Testosteroninjektionen beginnen, die ihn – endlich – aus seiner als qualvoll empfundenen androgynen Kindheit holen und ihm eine männliche Körperbehaarung und eine tiefe Stimme bescheren würden.

Liam wurde bei der Geburt das weibliche Geschlecht zugewiesen. Mit sechs Monaten wurde er in China von einem US-amerikanischen Paar adoptiert. Er lebte schon seit seinem 13. Lebensjahr als Junge und hatte seine wachsenden Brüste täglich in einengende Nylonbandagen eingebunden. »Ich danke welcher Macht auch immer da draußen, dass das meine letzte Woche ist, in der ich mich bandagieren muss«, twitterte er vor seiner Operation. »Es ist schmerzhaft, peinlich, frustrierend und ermüdend.«[2]

Doch bis zu seinem 18. Geburtstag konnte Liam keine medizinischen Schritte unternehmen, die ihn bei seiner Geschlechtsangleichung unterstützt hätten. Das lag daran, dass sich seine rechtlichen Eltern, ein lesbisches Paar, das sich getrennt hatte, als Liam sechs war, bei diesem Thema nicht einig waren. Nach einem etwas holprigen Start akzeptierte seine Mutter Beth, bei der er lebte, Liams Transgender-Identität: »Ich betrachte diese Prozedur als eine Art wiederherstellende OP, die mein Sohn benötigt, und nicht als doppelte Mastektomie, die an meiner Tochter vorgenommen wird«, sagte sie mir kurz vor Liams Operation. Doch die andere Erziehungsberechtigte, Susan, mit der Liam völlig gebrochen hatte, war absolut gegen den Eingriff. Beide Frauen waren überzeugte Feministinnen, doch während Beth' Akzeptanz von Liam in einem Feminismus gründete, der Gender als gesellschaftliches Konstrukt sah, hatte Susan das Gefühl, Liam würde sich viel gesünder und glücklicher fühlen, wenn er sich einfach als Mädchen akzeptierte. Mit Hilfe gerichtlicher Beschlüsse verhinderte sie durch ihre fehlende Einwilligung jede medizinische Behandlung, solange er noch minderjährig war.

Ich traf Liam und seine Familie bei ihnen zu Hause in der Nähe von Ann Arbor im April 2014, kurz vor Liams 18. Geburtstag, als er sich auf die Operation vorbereitete. Beth war seit über zwölf Jahren mit ihrer Frau Andrea zusammen. Die beiden hatten Liam gemeinsam großgezogen. Er sprach sie kollektiv als »Moms« an (oft mit gespielter Verzweiflung: »*Mo-oms*!?!«) und bezeichnete sich auf Twitter gern als »Mommas' Boy (habt ihr den Plural bemerkt?)«, als Müttersöhnchen. Die Operation hatte für sie alle etwas Erlösendes und vermittelte ihnen ein Siegesgefühl, nicht nur, weil sie glaubten, sie würde Liams Leben besser machen, sondern weil mit der Operation auch an Liams Körper unwiderruflich das zum Ausdruck kommen würde, von dem sie alle überzeugt waren: dass er ein Mann war.

Ich war in die USA gereist, weil ich nach Familien wie dieser suchte. Ich wollte das Verhältnis zwischen meiner Generation der Pionier:innen – Frauen wie Beth, die die Definition von Familie erweiterten, indem sie ihre eigenen Kinder außerhalb der Institution der heterosexuellen Ehe aufzogen – und dieser neuen Generation von Pionier:innen ergründen, verkörpert von Transkindern wie Liam. Ich fand ein paar Familien in der Bay Area oder im Einzugsgebiet von New York City oder Washington, DC (die meisten Transkinder hatten natürlich heterosexuelle Eltern). Doch es gab eine Familie in einer Gegend, in der man es nicht erwartet hätte, in einem bescheidenen, aber komfortablen Haus in einer Reihe identischer Bungalows mit roten Sichtbacksteinen, nur eine Straße von den endlosen gleichförmigen Gewerbestraßen entfernt, die so typisch sind für US-amerikanische Vororte.

Zweifellos half der Familie die Nähe zu Ann Arbor, Sitz der University of Michigan, einer liberalen Oase in der Prärie des Mittleren Westens. Es gab eine Anlaufstelle nach Schulschluss für LGBTQQA-Teenager namens Riot Youth in einem lokalen Jugendzentrum. Bei meinem Besuch in Ann Arbor lernte ich noch weitere Jugendliche von Riot Youth kennen. Ich verfolgte ihre Entwicklung in den anschließenden fünf Jahren, in denen sie erwachsen wurden und in denen sich nicht nur ihre Identitäten und – in einigen Fällen – ihre Körper veränderten, sondern auch die Art, wie ihre Gesellschaft und Kultur im zweiten Jahrzehnt des 21. Jahrhunderts über Gender dachte.

—

Beth reiste bis nach China, um eine Tochter zu adoptieren, wie sie mir erzählte. Dazu veranlasst hatten sie unter anderem Berichte über weibliche chinesische Babys, die von ihren Eltern im Stich gelassen wurden. Beth wurde bald vierzig und wollte ein Kind; Susan war bereit, diesen Weg mit ihr zu gehen. Beth gab sich im Antrag für die chinesischen Behörden als »alleinstehende Mutter« aus und reiste im November 1996 zusammen mit einer Gruppe nach China, um die Kinder kennenzulernen und ihnen ein neues Zuhause zu geben. Die Bedingungen im Waisenhaus waren entsetzlich: Das kleine Mädchen, das man ihr in den Arm legte, war unterernährt und sehr krank, aber wie die anderen Säuglinge geisterhaft mit Rouge und dunkel nachgezogenen Augenbrauen für die neuen Eltern zurechtgemacht.

Bei unserem Treffen 2014 war Beth eine korpulente, grauhaarige Frau mit rauem Charme und trockenem Humor, bei der die Ernsthaftigkeit des Mittleren Westens und ihr Sinn für Ironie eine gelungene Verbindung eingingen. Andrea war ihr Gegenpart, eine witzige jüdische Frau von der Ostküste, bei der jede Erzählung zum bühnenreifen Vortrag geriet. Während wir an einem Samstagabend bei einem Topf Gemüsesuppe und einem riesigen Krug Eistee zusammen mit Liam in ihrer Küche saßen, zeigten sie mir Fotos von ihrem kürzlichen Ausflug zu den Niagarafällen. Zum Zeitpunkt ihrer Reise waren gleichgeschlechtliche Eheschließungen in Michigan noch nicht erlaubt, doch Andrea, die im öffentlichen Dienst tätig war, wollte die staatlichen Leistungen auch für ihre Familie nutzen. Und sobald der Oberste Gerichtshof der USA den Defense of Marriage Act im Juni 2013 für verfassungswidrig erklärt hatte, reisten sie in den Bundesstaat New York, weil sie dort heiraten konnten. Liam war Trauzeuge. Unter Gelächter und gutmütigen Neckereien erzählten sie mir diese und andere Geschichten. Liam war – im wahrsten Sinne des Wortes – der »straight guy« des Trios.

Liam hatte ein hübsches, flächiges Gesicht und ein sympathisches Lächeln. Er verfügte über die einstudierte Eleganz von jemandem, der einen Großteil seines Lebens damit verbracht hatte, andere zu beobachten, um herauszufinden, wie er sich verhalten soll. Er war makellos frisiert und modisch gekleidet. An jenem Abend trug er ein gebügeltes, rosa und blaues Button-Down-Hemd und dazu marineblaue Bermudas. »Ich habe genau *studiert*, wie Männer reden«, sagte er mir eines Abends, als wir zusammen einen Burger essen gingen. »Ich habe meine Stimme trainiert, um möglichst tief zu sprechen, aber weiter runter komme ich erst, wenn ich das T [Testosteron] nehme.« Aber es sprechen ja nicht alle Männer richtig tief, und als wir unbefangen miteinander plauderten, wurde ich nur dann daran erinnert, dass man ihm bei der Geburt ein weibliches Geschlecht zugewiesen hatte, wenn er unbekümmert loslachte oder wenn ich seine glatte Haut betrachtete.

Als wir zusammen um den Esstisch saßen, sprach Andrea Liam direkt darauf an: »Mädchen sollen sich zurückhalten, nicht zu viel Platz in Anspruch nehmen, aber so warst du nie. Du hast dich *breitgemacht*. Und du stürzt dein Getränk runter wie die Typen in der Bierwerbung und anschließend rülpst du wie ein Mitglied einer Studentenverbindung. Als altmodische Lesbe wie ich eine bin, dachte ich, das läge an uns.«

»Ich glaube nicht, dass ich je dachte, Liam sei transgender«, fügte Beth hinzu. »Ich habe ihm jede Menge Girl-Power-Sachen gekauft. ›Girls Rule!‹ Ich wollte, dass meine Tochter ein starkes Mädchen voller Selbstvertrauen wird.«

Natürlich kamen wir auch auf Kleider zu sprechen, ein unvermeidliches Thema, da Kleidung häufig als äußerliche Kennzeichnung von Geschlecht dient und oft das erste Mittel ist, mit dem gendernonkonforme Kinder und Jugendliche ihre Haltung zum Ausdruck bringen. Als Mädchen habe Liam keinerlei Interesse an Kleidung gezeigt, erzählte Beth. »Er zog einfach irgendwas aus einem Kleiderhaufen auf dem Boden. Aber Sie sollten seinen Schrank heute mal sehen. Alles ist *sehr* ordentlich. Jedes einzelne Teil in seiner Garderobe ist ihm sehr wichtig.«

»Es war okay, ein Mädchen zu *sein*«, meldete sich Liam zu Wort. »Aber ich hasste es einfach, wie ein Mädchen *auszusehen*.« Das ging so bis zur Pubertät, das heißt, bis sich seine Brüste entwickelten und sein Unbehagen in einer Depression mündete. Nachdem er im Rahmen des Sorgerechtsstreits seiner Eltern 2009 vom Gericht zu einer Therapie verpflichtet worden war, erwähnte Liam in einer Sitzung seine Not angesichts von Susans strikter Geschlechtervorstellung und sagte der Therapeutin, er müsse sich manchmal selbst daran erinnern, dass er ein Mädchen sei. Die Therapeutin rief Beth ins Sprechzimmer und teilte beiden ohne Umschweife mit, dass Liam transgender sei. »Liam war so begeistert«, erinnerte sich seine Mutter. »Er wollte das alles. Und zwar gleich. Aber alles, was ich über Transgender wusste, stammte aus den Talkshows, die ich im Fernsehen gesehen hatte. Ich war entsetzt. Ich dachte die ganze Zeit: ›Das ist nicht das, was ich für mein Kind will.‹ Er war immer so gesund gewesen. Ich wollte mir die Hormone und Operationen gar nicht erst vorstellen. Ich wünschte, ich wäre besser vorbereitet gewesen.«

Geschockt willigte Beth ein, Liam als Jungen leben zu lassen. Liams Mädchensachen wurden weggegeben. Bandagen wurden bestellt, um Liams wachsende Brüste plattzudrücken, Briefe wurden an die Schule geschrieben. Aber dann bekam Beth Panik und bestand darauf, dass Liam wieder zum Mädchen wurde – zumindest, bis mehr Klarheit herrschte. Er musste die Bandagen zurückschicken und sich zumindest geschlechtsneutral kleiden. Dass das nicht lange gut gehen würde, war wohl absehbar. Einige Monate später war es so weit: als Liam den Film *New Moon – Biss zur Mittagsstun-*

de sah, in dem Jungen in einem bestimmten Alter zu Werwölfen werden. Damit einher ging auch eine veränderte Statur und ein neues Körpergefühl, wie Liam mir erklärte: »Aus dem schmächtigen Taylor Lautner wird ein muskulöser junger Mann, der sich die langen Haare abschneidet. Das ist ein enormer Identitätswandel, er wird zu einer Art übernatürlichem Wesen mit einem starken, gut gebauten Körper. Ein Teenagerphänomen, und ich konnte es kaum erwarten, das zu sehen.« Er machte eine Pause, seine Augen füllten sich mit Tränen. »Das tat richtig weh, als ich sah, dass dieser Typ Muskeln anstelle von Brüsten hatte. Muskeln, zu denen sich alle hingezogen fühlten und die ich nie haben würde.«

Liam fing an, Selbstmordpläne zu schmieden, er wollte eine Überdosis Schmerztabletten schlucken. Er unternahm nichts, aber zum ersten Mal »hatte ich einen *Plan*«. Bei der nächsten Therapiesitzung brach er weinend zusammen: Er konnte nicht mehr länger als Mädchen leben. Liam war mittlerweile bei einer anderen Therapeutin, die vorsichtiger oder über die rasante Entwicklung vielleicht auch besser informiert war. Sie überwies die Familie an einen Genderspezialisten, und Liam und seine Eltern planten seine soziale Transition nun sorgfältiger. Für Beth war das der Wendepunkt: »Ich wurde zur Löwenmutter und stand hundertprozentig hinter Liam.«

Über Liams Namen entschieden die drei so, wie sie alle Entscheidungen treffen: »auf einer Papierserviette in unserem Lieblings-Diner«. Liam wählte einen Namen, der auch seine chinesische Herkunft wiedergibt. Ein 13-jähriges Mädchen verließ ihre achte Klasse und kehrte am nächsten Tag als 13-jähriger Junge namens Liam Kai zurück.

Das depressive, introvertierte und ungepflegte Mädchen entwickelte sich schnell zu einem selbstbewussten, gesprächigen und gepflegten Jungen. Als das Schuljahr vier Monate später endete, erhielt er den jährlich vergebenen Preis für »Führungsstärke, Leistung und soziales Engagement« in der Kategorie Jungen. »Ich war der

Dude!«, sagte er nach der Preisverleihung immer wieder zu seinen Müttern. »Es gibt einen Preis für Mädchen und einen für Jungen, und ich bekam den für die *Jungs*!«

Die Schule – eine reguläre öffentliche Schule im Mittleren Westen – war bereit, Liams männlichen Namen auf den Pokal zu setzen, obwohl er seinen Namen offiziell noch nicht geändert hatte. Der Glanz des »Dude-Preises«, wie die Familie ihn nannte, konnte Liam zumindest über einen Teil der später auftretenden Probleme hinwegtrösten. Liam verbrachte seine Zeit nicht mehr mit den Mädchen, mit denen er seit Schulbeginn befreundet war, was ihn traurig machte: Zwischen ihnen war eine neue Distanz, die er nicht ganz verstand. Und mit den Jungen freundete er sich nie so richtig an, vielleicht, weil er nicht die männliche Pubertät zusammen mit ihnen durchlebte. Einige halfen ihm galant und zeigten ihm etwa, wie ein Junge eine Mütze oder Baggy-Jeans trägt, aber wenn er versuchte, mit ihnen über Mädchen oder Verabredungen zu sprechen, »wurde es komisch. Das hätte bedeutet, dass es real war.«

Weil er sich die Brüste bandagierte, hörte Liam mit dem Schwimmen auf, obwohl das seine Leidenschaft war. Sein Leben fand fern der Rituale des US-amerikanischen Vorstadtlebens statt, es gab kein Sommerferienlager und keine Sportveranstaltungen. Die meiste Zeit verbrachte er daheim. Er engagierte sich stark bei Riot Youth, aber seine Wochenenden waren einsam und isoliert. Die Zeit vertrieb er sich mit Fernsehserien und fand dadurch ein Ventil für seine Kreativität: Wie besessen schrieb er Fan-Fiction, die er im Internet veröffentlichte.

Liam erzählte mir, dass er mit Mädchen kein Glück habe. Die Mädchen, die er bei Riot Youth kennenlernte, waren oft zu beschäftigt mit pubertärem Selbstverletzen wie Ritzen, und die Mädchen, denen er in der Schule den Hof machte, zogen sich zurück, weil er transgender war. Dennoch hatte die Schilderung seines Liebeslebens etwas ganz Typisches: Wie seine Altersgenossen musste er sich mit intensivem Verlangen und Liebeskummer auseinandersetzen.

Seit 2010, ein Jahr nach seiner Transition, besuchte Liam die Highschool. Er entschied sich, seine Transgender-Identität nicht zu verheimlichen. »Ich hasse Geheimnisse«, erklärte er mir. Außerdem würde es auf der neuen Schule auch Jugendliche geben, die ihn seit der Zeit vor seiner Transition kannten. Doch noch bevor er eine Möglichkeit für sein Coming-out gefunden hatte, wurde ihm die Sache aus der Hand genommen, als er einen Klassenkameraden sagen hörte: »Ich weiß nicht, wie ich *es* ansprechen soll.« Liam war sehr aufgebracht. Gemeinsam mit seinen Eltern und den Jugendlichen bei Riot Youth beschloss er, das Thema offensiv anzugehen. Er wandte sich an seine Klassenlehrerin und bat um eine Diskussion in der Klasse.

Die Atmosphäre im Vorfeld war etwas angespannt gewesen, wie sich Carol, eine Lehrerin von Liam, erinnerte. »Es gab Gerede, nicht unbedingt bösartig, aber es war schon Klatsch. Das änderte sich jedoch fast sofort, als er sagte: ›So bin ich.‹ Ein Neuntklässler! *Irre*, oder? Das hat alles geändert. Nachdem es alle wussten, dachten die meisten: ›O. k., von mir aus.‹ Klar, es gab auch Schüler:innen, denen immer noch nicht wohl damit war. Aber das Gerede hinter seinem Rücken hörte auf, weil Liam sagte: ›Wenn ihr Fragen habt, dann fragt mich direkt.‹«

Carol kannte Liam noch als Mädchen auf der Middleschool. Als Liam damals von einer Transition gesprochen hatte, wollte sie ihn unterstützen. »Aber insgeheim fragte ich mich immer wieder: ›Das ist so eine gewaltige Entscheidung in einem so jungen Alter. Woher weiß sie das wirklich?‹« Doch als Carol Liam auf der Highschool wiederbegegnete, »konnte ich die Veränderung kaum fassen. Dieses deprimierte Mädchen, das sogar Selbstmordgedanken hatte, war zu einem selbstbewussten Anführer geworden, der andere anleitete, der als School Tour Guide neue Schüler:innen herumführte und die jährliche Talentshow organisierte.« Liams Transition »erklärt sich von selbst. Er ist der, der er sein soll.«

Alle Erwachsenen, mit denen ich über Liam sprach, waren ähnlich beeindruckt. Ich sah darin eine Reaktion, die über die reflexartigen politisch korrekten Standardfloskeln hinausging. Ich hatte den Eindruck, dass sich die Erwachsenen in Liams Umfeld – Prärie-Liberale der besten Art – über diese Geschichte freuten, in der ein Kind nach seinem Wandel allen Widrigkeiten zum Trotz Erfolg hat, weil es sich selbst treu ist. Selbst wenn sie im Kopf bereits das Drehbuch für einen Hollywoodfilm schrieben, erweiterten sie doch ihren Horizont und machten sich Gedanken, wer Menschen sein können und welche Rechte ihnen zustehen sollten.

—

Als Liam seinen Müttern 2009 im Alter von 13 Jahren sagte, dass er ein Junge sei, hatte man sich in den Niederlanden gerade auf ein neues Behandlungsprotokoll geeinigt, das nun auch in den USA zur Anwendung kam. Diesem zufolge wird bei Kindern, die glauben oder wissen, dass sie transgender sind, mittels Medikamenten die Hormonproduktion blockiert und so die Pubertät hinausgezögert.[3] Die Statistiken über Selbstverletzungen bei Teenagern bestätigen Liams persönliche Erfahrung: Die Pubertät ist eine Phase, in der die Gefahr besteht, dass Kinder mit einer Geschlechtsdysphorie sich selbst etwas antun, weil sich ihr Körper verändert. Die Stimme wird plötzlich tiefer, und die Barthaare sprießen; oder die Brüste wachsen und die Menstruation setzt ein. Doch mit Pubertätsblockern kann man diesen Prozess verzögern. Etwas später kann man dann mit einer gegengeschlechtlichen Hormontherapie beginnen, um das Erwachsenenstadium im gefühlten Geschlecht zu erreichen – ohne sich als Transmann einer Mastektomie unterziehen zu müssen, weil die Brüste in diesem Fall gar nicht gewachsen sind.[4]

Das sogenannte »niederländische Behandlungsprotokoll« für Kinder mit einer Geschlechtsdysphorie sieht vor, dass Minderjährige erst in der späteren Pubertät mit einer gegengeschlechtlichen Hormonbehandlung beginnen dürfen.[5] Auf diese Weise soll eine Therapie hinausgezögert werden, bis die Kinder in der Lage sind, eine reifere Entscheidung zu treffen. Die meisten westeuropäischen Länder – etwa Großbritannien – erlauben eine medizinische Geschlechtsangleichung erst ab dem 16. Lebensjahr und reglementieren das Vorgehen über das staatliche Gesundheitssystem. Im Laufe der zweiten Dekade des 21. Jahrhunderts zeigte die endokrinologische Forschung, dass die langfristige Anwendung von Pubertätsblockern gesundheitliche Gefahren birgt. Andererseits empfahl die US-amerikanische Pediatric Endocrine Society 2017 die Anwendung gegengeschlechtlicher Hormontherapien bei Kindern mit Geschlechtsdysphorie bereits vor dem 16. Lebensjahr.[6] In den USA fragten viele, warum man warten solle. Liams Mütter Beth und Andrea dachten ähnlich: Warum Liam nicht eine männliche Pubertät zusammen mit seinen Altersgenossen ermöglichen, anstatt ihn zurückzuhalten und dadurch seine bereits erheblichen sozialen Probleme verstärken? Das einzige Hindernis war Susan, Liams andere Erziehungsberechtigte, die ihre Zustimmung verweigerte und sogar Pubertätsblocker ablehnte.

Hormone sind eigentlich nicht teuer, doch Pubertätsblocker kosten über 1200 Dollar im Monat (Stand 2018), und viele Krankenversicherungen übernehmen die Kosten nicht. Ärmeren Kindern oder Jugendlichen ohne Unterstützung ihrer Eltern ist diese Option daher verwehrt. Doch da sich die Gesundheitsfürsorge in den USA nach den Konsument:innen richtet und außerdem Eltern häufig stark in das Leben ihrer Kinder eingreifen, kann man seinem Nachwuchs eine Therapie ermöglichen, wenn man die nötigen Ressourcen und die Bereitschaft dazu hat.

Natürlich gibt es auch diagnostische Kriterien, die Genderexpert:innen mit den Schlagworten »Beständigkeit, Konsequenz, Beharren« zusammenfassen: die beständige Cross-Gender-Identifikation, der konsequente Wunsch, dem anderen Geschlecht anzugehören, und das Beharren darauf, sich diesem Geschlecht zugehörig darzustellen. Diane Ehrensaft rät Eltern oft, eine Zeit lang mit der Ambiguität zu leben, wie sie mir erklärte, bis mehr Klarheit herrsche. Sie unterscheidet zwischen zwei Typen von Kindern: den Kindern, die ihrem Gefühl Ausdruck verleihen, dass sie dem anderen Geschlecht angehören, seit sie sprechen können, und den Kindern, die »genderkreativ« sind. Letztere werden später eventuell schwul oder lesbisch oder bezeichnen sich – je weiter das Konzept in der US-amerikanischen Kultur Verbreitung findet – als »genderqueer« oder »nichtbinär«. »Doch bei den jüngsten Transkindern können wir ihre Identität in der Regel sehr früh feststellen, wenn auch nicht zu einem bestimmten Zeitpunkt«, sagte mir Ehrensaft. »Wenn wir einmal Bescheid wissen, sollten wir sie ihren Weg gehen lassen.«

—

Der Gedanke, er sei transgender, kam Liam zum ersten Mal, als er die US-amerikanische Fernsehserie *The L Word* sah. Er hörte Max, eine transgender Figur, über Brustbandagen reden, googelte den Begriff und tauchte in eine neue Welt ein. Er war förmlich besessen von Video-Blogs auf YouTube, in denen Männer Woche für Woche ihre Transition dokumentierten, sich filmten, wie sie sich zurechtmachten, Hormone nahmen, im Fitnessstudio trainierten, tätowieren oder sogar operieren ließen. Und sobald er wusste, dass er eine Angleichung vornehmen lassen wollte, recherchierte er Operationsmöglichkeiten und studierte ausführlich die expliziten Videos, die Ärzt:innen zur Vermarktung ihrer Leistungen ins Netz stellten.

Zu Liams 18. Geburtstag erklärten sich Beth und Andrea bereit, für seine erste Tätowierung zu bezahlen. Wie Muskeln sind Tattoos Fetische der Männlichkeit und mittlerweile Bestandteil der transmaskulinen Kultur. Sie sind, wie der britische Transautor Jay Prosser in seiner bahnbrechenden Autobiografie *Second Skins* von 1998 schrieb, eine Möglichkeit, den eigenen Körper zu gestalten.[7] Liam wünschte sich schon seit Jahren ein Tattoo. Er hatte Beth' Vater sehr nahegestanden, einem Farmer, der, nachdem er erfahren hatte, dass seine Enkelin nun sein Enkel war, nur kurz haderte und dann schlicht zu Beth sagte: »Du hast einen sehr guten Sohn. Er ist einfach gut.« Grandpa Bob war nach Liams Transition gestorben, und nun ließ sich Liam genau diese Worte – »He's just good« – auf die Innenseite seines rechten Oberarms tätowieren.

»Die Typen trainieren, sie lassen sich diese Tattoos stechen, sie arbeiten für diesen Bizeps«, sagte mir Liam. »Sie reißen sich den *Arsch* auf für diese OPs und Hormone. Sie erschaffen die Person, die sie ihrer Meinung nach schon immer waren, und sind stolz darauf.« Dafür gibt es einen Begriff, den Liam im Internet gefunden hat und der ihm sehr gefällt: »Self-Made Man«.

Der Ausdruck ist zu einer Art Meme geworden: Leute lassen sich T-Shirts mit ihm bedrucken (Liam hat eins) und ihn sich als Tattoo stechen. Der US-amerikanische Soziologe Henry Rubin verwendet ihn, um Transmänner zu beschreiben, wobei er ihn mit einem gewissen Doppelsinn versieht: Die Transition sei ein Akt des persönlichen Willens und der eigenen Kreativität, aber auch eine Angleichung der äußeren Hülle an das innere »wahre Ich«.[8] Wer »Self-Made« ist, wird durch sein wahres »Ich« definiert, nicht durch seine äußerlichen Merkmale. Bei den meisten Menschen decken sich Inneres und Äußeres, doch bei einigen eben nicht, und bei diesen Menschen kommen Inneres und Äußeres durch die Transition zusammen. Erst durch sie werden sie zu einem Ganzen. »Authentizität« ist zum Heiligen Gral der zeitgenössischen westlichen Psychologie geworden. Man entfernt sich vom reparierenden Ansatz – »Wir werden Sie heilen« – und vertritt stattdessen eine Haltung, die mehr dem Zeitgeist des frühen 21. Jahrhunderts entspricht: »Wir werden Sie bestätigen. Wir helfen Ihnen, Ihr bestes Selbst zu sein, Ihr wahrstes Ich.«

Als Rubin 2003 sein Buch *Self-Made Men* veröffentlichte, räumte er ein, dass die »Vorstellung eines wesenhaften Selbst derzeit nicht populär ist«. Er sei jedoch der Ansicht, dass »wir uns fragen müssen, was es heißt, wenn Individuen das Gefühl haben, sie hätten ein ›wahres Ich‹, selbst wenn wir akzeptieren würden, dass [Geschlechts-]Identitäten fiktionalisierte Konstrukte unserer kollektiven Vorstellungswelt sind«.[9] Doch der Identitätsdiskurs hat sich deutlich verändert, seit Rubin diese Worte geschrieben hat – eine Entwicklung, zu der die Transgender-Bewegung einen wichtigen Beitrag leistete. Die Soziologin Tey Meadow bringt die Situation in ihrem 2018 erschienenen Buch *Trans Kids* auf den Punkt: Gender wird mittlerweile als »fundamentaler, unveränderlicher Teil des psychischen Selbst« betrachtet und nicht länger als gesellschaftliches Konstrukt (wie im frühen Feminismus) oder als performativ und erlernt (wie es spätere Feministinnen, darunter Judith Butler, taten).[10] Innerhalb von nur 15 Jahren ist der Sozialkonstruktivismus (die Vorstellung, dass Identität kontextabhängig oder austauschbar ist) aus der Mode gekommen.

Die Forschung sucht nun nach einer biologischen Grundlage für die Transgender-Identität. Der führende Endokrinologe auf diesem Gebiet, der US-Amerikaner Stephen Rosenthal, veröffentlichte 2014 einen Überblick über die Forschung, in dem er Geschlechtsidentität als »komplexes Zusammenspiel biologischer, umweltbedingter und kultureller Faktoren« bezeichnete.[11] Als stärkste Kandidaten unter den biologischen Faktoren nannte er Hormonstörungen während der Schwangerschaft.

Den Drang, im Gehirn nach der Geschlechtsidentität zu suchen, vergleicht Meadow mit Forschungen zu einem angeblichen »Schwulen-Gen«, die Ende des 20. Jahrhunderts en vogue waren: »Wenn es eine biologische Grundlage für Homo- oder Transsexualität gibt, können Homosexuelle oder Transgender nichts anderes sein als das, was sie sind, und die Mehrheit ist gesellschaftlich und rechtlich dazu verpflichtet, sie zu schützen« – zumindest in einer liberalen Demokratie.[12] Doch genau das, was manche an der Möglichkeit, mittels Gentests Klarheit zu schaffen, begeistert, stößt bei anderen auf Skepsis oder sogar Angst: Zwar könnten so gewonnene Informationen Familien bei der Entscheidung über die Geschlechtsangleichung ihrer Kinder helfen, doch könnten sie auch angehende Eltern dazu verleiten, unerwünschte Föten abzutreiben, oder aber genutzt werden, um denjenigen, deren genetische Tests auf Transsexualtität negativ ausfallen, eine Angleichung zu untersagen.

Die Diskussion um Transgender-Identität in den USA des 21. Jahrhunderts hat also dazu geführt, dass sich die ewige Nature-Nuture-Debatte – die Frage, was wichtiger ist: unsere Anlagen oder unsere Sozialisation – verschoben hat. Die Frage lautet nun: Sind wir vom Schicksal dazu verurteilt, so zu leben, wie es unsere Gene und unsere Erziehung vorsehen, oder können wir dieses Erbe überwinden? Die Geschlechtsangleichung macht den Tanz sichtbar, durch den sich Identität entwickelt: zwischen der Art, wie sie durch unsere Beziehung zu anderen konstruiert wird (was wir von ihnen denken und was sie von uns denken), und der Art, wie wir unsere Identität selbst schaffen, sowie dem, was uns durch unsere Gene weitergegeben wird. Inwieweit können wir über unseren Körper und über unser Schicksal selbst bestimmen? Erschaffen wir uns selbst oder werden wir erschaffen?

In den USA herrschen aufgrund eines Gesundheitswesens, in dem der Konsument im Mittelpunkt steht, perfekte Laborbedingungen, um nach Antworten auf diese Fragen zu suchen: Im 21. Jahrhundert nehmen mehr und mehr Patient:innen ihre Gesundheitsfürsorge selbst in die Hand, wenn sie es sich leisten können. Bei Homosexuellen hat dies seit der Aids-Epidemie eine besondere Tradition. Damals übten Patient:innen und Aktivist:innen großen Druck auf Mediziner:innen und die Pharmaindustrie aus. Sie forderten, der Patient sollte im Mittelpunkt stehen. Die digitale Revolution im frühen 21. Jahrhundert tat dann ihr Übriges: Nun konnten Patient:innen online selbst recherchieren. »Die Eltern und die Kinder sind die treibende Kraft«, sagte mir Herb Schreier. »Sie sind den Medizinern weit voraus. *Sie* fordern *uns* heraus.«

—

Liam hatte den Termin für seine Brustoperation auf den frühestmöglichen Zeitpunkt nach seinem 18. Geburtstag gelegt. Nachdem er sich monatelang Websites, Bewertungen und Videoblogs auf YouTube angesehen hatte, entschied er sich für einen Spezialisten im drei Stunden entfernten Cleveland. Beth fuhr mit ihm zum Vorgespräch: Liam wurde geraten, aufgrund seines schmalen Körperbaus und seiner kleinen Brüste eine »periareoläre Mastektomie mit Tabaksbeutelnaht und Fettabsaugung der Brust« anstelle einer kompletten Mastektomie mit Doppelschnitt vornehmen zu lassen. Liam war froh über diese Empfehlung. Der doppelte Schnitt wäre vielleicht effektiver gewesen, um das gesamte Brustgewebe zu entfernen, hätte jedoch unansehnliche Narben unter den Brustwarzen zurückgelassen. Liams Arzt hatte auf YouTube ein Video von einer solchen Operation eingestellt.[13] Liam sah es sich mit einigem Unbehagen an, und auch ich zwang mich, es mir anzuschauen: Ein kreisförmiger Schnitt wird um die Brustwarze und den Warzenhof gesetzt, die abgehoben werden und an besagtem »Tabaksbeutelfaden« hängen, während das Brustgewebe abgesaugt wird, bevor die Haut anschließend wieder um die Brustwarze gelegt wird. Als ob sich eine rote Rosenknospe an der Stelle öffnen würde, wo die Brustwarze sein sollte.

Liam hatte große Angst vor der Operation und haderte mit dem Gedanken an die lange Genesungszeit. Doch er sah die Schmerzen als etwas, das er auf sich nehmen musste, um zu seinem wahren Selbst zu gelangen. Er kam aus einer anderen Kultur als ich; einer Welt geprägt von Fernsehserien wie *Nip/Tuck – Schönheit hat ihren Preis*, in der Schönheitsoperationen gang und gäbe sind, der Welt von *Twilight*, in der digital nachbearbeitete Körper ständig im Fluss sind. Tätowierungen und Piercings bestimmen die Hipster-Kultur von heute ähnlich, wie lange Haare die Hippie-Kultur vor vierzig Jahren definierten. Von kleineren Body Modifications ist es kein großer Schritt hin zu tiefgreifenden Veränderungen mittels einer Hormontherapie oder Operation.

Die Genitaloperation ist für Transfrauen seit über siebzig Jahren möglich, sogar noch länger, wenn man die Kastration von Eunuchen im Osmanischen Reich und Südostasien miteinschließt. Doch in Hinblick auf Transmänner befand sich die Medizin damals noch in einer frühen Phase, daher entschieden sich viele, auf eine derartige OP zu verzichten. Es gab zwei Möglichkeiten: die Metaidoioplastik, bei der die Klitoris mit Hilfe von Hormonen vergrößert und dann aus der Haut freigeschnitten wird, damit sie vom Körper als kleiner Phallus absteht; oder die Phalloplastik, bei der aus dem Unterarm oder Schenkel Haut und Gewebe entnommen werden, aus denen dann ein Penis geformt wird. In beiden Fällen kann die Harnröhre durch den Phallus geführt werden, und die Schamlippen werden zu einem Hodensack vernäht, in den Hodenprothesen eingefügt werden.

Mit diesen Operationen, erzählte mir Liam, habe er es nicht eilig. Er hoffte, dass die Medizin weiter Fortschritte gemacht haben werde, wenn er sich einmal dazu entschließe.

—

Nach meinem Besuch im Frühjahr 2014 wurde Liam dann sehr schnell erwachsen. Er wurde 18; er ging auf den Abschlussball seiner Highschool: Er trug einen silberfarbenen Smoking, und seine besten Freundinnen waren in extravagante Organzakleider gehüllt; er machte seinen Abschluss als Zweitbester seines Jahrgangs; er hatte seine Brust-OP, zog zu Hause aus und nahm am Summer-School-Programm der University of Michigan teil, an der er im September 2014 auch sein Studium aufnahm; er ging mit Mädchen aus und begann mit den Testosteroninjektionen, die ihm in der Campus-Klinik, die auch geschlechtsangleichende Maßnahmen anbot, verabreicht wurden.

Den US-amerikanischen Unabhängigkeitstag am 4. Juli feierte Liam, indem er erstmals ein Foto mit nacktem Oberkörper twitterte. »Happy Independence Day!«, schrieb er voller Freude über seine eigene Unabhängigkeit. »Es heißt, man solle nie etwas posten, was man später bedauern könnte, aber ganz ehrlich, ich würde es bedauern, wenn ich das NICHT hochladen würde: Zum ersten Mal habe ich Sonne auf meiner Brust gespürt. Drei Wochen und vier Tage nach meiner OP und seit zwei Tagen mit Testosteron. Das ist alles immer noch kaum zu glauben! [...] Danke, Moms, für alles, was ihr getan habt; ohne euch wäre ich nicht hier.«[14]

Auf dem Foto, das Beth in einem Park in der Nähe ihres Hauses aufgenommen hat, trägt Liam Cargo-Shorts, tiefhängend natürlich, damit der Bund seiner Unterhose von American Eagle zu sehen ist. Seine Brust ist jungenhaft, doch seine Hüften sind noch rund – das Testosteron wird das bald ändern –, und er hat den ernsthaften, selbstbewussten Ausdruck, den jeder männliche Teenager hat, der herausfinden muss, was er mit seinem neuen, erwachsenen Körper anfangen soll.

»Ich bin glücklich«, steht neben dem Foto, das ihn mit 18 und nacktem Oberkörper zeigt. »Auch wenn ich angespannt bin, bin ich glücklich.«[15]

SEAN UND CHARLOTTE

SEAN: Mitglied von Riot Youth, schließt erst die Highschool in Ann Arbor ab und nimmt anschließend ein Studium in Massachusetts auf, noch keine zwanzig. Pronomen: *they*.

CHARLOTTE: ehemaliges Mitglied von Riot Youth, Seans Partnerin, Aktivistin und Teilzeit-Studentin, Ann Arbor, Anfang zwanzig. Pronomen: sie.

AUGUSTINE: kommt nach Charlotte mit Sean zusammen, arbeitet in einer Bäckerei, Ann Arbor, Anfang zwanzig. Pronomen: *they*.

ELIZABETH: Seans Mutter, Universitätsprofessorin, Ann Arbor, Anfang fünfzig. Pronomen: sie.

Jedes Jahr veranstaltete Riot Youth einen »Queer Prom«, und ich legte meinen Besuch im Frühjahr 2014 in Michigan so, dass ich dabei sein konnte. Der Ball hatte in jenem Jahr das Motto »80ies vs. 90ies« und fand in einem Veranstaltungsraum mitten in Ann Arbor statt, den man zur Diskothek umfunktioniert hatte. Gegen 17 Uhr trafen die ersten Jugendlichen ein – manche wirkten, als hätten sie kaum die Pubertät hinter sich – und sammelten sich unter einem Schild, auf dem die Regeln aufgeführt waren: »Der Queer Prom ist für LGBTQQA-Jugendliche, weil die regulären Abschlussbälle an Schulen nicht immer sicher und einladend sind.« Keine Drogen, keine Nacktheit, kein Anfassen ohne gegenseitiges Einverständnis, kein Glotzen: »Wir starren die anderen nicht an, zeigen nicht auf sie und gaffen nicht.« Und natürlich: »Wir respektieren die Namen und Pronomen, mit denen die anderen angesprochen werden möchten. Bei Unklarheiten: einfach *fragen*.«

Die achtziger Jahre waren offenbar als Neon-Gothic-Ära und die neunziger als Hochzeit des Flanellhemden-Grunge in Erinnerung geblieben: Die achtziger Jahre waren perfekt für schwule Jungs und Emos, die neunziger für die queeren Jugendlichen. Eigentlich unterschied sich der Ball kaum von anderen Teenagerpartys, abgesehen davon, dass ein paar Mädchen mit kahlgeschorenen Schädeln und Rattenschwänzen andere Mädchen küssten.

Liam war auch da, in Chinos und Karohemd. Er sagte mir, er stelle *Boy Meets World – Das Leben und ich* nach, eine legendäre Sitcom aus den neunziger Jahren, aber er sah so aus wie immer. Er tanzte nicht und ging schon früh. Die Bezeichnung »queer« sei ihm zunehmend unangenehm, erklärte er mir. Sie habe Riot Youth anscheinend »komplett vereinnahmt. Wenn sie hier über ›straighte‹ Leute reden, geht es meistens um *andere*, um Leute, die entweder homophob oder ›Verbündete‹ sind. Und ich denke dann: ›Hey! Und was ist mit mir? Ich sitze hier. Ich *bin* straight!‹«

—

Der mit Abstand beliebteste Song beim Ball war die Titelmelodie aus dem Disneyfilm *Die Eiskönigin*. Wenn sie lief, bildeten die Jugendlichen ekstatische Kreise, warfen die Arme in die Luft und sangen lauthals mit: »Let it go! Let it GOOOOOOOOO!« In einem besonders wilden Kreis war ein Paar, das im Mittelpunkt der Riot-Youth-Gemeinschaft stand: Sean und Charlotte.

Sean, gerade 18, zierlich und mit einem weiblichen Körperbau, sah aus wie eine Manga-Figur: Wanderstiefel und superkurze abgeschnittene Jeans, dazu übergroße Brillengläser im Nerd-Look unter ähnlich übertriebenen Stirnfransen, cartoonartigen Haarsträhnen, auf denen Sean andauernd herumkaute. Charlotte, zwei Jahre älter, trug ihre langen, rotbraun gefärbten Haare wie die LGBT-Marvel-Heldin Valkyrie in zwei geflochtenen Zöpfen, die unter ihrem Vintage-Filzhut, ihrem Markenzeichen, hervorlugten.

Charlotte überragte Sean deutlich. Gegen Ende des Abends zog sie Sean für einen ausgedehnten Zungenkuss zu sich heran, woraufhin die Jugendlichen in ihrem Kreis in ein lautes amerikanisches Jubeln ausbrachen. Als wir wenig später über diesen Moment sprachen, rollte Sean hinter seinen riesigen Brillengläsern theatralisch mit den Augen: »Straight Allies! Die können mich mal. Manchmal habe ich das Gefühl, dass wir als queere Menschen unseren eigenen Raum brauchen.«

Einige Stunden zuvor hatte mich Sean bei unserem Gespräch in der Neutral Zone – dem Jugendzentrum, in dem Riot Youth beheimatet war – über die Begrifflichkeiten und die Klassifizierung der sexuellen Orientierung aufgeklärt und auf den neusten Stand gebracht: »Ich bin pansexuell, aber homoromantisch. Das bedeutet, dass ich keine Probleme habe, Sex mit Menschen egal welchen Geschlechts zu haben, aber ich gehe nur Beziehungen mit Frauen oder genderqueeren Personen ein. Ich bin selbst genderqueer, was heißt, dass ich als Pronomen ›they‹ und ›their‹ verwende.«

Sean hatte eine liebe und vorsichtige Art und eine fast vornehme Höflichkeit, die nicht so recht zur Rolle der Chefideolog:in von

Riot Youth zu passen schien. Seans Mutter Elizabeth war eine feministische Philosophin, die ihre Tochter nach dem Grundsatz erzogen hatte, dass Gender ein gesellschaftliches Konstrukt des Patriarchats sei, das mit seinen vorgeschriebenen Rollenbildern Frauen unterjocht halten sollte. Doch während sich Elizabeth' Generation noch vorgenommen hatte, dieses »Kastensystem« durch die Ermächtigung der Frauen zu Fall zu bringen, hatte sich Sean einem neuen revolutionären Projekt verschrieben: »Noch einmal ganz neu anzufangen«, wie es Sean mir gegenüber formulierte. »Wenn die binäre Geschlechterordnung ›Mann‹ und ›Frau‹ lautet, dann brechen wir daraus aus. Wir kümmern uns nicht um Gender als Bestandteil der gesellschaftlichen Ordnung. Meiner Meinung nach ist sie dämlich und sehr gewalttätig. Warum sollte ich daran teilhaben wollen?«

Der Raum von Riot Youth war mit bunten Sitzsäcken ausgestattet und mit jeder Menge Kunstwerken dekoriert. Im Untergeschoss gab es Gemeinschaftstische, Computerarbeitsplätze, ein Tonstudio und den höhlenartigen Raum, in dem die Party stattfinden sollte. Bei unserem Gespräch hatte Sean immer auch ein Auge auf das Deko-Team: Das Motto »80er vs. 90er« schien Unmengen an Glitzer zu verlangen. Als ich Sean nach dem Geschlecht der anderen Teenager fragte, erwiderte *they* übertrieben geduldig: »Jeder Mensch hat sein eigenes Geschlecht. Es gibt so viele Geschlechter auf der Welt wie Menschen auf diesem Planeten, also etwa sieben Milliarden, weil keine zwei Menschen Männlichkeit oder Weiblichkeit auf dieselbe Art erfahren. Wir sind alle unser eigenes Selbst.« Dennoch gebe es subkulturelle Zeichen, wie mir Sean erklärte: »Die Art und Weise, wie Menschen gehen oder sich geben; wie wir anderen auf freundliche Art die Zunge herausstrecken; die Art, wie sich manche einen Teil der Haare abrasieren oder einen Rattenschwanz tragen; wie wir uns verhalten, lächeln und reden.«

Und natürlich spielte auch die Politik eine Rolle: Sean hatte sich für »queer« entschieden, »weil das ein sehr wütender Begriff ist. Er ist radikal.« In einer Zeit, in der viele Schwule heiraten und Kinder haben wollten, bezog Sean eine andere Position: »Ich habe das Gefühl, dass wir *nicht* wie alle anderen sind. Ich *möchte* mich nicht assimilieren und Teil der heterosexuellen Kultur werden.«

Ich fragte mich, ob die Bezeichnung »queer« nicht einfach nur – zumindest in Teilen – eine lexikalische Veränderung war. »Queer« wurde deutlich seltener als Beleidigung verwendet; in England und sogar im liberalen Ann Arbor war »Du bist so schwul« immer noch eine gängige Beschimpfung auf dem Schulhof, die man auf jeden anwenden konnte, der einem nicht gefiel. Für Seans Generation war »queer« weniger negativ belastet.

Seans Freundin Indigo saß mit uns an jenem Nachmittag zusammen bei Glitzer-Klebstoff und Tonkarton. Sie erklärte mir »queer« durch einen Vergleich mit der Generation ihrer Mutter. Schon als kleines Mädchen war sie von ihrer Mutter – einer bisexuellen Feministin – zum Michigan Womyn's Music Festival mitgenommen worden. Indigo ging nun jedes Jahr hin, obwohl sie Probleme damit hatte, dass Transfrauen vom Festival ausgeschlossen waren. »Es gibt eine enorme Kluft zwischen den Generationen«, sagte mir Indigo, was nicht nur daran liege, dass die älteren Frauen beim Festival »Körperbemalung und akustische Gitarren« mochten, während die jüngeren »Moshpits und Kerzenkreise« bevorzugten: »Wir sind nicht so festgelegt. Kümmern uns weniger um Kategorien. Deshalb sind wir queer.«

Die queere Jugendkultur oszilliert zwischen zwei scheinbar widersprüchlichen Positionen, die mir Indigo und Sean darlegten: Einerseits will man sich nicht auf Kategorien festlegen lassen, andererseits wächst aber die Zahl der mit einem eigenen Namen versehenen Identitäten immer weiter. Doch nachdem ich einige Zeit mit diesen Jugendlichen verbracht hatte, erkannte ich, dass der Drang zur Kategorisierung und der Wunsch, sich nicht festlegen zu lassen, nicht so gegensätzlich sind, wie es auf den ersten Blick scheinen mag: Es ist ihr Versuch, die binäre Geschlechterordnung, die sie geerbt haben, zu einem Spektrum zu erweitern und mit Hilfe der Kategorien einen Platz für sich zu markieren, der ihrer Ansicht nach am besten zu ihrem Empfinden passt. Und die Entscheidung, sich von dem ihnen bei der Geburt zugeschriebenen männlichen oder weiblichen Geschlecht (und ihrer vermeintlichen Heterosexualität) zu lösen, verbindet sie. Oder wie Sean mir den Unterschied zwischen »queer« und »gay« erklärte: »›Queer‹ ist unsere Kultur. Das sind wir. ›Gay‹ beschreibt einfach die Art von Sex, die wir haben. Was wir tun.«

In meiner Generation war »Homosexualität« das, was wir taten, und »gay« war das, was wir waren. Ich hatte den Eindruck, dass für Seans genderqueere Generation »they« das neue »gay« war. Für mich ging es bei meinem Coming-out als »gay« in den achtziger Jahren nicht nur darum, meine sexuelle Orientierung zu akzeptieren und mir selbst treu zu bleiben: Es ging auch darum, mich mit einer Subkultur – politisch und gesellschaftlich – zu identifizieren und mich mit einem gewissen Trotz vom Mainstream abzusetzen. Vielleicht tat Sean das auch mit dem männlichen Vornamen und den grammatikalisch verwirrenden Pronomen?

»Als ich mich mit 15 als lesbisch outete, waren meine Eltern total gechillt«, erzählte mir Sean. »Aber als ich mich im nächsten Jahr als genderqueer outete, sagten sie: ›Das können wir auf keinen Fall akzeptieren.‹«

Sean gehörte als Kind einer bekannten Professorin und eines Arztes der intellektuellen Oberschicht von Ann Arbor an. Als ihre Tochter ihnen einen Brief schickte, in dem sie ihnen ihre Namens- und Geschlechtsänderung mitteilte, beriefen die Eltern eine Krisensitzung innerhalb der Familie ein: »Sie sagten: ›Du bist Jüdin, und Sean ist ein irischer Name! Du bist eine Frau, und Sean ist ein männlicher Name! Unmöglich!‹« Mittlerweile war ein Jahr vergangen: »Sie nennen mich immer noch bei meinem gesetzlichen Namen und verwenden ›sie‹. Sie denken, es ist einfach zu schwer, das zu ändern. Und ich sage: ›Wenn ihr es für zwei Monate ausprobiert, ist es schwer, aber danach habt ihr es verstanden, okay?‹«

—

»Ich war ein Nerd und ein Idiot, besessen von guten Noten«, sagte mir Sean. »In meinem ersten Jahr an der Community war ich sozial total isoliert« – die Community Highschool ist eine renommierte öffentliche Magnetschule in Ann Arbor. Aber dann wurde ein cooler Teenager auf sie aufmerksam. Der Teenager war als Max bekannt, und alle verwendeten für ihn das Pronomen »er«, auch die Lehrer:innen. Er war Rockmusiker, der sich männlich kleidete und frisierte, obwohl er noch nicht damit begonnen hatte, Hormone zu nehmen.

»Du bist ein Sasquatch!«, sagte Max zu Sean. Das Sasquatch ist ein Wesen aus der Mythologie der amerikanischen Ureinwohner, halb Mensch, halb Tier, das auch als Bigfoot bekannt ist. Es klang nach etwas noch nicht fertig Geformtem und war Max' Bezeichnung für »eine queere Person, die sich noch nicht geoutet hat«, wie mir Sean später mit einem Lachen erzählte: »Max sagte, ich hätte das Potenzial.« Er lud seinen neuen Freund zur Queer-Straight Alliance (QSA) der Schule ein. Wie andere progressive Schulen hatte die Community Highschool den Namen der von Schüler:innen geführten LGBT-Organisation von Gay-Straight Alliance (oder GSA) in Queer-Straight Alliance geändert. Die GSAs existieren bereits seit den achtziger Jahren.[16] Unter Aufsicht der Vertrauenslehrer:innen sollen sie homophobe Schikanen verhindern. Inzwischen gibt es Tausende derartige Organisationen an Schulen im ganzen Land. Sie bieten queeren Jugendlichen einen eigenen Raum und auch die Möglichkeit zum Coming-out: Man kann zunächst, ohne Angst vor Stigmatisierung, als »heterosexueller Sympathisant« teilnehmen.

Bei der ersten QSA-Party, die Sean besuchte, eine Übernachtungsparty im Keller der Familie eines älteren Mädchens, wurde »Zehn Finger« gespielt, eines dieser Teenagerspielchen, bei denen man aufregende und unangenehme Geständnisse ablegen muss. Als die Frage lautete: »Hast du schon einmal Sex gehabt?«, hob Sean einen Finger, ohne es zu merken. »Alle sahen mich an, so nach dem

Motto: ›Uuuh, das Sasquatch!‹« Sean erzählte von einem Vorfall mit einem Mädchen vor einiger Zeit und erklärte sich für bi.

»Ach komm«, sagte eines der älteren Mädchen. »Das kennen wir, Lesben, die sagen, sie seien bi, weil es ihnen zu peinlich ist, es [ihre Homosexualität] einzugestehen.«

Die anderen stimmten zu. »Da wurde ich echt sauer«, erzählte Sean, »weil ich wusste, dass ich mich auch zu Männern hingezogen fühle.« Es folgte »ein kurzer Moment der Verwirrung« – tatsächlich waren es gute sechs Monate –, in denen Sean sich mit der Frage quälte, ob *they* wirklich bi war oder es nur sagte, um in dieser neuen Gruppe cooler Leute anerkannt zu werden und sich mit ihnen anzufreunden. »Am Ende wog ich die Vor- und Nachteile ab, wenn ich mich als ›Straight-Ally‹, als bi oder als lesbisch outete, und dachte: ›Wisst ihr was, ich bin einfach queer.‹ Und das sagte ich dann. Und das wurde ich dann auch.«

Dann begann Sean, sich mit Charlotte zu treffen, die sich gerade als trans geoutet hatte. »Charlotte war immer die Erste, die man hörte und sah«, erinnerte sich Sean. »*Dröhnende* Stimme. Sie *überragte* alle – sie war damals schon über einen Meter achtzig – und hatte diese langen dunklen Haare. Man konnte sie nicht übersehen. Charlotte sagte, was immer ihr gerade einfiel. Ich konnte manchmal nicht glauben, was da aus ihrem Mund kam. ›Nutz mal deinen Edit-Button‹, sagte ich immer. Das sorgte immer wieder für Spannungen in unserer Beziehung.« Sean war aber auch fasziniert: »Sie war so radikal.«

Eines Tages waren sie bei Max zu Hause, und Sean und Charlotte waren genervt, dass er »immer wieder dieselben fünf Noten auf dem Klavier spielte, wieder und wieder. Wir fingen an zu kuscheln, fast aus Langeweile.« Innerhalb von einer Woche war Sean fast nur noch bei Charlotte daheim, und die beiden wurden ein Paar. Es war Seans erste Beziehung.

—

Charlotte wurde bei der Geburt ein männliches Geschlecht zugewiesen. Das erste Mal, dass sie das Wort »transsexuell« hörte, war im National Public Radio, als sie ungefähr zehn war. »Schrecklich, diese Leute«, hatte ihre Mutter damals gesagt, aber Charlotte dachte: »Wow! Ich bin nicht allein!« Das war 2005, und Charlotte war damals schon im Internet unterwegs. Sie fand Laura's Playground, eine Website mit Informationen rund um das Thema Transgender. Über die Chatfunktion freundete sie sich mit einem Mädchen in Australien an. Dann entschied sich Charlotte bei *Guild Wars*, einem Massively-Multiplayer-Onlinespiel, aus einer Laune heraus für einen weiblichen Avatar: eine feuerspeiende Zauberin. Sie tat sich mit einer Kriegerkönigin zusammen. Sie beschützten sich gegenseitig im Spiel und chatteten stundenlang privat miteinander. Die Kriegerkönigin erwies sich als eine Frau aus Deutschland, die bald erblinden würde – und Charlotte vertraute ihr an, dass sie bei der Geburt für männlich erklärt worden war, sich aber als Mädchen fühlte. Es war das erste Mal, dass sie es jemandem sagte. Mit 16 – im Herbst 2010 – entschied sie, sich zu outen. Sie ging in Frauenkleidern zur Schule und nannte ihren Lehrer:innen ihren neuen Namen und ihre Pronomen.

»So war das«, sagte mir Charlotte bei unserem Treffen vor dem Queer Prom, bei dem wir in einem Café in Ann Arbor saßen und Tee aus übergroßen Henkelbechern tranken. Der Song aus *Die Eiskönigin* – »Let it Go« (»Lass jetzt los«) – war damals DIE Teenie-Hymne: »Das Coming-out war, oh mein Gott, einfach wie … *loszulassen*«, sagte Charlotte. »Ich war mit so vielen anderen Dingen in meinem Leben beschäftigt, mit meiner kaputten Familie – ich musste das Leben meines kleinen Bruders in Ordnung bringen.« Charlotte hatte genug Geschichten darüber gehört, wie schwer ein Coming-out sein konnte, aber für sie »war das einfach etwas, das anstand und, ganz ehrlich, das mein Leben leichter machte«.

Wie Sean kam Charlotte aus einer jüdischen Familie, allerdings mit einem ganz anderen Hintergrund. Ihre Eltern hatten sich getrennt, als sie noch sehr klein war. Ihren Vater sah sie nur selten, und sie und ihr Bruder lebten bei ihrer schwierigen Mutter und dem Stiefvater. Charlotte ging mit 16 von zu Hause weg und zog zu einer Verwandten. Über die Krankenversicherung ihres Vaters erhielt sie eine Hormonbehandlung, weil sie behauptete, sie hätte eine endokrine Störung. Drei Jahre später hatte sie immer noch einen Adamsapfel und Gesichtsbehaarung, aber mittlerweile auch Kurven (»Meine Hüften schmerzen furchtbar, die Knochen wachsen später, als sie es normalerweise tun«) und Brüste. »Ich bin da nicht so: ›Mein Busen! Ich liebe meinen Busen!‹ Es ist eher so, dass ich mich mit Hormonen normaler fühle.«

Trotzdem blieb eine Kluft zwischen Charlottes Empfinden und ihrem Aussehen. Sie beschrieb die Dysphorie der Pubertät – als die Körperhaare sprossen und ihre Stimme immer tiefer wurde – mit der Eloquenz von jemandem, der diese Kluft seit Langem mit Wörtern überbrückt. »Als Kind wusste ich *genau*, wer ich war«, sagte sie mir. »Aber ich hatte Angst, mich zu outen. Also war es so, als ob in meinem Kopf eine andere Person leben würde. Mein Denken und mein Handeln verteilten sich auf verschiedene Personen. Mein Körper folgte nicht dem, was mein Gehirn wollte.« Als sich ihr Körper vom androgynen Kind zum Mann entwickelte, »war das, als ob man in einem Raumschiff sitzt und die Steuerungstasten drückt, um etwas zu tun, aber es gehorcht nicht. Die Person in meinem Kopf wurde reifer, hatte ihre eigene Persönlichkeit, während sich die Person in meinem Körper in eine ganz andere Richtung entwickelte. Es war emotional traumatisierend, in meinem Körper zu sein, weil ich nicht aussehen konnte wie die Person in meinem Kopf.«

—

Charlotte nutzte Laura's Playground und *Guild Wars*, um ihre Geschlechtsidentität zu verstehen; Seans »Onlinecoach« war die Blogging-Plattform Tumblr, die bei alternativen Jugendlichen besonders beliebt ist und als Experimentierfeld der queeren Jugendkultur gilt: Bei Tumblr können Jugendliche einfach zu gestaltende Stilrichtungen und Identitäten in Wort und Bild ausprobieren, bevor sie sie in die Realität umsetzen.

Der neue Vorname kam Sean »plötzlich eines Abends. Er fühlte sich einfach richtig an.« *They* erzählte Charlotte davon, die »sofort den neuen Namen gebrauchte. Ich war so beeindruckt.« Sean verwendete nun den männlichen Vornamen und probierte einige Monate lang »er« und »sie« als Pronomen online und bei Riot Youth aus und schrieb dann einen Brief an die Eltern.

»Ich hasste meinen Körper«, sagte mir Sean. »Ich *hasste* ihn wirklich. Und jetzt hatte ich ein Wort für meine Empfindungen: ›Dysphorie‹.« Sean versuchte, dieses Gefühl in den Griff zu bekommen, indem *they* sich die Brüste mit elastischen Binden bandagierte, »was unglaublich unbequem und auch gefährlich war«. Das Gefühl der Dysphorie kam und ging, und an Tagen, an denen es ausblieb, bandagierte Sean sich nicht, etwa am Abend des Queer Proms.

Als wir uns einige Jahre später noch einmal unterhielten, brachte Sean die Dysphorie und die Bandagen direkt mit einer Depression in Verbindung, ausgelöst von dem Gefühl, dem weiblichen Körper während der Pubertät »machtlos« ausgeliefert zu sein. Sean sah einen Zusammenhang mit wiederholten Erlebnissen sexueller Belästigung in Ann Arbor: Aufgrund des Aussehens wurde Sean ungewöhnlich häufig von lüsternen älteren Männern belästigt. Sean war jedoch wichtig, dass ich darin eine persönliche Erfahrung sah und dass das »Patriarchat« keineswegs die Hauptursache für die Dysphorie von Transmenschen war.

Auf der Highschool entwickelte sich bei Sean das Gefühl, »transnichtbinär« zu sein. Sean war mit Charlotte zusammen und wurde Teil einer Subkultur, die sowohl die Authentizität von Transmenschen schätzte als auch die Kämpfe respektierte, die sie ausfechten mussten. Doch obwohl sich Sean als Frau nicht wohlfühlte, empfand *they* sich auch nicht so sehr als Mann, um sich einer medizinischen Angleichung zu unterziehen. Während die Vorstellungsrunden zu Beginn jedes Riot-Youth-Treffens die Möglichkeiten der Pronomen »they/them/their« aufzeigten, vermittelte Tumblr Sean die Kategorie genderqueer und eine Identität.[17] Mit dieser neuen Identität konnte Sean die Hülle des schüchternen Mädchens abstreifen. *They* schloss sich GayRilla an, einer Theatergruppe der Riot Youth, die an Schulen das Bewusstsein für Transmenschen wecken wollte und Jugendliche beriet. Außerdem leitete Sean das ambitionierteste Projekt der Gruppe: eine Umfrage zur Situation von Transmenschen an öffentlichen Schulen im Südosten von Michigan.

—

Am Montag nach dem Queer Prom begleitete ich Sean im Rahmen der Umfrage zu einem Treffen mit der Gay-Straight Alliance an der Detroit School of Arts. Detroit liegt nur 65 Kilometer von Ann Arbor entfernt, aber die Jugendlichen dort kamen aus einem ganz anderen Milieu als ihre weißen Gäste aus der Universitätsstadt. Die mehrheitlich afroamerikanischen Jugendlichen aus Detroit verwendeten eine andere Sprache – sie lehnten das Wort »queer« ab, das für sie eine eitle Spielerei von Vorstadtkindern war – und hatten kaum Erfahrung darin, über ihre sexuelle Orientierung und Geschlechtsidentität zu reden. Bei dem Treffen kam es zum dramatischen Coming-out eines Mädchens, woraufhin es eine Weile hauptsächlich darum ging, das Mädchen zu bestärken und ihm Möglichkeiten im Umgang mit Lehrer:innen und Eltern aufzuzeigen. Sean meisterte die Situation souverän.

Nach dem Treffen blieb ich noch in Detroit und besuchte das Ruth Ellis Center, eine Anlaufstelle für obdachlose LGBT-Jugendliche. Wie die Neutral Zone, die Heimat der Riot Youth in Ann Arbor, war das Jugendzentrum in einem umgewandelten ehemaligen Industriegebäude untergebracht. Doch das Umfeld war ein völlig anderes. Das Zentrum lag in der postapokalyptischen Industriebrache von Highland Park neben dem einst bedeutenden, inzwischen aber verfallenen Ford-Werk. Nicht weit entfernt befindet sich der Palmer Park, die wichtigste Cruising Area von Detroit, wo sich schwarze Homosexuelle und Transmenschen treffen. Zwischen 2011 und 2018 waren in Detroit mindestens neun Trans- oder gendernonkonforme Personen ermordet worden. Sie alle wurden zuletzt im Palmer Park gesehen, wo viele der jungen Leute, die das Ruth Ellis Center besuchen, ihren Lebensunterhalt mit Sexarbeit verdienen – und um die Hormone zu finanzieren, die sie auf der Straße kaufen.

Solche Statistiken lassen sich schwer überprüfen, doch Studien gehen davon aus, dass im ersten Jahrzehnt des 21. Jahrhunderts zwischen zwanzig und vierzig Prozent der obdachlosen Jugendlichen in den USA LGBT waren.[18] Bei einer umfangreichen Erhebung im Jahr 2015 gab ein Drittel der befragten Transmenschen an, sie seien in ihrem Leben schon einmal obdachlos gewesen.[19] Dieses traurige Ergebnis hing natürlich mit einer anderen Statistik zusammen: Fünfzig Prozent hatten in ihrer Familie die eine oder andere Form von Ablehnung erfahren.

Montagabends konnte man im Ruth Ellis Center einfach so vorbeikommen, und während die meisten Besucher:innen im großen Gemeinschaftsraum bei einer Voguing Dance Session mitmachten, nahm ich an einer Diskussionsrunde mit Trans-Jugendlichen im Besprechungszimmer teil. Nachdem ich mich vorgestellt und ein bisschen über meine Recherchen in Ann Arbor berichtet hatte, sahen mich die sechs anderen Teilnehmer:innen an, als ob ich von einem anderen Stern käme. »Das ist ein anderes Land«, sagte die unerschütterliche Emani Love, eine 21-jährige Autodidaktin, die das Gespräch leitete. »Haben Sie Ihren Reisepass dabei?« Alle lachten.

Jay war der einzige weiße Jugendliche (und der einzige Transjunge) im Raum. Er war von seiner Pflegefamilie in North Carolina weggelaufen. Er war, was ziemlich ungewöhnlich war, in einem gut organisierten Hormonersatzprogramm untergekommen, das mit staatlichen Fördermitteln finanziert wurde, bei deren Beantragung ihm das Ruth Ellis Center geholfen hatte. Doch der nächste Schritt, der erforderlich war, wenn er eigenes Geld verdienen wollte, war nicht so einfach: Allein die offizielle Namensänderung und die Änderung des eingetragenen Geschlechts kosteten 400 Dollar. Er lebte von Sozialhilfe und gelegentlicher Sexarbeit, die er im Internet anbot.

»Wenn jemand wie ich eine OP will, dann bekomme ich sie einfach nicht«, sagte Emani Love. Das hatte dazu geführt, dass sie sich bis zu einem gewissen Grad akzeptierte: »Mein Körper ist, wie er ist.«

Eine Jugendliche, die sich als trans bezeichnete, für die Straße jedoch männlich gekleidet war, stimmte zu. »Wir arbeiten mit dem, was wir haben. *Aber wir wissen, wer wir sind.*«

Der letzte Satz war von grundlegender Bedeutung. Selbst wenn sie anders als Liam nicht die Unterstützung ihrer Familie genossen oder anders als Charlotte keinen Zugang zu Medikamenten bekamen oder anders als Sean nicht die Freiheit hatten, sich auszuprobieren, hatten sie eine sehr klare Vorstellung davon, was Geschlecht bedeutete: Sie konnten sich so gut wie die Jugendlichen in Ann Arbor in die Geschlechts- und Sexualitätsmatrix einordnen, auch wenn sie manchmal andere Begriffe verwendeten.

Wie viele Jugendliche bei Riot Youth wusste Emani Love seit ihrer Kindheit über sich Bescheid. Wie Liam, Charlotte und Sean hatte sie anfangs mit ihren Eltern zu kämpfen. Ihre alleinerziehende Mutter, eine Amputierte mit einer Behindertenrente, akzeptierte sie aber schließlich. Doch anders als die Jugendlichen in Ann Arbor hatte sie keine Unterstützung, als sie während einer durch die Pubertät ausgelösten Geschlechtsdysphorie in eine Krise geriet. In ihrem Fall war der Auslöser ihre tiefer werdende Stimme, weil sie deshalb nicht mehr mit den Mädchen im Kirchenchor singen konnte.

Sie brach die Schule ab und durchlebte »vier verlorene Jahre«, bis sie ins Ruth Ellis Center fand.

—

Bei Sean war das Familienleben auch schon vor Seans Outing per Brief nicht einfach gewesen. Seans Vater und der jüngere Bruder gerieten ständig aneinander. »In unserem Haus wurde so viel herumgebrüllt«, erzählte mir Sean, »und auch ich legte mich mit meinem Vater an, weil ich mehr Autonomie wollte. Wir stritten uns auch über Politik. Er dachte, Kapitalismus wäre das beste System auf der Welt, kein anderes System würde etwas bringen.«

Nach der Änderung des Namens und der Geschlechtsbezeichnung verschlechterte sich das Verhältnis zwischen den Familienmitgliedern weiter. Kurz nach Seans 18. Geburtstag gab es Streit, weil Sean spät nach Hause gekommen war. Sean stürmte aus dem Haus und zog bei Charlotte ein, die kurz zuvor zusammen mit einer Freundin eine Wohnung in einem Wohnblock am Stadtrand gefunden hatte, per Bus gut erreichbar von der Community School, wo Sean die Abschlussklasse besuchte.

Die beiden lebten noch dort, als ich sie einige Monate später zum ersten Mal traf, am Wochenende des Queer-Balls. Sean hatte gerade ein Stipendium für ein College in Massachusetts erhalten, und die Eltern drängten ihr Kind, es anzunehmen, unter anderem auch deshalb, weil ihnen Charlottes Einfluss missfiel und sie wollten, dass Sean mehr von der Welt sah. Aber Sean war entschlossen, in Ann Arbor zu bleiben und Fotografie am lokalen Community College zu studieren.

Bevor *they* einen neuen Vornamen und eine neue Identität angenommen hatte, war Sean »sehr deprimiert« gewesen: »Es gab viele Monate am Stück, in denen ich überhaupt nicht schlief.« Sean zu werden und das weibliche Geschlecht abzustreifen, war »eine große Erleichterung«: »All die Erwartungen, die an meinen weiblichen Namen gerichtet wurden, verschwanden einfach, [Erwartungen] hinsichtlich meiner Weiblichkeit, meiner schulischen Leistungen. Ich war endlich ich selbst. Ich konnte mich selbst erschaffen.«

—

»Wir waren sehr beeindruckt, wie Sean sich sozial zu öffnen schien, nachdem sie sich als homosexuell geoutet hatte und zu Riot Youth ging«, sagte mir Seans Mutter Elizabeth, als wir uns eines Nachmittags in ihrem Büro auf dem Campus der University of Michigan trafen. »Das ging sogar so weit, dass sie sich die Haare kurz schnitt und in einem auffallenden Ton färbte, fast so, als ob sie sich zwingen wollte, extrovertiert zu sein.« Elizabeth schätzte es auch, dass Sean bei Riot Youth Führungsrollen übernahm. »Aber was uns schockierte, war ihr Coming-out als trans« ungefähr ein Jahr später. »Das kam völlig unerwartet. Für uns ergab das keinen Sinn.«

Elizabeth war eine renommierte feministische Professorin und entsprach äußerlich ganz dem Klischee: praktischer Haarschnitt mit Pony und Oma-Brille; ein schlichter Pullover und unmodische Hosen mit Bügelfalten. Sie wollte klarstellen, dass sie der Transgender-Identität keineswegs kritisch gegenüberstand: »Es ist so reaktionär, Trans-Identität aus Prinzip abzulehnen. Die Leute müssen sich selbst finden.« Aber ihr eigenes Kind »verwirrte [sie] zutiefst«: »Unter dem Aspekt, dass es bei Seans Identität um eine Ablehnung von Geschlechternormen und um die Identifikation mit einer Gemeinschaft geht, die ebenfalls das ganze System der Kategorisierung ablehnt, verstehe ich es. Aber ich glaube, was Sean mit ›trans‹ oder ›queer‹ meint, geht darüber hinaus, und ich weiß einfach nicht, wie ich das verstehen soll.«

Elizabeth erinnerte sich, dass Seans erstes Coming-out – als Lesbe – spielerisch über die Bühne ging: »Sie hat sich tatsächlich hinter dem Kleiderschrank in unserem Schlafzimmer versteckt und sprang dann hervor! Das war lustig, weil sie sich ja vor uns nicht verstecken musste. ›Alles klar! Okay! Gut zu wissen!‹« Tatsächlich sei das Coming-out angesichts der Gefahren für heterosexuelle Teenager für sie mit einer gewissen Erleichterung verbunden gewesen. »Bei genauerem Nachdenken ist eine lesbische Identität viel sicherer. Keine [ungewollte] Schwangerschaft. Kein Risiko, dass man bei einer Party zu viel trinkt und dann von seinem gestörten Begleiter vergewaltigt wird. Entsetzlich! Ich war erleichtert, dass ihr das erspart bleiben würde, und was noch viel wichtiger ist und mit meinem Feminismus zusammenhängt: Ich glaube, eine große Gefahr für heterosexuelle pubertierende Mädchen besteht darin, dass sie meinen, ihre Identität müsse mit irgendeinem Typen verknüpft sein. Ich wollte nicht, dass Sean derartige Probleme mit ihrer Selbstachtung bekommt.«

Seans Coming-out als transgender verlief hingegen völlig anders: »dieser lange Brief, in dem sie uns die rechtliche Situation erklärte: die Namensänderung, die Pronomen«.

Bei unserem Gespräch fast drei Jahre später hatte sich Elizabeth an den Namen gewöhnt, kämpfte aber immer noch mit den Pronomen. Dahinter verbarg sich eine Ratlosigkeit hinsichtlich Seans neuer Identität, die über die grammatikalische Verwirrung hinausging. Elizabeth konnte es immer noch nicht verstehen: »Sean mochte immer richtig mädchenhafte Sachen, als sie klein war. Sie genießt ihren weiblichen Körper – das liebe ich so an ihr –, und sie hat vorher nie Interesse am Mannsein gezeigt.«

Ich sagte Elizabeth, ihre Erinnerung an Seans Verhältnis zu ihrem weiblichen Körper stehe in deutlichem Kontrast zu Seans eigener Darstellung von erlittener Dysphorie: Erinnerte sie sich auch an die Erfahrungen, von denen Sean mir erzählt hatte, im Zusammenhang mit sexueller Belästigung?

Tatsächlich erinnerte sich Elizabeth lebhaft: Sean hatte einen Job als Eisverkäufer und stand in einem Geschäft im Zentrum hinter einer Glasscheibe. »Männer kamen an und verhielten sich unheimlich. Sie klebten Zettel mit anzüglichen Bemerkungen an die Scheibe. Bei einer 14-Jährigen! Ein Typ stellte sich an die Scheibe und leckte sie ab, während sie eine Waffel machte.« Sean hatte »in jungem Alter eine ungewöhnlich hohe Zahl an Erfahrungen mit sexgierigen Männern gemacht. […] Nicht jede Frau erlebt das so mit ihrem Körper in einem so frühen Alter wie Sean.« Aber Elizabeth war sich nicht sicher, ob die Flucht aus der Weiblichkeit die Lösung war, wenn darin das Problem lag.

Elizabeth verstand den politischen Aspekt von Seans Identität, machte sich aber Sorgen, dass es nur darum ging: um eine Inszenierung, eine politische oder gesellschaftliche Geste oder eine Form der Tarnung anstelle eines tiefempfundenen Bedürfnisses. Seans Antwort war das »Born this Way«-Argument, der Refrain eines Lady-Gaga-Songs, der zu einer Art Hymne für queere US-amerikanische Jugendliche geworden war. Ich sagte Elizabeth, ich erkenne darin die Warnung eines Kindes an seine Eltern, ihm seinen Raum zu lassen: »Versucht nicht, mich zu ändern.« Ich hatte auf dieselbe Strategie zurückgegriffen, als ich mich mit 18 gegenüber meinen Eltern outete, obwohl ich damals keineswegs überzeugt von dem Argument war. Doch für Elizabeth, die Gender als Konstrukt betrachtete, ergab das überhaupt keinen Sinn. Wenn überhaupt, dann verlief der Vorgang genau umgekehrt, als ihr Kind eine genderqueere Identität annahm: »Sean fand eine Gemeinschaft, in die sie hineinpasste, und das beförderte einen Identitätswandel. Meiner Meinung nach ist das völlig legitim. Warum auch nicht?«

—

Im November 2014, sechs Monate nachdem ich Sean und Charlotte zum ersten Mal getroffen hatte, lud ich die beiden zum Essen in ihr chinesisches Lieblingsrestaurant in der South Main Street von Ann Arbor ein. Als wir uns über Aktivismus unterhielten, gerieten die beiden in einen Streit, bei dem ich den Eindruck hatte, dass sie ihn nicht zum ersten Mal hatten.

»Irgendwann ist der Punkt erreicht, an dem man aufhört, ›Ihr könnt mich alle mal‹ gegenüber der Welt zu sagen«, erklärte Charlotte. »Ich kann entweder herumlaufen und radikal und queer sein, oder ich kann einfach ein ganz normales Mädchen sein und mich anpassen.«

»Meine wichtigste Identität ist queer«, sagte Sean leise, aber fest. »Es gibt viele Leute in der Trans-Community, die nicht wirklich transsexuell sind«, antwortete Charlotte. Die Bemerkung war in der dritten Person formuliert, richtete sich aber klar gegen Sean. »Und für die ist das mehr so: ›Wir wollen wütend sein, wir wollen auf die Straße gehen, für Aufruhr sorgen.‹ Aber für andere« – die wahren Transsexuellen wie sie selbst – »ist das eine Frage der Sicherheit. Sie wollen nicht unbedingt im grellen Scheinwerferlicht stehen. Sie wollen einfach überleben. Mir ist aufgegangen, dass ich mehr der alten Kultur als der neuen angehöre.«

»Ich bin das Gegenteil«, sagte Sean.

»Weil du nicht transsexuell bist«, schnauzte Charlotte Sean an und wandte sich dann zu mir: »Sean gehört zu den Menschen, die losziehen und die Welt verändern wollen. Aber viele ältere Transsexuelle verwenden ihre Energie lieber darauf, sich um die Leute in ihrer Community zu kümmern.«

Charlotte hatte recht, was den Unterschied zwischen ihr und Sean betraf. Charlotte bezeichnete sich als transsexuell, weil sie ihren Körper dauerhaft mit Hormonen verändert hatte – wenn auch noch nicht mit einer Operation. Sean dagegen hatte sich keiner medizinischen Behandlung unterzogen, wodurch Sean laut Charlotte deutlich mehr Möglichkeiten hatte, weil sich Sean nicht festgelegt hatte.

Das Paar hatte ein treffendes und ein bisschen gemeines Wort für die Leute, die sich zur Subkultur hingezogen fühlten, weil sie cool oder rebellisch war: Trans-Trender. Als ich drei Jahrzehnte zuvor an einem US-amerikanischen College studiert hatte, gab es etwas Ähnliches, die LUGs – »Lesbians until graduation«, Lesben bis zum Studienabschluss. Sie mussten von den Hardcore-Lesben ganz schön viel einstecken. Aber wenn ich sie mir heute ansehe, Freundinnen von mir, einige von ihnen sind mit Männern verheiratet und haben Kinder, gewinne ich den Eindruck, dass sie ihre Experimentierphase nicht einfach hinter sich gelassen, sondern ihre Erfahrungen in ihr Berufsleben, in ihre Beziehungen und die Erziehung ihrer Kinder eingebracht haben. Dieser Logik folgend fragte ich mich: Wenn sich herausstellte, dass Jugendliche wie Sean tatsächlich Trans-Trender sind, wäre das denn so schlimm?

Ich verließ Ann Arbor und reiste nach Westen, um es herauszufinden.

ROSE

ROSE*: ehemaliges Mitglied von Riot Youth, Chemikerin, Oakland, Mitte zwanzig. Pronomen: sie.
JANIE*: Roses Partnerin, Jurastudentin, Oakland, Mitte zwanzig. Pronomen: sie.
FIONA*: Roses anschließende Partnerin und Frau, Lektorin in der Verlagsbranche, Portland, Mitte zwanzig. Pronomen: sie.
* Pseudonym

Rose war ein ehemaliges Mitglied von Riot Youth und ein paar Jahre älter als Sean und Liam. Als ich sie im November 2014 kennenlernte, lebte sie zusammen mit ihrer Partnerin Janie in einem hübschen Bungalow in der Bay Area in Oakland. Sie hatten sich beim Grundstudium am Reed College in Portland kennengelernt. Mittlerweile arbeitete Rose in der petrochemischen Industrie und Janie studierte Jura. Rose hatte einen spröden, galanten Charme. Sie war schlank, jungenhaft und dunkel, lief »gern breitbeinig umher« und gab sich »tough, wie jede Butch«, wie sie mir sagte. Einige Jahre lang hatte sie als Mann mit dem Namen Fynn gelebt. Aus dieser Zeit hatte sie immer noch eine tiefe männliche Stimme und eine leichte Gesichtsbehaarung, Folge einer siebenmonatigen Testosteronbehandlung, als sie 19 war.

Rose, die schon immer ein sehr jungenhaftes Mädchen gewesen war, outete sich bereits mit zwölf als homosexuell. Ihre Pubertät war nicht einfach: Sie war nicht nur jungenhaft, sondern stammte aus armen Verhältnissen, und ihre Mutter war eine asiatische Einwanderin, im weißen Ann Arbor. Auf der Huron School, einer großen öffentlichen Schule, wurde sie gemobbt, normalerweise von anderen Mädchen. Einmal wurde sie sogar verprügelt und die Treppe hinuntergestoßen. »Ich wollte das nicht melden«, erzählte sie mir. »Denn dann hätten alle gewusst, dass ich gay war.« Im Gegensatz zur progressiven Community School, die Sean und Charlotte besuchten, waren die Lehrer:innen an der Huron School keine Hilfe: »Da gab es diese beiden älteren Frauen, die sich nicht outeten, obwohl sie die Fotos genau derselben Kinder als Bildschirmschoner hatten! Aber auf dem Flur grüßten sie sich nicht einmal, und natürlich mieden sie Homo-Kinder wie die Pest. *Tragic.*«

In der siebten Klasse fand Rose einen Aushang von Riot Youth »in einer vergessenen kleinen Ecke«. »Ich hatte furchtbare Angst«, erzählte sie, »aber ich ging hin. Ich glaube nicht, dass mich irgendwer in den ersten Wochen bemerkte.« Doch die Gruppe veränderte ihr Leben, vor allem, »weil ich ältere Leute mit Uniabschluss, Geld und Beziehungen in der ganzen Welt kennenlernte. Ich sagte mir: ›Das will ich auch!‹ Wenn es Riot Youth nicht gegeben hätte, wäre ich wahrscheinlich nie aufs College gegangen.«

Rose war nur vier Jahre älter als Sean, doch der Begriff »genderqueer« und die Verwendung nichtbinärer Pronomen waren noch ganz neu, als sie 2008 zu Riot Youth kam. Deshalb fühlte sie sich auch etwas verloren bei der Entscheidung bezüglich der Wahl der Pronomen: »Ich sagte dann, ›Ich verwende sie, aber als maskulines Pronomen‹ oder ›Ich verwende er, aber als feminines Pronomen‹, und alle lachten mich aus, weil das keinen Sinn hatte.«

Rose führte Liam, von dem sie wusste, dass ich ihn interviewt hatte, als Beispiel an, um ihre Aussage zu verdeutlichen: »Liam ist ein *Kerl*! Gott, er ist *so was* von männlich. Er ist ein Teenagerjunge, total. Ich war anders. Ich hatte nie diese starke Überzeugung, dass es für mich nur ›Mann‹ oder ›Frau‹ gibt.« Schließlich traf sie eine Entscheidung, »die damals die naheliegendste und leichteste zu sein schien«: Sie änderte ihren Namen in Fynn und ihr Pronomen in »das gute alte, verständliche maskuline ›er‹.«

Im Rückblick hatte Rose das Gefühl, sie sei zu ihrer Entscheidung von einem forschen Transmann, einem der älteren Mitglieder von Riot Youth, gedrängt worden, mit dem sie damals zusammen war und der sich über ihre Unentschlossenheit lustig gemacht hatte. Allerdings entschied sie sich auch nicht gegen ihren Willen. Sie wollte den sozialen Status ihrer Familie hinter sich lassen und hatte das Gefühl, dass Männlichkeit ihr dabei helfen würde. »In unserer Kultur bedeutet Mann-Sein, dass man handlungsfähig ist, aggressiv und stark, anstatt zickig und intrigant. Ich behaupte nicht, dass es keine Transmänner gibt – natürlich gibt es sie, und für manche Leute ist eine Angleichung offensichtlich richtig –, aber für viele junge Frauen wie mich, für junge Frauen in der Pubertät, in der sie sehr verletzlich sind, ist es attraktiv, ein Kerl zu werden.« Vor allem, wenn man ein sehr jungenhaftes Mädchen ist und die andere Option darin besteht, »eine große, fette, sexversessene Lederjackenlesbe mit Motorrad zu werden. So haben wir die damals gesehen. Und wer will schon *so* werden?« Als sie Fynn wurde, merkte sie sofort den Unterschied: »Die Art, wie mir die Leute in die Augen sahen, dieser Respekt und diese Höflichkeit, die nie zu spüren gewesen waren, wenn mich die Leute als Frau betrachteten oder als Tomboy.«

Die Bestätigung nahm noch zu, als sie am Reed College studierte, das als progressive Institution bekannt ist. »Ich wollte eine Form der Anerkennung für das, was ich war. Von meiner Familie bekam ich sie nicht«, sagte sie. »Als biethnische maskuline Frau aus der Arbeiterklasse bekam ich sie nicht. Ich bekam diese Unterstützung nicht. Und dann sah ich diese Gemeinschaft von Leuten, die *sehr* unterstützt wurden, und dachte: ›Das will ich auch! Ich will gefeiert werden. Ich will, dass die Leute mich mögen.‹«

Und das taten sie auch: Transmänner waren die begehrtesten Partien auf dem Campus. »Die Mädchen waren verrückt nach mir! Oh mein Gott, dieses sexuelle Kapital! Ich hätte in jeder Nacht Sex mit einem anderen Mädchen haben können. Das stieg mir zu Kopf. Lange Zeit war ich eine junge Frau gewesen, die keine Bestätigung, keine Wertschätzung erfuhr, und plötzlich war ich auf dem Campus der große Macker. Mit 19 ist das so ziemlich das Wichtigste überhaupt.«

Rose traf Janie bei einer Einführungsveranstaltung für Erstsemester, und schon bald gingen die beiden miteinander. Für die zahlreichen Trans-Groupies, die Rose umschwärmten, hatten sie einen Spitznamen: »die Annas«, weil viele von ihnen tatsächlich so hießen. »Ich war nicht bedrohlich, ich war ja kein richtiger Mann«, beschrieb Rose ihre Anziehungskraft auf die Annas. »Und trotzdem war ich männlich genug, um sexuell attraktiv zu sein.«

Janie war ursprünglich ebenfalls eine Anna gewesen und betrachtete ihre Schwärmerei im Rückblick als Einstieg, sich als homosexuell zu akzeptieren, wie sie mir sagte. Sie hatte sich auf der Highschool mit ihrer sexuellen Orientierung herumgequält, doch als sie mit »Fynn« zusammenkam, »dachte ich: ›Oh wie toll! Das ist ein *Kerl*! Ich bin mit einem Kerl zusammen! Meine Sexualität ist gerettet.«

Das Paar war »eine Zeit lang sehr hetero«, sagte Janie.

»Aber homo!«, schaltete sich Rose ein.

»Na ja, wir hatten Sex, der kulturell als lesbisch galt. Und wir waren auf eine Art zusammen, die kulturell als lesbisch galt. Sie schlief bei mir drei Wochen auf dem Boden, bevor wir zusammen schliefen, und dann schlief sie noch einmal eineinhalb Wochen in meinem Bett, ohne dass wir Sex hatten.«

Und wo war dann der Hetero-Teil?

»In der Art, wie andere uns sahen«, sagte Rose.

»Und auch, wie *ich* uns sah. Ich bestand sehr auf der Sichtweise: ›Ich bin eine Hetero-Frau und sie ist ein Mann.‹«

»Für uns war das lustig«, sagte Rose. »›Kicher kicher – wir sind hetero.‹«

»›Kicher kicher. Wir gehen als hetero durch.‹«

Rose machte den Namen einer bekannten Transgender-Beraterin in Portland ausfindig. Nach zwei Sitzungen bekam sie eine Überweisung, die ihr eine Hormonersatztherapie über den Gesundheitsdienst auf dem Campus ermöglichte. Aber bei jeder Spritze geriet sie in Panik. An den Tagen, an denen sie die Injektion erhielt, hatte sie Ohnmachtsanfälle und weinte den ganzen Morgen. »Ich sagte immer wieder: ›Ich glaube nicht, dass das für mich das Richtige ist‹«, erinnerte sie sich.

Mittlerweile konnte Janie über die durch das Testosteron hervorgerufenen Veränderungen bei Rose lachen: »Sie wollte *andauernd* Sex. Ich war es gewohnt, Hetero-Männer abzuweisen, aber das war etwas anderes. Rose war jemand, mit dem ich wirklich zusammen sein wollte.« Wir saßen zusammen in ihrem Garten, Roses Pitbull schnüffelte um uns herum. Janie wandte sich zu Rose: »Ich wollte schon noch Sex mit dir, *aber doch nicht sieben Mal am Tag*!«

»Du sagtest, ich wäre anders«, antwortete Rose.

»Du hast anders gerochen. Dein Temperament war anders. Du bist schon bei Kleinigkeiten explodiert. Ich hatte einen gewalttätigen Stiefvater, und ich hatte wirklich Angst, aber ich konnte nichts sagen. Ich will nicht behaupten, dass man durch T [Testosteron] gewalttätig wird, das wäre falsch, aber man wird reizbar und lüstern. Aber in unserer Kultur wird über so etwas nicht gesprochen. Es gibt viele Frauen, junge Frauen, verwundbare queere Frauen, die eine Beziehung zu jemandem eingehen, der gerade eine Hormontherapie macht, und niemand redet darüber.«

Die Situation spitzte sich zu, als Janie eine Frauengruppe auf dem Campus gründen wollte und die Bedingung festlegte, dass man sich als Frau identifizieren musste, um dabei zu sein.

»Ich will auch dabei sein«, hatte Rose gesagt.

Janie sagte zu Rose, sie könne nicht auf zwei Hochzeiten gleichzeitig tanzen: »Das ist nur für Frauen. Diese Tür ist für dich geschlossen. Ich erlebe in unserer Beziehung patriarchalische Verhältnisse und muss einen Ort für mich haben, wo ich darüber reden kann.«

»Du ignorierst meine Erfahrungen als Frau!«, schrie Rose.

»Du bist ein *Mann*!«, brüllte Janie zurück. »Das ist okay für mich. Aber ein Ort, der nur Frauen vorbehalten ist, ist für dich tabu. Wenn du ein Mann bist, dann *sei* ein Mann.«

Für Rose war das der Wendepunkt: »Ich brauchte diese Gemeinschaft von Frauen und ihre Räume. Ich wollte ein Teil davon sein. Ich musste mich entscheiden.« Trotzdem war es nicht einfach. Sie setzte einige Monate die Testosteronspritzen aus, fing wieder damit an und brach die Therapie dann sieben Monate später endgültig ab. Zu dem Zeitpunkt wählte sie auch einen neuen weiblichen Vornamen, einen anderen als ihren offiziellen: »Ich war nicht das Mädchen, das meine Eltern großgezogen hatten. Ich war jetzt jemand anderes, und das musste ich deutlich machen.«

Um Rose zu helfen, sich besser zu verstehen, schenkte Janie ihr *Stone Butch Blues*, Leslie Feinbergs 1993 erschienenen wegweisenden autobiografischen Roman. Die Lektüre half Rose zu erkennen, »dass all die Dinge, die ich an meiner männlichen Identität liebte – einschließlich der Liebe zu *Frauen* –, auch Teil einer butch-lesbischen Kultur sein konnten.«

Doch nun, vier Jahre später, fühlte sich Rose als junge Butch etwas verloren in der Bay Area. In ihrer Altersgruppe gab es »fast keine Butch-Lesben, weil heutzutage alle entweder trans oder genderqueer sind«, und sie ihnen ihre eigenen Erfahrungen mit der Angleichung nicht erzählen wollte, weil sie fürchtete, man könne sie als transphob abstempeln: Eine derartige mögliche Reaktion weckte in ihr so große Befürchtungen, dass sie mich bat, beim Schreiben ein Pseudonym für sie zu verwenden.

In ihren ersten Wochen in der Bay Area folgte Rose einem Hinweis zu einer butch-lesbischen Selbsthilfegruppe und ging zu einem Treffen. »Aber es war echt schwer. Ich war die Jüngste, alle anderen waren mindestens zwanzig Jahre älter. Und als ich etwas über unsere Transschwestern sagte, verstanden sie überhaupt nichts. Sie schauten überrascht und sogar ein bisschen feindselig. ›Wie kann man sich Lesbe nennen, wenn man einen Penis hat?‹ Ich respektiere Leute, die älter sind, wirklich, aber mit einem Teil ihrer Vorstellungen komme ich nicht zurecht. Das ist einfach so falsch.«

Rose machte sich Sorgen, dass Mädchen, die eine Testosterontherapie beginnen oder sich in der Pubertät operieren lassen, »mental nicht unbedingt in der Lage sind zu verstehen, dass es in unserer Kultur eine Frauenfeindlichkeit gibt, die ihre Entscheidung beeinflussen könnte. *Ich* wusste es jedenfalls nicht.« Doch als sie mir ihre Geschichte erzählte, gab es nur eine Person, auf die sie wirklich wütend war: die Gendertherapeutin, die ihr nach nur zwei Sitzungen eine Hormontherapie verschrieben hatte. »Ich war total begeistert, aber wenn ich heute zurückblicke, glaube ich, dass das *Wahnsinn* war! Ich war erst 19! Nur zwei Therapiesitzungen, und dann schickt sie mich auf diesen unabänderlichen Weg?«

Trotzdem lehnte Rose den Begriff »Regretter« eindeutig ab, der in zunehmendem Maße für Menschen wie sie verwendet wird, die den Weg über die Geschlechtsgrenze genommen haben und dann wieder umgekehrt sind. Sie liebte ihre tiefe Stimme und die Bartstoppeln auf ihrer Oberlippe und am Kinn: Sie war zwar glücklich, eine Frau zu sein, hatte aber auch das Gefühl, dass ihr Äußeres so besser zu ihrem inneren Empfinden passte. »Ich musste erleben, wie es ist, ein Mann zu sein, um zu verstehen, dass ich eine Frau bin«, sagte sie zu mir. »Wenn ich als Mann geboren worden wäre, wäre es genauso gewesen: Ich hätte einige Zeit als Frau leben müssen. So ist das nun mal mit mir: Ich passe nicht in Schubladen.«

Dass Rose einen neuen weiblichen Namen wählte, anstatt wieder ihren ursprünglichen Vornamen anzunehmen, war ein Zeichen dafür, dass sie Weiblichkeit nach ihren eigenen Kriterien konstruierte, anstatt sie als vorgegeben zu akzeptieren. Da war er nun, ein junger Mensch des 21. Jahrhunderts, der ein Geschlecht für sich selbst gestaltete, das sich für ihn richtig anfühlte, mit den ihm zur Verfügung stehenden Mitteln – mal Testosteron, mal Feminismus –, zu unterschiedlichen Zeitpunkten in seinem Leben. Auf der Highschool änderte sich ihre Geschlechtsidentität aufgrund der Informationen, die sie bei Riot Youth erhielt, und auf dem College änderte sie sich wieder, weil sie sich in Janie verliebte und den Feminismus entdeckte.

Damit war sie, so mein Eindruck, nicht anders als die meisten Menschen. Sie wurde in ihrer Jugend durch ihr Umfeld geprägt. Wenn sie wie ihr Vater in den ländlichen Appalachen aufgewachsen wäre, hätte sie die Kategorie Transgender womöglich gar nicht entdeckt; wenn sie sich während ihres Studiums in jemand anderen verliebt und eine andere Form des Feminismus gefunden hätte, hätte sie vielleicht mit dem Testosteron weitergemacht. Das könnte man als Zeichen dafür deuten, dass in den USA im zweiten Jahrzehnt des 21. Jahrhunderts vieles im Fluss ist – was sich anhand der gestiegenen Zahl der Möglichkeiten für junge US-Amerikaner:innen zeigt. Es ist aber auch Teil der Entwicklung eines Menschen: Wir alle werden geprägt von dem Weg, den wir einschlagen oder gegen den wir uns entscheiden, getrieben von der Leidenschaft der unreifen Jugend oder ihrer Trägheit, bevor wir es besser wissen.

—

Anders als Roses Erzählung handeln die Geschichten von Regrettern, die gegen Ende des Jahrzehnts an die Öffentlichkeit gelangten, normalerweise von Wut oder Verzweiflung. In einer Sendung der BBC aus dem Jahr 2017 berichtete eine weiße britische Frau namens Lou, man habe ihr gesagt: »›Wenn Sie keine Angleichung vornehmen, schaden Sie sich und töten sich am Ende selbst.‹ Mir wurde eingeredet, ich hätte die Wahl zwischen einer Transition oder dem Tod.« Lous weiblicher Körper war ihr grotesk erschienen, obwohl es ein ganz normaler Mädchenkörper war. »Jetzt, nach der Angleichung, werde ich immer ein Freak mit einem sonderbaren weiblichen Körper sein. Ich werde immer eine flache Brust und einen Bart haben, und kann nichts dagegen tun.«[20]

Im Laufe des Jahrzehnts veränderte sich die Berichterstattung über transgender Jugendliche in den Medien. Die einstige Euphorie wich nun warnenden Tönen, wie eine Titelgeschichte aus dem *Atlantic* von 2018 zeigt. Die Überschrift lautete: »Wenn Kinder sagen, sie seien trans. [...] Die Entscheidung ist kompliziert – und einfache Antworten gibt es nicht.«[21] Erica Anderson, eine bekannte Transgender-Therapeutin, wurde in einem Artikel in der *Washington Post* aus demselben Jahr mit den Worten zitiert, sie sei besorgt, weil »eine erhebliche Anzahl von Jugendlichen da hineingerät, weil es ein Trend ist, [... und] in unserer Hektik, sie zu unterstützen, übersehen wir das. Jugendlichen geht es darum, von Gleichaltrigen akzeptiert zu werden. Und für Therapeut:innen und Ärzt:innen ist es auch ein Trend.«[22] Anderson sagte mir, sie sei »tief besorgt« im Hinblick auf »die kommende Generation, von denen einige sagen werden, es sei notwendig gewesen, aber andere wütend sein und die Mediziner:innen kritisieren werden, die diese Entscheidungen nicht eingehend prüften.«

Andere haben jedoch den Eindruck, die Zahl derjenigen, die ihre Angleichung rückgängig machen wollen, werde dazu benutzt, die Transgender-Identität an sich zu diskreditieren und einen kulturellen und medizinischen Wandel zu bremsen, der große Verzweiflung verhindern und Leben retten kann. »Regretter-Geschichten« würden »in einigen Fällen als Ersatz für Argumente gegen eine frühe Angleichung« benutzt, schreibt Tey Meadow in *Trans Kids*. Allerdings würden die Zahlen zeigen, dass »nur ein geringer Prozentsatz der Personen, die sich einer kompletten sozialen und medizinischen Angleichung unterzogen haben, diese Entscheidung bereut«.[23]

Der Debatte liegen Berichte zugrunde, dass die meisten gendernonkonformen Jugendlichen irgendwann von ihrem Wunsch »ablassen«, dem anderen Geschlecht anzugehören, und stattdessen schwul oder lesbisch werden.[24] Kritiker einer frühen Transition argumentieren, ein Eingreifen in jungen Jahren würde diese natürliche Entwicklung unmöglich machen, und sprechen sogar von einer

Form der Homophobie, weil man mädchenhafte Jungen lieber gleich in Mädchen umwandeln würde, anstatt zuzulassen, dass sie sich zu gendernonkonformen schwulen Jungen entwickelten. Andere argumentieren dagegen, die meisten gendernonkonformen Jugendlichen würden sich einfach zu gendernonkonformen Erwachsenen entwickeln, nur die »beständigen, konsequenten, darauf beharrenden« Jugendlichen würden eine Angleichung anstreben. Daten aus dem Vereinigten Königreich scheinen dieses Argument zu stützen.[25]

Ein Trend ist besonders besorgniserregend: der dramatische Anstieg bei der Zahl der weiblichen Teenager, die wie Rose eine Angleichung wollen. Zwischen 2010 und 2017 verzeichnete Großbritannien einen Anstieg der Überweisungen mit der entsprechenden Diagnose von 40 auf *1400* pro Jahr. Die Zahl der Jungen, die eine Angleichung ans weibliche Geschlecht anstrebten, stieg im selben Zeitraum von 56 auf 616 pro Jahr.[26] Ein ähnliches Missverhältnis zeigte sich am größten gendermedizinischen Zentrum für Jugendliche in den USA, am Children's Hospital of Los Angeles.[27]

Die Leiterin des Zentrums, Johanna Olson-Kennedy, sagte mir, zumindest ein Teil dieses Anstiegs sei ihrer Meinung nach eine Folge politischer Auseinandersetzungen: »Es gibt eine politische Bewegung gegen die binäre Geschlechterordnung, und es ist wenig überraschend, dass diese Bewegung von Personen angeführt wird, denen bei der Geburt das weibliche Geschlecht zugewiesen wurde. Sie reagieren auf Misogynie, patriarchale Strukturen, Privilegien. Ihre Haltung ist: ›Schaut, diese binäre Ordnung, die ihr alten Leute gewohnt seid, bringt uns nichts.‹« Das war auch die Hochphase der #MeToo-Bewegung: Noch nie waren sich junge US-Amerikaner:innen, denen bei der Geburt das weibliche Geschlecht zugewiesen wurde – ob sie sich nun als männlich identifizierten oder nicht –, der Diskriminierung aufgrund des Geschlechts in der Gesellschaft so bewusst wie heute.

Ein wahrscheinlicher Grund für dieses Missverhältnis ist laut Olson-Kennedy jedoch auch, dass unsere Gesellschaft jungenhafte

Mädchen viel stärker akzeptiert als mädchenhafte Jungs: »Es gibt Transmädchen. Sie treten nur nicht so in Erscheinung, weil das ein Tabu ist.« Ähnlich sahen das auch die Jugendlichen bei Riot Youth. Ein Teenager – selbst ein femininer Junge – formulierte es mir gegenüber ganz direkt: »Lesbische oder transgender Mädchen steigen im sozialen Ansehen eine Stufe nach oben, wenn sie zum Kerl werden. Aber wenn Jungs feminin sind, ist das fast so, als würden sie eine Stufe nach unten Richtung Mädchen rutschen.«

Eine wachsende Zahl von Eltern – vor allem Mütter, die selbst von der Frauenbewegung profitiert hatten – versteht das Phänomen auch als Reaktion auf die gesellschaftliche Diskriminierung aufgrund des Geschlechts. Andere, wie vielleicht Seans Mutter Elizabeth, sehen in der Transition ihrer Töchter die falsche Lösung, weil sie aus dem Wunsch entsteht, ihre fragile Femininität loszuwerden.

Gemeinsame Bekannte stellten mich einer weiteren Mutter vor, die eine deutlich entschiedenere Haltung gegenüber dem Wunsch ihrer Tochter nach einer Transition vertrat als Elizabeth gegenüber Sean. Dee, wie ich sie hier im Buch nennen werde, war eine einflussreiche Anwältin. »Stellen Sie sich vor, wie ein Mädchen heute erste Schritte Richtung Sexualität unternimmt«, sagte sie mir in unserem Gespräch. »Denken Sie an Pornos und was da mit Frauen gemacht wird. Würden Sie da nicht auch einfach rauswollen? Es ist schwer, heutzutage eine junge Frau zu sein – ich wäre selbst versucht, mich davon zu verabschieden, wenn ich so jung wäre wie meine Tochter. Ich hatte gehofft, dass ich als erfolgreiche berufstätige Frau als Vorbild fungiere, dafür, dass Frauen Karriere machen können. Aber ich kann nicht allein gegen die ganze Kultur ankämpfen.«

Als im zweiten Jahrzehnt des 21. Jahrhunderts eine frühzeitige Angleichung leichter möglich wurde, entwickelte sich die Transgender-Bewegung zu einer Bewegung von Eltern, die sich für ihre Kinder einsetzen. Es waren die Eltern, die Lösungen suchten: Sie gingen mit den Kindern zu Genderspezialist:innen, sie legten sich mit den Schulen an und kämpften für das Wohlergehen, die Sicherheit und die Rechte ihrer Kinder. Ich traf viele Löwenmütter wie Liams Mutter Beth: Ihr Engagement war stärker als das ihrer Kinder, denen es selbst oft lieber war, sich nicht zu outen und ein unauffälliges Leben in ihrem angenommenen Geschlecht zu führen. Doch im Laufe der Zeit entwickelte sich auch eine Gegenbewegung mit Müttern wie Dee, die angesichts der »Trans-Trender«-Möglichkeit sehr besorgt und zunehmend der Meinung waren, dass ihre Kinder Entscheidungen trafen, die sie später bereuen würden.

Dees 19-jähriges Kind, das sich nun Todd nannte, hatte »aus heiterem Himmel« verkündet, dass er transgender sei und über die Organisation Planned Parenthood eine Hormontherapie mache, die man ihm nach nur einer Sitzung verschrieben hatte, wie Dee erzählte. Todd hatte mit Depressionen zu kämpfen, und Dee war überzeugt, er sei im Internet von den Erlösungsgeschichten der Transmänner verführt worden. Sie sah Todd als eine Figur »in einem Spinoff von *The Handmaid's Tale*«, einer dystopischen Geschichte, die plötzlich real geworden sei und eine ganze Generation junger Frauen dazu verleite, ihr Geschlecht abzulehnen und sich »mit dieser furchtbaren Uniform selbst einzuschränken«. Sie hielt diese Entwicklung für einen schrecklichen Fehler und war fest entschlossen, dagegen anzukämpfen.

Dee gab der Gesundheitswirtschaft die Schuld, die ihrer Meinung nach dem »jüngsten politischen Trend« nachgegeben habe und davon profitiere. Sie machte mich auf eine Website namens 4thwavenow.com aufmerksam (benannt nach dem Fourth Wave Feminism, der vierten Welle des Feminismus, der der Trans-Bewegung skeptisch gegenübersteht), die Anfang 2015 eingerichtet worden war. Dee hatte dort Dutzende andere Mütter gefunden, über das politische Spektrum verteilt, die frappierend ähnliche Geschichten mit ihren Töchtern erlebt hatten und ähnlich verzweifelt waren. Die Mütter bei 4thWaveNow hatten das Gefühl, dass ihre Töchter Versuchskaninchen in einem unethischen gesellschaftlichen Experiment und Opfer einer »sozialen Ansteckung« im Internet seien, für die derartige Mädchen besonders empfänglich seien – so etwas wie die Magersucht oder Hysterie von heute.[28] Mittlerweile gibt es sogar eine Bezeichnung für diesen Zustand. Geprägt hat ihn die US-Amerikanerin Lisa Littman, Professorin an der Brown University, in einem kontrovers diskutierten Artikel aus dem Jahr 2017: »Rapid-Onset Gender Dysphoria« (plötzlich einsetzende Geschlechtsdysphorie).[29]

Wie finnische Studien, auf die bei 4thWaveNow ebenfalls verwiesen wird, kam Littman bei ihrer Forschung zu dem Schluss, dass ein Großteil der Mädchen, die eine Transition durchlaufen, eigentlich unter anderen psychischen Problemen leiden.[30] Die US-amerikanische Psychoanalytikerin Lisa Marchiano behauptete 2017, sie habe »Hunderte« von Familien mit solchen Töchtern beraten.[31] Sie sei besorgt, so schrieb sie, dass ein »bestätigendes«, identitätsbasiertes Therapiemodell das »von der mentalen Gesundheit ausgehende Modell ersetzt habe, bei dem nach den zugrunde liegenden Ursachen gefragt wird«.[32] Damit gab sie eine gemäßigtere Stimme wieder, und zwar die der US-amerikanischen Kinderpsychologin Avgi Saketopoulou, die schon in einem Essay von 2011 vorausahnend gefragt hatte: »Wie sollen wir erkennen, wann Geschlecht als Stellvertreter für eine Psychopathologie fungiert?«[33] Saketopoulou erkannte in der gegenwärtigen Kultur eine Kluft zwischen dem alten Ansatz – bei dem Transgender-Identität pathologisiert wurde – und der neuen Welle des politischen Transgender-Aktivismus, bei dem »nicht nach den psychischen Bedeutungen von Geschlecht gefragt wird«.

Eltern wie Dee befürchteten, ihre Kinder könnten in diese Kluft geraten. Eine Mutter, die 2012 für den *New Yorker* interviewt wurde, sprach von den »Wellen der Geschichte, die an den Strand rollen, und wenn sie wieder abebben, bleiben einige Menschen gestrandet zurück. Die Drogenkultur der sechziger Jahre war so, und die Sexkultur der achtziger Jahre mit Aids auch. Ich denke, [die explosionsartige Zunahme von Interesse am Thema Transgender] könnte die nächste derartige Welle sein, und ich will nicht, dass meine Tochter dabei auf der Strecke bleibt.«[34]

In der US-amerikanischen Genderkultur wurde das gestrandete Kind zum Symbol der zahlreichen Befürchtungen, die mit dem neuen Phänomen einer frühen Transition aufkamen: Feminist:innen sind der Meinung, Transitionen stellen Weiblichkeit infrage oder sind eine Kapitulation gegenüber dem Patriarchat, eine wachsende Zahl von Christ:innen glaubt, die »Genderideologie« greift in Gottes Plan ein, Therapeut:innen und Ärzt:innen schrecken verständlicherweise davor zurück, Empfehlungen hinsichtlich der Geschlechtsidentität eines Kindes auszusprechen, die womöglich zu irreversiblen Veränderungen führen, Eltern machen sich große Sorgen um die geistige und körperliche Gesundheit ihrer Kinder.

Und natürlich sind da auch noch die Jugendlichen selbst, die versuchen, ihren Weg ins Erwachsenendasein in einer Welt voller neuer Möglichkeiten, aber auch voller Gefahren zu finden.

—

Trotz – oder vielleicht gerade aufgrund – ihrer eigenen Erfahrungen, so sagte mir Rose, während wir in der Nachmittagssonne in ihrem Garten in Oakland Granatapfelkerne aßen, glaube sie »an Experimentieren, das Mut macht und unterstützt, solange es nicht blindlings geschieht«. Immerhin lebte sie an der US-amerikanischen Pazifikküste, deren Bewohner:innen sich schon immer gern auf Experimente einließen – von psychedelischen Drogen über die Schwulen- und Lesbenbewegung bis zum Internet; noch dazu in einem generationellen Ökosystem von Trans- und queeren Menschen, die mit ihr erwachsen geworden waren. Rose verstand Geschlecht als wählbar: »Ich habe mich dafür entschieden, eine Frau zu sein. Ich könnte mich morgen entscheiden, ein Mann zu sein, und niemand wäre überrascht. Ich habe die Wahl.«

Im gegenwärtigen Klima des Self-Makings überlegte Rose sogar ernsthaft, sich die Brust operieren zu lassen, ohne ein Mann zu werden, wie es viele Stone-Butches bereits getan hatten. »Ich ziehe einfach unheimlich gern mein Hemd aus. Und hier gibt es nicht viele Orte, wo ich das tun kann, mit Brüsten.« Sie schnaubte und fragte mit gespielter Ironie: »Wo steht geschrieben, dass man Brüste haben muss, um eine Frau zu sein?«

Ich dachte an diese Sätze, als ich mir wenig später ein Video eines Vortrags von Johanna Olson-Kennedy bei einer Konferenz zum Thema Gesundheit von Transmenschen ansah. Olson-Kennedy sprach darüber, dass einige ihrer jungen Patient:innen »keine Menstruation« und auch »keinen Schnurrbart« wollten: »›Ich will wirklich keine Gesichtsbehaarung, [aber] ich bin total deprimiert wegen meiner Tage.‹« Die Ärztin erklärte, sie sei »begeistert« ob der Möglichkeiten, die sich mit einer »partiellen Transition« bieten würden.[35]

Bei 4thWaveNow gab es dazu einen empörten anonymen Kommentar: »Wir schreiben das Jahr 2017, und Hormonbehandlungen sind der letzte Schrei. Menschen sollen mit ihrem sensiblen hormonellen Gleichgewicht herumexperimentieren, weil sie das hier und jetzt gerade wollen. Nach Belieben kombinieren – warum nicht?«[36]

Ist das alles wirklich nur Konsumdenken verzogener Jugendlicher und junger Erwachsener? Oder eine ganz neue Art der Selbstdefinition im Einklang mit dem kulturellen Phänomen, nicht nur den Köper zu verändern und sich selbst zu optimieren, sondern auch die binäre Geschlechterordnung zu öffnen und zu einem breiten Spektrum zu erweitern? Diane Ehrensaft sagte mir 2018, in ihrer Praxis sei als einzige wesentliche Veränderung zu beobachten, dass die Zahl der jungen Leute zunehme, die eine nichtbinäre Identität für sich beanspruchten. Im Child and Adolescent Gender Center von San Francisco gebe es zwar auch Fälle von Detransition, doch sie betrachtete diese Jugendlichen und jungen Erwachsenen nicht als Regretter, sondern als Strategen: »Sie kommen und sagen uns das, was wir ihrer Meinung nach hören wollen, damit wir ihnen eine Behandlung verordnen. Und dann, wenn sie die Dosierung haben, die sie haben wollen, hören sie auf: ihre Stimme ist tief genug, ihre Brüste sind groß genug. Sie wollen die Geschlechterlinie gar nicht komplett überqueren, sondern suchen sich ihren Platz im neuen Gendermosaik.«

Bereits 2011 hatte die World Professional Association for Transgender Health ihre Standards geändert, um auch »gendernonkonforme Personen« einzuschließen.[37] Doch die Gesetzgebung hinkte hinterher. Fast überall auf der Welt musste man als offizielles Geschlecht entweder weiblich oder männlich angeben. 2018 waren die einzigen Länder, die ein drittes Geschlecht zuließen, Nepal, Bangladesch und Indien, Australien und Neuseeland sowie Dänemark (bis zum Jahr 2020 würden zehn weitere Länder folgen). Der erste US-amerikanische Bundesstaat, der ein drittes Geschlecht anerkannte, war Oregon. Dort wurde im Jahr 2016 beim Führerschein die Option eines genderneutralen »x« eingeführt. 2018 wurden in New York City die Vorschriften entsprechend geändert, um anstelle von »m« (für »male«, männlich) und »f« (»female«, weiblich) in der Geburtsurkunde auch »x« zuzulassen.

In vielerlei Hinsicht ist die nichtbinäre Identität eine Gegenreaktion auf die Binarität der Transgender-Identität. Tatsächlich lautet einer der überzeugendsten Kritikpunkte an der Transgender-Bewegung, dass »veraltete Geschlechterstereotypen mit voller Wucht zurückgekehrt sind« – wie es *The Economist* 2018 formulierte –, seit man für sich das Recht in Anspruch nehme, das eigene Geschlecht festzulegen.[38] Wenn man sich auf die »Introspektion« anstelle der »Anatomie« verlasse, um Kindern bei der Bestimmung ihres Geschlechts zu helfen, falle man unvermeidlich »in Stereotype zurück: Wer gerne anführt und plant, ist ein Junge; wer sich gern um andere kümmert und quasselt, ist ein Mädchen.« Das Magazin nannte mehrere Beispiele: Australische Lehrer:innen sollten Kinder dazu anregen, »Geschlechterrollen zu erkunden und zu hinterfragen«, indem sie typische Verhaltensweisen von Mädchen und Jungen auflisteten; eine britische Organisation für Transgender-Jugendliche veröffentlichte eine Darstellung zum Genderspektrum mit Barbie an einem Ende und G.I. Joe am anderen.[39] Selbst die »Genderbread Person«, eine nette Illustration einer Lebkuchenfigur (»Gingerbread«), die bei LGBT-Aktivist:innen beliebt ist, zeigt unter »Geschlechtsausdruck« eine Achse mit »weiblich« an einem Ende und »männlich« am anderen. Aber wie soll man das eine oder andere definieren, ohne auf Stereotypen zurückzugreifen?

Wenn das ein Fehler ist, dann muss man die Ursache für ihn wohl eher bei der Gesellschaft suchen, die die Menschheit in männlich und weiblich aufteilt, und nicht bei der Transgender-Bewegung. Entsprechend ungewöhnlich, aber auch ermutigend sind in diesem Zusammenhang die Bemühungen gendernonkonformer Personen, sich außerhalb dieses Schemas zu definieren. So spricht etwa der spanische Autor Paul B. Preciado, der früh mit seiner Geschlechtsidentität experimentierte, von »Gender-Hacking« und nicht von Genderdysphorie.[40] Und als sich Stephen Beatty – das älteste Kind von Warren Beatty und Annette Bening – 2012 im Internet outete, listete er auf originelle Art die intersektionellen Elemente seiner Identität auf: »Ich bezeichne mich als Transmann, als *faggy queen*, homosexuell, queer, als Nerdfighter [Anhänger:innen einer Onlinecommunity], Autor, Künstler und jemand, der einen neuen Haarschnitt gebrauchen könnte.« Er nahm Testosteron, »gab sich aber femme«: »Schön, dass ich endlich in der Lage bin, meine Identität lesbar für andere darzustellen.«[41]

Das Konzept des »Self-Made Man« geht davon aus, dass man sein wahres inneres Ich erkennt – oder mit ein bisschen Hilfe von außen finden kann – und sein Äußeres entsprechend gestaltet. Aber wer kennt schon wirklich sein wahres Ich? Und was, wenn sich das wahre Ich – wie für Sean oder Rose während des Großteils ihrer Pubertät – nur sehr schwer festlegen lässt? Genderfluide Identitäten, die sich immer wieder verändern, bieten nicht nur neue Möglichkeiten, sondern auch interessante Lösungen.

In Ann Arbor traf ich einen Teenager namens Jay. Während es

Stephen Beatty gefiel, endlich »lesbar« zu sein, bedeutete die Nichtbinarität für Jay das genaue Gegenteil: eine *Nichtlesbarkeit*, die Jay sehr zusagte. »Mir gefällt es, dass die Leute nicht wissen, ob ich männlich oder weiblich bin, oder dass sie mich fragen müssen. Weil ganz ehrlich, ich weiß selbst nicht, welches Geschlecht ich habe, und wenn die Leute unsicher sind, wie sie mich einordnen sollen, spiegelt es das, was auch ich fühle.« Einige Jahre später fiel mir Jays Kommentar wieder ein, als ich eine 2019 erschienene, brillante Polemik der schwarzen feministischen US-Autorin Loretta Ross in der *New York Times* zum Thema »Call-out Culture« las. Ross berichtete, wie sie als Professorin »versehentlich eine:n Student:in in einer Vorlesung mit dem falschen Pronomen ansprach. Ich erstarrte und war zutiefst beschämt und dachte, ich würde jetzt massiv angegangen werden, aber stattdessen sagte mein:e Student:in: ›Kein Problem. Ich bin mir da auch nicht immer sicher.‹«[42]

Während man die Transition im Zusammenhang mit der traditionellen Transgender-Identität als zielgerichtete Reise betrachten kann, bei der man eine Brücke überquert und das andere Geschlecht als das endgültige Ziel begreift, entwickelt die neue nichtbinäre Bewegung – die in zunehmendem Maße die Bezeichnung »genderfluid« bevorzugt – die Vorstellung von einem ständigen Übergang; eine Sichtweise, die destabilisierend, aber auch sehr befreiend sein kann. Die US-amerikanische Psychoanalytikerin Virginia Goldner beschreibt das Körperbewusstsein dieser neuen Generation folgendermaßen: »Mein Körper ist nicht mehr länger mein Schicksal. Er ist jetzt meine Leinwand.« In einem Aufsatz von 2011 forderte Goldner dazu auf, Geschlecht vor diesem Hintergrund als »einen Prozess anstatt als Zustand an sich zu betrachten, als Verbform und nicht als Substantiv oder Adjektiv, als permanente Entwicklung und nicht als fertiges Produkt«.[43]

Gegen Ende des Jahrzehnts plädierte eine wachsende Zahl von Transgender-Theoretiker:innen für diese Definition der Transition. In der 2017 neu aufgelegten Ausgabe ihres wegweisenden Buchs

Transgender History (ursprünglich 2008 erschienen) bezeichnet Susan Stryker »das Konzept Transgender« nicht als »ein bestimmtes Ziel oder eine bestimmte Form der Transition, sondern als eine Bewegung über eine gesellschaftlich auferlegte Grenze hinweg, bei der man sich von einem nicht selbst gewählten Startpunkt entfernt«.[44]

Die sich selbst gestaltende Person (anstelle des Self-Made Man) ist unweigerlich Teil der Entwicklung aller Menschen, und Transgender- oder gendervariante Menschen scheinen in zunehmendem Maße die sichtbarste Manifestation dessen zu sein. »Das Projekt, Gender ständig zu managen, zu kuratieren, zu arrangieren, strategisch einzusetzen und ein lesbares und wünschenswertes Geschlecht zu schaffen, ist allen Menschen gemein«, erklärte mir Eric Plemons. Worin bestehe denn der Unterschied zwischen den Bemühungen einer Cisgender-Frau, ihren Körper zu optimieren, vom Make-up übers Fitnessstudio und Diäten bis zu Botox und Schönheits-OPs, und den Anstrengungen einer Transfrau, die sich einer Hormontherapie und Operation unterzieht?

Einige gehen noch weiter und berufen sich auf den spekulativen Feminismus von Donna Haraways 1985 erschienenem »Manifest für Cyborgs«, in dem ein zukünftiges Bewusstsein jenseits des »antagonistischen Dualismus« in Aussicht gestellt wird, der uns definiert: Mensch – Tier, Mensch – Maschine, schwarz – weiß, männlich – weiblich.[45] Im Zeitalter der Kybernetik, Neuroprothesen und virtuellen Realität könnten Transpersonen »die Ersten sein, die sich in Richtung des Posthumanen entwickeln«, spekuliert Laura Jacobs, eine bekannte US-amerikanische Transgender-Therapeutin. »Unsere Identitäten werden ganz anders sein als alles, was man sich derzeit vorstellen kann. Geschlecht an sich könnte unendlich sein.«[46]

—

2019 unterstützte das Center for Transyouth Health and Development am Children's Hospital of Los Angeles über 1000 Jugendliche bei der Transition.[47] Doch beim Blick auf die Zahlen wies mich Johanna Olson-Kennedy, die Leiterin des Zentrums, darauf hin, dass die Anzahl trotz des steilen Anstiegs der Überweisungen an ihre Klinik »immer noch gering ist, viel kleiner als die Schätzungen, die wir zur Zahl der Transjugendlichen in der Gesamtbevölkerung haben« – allein in Los Angeles über 20 000, wenn man den Schätzungen glaubt. »Selbst wenn all unsere Patient:innen aus LA kommen würden, was sie natürlich nicht tun, würde das bedeuten, dass nur eins von 22 Transkindern zu uns kommt. Was passiert mit den anderen 21?«

Sie wollte auf Folgendes hinaus: Die große Mehrheit der Transjugendlichen erhält keine professionelle Hilfe und ist deshalb gefährdet. So gesehen sind die jungen Leute, die mit Hilfe von Operationen und Hormonen eine Transition durchlaufen, keine »Versuchskaninchen« in einem abgehobenen unethischen gesellschaftlichen Experiment, wie Dee und die besorgten Mütter bei 4thWaveNow behaupten, sondern eine kleine Gruppe von »Pionier:innen« in einer neuen Ära der Kinderrechte, der Transgender-Rechte und der Medizin.

Wie alle Pionier:innen sind sie einem hohen Risiko ausgesetzt. Olson-Kennedy befürchte, dass nicht genügend geforscht werde und man deshalb nicht vorhersagen könne, wie Kinder, die vor der Pubertät eine Transition beginnen, als Erwachsene mit Intimität und Sexualität umgehen. Erica Anderson sagte mir, sie sei beunruhigt, dass junge Menschen eine Transition durchlaufen, ohne zuvor sexuelle Erfahrungen in ihrem angeborenen Körper gesammelt zu haben. Anderen Ärzt:innen und Therapeut:innen gab die Unfruchtbarkeit zu denken, die mit einer frühen Transition verbunden ist: Können Zwölfjährige wirklich derartige Entscheidungen bezüglich ihrer Zukunft treffen? Die medizinische Forschung deutet auf zahlreiche Nebenwirkungen bei einer langfristigen Hormonersatztherapie hin, unter anderem auch auf eine verkürzte Lebensdauer. Wie wiegt man das gegen die Daten ab, die auf eine erhöhte

Rate von Selbstverletzungen und Selbstmord bei Menschen mit Geschlechtsdysphorie verweisen, und gegen eine Studie aus dem Jahr 2015, die zu dem Schluss kam, dass Testosteron »die Lebensqualität von Transmännern signifikant verbessert«?[48]

Ob man sie nun als »Versuchskaninchen« oder »Pionier:innen« bezeichnet: Die jungen Menschen, die ich über Riot Youth und anderswo kennengelernt habe, dringen in unbekanntes Terrain vor, sie selbst und mit ihnen auch die Kultur. Sie sind die erste Generation, die eine frühe Transition erlebt: Wie könnte es klare Aussagen dazu geben, was psychologisch und physiologisch betrachtet in ihrem späteren Leben passieren wird? Die Wissenschaft ist noch so jung, so wie die, denen sie zugutekommt. Die Ältesten sind gerade einmal Ende zwanzig. Wie werden sich ihre Knochen mit zunehmendem Alter entwickeln, wie ihre Beziehungen? Wird ihre Lebenserwartung sinken und wird das – wenn das der Preis ist, den man für sein »wahres Selbst«, wie Liam es nannte, bezahlen muss – eine Rolle spielen?

ERWACHSEN WERDEN

Während Liam das College besuchte und anschließend ein Aufbaustudium an der University of Michigan absolvierte, dokumentierte er in den sozialen Medien fleißig seine Transition, um, wie er sagte, Transgender-Menschen mehr ins Blickfeld der Öffentlichkeit zu rücken und anderen Jugendlichen wichtige Informationen über den Vorgang zu liefern. Er postete Videos von sich beim Testosteronspritzen auf YouTube und beschrieb die körperlichen Veränderungen und seine Gefühle. Nachrichten-Websites berichteten über ihn, und 2015 wurde er Teil einer groß angelegten Onlinekampagne, die sich für Transgender-Jugendliche einsetzte. Als ich ihm schrieb und zu seiner Teilnahme gratulierte, antwortete er, er habe diese Erfahrung als »enorme Bestärkung« empfunden. Er habe das Gefühl, »endlich die Kontrolle« über sein Leben und seine Geschichte zu haben. Aus diesem Grund müsse er sich auch zurückziehen. Er wolle »nicht länger Thema in deinen aktuellen und zukünftigen Publikationen sein«.

Anfang 2014 hatte ich einen Essay über Liam in der Literaturzeitschrift *Granta* veröffentlicht, mit seiner Genehmigung und der seiner Familie. Natürlich wusste er, dass ich auch an einem Buch arbeitete. Aber jeder hat das Recht auf seine eigene Geschichte, daher akzeptierte ich Liams Entscheidung trotz meiner Enttäuschung und sah darin ein Resultat seines Erwachsenwerdens. Er fand zu sich selbt. Ich hatte ihn als vorsichtigen Teenager kennengelernt, der an der Schwelle zum Erwachsenen und der körperlichen Transition stand. Nun war er ein selbstbewusster Aktivist, der Führungsrollen übernahm. Ich verstand seine Entscheidung auch als Folge einer politischen Bewusstseinsbildung, die er nicht nur als Transmann, sondern auch als Person of Color – ein wesentlicher Teil seiner Identität – in der Ära von Black Lives Matter erlebte. Ein wichtiger Grundsatz dieser neuen Generation von Aktivist:innen – für Transpersonen wie für People of Color – lautete, dass es an der Zeit war, dass die Menschen ihre eigene Geschichte erzählten, anstatt stumm zu ertragen, was oft als »Gewalt« der verfälschenden Darstellung und Aneignung bezeichnet wird. Liam machte zwar deutlich, dass ihm durch meinen *Granta*-Essay keine Form dieser Gewalt angetan worden war, dennoch wollte er, dass seine Geschichte »direkt von mir kommt, mit meiner eigenen Stimme erzählt wird«.

Wir kamen überein, dass ich für mein Buch das Material verwenden konnte, das bereits im *Granta*-Artikel erschienen war, aber nicht mehr, abgesehen von diesem Postskriptum (das er gründlich gegengelesen hat). Außerdem würde ich weiterhin Pseudonyme für ihn und seine Familie verwenden. Und obwohl ich sein Leben im Internet weiterverfolge, ist mein Kontakt zu ihm abgebrochen.

—

Sean machte im Februar 2015 mit Charlotte Schluss, vier Monate nach dem Streit im Chinarestaurant, bei dem ich dabei gewesen war. Die Beziehung sei »unerträglich turbulent« geworden, sagte mir Sean. Für beide war es der Tiefpunkt schwieriger Teenagerjahre, von denen sie sich jedoch erholt zu haben schienen, als ich mich – zwei Jahre später – erneut mit ihnen unterhielt, dieses Mal allerdings getrennt voneinander und online.

»Wir sind jetzt eng befreundet, obwohl wir uns wie verrückt streiten«, erzählte mir Sean. »Unsere politischen Ansichten gehen sehr weit auseinander. Aber jetzt habe ich eine Stimme, und ich kann sagen: ›Für euch ist das anders, finde dich damit ab!‹ Charlotte regt sich total auf! Wir haben eine jüdische Streitkultur. Sie kann nicht mehr behaupten, was sie will, ich widerspreche ihr.«

Charlotte lebte mittlerweile mit ihrer neuen Partnerin, ebenfalls einer Transfrau, in Detroit. Sie hatte ihren Abschluss am Community College mit Auszeichnung bestanden und bewarb sich für ein Aufbaustudium im Bereich soziale Arbeit. Auch Sean war schließlich aufs College gegangen, und als wir uns 2017 per Skype unterhielten, studierte Sean im dritten Jahr an einer kleinen progressiven Hochschule außerhalb von Boston Philosophie und Soziologie und unterrichtete ehrenamtlich Häftlinge in einem nahe gelegenen Gefängnis.

Sean trug inzwischen große runde Brillengläser und die Haare bis zur Hüfte. Auf Facebook sah ich, dass *they* sich auch gern ein bisschen im Vamp-Look stylte. Sean hatte sich mit Elizabeth darauf geeinigt, dass »Geschlecht tatsächlich eine Art Kastensystem ist, und innerhalb dieses Systems wurde ich zur Frau bestimmt. Es gibt nichts, was ich tun kann, um dem zu entkommen, wenn ich meinen Körper nicht medizinisch verändern will. Wenn mich die Welt also als Frau sehen will, werde ich nicht dagegen ankämpfen.« Doch wie auch immer andere *they* sehen wollten, in einem Punkt blieb Sean ganz klar: »Ich bin trans oder a-gender. Das beschreibt, wer ich im Innern bin. Ich bin immer noch Sean. Ich verwende immer noch ›they‹ und ›them‹ für mich.«

Mit 22 und mit einem erfüllenden Studium im Rücken konnte Sean ein erstes Fazit ziehen. Die Erfahrungen bei Riot Youth seien »sehr wichtig gewesen. Sie gaben mir ein Gefühl von Empowerment, Gemeinschaft und die Fähigkeit, mein Umfeld zu verändern. Aber ich bin so froh, dass ich nicht länger in der Vorstellung gefangen bin, je mehr unterdrückte Identitäten man hat, desto näher ist man der Wahrheit. Ich glaube, das veranlasste mich, eine Transgender-Identität anzunehmen, was ich sonst vielleicht nicht getan hätte.«

Sean hatte mittlerweile erkannt, dass die eigene Geschlechtsdysphorie sowohl mit »psychischen Problemen« als auch mit der »misogynen Gesellschaft« zu tun hatte: »Ich mochte es nicht, dass mich die Leute als Frau betrachteten – ich fühlte ich dadurch in gewisser Weise unterlegen und machtlos. War meine Dysphorie die Folge von Misogynie oder von etwas in mir? Ich ringe schon so lange mit einer Antwort, aber ich weiß es nicht. Spielt es eine Rolle? Wie auch immer ich dahin gekommen bin, jetzt bin ich hier.«

Vielleicht wäre es mit Hormonen und einer Operation anders gewesen, doch Sean wurde von der Welle nicht »am Strand zurückgelassen«, sondern an einen neuen Ort gespült, der Sean gut gefiel und der *them* definierte.

Und der Sean zu Augustine führte.

—

Augustine sah Sean zum ersten Mal in einem Bus in Ann Arbor, um Weihnachten 2015 herum. »Mir gefiel die rote Lederjacke«, erzählte mir Augustine zwei Jahre später. »Jeder kann eine rote Lederjacke tragen, aber normalerweise sind es nur die queeren Leute, zumindest hier in der Gegend, die das dann auch tatsächlich machen …«

Im Bus fiel Augustine auch auf, dass Sean auf dem Smartphone Tumblr offen hatte: »Ich wagte den ersten Schritt und machte Sean ein Kompliment zum Outfit und fragte nach der Tumblr-Adresse.« Augustines Eindruck wurde bestätigt: Sean verwendete ebenfalls *they*-Pronomen. Die beiden chatteten online, doch es vergingen einige Monate, bis sie ein Paar wurden.

Zweieinhalb Jahre später, im Sommer 2018, lebten sie zusammen in Augustines baufälliger Mietwohnung am westlichen Rand der Stadt. Augustine arbeitete nachts in einer Bäckerei, und Sean hatte Sommerkurse am Community College belegt, daher sahen sie sich kaum, waren aber glücklich miteinander. Sean war jetzt »für Mitgefühl und Empathie« und gegen die »vorschnelle öffentliche Verurteilung«, die die Bewegungen für soziale Gerechtigkeit in zunehmendem Maße zu dominieren schien. Auch mit den Eltern kam Sean wieder besser aus, die begeistert waren, dass ihr Kind studierte und gute Noten hatte, und die Augustine zu mögen schienen.

Augustine musste man auch einfach gernhaben, wie mir während unseres Videochats sofort klar wurde. Ein großer, schlaksiger Körper – 1,93 Meter –, gepaart mit einem goldbraunen Teint, einem sanften, ruhigen Wesen, Gesichtspiercings und einem Afro. Wie Sean war Augustine aufgrund von Konflikten in der Familie mit 18 daheim ausgezogen, ohne die Highschool abzuschließen. *They* war nach Ann Arbor gegangen und schlug sich seitdem allein durch. In der Schule war Augustine ein Mathegenie gewesen und sparte nun, um Maschinenbau zu studieren.

Während Sean Mühe hatte, die eigene Einstellung zu Geschlechtsidentität zu artikulieren, fiel Augustines Analyse klar und leidenschaftslos aus: »Schon lange bevor ich geeignete Wörter kannte, um darüber zu sprechen, empfand ich ein allgemeines, durchdringendes Unbehagen, wenn mich jemand als männlich bezeichnete. Mir war das irgendwie peinlich, als ob ich die anderen bei einer Lüge ertappt hätte.«

Dafür gab es zwei Gründe. Der erste war die »erdrückende« Vorstellung von Augustines Mutter, wozu Männer da seien: »Um ein guter Vater zu sein. Um sein Leben darauf zu verwenden, ja im Grunde sein Leben aufzugeben, damit zu Hause alles läuft. Arbeiten, schlafen, essen.« Der zweite Grund war »diese andere Sache, in unserer Kultur, bei der es um jede Menge Sex und Gewalt zu gehen schien«. Dieser Gegensatz – der aufopfernde Vater, der knallharte Macho – schien nach Augustines Eindruck in der afroamerikanischen Kultur besonders ausgeprägt, in der »Hypermaskulinität« als Schutz vor der Gewalt des Rassismus diente. Wenn also »meine Mom oder andere Leute darüber redeten, dass ich ein ›Mann‹ wäre, wusste ich wirklich nicht, was sie meinten. Das war nicht ich.«

Augustine entdeckte durch Tumblr das Konzept der Genderfluidität und begann, heimlich Spitzenunterwäsche zu tragen, die Transgender-Freund:innen schickten, um »mich daran zu erinnern, dass ich kein Mann war«. Nach dem Auszug von zu Hause »fing ich an, Röcke anzuziehen«.

Doch erst über das Thema Haare begann Augustine, Gender zu verstehen, vor allem in Überschneidung mit Race: »Wenn ich meine Haare zu Cornrows flechte, halten mich die Leute für maskuliner und sind allgemein ängstlicher mir gegenüber. Ich bin schwarz und 1,93 Meter groß. Wenn mir jemand unerwartet begegnet, ist er überrascht oder alarmiert oder umklammert seine Tasche fester. Aber wenn ich eine femininere Frisur habe wie *braids* oder Extensions, sehen die Leute mich als weniger bedrohlich an. Der Rassismus ist subtiler.«

Das Allererste, was mir Augustine aus der eigenen Kindheit erzählte, war das ständige Gefühl, »dass die Leute mich auf dem Kieker hatten, weil es hier in Amerika ausreicht, dass man schwarz und ein Junge ist, schon wird man zur Zielscheibe«. Das sei jedoch nicht der Grund für die bewusste Abkehr der Männlichkeit gewesen. Allerdings erinnerte sich Augustine aus der Kindheit daran, dass »eine bekannte Person junge schwarze Männer als ›Superpredators‹ bezeichnete« (der Kommentar stammt von Hillary Clinton aus dem Jahr 1996). »Ich war ungewöhnlich groß für mein Alter, überragte jeden, und meine emotionale Reaktion war Ekel: ›Nein, ich werde nicht so sein. Ich werde mich davon [vom alles durchdringenden Bild schwarzer Männlichkeit] distanzieren.‹«

Während Augustine mir das erzählte, dachte ich an die Schilderung der ersten Begegnung mit Sean zurück, bei der die rote Lederjacke als Zeichen für queere Identität gedient hatte. »Es war daher sicherer, mit *them* zu reden«, hatte Augustine gesagt. »Ich riskierte nicht so viel, wenn ich *them* ansprach.«

Worin genau hätte denn dieses Risiko bestanden, hatte ich gefragt.

»Das Risiko, als Mann gesehen zu werden, und ebendiese Angst hervorzurufen, die manchmal auftrat, wenn ich mit Leuten redete, die mich für einen Mann hielten.«

—

In Seans Erinnerung an die erste Begegnung im Bus wurde *they* auf die Schulter getippt und angesprochen – auf eine sehr nette Art, wie es scheint: »Ich war fertig mit Männern, nach einer Erfahrung mit einem verrückten Typen, der total ausfallend geworden war. Daher wollte ich es nicht riskieren, Fremden meine Telefonnummer zu geben. Aber ich dachte, schauen wir mal, was auf Tumblr passiert. Zumindest wird *they* wissen, wer ich bin.«

Mir fiel auf, wie Sean und Augustine das Wort »Risiko« beziehungsweise »riskieren« verwendeten. Das erinnerte mich an das, was mir Will Sherry, der Leiter von Spectrum gesagt hatte, einer Beratungsstelle für LGBTQQA-Studierende an der University of Michigan. »Das Schlüsselwort lautet heute ›Sicherheit‹«, sagte er, als ich ihn fragte, was sich in den vergangenen Jahren bei seiner Arbeit geändert hatte. »Für unsere Klientel hat Sicherheit höchste Priorität und ein Großteil unserer Angebote dreht sich darum.«

Das war der Zeitgeist, der herrschte, als sich Sean und Augustine kennenlernten und eine Beziehung eingingen: die Zunahme von Schießereien und Amokläufen an Schulen und Universitäten, das dank der Black-Lives-Matter-Bewegung gestiegene Bewusstsein um die gefährdete Sicherheit von People of Color und vor allem schwarzer Männer, das Bewusstsein um die gefährdete Sicherheit von Frauen aufgrund von Fällen sexueller Belästigung an Universitäten und später dank der #MeToo-Bewegung. Die Jugendlichen von Riot Youth entstammen einer Generation, die in einer Zeit der Angst erwachsen wurde: der Angst vor einer hemmungslosen weißen heterosexuellen Männlichkeit in Gestalt von Donald Trump, der mit seiner Politik Kinder von Migrant:innen gewaltsam von ihren Eltern trennte, der verhinderte, dass Transkinder Toiletten in Übereinstimmung mit ihrer Geschlechtsidentität benutzen durften, der sich über Menschen, die anders oder schwächer waren, lustig machte, der sich kaum um die Zerstörung der Umwelt und darum kümmerte, was wir nachkommenden Generationen hinterlassen würden.

Unter den Älteren gab es einige, die Sean und Augustine als Teil einer »Snowflake-Generation« betrachteten und glaubten, die Identitätspolitik mit ihrer Kultur der Verhätschelung bereite die Kinder und Jugendlichen von heute schlecht auf das Erwachsenendasein vor. Sean und Augustine waren während ihrer turbulenten Pubertät eindeutig gefährdet gewesen, aber beide hatten diese Phase ganz offensichtlich überstanden (wie auch Liam, Rose und Charlotte): Vielleicht waren sie sogar stärker geworden, weil sie so sehr dafür kämpfen mussten, sie selbst zu sein. In einer früheren Generation, ohne den schützenden kollektiven Panzer der Subkultur von queeren oder nichtbinären Menschen (oder, wie im Fall von Liam oder Charlotte, ohne den Zugang zu medizinischen Lösungen) hätten sie sich vielleicht aufgegeben – sich selbst Schaden zugefügt, wie so viele Pubertierende – oder sie hätten sich angepasst, hätten ihre Gefühle unterdrückt, um die Art von Frau oder Mann zu werden, die die Gesellschaft von ihnen erwartete.

Hätte ihnen das geholfen oder sie unterdrückt? Wäre ihnen Gewalt angetan worden oder wären sie gewalttätig geworden? Wer weiß. Doch die Art, wie Sean und Augustine als Paar miteinander redeten in jenem Sommer 2018, zweieinhalb Jahre nachdem sie sich im Bus kennengelernt hatten, vermittelte mir einen Eindruck von der Sicherheit, die sie einander gaben; eine Art Zuflucht vor dem Sturm.

Ich freute mich für sie.

—

2016 trennte sich Rose von Janie und begann eine Beziehung mit einer anderen »Anna«, die sie am Reed College kennengelernt hatte: Fiona, die im Verlagswesen tätig war.

Das Paar kehrte nach Portland zurück, wo Rose einen anstrengenden Job in der Bauwirtschaft hatte und viel unterwegs war: »Außer Haus bin ich ein Mann und zu Hause eine Frau«, lachte sie. »Wenn ich in einer Kleinstadt irgendwo in Idaho bin, ist es einfacher, ein kleiner asiatischer Mann zu sein als eine schräge Butch-Lesbe mit Männerstimme.« Ihre Kolleg:innen wussten jedoch Bescheid, und sie bat sie auch immer, ein Auge auf sie zu haben, wenn sie auf die Toilette musste, »falls dort etwas Dubioses passiert«.

Doch bei Fiona und ihrem Freundeskreis in Portland »bin ich eine Frau, keine Frage«, sagte Rose.

Anfang 2017 hatten die beiden geheiratet, als Frauen – was mittlerweile rechtlich möglich war –, auf dem Gipfel des Mount Tabor, mit Eheringen für zwanzig Dollar aus dem Pfandhaus und vielen Freund:innen. Rose hatte natürlich einen Smoking getragen. Die Hochzeit schien sie ihren Eltern in Ann Arbor wieder nähergebracht zu haben, von denen sie sich einige Jahre zuvor entfremdet hatte: »Meine Mom war entzückt. Sie liebt Fiona.«

Eine Brust-OP stand jedoch immer noch auf Roses Agenda, als wir uns ein Jahr später unterhielten. Sie war schon bei einem Spezialisten gewesen und »kümmerte sich um die Finanzierung«. Trotzdem gab sie zu, sie hoffe oft, »als Frau älter« und »weniger ambivalent« zu werden: »Es ist schön, immer in der Lage zu sein, sich zu ändern, wie ein Chamäleon, sich in diese Situation oder jene einzufügen, aber gleichzeitig wünsche ich mir mehr Vereinbarkeit zwischen der äußeren Hülle und meinem Innern. Es wäre schön, wenn mich die Leute so sehen würden, wie ich mich selbst sehe. Ich hoffe, dass ich mich mit zunehmendem Alter in diese Richtung entwickle.«

Wir plauderten über Skype, Rose und Fiona in ihrer gemütlichen Wohnung in Portland, ich in meinem Arbeitszimmer in Kapstadt. Rose lümmelte auf einem Sessel, in Jeans und Hemd, während Fiona – schmal, mit langen, rötlichen Haaren und aufmerksam zuhörend – eine Tasse Tee umschlang.

Rose seufzte. »Ich vermute, ich könnte mich anders anziehen, mehr femme, und mir die Haare wachsen lassen. Aber das wäre es auch nicht. So bin ich halt.«

»Ja, das bist du«, sagte Fiona.

Wir lachten.

15

DIE NEUE PINKE LINIE: GESCHLECHTSIDENTITÄT

»Ich glaube nicht, dass ich die Transition gemacht hätte, wenn ich auf den Philippinen geblieben wäre. Denn die Kultur dort bietet Raum für gendernonkonforme Personen. Aber als ich in den neunziger Jahren zum Studium in die USA kam, gab es nur diese binäre Zuordnung. Und weil ich nicht in die männliche Kategorie passte, entschied ich mich für die weibliche.«

Diese Sätze stammen von der Autorin Meredith Talusan, mit der ich mich Ende 2018 traf. Selbst in dem Café in Brooklyn, in dem man hätte meinen können, die Gäste ließen sich nicht so schnell beeindrucken, sorgte Talusan für Aufsehen. Talusan, die mit ihren asiatischen Gesichtszügen, Sommersprossen und blonden, zu einem jungenhaften Seitenscheitel frisierten Haaren gelegentlich als Model arbeitet, sprengt sowohl ethnische wie geschlechtliche Kategorien, denn sie ist auch ein Mensch mit Albinismus.

Wir unterhielten uns darüber, wie sich die Vorstellungen von Geschlechtsidentitäten im 21. Jahrhundert durch die Globalisierung weltweit veränderten, vor allem auf den Philippinen, ihrem Geburtsland, und in den USA, wo sie schon ihr ganzes Erwachsenenleben verbracht hatte. In ihrer alten Heimat hätte sie vielleicht einen Weg gefunden, ihrer Weiblichkeit Ausdruck zu verleihen, *ohne* eine Frau zu werden. Aber als sie 1993 mit 18 in die USA kam, um in Harvard zu studieren, landete sie in einer Gesellschaft, in der es nur zwei Geschlechter gab, männlich und weiblich. Außerdem glaubte man fest an medizinische »Lösungen« und an einen auf rechtlichen Regelungen basierenden Ansatz in Fragen der Identität. Diese Faktoren – die kulturellen, die medizinischen, die politisch-rechtlichen – spielten bei Talusans Transition 2006 eine wichtige Rolle.

Ein Jahrzehnt später war sie zu einer führenden Stimme der zweiten Welle von Transgender-Denker:innen geworden, die frühere Vorstellungen von einer inhärenten, unveränderlichen binären Natur der Geschlechtsidentität infrage stellen. »Ich bin nicht der Typ Frau, der glaubt, ich hätte etwas Unveränderliches an mir, das mich zur Frau macht«, sagte sie 2017 in einem Interview kurz nach ihrer Ernennung zur Chefredakteurin von *them*, dem neuen Online-LGBT-Magazin des Medienunternehmens Condé Nast. »Ich bin in erster Linie eine Frau, weil es große Teile von mir gibt, die in dieser Kultur als weiblich definiert werden und die in dieser Kultur so schwierig auszudrücken sind, wenn man sich nicht als Frau identifiziert.«[1]

Ich fragte Talusan, ob sie sich anders entschieden hätte, wenn sie eine Generation jünger wäre und heute in die USA käme, 2018, nun da es auch in der US-amerikanischen Kultur eine nichtbinäre Option gibt.

»Ich bin mir nicht sicher, ob ich dem Reiz, attraktiv zu sein, hätte widerstehen können«, antwortete sie. »Wenn man gendernonkonform ist, ist man für niemanden attraktiv. Man opfert seine Attraktivität. Man hat vielleicht politisches Kapital, aber kein sexuelles.«

Ein provokativer Standpunkt: nicht nur, weil Talusan auf der binären Natur sexuellen Verlangens bestand, sondern auch, weil sie den Kontext und das Begehren an sich in ihre Formulierung der Geschlechtsidentität einbezog. Frühere Transgender-Aktivist:innen hatten diese Sichtweise rundweg abgelehnt, da sie auf eine psychische Störung und damit auf die Möglichkeit einer Therapie verwies. Doch nun forderten Talusan und andere wie etwa Andrea Long Chu, eine weitere Autorin der zweiten Welle, »Transgeschlechtlichkeit nicht unter dem Blickwinkel zu betrachten, wer man *ist*, sondern was man *will*«.[2] Die Autor:innen argumentierten, selbst wenn Geschlechtsidentitäten wandelbar oder objektbezogen seien, seien sie deswegen nicht weniger gültig.

Bei unserem Treffen 2018 in Brooklyn sagte mir Talusan, sie fühle sich zunehmend frei, mit der Androgynität zu spielen. Der zeltartige Overall, den sie trug, unterstrich ihre Aussage. Sie hatte ihn in einem Secondhandladen gefunden, und wer wusste schon, ob er einmal für einen Mann oder eine Frau gemacht worden war. Der Overall schien am Körper seiner aktuellen Trägerin ein eigenes Geschlecht anzunehmen. Auch das war ein Merkmal der zweiten Welle: die zunehmende Tendenz zur Fluidität bei den Personen aus Talusans Generation, die ursprünglich die geschlechtliche Trennlinie überquert hatten und von männlich zu weiblich oder umgekehrt gewechselt waren.

Wir unterhielten uns darüber, wie nichtbinäre Menschen in den USA auf die fluiden Genderkategorien präkolonialer Gesellschaften verwiesen, um sich selbst zu verstehen, von den *two spirits* bei den US-amerikanischen Ureinwohner:innen bis zu den *bakla* in ihrem Heimatland Philippinen. »Bakla« ist eine Abkürzung für »Mann-Frau« in Tagalog, und die *bakla* haben ihre Wurzeln in den präkolonialen *babaylan* – Schamanen, die sich weiblich gaben, aber einen männlichen oder weiblichen Körper haben konnten.

Im Westen hat die Transgender-Bewegung den Effekt, dass die Grenze zwischen männlich und weiblich, die Talusan zwei Jahrzehnte zuvor als so strikt empfunden hatte, allmählich verschwimmt. Aktivist:innen, Journalist:innen, Ärzt:innen, Therapeut:innen und Sozialwissenschaftler:innen sprechen von einem »Genderspektrum« anstelle einer Trennung zwischen den Geschlechtern, und Jugendliche (wie etwa bei Riot Youth) finden ihren Platz irgendwo in diesem Spektrum, manchmal mit, manchmal ohne medizinische Unterstützung.

Doch auf den Philippinen – wie in vielen Gesellschaften, in denen es schon immer eine dritte Geschlechtsidentität gab – hat die globale Transgender-Revolution den gegenteiligen Effekt. Der erweiterte Zugang zu Informationen über Transgender-Rechte und medizinische Optionen führt dazu, dass fluide kulturelle Konzeptionen von Gender und Sexualität *zugespitzt* und auf die Zweiteilung von männlich und weiblich reduziert werden. Überall auf der Welt eröffnen die digitale Technologie und der medizinische Fortschritt ganz neue gesellschaftliche und biologische Möglichkeiten. Gleichzeitig kommt die neue globale LGBT-Bewegung in Kontakt mit Gesellschaften, die über jahrhundertealte Methoden für den Umgang mit Personen verfügen, die nicht so ganz in das eine oder andere Geschlecht passen.

In diesen Gesellschaften kommen nun neue Debatten auf: darüber, wer männlich und wer weiblich ist, und ob man weder das eine noch das andere oder beides sein kann; über das Recht auf Selbstbestimmung und das Recht, sein eigenes Geschlecht zu wählen, sowie über die Frage, ob – und wie – der Staat die Pflicht hat, das zu respektieren, und ob und wie das Gesundheitssystem das unterstützen soll. Im frühen 21. Jahrhundert entwickelte sich diese Debatte in Gesellschaften, in denen geschlechtliche Identität und sexuelle Orientierung nicht getrennt wurden, wie es im Westen zunehmend der Fall war, zu einem neuen Schauplatz im Kampf um Menschenrechte, der im Zusammenhang mit Homosexualität manchmal entlang der neuen pinken Linie auftrat und manchmal direkt darüber hinwegging. Vorher war man vielleicht *bakla*, aber nun bestand die Möglichkeit, dass man entweder transgender oder homosexuell war.

Auf den Philippinen führte das Aufkommen einer globalisierten LGBT-Bewegung – und insbesondere einer Transgender-Bewegung – zu ersten Veränderungen der *Bakla*-Subkultur und ihrer Stellung in der Gesellschaft. In dieser Hinsicht trug sie vielleicht dazu bei, die Gendernonkonformität, die ein so wesentlicher Bestandteil der *Bakla*-Identität war, zu begrenzen und eine striktere Zweiteilung der Geschlechter zu stärken.

—

Im Mai 2013, fünf Jahre vor meinem Gespräch mit Meredith Talusan, war ich selbst auf die Philippinen gereist, um einen bemerkenswerten Wahlkampf vor Ort zu verfolgen: Eine Transfrau namens Bemz Benedito kandidierte für den Kongress und stand an der Spitze einer Liste, die als »die erste LGBT-Partei der Welt« gefeiert wurde. Die Partei hieß Ang Ladlad und war als Special-Interest-Partei ins undurchsichtige Parteiensystem der Philippinen aufgenommen worden. Wenn die Partei landesweit 300 000 Stimmen erhielt, würde Benedito in den Kongress gewählt werden, um ausdrücklich die LGBT-Bürger:innen des Landes zu repräsentieren, und wäre damit die vierte gewählte transgender Repräsentantin weltweit gewesen: zusammen mit einer polnischen Abgeordneten, einer venezolanischen Kongressabgeordneten und einer peruanischen Stadträtin.

Die Philippinen sind weltweit als »gay friendly« bekannt: Bei einer Umfrage 2013 stimmten 73 Prozent der Befragten der Aussage zu, »Homosexualität sollte von der Gesellschaft akzeptiert werden«, laut der Pew-Umfrage Global Attitudes & Trends die bei Weitem höchste Zustimmung in Asien.[3] Dennoch hing ein Antidiskriminierungsgesetz seit über zwölf Jahren im Kongress fest, weil sich die Kirche in dem streng katholischen Land dagegen wehrte. Aus diesem Grund war Ang Ladlad gegründet worden: Die Partei hatte sich schon bei der vorangegangenen Wahl 2010 registrieren lassen wollen, war aber zuerst nicht zugelassen worden, weil die Wahlkommission entschieden hatte, sie fördere die »Unmoral«. Daraufhin klagte die Partei beim Obersten Gerichtshof und erhielt recht. Sie durfte antreten. Dank positiver Berichterstattung in den Medien und der Empörung über die Homophobie der Wahlkommission erhielt sie 120 000 Stimmen, obwohl sie kaum Wahlkampf betrieben hatte.

Drei Jahre später stand Bemz Benedito an der Spitze der Ang-Ladlad-Liste. Sie war Mitte dreißig und besaß eine telegene Schönheit sowie einen Masterabschluss von der besten Universität des Landes. Außerdem hatte sie zehn Jahre lang als Referentin eines Kongressabgeordneten gearbeitet. Im Wahlkampf wirkte sie tüchtig und sachlich und hatte so gar nichts von der Hyperfeminität, die normalerweise mit *bakla* assoziiert wird. Doch Ang Ladlad verfolgte im Kampf um Wähler:innenstimmen eine ganz neue Strategie: Die Partei wollte jeden Schönheitssalon des ausgedehnten Inselstaates erreichen.

Die *bakla* auf den Philippinen betreiben die allgegenwärtigen Friseursalons und veranstalten die jährlichen Miss-Gay-Schönheitswettbewerbe, die in fast jedem Wohnviertel stattfinden. »Die *parloristas* sind unser Rückgrat«, erklärte mir Benedito, als wir in der Stadt Baguio einen Salon betraten, der mit opulentem Kitsch in ein Schmuckkästchen verwandelt worden war, und von geschäftigen Kosmetiker:innen in verschiedenen Ausprägungen des Genderspektrums empfangen wurden. »Sie sind die Nervenzentren der Gemeinschaft, hier kommen die *bakla* über ihren Beruf in Kontakt mit der breiten Gesellschaft. Jede Frau auf den Philippinnen hat eine:n *Bakla*-Friseur:in!«[4]

Doch Benedito wollte auch ausdrücklich dafür sorgen, dass sich *bakla* nicht länger auf Berufe in der Schönheits- oder Unterhaltungsbranche beschränken mussten. Und das machte ihren Wahlkampf – und die Transgender-Bewegung der Philippinen – so interessant. Hier wurde wie überall auf der Welt eine neue pinke Front eröffnet, um den etablierten, aber begrenzten Bereich, den die Gesellschaft traditionell Personen des dritten Geschlechts bot, um die Möglichkeiten einer neuen Transgender-Identität westlichen Stils zu erweitern.

Benedito war ein führendes Mitglied von STRAP, der selbstbewussten Society of Transexual Women of the Philippines. Ein weiteres führendes Mitglied, Mikee Nuñez-Inton, erzählte mir, welche Erfahrungen sie beim Eintritt in die Organisation gemacht hatte: »Das Allererste, was man mir sagte, war: ›Du bist keine *bakla*, du bist eine Frau!‹« Anfänglich sah sie darin den Wunsch von Transfrauen, sich von einem Wort zu distanzieren, das oft abwertend verwendet wurde, doch mit der Zeit erkannte sie darin Klassenbewusstsein und Aufstiegswillen.

Als wir uns trafen, war Nuñez-Inton Dozentin für Gender Studies an der De La Salle Universität von Manila. »Während unsere *Babaylan*-Vorläufer:innen mit Respekt behandelt wurden und in der präkolonialen Gesellschaft wichtige rituelle Funktionen innehatten, die dann unter spanischer Herrschaft von katholischen Priestern übernommen wurden«, erklärte sie 2015 in einem Interview, »ist die *bakla* von heute auf die Schönheitsbranche mit relativ niedrigem Status beschränkt«.[5]

Daher, so sagte mir Nuñez-Inton 2018 bei unserem Gespräch, »ist es in Wirklichkeit die wirtschaftliche Situation, die die *bakla* von den Transgender-Personen trennt«. Man benötige Ressourcen – und Englischkenntnisse –, um im Internet zu surfen und sich über globalisierte Vorstellungen von Transgender-Identität zu informieren, ganz abgesehen von Operationen, die eine Reise nach Hongkong oder Bangkok erfordern.

Das Wort »bakla« ist ein weiter Begriff und umfasst alle Personen, denen bei der Geburt ein männliches Geschlecht zugewiesen wird, die sich aber weiblich fühlen: ein exaltierter Typ ist ebenso *bakla* wie eine Person, die sich in Bangkok operieren und die Brüste machen lässt. Manche *bakla* verwenden männliche Pronomen, manche weibliche, manche variieren je nach Kontext. Doch nun, im 21. Jahrhundert, drängen Transgender-Aktivist:innen die *bakla*, ihre Rechte als *Frauen* einzufordern und sich und ihren Körper als *weiblich* zu betrachten, denn dann könnten sie in der Gesellschaft all das beanspruchen, was Frauen zusteht. Sie könnten sich von den Beschränkungen ihrer diffusen Identität lösen und aus ihren Schönheitssalons ausbrechen. Sie könnten die Trennlinie zwischen den Geschlechtern überqueren, anstatt irgendwo dazwischen im Niemandsland zu darben. Sie könnten sogar für den Kongress kandidieren! (Benedito wurde übrigens nicht als erste transgender Kongressabgeordnete des Landes gewählt, doch drei Jahre später schaffte es eine andere Transperson ins Parlament, Geraldine Roman, die für denselben Wahlkreis wie zuvor ihr Vater in den Kongress einzog.)

Die *bakla* auf den Philippinen sagen, sie hätten *pusong babae*, das »Herz einer Frau«.[6] Ähnlich beschreiben sich die *kothi* in Südindien auf Tamil als »pen manaam konda aan«: Sie hätten das »Herz einer Frau im Körper eines Mannes«. Für die Trans-Menschen in Asien sei »der Sitz der Identität nicht der Verstand wie im Westen«, wie mir Mikee Nuñez-Inton erklärte, »sondern das Herz, der Geist, das innere Ich«. Das bedeutet, dass man im Westen glaubt, die Transgender-Identität sei, »weil sie im Verstand gründet, etwas Pathologisches und könne mit Hilfe von Therapien, psychiatrischer Behandlung oder einer Veränderung des Körpers geheilt werden. Aber wenn sie im Herzen liegt, geht es einfach darum, wer man ist. Da ist nichts Pathologisierendes.«

Mich verblüffte die Ähnlichkeit, die ihre Definition zur präfreudianischen Beschreibung Karl Heinrich Ulrichs' aufwies, der die »Urninge« als weibliche Seele in einem männlichen Körper bezeichnet hatte,[7] oder mit Edward Carpenters drittem Geschlecht der Uranier, über die er 1908 schrieb, sie hätten die Emotionen des einen Geschlechts im Körper des anderen.[8] Über das Herz oder die Seele definiert zu werden anstatt über den Verstand, habe noch einen weiteren Effekt, wie Mikee Nuñez-Inton sagte: »Weil man keine körperdysmorphe Störung diagnostiziert und damit auch keine Erwartung formuliert, es gebe eine Heilung, wenn man den Körper manipuliert oder verändert, geht es bei der Geschlechtsidentität nicht um den Körper. Es geht mehr um Ausdruck und Verhalten als äußerliche Manifestationen des Inneren und nicht darum, den Körper mit dem Verstand auf eine Linie zu bringen.«

—

Bemz Benedito und die STRAP-Mitglieder wollten den *bakla* vermutlich helfen und ihnen das Gefühl der Befreiung vermitteln, das ihrer Meinung nach mit dem Frausein einherging, doch Meredith Talusan hatte einen anderen Eindruck von der Hierarchie zwischen *bakla* und Transmenschen: »Auf den Philippinen werden Transfrauen stärker stigmatisiert als *bakla*, weil man es als Täuschung betrachtet, wenn man versucht, als Frau durchzugehen, obwohl man biologisch keine ist. Für Gendernonkonforme ist es besser, offen damit umzugehen.«

In den USA ist Meredith Talusan offiziell eine Frau. Doch auf den Philippinen hat Mikee Nuñez-Inton keine andere Wahl, als vor dem Gesetz ein Mann zu bleiben. Es ist im philippinischen Recht schlicht nicht vorgesehen, sein Geschlecht zu ändern, weshalb man natürlich jedes Mal dem Vorwurf der Täuschung ausgesetzt ist, wenn man seine Ausweispapiere vorzeigen muss.

Das war noch 2016 in großen Teilen der Welt so. Laut einer Auflistung von *National Geographic* konnte man in jenem Jahr seine Geschlechtsbezeichnung offiziell nur in 46 der 195 souveränen Staaten der Welt ändern. In weiteren 27 Ländern war die Änderung rechtlich möglich, aber extrem schwierig. In 67 Ländern war sie rechtlich nicht möglich, während in den verbleibenden Ländern »noch Daten zur Änderung der Geschlechtsangabe gesammelt werden müssen und die Diskussion über das Thema Neuland ist«.[9]

Selbst in Ländern, in denen eine Angleichung rechtlich oder medizinisch möglich war, konnte der Vorgang sehr beschwerlich sein, selbst wenn dort Transmenschen mitunter gefeiert wurden. Ein Land, in dem diese Diskrepanz besonders deutlich hervortrat, war China. Von der Kunst der Ming-Dynastie bis zur Pekingoper wird der feminine Transvestismus in der chinesischen Ästhetik geschätzt, was sich auch in der Populärkultur des 21. Jahrhunderts niederschlägt, wie das Beispiel Liu Ting zeigt. Liu hatte – als Mann – eine Auszeichnung als »nationales Vorbild der Tugend« erhalten, weil sie ihre Mutter auf dem Rücken ins Krankenhaus und wieder nach Hause getragen hatte.[10] Als sie 2015 ihre Transition öffentlich machte, wurde sie in den Medien zum Superstar, so glamourös wie Caitlyn Jenner, aber natürlich viel tugendsamer. Eine weitere glamouröse Transfrau namens Jin Xing moderierte Chinas meistgesehene Varietésendung, die jede Woche ungefähr hundert Millionen Zuschauer:innen im Internet hatte.

Doch der offizielle Vorgang einer Angleichung war in China nahezu unmöglich. Für eine Operation benötigte man die schriftliche Zustimmung der Familienmitglieder und musste sich mindestens fünf Jahre lang von einem Arzt wegen Transsexualität behandeln lassen. Außerdem musste man nachweisen, dass eine Psychotherapie wirkungslos geblieben war – und man benötigte die Bestätigung eines Psychologen, dass man nach der Operation heterosexuell sein würde. Wie in vielen Ländern konnte man die Geschlechtsbezeichnung erst nach der Operation ändern lassen, und selbst dann waren die Probleme noch lange nicht vorbei: Die Zeugnisse ließen sich nicht ändern – und da sie dem widersprachen, wie man mittlerweile aussah und sich selbst bezeichnete, wurden sie selten akzeptiert. Eine Umfrage unter Transteenagern, die das Beijing LGBT Center 2017 durchführte, bestätigte, dass die rechtliche Situation gesellschaftliche Normen spiegelte: Jeder fünfte Teenager berichtete, er sei zu einer Konversionstherapie gezwungen worden, und von den Befragten, die angaben, ihre Eltern wüssten von ihrer Geschlechtsidentität, berichteten 93 Prozent über Misshandlungen oder Vernachlässigung.[11]

In meiner Heimat Südafrika ist es seit 2003 allen Bürger:innen, die sich einer medizinischen Behandlung unterzogen haben, rechtlich möglich, ihr Geschlecht offiziell zu ändern. Allerdings weigern sich die meisten Beamt:innen – zu Unrecht –, eine Hormonbehandlung als ausreichende Begründung anzuerkennen. Und obwohl das Groote Schuur Hospital in Kapstadt eine staatlich finanzierte Klinik für Gendermedizin von Weltrang vorweisen kann, die kostenlose Behandlungen zur Angleichung anbietet, sind dort nur vier Tage im Jahr für Genitaloperationen vorgesehen. Die Wartezeit für eine OP lag 2018 bei 25 Jahren. Es gibt zwar auch private Kliniken, doch die können sich nur die wenigsten leisten.

Im benachbarten Botswana erhielt die Transgender-Aktivistin Ricki Kgositau 2017 in einem richtungsweisenden Prozess Recht, bei dem das Gericht die Behörden anwies, ihr einen neuen Ausweis mit dem Geschlechtseintrag »weiblich« auszustellen. (In einem ähnlichen Prozess wurde im Juni 2018 in Puerto Rico nach US-amerikanischem Gesetz zugunsten von drei Transteenagern entschieden.) Kgositau war – wie so viele, die es sich leisten konnten – nach Thailand gereist, um sich dort operieren zu lassen. Der Medizintourismus lockte zu Beginn des 21. Jahrhunderts über zwei Millionen Menschen ins Land, und geschlechtsangleichende Operationen hatten sich dabei zu einer wichtigen Nische entwickelt. Man geht davon aus, dass Zehntausende, die meisten davon Ausländer:innen, diese Möglichkeit in Anspruch genommen haben, seit sie in Thailand verfügbar ist, und zwar zu einem Bruchteil der Kosten, die im Westen angefallen wären – und offenbar mit zufriedenstellenden Ergebnissen.

Wer es sich leisten konnte, reiste für eine Operation schon immer ins Ausland, vom »dänischen Mädchen«, das in den dreißiger Jahren nach Berlin fuhr, über Christine Jorgensen, die 1952 nach Dänemark reiste, bis zu Jan Morris, die sich 1972 nach Casablanca aufmachte. 2018 fand die Beschreibung einer Reise zu einer geschlechtsangleichenden Operation schließlich Eingang in die allgemeine Reiseliteratur: Meredith Talusan veröffentlichte in der Zeitschrift *Condé Nast Traveler* einen Artikel über ihre Erfahrungen in Thailand, wo sie, wie sie schrieb, »den Raum hatte, der mir den Prozess [der Genesung] erleichterte, und wo ich ohne die Erwartungen der Welt an mein Geschlecht Trost und Ruhe in mir finden konnte. Allein in meinem Hotelzimmer in Pattaya auf der anderen Seite des Ozeans, konnte ich mich nicht nur von der Operation erholen, sondern auch von den überwältigenden Ansprüchen, die die Welt an mich stellte. In diesem Zimmer erkannte ich, wie es ist, einfach zu sein.«[12]

Dahinter steckte eine gewisse Ironie, denn Thailand mag zwar weltweit für seine geschlechtsangleichenden Operationen und seine Toleranz bekannt sein, doch das dortige Recht erlaubte es den thailändischen *kathoey* – den »Ladyboys« – nicht, ihre Namen oder ihr Geschlecht offiziell zu ändern. Dadurch waren sie bei einer beruflichen Tätigkeit außerhalb der Sexindustrie und bei Reisen erheblich eingeschränkt. 2013 umging Bangkok das Problem durch die Einführung eines Fingerabdruckidentifizierungssystems anstelle von Ausweisen. Doch transgender Thailänder:innen konnten nach einer Transition noch immer keinen Reisepass oder Führerschein beantragen. Wer sich operieren ließ oder als Frau lebte, befand sich in einer rechtlichen Grauzone und konnte sich weder auf Jobs bewerben noch ins Ausland reisen, weil eine Änderung der Dokumente nicht möglich war.

—

Obwohl Transmenschen 2018 in vielen Ländern, von Argentinien bis Pakistan, gesetzlich anerkannt wurden und nicht länger als »krank« galten, wurden sie in mindestens 57 Ländern immer noch kriminalisiert und verfolgt.[13] In vielen Ländern gelten immer noch Gesetze, die Posing oder Crossdressing in der Öffentlichkeit verbieten. Oft sind die entsprechenden Regelungen Bestandteil von Gesetzen, die »Landstreicherei« oder »Vagabundieren« untersagen. Häufig stammen sie aus der Kolonialzeit und sollten ursprünglich Homosexualität und Prostitution in Großbritannien unterbinden oder später in Amerika freigelassenen Sklaven das Umherreisen erschweren.

Im November 2018 wurde ein richtungsweisendes Urteil gegen Guyana gefällt, als der Caribbean Court of Justice das Verbot des Vagabundierens für verfassungswidrig erklärte. Vier Transfrauen waren 2009 verhaftet und verurteilt worden, weil sie sich »in weiblichem Aufzug« zu einem »unangemessenen Zweck« gezeigt hätten. Im Urteil des Caribbean Court of Justice hieß es nun, »Verschiedenheit sei so natürlich wie das Atmen«, und »Menschenwürde sollte niemals mit Füßen getreten werden, und niemandem sollten die Menschenrechte verwehrt werden aufgrund seiner Verschiedenheit, noch dazu einer Verschiedenheit, die keine Gefahr für die öffentliche Sicherheit oder Ordnung darstellt«.[14] Die Regierung Guyanas akzeptierte das Urteil und erklärte ihre Absicht, mehr für die gesellschaftliche Integration von LGBT-Personen zu tun.

Doch in einigen anderen ehemaligen britischen Kolonien entwickelte sich die Gesetzgebung in die genau andere Richtung. Denn nicht nur der Einfluss der LGBT-Bewegung wuchs, sondern auch der Einfluss des wahhabitischen Islam. Das führte zu neuen Gesetzen gegen Transpersonen, die sich – ironischerweise – auf die Definition von »Vagabunden« aus der britischen Kolonialzeit stützten. Vor allem an den Rändern der muslimischen Welt bekamen Transpersonen diese Entwicklung zu spüren: in Nigeria und in Malaysia.

Wie die *babaylan* auf den Philippinen hat auch das dritte Geschlecht der *'yan daudu* im Norden Nigerias präkoloniale Wurzeln und blickt auf eine lange Geschichte zurück, in der *'yan daudu* bei den Hausa als Heiler:innen fungierten. Ende des 20. Jahrhunderts brachte man *'yan daudu* dann verstärkt mit traditionell von Frauen ausgeübten Tätigkeiten wie Kochen und dem Verkauf von Lebensmitteln auf dem Markt in Verbindung, aber auch mit Sexarbeit. Selbst unter dem Islam waren sie weitestgehend Teil der Hausa-Gesellschaft geblieben. Vor allem in kleineren Gemeinschaften bildeten die von ihnen ausgerichteten Feste den Dreh- und Angelpunkt des sozialen Lebens. Das änderte sich jedoch im Jahr 2000, als in den zwölf nördlichen Bundesstaaten die Scharia eingeführt wurde. Nach den neuen Gesetzen wurde in einigen Staaten Homosexualität mit dem Tod bestraft und auch »Vagabunden« – die in den meisten Bundesstaaten definiert wurden als »jede männliche Person, die sich in der Öffentlichkeit wie eine Frau kleidet oder zurechtmacht oder jemand, der Sodomie zu seinem Lebensunterhalt oder als Beruf praktiziert« – drohte nun eine Strafe.[15]

Eine Moralpolizei namens *hisba* wurde ins Leben gerufen, die den neuen Gesetzen Geltung verschaffen sollte. Die Folge war, wie der nigerianische Journalist Elnathan John 2016 schrieb, dass die *'yan daudu* zum ersten Mal »sichtbar« für das Gesetz wurden: Sie konnten »keine öffentlichen Feste mehr feiern und keine offenen Einladungen mehr zu ihren Feiern aussprechen, ihre ›weibliche‹ Beschäftigung war bedroht, und viele fühlten sich unwohl, eine Tätigkeit zu verrichten, durch die man sie leicht hätte identifizieren können«.[16] Die neue »Sichtbarkeit« bedeutete, dass sie unsichtbar werden mussten.

Eine ähnliche Entwicklung vollzog sich zeitgleich in Malaysia, wo es wie in den Nachbarländern Thailand und Indonesien schon immer gendervariante Personen gegeben hatte. Zwischen 1985 und 2013 verabschiedeten die einzelnen malaysischen Bundesstaaten nacheinander Scharia-Gesetze, die »Männer, die sich als Frauen ausgeben«, kriminalisierten. Als der malaysische Premierminister Mahathir bin Mohamad 2003 gegen die Versuche des Westens wetterte, der Welt seine Werte aufzudrücken, sah er die asiatischen Werte durch die »Praktik des freien Sex einschließlich der Sodomie« bedroht.[17] 2012 erklärte Najib Razak, von 2009 an Premierminister, vor einer Versammlung von 11 000 Imamen und führenden Geistlichen, »LGBTs, Pluralismus, Liberalismus – all diese ›ismen‹ sind gegen den Islam. Daher sind wir verpflichtet, sie zu bekämpfen.«[18] In den neun Jahren, die zwischen diesen beiden Äußerungen lagen, hatte sich im globalen Diskurs im Zusammenhang mit der pinken

Linie etwas verändert: Der schwule Feind mit seinem Verbrechen der »Sodomie« war zu »LGBT« mutiert. Damit waren auch Transpersonen in die Schusslinie geraten.

In den neuen globalen Kulturkriegen wurden die gendernonkonformen Personen von der gegen Homosexuelle gerichteten moralischen Panik besonders hart getroffen. Religiöse und politische Anführer:innen zogen eine pinke Linie zum angeblichen Schutz der »kulturellen Souveränität« und gegen die schädlichen Einflüsse des Westens, indem sie sich gegen »Perversionen« wie die gleichgeschlechtliche Ehe wandten. Die Maßnahmen richteten sich nicht einmal speziell gegen transgender oder gendervariante Personen. Doch aufgrund ihrer Sichtbarkeit und ihrer vermeintlichen Andersartigkeit wurden vor allem Transfrauen zur allgemein wahrgenommenen Verkörperung dieser neuen Bedrohung. Und so mussten Menschen des dritten Geschlechts in Ländern wie Nigeria und Malaysia feststellen, dass ihre Position in der Gesellschaft durch die neue globale Politik der LGBT-Rechte – und des neu entstandenen Bewusstseins dafür – mit einem Mal bedroht war.

Die Auswirkungen zeigten sich etwa darin, dass die *waria*, das dritte Geschlecht in Indonesien, in der moralischen Panik, die das Land ab 2016 erfasste, zu einer Art pinken Sündenböcken wurden. Kylie Knight, Mitarbeiter von Human Rights Watch und Autor eines Berichts zu diesem Thema, erzählte mir von einem Gespräch mit einer älteren *waria* von der Insel Sulawesi im März 2016. In den vorangegangenen sechs Wochen war sie zum ersten Mal in ihrem Leben von ihrer Dorfgemeinschaft angegangen worden, wie sie ihm berichtete: »Kinder fuhren an mir vorbei, zeigten mit dem Finger auf mich und riefen ›LGBT! LGBT!‹ Ich hatte keine Ahnung, was sie meinten. Sie hatten das anscheinend irgendwo in den Medien aufgeschnappt und von der Regierung eine klare Botschaft vermittelt bekommen: Ich war jemand, den sie hassen durften.«

Wie Tiwonge Chimbalanga in Malawi sieben Jahre zuvor begegnete ihr der Begriff »LGBT« zum ersten Mal als Beleidigung: Ein

Begriff, der eigentlich ihre Position stärken sollte, wurde gegen sie verwendet.

—

Dennoch blieben die *waria* in Indonesien ebenso wie die Transpersonen in Malaysia auch nach der 2016 einsetzenden Krise Bestandteil des sozialen Lebens in ihrem Land. In einigen Teilen Westafrikas waren die Auswirkungen jedoch gravierender. Als Homosexuelle stärker ins Blickfeld der Öffentlichkeit rückten und religiöse Fundamentalisten sich in Abgrenzung zu dieser »Abscheulichkeit« definierten, gingen gendernonkonforme Männer oder Transfrauen in dem Maße in Deckung, wie die moralische Empörung an Intensität gewann.

In Ghana, wo unter Führung evangelikaler Christ:innen von 2006 bis 2011 eine massive Kampagne gegen LGBT erfolgte, zogen sich gendernonkonforme Menschen aus der Öffentlichkeit zurück. Die französischen Kulturanthropolog:innen Christophe Broqua und Karine Geoffrion stellten fest, dass sich in diesem Zeitraum auch der Begriff »kodjo-besia« (Mann-Frau auf Twi) veränderte und von der neutralen Beschreibung der Geschlechtsidentität zu einem Schimpfwort für Homosexuelle wandelte.[19] Eine ähnliche, wenn auch extremere Entwicklung vollzog sich im Senegal. *Goor-jigeen* (Männer-Frauen auf Wolof) waren schon lange ein Teil der Gesellschaft: In einem reichen Haushalt waren sie verantwortlich für die Organisation von Zeremonien, für die Unterhaltung und für das Ankleiden und Zurechtmachen der Frauen. Im gesamten 20. Jahrhundert waren sie ein fester, sichtbarer Bestandteil des vielfältigen urbanen Lebens von Dakar, doch zu Beginn des 21. Jahrhunderts waren sie plötzlich verschwunden. Wie »kodjo-besia« in Ghana wurde die Bezeichnung »goor-jigeen« nun »als Beleidigung für Personen gebraucht, die man für homosexuell hielt oder die aufgrund ihrer sexuellen Vorlieben als weiblich wahrgenommen wurden«, wie

Broqua und Geoffrion schreiben.[20] Und so waren sie aus der Öffentlichkeit verschwunden.

Als ich Dakar im Dezember 2012 besuchte, traf ich Djiadji Diouf, einen Veteranen der senegalesischen LGBT-Bewegung. Zusammen mit anderen war er während der schwulenfeindlichen moralischen Panik, die das Land 2008 erfasst hatte, verhaftet und zu fünf Jahren Gefängnis verurteilt worden. Er erklärte mir, was mit den *goor-jigeen* passiert war: »Die meisten Senegales:innen wussten nicht, dass zwei Männer ein sexuelles Verhältnis haben können. Sie sahen *goor-jigeen* und hielten sie einfach für zu weiblich. Doch das störte sie nicht. Darüber konnte man lachen. Aber jetzt, mit der Technologie und dem Internet, ist ihnen etwas klar geworden: *Männer begehren andere Männer*! Sie erkannten, dass zwei Männer tatsächlich ein sexuelles Verhältnis haben können. Und da regte sich Widerstand.«

Diouf erzählte mir, die zaghaft aufkeimende Schwulenszene, die es vor seiner Verhaftung und seinem Prozess gegeben hatte, habe sich wieder in den Untergrund zurückgezogen. Man sei wieder zu getarnten und verstohlenen Treffen zurückgekehrt, die – zumindest für diejenigen mit Internetzugang – durch Dating-Apps wie Grindr erleichtert wurden. Die Situation hatte sich auch sechs Jahre später nicht verbessert, wie mir ein junger Aktivist namens Ababacar Sadikh Ndoye bei einem Gespräch 2018 erklärte. Erst kürzlich seien elf Personen bei einer privaten Party nach Beschwerden der Nachbar:innen verhaftet worden und während der Haft geschlagen und misshandelt worden. Derartige Razzien seien keine Seltenheit.

Ndoye nannte mir seine Erklärung für das Verschwinden der *goor-jigeen*: »Früher wurden sie als Unterhalter:innen akzeptiert, die bei Zeremonien tanzten und die Leute zum Lachen brachten. Doch nach den Festnahmen [von Djiadji Diouf und anderen] sahen die Senegales:innen die *goor-jigeen* aufgrund der Berichterstattung mit anderen Augen. Sie sahen in ihnen nicht mehr nur Clowns, sondern organisierte Gruppen, die vom Westen finanziert wurden, um die Jugend zu verderben und die senegalesische Kultur, die Religion und die Werte zu zerstören.«

Nur bei zwei Anlässen im Jahr blitzte der Geist der *goor-jigeen* von Dakar noch kurz auf: während des Mardi Gras und noch mehr bei Tajabone, dem muslimischen Halloween, bei dem die Tradition, in Verkleidung um Süßigkeiten zu betteln und Streiche zu spielen, queeren Menschen die Möglichkeit gab, in der Öffentlichkeit als Crossdresser aufzutreten. Mit der strengeren Auslegung des Islam war zwar auch diese Tradition abgeschafft worden, doch Tajabone blieb »eine Nacht, in der sich die LGBTQI-Gemeinde verkleiden und ohne Schikanen in Clubs oder auf Partys gehen kann«, erzählte mir Ndoye.

Für das restliche Jahr verstauten die *goor-jigeen* (in der ursprünglichen Wortbedeutung) ihre Frauenkleidung im Schrank. Viele hatten Frauen und Kinder und hatten nicht einmal Sex mit anderen Männern. Dennoch waren sie zum Gesicht dieser neuen Bedrohung geworden, die nun einen Namen hatte und als eine aus dem Westen kommende »Ausschweifung« identifiziert worden war.

Entlang der pinken Linie hatte sich eine dramatische Entwicklung vollzogen: Eine akzeptierte Geschlechtsidentität war im Gefolge der globalen LGBT-Bewegung zu einem inakzeptablen sexuellen Verhalten geworden.

—

Goor-jigeen, *'yan daudu* und *kodjo-besia* in Afrika. *Bakla*, *waria* und *kathoey* in Südostasien. In so vielen Gesellschaften, in Südasien, auf den Pazifikinseln und auch in Amerika gab und gibt es Raum für Menschen, die nicht so ganz in die Zweiteilung der Geschlechter in Mann und Frau passten.

All diese Wörter bezeichnen Menschen mit männlichem Körper und weiblichem Gebaren. Für die umgekehrte Variante finden sich weit weniger Beispiele. Eines stammt aus dem südlichen Afrika, wo

Butch-Lesben *sangomas* genannt und als traditionelle Heilerinnen betrachtet werden, weil ihre maskuline Erscheinung als Zeichen dafür gilt, dass sie von einem männlichen Vorfahren besessen sind, was ihre Nähe zur Ahnenwelt zeigt.[21] Weitere Beispiele sind die *burrneshas* in Albanien und *bacha posh* in Afghanistan.

Bei beiden erfolgt der Geschlechterwechsel aus materiellen Gründen. *Burrneshas* legen ein Keuschheitsgelübde ab und leben als Männer. Als möglichen Grund dafür vermutet man, dass dadurch der Besitz einer Familie in der direkten Blutlinie bleiben kann, wenn es keine männlichen Erben gibt. *Bacha posh* sind Mädchen, die ausgewählt werden, um »sich als Junge zu kleiden« (wie auch die eigentliche Wortbedeutung in Farsi lautet), wenn es in der Familie keine Söhne gibt, denn dadurch kommen die Mädchen in den Genuss männlicher Privilegien. Sie können beispielsweise zur Schule gehen oder außerhalb des Hauses Geld verdienen. In beiden Fällen finden auch gendernonkonforme Personen ihren Platz in diesen Kategorien und können so sie selbst sein. Die *burrneshas* scheinen im 21. Jahrhundert eine aussterbende Art zu sein – vielleicht, wie eine von ihnen dem *Guardian* sagte, weil Frauen auf dem Balkan mittlerweile mehr Möglichkeiten haben.[22] Doch die *bacha posh* sind auch heute noch ein fester Bestandteil der afghanischen Gesellschaft.[23] Für die *burrneshas* und *bacha posh* bedeutet eine männliche Identität einen besseren gesellschaftlichen Status. Wenn jedoch Menschen mit einem männlichen Körper als Frauen leben oder sich wie Frauen benehmen, ist damit oft ein Statusverlust verbunden.

Über die besondere Stellung der *Two-spirits*-Heiler in der Kultur der amerikanischen Ureinwohner:innen wurde schon viel geschrieben. Doch mitunter wurden diese präkolonialen Identitäten auch als Gegenbild zur strengen binären Geschlechterordnung der europäischen Siedler:innen »romantisiert«, die das Crossdressing kriminalisierten, wie Genny Beemyn von der University of Massachusetts schreibt.[24] Die Realität war deutlich komplexer. Mit Verweis auf die

Ethnologin Sabine Lang von der Universität Hamburg schreibt Beemyn, der Umgang mit femininen genderfluiden Personen bei den amerikanischen Ureinwohner:innen spiegele meist den allgemeinen Stellenwert der Frauen: »Frauen dominierten bestimmte Tätigkeiten, etwa als Heilerinnen, Schamaninnen und Handwerkerinnen. Personen, denen bei der Geburt das männliche Geschlecht zugewiesen worden war, die aber Frauenrollen übernahmen, gingen dann auch diesen Tätigkeiten nach.«

Natürlich bestehen große Unterschiede zwischen diesen über den gesamten Erdball verstreuten Gruppen mit ihren besonderen Funktionen. Doch sie haben zwei Dinge gemeinsam. Zum einen werden sie nicht als männlich oder weiblich, sondern als einem dritten Geschlecht zugehörig betrachtet. Zum anderen wird ihnen eine bestimmte Rolle in der Gesellschaft zugewiesen, häufig auch deshalb, weil die Vermischung der Geschlechter in ihrer Person als Gabe oder Macht wahrgenommen wird, die sie auch einsetzen könnten, um jemandem zu schaden. In manchen Gesellschaften ist diese Rolle eher spirituell ausgeprägt, in anderen hat sie eine eher praktische Funktion. Im Laufe der Zeit hat sie sich häufig vom Spirituellen zum Profanen entwickelt, was meist auf den Einfluss der Kolonialmächte zurückzuführen ist.

Ein Beispiel dafür ist Indonesien. Wie die *babaylan* auf den Philippinen fungierten die genderfluiden *bissu* als Schaman:innen des Archipels, bevor der Islam und das Christentum sie verdrängten. Im 21. Jahrhundert findet man *bissu* noch in einigen Teilen Sulawesis. Im übrigen Indonesien begegnet man vor allem *waria*, die sich mit Straßenmusik und Sexarbeit über Wasser halten. Die Rolle einer gendervarianten Person ist dort wie andernorts festgelegt: Die *bakla* auf den Philippinen können nicht mehr anstreben, als Haare zu frisieren, indische *hijras* nicht mehr als Sexarbeit und Betteln. Man wird akzeptiert und hat seinen Platz in der Gesellschaft, aber dieser ist begrenzt. Und verlassen darf man ihn nicht. Die globale Transgender-Bewegung, die auf den Philippinen von Bemz Benedito vertreten wird, möchte das ändern, allerdings nur in eine bestimmte Richtung: *Bakla* sollen Frauen werden.

Die Subkultur des Global Gay, die sich vor allem aus der Mittelschicht rekrutiert, mit ihrer Betonung konventioneller Maskulinität strebt hingegen in die entgegengesetzte Richtung: hin zum Mann. Mikee Nuñez-Inton zum Beispiel erzählte mir, Schwulenclubs US-amerikanischen Stils in Manila hätten mittlerweile eine Türpolitik, bei der feminine *bakla* draußen bleiben müssen.

Werden Personen dritten Geschlechts wie die *bakla* von »Homosexuellen« und »Transmenschen«, diesen beiden neuen starken globalen Identitäten, aus der Mitte verdrängt? Oder werden die Rechte, die mit diesen neuen Identitäten einhergehen, auch ihnen neue Freiheiten und mehr Raum geben? Werden sich neue Hybridformen entwickeln, die neue, lokale Formen des »Globalen« hervorbringen?

—

Nirgendwo treten diese Fragen deutlicher zutage als auf dem indischen Subkontinent, auf dem es seit Jahrtausenden bedeutende Populationen des dritten Geschlechts gibt: *hijras* in Indien und Bangladesch, *metis* in Nepal und *khwaja sara* in Pakistan. Transgender-Aktivist:innen oder Aktivist:innen des dritten Geschlechts verspüren dank der globalen LGBT-Bewegung des 21. Jahrhunderts eine neue Energie und nutzen die Verfassungen und die Gerichte ihrer Länder, um erfolgreich für die rechtliche Anerkennung von LGBT-Personen zu kämpfen.

Der erste derartige Prozess wurde in Nepal gewonnen, nachdem die wegweisende Blue Diamond Society des Landes geklagt hatte. Der Staat benötigte mehrere Jahre zur Umsetzung des Urteils, doch seit 2015 kann in einem nepalesischen Pass ein drittes Geschlecht eingetragen werden, und die 2015 in Kraft getretene Verfassung beinhaltet das Recht, das dritte Geschlecht in offiziellen Dokumenten aufzuführen. In Pakistan entschied der Oberste Gerichtshof 2009, dass Personen des dritten Geschlechts die gleichen Rechte und Leistungen zustehen wie allen anderen Bürger:innen, und 2017 wies der oberste Richter die Behörden an, Transpersonen bei der Volkszählung im selben Jahr die Möglichkeit zu geben, sich als einem dritten Geschlecht zugehörig zu registrieren. Auch in Bangladesch wurde 2013 entschieden, *hijras* als drittes Geschlecht anzuerkennen.

2014 bestätigte das Oberste Gericht Indiens in einem richtungsweisenden Urteil »das Recht jeder Person, ihr eigenes Geschlecht zu wählen«.[25] Das Urteil folgte auf eine Klage, die im Namen der National Legal Services Authority (NALSA) eingereicht worden war, und empfahl die besondere Berücksichtigung von Transpersonen bei staatlichen Sozialprogrammen, ähnlich wie auch die *dalits*, die »Unberührbaren«, berücksichtigt wurden. Bis 2019 wurde dieses Urteil jedoch selten umgesetzt. Durch verschiedene Maßnahmen und neue Gesetze wurde es immer wieder infrage gestellt oder verwässert. Dennoch hat sich seit dem NALSA-Urteil die Art geändert, wie gendervariante Personen in Indien sich selbst und ihre Rechte sehen.

Viele, die sich früher als *hijras* bezeichnet hatten, betrachten sich nun als »Transgender« oder »TGs«. Das liegt unter anderem an der Aufmerksamkeit, die das NALSA-Urteil auf sich gezogen hat, und am neuen Interesse der Gesundheitsbehörden an Transpersonen im Kampf gegen Aids. Und selbstverständlich hat es auch mit der digitalen Revolution zu tun, die das westliche Konzept von »Transgender« in Asien und der restlichen Welt rasant verbreitet.

In den USA hatte ich obdachlose transgender Sexarbeiter:innen im Palmer Park von Detroit und die ehemaligen Mitglieder von Riot Youth im nahe gelegenen Ann Arbor getroffen, die mittlerweile an Ivy-League-Universitäten studierten. In Indien lernte ich *hijras* kennen, die von ihren armen Familien verstoßen worden waren und in Parallelgesellschaften lebten, mit einer feudalen Hierarchie und von Gewalt geprägt, und die sich mit Sexarbeit und Betteln über Wasser hielten. Aber ich traf auch urbane und gebildete junge Leute, die ihre Geschlechtsidentität nicht in der *Hijra*-Gemeinschaft, sondern in zunehmendem Maße mit Hilfe des Internets ausbildeten und ihren Platz in den global orientierten oberen Etagen der indischen Wirtschaft fanden. Da war zum Beispiel Anita, die als leitende Ingenieurin für Amazon arbeitete, eine von nur sechs in ihrem Land, und die sich bei der Arbeit in Hyderabad geoutet hatte und über eine Mailingliste Kontakt zu sechzig anderen transgender Amazon-Mitarbeiter:innen auf der ganzen Welt hielt. Und da war Sameera Jahagirdar, eine Anästhesistin, die Indiens erste Klinik für Gendermedizin in einem Lehrkrankenhaus in Pondicherry eingerichtet hatte.

Doch diese Fälle waren Ausnahmen. Häufiger traf ich auf gebildete junge Leute, die sich im Internet oder in neu entstandenen LGBT-Gruppen als transgender bezeichneten, sich jedoch nicht vorstellen konnten, sich in ihrer Familie oder an ihrem Arbeitsplatz zu outen oder sich einer dauerhaften Transition zu unterziehen, wenn sie in Indien bleiben wollten. Oder ärmere Menschen, die versuchten, ihre Geschlechtsidentität mit ihren familiären oder sozialen Verpflichtungen in Einklang zu bringen.

In einem tamilischen Fischerdorf namens Devanampattinam erklärte mir die zwanzigjährige Lakshaya ihr Dilemma. Lakshaya, der man bei der Geburt das männliche Geschlecht zugewiesen hatte, war bei unserem ersten Treffen 2012 nicht von den anderen Jungen im Dorf zu unterscheiden, abgesehen von ihrem tänzelnden Gang, den gezupften Augenbrauen und den Strasssteckern im Ohr. Wenn sie in einem philippinischen Fischerdorf geboren worden wäre, hätte sie vielleicht als *Bakla*-Kosmetiker:in und -Friseur:in ihren Platz gefunden, doch hier in Indien wurde Genderfluidität nicht akzeptiert. Wäre sie eine Generation früher geboren worden, hätte sie vielleicht versucht, sich wie ein »echter Mann« zu geben, und ihr wahres weibliches Ich versteckt und eine Frau geheiratet, die ihre Familie für sie ausgesucht hätte. Oder sie wäre vor der Ehe geflohen und eine Ausgestoßene geworden, wäre bei einer *Hijra*-Gemeinschaft gelandet, die sie fürchtete und verachtete, hätte immer Saris getragen, sich die Haare wachsen lassen und sich einer Kastration unterzogen.

Doch Lakshaya und ihre Freund:innen im Dorf – die sich selbst als *kothis* bezeichneten – hatten durch den Kampf Indiens gegen Aids und auch durch das Internet ein gewisses Maß an politischem Bewusstsein und persönlicher Autonomie erlangt. Die genannten Optionen waren für sie nicht akzeptabel: »Wir wollen in unserem Dorf bleiben und so bleiben, wie wir sind«, sagte sie mir energisch.

Dieses Buch endet mit ihrer Geschichte und mit ihrem Kampf, sie selbst zu sein.

16

DIE *KOTHIS*

DEVANAMPATTINAM – CUDDALORE – PONDICHERRY

SIVAGAMI: Priesterin, Devanampattinam, Ende dreißig. Pronomen: sie.
LAKSHAYA: Aids-Sozialarbeiterin, Anfang zwanzig. Pronomen: sie.
MOHANA: Lakshayas beste Freundin, Fischerin und Tempeltänzerin, Devanampattinam, Mitte zwanzig. Pronomen: sie.
DINISHA: Lakshayas Schulkameradin und Kollegin bei der Aids-Organisation, Devanampattinam, Anfang zwanzig. Pronomen: sie.
GOMATI: Lakshayas Mutter, Bauarbeiterin, Devanampattinam, Ende vierzig. Pronomen: sie.
SHEETAL: Lakshayas Chefin in der Aids-Organisation, lokale Anführerin der *hijra* und Stationsleiterin im Krankenhaus, Pondicherry, Ende dreißig. Pronomen: sie.
SAMEERA JAHAGIRDAR: Anästhesistin und Gründerin der Klinik für Gendermedizin am Krankenhaus von Pondicherry, Ende dreißig. Pronomen: sie.

SIVAGAMI

Die Priesterin Sivagami erwartete uns am Eingang des Tempels, eines kleinen rechteckigen Gebäudes mit Wellblechdach an einem Abwasserkanal voller Müll. Direkt dahinter befand sich eine riesige neue Kläranlage und auf der anderen Seite der Lagune erstreckte sich Cuddalore, eine alte koloniale Hafenstadt. Hinter uns lagen die Häuser des Fischerdorfs Devanampattinam unter Kokospalmen an einem der endlosen Strände des Bundesstaates Tamil Nadu, zweihundert Kilometer südlich von der Hauptstadt Chennai.

Sivagami war Ende dreißig, groß und lebhaft, mit der Figur einer Statue, einstudierter Würde und einem strahlenden Lächeln, das Charisma andeutete. Ihre langen Haare waren geölt und im Nacken zu einem Knoten zusammengefasst. Sie trug Ohrstecker in Blumenform, doch ansonsten war sie in der Standarduniform der südindischen Männer gekleidet: ein Hemd in Madraskaro über dem *lunghi*, der um ihre Taille zusammengebunden war. Sie führte uns in den Tempel und erklärte, er sei Ankalamma geweiht, einer besonders wilden Verkörperung der Göttin Kali. Der Raum wirkte karg und provisorisch. Einige bescheidene Schreine waren an den blassrosa Wänden aufgereiht. Von den Dachsparren des unverkleideten Blechdachs baumelten Glühbirnen und ein Ventilator. Über einer Wäscheleine hing eine Reihe Saris.

Warum so viele Saris, fragte ich.

Sivagami lachte. Sie ahnte, worauf ich hinauswollte. »Ankalamma ist eine sehr praktische Göttin für uns«, sagte sie auf Tamil und deutete mit dem Arm auf etwa ein Dutzend Personen, die auf Matten auf dem Fliesenboden lagen oder draußen herumsaßen. »Wenn wir zu ihr beten, müssen wir Frauenkleider tragen. Auch wenn wir ins Dorf gehen und um Geld für sie bitten, verlangt das die Göttin. Niemand macht sich dann über uns lustig.«

Als die indischen Volkszähler:innen 2011 mit einer neuen Kategorie auf ihren Formularen nach Devanampattinam kamen, hätte sich Sivagami bei der Geschlechtsbezeichnung für die Angabe »Transgender« entscheiden können – wie es einer von 487803 Indern tat. Die meisten davon waren *hijras*, wie sich Transmenschen oder Angehörige des dritten Geschlechts in Indien seit Jahrtausenden nennen. Aber Sivagami war etwas anderes, das war ihr sehr wichtig: *kothi*, weil sie sich in ihrem Innern als Frau empfand, lange Haare hatte und Schmuck trug, aber normalerweise Männerkleidung bevorzugte und sich nicht »dem Schnitt« unterzogen hatte – der Kastration, die die *Hijra*-Identität definiert.

Das Wort »kothi« ist *Hijra*-Slang – es leitet sich von einem Wort für Affe ab – und entspricht in etwa dem westlichen »Bottom«, dem passiven Partner, der passiven Partnerin beim homosexuellen Sex. Doch zu Beginn des 21. Jahrhunderts entwickelte sich *kothi* in Indien zu einer eigenen Identitätskategorie, die sich von *hijra* unterscheidet. Genau zur selben Zeit verbreiteten sich weltweit die Begriffe »gay« und »LGBT«, unter anderem auch im Gefolge der Aufklärung über Aids. Plötzlich schossen überall auf dem Subkontinent *Kothi*-Gemeinschaften wie Pilze aus dem Boden – vor allem in armen und ländlichen Gebieten –, vergleichbar mit dem Boom der Gay-Szene in der städtischen Mittelschicht. Wie es zu dieser Entwicklung kam und was sie bedeutete, wollte ich bei meinen Besuchen in Indien und Devanampattinam herausfinden, wohin ich ab 2012 mehrmals reiste.

Das Dorf war einer der ersten Orte, die ich bei meiner Erkundung der pinken Linie weltweit besuchte, und trotz der großen Entfernung und dem völligen Mangel einer gemeinsamen Sprache lernte ich die *kothis* des Dorfes im Verlauf der folgenden fünf Jahre ganz gut kennen und entwickelte große Zuneigung und Respekt für sie. Ich habe dieses Buch mit der Geschichte Tiwonge Chimbalangas begonnen, die von ihrem Zuhause, einem isolierten Dorf an den Thyolo-Hängen in Malawi, hinaus in die Welt aufbrach. Es erscheint mir passend, mit einer Geschichte aus einem anderen Dorf zu enden, einem Dorf an der Küste der Andamanensee. Ich wollte verstehen, wie die »Welt« mit all ihren globalisierten Vorstellungen sexueller Orientierung und Geschlechtsidentität im frühen 21. Jahrhundert in die Dörfer kam und sie veränderte – oder auch nicht.

Abgesehen von diesen Parallelen gibt es noch einen stichhaltigeren Grund, warum ich unsere Reise hier zu Ende bringe: Wenn

Geschlechtsidentität wirklich das neue globale Grenzgebiet des 21. Jahrhunderts ist, in dem zeitgenössische Vorstellungen von Rechten von Transmenschen mit uralten Traditionen in Kontakt kommen, dann stehen die *kothis* aus Devanampattinam wirklich an vorderster Front.

—

Nach meinem Gespräch mit Sivagami im Tempel setzte ich mich zu den anderen *kothis* draußen ins kümmerliche Gras. Es waren etwa zehn Personen, von älteren Teenagern bis zu Erwachsenen Anfang vierzig. Sie lagen oder saßen, hatten die Köpfe bei den anderen in den Schoß gelegt, träumten vor sich hin, plauderten miteinander, neckten sich gegenseitig und sangen Bruchstücke aus Filmsongs in Tamil. Manche, wie Ramu der Milchmann, waren verheiratet und hatten Kinder. Sie sahen aus wie jeder beliebige Mann aus dem Dorf und benahmen sich auch so. Als ich mich zu ihnen setzte, wurde Ramu deswegen gerade vom Fischer Mohan (»Mohana«) aufgezogen. Im derben *Hijra*-Slang befragte Mohana Ramu, wie er es geschafft habe, seine Frau zu schwängern, und das mindestens zwei Mal, bevor sie ihn verlassen habe. Ramu antwortete mit gespielter Empörung, schien jedoch die Aufmerksamkeit und das fröhliche Lachen zu genießen, auch wenn sich die anderen über ihn lustig machten.

Mohana war eindeutig der Mittelpunkt der Gruppe. Eine faszinierende Schönheit mit dem muskulösen Körperbau eines Fischers und gerade einmal 23 Jahre alt. Ihr Spitzname war All-India Pass, nach der Bahn-Dauerkarte für ganz Indien: Sie ging überallhin und kannte alle. Obwohl sie keine Schulbildung hatte und nicht lesen konnte, führte sie die Bücher für den Tempel. Sie konnte ausgezeichnet mit Zahlen umgehen, und bei meinen Besuchen im Dorf war sie immer mit irgendeinem Vorhaben beschäftigt und arrangierte Kredite oder Ehen.

Mohana trug gern Liebesschnulzen aus Bollywoodfilmen im Falsett vor. Bei ihren Auftritten wirkte sie abgehoben, ansonsten aber eher schüchtern. Ihre beste Freundin Lakshaya war die clevere Quasselstrippe der Gruppe: Mit ihren zwanzig Jahren absolvierte sie gerade ein Fernstudium, um ihren Bachelor of Science zu machen, und war als Kontaktarbeiterin für eine Aids-Beratung in Cuddalore auf der anderen Seite der Lagune tätig (über die Organisation war ich überhaupt erst zu dem Tempel gekommen). Mohana begegnete mir anfangs mit Misstrauen, doch Lakshaya war begeistert. Aus ihr sprudelten die Ideen und Fragen zur großen weiten Welt nur so heraus – der einzig andere Zugang zu dieser Welt erfolgte über das abgegriffene Tamil-Englisch-Lexikon, das sie stets mit sich herumschleppte, und über ihr Smartphone von Samsung, das einzige, das ich im Dorf sah.

Bei diesem ersten Treffen draußen vor dem Tempel erzählte mir Lakshaya auch, dass sie und ihre Freund:innen als *kothis* »weiter im Dorf leben und so bleiben wollen, wie wir sind«. In den folgenden Jahren konnte ich beobachten, wie diese Entschlossenheit wuchs, obwohl sich die Gesellschaft – die Familien und die wirtschaftlichen Bedingungen – gegen sie verschwor, um ihren Horizont zu beschränken und sie zurück in die binäre Geschlechterordnung zu zwingen: zu heiraten und Kinder zu bekommen oder wegzugehen und sich den *hijras* anzuschließen. An einem anderen Ort oder in einer anderen Zeit hätten sie vielleicht ihren Platz gefunden, manche vielleicht als schwule Männer, andere als Transfrauen. Doch diese Optionen standen ihnen nicht zur Verfügung, als sie Anfang des 21. Jahrhunderts in ihrem Dorf heranwuchsen.

Tatsächlich hatten sie bei meinem ersten Besuch 2012 noch nicht einmal das Wort »gay« gehört. Als ich sie drei Jahre später erneut besuchte, kannten sie es, dank der indischen Filmindustrie, die den schwulen Mann als Filmfigur entdeckt hatte, und dank der Bewegung für LGBT-Rechte, mit der sie zunehmend in Berührung kamen. Lakshaya erklärte mir den Unterschied zwischen Gays und *kothis:* »Gays tragen schöne Sachen, feiern Partys und haben Sex. *Kothis* leben im Dorf und machen Frauenarbeit.«

Zu der Zeit hatte sich die Haltung gegenüber sexueller Orientierung und Geschlechtsidentität in Indien dramatisch verändert, eine Entwicklung, die die weltweite Verbreitung von LGBT-Rechten spiegelte. Im Juli 2009 entkriminalisierte der Delhi High Court homosexuellen Sex. Vorausgegangen war ein acht Jahre währender Kampf um die Abschaffung der »Section 377« des indischen Strafgesetzbuches, die »sexuelle Handlungen wider die Natur« unter Strafe stellte.[1] Obwohl das Oberste Gericht Indiens 2013 entschied, die Section 377 beizubehalten, konnte die Organisation Voices Against 377 in der indischen Öffentlichkeit ein Umdenken in Bezug auf Homosexualität einleiten, vor allem in der riesigen indischen Mittelschicht. Bei meinem ersten Besuch 2012 wurde das Urteil des Delhi High Court vielerorts als Zeichen für die Modernität des Landes gefeiert.

Dann, im April 2014, entschied das Oberste Gericht Indiens, dass Transpersonen Anspruch auf eine vollkommene rechtliche Gleichstellung und auf das Recht auf Selbstbestimmung hätten. Über das zersprungene Display von Lakshayas Smartphone und ihre Arbeit für die Aids-Organisation drangen die Nachrichten bis nach Devanampattinam vor. Bei meinem Besuch 2015 waren Lakshaya und ihren Freund:innen über diese Fortschritte gut informiert, und auch die Art, wie sie über sich und über ihren Platz in der Welt dachten, hatte sich dadurch verändert.

Doch bei unserem Kennenlernen 2012 hatten sie noch nicht einmal von Section 377 gehört, ganz zu schweigen von den Bemühungen zur Abschaffung des Paragrafen. Als ich ihnen davon erzählte, tat Mohana die Sache in einem ihrer Anflüge von Arroganz ab: »Mit dem Gesetz können wir gut umgehen. Wenn uns die Polizei belästigt, haben wir entweder Sex mit ihnen oder bestechen sie. Womit wir wirklich zu kämpfen haben, sind unsere Familien! *Dafür* bräuchten wir eine Kampagne!«

In den Jahren, in denen ich sie kannte und besuchte, profitierten die *kothis* von Devanampattinam von einer neuen, auf Rechten basierenden Kultur – auf nationaler wie internationaler Ebene –, die es ihnen ermöglichte, von einem Leben zu träumen, das frei von den Zwängen war, die frühere Generationen eingeschränkt hatten. Doch sie versuchten, diese Rechte in einem Dorf umzusetzen, das noch den alten Traditionen folgte. Sie befanden sich in einem Randbereich entlang der pinken Linie, körperlich wie geografisch. Was ihren Kampf für mich so interessant machte, war die Art, wie sie, die alten Gebräuche – die traditionellen religiösen Praktiken der Hindus – für ihre Ziele einsetzten: ihren Tempel am Rande des Dorfes, in dem Sivagami sie und die übrigen Dorfbewohner:innen bei der gemeinsamen Verehrung der Göttin Ankalamma anleitete.

Die Göttin ist bei den Armen und Ausgegrenzten sehr beliebt, bei Fischer:innen, *hijras* und *kothis*. Weil sie in den Grenzbereichen patrouilliert, um die Dörfler:innen vor dem Bösen zu beschützen, findet man ihre kleinen Schreine normalerweise am Stadt- oder Dorfrand, wie hier in Devanampattinam, wo ein Mädchen einmal eine Palme gesehen hatte, aus deren Stamm Milch austrat, ein Zeichen für die Präsenz der Göttin. Nachdem die Priesterin Sivagami eine persönliche Verbindung zur Göttin bei sich erkannt hatte, fing sie an, *poojas* (gemeinsame Anbetungen) am Schrein zu leiten, an denen Mohana regelmäßig teilnahm. Mohana begann dann, unter ihren Fischerkolleg:innen Geld zu sammeln, und beaufsichtigte den Bau des Tempels an der heutigen Stelle, außerdem konnte sie einige der Dorfältesten für die Verwaltung des Tempels gewinnen. Die *kothis* hofften, sie könnten sich durch die gemeinsame Verehrung von Ankalamma stärker in die Dorfgemeinschaft einbringen und dort ihren Platz finden, anstatt das Schicksal ihrer Priesterin Sivagami zu teilen und zu den *hijras* zu flüchten und selbst eine zu werden.

—

Sivagami hatte sich schon als Kind für »weibliche Dinge« interessiert. Sie hing am Sari-Zipfel ihrer Mutter, wie sie mir erzählte, was nur möglich war, weil ihr Vater jung gestorben war. Als sie mit 15 ein Verhältnis mit einem älteren Jungen begann, entschied sie für sich, das bedeute, dass sie eine *hijra* sei, und lief von zu Hause weg. Sie hoffte, in Bombay ihr älteres Geschwisterkind zu finden, das ein Jahrzehnt zuvor aus demselben Grund von zu Hause weggegangen war. Es gibt den Mythos, der vom britischen Kolonialstrafrecht befördert wurde, *hijras* würden Kinder entführen und kastrieren, doch in Wirklichkeit bieten die *Hijra*-Gemeinschaften in den Städten Kindern und Jugendlichen Unterschlupf, die oft vor einer arrangierten Ehe oder der Aussicht darauf fliehen; Außenseiter:innen, die nicht so recht in ihre heimatliche Gemeinschaft passen, weil sie nicht typisch männlich sind.

Ähnlich wie die *bissu* in Indonesien und die *babaylan* auf den Philippinen genossen die *hijras* im präkolonialen Indien großes Ansehen: Aufgrund ihrer Geschlechtslosigkeit waren sie dem Göttlichen näher, außerdem wurde ihnen die Macht zugesprochen, Fruchtbarkeit zu verleihen. Da sie zwischen dem Männlichen und dem Weiblichen standen, konnten sie auch die Aufsicht über den Harem an muslimischen Höfen übernehmen. Doch ihr Ansehen schwand im Laufe des 20. Jahrhunderts, was unter anderem daran lag, dass sie von den britischen Kolonialherren als »krimineller Volksstamm« eingestuft wurden.[2] Mit der Urbanisierung im modernen Indien wurde ihre gesellschaftliche Nische noch schmaler. Als Sivagami Mitte der neunziger Jahre in Bombay landete, verdienten *hijras* ihren Lebensunterhalt mit Betteln und Sexarbeit. In diesen beiden Rollen wurden sie zum festen Bestandteil des modernen urbanen Lebens: Als Bettler:innen bedrängten sie Ladeninhaber:innen, indem sie drohten, sie durch das Heben ihrer Saris zu verfluchen; als Sexarbeiter:innen waren sie, da sie nicht an traditionelle Geschlechterrollen gebunden waren, für Männer außerhalb der Ehe verfügbar, was biologischen Frauen nicht erlaubt war. Im Hinblick auf ihren ursprünglichen geschlechtslosen Status entbehrte das nicht einer gewissen Ironie, verströmten sie doch wie keine andere Gruppe in der indischen Gesellschaft einen Hauch von Sex – die Verlockungen, aber auch das Stigma und die Gewalt.

Nach Sivagamis Ankunft in Bombay wurde sie die *chela* – das Wort bedeutet »Schülerin«, manchmal aber auch »Tochter« – eines älteren Gurus. Sivagamis Guru nahm die junge Ausreißerin in ihrem »Haus« auf und zeigte ihr, wie man sich als Frau zurechtmacht, bevor sie sie auf den Strich schickte, damit sie ihren Unterhalt verdiente. Sivagamis Guru gab ihr auch einen weiblichen Namen und bereitete sie nach etwa zwei Jahren auf die rituelle Kastration vor, die es ihr ermöglichen würde, eigene Schülerinnen anzunehmen und sich in der Hierarchie der *hijras* hochzuarbeiten.

Als ich 2012 zum ersten Mal nach Devanampattinam kam und Sivagami kennenlernte, fasste die globale LGBT-Bewegung gerade in Indien Fuß und einige *hijras* hatten die Tabus ihrer Gesellschaft gebrochen und erzählten ihre Geschichten, die oft von erniedrigender Gewalt und Sexsklaverei handelten.[3] Hatte Sivagami in ihrem Leben als *hijra* ähnliche Erfahrungen gemacht?

»Nein, Mark«, erklärte sie entschieden. »Sie waren gut zu mir. Sie gaben mir ein Zuhause. Und sie haben mich nie zum Sex gezwungen. Aber das bedeutete, dass ich viel betteln musste, Tag und Nacht, und manchmal verdiente ich nicht genug mit Betteln, und dann ja, dann musste ich natürlich *dhanda* machen«, was »Geschäfte« in Hindi heißt, im *Hijra*-Slang aber auch »Sexarbeit«.

Wie fühlte sie sich dabei?

»Ich mochte es nicht.« Auch der Gedanke an die anstehende Kastration gefiel ihr nicht. Theoretisch war sie in Indien verboten, dennoch wurde sie nach wie vor durchgeführt, gemäß der Tradition eigentlich von der *hijra* selbst, heutzutage jedoch meist von halsabschneiderischen Ärzt:innen in einem Hinterzimmer, die noch dazu oft pfuschten. Sivagami dachte, sie hätte keine Wahl: »Wie sollte ich sonst überleben und vorankommen?«

Ihr älteres Geschwisterkind machte sie ausfindig und brachte sie noch vor der Kastration zurück nach Devanampattinam. Daheim im Dorf verliebte sich Sivagami in einen Priester, der sie ausbildete – im Austausch für sexuelle Gefälligkeiten. »Das war okay«, sagte sie mir. »Wenn Leute wie wir die Straße entlanggehen, zerren uns Rowdys in eine dunkle Ecke und zwingen uns zum Sex. Da war der Priester besser. Zumindest lernte ich etwas. Und heute kommen die Leute zu mir, damit ich ihnen bei ihren Problemen helfe, und nicht mehr, damit ich ihnen den Schwanz lutsche.«

Sivagami verschaffte sich schon bald Ansehen als Heilerin. Die Bittsteller:innen machten eine Spende, bar oder in Form von Naturalien, damit sie für sie betete. Ihre Mutter Vijaya fungierte als ihre Managerin, warb um Kund:innen und bereitete die Bittsteller:innen auf die Beratung vor. Vijaya hatte eine lebhafte Art und unterhielt sich bereitwillig mit mir. »Als wir früher einmal zu Hause beteten, ergriff die Göttin Ankalamma Besitz von ihm«, erzählte sie über ihr Kind. »Da wussten wir, dass er die göttliche Gnade hatte. Verstehen Sie, er hat Ankalamma in sich. Deshalb ist er so, wie er ist.«

—

Bei den Bemühungen der Priesterin Sivagami und ihrer *kothis*, mit Hilfe der Göttin Ankalamma einen Platz für sich in ihrer heimatlichen Dorfgemeinschaft zu finden, war das zehntägige Mayana-Kollai-Fest von zentraler Bedeutung. Sie hatten das tamilische Halloween (übersetzt heißt der Name »Überfall auf den Friedhof«) zur wichtigsten Feier im Veranstaltungskalender des Dorfes erhoben. Im März 2013 nahm ich daran teil.

Zusammen mit der Fotografin Candace Feit und unserer Dolmetscherin Lavanya Keshavrai traf ich während einer *pooja* zu Beginn des Festes ein. Wir sahen zu, wie Sivagami auf dem sandigen Vorplatz des Tempels eine Ziege schlachtete. In Trance hatte sie ihr Hemd ausgezogen und ihren Pferdeschwanz gelöst, so dass ihre Haare offen in schlangengleichen Locken auf ihren nackten, behaarten Oberkörper herabfielen, was ihr ein angemessenes überirdisches und wildes Aussehen verlieh, jenseits aller Geschlechterkategorien. Als Medium der Göttin holte sie Ankalamma ins Dorf. Während sie besessen war, waren stets Assistent:innen an ihrer Seite, um sie zu schützen oder zurückzuhalten. Nach dem Ritual brach sie zusammen und wurde in den Tempel geführt. Aus der Trance erwacht, kehrte sie angekleidet und in sich ruhend zurück und übernahm die Kontrolle über die versammelte Menge. Einen großen Stock schwenkend, führte sie die Prozession der Gottheiten unter Lärmen und Trommeln aus dem Tempel ins Dorf.

Lakshaya fungierte als unsere Führerin und Beschützerin: Sie nahm aus Gründen, die ich später erfahren sollte, nicht an Mayana Kollai teil. Während sie neben uns herging, deutete sie auf eine große Sandskulptur. Eine auf dem Rücken liegende Ankalamma, etwa einen Meter hoch und mindestens zehn Meter lang; der Sand war in verschiedenen Farben getönt und mit dem Gesicht der Göttin gekrönt, das mit Kurkuma und Kajal bemalt war. Vor dieser Kulisse sollten die *kothis* und andere die Geschichte von Mayana Kollai darstellen.

Die mittägliche Prozession erreichte vor dem Haupttempel des Dorfes ihren Höhepunkt. Hier, umgeben von einem Schwarm skandierender Frauen in gelben Saris, versetzte Sivagami die Anhänger:innen der Göttin in Trance und stieß Metallspieße durch ihre Zungen. Anschließend löste sich die Menge auf und wir verbrachten den Rest des Tages bei verschiedenen *kothis* zu Hause oder in der kleinen, mit Palmwedeln gedeckten Hütte, die als Garderobe diente und in der wir die Vorbereitungen für das Ritual am Abend miterlebten. Mohana, die »All-India Pass«, würde die »blaue Kali« spielen, die wildeste Gottheit, und wir sahen zu, wie sie von Kopf bis Fuß blau angemalt wurde. »Wir sind in Trance, deshalb wissen wir nicht so richtig, was mit uns geschieht«, sagte sie, als ich sie fragte, was uns erwartete. »Normalerweise wären wir nervös wegen der Männer, die uns piesacken, aber wenn wir hier vor Gott sind, bekommen wir die Macht und verlieren alle Ängste und Hemmungen.«

Als es dämmerte, waren die *Kothi*-Gött:innen und die Nebendarsteller:innen aus dem Dorf bereit. Ein Generator erwachte knatternd zum Leben und ließ einen Kreis bunter Lichter aufflackern. Mehrere Scheinwerfer beleuchteten den rituellen Platz, um den sich die Dorfbewohner:innen versammelten. Unter ihnen stachen kleine Gruppen von *hijras* und *kothis* aus den Nachbarorten hervor. Die einen musizierten und tanzten, die anderen boten religiöses Zubehör und Essen zum Kauf an. Einige waren von den *kothis* des Tempels eingeladen worden, andere waren einfach so gekommen. Lakshaya war entzückt: Der Ruf des Tempels verbreitete sich! Sie hing an uns wie Klebstoff, während die Menge immer lauter lärmte und die Stimmung zunehmend aggressiv wurde. Die Männer rochen nach Palmen-Toddy und das Trommeln steigerte sich bis zur Ekstase.

Schließlich fielen die Darsteller:innen in Trance und schlüpften in die Rollen der Gottheiten, um die Geschichte zu erzählen, wie die Göttin Ankalamma die Welt rettete, indem sie mit ihrem Gefährten Shiva tanzte. Jede:r Darsteller:in wurden von einem Assistenten gelenkt, wie eine Marionette, die jederzeit ihre Fäden zerreißen könnte. Die Dorfbewohner:innen schienen sich wirklich vor diesen tanzenden Gottheiten zu fürchten, vor allem vor den drei *Kothi*-Gött:innen in Rot, Gelb und Blau. Die Priesterin Sivagami war die ordnende Kraft für die Zuschauer:innen und die Darsteller:innen, sie umkreiste den Sandhügel und schlug dabei auf ihren großen Stab.

Später, als der Vollmond am Himmel stand, führte Sivagami die ganze Versammlung zum Dorffriedhof, wo es zu scheinbar spontanen Darstellungen auf den Gräbern kam und man glauben konnte, echte Gräber würden sich öffnen. Der Mond, der sich im Meer hinter der Friedhofsmauer spiegelte, tauchte die Aufführung in ein geisterhaftes Licht. Die *Kothi*-Gött:innen hatte ich aus den Augen verloren, doch Sivagami schien überall und schwenkte ihren großen Stab. Sie hielt die schwierige Balance zwischen Inszenierung und Realität, zwischen dieser Welt und dem Jenseits, zwischen Ordnung und drohendem Chaos. Die Darbietung der *kothis* hatte etwas Karnevaleskes: die Art, wie sie ihre Macht fast rachsüchtig einsetzten, zum Ausgleich für all die Demütigungen, die sie das Jahr über zu spüren bekamen; die Geringschätzung ihrer Weiblichkeit; der Druck, sich anzupassen und zu heiraten; der Zwang zur Sexarbeit; die ständigen Anspielungen in ihrem Umfeld; die Gewalt gegen sie, sexuell, körperlich und seelisch.

Später las ich einen Artikel in *The Times of India*, in dem vermutet wurde, die aktuelle Wiederbelebung der Mayana-Kollai-Tradition könnte mit der zunehmenden Sichtbarkeit und dem Erstarken der Transgender-Bewegung zusammenhängen. Der Autor schrieb, das Fest symbolisiere »ein wesentliches kulturelles Element tamilischen Lebens« mit der Botschaft, dass »weibliche Energie in der Lage ist, das Leben der Menschen über den Tod hinaus zu erneuern, zu heilen und neu zu beleben«. Der Höhepunkt sei erreicht, wenn »eine Frau in Gestalt von Kali oder Ankalamma einen Vogel häutet, sein Blut trinkt, ihn zwischen die Lippen nimmt und in Trance gerät, während die Trommeln schlagen«.[4]

In Devanampattinam hatte die schöne Mohana diese Rolle übernommen, strahlend in einem blau-goldenen Sari, das Gesicht kriegerisch wild geschminkt und von einer Perücke umrahmt, deren wallende Haare bis zur Taille reichten. Bei ihrem – sehr überzeugenden – Auftritt, bei dem sie einem Huhn den Kopf abbiss und das Blut trank (Lakshaya rief mir über den Radau zu, dass hier ein bisschen getrickst werde), schrie die Menge voller Staunen und Entsetzen auf und schien von Sivagami kaum noch zu bändigen. Die Schreie waren nicht gespielt: Die Angst war echt, ebenso wie die drohende Massenpanik. Die besorgte Lakshaya schob uns eilig weg und brachte uns zurück zur palmwedelgedeckten Hütte. Später gesellten sich Mohana und die anderen *kothis* zu uns.

Ich hatte erwartet, dass Mohana freudig aufgekratzter Stimmung wäre, doch sie war völlig aufgelöst: Tränen zogen Spuren durch die blaue Schminke. Trotz ihrer göttlichen Rolle hatte ihr auf dem Weg zur Vorstellung eine Gruppe betrunkener Dorfjugendlicher aufgelauert. Obwohl sie bereits komplett als Kali kostümiert war, hatten sie sie betatscht und wollten Sex, wie sie uns zornig erzählte. »Selbst wenn ich Kali bin, selbst wenn ich die Arbeit des Tempels verrichte, die Arbeit Gottes, werde ich wie eine Hure behandelt!«

Keine *kothi* aus Devanampattinam verkaufte regelmäßig Sex, doch die meisten gaben zu, dass sie es von Zeit zu Zeit taten, weil es ein relativ leichtes Einkommen bot – und weil Sexarbeit abgesehen vom Tempel die einzige Möglichkeit war, bei der sie in der Öffentlichkeit weiblich auftreten und eine Art Frausein erfahren konnten. In der Garderobe versuchte Sivagami, ihre blaue Kali zu trösten. »Das braucht Zeit«, sagte sie. »Du kannst nicht erwarten, dass die Dörfler:innen dich plötzlich als Göttin sehen, wenn du das restliche Jahr über jemand bist, mit dem sie sich hinter den Büschen treffen.«

Auch eine quirlige junge Frau war mit uns in der Hütte, Mohanas beste Freundin Soorya. Wie, fragte ich sie, hätten sich die Jugendlichen benommen, wenn sie die Rolle der Kali gespielt hätte?

»Das wäre noch schlimmer gewesen«, schnaubte Soorya. »Sie hätten erst wieder Ruhe gegeben, wenn die Polizei gekommen wäre.« Sie bezog sich auf einen Vorfall drei Monate zuvor, bei dem eine junge Frau von einer Bande in einem Bus in Delhi vergewaltigt und ermordet worden war. Die brutale Tat hatte in ganz Indien Empörung und öffentliche Proteste ausgelöst. »So behandeln Männer die Frauen in unserer Gesellschaft«, sagte mir Soorya. »Wenn ich heute Abend Kali gewesen wäre, dann hätten sie mich wahrscheinlich vergewaltigt.«

LAKSHAYA

Als ich zwei Jahre später nach Devanampattinam zurückkehrte, war Soorya nirgends zu sehen. Lakshaya erzählte mir, dass ihre Freundin ihren Traum, eines Tages Buchhalterin zu werden, aufgeben musste und an einen Jungen in einem anderen Dorf verheiratet worden war. Sie hatte inzwischen ein Baby. Ich fragte, ob wir sie besuchen könnten, und so machten wir uns auf die einstündige Fahrt zu ihrem neuen Heim. »Ich wünschte, ich wäre wieder in Devanampattinam«, erklärte Soorya mit finsterem Blick und leiser Stimme bei der Begrüßung. »Ich darf nirgendwohin. Und ich darf auch nicht arbeiten.«

Soorya servierte uns in dem bescheidenen, aber komfortablen kleinen Haus ein Gemüse-Biryani und blickte weiterhin finster, während Mohana und Lakshaya fröhlich mit ihrem Ehemann plauderten, einem gut aussehenden jungen Mann in einem frisch gebügelten weißen Hemd. Der Junge schien bemüht, seiner Frau zu gefallen – zumindest vor Gästen. Er erzählte uns, er habe vor, als Vater präsent zu sein, anders als sein eigener, der die Familie im Stich gelassen hatte. Sobald er aus dem Zimmer war, zog Soorya verächtliche Grimassen. Sie schien ihn regelrecht zu verabscheuen.

»Du hättest als *kothi* auf die Welt kommen sollen«, sagte Lakshaya mit deutlicher Ironie, während Mohana sehnsüchtig das Baby im Arm wiegte. »Dann wärst du frei.«

—

Lakshaya hörte das Wort *kothi* zum ersten Mal mit 14, als sie gerade nach Cuddalore gekommen war, wo ihre Mutter – eine Wanderarbeiterin auf dem Bau – Arbeit gefunden hatte. Die beiden waren mehrere Jahre lang auf Wanderschaft gewesen, nachdem ihre Mutter aus einer finanziell gesicherten Ehe geflohen war, weil der Mann gewalttätig war. Lakshaya meldete sich in einer lokalen Schule an und schloss Freundschaft mit einem Jungen namens Dinesh, der von Devanampattinam über die Lagune zur Schule pendelte. Sie fühlten sich zueinander hingezogen, erzählte mir Lakshaya, weil sie beide »mädchenhaft« waren, obwohl Lakshaya damals noch keine Bezeichnung dafür hatte. Dinesh kannte eine: Sie waren *kothis* – Menschen mit dem »Herz einer Frau in einem männlichen Körper«. Tatsächlich wollte Dinesh lieber Dinisha genannt werden, und war kein Er, sondern eine Sie.

Dinisha hatte durch einen Job nach der Schule von den *kothis* erfahren. Sie war Kontaktarbeiterin für eine örtliche Organisation zur Aids-Bekämpfung, bei der später auch Lakshaya eine Beschäftigung fand. Derartige Organisationen gibt es in ganz Indien. Ihre Mitarbeiter:innen sollen stark gefährdete Personen ausfindig machen und sie in Drop-in Centres bringen, wie die Anlaufstellen offiziell heißen. Dort werden sie zum Safer Sex beraten, auf HIV getestet und wenn nötig zur medizinischen Behandlung an einen Arzt überwiesen. Dinisha hatte die Aufgabe, zu sogenannten Hot Spots zu gehen – Bushaltestellen oder dichtes Unterholz am Strand – und nach »Kontakten« zu suchen. Sie sollte sie in ein Gespräch verwickeln und versuchen, sie zum Drop-in Centre zu lotsen. Dafür bekam sie 5000 Rupien (etwa 55 Euro) im Monat, finanziert vom indischen Staat. Allerdings musste sie eine Mindestanzahl an Kontakten an die Anlaufstelle vermitteln. Dazu zählten *kothis* (passive oder feminine Homosexuelle), *panthis* (aktive bisexuelle Männer) oder »doubledecker« (US-Amerikaner:innen würden sie als »versatile«, vielseitig, bezeichnen) – alle Begriffe stammen aus dem *Hijra*-Slang.

Und so war Lakshaya für Dinisha nicht nur eine Freundin, sondern auch ein »Kontakt« – allerdings ein zögerlicher. Lakshaya akzeptierte zwar bereitwillig einen weiblichen Namen, zeigte aber kein Interesse am Drop-in Centre. Dinisha konnte sie nur dort hinlocken, weil sie vorschlug, sie könne dort Kleider für eine anstehende Kostümparty finden. Das Drop-in Centre in Cuddalore war – wie überall in Indien – zum Treffpunkt der *kothis* geworden und in einem verfallenen Herrenhaus im traditionellen tamilischen Baustil mit einem überdachten zentralen Innenhof untergebracht. Als die beiden Schulfreundinnen eintrafen und Lakshaya das Treiben dort sah, flüchtete sie. »Ich hatte damals noch Angst vor diesen Leuten«, erklärte sie mir. »Und meine Schule war ganz in der Nähe. Was, wenn das herauskam?«

Dinisha hatte mehr Erfolg, als sie ihre neue Freundin mit in ihr Heimatdorf nahm, wo sie Lakshaya der Fischerin Mohana vorstellte. Die zwei kamen schnell zusammen, und mit ihrer typischen Energie machte sich Mohana daran, für Lakshaya und ihre Mutter einen Platz im Dorf zu finden. Es war erst zwei Jahre her, dass der Tsunami von 2004 das Dorf heimgesucht hatte. Ein Großteil der Häuser war zerstört worden, über sechzig Menschen waren ums Leben gekommen. Viele Dorfbewohner:innen waren in neue, höher gelegene Häuser gezogen, die vom Staat gebaut worden waren. Lakshaya und ihre Mutter kamen in einer verlassenen Lehmhütte mit Palmwedeldach unter. Dort wohnten sie noch, als ich sechs Jahre später zum ersten Mal nach Devanampattinam kam.

Dinisha und Mohana stellten ihre neue Freundin den anderen *kothis* im Dorf vor – Sivagami sollte Lakshaya allerdings erst später und ganz zufällig kennenlernen. Lakshaya brauchte eine Weile, bis sie sich mit der Vorstellung angefreundet hatte, »das Herz einer Frau im Körper eines Mannes« zu haben, aber schließlich begleitete sie Dinisha doch noch zum Drop-in Centre und experimentierte mit einer femininen Aufmachung. Sie ließ sich Ohrlöcher stechen und lackierte sich die Nägel.

Aufgrund ihrer familiären Situation war Lakshaya klar, dass sie nicht weiter zur Schule gehen konnte, wenn sie nicht irgendwie Geld verdiente – und so meldete sie sich zwei Jahre nach ihrer Ankunft in der Stadt bei der Organisation zur Aids-Bekämpfung, um selbst als Kontaktarbeiterin tätig zu werden. Auch sie machte sich nun abends auf die Suche nach *kothis* und begleitete sie zum Drop-in Centre, wo sie gezählt und beraten wurden.

—

»Vor der Aids-Epidemie hatten nur Homosexuelle und *hijras* aus der Oberschicht den Freiraum [zwischen den Geschlechtern oder unter den sexuellen Minderheiten in Indien], sie selbst zu sein. Doch mit der offiziellen Unterstützung für die *kothis* bot sich nun auch armen Menschen oder Leuten auf dem Land die Möglichkeit, sie selbst zu sein. Das war eine große Veränderung.«

Die Worte stammten von Sunil Menon, der als Erster vorgeschlagen hatte, die Begriffe »kothi« und »panthi« im Kampf gegen Aids zu nutzen, über zwei Jahrzehnte bevor ich Lakshaya und ihre Freundinnen kennenlernte. Menon war einer der ersten offen schwul lebenden Männer im Bundesstaat Tamil Nadu. Der in Chennai ansässige Anthropologe, der auch Modeschauen choreografierte, hatte die erste gemeinschaftsbasierte Organisation zur Aids-Bekämpfung in Südindien gegründet. Er hatte es sich zum Anliegen gemacht, die Personen, die er als *kothis* bezeichnete, aus der *Hijra*-Gesellschaft zu holen, wo sie einer strengen und undurchsichtigen Hierarchie unterworfen waren und von staatlichen Gesundheitskampagnen kaum erreicht wurden. Als ich Sahodaran, seine Organisation in Chennai, zwei Jahrzehnte nach ihrer Gründung besuchte, war ich fasziniert von seiner Mission: Menon wollte *kothis* überzeugen, dass sie keine Operation benötigten und auch nicht zur Frau werden mussten, um sich selbst treu zu bleiben oder ihren Platz in der Welt zu finden.

Sunil Menons Bemühungen weckten die Aufmerksamkeit von Gesundheitsorganisationen. 1993, in der frühen Phase der Aids-Epidemie in Indien, wurde er zur Welt-Aids-Konferenz eingeladen, um seine Ergebnisse zu präsentieren. Die *Kothi*-Idee überzeugte, nicht zuletzt auch deswegen, weil Epidemiolog:innen und Aktivist:innen in Indien den Wert erkannten, einheimische Wörter für die Beschreibung homosexuellen Verhaltens zu verwenden, anstatt die klinische westliche Bezeichnung »MSM« – Männer, die Sex mit Männern haben.

Die Epidemiolog:innen interessierten sich für *kothis*, weil man annahm, dass sie als passive Partner:innen beim Analsex einem erhöhten Risiko unterlagen, sich mit HIV zu infizieren – und weil sie das Virus aller Wahrscheinlichkeit nach weiterverbreiten würden, da viele von ihnen Sexarbeiter:innen mit häufig wechselnden Sexualpartner:innen waren. Ein weiterer Unternehmer und Aktivist, der sich sehr dafür engagierte, den Begriff bekannt zu machen, war ein in Großbritannien aufgewachsener Mann südasiatischer Herkunft namens Shivananda Khan, Gründer der NAZ Foundation International, die zur größten Anti-Aids-NGO auf dem indischen Subkontinent werden sollte.[5]

Die *Kothi*-Strategie wurde zu einem beispielhaften Erfolg und war einer der Gründe, weshalb Indien für seinen Umgang mit der Epidemie viel Lob erhielt. Die Strategie hatte auch tiefgreifende Wirkung an der Basis. Dank der finanziellen Unterstützung blühten *Kothi*-Gemeinschaften im ganzen Land auf oder bildeten sich neu im Umfeld der Drop-in Centres in den Slums der großen Städte und in Provinzstädten wie Cuddalore. Da die Kontaktarbeiter:innen für die Anzahl der *kothis* bezahlt wurden, die sie fanden, war es kein Wunder, dass plötzlich so viele auftauchten: Ihrer Identität wurde ein finanzieller Wert beigemessen. »*Kothis* waren schon immer da«, erklärte mir Manohar Elavarthi – ein führender Aktivist aus Bangalore –, »aber früher waren sie unter den Fittichen der *Hijra*-Gemeinschaft. Durch die Aids-Epidemie kamen sie zum Vorschein. Ihre Position wurde formalisiert. Sie erhielten Macht.«

—

Für Lakshaya schien das eindeutig zuzutreffen. Durch ihre Arbeit bei SCOHD – der Sahodaran Community Oriented Health Development Society – in Cuddalore erweiterte sich ihr soziales Netzwerk erheblich und auch ihr Selbstvertrauen wuchs. Schon bald wurde die Gründerin von SCOHD auf sie aufmerksam, eine imposante ältere *hijra* namens Sheetal. Als Lakshaya mit zwanzig ihren Schulabschluss gemacht hatte, wurde ihr die Verantwortung für ein Programm am Drop-in Centre übertragen. Sie lernte, wie man den keuchenden Computer der Einrichtung bediente, und unternahm schon bald erste eigene Erkundungen in der Onlinewelt. Eine Kollegin erzählte ihr von Facebook, und am 12. Dezember 2011 hielt Lakshaya mit dem Bild einer glamourösen, androgynen Vogelfrau Einzug in das soziale Netzwerk. Laut Profil war »Lakshaya Johnny« männlich. Als ich ihr ein Jahr später eine Freundschaftsanfrage sandte, hatte Lakshaya 103 Facebook-Freunde. Ihr Geschlecht wurde mit »weitere« angegeben, und als Profilbild verwendete sie das Foto eines berühmten tamilischen Filmstars, »weil ich es satthabe, dass die Leute mich fragen, ob ich ein Mann oder eine Frau bin«. 2017 hatte sie genügend Selbstvertrauen, um ihr Gesicht im Internet zu präsentieren, in einstudierter Pose, die sie so zeigte, wie ich sie kannte: ein lächelndes rundes Gesicht, eingerahmt von strassbesetzten Ohrsteckern und kurzen Haaren mit Pony und in *pant-shirt*, wie Inder Hemd und Hose für Männer nennen, aber mit Sari-Stoff über einer Schulter, um ihre Geschlechtsidentität zu signalisieren.

Ursprünglich war Lakshaya online gegangen, weil sie *panthis* suchte, wie sie mir sagte. »Aber dann wurde ich politisch.« In den Jahren nach unserer ersten Begegnung verfolgte ich, wie ihr Netzwerk auf etwa 300 Personen anwuchs und sich auch ihr politisches Bewusstsein entwickelte. Sie folgte bekannten Transgender-Aktivist:innen und gab regelmäßig Kommentare zum Schicksal der »Transgender« ab (ein Wort, das sie zunehmend verwendete). »Wir haben [einen] Platz als ›drittes Geschlecht‹ in den Büchern der Regierung [die Volkszählung], aber nicht in den Herzen der Menschen«, schrieb sie in einem Post von 2014.[6] Sie verfasste Gedichte und postete auch einige überzeugende Verse: »Wir *kothis* sind als Statuen gemeißelt, aber die Leute sehen in uns nur den Fels.«

Als ich 2017 auf ein wichtiges indisches Buch stieß – *Sexualness* des Sozialanthropologen akshay khanna –, hatte ich das Gefühl, ich würde über Lakshaya und ihre Freundinnen lesen. Khanna schreibt, die offizielle Unterstützung der von *kothis* geführten, in Communitys verwurzelten Organisationen bedeute ein geregelte Anstellung bei den NGOs, »die Entstehung von Unterstützernetzwerken und -diensten sowie die Schaffung von Respektabilität für eine bis dahin verachtete Gruppe«.[7]

Doch es geht nicht nur um Geld: Tatsächlich kann man mit Betteln oder Sexarbeit deutlich mehr verdienen als damit, *kothis* zu finden und sie zu einem Drop-in Centre zu bringen. Viel wichtiger ist laut khanna »die soziale Mobilität, die politische Mobilität, die Möglichkeit der Respektabilität, die Akzeptanz der eigenen Entscheidung und die Legitimität des eigenen Selbst«.[8] Es gibt jedoch auch einen Nachteil: das Konstrukt der, wie khanna schreibt, »epidemiologischen *kothis*«, einer Identität, die von der Aids-Industrie um den Akt des Penetriert-Werdens oder die weibliche Seite des Mannes konstruiert werde, was gravierende Folgen habe, wie er und andere erklären.[9]

Eine meiner Reisen nach Indien führte mich auch in die nordindische Stadt Lucknow, wo ich Saleem Kidwai besuchte, einen Historiker und Vater der indischen Queer Studies. Er war der Mitherausgeber der Aufsatzsammlung *Same-Sex Love in India*, die im Jahr 2000 erschienen war.[10] Als ich ihm meine Beobachtungen in Devanampattinam beschrieb, verwarf er die Vorstellung, dass das Geschlecht der *kothis* in Indien Tradition habe: »Bei meiner historischen Forschung habe ich keine Belege dafür vor dem 20. Jahrhundert gefunden.«

Ich berichtete Kidwai, was Lakshaya mir über den Unterschied zwischen Gays und *kothis* erklärt hatte: Gays würden in der Stadt wohnen und ein glamouröses Leben führen, während *kothis* aus dem Dorf stammten und »Frauenarbeit machten«. Das bestätigte seine Analyse: »Die Aids-Industrie hat *kothis* als Stereotyp der geschlagenen Frauen glorifiziert, als Sexarbeiter:innen und ›Zweitfrauen‹.« Wie könne das ihre Position stärken, fragte er. Und wenn diese marginalisierte Gruppe *tatsächlich* mehr Einfluss bekomme, würde dann womöglich die finanzielle Unterstützung eingestellt?

Bei meinen Besuchen in Devanampattinam hatte ich ebenfalls beobachtet, wie die *kothis* im Dorf untergeordnete traditionell weibliche Rollen übernahmen. Ein Beispiel dafür war Dinishas Liebesleben. Auf der Highschool hatte ein *panthi* sie wegen ihrer femininen Art verhöhnt. Er hatte sie von der Schaukel geschubst und sich ihr von hinten aufgezwungen, seitdem war sie mit ihm zusammen. Allerdings besuchte er sie nur, wenn er betrunken war – außerdem hatte er natürlich eine Freundin. Er tat ihr immer noch Gewalt an, aber sie nahm ihm das nicht übel, weil, wie sie sagte, er damit ihre Weiblichkeit bestätigte.

Die Fischerin Mohana schien anders. Sie war seit über fünf Jahren mit ihrem *panthi* zusammen: Sie waren Cousins und Geschäftspartner:innen, sie hatten Anteile am selben Fischerboot. Sie trafen sich heimlich in einem Kasuarinenhain hinter dem Dorf und waren, so hieß es, wahnsinnig ineinander verliebt. Doch als ich Mohana 2015 erneut traf, hatte sie Liebeskummer. Ihr *panthi* müsse heiraten, erzählte sie mir, weil der Klatsch über ihr Verhältnis überhandnehme. Mohana machte sich nun daran, eine geeignete Frau für ihren *panthi* zu finden, nicht zu hübsch und nicht zu wohlhabend. »Es ist besser so«, sagte sie und tupfte sich die Tränen ab. »Wenn er nicht heiratet, kann sein jüngerer Bruder auch nicht heiraten. Die Leute würden reden! Und nun wird er seine Ehefrau und seine Kinder haben, und wir werden uns weiter an unserem besonderen Platz treffen.«

Die Priesterin Sivagami hatte Zweifel. Mir beschrieb sie die *pan-*

this so: »Sie bleiben nur so lange bei dir, wie du Geld hast, um sie zu unterstützen. Wenn du hinfällst, sind sie nicht da, um dir aufzuhelfen. Deshalb sage ich meinen *kothis*: ›In unserem Leben können wir uns nur aufeinander verlassen.‹« Sivagamis dauerhafteste Beziehung war ebenfalls mit einem Cousin gewesen – bei den Dorf-*Kothis* kam das häufiger vor –, doch sie hatte das Verhältnis beendet. »Er war manchmal betrunken und mir gegenüber dann gewalttätig.« Der Zölibat sei dem eindeutig vorzuziehen, sie nehme ihn als Teil ihrer göttlichen Berufung mit Freuden an.

Lakshayas Berufung war der Kampf für Menschenrechte, der ihr einen Ausweg von der Unterdrückung aufgrund des Geschlechts zu bieten schien. Im Internet machte sie sich für Frauenrechte stark, vor allem nach der Gruppenvergewaltigung und Ermordung einer jungen Frau 2012 in Delhi. »Wenn Prabhu und ich zusammenziehen«, erklärte sie mir über ihre aktuelle große *Panthi*-Liebe, mit der sie sich ein gemeinsames Leben erträumte, »dann werde ich, das sage ich dir ganz im Ernst, Mark, ein ganzes Jahr lang nicht kochen. Ich werde keine dieser *kothis* sein, die nur dazu da sind, um für ihren Mann zu kochen und zu zahlen.«

Doch Lakshaya schwärmte immer für den einen oder anderen *panthi*, die ihr regelmäßig das Herz brachen. Sie wollte Liebe, er wollte Sex. In einem Gedicht schrieb sie darüber: »Ich bin ein Herz mit zwei Leben. Ich handele als Mann und leide als Frau.«[11]

—

Lakshayas Mutter Gomati sah ganz gewiss keinen Wert darin, dass sich ihr Kind immer mehr zu seiner femininen Seite bekannte. Als Gomati hörte, wie andere im Dorf ihr Kind Lakshaya nannten, schimpfte sie: »Du bist als Mann geboren. Warum willst du dich selbst herabsetzen?«

Seit der Kindheit, erzählte mir Lakshaya, hindere Gomati sie daran, sich wie ein Mädchen anzuziehen. Die Spannungen zwischen ihnen nahmen noch zu, als sie nach Devanampattinam zogen und Lakshaya sich den *kothis* anschloss. Also fasste Lakshaya den Entschluss, mit Gomati an einem Workshop für Familien teilzunehmen, den das Call-in Centre anbot. Dort erfuhr die verblüffte Mutter, dass ihr Sohn in Wirklichkeit ihre Tochter war, und obwohl sie sagte, sie akzeptiere das, schleppte sie Lakshaya gleich danach zu einem lokalen Priester, um die Sache zu klären. Doch der Priester bot ihr keinen Trost: Lakshaya sei so geboren, daran könne man nichts ändern. Es war eine glückliche Fügung des Schicksals, dass dieser Priester Sivagami hieß – die ihr Amt zu jener Zeit noch als Mann versah.

Nun schimpfte und tobte Gomati und verdoppelte ihre Anstrengungen, eine geeignete Schwiegertochter zu finden. Es waren Jahre des erbitterten Streits. Doch die beiden waren seit Lakshayas früher Kindheit auf sich allein gestellt und hatten nur einander gehabt, daher konnte keine den Gedanken an eine Trennung ertragen. Lakshaya hatte durch ihre Arbeit im Drop-in Centre und ihre Aktivitäten im Internet einige Grundsätze der Bewegung verinnerlicht. »Wenn ich dich schon nicht dazu bringen kann, mich zu akzeptieren, wie soll mich dann die Gesellschaft akzeptieren?«, warf sie ihrer Mutter während ihres schlimmsten Streits vor.

Bei unserem Treffen 2014 war Gomati Anfang vierzig, eine zierliche Frau, deren zarte Schönheit durch jahrelange harte Arbeit gelitten hatte. Obwohl sie mir die Geschichte, wie sie Lakshaya schließlich akzeptiert hatte, so erzählte, als wäre es ein eingeübter Text, zweifelte ich nicht an ihrer Aufrichtigkeit, denn ich spürte große Zuneigung zwischen den beiden. »Endlich verstand ich, was sie mir [bei dem Workshop des Drop-in Centres] gesagt hatten«, erklärte mir Gomati. »Ich verstand, dass es Gottes Fehler ist, nicht Mathis Fehler [sie verwendete immer noch Lakshayas männlichen Namen], nicht unser Fehler. Wir sollten sie nicht anders behandeln. Wir sollten sie akzeptieren.«

Doch diese Akzeptanz war mit einer Bedingung verbunden: Lakshaya sollte keine Saris tragen, nicht einmal im Tempel. Aus diesem Grund hatte Lakshaya auch nicht beim Mayana-Kollai-Fest mitgewirkt. Lakshaya sah darin keinen inakzeptablen Kompromiss, sondern vielmehr ein Bindemittel, das ihre Familie zusammenhielt.

Dank ihrer Intelligenz stieg Lakshaya bei SCOHD schnell auf und erhielt von ihren Kolleg:innen den Spitznamen Indira Gandhi. Mit ihrem verbesserten Verdienst und Mohanas Hilfe (natürlich!) bekam sie einen inoffiziellen Kredit und konnte endlich ein richtiges Heim für sich und Gomati schaffen. Bei meinem Besuch 2015 lebten die beiden in einem Bungalow unter Palmen direkt am Strand und hatten zwei innig geliebte weiße Hunde, die an den breiten Balkon mit Blick auf die Müllhaufen in der Umgebung und das palmenumrahmte Meer angekettet waren. Wie so oft in Indien stand das makellos saubere Innere des Hauses in deutlichem Kontrast zum Schmutz draußen: zwei helle saubere Zimmer, die in leuchtendem Indigoblau getüncht waren.

Obwohl es sich Gomati nicht abgewöhnen konnte, Lakshaya bei ihrem männlichen Namen zu nennen, sprach sie nun häufiger von »meiner Tochter« und verwendete weibliche Pronomen. Ihr Haus war zu einer Art Treffpunkt für die *kothis* des Dorfes geworden. Gomatis eigener Status als Außenseiterin – eine alleinstehende Frau, eine Wanderarbeiterin – machte es vielleicht einfacher für sie, ihre Tochter zu akzeptieren. Und natürlich auch ihre finanzielle Abhängigkeit und Lakshayas verbesserter Status: Zum ersten Mal seit zwei Jahrzehnten hatte Gomati ein eigenes Zuhause, eine direkte Folge von Lakshayas Identität als *kothi*.

Gomati kochte uns köstliche *dosa* – die für Südindien typischen Pfannkuchen aus fermentiertem Reis – mit einem Gemüsecurry und Kokos-Chutney.

Mohana war auch eingeladen, und nach dem Essen öffneten die Mädchen den *Godrej*-Schrank, ein fester Bestandteil der meisten indischen Haushalte, egal wie bescheiden die Verhältnisse, und holten Saris hervor. Wir hatten Mohana als Geschenk eine Perücke mitgebracht, und Gomati machte begeistert mit beim Kostümieren, das darin mündete, dass sie mich in sechs Meter Seide einwickelten.

—

»Seht euch das an! Das soll ich sein?«

Lakshaya warf einen Ausweis auf den Tisch. Sie und Mohana trafen sich mit uns zum Mittagessen in einem vegetarischen Restaurant in Cuddalore, das zu unserem bevorzugten Treffpunkt geworden war. Es war Februar 2015, fast zwei Jahre waren seit unserer letzten Begegnung vergangen. Der Ausweis zeigte das Foto eines hübschen Mädchens im Sari und mit Make-up, das entfernt an die empörte junge Person mir gegenüber am Tisch erinnerte.

In der vorangegangenen Woche, erzählte Lakshaya, habe sie eine Aravani Identity Card beantragt. »Aravani« ist die offizielle Bezeichnung in Tamil für *hijra* und wurde von der Polizei 2008 als nicht verunglimpfende Bezeichnung für Personen gewählt, denen die Regierung von Tamil Nadu laut einem kürzlichen Beschluss den Status »most backward class« erteilt hatte – damit galten sie als besonders benachteiligte Klasse, die einer staatlichen Förderung bedarf, wie sie beispielsweise auch die *dalits* (Unberührbare) erhalten.

Wer einen Aravani-Ausweis besitzt, hat Anrecht auf bestimmte staatliche Leistungen, etwa eine kleine Rente ab vierzig (weil die Behörden davon ausgehen, dass man in dem Alter nicht mehr in der Lage ist, seinen Lebensunterhalt mit Sexarbeit zu verdienen); eine Unterkunft und sogar – zumindest auf dem Papier – eine kostenlose geschlechtsangleichende Operation.

In der Praxis bot der Staat einfach eine hygienischere und professionellere Version der rituellen Kastration, der sich *hijras* unterziehen, allerdings gibt es nur eine Klinik im gesamten Bundesstaat – mit einer langen Warteliste –, die diese OP kostenlos anbietet. Dennoch wurde Tamil Nadu damit 2008 in Hinblick auf die Rechte von Transmenschen zum progressivsten unter den indischen Bundesstaaten und zum Vorbild für eine neue landesweite Politik nach dem NALSA-Urteil des Obersten Gerichts 2014.

Lakshaya hatte sich entschieden, den Ausweis zu beantragen. Weniger wegen der in Aussicht gestellten Unterstützung, sondern wegen der offiziellen Anerkennung, die ihr ihrer Meinung nach als »TG« (Transgender) zustand, ein Begriff, den sie mittlerweile synonym mit *kothi* verwendete. Bei meinem ersten Besuch in Devanampattinam hatte niemand aus dem Dorf oder aus Cuddalore den Begriff verwendet, doch nun, zwei Jahre später, hatte die Bezeichnung Fuß gefasst, mitsamt der Vorstellung von den Rechten der Transpersonen und einer biologisch-medizinischen Angleichung.

Für den Aravani-Ausweis musste man ein Gespräch vor einem Überprüfungskomitee des Bezirks absolvieren, das aus fünf Personen bestand, darunter ein Arzt, ein Psychologe und eine lokale *Hijra*-Anführerin. Lakshaya erschien in ihrem üblichen Aufzug in Hemd und Hose, der einzige Hinweis auf ihre Überschreitung der Geschlechtergrenzen waren ihre Ohrringe und gezupften Augenbrauen. Doch schon vor der Anhörung wurde sie von den draußen sitzenden *hijras* wieder weggeschickt: Sie erklärten ihr tadelnd, wenn sie sich dem Komitee so präsentiere, setze sie ihre Anerkennung aufs Spiel. Also kehrte Lakshaya am nächsten Tag zurück, zornig, aber im Sari, und absolvierte (erfolgreich) das Gespräch und die anschließenden Fotoaufnahmen, deren Ergebnis sie mir nun auf dem neu gedruckten Ausweis zeigte. Sie war noch immer wütend: »Ich habe nichts gegen die, die Saris tragen, aber ich gehöre nicht dazu. Und ich habe eine Abmachung mit meiner Mutter. Das ist despektierlich ihr gegenüber und demütigend für mich. Und es ist falsch, *falsch*! Wir müssen dagegen kämpfen.«

Wir redeten über Studien, die ich dazu eingesehen hatte, und darüber, wie sich die Kriterien in den einzelnen Bezirken von Tamil Nadu stark unterschieden und größtenteils von der Meinung des »Mitglieds der Transcommunity« abhingen, das dem Komitee angehörte: Manche bestanden darauf, dass man sich als Frau präsentieren musste, um den Ausweis zu erhalten, oder sogar Nachweise für eine Operation vorlegen musste. Lakshaya war felsenfest davon überzeugt, dass sie nicht dazu genötigt werden sollte, einen Sari zu tragen, um als Transgender zu gelten: »Es geht darum, wie ich mich in meinem Inneren fühle, nicht wie ich aussehe. Das sagt auch das Oberste Gericht!«

Sie bezog sich auf das NALSA-Urteil, dessen wichtigste Aussage lautete, dass nach der Verfassung die Bürger:innen Indiens das Recht haben, für sich selbst zu entscheiden, ob man männlich oder weiblich sei oder sich einem dritten Geschlecht zugehörig fühlte. Allerdings war die indische Regierung fest entschlossen, das Urteil anzufechten. Eine Untersuchung des Ministeriums für soziale Gerechtigkeit und Empowerment kam zu dem Schluss, es müsse eine Art »psychosoziale Beurteilung« geben, wie sie bereits in Tamil Nadu durchgeführt werde. In dieselbe Richtung ging ein Gesetzesentwurf des Parlaments, der als Grundlage für ein nationales Gesetz ausgehend von dem NALSA-Urteil dienen sollte.[12]

Diese Positionen wurden von einigen mächtigen *hijras* und ihren Lobbygruppen unterstützt, die Indiens Transcommunity anführten und auf einer Art Zugangskontrolle bestanden. Oder wie es Sudha, eine *Hijra*-Anführerin aus Chennai, mir gegenüber formulierte: »Nur jemand, der immer Frauenkleidung trägt, kann Transgender genannt werden. Wenn sich jemand trans nennt und dabei *pant-shirt* trägt, kann ich dem nicht zustimmen. Wenn jemand einen Schnurrbart trägt und erklärt, er fühle sich weiblich in seinem Inneren, sorry, dann kann ich nur sagen, dass derjenige keine Ahnung von unseren Problemen hat!«

Wie die *hijras*, die Lakshaya weggeschickt hatten, glaubte Sudha, wenn jeder einfach daherkommen und Ansprüche auf der Grundlage seiner gefühlten Identität erheben könnte, würde das System missbraucht werden und die »authentischen« Transfrauen würden in Misskredit geraten. Sie und andere *Hijra*-Anführer:innen glaubten auch, nur Transfrauen sollten Ansprüche geltend machen können, denn nur sie seien in der Vergangenheit diskriminiert worden. Lakshaya stand auf der Seite des anderen Lagers: einer neuen queeren Koalition, der auch nichtbinäre Personen und Transmänner aus der Stadt angehörten und die darauf bestand, den Staat auf das NALSA-Urteil mit seiner Bestätigung des Rechts auf Selbstidentifikation festzunageln.

Als das Gesetz zum Schutz der Rechte von Transpersonen schließlich Ende 2019 vom Parlament verabschiedet wurde, war darin vorgeschrieben, dass man sich einer Überprüfung unterziehen musste, wenn man seine offizielle Geschlechtsbezeichnung ändern wollte. Die Aktivist:innen waren empört, einige sprachen von dem Tag, an dem das Gesetz durchs Parlament ging, sogar von einem »Gender Justice Murder Day« (»Tag, an dem die Gendergerechtigkeit ermordet wurde«).[13] Es gab aber auch noch weitere Einwände. Das Gesetz hatte ursprünglich das Betteln durch Transgender (in Indien war das Wort ein Substantiv) verboten und festgelegt, dass Transkinder nur aufgrund eines Gerichtsbeschlusses von ihren Familien getrennt werden durften: Wenn die Familien nicht in der Lage oder nicht bereit waren, sich selbst um die Kinder zu kümmern, sollten diese in »Rehabilitationseinrichtungen« kommen.[14] Viele sahen darin einen Rückfall in koloniale Zeiten mit dem Mythos, dass *hijras* Kinder entführten.

Durch intensive Lobbyarbeit konnten Aktivist:innen das Bettelverbot verhindern, doch das Verbot, Minderjährige aufzunehmen, blieb bestehen. Angesichts der Misshandlungen, denen junge Ausreißer:innen als *chelas* bei den *hijras* ausgesetzt waren (die ihnen eben nicht nur Unterschlupf boten), stand dahinter vielleicht die wohlmeinende Absicht, die transgender Jugendlichen unter den Schutz der allgemeinen indischen Gesetze für Kinder und Jugendliche zu stellen. Dennoch verwies der Begriff »Rehabilitation« eher auf Kriminalität oder Konversion als auf Obhut – und bedrohte die Stützpfeiler der seit Jahrhunderten bestehenden *Hijra*-Gesellschaft mit ihrer generationenübergreifenden Familienstruktur. Der Staat hatte vielleicht die Absicht, das Leben der Millionen Transpersonen in Indien zu modernisieren und ihm einen regulären Gang zu geben, doch bei der Umsetzung dieses Vorhabens drohte er die sozialen und ökonomischen Strukturen zu zerstören, auf die die *hijras* angewiesen waren.

SHEETAL – UND SAMEERA

Identitäten sind kontextabhängig und werden von vielen Faktoren bestimmt, unter anderem auch vom Zugang zu Informationen und materiellen Ressourcen. In einem Land, in dem die Transgender-Identität die Aussicht auf soziale und wirtschaftliche Unterstützung und sogar politische Macht bot, fanden sich *kothis* wie Lakshaya plötzlich inmitten einer neuen, hitzigen Debatte. Zusätzlich kompliziert wurde ihr Leben dadurch, dass sie sich zwar nun »TG« nannten – mit all den Verheißungen der Selbstbestimmung, die darin lagen –, aber immer noch an die alten Gepflogenheiten gebunden waren, wie sich etwa in den Debatten um den Transgender Act von 2019 zeigte. Nirgends war dieser Widerspruch für mich so deutlich zu erkennen wie in der Rolle, die Sheetal, Lakshayas Chefin bei SCOHD, im Leben der *kothis* von Devanampattinam spielte.

Ich traf Sheetal zum ersten Mal in Devanampattinam, als sie beim Mayana-Kollai-Fest als eine Art Mutterfigur den Vorsitz führte. Mit einer Größe von über 1,82 Meter und einem Gang wie ein General trug sie meist die weiblichen *salwar kamiz* in Kombination mit langen, welligen Haaren in einem leichten Henna-Ton, doch sie saß breitbeinig wie ein Mann und zog auch wie ein Mann an ihrer Zigarette. Sie lebte im nahen Pondicherry mit ihrem *panthi*, einem jüngeren Mann in Lederstiefeln und Lederjacke. Er wirkte, als wäre er ihr treu ergeben, und fungierte auch als ihr Fahrer: Sie ließ sich von ihm auf seinem Motorrad herumkutschieren. Sie hatte die typische heisere Stimme – und Direktheit – einer *hijra*, sprach aber ganz passables Englisch. Sie stammte aus der Mittelschicht und hatte ein Ingenieursdiplom für Schiffbau.

Wie kam sie zu dieser Position beim Mayana-Kollai-Fest, fragte ich sie. Lag es daran, dass sie die Leiterin von SCOHD war, der Organisation, für die Lakshaya arbeitete?

Nein, antwortete sie. Es lag an ihrer Position in der *Hijra*-Gesellschaft: Sie war die *nayak* oder Anführerin, »all diese Mädchen sind Teil meiner Familie«.

Ich war überrascht. Ich hatte angenommen, dass die *kothis* aus dem Dorf, da sie die *Hijra*-Identität vermieden, auch nicht Teil der komplizierten *Hijra*-Gesellschaft waren. Aber wie sich herausstellte, waren sie Sheetals »Töchter«. Sheetal hatte 62 Töchter, verteilt über zwei Bezirke, wie sie mir erzählte, von denen wiederum viele, wie die Priesterin Sivagami, eigene Töchter hätten. »Das ist eine sehr große Aufgabe. Eine große Familie! Die Leute kommen zu mir, weil ich sehr frei bin. Ich bin nicht die Art von *nayak*, die sagt: ›Hey, komm und … massier mir die Füße!‹ Ich bin sehr jovial. Ich habe selbst gelitten, als ich zum Haus eines Gurus ging, ich saß dort den ganzen Tag und wurde nicht einmal gegrüßt. Das wollte ich nicht für meine Töchter.«

Und so wurde Sheetal zur »Mutter« von Sivagami und zur »Großmutter« der jüngeren *kothis* im Dorf, darunter auch Lakshaya und Mohana und andere, die noch Teenager waren. Dabei ging es nicht nur um Gefühle, nicht um die Suche nach einer selbst gewählten Familie, die sich queere Menschen weltweit erhoffen. Die Beziehungen in dieser Familie waren über einen jahrhundertealten Kodex streng geregelt, mit Verpflichtungen auf beiden Seiten.

Sheetals wichtigste rituelle Rolle bestand darin, ihre Töchter durch den Vorgang des *nirvan* zu führen, die Kastration. Sie »kümmerte« sich auch um sie, wenn sie in Not waren, und schlichtete Streit zwischen ihnen – obwohl sie ihre Töchter nicht so streng kontrollierte wie die *nayak* in den großen Städten, wo ein »Haus« tatsächlich oft ein Gebäude war, in dem die *hijras* lebten und arbeiteten, wie es auch die Priesterin Sivagami in Bombay erlebt hatte.

Ohne diese direkte Verbindung über das Zusammenleben oder die Arbeitsvermittlung war nicht ganz klar, wie die Verpflichtungen der *kothis* im Dorf gegenüber Sheetal aussahen. Das lag auch daran, dass es tabu war, über interne *Hijra*-Angelegenheiten zu sprechen. Außerdem fürchteten sie Sheetal oder hassten sie sogar, so »jovial« sie auch sein mochte. Obwohl keine ihrer Töchter aus Devanampattinam regelmäßig mit Sexarbeit oder Betteln ihr Geld verdiente, verlangte Sheetal unbarmherzig ihren Anteil. Das schien sich bis auf die SCOHD zu erstrecken, auch wenn die Angestellten mir das nicht direkt bestätigen wollten. Dennoch regte sich Lakshaya darüber auf: »Solange es ein Guru-*chela*-System gibt, führen wir ein Leben als Unterdrückte«, schrieb sie 2015 auf Facebook.[15]

Doch Lakshaya saß in der Falle. Sheetal war nicht nur ihre »Großmutter« bei den *hijras*, sondern auch ihre Chefin bei der Organisation zur Aids-Bekämpfung.

—

Sheetal betrachtete die Entscheidungen, die ihr junger Schützling Lakshaya getroffen hatte, und die Aussöhnung mit ihrer Familie, die dadurch möglich wurde, durchaus mit Neid. »Meine Eltern warfen mich daheim raus«, erzählte sie mir. »Ingenieursdiplom hin oder her, ich hatte keine andere Wahl, ich musste nach Bombay. Von meiner Familie kam keine Unterstützung. Wenn ich von meiner Familie unterstützt worden wäre, hätte ich niemals *dhanda* [Sexarbeit] gemacht und das hier auch nicht.«

Sie schnitt mit der Hand durch die Luft wie mit einem Messer, eine kurze, heftige Geste in Richtung ihres Unterleibs.

Sheetal hatte sich während ihres Studiums in den neunziger Jahren in Goa als homosexuell geoutet: Dort gab es bereits eine schwule Szene, was in erster Linie an den ansässigen Ausländer:innen und den Urlauber:innen aus Bombay und Delhi lag. Nach ihrem Abschluss wollten ihre Eltern sie nach Dubai schicken, wo bereits ihr Bruder lebte. »Aber ich wusste, dass ich dort nicht überleben würde, mit meinem unmännlichen Gang.« Also zog sie stattdessen nach Chennai, wo sie in Sunil Menons Projekt zur Aids-Bekämpfung mitarbeitete. Nachdem sie das System der gemeinschaftsbasierten Organisationen kennengelernt hatte, kehrte sie nach Pondicherry zurück, um eine entsprechende Zweigorganisation zu gründen – woraufhin die Probleme mit ihrer Familie erst so richtig anfingen, wie sie sagte. Ihre Eltern zogen beschämt weg und gingen zurück in den Bundesstaat Kerala, wo sie ursprünglich herkamen, und brachen jeden Kontakt ab.

»Was Ihnen vielleicht auch eine gewisse Freiheit gab?«, wagte ich mich vor.

»Ich kann das nicht Freiheit nennen«, schoss sie zurück. Für einen kurzen Moment hatte sie ihre Mimik nicht mehr unter Kontrolle und wirkte verwundbar. »Ich fühle mich einsam. Nach sechs Uhr abends weiß ich nicht, wo ich hinsoll.«

Als Sheetal das sagte, musste ich an eine Studie zur mentalen Verfassung von Transpersonen aus dem Jahr 2012 denken, die im nahe gelegenen Bangalore durchgeführt worden war, nachdem es innerhalb von 18 Monaten 39 »unnatürliche Todesfälle« in der *Hijra*-Gemeinschaft gegeben hatte, darunter 15 Selbstmorde.[16] 32 Prozent der Befragten gaben an, sie hätten im vergangenen Monat an Selbstmord gedacht. Die Zahlen deckten sich mit Umfrageergebnissen aus anderen Teilen der Welt, zudem gab es unter *hijras* schon immer eine hohe Selbstmordrate. Doch etwas habe sich in den vergangenen Jahren verändert, erklärte mir Manohar Elavarthi, der Leiter der Organisation, die die Studie in Auftrag gegeben hatte. Elavarthi war der Ansicht, dass die Selbstmordrate aufgrund der »psychischen Belastung« im Zeitalter der Menschenrechte nach oben gegangen sei. »Die Geschwindigkeit, mit der man sich verändert, hält nicht Schritt mit der Geschwindigkeit, mit der sich Gesellschaften verändern.« Er nannte als Beispiel *hijras* aus Bangalore, die sich allein durchschlagen wollten. »Aber dann stehen sie da, abgeschnitten von ihren Familien und auch abgeschnitten von der *jamaath* [der *Hijra*-Gesellschaft], vollkommen isoliert. Das schaffen sie nicht.«

Sheetal schaffte es, weil sie – trotz ihrer Ausbildung und den damit verbundenen Möglichkeiten zum sozialen Aufstieg – in der *jamaath* blieb. Sie war eine der jüngsten *Hijra*-Anführerinnen in Indien und eine mit der besten Ausbildung und nationalen Ambitionen. Bei unserem Treffen in der Bar des Flughafenhotels von Chennai 2015 war sie gerade auf dem Rückweg von einem nationalen Treffen von Transgender-Anführerinnen in Delhi, um die Auswirkungen des NALSA-Urteils zu besprechen. Sie sei zunehmend unterwegs, erzählte sie mir und betonte ihre Position als Reformerin eines ihrer Meinung nach überaus notwendigen Systems.

Sie sprach über sich in der dritten Person: »Man kann nicht erwarten, dass jede Anführerin wie Sheetal ist. Die Älteren bekommen Geld von ihren Töchtern. Sheetal ist nicht so, weil heute die neue Generation heranwächst und nicht bereit ist, in Sklaverei zu leben.« Sheetal glaubte, die *jamaath* sei wichtiger als je zuvor: »Ohne die *jamaath* sind sie frei und können sich mit der Öffentlichkeit anlegen, Blödsinn machen. Wenn so etwas in der *jamaath* vorkommt, rufen wir sie [zur Ordnung], korrigieren sie. Wenn sie nicht hören wollen, schließen wir sie aus der *jamaath* aus.« Ihre größte Leistung, verkündete sie mir, sei die, dass sie die Bettelei der *hijras* in den Läden von Pondicherry erfolgreich unterbunden habe, wodurch sich ihr Ansehen verbessert habe. Als ich fragte, wie die *hijras* stattdessen ihren Lebensunterhalt verdienen würden, blieb sie indes vage.

Aufgrund ihrer Geschlechtsidentität hatte Sheetal jede Aussicht auf eine gewöhnliche Karriere verloren – und auch ihre Familie. Als Ersatz für ihre Karriere hatte sie die Welt der NGOs und Organisationen zur Aids-Bekämpfung entdeckt, in der sie großen Erfolg hatte. Und als Ersatz für die Familie hatte sie die *jamaath*. Das bedeutete sogar, dass sie ihre Karriere in der Aids-Welt für vier Jahre unterbrechen musste, um bei einem Guru in Bombay in die Lehre zu gehen und zu betteln und anzuschaffen.

Warum?

»Wenn ich alt bin, wer wird sich um mich kümmern?«, fragte sie mit leicht aggressivem Unterton. »Wir sind hier nicht in Melbourne oder Sydney, yaah?«

—

Sheetal hatte neben der Leitung der SCOHD und der lokalen *hijras* und *kothis* noch einen dritten Job. Sie war Stationsleiterin in einem Krankenhaus. Einige Jahre zuvor war am Mahatma Gandhi Medical College and Research Institute von Pondicherry eine Klinik für Transgender-Medizin eingerichtet worden. Das Institut zählte zu den führenden medizinischen Lehrkrankenhäusern des Landes, und die 2016 gegründete Klinik für Transgender-Medizin war die erste in Indien, die das komplette Spektrum der Transgender-Medizin anbot. Die erste Patientin, bei der eine Vaginoplastie durchgeführt wurde, war Ärztin an der Klinik, eine brillante junge Anästhesistin namens Sameera Jahagirdar, die maßgeblich an der Einrichtung der Klinik beteiligt gewesen war.

Der erste Schritt war der Kontakt zur lokalen *Hijra*-Gemeinschaft gewesen, um eine offizielle Verbindung herzustellen. Als lokale *Hijra*-Anführerin fungierte Sheetal als Vermittlerin. Auf ihr Betreiben hin stellte die Klinik vier Transfrauen aus der Gemeinschaft ein. Wenig überraschend gehörte auch Sheetal selbst dazu, die nicht nur zur Stationsleiterin ernannt wurde, sondern auch für den Kontakt zur Gemeinschaft verantwortlich war.

Durch Sheetals Vermittlung führte die medizinische Hochschule ab 2016 mehrere Studien in der Transcommunity von Pondicherry durch. Die erste Studie befasste sich mit den urogenitalen Komplikationen nach verpfuschten Kastrationen. Von den 55 untersuchten

Personen hatten mindestens sechs so gravierende Probleme, dass früher oder später ihre Nieren versagen würden, wenn sie nicht behandelt wurden. »Man kann sich die Schmerzen und die Schamgefühle gar nicht vorstellen, mit denen diese Mädchen jeden Tag leben müssen«, sagte mir die Ärztin Sameera Jahagirdar.

Ich hatte Sameera mit ihrem *hubby* (Ehemann) Karthick erstmals 2013 getroffen, in einem Café im französischen Kolonialviertel von Pondicherry. Sie hatte erst vor Kurzem mit der Hormonbehandlung begonnen: Sie trug unauffällige androgyne Kleidung – Jeans und eine weiße *kurta* (ein kragenloses, langes traditionelles Hemd) und die Haare, die sie sich nun wachsen ließ, umrahmten ihr lebhaftes rundes Gesicht. Sie war gertenschlank, herzlich und ungekünstelt, medizinisch präzise, wenn es um ihre Geschlechtsangleichung ging, aber auch bereit, über ihre Gefühle zu sprechen. Als ich sie zwei Jahre später in der Klinik besuchte, begrüßte sie mich im weißen Kittel, die Haare zu einem pflegeleichten Pferdeschwanz zusammengebunden. Als sie den Kittel auszog, zeichneten sich unter dem Männerhemd ihre neu gewachsenen Brüste ab. Bei der Arbeit war sie immer noch »Sameer-Sir«, obwohl viele ihrer Kolleg:innen Bescheid wussten.

Karthick, der ein paar Jahre jünger war, war definitiv ein *hubby* und kein *panthi*. Er hatte einen gut bezahlten Job in der Verlagsbranche, und die beiden hatten die Familien des jeweils anderen kennengelernt, die sie schließlich als Paar akzeptiert hatten. Sie trugen sogar Eheringe, getauscht bei einer privaten Zeremonie im Beisein beider Väter, der eine Schuldirektor, der andere Journalist.

Sameera war Teil der kleinen Elite indischer Transfrauen, die dank ihrer Möglichkeiten und ihres Selbstbewusstseins die *Hijra*-Identität umgangen hatten oder sich sogar in Abgrenzung zu ihr definierten. Sameera hatte ihre Geschlechtsidentität durch die Literatur, das Internet und dann in medizinischen Bibliotheken entdeckt. Das bedeutete, dass sie die westliche Vorstellung von »Transgender«, von ihren Rechten und den Möglichkeiten einer biologisch-medizinischen Angleichung verinnerlicht hatte, bevor sie überhaupt in Betracht zog, dass sie eine *hijra* sein könnte. Wenn sie aus einer anderen Schicht oder einer anderen Generation kommen würde, hätte ihre einzige Option darin bestanden, sich der *jamaath* anzuschließen, der Gesellschaft der *hijras*, wie sie mir erklärte. Doch stattdessen »ist LGBTQI meine *jamaath*«. Sie war aktives Mitglied bei Orinam, der in Chennai ansässigen Organisation von LGBTQI-Aktivist:innen, und hatte auch ihre wenigen engen Freund:innen dort gefunden. Die Mitgliedschaft bei Orinam war »eine sehr bewusste Entscheidung. Ich überlegte: Ich brauche ein System, das mich unterstützt, eine Gemeinschaft, und die *jamaath* kann es nicht sein. Ich machte mir Sorgen um meinen gesellschaftlichen Status, fürchtete die Stigmatisierung [als *hijra*]. Das war nichts für mich. Ich bin Ärztin!«

Sameera gab zu, dass sie anfangs misstrauisch gewesen war, als Sheetal angefangen hatte, in der Klinik zu arbeiten: Das Unbehagen gegenüber den *hijras* war geblieben. Doch sie lernte Sheetals Anwesenheit zu schätzen. Die Unverblümtheit der *Hijra*-Anführerin öffnete Türen und brachte das Krankenhauspersonal dazu, die eigene Transition des Arztes zu verstehen – und Fragen dazu zu stellen. Außerdem setzte sich Sheetal unermüdlich dafür ein, dass die transgender Patient:innen vom gesamten Klinikpersonal die ihnen zustehende Fürsorge erhielten und respektvoll behandelt wurden.

—

Sheetal wiederum liebte die Arbeit in der Klinik: »Die Leute respektieren mich. Sie nennen mich Madam. Ich komme gut zurecht mit dem Job.«

Ich fragte nach Sameera.

»Oh, ich *liebe* ihn. Bei ihm ist man frei, man kann immer mit ihm reden.« Doch Sheetal machte sich auch Sorgen: »Er outet sich nicht [als Transgender], das ist das Problem.« Das war vor Sameeras Operation, und Sheetal verwendete für ihre neue Kollegin nicht den weiblichen Namen oder die entsprechenden Pronomen: »Ich würde Sameer gern Teilzeit als Arzt einstellen, aber er will nicht. Es gibt viele Dinge, die er nicht machen kann, weil er sich nicht outet.«

Doch als ich 2017 erneut mit Sameera sprach – Sheetal konnte ich nicht wieder auf einen Termin festnageln, sosehr ich es auch versucht hatte –, hatte sich das Verhältnis zwischen den beiden abgekühlt. Anscheinend hatte Sheetal Probleme, sich in die Hierarchie der Klinik einzufügen, laut der Sameera ihre Vorgesetzte war. Sameera beklagte, dass Sheetal die Klinik als Teil ihres Reichs betrachte und sich als Türsteherin zwischen der Transcommunity und der Klinik sehe und auswähle, wer das medizinische Angebot nutzen dürfe.

Für Sameera war das ein typisches Beispiel für das Aufeinanderprallen von Kulturen: der feudalen *Hijra*-Hierarchie auf der einen Seite und der Funktionsweise einer modernen Einrichtung wie der Klinik für Gendermedizin auf der anderen. Dass sich Sheetal nicht einfügen konnte, war für Sameera ein Vorbote weiterer Schwierigkeiten, wenn Indien als Land mit der weltweit größten gezählten transgender Bevölkerung die Geschlechterordnung der modernen Welt übernahm.

2019 schienen die beiden Frieden geschlossen zu haben: »Ich bin weitergezogen«, berichtete mir Sameera. In der Tat: Sie leitete mittlerweile Einrichtungen zur gesundheitlichen Versorgung im nördlichen Bundesstaat Rajasthan und trat in einer Video-Serie im Internet auf, die in Hyderabad gedreht wurde. Außerdem plante sie, mit Karthick nach Australien zu ziehen und sich dort auf Intensivmedizin zu spezialisieren.

—

2019 war Sameera auf der Website des Krankenhauses noch immer mit ihrem männlichen Namen aufgeführt. Doch bei den Kolleg:innen und Patient:innen in der Klinik – wo sie mittlerweile die Intensivstation leitete – war sie »zu 95 Prozent Sameera-Madam«.

Es hatte einige heikle Situationen gegeben, nicht mit dem Personal, sondern mit Patient:innen beziehungsweise deren Familien, die sie manchmal anmachten oder – in einem Fall – sogar betatschten: »Als ich die Familie ins Besprechungszimmer führte, war da so ein *goonda* aus dem Dorf, der die Hand nicht von meinem Hintern lassen konnte, ihn tätschelte, reinkniff und mir sogar seinen Finger zwischen die Pobacken schob. Auf meiner Intensivstation, mit meinen Krankenpfleger:innen und Assistenzärzt:innen um uns herum! Er war sogar so dreist, mir einen Luftkuss zuzuwerfen. Da bin ich ausgerastet! Ich habe ihm eine schöne, feste Ohrfeige verpasst! Vor aller Augen!«

Wie Mohana, die während des Mayana-Kollai-Festes in Devanampattinam belästigt worden war, fragte ich Sameera, ob das auch passiert wäre, wenn sie eine Cisgender-Frau wäre. Erlebte sie jetzt nicht einfach das, was Frauen und Mädchen in Indien ständig passierte?

»Ja klar, auf der Straße«, antwortete sie, nachdem sie eine Weile über meine Frage nachgedacht hatte. »Aber eine Frau in einer Autoritätsposition? Niemals.« Wir redeten weiter darüber, dass es, wie sie es formulierte, »als selbstverständlich gilt, dass man als femininer Junge [sexuell] verfügbar ist. Man soll sexuell belästigt werden, ja sogar geschlagen werden.« Sie erinnerte sich an ihre eigene Kindheit, in der sie wegen ihrer femininen Art häufig aufgezogen wurde, und trennte mit chirurgischer Genauigkeit zwischen »der Kränkung und gleichzeitig der Freude«, verhöhnt zu werden, aber auch Begehren zu wecken. »Ich hasste es, aber es gab mir auch ein gutes Gefühl. Man ist anders. Und weil man anders ist, wird man schlecht behandelt. Aber man will das auch. Man will die Aufmerksamkeit. Da beginnt der [innere] Konflikt. Hier spaltet sich schon das eigene Denken. ›Ich soll so sein.‹«

Sie hätte auch von den *kothis* in Devanampattinam sprechen können.

2015 sagte mir die Priesterin Sivagami, Sheetal habe sie an die Klinik für Transgender-Medizin überwiesen. Sie habe bereits mit dem dortigen Psychologen über eine Operation gesprochen.

Ich war verblüfft.

Bei meinem letzten Besuch hatte Sivagami so überzeugt geklungen, als sie sagte, sie würde sich nicht operieren lassen. Jetzt zog sie eine OP aufgrund des Drucks der anderen in Erwägung, aber auch weil sie das Gefühl hatte, dass sie sonst nicht den Respekt der weiteren *Hijra*-Gemeinschaft erlangen würde: »Ich habe keine Kinder. Wer wird sich um mich kümmern, wenn ich alt bin, außer meinen eigenen Töchtern?« Doch sie fühlte sich hin- und hergerissen: Die nackte männliche Brust, je haariger, desto besser, ist Sinnbild der Macht eines Priesters, und das Amt des Priesters war ihre Berufung. Seit Monaten betete sie um göttliche Führung.

Der *Hijra*-Kodex besagt, dass man durch die Kastration eine Art göttliche Kraft – und einen höheren Status – erlangt. Indem man sein abgetrenntes Geschlechtsorgan der Erde übergibt, erhält man die Macht, Fruchtbarkeit an andere weiterzugeben. Als Sheetal und ich über ihre Kastration gesprochen hatten, hatte sie mir auch gesagt, dass sie sich hauptsächlich wegen der Ehre dazu entschieden hatte: »So viele Leute erwarteten das von mir. Sie nennen mich Mutter, aber wenn ich zur *jamaath* gehe, machen sie sich über mich lustig. Sie machen sich auch über meine Töchter und Enkelinnen lustig, weil ihr Guru kein echter Transgender ist.« Niemand hatte die Operation direkt von Sheetal verlangt – es war einfach so, dass »wir erst respektiert werden, wenn es passiert ist«. Das schuldete sie nicht nur sich selbst, sondern auch ihren Töchtern. Die Operation hatte sie nicht aus einem inneren Bedürfnis heraus vornehmen lassen, sondern weil sie darin eine Überlebensstrategie sah.

Die medizinische Versorgung, die Sivagami in der blitzblanken neuen Klinik in Pondicherry zur Verfügung stand, war natürlich weitaus besser als das, was sie zwanzig Jahre zuvor in einem Hinterzimmer in Bombay hätte durchmachen müssen. Vielleicht erklärte das ihren Sinneswandel. Sie wollte weiter: »Nur eine Operation wird meiner Geburt einen Sinn geben, meinem Dasein als ›Herz einer Frau im Körper eines Mannes‹.«

Einer Brustvergrößerung oder Hormonbehandlung wollte sie sich dennoch nicht unterziehen, sie wollte die maskuline Brust behalten, die für die *poojas* erforderlich war. Sie hatte bereits mit ihrem Psychologen und mit Sheetal darüber gesprochen und beide hatten zugestimmt, dass dies die beste Lösung für sie sei. So würde sie ihr eigenes spezielles und irgendwie einzigartiges Geschlecht verkörpern: Sie würde einen männlichen Oberkörper und einen weiblichen Unterleib haben.

Derartige Kombinationen schienen zunehmend möglich in der Ära der Trans Rights, die der jahrhundertealten *Hijra*-Gemeinschaft in Indien neue Vorstellungen von persönlicher Autonomie einhauchte. Lakshaya, die eine Generation jünger war, kam mit diesen Vorstellungen durch das Internet und über ihren Einsatz als Aktivistin in Berührung. Auch sie fand ihren ganz eigenen Weg: »Wenn ich mir den Penis abschneide, bin ich auch nicht weiblicher. Ich bin bereits eine Frau.«

—

Am 31. März 2017 wurde Lakshaya von Sheetal gebeten, eine Veranstaltung zum Internationalen Tag der Sichtbarkeit von Trans-Menschen in Pondicherry zu moderieren. Zu Gast waren der Chief Minister des Bundesstaates und viele weitere ranghohe Beamt:innen und Politiker:innen. Mein Herz platzte fast vor Stolz, als ich die Fotos betrachtete: Da stand mein Mädchen aus Devanampattinam auf dem Podium in einem rosa Kleid im westlichen Stil, modisch, aber konservativ. Die Arme waren bedeckt, das Kleid war am Hals geschlossen, an der Vorderseite verlief eine Reihe Metallknöpfe. Vielleicht war Pondicherry so weit vom Dorf entfernt, dass Lakshaya in der Öffentlichkeit Frauenkleider tragen konnte; vielleicht genoss sie es mittlerweile, sich unter ihren eigenen Bedingungen als Frau zurechtzumachen. Ihre Haare waren kurz, aber mit ihrem typischen kessen Pony, und in den Ohren trug sie Modeschmuck, der zu den Knöpfen an ihrem Kleid passte.

Der Stolz, der mich überkam, erinnerte mich an mein Gefühl, als Tiwonge Chimbalanga das Publikum bei Colours of Cape Town 2015 in Bann geschlagen hatte. Allerdings fühlte ich mich mit meinem Stolz auf Aunty Tiwo auch etwas unbehaglich, weil ich befürchtete, dass ich eine Art Retterkomplex entwickelt hatte, der als einer der Fallstricke entlang der pinken Linie kritisiert wird. Ich hatte Geld gespendet, damit Aunty zwei Tage in der Woche bei einer Organisation für LGBTI-Geflüchtete arbeiten konnte, und die Arbeit schien ihr zu helfen, ihren Alkoholismus zu überwinden und einen Sinn im Leben zu sehen. Ähnlich hatte ich, jedoch ohne Erfolg, versucht, Michael Bashaijas Ausbildung in Uganda zu finanzieren, bevor er aus dem Land floh, und hatte ihm auch in Kenia ein paar Mal unter die Arme gegriffen.

In Indien hatte es diese Dynamik nicht gegeben, schon gar nicht bei Lakshaya, die unglaublich stolz war: Sie weigerte sich sogar, Geld für ihre wichtige Arbeit als Kontaktperson für mich vor Ort in Devanampattinam zu nehmen. Ich kaufte ihr stattdessen einen Kühlschrank, ein Geschenk zur Einweihung ihres neuen Heims. Bei ihr übernahm ich eher die Rolle eines Mentors: Wir – meine Dolmetscherin Lavanya und ich – verbrachten viel Zeit mit ihr und stellten gemeinsam Überlegungen zu ihrer Zukunft an. Beispielsweise hatte ich sie in Pondicherry zu einem Gespräch mit Doktor Sameera mitgenommen in der Hoffnung, dass es ihr neue berufliche Möglichkeiten aufzeigen würde, und ich hatte sie natürlich all meinen eigenen LGBT-Kontakten in Chennai vorgestellt.

Lakshaya hatte unter den *kothis* von Devanampattinam mein besonderes Interesse geweckt, weil sie vorwärtsstrebte: Ich hatte den Eindruck, wenn ich ihren Werdegang verfolgte, konnte ich den Fortschritt entlang der pinken Linie in Indien und darüber hinaus beobachten. Und da stand sie nun in einem Saal in Pondicherry und begrüßte niemand Geringeren als den Chief Minister! Ich hörte sogar, dass ihre Schlagfertigkeit über eine peinliche Situation hinweghalf, als der Ehrengast Transpersonen irrigerweise als »behindert« bezeichnete und das Publikum drohte, aus Protest den Saal zu verlassen. Doch Lakshaya konnte die Anwesenden beruhigen, ohne den Chief Minister zu kränken: »Wenn wir behindert sind«, sagte sie in ihrem schönsten Tamil, »dann liegt das daran, dass wir von Freund:innen, der Familie und den Nachbar:innen behindert werden. Ja, Sir, Sie haben recht. In diesem Sinn werden wir tatsächlich behindert.«

Als wir später über Skype miteinander sprachen, strahlte Lakshaya, als sie mir die Geschichte erzählte: »Ich musste hier und da die Dinge etwas klarstellen und tat das auf eine sehr korrekte Art. Ich habe dafür sehr viel Respekt von den Leuten bekommen! Eine Freundin aus Chennai sagte sogar, ich könnte Journalistin werden!«

—

Bei diesem Skype-Gespräch Ende 2017 fragte ich Lakshaya auch, was sich sonst so in ihrem Leben tat.

Sie sagte nichts, sondern legte nur die Handflächen aneinander, wie es *hijras* tun.

Wollte sie mir damit sagen, dass sie bettelte?

Sie erklärte: »Die letzten neun Monate waren die schlimmsten meines Lebens. Sheetal gab mir eine höhere Position in Chennai, aber ich bekam psychische Probleme wegen der internen Machtkämpfe. Eine Zeit lang stand ich kurz davor, mir das Leben zu nehmen. Also habe ich gekündigt.«

Vielleicht war Lakshaya auf eine Stelle befördert worden, die sie überforderte. Oder umgekehrt, vielleicht hatten gerade ihre Fähigkeiten zu den Konflikten mit ranghöheren *hijras* in der *jamaath* geführt, über deren Zugang zu Ressourcen sie nun bestimmte. Wie auch immer: Lakshaya war aufgrund des Konstrukts der *Kothi*-Identität Opfer einer Situation geworden, vor der Wissenschaftler:innen und Aktivist:innen gewarnt hatten. Sie war dank der Gelder zur Aids-Bekämpfung immer höher aufgestiegen und dann abgestürzt. Wie ein *Kothi*-Ikarus.

»Jetzt bin ich ruhiger«, beharrte sie. »Ich kann schlafen.«

Hatte sie sich nach einem anderen Job umgesehen?

Sie hatte in einem privaten Unternehmen angefangen, aber nur ein paar Tage durchgehalten: »Die Leute starrten mich an, redeten hinter meinem Rücken über mich.« Sie hatte ein weiteres Angebot auf dem Tisch. Lagerverwaltung bei einem Lastwagen-Unternehmen, aber dort würde sie nur 4000 Rupien im Monat verdienen (etwa 45 Euro). Die monatlichen Raten für das neue Haus waren etwa drei Mal so hoch. Also ja, sie ging betteln: »Ich kann mich über Wasser halten. Und den Kredit für mein Haus abzahlen.« Sie verdiente locker 12 000 Rupien im Monat, obwohl sie nur drei oder vier Tage die Woche arbeitete.

Was war mit ihren Prinzipien? Der Vereinbarung mit ihrer Mutter?

»Ich trage den Sari für meinen Job, Mark. Das ist einfach gerade so.« Das ging, weil sie zur Arbeit fünfzig Kilometer in eine andere Stadt fuhr, in der ihre »Trans-Mummy« (wie sie ihren Guru nannte) lebte. Dort kannten die Leute sie nicht. Sie gab zu, dass sie in einer Zwickmühle steckte: zu mädchenhaft, um einer regulären Tätigkeit nachzugehen, zu männlich, um als *hijra* zu arbeiten. »*Pant-shirt* ist viel bequemer. Da muss ich keinen BH tragen und ihn ausstopfen. Und wenn ich ein paar Haare [im Gesicht] habe, rufen die Ladenbesitzer:innen gleich: ›Warum so männlich?‹ Also muss ich mir jedes einzelne Haar im Gesicht auszupfen.« Natürlich trug sie bei der Arbeit eine Perücke, was jedoch die anderen Mädchen zu Kommentaren verleitete: »›Warum hast du nicht deine eigenen Haare?‹ Aber ich kann mir die Haare nicht wachsen lassen, denn daheim bin ich *kothi* und wieder in Hemd und Hose.« Also ja, sagte sie, es sei schwierig, »aber ich halte es aus, weil ich nur an meine Familie denke.«

Wenn sie arbeitete, verließ sie Cuddalore früh am Morgen in Hemd und Hose, die weibliche Ausstattung in einer kleinen Tasche. Sie hatte in der anderen Stadt einen Ort gefunden, an dem sie sich umziehen konnte. Normalerweise schaffte sie es, sich vor der Rückfahrt wieder zurückzuverwandeln, aber manchmal, wenn sie sonst den letzten Bus verpassen würde, war sie gezwungen, im Sari zurückzufahren: »Wenn der Busfahrer eine TG im Bus sieht, lässt er das Licht an, dann kann man nicht schlafen. Aber das ist trotzdem besser, weil ja immer auch Betrunkene unterwegs sind, und die könnten sonst die Situation ausnutzen.«

Das war allerdings nichts im Vergleich zu den Belästigungen, denen sie bei ihrer Arbeit ausgesetzt war, weil sie noch intakte männliche Genitalien hatte. Sie kamen »von Mitgliedern meiner eigenen Gemeinschaft, weil diejenigen, die sich nicht operieren lassen, immer diskriminiert werden«, aber auch von den Ladenbesitzer:innen, bei denen sie bettelte. »Die Männer langen nach unten und fassen nach dem Penis. ›Du bist nicht operiert! Du bist ein Mann, kein Transgender! Verschwinde und lass dich operieren, bevor du wiederkommst!‹«

Ich holte tief Luft, bevor ich die nächste, naheliegende Frage stellte.

»Du kennst mich, Mark. Ich bin jemand, der nicht daran glaubt, dass ein Fortpflanzungsorgan über die Geschlechtsidentität bestimmen sollte.« Genau das waren ihre Worte in Tamil. Sie lernte schnell. »Aber die Community übt ständig Druck aus, und das gibt mir das Gefühl, dass ich mich als *kothi* unausgefüllt fühle. Durch den Druck fürchte ich, dass es [die Operation] in der Zukunft doch für mich anstehen wird.«

»Das sind niederschmetternde Neuigkeiten, Lakshaya«, sagte ich. Ich hätte am liebsten geweint.

Sie erkannte meine Gefühlslage und schenkte mir ein Lächeln, das über die Skype-Wellen flimmerte, als ob sie mich – und vielleicht auch sich selbst – beruhigen wollte: »Solche Gedanken kommen mir, wenn ich einen Sari anziehe und darin herumlaufe. Bei meiner Arbeit. Aber sobald ich daheim bin, in dem Moment, in dem ich die Perücke absetze, verschwinden diese Gedanken auch wieder.«

Später im Gespräch sagte sie: »Bei diesem Job bin ich niemandem verpflichtet. Nur mir selbst.«

Meine Dolmetscherin Lavanya wollte das nicht so stehen lassen: »Du hast die Wahl, Lakshaya!«

Aber Lakshaya blieb bei ihrer Haltung: »Das ist keine Wahl. Das ist meine Situation.«

—

Bei der nächsten Skype-Sitzung mit Lakshaya war auch Mohana mit dabei. Wie sich herausstellte, befand auch sie sich in einer »Situation«.

Sie hatte vor zu heiraten.

Und das von All-India Pass, der Königin von Devanampattinam, die sagte, sie könnte nie mit einer Frau zusammen sein. *Wie bitte*?

»Ich kriege das schon hin. Ich werde ein Kind haben. Das ist nicht so kompliziert. Alle Männer und Frauen tun es. Warum nicht ich?«

Und was war mit ihrem *panthi*?

»Er wird auch heiraten. Dann werden die Leute uns nicht mehr belästigen. Wir können uns immer noch treffen.«

Meine Dolmetscherin Lavanya, eine überzeugte Feministin, wollte das nicht so stehen lassen: »Und wenn deine Frau eine Beziehung außerhalb der Ehe hat, wie fühlst du dich dann?«

»Das wird sie nicht. Frauen tun so etwas nicht.«

»Das ist ja typisch, dass du so denkst!«, rief Lavanya. »Vielleicht bist du am Ende doch ein Mann.«

»Ich habe meine Eltern«, erwiderte Mohana. »Ich muss sie respektieren. Ich muss dafür sorgen, dass sie glücklich und zufrieden sind.«

Lavanya ließ nicht locker: »Und was ist mit *ihren* Eltern?«

»Ich werde nichts tun, was ihre Ehre kränkt«, sagte Mohana. »Jeder Mann muss damit leben.«

Hatte Lavanya das richtig übersetzt? Hatte sich Mohana selbst als »Mann« bezeichnet?

—

Lavanya hatte in der Welt der gemeinnützigen Organisationen von Tamil Nadu zahlreiche Kontakte. Sie hörte sich ein bisschen um und fand einen Job für Lakshaya.

Und so erzählte mir Lakshaya bei unserem nächsten Gespräch Anfang 2018, dass sie für Internet Saathi arbeite, ein Projekt von Google India und dem Tata-Konglomerat, das es sich zur Aufgabe gemacht hatte, die online bestehende »Kluft zwischen den Geschlechtern in den ländlichen Regionen Indiens« zu überbrücken, wie es auf der Website heißt, und Frauen in 300 000 Dörfern in ganz Indien digitale Kompetenzen zu vermitteln.[17] Im August 2018 hatten bereits 17 Millionen Frauen im Land von Internet Saathi profitiert, wie *Forbes India* meldete.[18] Einige tausend befanden sich in Tamil Nadu, wo Lakshaya nun »Botschafter:innen-Teams« koordinierte, die nach dem Vorbild der Organisationen zur Aids-Bekämpfung Kontakt zu den Frauen aufnahmen und sie weiterbildeten.[19] Ein perfekter Job für jemanden wie Lakshaya, die früher selbst auf diese Weise neue Möglichkeiten gefunden hatte und deren Welt durch das Internet so viel größer geworden war.

Lakshaya war glücklich und schlug sich richtig gut auf ihrer neuen Stelle. Sie war jetzt viel auf Reisen, doch in der neuen Arbeitswelt konnte sie ihre Aufgaben auch oft von zu Hause aus erledigen, in dem neuen Heim am Strand von Devanampattinam, das sie für sich und ihre Mutter gekauft hatte und nun dank ihres regelmäßigen Einkommens behalten konnte.

—

Am 6. September 2018 verkündete das Oberste Gericht Indiens das Urteil, mit dem Paragraf 377 des indischen Strafgesetzbuches aufgehoben und Homosexualität entkriminalisiert wurde. Passenderweise wurde ich von meiner Sonderkorrespondentin in Devanampattinam darauf aufmerksam gemacht: »In Erwartung eines historischen Augenblicks«, hatte Lakshaya am Morgen der Urteilsverkündung auf Englisch bei Facebook geschrieben.[20] Dann, drei Stunden später, postete sie das Banner »Love is Love …« und ein Meme, das die indische Landkarte in Regenbogenfarben zusammen mit dem Hashtag #LGBTLegalized zeigte.[21]

»Unsere Fähigkeit, andere anzuerkennen, die sich von uns unterscheiden, ist ein Merkmal unserer eigenen Weiterentwicklung«, erklärte Dhananjaya Y. Chandrachud, einer der vier Richter, in seiner gelehrten und zutiefst menschlichen Urteilsbegründung, die ein ganzes Jahrhundert der Rechtsprechung berücksichtigte, vom Verfahren gegen Oscar Wilde bis zur Entkriminalisierung der Homosexualität auf Trinidad und Tobago fünf Monate zuvor. Mit Zitaten, die von Leonard Cohen bis zu Eve Kosofsky Sedgwick (eine der Begründerinnen der Queer Theory) reichten, setzte Richter Chandrachud weltweit Maßstäbe für Urteile zu Fragen der sexuellen Orientierung und Geschlechtsidentität. Er nannte das primäre Anliegen des Gerichts – queeren Personen »schlicht das Recht zurückzugeben, als menschliche Wesen so zu leben, zu lieben und sich zu verpartnern, wie die Natur sie geschaffen hat«, was seit Jahrzehnten überfällig war. Aber er wollte auch zeigen, wie die indische Verfassung genutzt werden könnte, um »eine echte Gleichstellung« zu erreichen, indem sie »die Dominanz bestimmter biologischer und gesellschaftlicher Geschlechter infrage stellt«.[22]

Dipak Misra, der oberste Richter, äußerte sich in der Haupturteilsbegründung ähnlich: Die Diskriminierung zu beenden, vor allem die Diskriminierung der großen transgender Bevölkerung im Land sei nichts Geringeres als ein »Vorbote eines neuen Indien«.[23] Ausführlich schrieb Richter Misra, »die Stigmatisierung, Unterdrückung und Vorurteile«, die »Transgender« täglich erfahren, müssten »ausgelöscht« werden, daher drängte er alle Inder:innen, »aufzustehen und sich laut und deutlich gegen [Diskriminierung] auszusprechen. Außerdem lobte er ausdrücklich die Transcommunity für ihren »vorzüglichen Geist, ihr inspiriertes Engagement, ihre große Entschlossenheit und unendliche Hoffnung«. Erst wenn Transpersonen von dieser »mit Worten nicht zu beschreibenden Knechtschaft« befreit seien, hätte die »LGBT-Community« die »gleichen Rechte«, die ihnen von der Verfassung gewährt würden.

Richter Misra eröffnete sein Urteil mit Goethe: »Doch bin ich, wie ich bin, so nimm mich nur hin!«[24] Diese Botschaft war mittlerweile natürlich durch *La Cage aux Folles* und Gloria Gaynor zur Gay-Hymne weltweit avanciert. Ohne die Urteilsbegründung gelesen zu haben, nahm Lakshaya mit einem kleinen Gedicht dazu Stellung, das sie in Tamil am Tag der Urteilsverkündung auf Facebook veröffentlichte:

Meine Liebe
Meine Geschlechtsidentität

Ich brauche kein Gesetz, das mich infrage stellt
Und Menschen in die Angst treibt …
Ich freue mich auf einen neuen Anfang.
#LGBTIQ+ #IPC [Indian Penal Code – Indisches Strafgesetzbuch]
_377 #NO_GOING_BACK[25]

EPILOG

ES WIRD BESSER

Am 26. Januar 2019, neun Jahre nachdem Tiwonge Chimbalanga in Malawi wegen »sexueller Handlungen wider die Natur« angeklagt worden war und fast fünf Jahre nachdem ich sie zum ersten Mal in ihrem neuen Heim im Exil besucht hatte, fuhr ich noch einmal zu ihr.[1] Ich war schon eine ganze Weile nicht mehr in Tambo Village gewesen und hatte – angesichts meines drohenden Abgabetermins – die Idee, mein Buch dort zu beenden, wo es begonnen hatte: in Südafrika, zwanzig Kilometer entlang der Küste von meinem eigenen Zuhause in Kapstadt entfernt, in Auntys aus zwei Zimmern bestehender Hütte.

Es war Samstagnachmittag, ein Tag nach der Gehaltszahlung am Monatsende, und auf den Straßen wimmelte es von Leuten. Große Gruppen picknickten im Park gegenüber von Auntys Hütte. Kinder jagten zwischen den langsam fahrenden Autos hin und her, während die Erwachsenen draußen an der Straße saßen und hier und da Bier der Marke Black Label tranken, das sie für 18 Rand (rund ein Euro) die Flasche aus Auntys Kühlschrank geholt hatten. Als ich vor Auntys Hütte hielt, lehnten drei junge Männer am leeren Gemüsestand, der offenbar zur Bar umfunktioniert worden war, und tranken Bier aus kleinen Gläsern, die sich leicht verstecken ließen.

Aunty stand bei ihnen und war nicht nur hocherfreut, mich zu sehen, sondern anscheinend auch nüchtern. Ihre Haut strahlte, hatte weder den silbrigen Schimmer einer Foundation noch die fahle Blässe von *babelas*, wie der Kater nach einer durchzechten Nacht in

Südafrika genannt wird. Ihre Brüste waren unter einem schwarzen Top deutlich zu erkennen, dazu trug sie ein Tuch mit einem traditionellen südafrikanischen Muster anstelle ihres üblichen zentralafrikanischen Gewandes. Ihr Mann Benson war wie immer an ihrer Seite, und auch er schien nüchtern: Aunty erklärte mir, dass sie nun Rotwein statt Bier trinken würden, das sei gesünder.

Ich hatte sie seit etwa zwei Jahren nicht mehr besucht, und die Hütte war schäbiger, als ich sie in Erinnerung hatte. Der große Tisch war einem ramponierten Schulpult mit Resopalplatte gewichen. Die ziemlich willkürliche Collage aus Schnappschüssen und Zeitungsausschnitten hatte gerahmten Porträts von Aunty und Benson Platz gemacht, ähnlich denen, die ich mit nach Malawi genommen hatte. Sie hingen in einer geraden Reihe ziemlich weit oben an der Wand. Aufgrund der elysischen Hintergründe im Fotostudio wirkten die Porträts, als ob das Paar auf seine realen Verkörperungen herabblicken würde, die natürlich weniger glamourös waren, aber gesünder und stabiler wirkten, als ich sie bisher erlebt hatte.

Während wir uns unterhielten, ertönte immer wieder das rhythmische Klopfen von Kunden am Sicherheitstor, die ihre leeren Bierflaschen gegen volle aus dem Kühlschrank tauschen wollten. Trotzdem, erklärte Aunty, sei der Verdienst gering, weil die Margen so klein seien und sie nicht genug Kapital habe, um das Bier im Großhandel zu kaufen. Sie klagte über ihre Armut: Sie arbeitete noch immer als bezahlte »Ehrenamtliche« für die Geflüchtetenorganisation PASSOP, bei der sie 3000 Rand – etwa 160 Euro – im Monat verdiente, was weit unter dem Mindestlohn lag.

PASSOP wurde mittlerweile von einem Malawier geleitet, einem Mann namens Victor Mdluli, der auch als Auntys aktueller Schutzengel fungierte – obwohl sie nicht so ganz akzeptieren konnte, dass er ihr Boss war und nicht umgekehrt. Wie alle, die sich um Aunty seit ihrer Verhaftung neun Jahre zuvor gekümmert hatten, sah Mdluli in ihr »jede Menge Arbeit«, wie er mir sagte: Vor Kurzem war sie ins Büro der deutschen Stiftung gestürmt, die ihre Stelle finanzierte, und hatte Theater wegen einer verspäteten Zahlung gemacht. Trotzdem, Mdluli verstand Aunty und ihre Geschichte. Er sprach ihre Sprache und schätzte sie bei PASSOP sehr. »Aunty Tiwo arbeitet wirklich hart und hat ein großes Herz«, sagte er mir – selbst wenn dieses Herz ein bisschen Aufsicht benötigte. Wie sich herausstellte, hatte Aunty neuen Asylsuchenden Unterschlupf in ihrer Hütte gewährt und das bisschen Platz, das sie hatte, ebenso mit ihnen geteilt wie ihr Essen, bis sie im neuen Land Fuß gefasst hatten. Allerdings hatten einige berichtet, dass die Sache auch einen Haken hatte: Sie wurden von Aunty angebaggert.

An jenem Samstagnachmittag in ihrer Hütte schwärmte Aunty, wie glücklich sie jetzt sei. »Alle kennen Aunty«, sagte sie. »Alle lieben Aunty.« Wieder ein Klopfen am Sicherheitstor; wieder ein Flaschentausch: »Siehst du, alle unterstützen mich.«

Und was war mit der Polizei, fragte ich. Immerhin war ihr Geschäft nicht legal.

»Kein Problem! Sie lieben mich. Sogar heute sind sie vorbeigekommen. ›Aunty, wenn's Probleme gibt, dann ruf uns.‹«

Aunty stellte sich als Anführerin genau jener Malawier:innen in Tambo Village dar, die sie früher verspottet und sogar angegriffen hatten. Doch ich konnte mir durchaus vorstellen, dass darin ein Körnchen Wahrheit steckte: »Wenn jemand aus Malawi ein Problem hat, dann kommen sie zu Aunty. Und nicht nur Malawier:innen. Auch die Xhosa. *Alle.* Und ich versuche, zu helfen.«

Bei meinem vorherigen Besuch hatte ich gehört, wie Bensons Brüder, fromme Muslime, eines Nachmittags vorbeigekommen waren, um ihn von Auntys teuflischem Einfluss zu befreien. »Moffie! Moffie! Moffie!«, hatten sie Aunty angeschrien, das südafrikanische Wort für »Schwuchtel«. Benson hatte sich damals geweigert, Aunty zu verlassen, und seine wütenden Brüder hatten ihn so heftig verprügelt, dass Auntys Vermieter angelaufen kam, um sie zu trennen und die Angreifer zu verscheuchen.

Und wie läuft es inzwischen mit Bensons Familie, fragte ich.

»Sie *lieben* mich!« Strahlend erzählte sie mir, wie sie einem von Bensons Brüdern geholfen hatte, der frisch aus Malawi eingetroffen war, einen »Newcomer's Letter« zu erhalten, die Voraussetzung für die Anerkennung als Geflüchtete. Der Bruder hatte sie im Büro von PASSOP getroffen und der Familie berichtet, dass sie eine wichtige Position bekleide, mit einem Schreibtisch und einem Computer und Einfluss. Aunty war jetzt auch eng mit Bensons Schwester befreundet, die ihr all ihre Probleme anvertraute. »Nix mehr mit ›Moffie! Moffie! Moffie!‹, jetzt gehöre ich zur Familie. Ich helfe bei allem.« Die Hilfe umfasste auch kleinere Geldgeschenke – dreißig Rand hier, fünfzig Rand da –, wenn die Vorratsschränke leer waren, was häufig der Fall war. Offensichtlich kamen Bensons Verwandte oft vorbei. Als Muslim:innen tranken sie bei ihren Besuchen aber immer Cola.

Was Aunty noch mehr entzückte, war der Besuch eines entfernten Verwandten, der mittlerweile in der Nähe wohnte. Seine Tochter sollte bald heiraten, und er wollte Aunty mit dabeihaben, um die Chimbalangas zu repräsentieren: »Ich bin eine Häuptlingstochter, weißt du.«

—

Im September 2010, wenige Wochen nachdem Aunty im Gefolge von Ban Ki-moons Reise nach Malawi, bei der er sich für Aunty eingesetzt hatte, begnadigt worden war, erhängte sich ein 15-jähriger Teenager in Greensburg im US-Bundesstaat Indiana. Er hieß Billy Lucas. Seine Familie berichtete, er sei jahrelang in der Schule von anderen Kindern gequält worden, weil sie annahmen, dass er schwul sei. In den darauffolgenden Wochen wurde von drei weiteren derartigen Selbstmorden in den USA berichtet, darunter auch der von Tyler Clementi, der mit 18 gerade an der Rutgers University sein Studium begonnen hatte und von der George-Washington-

Brücke in den Tod sprang, nachdem sein Mitbewohner ein Video von ihm ins Internet gestellt hatte, das ihn zeigte, wie er einen anderen Mann küsste.

Als der US-amerikanische Journalist Dan Savage einen Link zu einem Bericht über Lucas' Selbstmord postete, kommentierte ein Leser, er wünschte, er hätte fünf Minuten mit dem Jungen reden können, um ihm zu sagen: »Es wird besser.«[2] Die meisten von uns, die als Teenager gedemütigt wurden oder sich schämten, weil sie queer oder schwul oder gendernonkonform oder trans oder einfach anders waren, wissen, dass das stimmt. Daher hatte Savage die geniale Idee zu einer Kampagne in den sozialen Medien, die durchschlagenden Erfolg haben sollte: Prominente sollten Videos aufnehmen, in denen sie queeren Jugendlichen Hoffnung vermitteln. Savage ermunterte die Leute, ihre eigenen Videos zu posten, und so konnte das Projekt »It Gets Better« mittlerweile über 70 000 Geschichten sammeln und verbreiten. Laut eigener Aussage auf der Homepage inspiriert das Projekt »Menschen auf der ganzen Welt, ihre Geschichten zu teilen und die nächste Generation von LGBTQ+-Jugendlichen daran zu erinnern, dass Hoffnung da draußen ist«.[3]

»It Gets Better« wurde zum inspirierenden Meme für das gesamte Jahrzehnt und zum Mantra für die wachsende globale LGBT-Bewegung. Wenn sich der lange »Bogen des moralischen Universums« zur Gerechtigkeit neigt, wie die berühmte Formulierung von Dr. Martin Luther King besagt (der dabei den Theologen Theodore Parker zitierte), dann ist dieser Bogen doch sicher ein Regenbogen, und die Gerechtigkeit gilt auch für queere Menschen?

»Es wird besser« bedeutet, dass es einen stets voranschreitenden zeitlichen Verlauf gibt: Dass sich die Welt unaufhaltsam dahin entwickelt, dass queere und Transpersonen als Gleiche akzeptiert oder sogar freudig angenommen werden: Jeder Widerstand entlang der pinken Linie sollte als Rückschlag oder sogar Gegenbewegung zu dieser Entwicklung verstanden werden. Diese Vorwärtsbewegung ist untrennbar verbunden mit der zunehmenden Migration und Urbanisierung: So viele verzweifelte Menschen hoffen, dass es besser wird, wenn sie *woanders wären.*

2019 musste man jedoch feststellen, dass die pinke Linie oszillierte, wenn nicht sogar verblasste. Im Mai 2019 brachte die Weltgesundheitsorganisation endlich die elfte Version der Internationalen statistischen Klassifikation der Krankheiten und verwandter Gesundheitsprobleme heraus, in der Transgender-Identität nicht länger als Krankheit oder Störung betrachtet wird. Im selben Monat erlaubte Taiwan als erstes Land in Asien die gleichgeschlechtliche Ehe – doch in Afrika sprach sich das Oberste Gericht von Kenia *gegen* eine Entkriminalisierung der Homosexualität aus. Dennoch hatte sich in Kenia durch die Kampagne zur Entkriminalisierung etwas verändert, wie bereits in Indien ein Jahrzehnt zuvor: Die queere Bewegung hatte neue Verbündete, und queere Kenianer:innen waren nun ein sichtbarer und zunehmend akzeptierter Teil der urbanen Mittelschicht des Landes.

Daran zu arbeiten, dass es besser wird, ist ein mühsamer, langsamer Prozess. Im Juni 2019 ergab eine glaubwürdige, alle zwei Jahre durchgeführte Umfrage, die von der größten LGBT-Organisation in Nigeria in Auftrag gegeben worden war, dass nur 60 Prozent der Nigerianer:innen ein queeres Familienmitglied ablehnen würden, 2017 waren es noch 83 Prozent gewesen. Und nur 70 Prozent waren der Meinung, LGBT-Personen sollten ins Gefängnis, im Gegensatz zu 90 Prozent zwei Jahre zuvor.[4]

Im Januar 2019 entkriminalisierte Angola Homosexualität. In der anderen großen ehemaligen portugiesischen Kolonie in Afrika, in Mosambik, stehen homosexuelle Handlungen bereits seit 2015 nicht mehr unter Strafe. Und nach Belize und Trinidad und Tobago bereiteten Aktivist:innen in vier weiteren Karibikstaaten Klagen vor: Dominica, St. Vincent und die Grenadinen, Barbados und sogar in Jamaika. Doch auf den Kaimaninseln hob ein Berufungsgericht im November 2019 ein früheres Urteil auf, das gleichgeschlechtliche Ehen erlaubt hatte; die Regierung von Bermuda strebt ein ähnliches Vorgehen an.

Im zentralafrikanischen Sambia wurden Ende 2019 zwei Männer verhaftet, nachdem sie in einer Lodge in Lusaka zu einem privaten einvernehmlichen Treffen eingecheckt hatten. Fast genau zehn Jahre nachdem Tiwonge Chimbalanga und Steven Monjeza im benachbarten Malawi festgenommen und zu 14 Jahren Haft verurteilt worden waren, erhielten Japhet Chataba und Stephen Samba 15 Jahre, die Höchststrafe für »Handlungen wider die Natur« in Sambia. Mit denselben beunruhigenden alten Begründungen wurde erneut eine pinke Linie gezogen – als ob es seit Auntys Tortur überhaupt keinen weltweiten Einsatz für LGBT-Rechte gegeben hätte. Daniel Foote, der US-amerikanische Botschafter in Sambia, protestierte entschieden gegen das Urteil und erklärte, er sei »persönlich entsetzt«, doch der sambische Präsident Edgar Lungu entgegnete lediglich, Homosexualität sei unchristlich und Afrikaner:innen würden zu etwas Bestialischem gezwungen, um als »smart, zivilisiert und fortschrittlich« zu gelten. Er warf Foote vor, sich in innenpolitische Angelegenheiten Sambias einzumischen, und verlangte seine Abberufung.[5]

Für Chataba und Samba hat es bislang noch keine internationalen Appelle und Kampagnen gegeben, wie sie 2010 wegen Aunty und Monjeza erfolgt waren. Werden ranghohe internationale Diplomat:innen mit Gnadengesuchen nach Sambia eilen, wie es Ban Ki-moon in Malawi tat? Wird Miley Cyrus eine globale Petition für Chatabas und Sambas Freilassung ins Leben rufen, wie Madonna im Fall von Chimbalanga und Monjeza? Werden die beiden begnadigt und nach Südafrika ausgeflogen – und wenn ja, was wird sie in meinem Heimatland erwarten, ein Jahrzehnt nach Auntys Ankunft? Vielleicht hat sich die Welt weitergedreht und neuen Themen zugewandt, weil sie glaubt, dass dieses spezielle Problem gelöst ist.

Oder auch nicht. Zeitgleich mit den Verhaftungen in Sambia leitete der damalige US-amerikanische Botschafter in Deutschland, Richard Grenell, eine vom Weißen Haus unterstützte Kampagne, homosexuelle Handlungen weltweit zu entkriminalisieren. Grenells Ernennung war politischem Kalkül geschuldet: Er lebte offen schwul, war als rechter Kommentator für Fox News tätig und Donald Trump gegenüber absolut loyal. Bei einer von ihm einberufenen Sitzung bei den Vereinten Nationen im Dezember 2019 erklärte er, er wolle die 69 Länder, in denen Homosexualität immer noch verboten sei, »tagtäglich« anprangern. Er behauptete, die Initiative habe die persönliche Unterstützung von Präsident Trump und Vizepräsident Mike Pence. Außerdem sei die Entkriminalisierung eines der LGBT-Themen, mit dem auch religiöse Gruppen einverstanden seien.[6] Das Center for Family and Human Rights, eine rechtsgerichtete katholische Interessenvertretung, äußerte sich positiv über Grenells Initiative – ein verblüffender Beleg dafür, dass sich der globale Kulturkrieg ein neues Schlachtfeld gesucht hatte. Es ging nicht mehr um Schwule, sondern um »Genderideologie«.

Europäische und lateinamerikanische Diplomaten verpassten Grenells Initiative einen Dämpfer, weil dadurch bestimmte Länder dämonisiert würden, vor allem in der muslimischen Welt. Darüber hinaus werde Diskriminierung aufgrund der Geschlechtsidentität außen vor gelassen: »Anstatt sich nur auf die Entkriminalisierung zu konzentrieren, sollten wir überall Akzeptanz, Verständnis und die Gleichstellung von LGBTIQ-Personen fördern«, erklärte Jessica Stern von OutRight International.[7] Zudem war die Initiative genau die Art von Manöver entlang der pinken Linie, dem man tatsächlich Neoimperialismus nachsagen konnte und das das Leben queerer Menschen vor Ort nicht einfacher, sondern schwerer machen würde.

Die konservative Heritage Foundation – standhafter Gegner von LGBT-Rechten – erhob folgenden Vorwurf: »Viele Länder hier [bei den Vereinten Nationen] könnten in diesem Vorgang eine Verletzung ihrer Souveränität sehen.« Von der anderen Seite brachte der libanesische LGBT-Aktivist Hadi Damien vor, eine »derartige Initiative kann nur von einem Land ausgehen, in dem Homosexualität immer noch kriminalisiert wird«. Staaten wie die USA sollten in diesem Fall nur als Unterstützer:innen wirken, die mit Gruppen vor Ort zusammenarbeiten – und mit gutem Beispiel im eigenen Land vorangehen. Damien sprach es zwar nicht aus, spielte damit aber auf die Haltung der Trump-Regierung gegenüber Einwander:innen und Transpersonen in den USA an.[8]

Später, im Jahr 2020, wurde Grenell Donald Trumps »Pinkwasher in Chief«. Vor der Wahl im November warb er für ihn um die Stimmen Homosexueller. Nach seiner Amtseinführung am 20. Januar 2021 unterzeichnete Joe Biden noch am ersten Tag seiner Präsidentschaft eine Executive Order zu LGBT-Rechten, mit der er zahlreiche Bestimmungen aus der Regierungszeit seines Vorgängers – von der Frage des Zugangs zu Toiletten bis hin zur Diskriminierung am Arbeitsplatz – zurücknahm. Zwei Wochen danach widerrief er Trumps Transgender-Verbot im Militär.

Im Februar veröffentlichte Biden ein Memo zur Außenpolitik, das deutlich kohärenter und komplexer war als Grenells Großtuerei. Bidens Direktive ähnelte der von Barack Obama acht Jahre zuvor. Er wies US-amerikanische Behörden und Institutionen, die im Ausland tätig sind, an, »sicherzustellen, dass die Diplomatie und die Entwicklungshilfe der Vereinigten Staaten die Menschenrechte von LGBTQI+-Personen schützen und fördern«.[9] In den nächsten Jahren wird sich zeigen, ob das wiedererwachte Interesse der USA für diese Themen dazu führt, dass auch die Kämpfe entlang der pinken Linie aus der Obama-Zeit erneut aufflammen, dieses Mal mit der »Genderideologie« im Zentrum der Auseinandersetzungen. Oder ob eine neue Sensibilität für diese Fragen sowie ein besseres Verständnis für alle Teile der Welt und ein effektiverer Aktivismus vor Ort die einfachen Binaritäten der Art »Der Westen gegen den Rest« aus dem frühen 21. Jahrhundert aufbrechen werden.

In diesen Veränderungen der Kartografie erkenne ich mehr Gründe für Optimismus als in der neuen Politik Bidens (so begrüßenswert sie auch sein mag). Man blicke etwa nach Botswana. Dort kam der Wandel von innen: Das Oberste Gericht entkriminalisierte 2019 homosexuelle Handlungen, nur einen Monat nachdem das Oberste Gericht in Kenia sich genau diesem Schritt verweigert hatte.

Der Kläger war ein junger Mann namens Letsweletse Motshidiemang, der den Fall als 21-jähriger Universitätsstudent mit Hilfe seines Juraprofessors vor Gericht gebracht hatte. Motshidiemangs Worte in einem Interview, das zur Zeit der Urteilsverkündung entstand, erinnerten an Auntys Schilderung: In dem kleinen Dorf auf dem Land, in dem er aufgewachsen war, »wussten die Leute, dass ich anders war. Aber ich war umgeben von Menschen, die mich liebten. Niemand bläute mir dort ein, mich selbst zu hassen.« Diese Aufgabe übernahmen andere: »Die Gesetze.«

Das Urteil in Botswana erfolgte zwei Jahre nach Ricki Kgositaus erfolgreicher Klage vor demselben Gericht. Sie hatte erreicht, dass ihre Geschlechtsbezeichnung in ihrem Führerschein geändert werden durfte. Wie im benachbarten Südafrika, in Kenia und in mehreren lateinamerikanischen Ländern folgten Aktivist:innen einer durchdachten Strategie: Es kann tatsächlich besser werden, wenn man sich Schritt für Schritt Rechte erkämpft, während sich Gerichte und die Gesellschaften, in deren Namen sie urteilen, an die sich verändernde Welt gewöhnen. Das Gericht in Kenia hatte sogar ein Urteil aus Botswana von 2003 zitiert: »Die Zeit ist noch nicht reif, homosexuelle Praktiken zu entkriminalisieren.«

Im Juni 2019 lieferte Michael Leburu, der Richter in Botswana, die entsprechende Erwiderung: »Wenn sich die Gesellschaft verändert, muss sich das Recht mitentwickeln.«[10]

—

Bei meinen Reisen für dieses Buch sah ich überall Beispiele für diesen Kampf und den Einsatz dafür, dass es »besser wird«: von den

Video-Tagebüchern von Transmännern wie Liam in den USA über Jelena Klimowas Deti-404-Projekt in Russland, das in Reaktion auf die gewalttätige Homophobie im Land und die Gesetze gegen »homosexuelle Propaganda« entstand. Das Projekt bot eine Plattform, auf der isolierte Jugendliche ihre Geschichten teilen und eine Onlinecommunity finden konnten. Bei meinen Reisen nach Russland hatte ich mehrere junge Leute getroffen, für die es dank Deti-404 tatsächlich besser geworden war.

In Ägypten lernte ich 2013 einen Jugendlichen kennen, der sich Juelz nannte, ein Teenager aus einer Provinzstadt, der von seiner Familie mit seinem Liebhaber erwischt worden war. Ihm war der Kopf kahlgeschoren worden, um ihn anschließend an einen Pferdekarren zu binden und durch die Stadt zu schleifen, danach wurde er einen Monat lang in einem Zimmer eingesperrt und täglich geschlagen. Er wollte sich umbringen, hielt sich aber am Leben, indem er täglich »It Gets Better«-Videos postete, wie er mir erzählte, auf YouTube über sein Smartphone, und anderen in einer ähnlichen Situation Ratschläge gab. Für Juelz wurde es tatsächlich besser: Er studierte und wurde Anwalt, bekannte sich trotzig zu seiner Homosexualität und plante bei unserem letzten Gespräch, zu seinem Freund in die USA zu ziehen.

In den USA machte eine wachsende Zahl von Eltern – wie beispielsweise die Mutter Dee, mit der ich über ihr Transkind sprach – diese neue Form des Onlineaktivismus dafür verantwortlich, ihre verunsicherten Teenagermädchen in die falsche Richtung zu führen, indem sie »Es wird besser« mit der Transition zum Mann assoziieren, anstatt sich mit der zugrunde liegenden Depression auseinanderzusetzen. Wenn ich mich durch die Erfahrungsberichte im Internet klickte, hatte ich manchmal schon den Eindruck, dass sie für den Solipsismus der Selfie-Generation standen, verfasst mit den Textbausteinen der Selbstbestätigung. Doch es war faszinierend zu verfolgen, wie sich die Maxime »das Private ist politisch«, der Leitspruch meiner Generation, in die Vorstellung verwandelt hatte, dass man nur seine eigene Geschichte mit anderen teilen müsse, um Transformation, wenn nicht sogar Erlösung zu erfahren.

Ende des 19. Jahrhunderts, als die Europäer:innen begannen, sexuelles Verhalten zu klassifizieren, setzte auch eine andere Wahrnehmung des Körpers und der Art und Weise ein, wie man andere daran teilhaben ließ, was unter anderem daran lag, dass privates Verhalten zu öffentlicher Identität wurde. Nun, ein Jahrhundert später, waren nicht nur die Vorstellungen von Privatsphäre dank der Social-Media-Revolution weiter auf dem Rückzug. Auch die Identitäten hatten sich gewandelt und waren nicht mehr kollektiv und »objektiv«, sondern individuell und subjektiv. Als Journalist und Biograf hatte ich immer gedacht, Veränderung lasse sich am besten verstehen, wenn man die Geschichten der Menschen erzählt. Heute fordert mich eine jüngere Generation heraus und führt mir vor Augen, dass man mit dem Erzählen einer Geschichte – indem man wahrgenommen wird, Ressourcen und Erfahrungen teilt – tatsächlich einen gesellschaftlichen und politischen Wandel *bewirken* kann. Harvey Milks Leitsatz in neuer Form für das digitale Zeitalter würde nicht einfach »Schwule Brüder und Schwestern, ihr müsst euch outen!« lauten, sondern »Erzählt, wie ihr hierhergekommen seid, wie ihr euch fühlt, und inspiriert andere, es euch nachzutun!«

Für Asylsuchende wie Aunty oder Michael oder Maha zahlte es sich auf besondere Weise aus, wenn sie ihre Geschichten erzählten: Sie erhielten dafür den Status als Geflüchtete in einem anderen Land. Aber warum entschieden sich die Menschen in diesem Buch, die aus allen Teilen der Welt stammen, *mir* ihre Geschichte zu erzählen, damit *Sie* sie lesen können?

In einigen Fällen änderten sie im Laufe des Erzählens ihre Meinung. Obwohl ich sehr erfreut und zufrieden mit dem Resultat bin, war Fadi in Israel und den Palästinensischen Gebieten nicht meine erste Wahl: Nabil, der schwule Mann, der vom israelischen Inlandsgeheimdienst Shin Bet in Ramallah schikaniert worden war, schaffte es tatsächlich nach Kanada, wollte sich aber nicht wieder mit seiner

Vergangenheit beschäftigen, und auch Khader, den ich ebenfalls bei meinem ersten Besuch in Israel kennengelernt hatte, gab mir bei meinem erneuten Besuch einen Korb. Vielleicht hatte Khader es satt, seine Geschichte zu erzählen; vielleicht wollte er sie wie Liam in Ann Arbor selbst erzählen; vielleicht war ich einfach nicht der Richtige. Zum Glück sahen andere das anders: Als ich bei Zaira in Guadalajara praktisch vor ihrer Tür gestanden hatte, hatte sie das Gefühl, sie müsse sich mit mir treffen und ihre Familie mitbringen. Es lief gut, aber dann verschwand sie wieder. Ebenso wie Maha in Amsterdam und Pascha in Moskau: Menschen entwickeln sich weiter oder wollen nicht mehr mit alten Traumata konfrontiert werden. Wie seltsam muss es dann für sie sein, ihre Erzählungen später in Druckform zu sehen, festgehalten in einem bestimmten, oft schwierigen Moment. Doch abgesehen von dieser zwischenmenschlichen Dynamik – oder den Veränderungen im Leben eines Menschen – gab es auch starke, allen gemeinsame Argumente dafür, warum die Personen in diesem Buch sich dafür entschieden, mir so viel Zeit zu schenken und mich – und damit auch Sie – an ihrem Leben teilhaben zu lassen. Vieles hatte damit zu tun, dass sie sich als Aktivist:innen sahen, dass sie eine Haltung vertraten und entschieden hatten, nicht nur ihr Leben voranzubringen, sondern auch eine bestimmte Situation. Pascha sah sich als Opfer einer neuen Form des Faschismus – eine stark um sich greifende Ideologie in ihrem Teil der Welt – und wollte die Welt darüber informieren. Maha hatte das Gefühl, dass es wichtig sei, die Erfahrungen arabischer Lesben in das LGBT-Narrativ aufzunehmen. Fadi wünschte sich leidenschaftlich, dass die Welt verstand, was es bedeutet, in Israel Palästinenser:in und queer zu sein. Lakshaya hatte, je besser wir uns kannten, in zunehmendem Maße den Eindruck, dass ihre Perspektive in den neuen Debatten über die Rechte von Transmenschen in Indien wahrgenommen werden sollte. Und selbst wenn es, wie in Paschas Fall, tragische Entwicklungen gab, waren alle stolz auf das, was sie getan hatten. Sie sprach die Vorstellung an, anerkannt und sogar bestätigt zu werden, und zwar nicht nur für das, was sie durchgemacht hatten, sondern für das, was sie waren. *Gehört* zu werden.

Damit lastete natürlich auch eine ganz besondere Verantwortung auf meinen Schultern. »Was haben *wir* davon?«, fragte Mohana unverblümt bei unserem ersten Treffen im Tempel von Devanampattinam, als ich vorschlug, sie könnten mich in ihr Leben einladen. Lakshaya brachte sie schnell zum Schweigen – sie war bereits Aktivistin und verstand die Macht von Netzwerken und öffentlicher Aufmerksamkeit, aber ich war dankbar für diese Frage, damals wie auch sonst (wenn auch manchmal genervt), weil ich an den transaktiven Aspekt meiner Arbeit erinnert wurde. Ich bemühte mich, allzu hohe Erwartungen zu dämpfen, aber natürlich waren sie da: bei Pascha die Hoffnung, dass die öffentliche Aufmerksamkeit ihr helfen würde, Jarik zurückzubekommen, bei Aunty und Michael, dass mit der Aufmerksamkeit auch dringend benötigte finanzielle Unterstützung verbunden war. Und dass sie, wenn sie mir ihre Geschichte erzählten, dazu beitrugen, dass es besser wird.

—

Happy Birthday.
Ich bin obdachlos.

Diese knappe Nachricht von Michael Bashaija erwartete mich am 11. November 2019 auf Facebook, als ich dabei war, die Fahnen zu meinem Buch durchzuarbeiten.

»Das tut mir so leid«, schrieb ich zurück. »Wo wohnst du jetzt? Hast du einen Job? Hast du Freunde, die dir beistehen?«

»Im Wohnmobil meines Lehrers«, antwortete er und hängte einige Selfies von sich mit dickem Schal um den Hals in einem holzfurnierten Winnebago an.

»Habe meinen Job schon bald wieder verloren, kaum dass ich im Lagerhaus angefangen hatte. Bin dabei, Freunde zu finden.«

Wieder einmal staunte ich über die Widerstandskraft dieses jungen Mannes, die auch bei seinen dramatischen Hilferufen immer durchschimmerte. Ich war froh, dass er zur Schule ging – er hatte sich für einen Englischkurs am Vancouver Community College eingeschrieben – und dass er ein Netz von Freund:innen um sich herum aufbaute. Aber ich hielt mich zurück, ihm »Es braucht Zeit« zu schreiben – eine beschönigende Versicherung, die ich ihm immer wieder gegeben hatte, seit ich ihn fünf Jahre zuvor zum ersten Mal getroffen hatte, als er noch von der Entführung und Folter traumatisiert war. Würde es besser werden? Wer war ich, so etwas zu behaupten?

Ich kann auch nicht sagen, ob es für Lakshaya besser wird, nachdem sie mir kürzlich geschrieben und mitgeteilt hat, dass ihre Stelle bei Internet Saathi ausgelaufen ist und sie wieder auf der Straße unterwegs ist und im Sari klatscht und bettelt. Sie ist ins Haus ihrer »Trans-Mummy« gezogen und kehrt nur einmal im Monat nach Devanampattinam zurück, bei Vollmond, um an der Zeremonie im Tempel teilzunehmen und ihre *Kothi*-Freund:innen und ihre Mutter zu besuchen. Aber jetzt hat sie einen Lebenslauf und einige positive Referenzen, hoffentlich wird ihr das die Tür zu einem anderen Job öffnen. Aber was, wenn nicht? Wird sie sich in das Schicksal fügen, gegen das sie sich so heftig gewehrt hat? In vielerlei Hinsicht erinnert ihr Kampf, sie selbst zu sein, an den der nichtbinären Jugendlichen, die ich kennengelernt habe. Jugendliche wie Sean auf der anderen Seite des Erdballs in Ann Arbor. Aber im Gegensatz zu Sean hat Lakshaya kein Sicherheitsnetz. Wie bei Aunty und Michael lässt es sich aufgrund ihrer Armut – ganz zu schweigen von ihrer Geschlechtsidentität – schwer sagen, ob es für sie besser werden wird.

Aunty legt von jeder verkauften Flasche Bier ein paar Rand beiseite und unterstützt mit ihrem mageren Einkommen, das keineswegs gesichert ist, einen Arbeitslosen – und wie es scheint, mittlerweile auch dessen Familie. Im März 2019 lief die Förderung durch eine deutsche Stiftung aus, und ich griff wieder einmal in meine eigene Tasche, damit sie einen weiteren Monat bei PASSOP arbeiten konnte. Ich rechtfertigte das vor mir als Auntys Anteil an meinem Honorar für das Buch. Dann erfuhr ich, dass Auntys anderer ehemaliger Gönner, ein älterer schwuler Brite, für sie einen Job bei einem Gartenprojekt für Obdachlose gefunden hatte und dass sie ihrem neuen Chef gleich am ersten Arbeitstag einen Kredit aus den Rippen geleiert hatte. Das Geld hatte sie dann bei einem zweitägigen Besäufnis übers Wochenende auf den Kopf gehauen, am darauffolgenden Montag war sie prompt nicht zur Arbeit erschienen.

Als ich mich im November bei ihr meldete, arbeitete sie vormittags im Garten und nachmittags bei PASSOP, doch ihre Aussichten waren dürftig. Ich kann nicht sagen, dass es für sie besser wird, egal wie sehr ich versuche, ihr zu helfen, so labil wie sie ist. Sie sitzt tief in der Abhängigkeitsfalle, und das Leben in ihrer Welt kann sehr gewalttätig sein.

Ich war so erleichtert gewesen, als ich sie bei meinem Besuch im Januar 2019 so gesund und glücklich gesehen hatte, dass ich auf dem ganzen Heimweg an der False Bay Shore entlang gesungen hatte. Ich wünsche mir so sehr, dass es besser wird. Als ich mich daranmachte, diese letzten Seiten über die pinke Linie zu schreiben, erkannte ich, wie sehr ich mich – ein schwuler Mann, genauso alt wie Dan Savage – von der erlösenden (oder zumindest positiven) Energie der globalen LGBT-Bewegung des frühen 21. Jahrhunderts hatte mitreißen lassen. Ich wollte, dass sich der lange Bogen der Gerechtigkeit endlich neigt – nicht nur in der Politik, sondern auch in unserer Erzählung. Wenn ich schon nicht über das Verschwinden der pinken Linie berichten konnte, dann wollte ich zumindest einige Geschichten präsentieren, in der über die pinke Linie triumphiert oder Widerstand gegen sie geleistet wurde. Oder in denen sie sich auflöste, auch wenn das unmöglich war.

—

Wäre es besser für Pascha geworden, wenn sie eine Möglichkeit gefunden hätte, ihre Transgender-Identität zu unterdrücken – oder wenn ihr diese über die Wellen der digitalen Revolution gar nicht erst zugetragen worden wäre?

Wäre es besser für Michael geworden, wenn ihm sein US-amerikanischer Gönner *nicht* die Mittel geschickt hätte, nach Nairobi zu fliehen?

Wäre es besser für Zaira und ihre Beziehung zu Martha geworden, wenn sie einfach nach Mexico City gegangen wäre, um sich dort als Sabinas andere Erziehungsberechtigte eintragen zu lassen?

Wäre es besser geworden für Maha, wenn sie einfach in ihrem geliebten Kairo geblieben wäre, anstatt nach Amsterdam zu ziehen, eine Stadt, die sie schon bald hasste, selbst wenn das Leben in Kairo bedeutete, ihre Homosexualität zu verbergen?

Wäre es besser für Aunty geworden, wenn sie gezwungen gewesen wäre, ihren eigenen Weg zu finden, ohne das Sicherheitsnetz, das Amnesty International für sie spannte, ein Netz, das zur Falle wurde?

Wäre es besser für Rose geworden, wenn sie der Versuchung einer Transition widerstanden und auf das Testosteron verzichtet hätte? Oder der Versuchung der De-Transition?

Wie viel schlimmer wäre es für Lakshaya, wenn sie jeden Tag im Sari betteln gehen würde – und sich sogar operieren lassen würde –, aber ein so stabiles Einkommen hätte, dass sie ihre Schulden abzahlen und ihren schönen Bungalow am Strand behalten könnte?

Und so könnte man immer weiterfragen.

Diese Fragen helfen uns, die Entscheidungen zu verstehen, die Menschen an der pinken Linie treffen müssen, der Versuch, sie auch zu beantworten, fällt jedoch in den Bereich der Fiktion. Dieses Buch führt uns nur so weit, wie sich unsere Protagonisten entschieden haben – oder sich genötigt sahen –, uns mitzunehmen. Und aufgrund der Distanz zu ihnen – ich kann nicht in ihre Köpfe schauen und sie nicht in meinen – ist es mir unmöglich, über ihr Leben zu urteilen. Manchmal haben sie mir gesagt, dass es besser geworden ist, manchmal auch nicht. Ich kann es für sie nicht sagen. Aber eins kann ich mit Gewissheit sagen: Die Dinge haben sich verändert, für sie alle.

Das hat mich bei den Menschen, die Sie in diesem Buch kennengelernt haben, am meisten beeindruckt: Wie dynamisch sie sind, wie weit sie sich alle, innerhalb von nur einer Generation, von den Normen entfernt haben, die die Vorstellungen in ihren Familien und Kulturen über Jahrzehnte, ja sogar über Jahrhunderte bestimmt haben. Sie alle haben Entscheidungen getroffen, die nur eine Generation zuvor unvorstellbar gewesen wären, und damit haben sie nicht nur ihre Leben dramatisch verändert, sondern auch ihre Kulturen und Gesellschaften.

Das gilt für die Jugendlichen von Riot Youth in Ann Arbor genauso wie für die *kothis* in Devanampattinam: Beide Gruppen erschaffen Identitäten für sich, die für ihre Eltern unvorstellbar – und unergründlich – sind. Auf eine andere Art tun das auch Maha in Kairo und Fadi in Jaffa: Sie sind Geschöpfe der digitalen Revolution und des Arabischen Frühlings und entstammen einer ersten Generation von Araber:innen, die ihre sexuelle Orientierung als Identität für sich beanspruchen und eine neue Sprache dafür erfinden.

Wie Maha in Ägypten hat auch Zaira in Mexiko von der Frauenbewegung profitiert. Sie allein eröffnete beiden Frauen neue Horizonte und ermöglichte es ihnen, sich ihre Leben und ihre Familie ohne Männer vorzustellen. In Guadalajara sagte Zaira mir das ganz deutlich: Die Fortschritte bei den Frauen- und Menschenrechten, erst recht die der Reproduktionsmedizin, gaben ihr Möglichkeiten, die frühere Generationen nicht hatten. Doch wie alle in diesem Buch lebte sie in einem Grenzbereich, einer Phase des Übergangs, in der sich neue Möglichkeiten boten, die sich in der realen Welt jedoch noch nicht umsetzen ließen. Daher auch ihr Aktivismus, ihre *amparo* und ihr Beharren darauf, dass ihre Familie rechtlich anerkannt wurde.

Paschas Transgender-Identität und Michaels homosexuelle Identität erfuhren eine Zuspitzung (vielleicht wurden sie sogar davon geprägt) durch die Auseinandersetzungen in ihrem Umfeld, in Russland beziehungsweise Uganda, jenen beiden Staaten im Grenzbereich der pinken Linie – und damit auch durch die Konflikte, in die sie gezwungen wurden: in Paschas Fall die Exfrau, in Michaels die Eltern.

In einer anderen Zeit hätte Michael seine Sexualität vielleicht im Verborgenen gelebt, wie es Menschen mit homosexuellen Neigungen seit Generationen in seiner Kultur tun. Oder er wäre, wenn er aufgrund seiner Gendernonkonformität dazu nicht in der Lage gewesen wäre, als Teenager vielleicht noch größeren Gefahren ausgesetzt gewesen – Drogen, Alkohol – als in seiner Zeit als Ausreißer und später als Geflüchteter.

In einer anderen Zeit wäre Pascha vielleicht ein Mann geblieben, aber das hätte sie, wie sie mir sagte, womöglich umgebracht.

Wir werden von unserem Umfeld geprägt und prägen dieses Umfeld natürlich auch selbst. Wenn ich jedoch an Auntys Optionen denke, bin ich jedes Mal verblüfft, wie bemerkenswert konsistent ihre Identität blieb. Die Welt betrachtete sie als »verhext«, dann »schwul«, dann »transgender« und dann »LGBTI«. Sie konnte diese Labels übernehmen – und tat es auch, vor allem das letzte –, wenn sie musste. Doch die Art, wie sie sich selbst sah, hatte etwas Ewiges und Unveränderliches, unabhängig davon, welches Label die Welt ihr anhängte.

Dadurch wurde auch mein eigenes Verständnis von Geschlecht als Konstrukt infrage gestellt. Sie »wurde« nicht zur Frau, wie Simone de Beauvoir in *Das andere Geschlecht* schrieb.[11] Sie war eine.

—

Die persönliche Reise, die ich während der jahrelangen Arbeit an meinem Buch unternommen habe, hat mich über meine eigenen inneren pinken Linien geführt, in neue Gefilde der Empathie, des Wissens und auch der Selbsterkenntnis.

Als Kind in der ersten Klasse der Grundschule in Johannesburg, an der die Jungen und Mädchen in der Pause getrennt wurden, hatte ich Schwierigkeiten, körperlich mit den anderen Jungen mitzuhalten, und spielte daher am Ende meist allein. Ich habe bereits an anderer Stelle beschrieben, wie ich an einem bestimmten Tag an dem kleinen Bachlauf herumlungerte, der die Grenze zwischen den beiden Seiten des Spielplatzes bildete – verträumt wie ich war, hatte ich die Grenze womöglich sogar überschritten –, als ein Lehrer herbeistürzte und mir einen strengen Vortrag darüber hielt, wo ich hingehörte. Ich lernte damals eine wichtige Lektion: Wenn ich mich einfügen wollte, musste ich den Anschein erwecken, dass ich die für mich festgelegten Geschlechtergrenzen akzeptierte. Überschreitungen mussten im Verborgenen oder im Äther geschehen, fern der Kontrolle durch die Erwachsenen.

Aber was wäre gewesen, wenn ich als kleiner Junge ins zweite Jahrzehnt des 21. Jahrhunderts in die Bay Area versetzt worden und aufgrund wiederholter Grenzbachüberschreitungen in der Praxis von beispielsweise Genderpsychologin Diane Ehrensaft gelandet wäre? Wäre ich zu einem kleinen Mädchen gemacht worden, weil ich in meiner Fantasie gern die Kleider aus dem Kleiderschrank meiner Mutter anprobiert hätte und die rauen Spiele der Jungs nicht mochte? Oder hätte man mir gesagt, es sei okay, »genderkreativ« zu sein, und ich hätte daraufhin eine ganz neue Identität jenseits der binären Geschlechterordnung entwickelt? Was wäre aus mir geworden?

In meinem Gespräch mit Diane Ehrensaft sagte ich, bei derartigen Gedanken würde ich eine leichte Panik verspüren. Sie nickte weise: »Ich glaube, Sie sind erleichtert, dass Sie in einfacheren Zeiten aufwuchsen, weil Sie *wussten*, wer Sie sind. Wenn es irgendwo in Ihrem Bewusstsein Konflikte oder ambivalente Gefühle gegeben hätte, würden Sie das heute vielleicht anders sehen.« Dennoch, so sagte sie mir, »muss ich mir die Frage stellen, ob wir die Kinder in irgendeiner Weise überfordern mit all diesen erweiterten Möglichkeiten? Es ist viel einfacher, sich in einem festgelegten Bereich zu bewegen, als gar keine Grenzen zu haben.«

In Wirklichkeit war die Panik, die ich verspürte, bei Weitem nicht so groß wie die Faszination, die sich über die Jahre meiner Recherche und Arbeit an diesem Buch in mir entwickelte. Ich begann, über meine eigene Geschlechtsidentität nachzudenken und über die Wege, die ich nicht eingeschlagen hatte. Das ging so weit, dass ich überlegte, ob meine etwas mädchenhafte Art als Kind darauf zurückzuführen war, dass ich mich zu anderen Jungen hingezogen fühlte und deshalb dachte, ich müsste mädchenhaft sein, um ihre Aufmerksamkeit zu wecken. Oder wurde ich »schwul« – eine Gruppenidentität, die mir nie ganz passend schien –, weil ich *irgendwo* dazugehören musste und heterosexuelle Männlichkeit nicht umfassend genug war? Ich hielt mich nie für ein Mädchen, aber es gab definitiv Zeiten, in denen ich gerne eins gewesen wäre und in denen ich mir vorstellte, wie ich in den Armen des pickligen Lothario lag, anstatt ihm auf dem Sportplatz einen Ball zuzuspielen. Was wäre gewesen, wenn nichts dabei gewesen wäre, den Bachlauf zu überschreiten oder sogar – Gott bewahre – mich in diesem vieldeutigen Bereich aufzuhalten, die scheinbar unüberwindbare Grenze zwischen den Geschlechtern zu überqueren und mir irgendwo im Grenzbereich ein eigenes Gebiet zu suchen, in dem ich mich aufhalten konnte?

Während ich dies schreibe, versetze ich mein sechsjähriges Ich an einen anderen Ort, nach Devanampattinam zu Beginn des 21. Jahrhunderts.

Mein Schicksal ist klar: Ich bin ein *kothi*.

Beim Gedanken daran fallen mir die Worte des indischen Historikers Saleem Kidwai ein, dass *kothi* auch eine bedrückende Identität sein kann im Vergleich zu befreienden Identitäten wie »gay« oder »transgender«, die das Versprechen »Es wird besser« in sich tragen. Wenn ich mir das Leben von Lakshaya und den anderen im Tempel vor Augen führe, leuchtet mir das natürlich ein. Ich möchte nicht mit ihnen tauschen. Dennoch haben mir meine Erfahrungen mit den *kothis* und allen anderen, die ich auf dieser Reise traf, auch die Grenzen des »Es wird besser«-Mantras aufgezeigt, so groß seine Macht auch sein mag. Es postuliert eine Entwicklung zwischen den Generationen, die nur in eine Richtung verläuft, zwischen den Älteren, die bereits in einer »freieren« Umgebung leben, und den Jüngeren in stärker regulierten Umgebungen, beispielsweise von mir zu Lakshaya. Es deutet eine Vorwärtsbewegung an, den von liberalen Demokratien versprochenen unausweichlichen Fortschritt, der mit dem *Erwachsenwerden* einhergeht. Es besagt, dass Uganda und Ägypten, Indien und Mexiko mit dem richtigen Einfluss zu der Art von Gesellschaften »heranreifen« können, die man in Westeuropa oder Nordamerika findet.

Diese Weltsicht hindert uns daran, Menschen an anderen Orten – mit anderen Erfahrungen, unter anderen Bedingungen – als ebenbürtig zu betrachten. In dieser Weltsicht ist nicht vorgesehen, dass jemand wie ich, ein älterer weißer Mann aus Südafrika, der in den USA studiert hat und über jahrelange Berufserfahrung verfügt, von den Erfahrungen der Menschen an anderen Orten etwas lernen könnte: von Tambo Village auf der anderen Seite der Bucht; von Devanampattinam auf der anderen Seite des Indischen Ozeans; von meinen Erfahrungen mit Menschen, die jung genug sind, um meine Kinder zu sein, und noch dabei sind, sich über Dinge klar zu werden, die für mich schon lange geklärt sind. Vielleicht machen Eltern diese Erfahrung, aber ich habe keine Kinder. Ich habe mich dank diesem Buch verändert. Ich bewege mich nicht mehr länger auf dem festen Boden meiner Männlichkeit, und ich empfinde das als enorm befreiend.

Meine erste Begegnung mit Lakshaya fand nicht im Tempel statt, sondern in den Büros der Organisation zur Aids-Bekämpfung, für die sie arbeitete, im November 2012. Wie es das neue globale Protokoll verlangte, stellten sich alle reihum mit Namen, Pronomen und sexueller Orientierung oder Geschlechtsidentität vor.

»Ich bin Mark«, sagte ich. »Er, ihm, sein.« Und ohne zu überlegen, fügte ich hinzu: »*kothi*.«

Es war ein wunderbares Gefühl.

Kapstadt im Februar 2021

ANMERKUNGEN

VORBEMERKUNG DES AUTORS

1 Kwame Anthony Appiah, »Go Ahead, Speak for Yourself«, in: The *New York Times* (USA), 10. August 2018.

PROLOG
DAS GESETZ DER LIEBE

1 Caroline Somanje, »Gays Engage«, in: The Nation (Malawi), 28. Dezember 2009.
2 Andy Rice, »Malawian Gay Couple's Beautiful Thing, and Its Ugly Consequences«, in: The Daily Maverick (Südafrika), 9. Juni 2010.
3 Ebenda.
4 *The Advocate*, 27. November 2018.
5 David Paternotte, »Blessing the Crowds: Catholic Mobilizations Against Gender in Europe«, in: Sabine Hark und Paula-Irene Villa (Hg.), *Anti-Genderismus: Sexualität und Geschlecht als Schauplätze aktueller politischer Auseinandersetzungen*, Bielefeld: Transcript 2015, S. 129-148.
6 William Clarke, »France Least Tolerant Country in Western Europe of Homosexuals«, in: *The Telegraph* (Vereinigtes Königreich), 17. Mai 2013.
7 Justin McCarthy, »Two in Three Americans Support Same-Sex Marriage«, Gallup (USA), 23. Mai 2018; online verfügbar unter: {https://news.gallup.com/poll/234866/two-three-americans-support-sex-marriage.aspx}.
8 Kaya Genç, »Sex Changes in Turkey«, in: *The New York Review of Books* (USA), 28. Juni 2018; Human Rights Watch, »Audacity in Adversity: LGBT Activism in the Middle East and North Africa«, 16. April 2018; online verfügbar unter: {https://www.hrw.org/report/2018/

04/16/audacity-adversity/lgbt-activism-middle-east-and-north-africa}.

9 The Editorial Board, »Trump's Heartless Transgender Military Ban Gets a Second Shot«, in: The *New York Times* (USA), 28. März 2018.

I
DIE PINKEN LINIEN DER WELT

1 »Remarks by President Obama and President Sall of the Republic of Senegal at Joint Press Conference«, 27. Juni 2013; online verfügbar unter: {https://obamawhitehouse.archives.gov/the-press-office/2013/06/27/remarks-president-obama-and-president-sall-republic-senegal-joint-press-}.

2 Poll, »Marriage«, Gallup (USA); online verfügbar unter: {https://news.gallup.com/poll/117328/marriage.aspx}.

3 »Watch Unreleased Footage of Obama's Phone Call to James Obergefell on the Night of the Supreme Court's Same-Sex Marriage Decision«, in: *The Washington Post* (USA), 16. August 2016; online verfügbar unter: {https://www.washingtonpost.com/graphics/national/obama-legacy/gay-marriage-stance.html}.

4 Reuters, »Barack Obama Applauds Supreme Court Decision on Gay Marriage«, NDTV (Indien), 26. Juni 2013; online verfügbar unter: {https://www.ndtv.com/world-news/barack-obama-applauds-supreme-court-decision-on-gay-marriage-526614}.

5 Amnesty International, *Senegal: Land of Impunity*, (Vereinigtes Königreich) London 2010; online verfügbar unter: {https://www.amnesty.org/en/documents/afr49/001/2010/en/}.

6 Jonathan Capehart, »Clinton's Geneva Accord: ›Gay Rights Are Human Rights‹«, in: The Washington Post (USA), 7. Dezember 2011.

7 United States Department of State, »Senegal 2012 Human Rights Report«, Country Reports on Human Rights Practices for 2012; online verfügbar unter: {https://2009-2017.state.gov/documents/organization/204370.pdf}.

8 Jim Watson, »DOMA Decision a ›Victory for American Democracy‹«, ABC News Radio, 27. Juni 2013; online verfügbar unter: {http://abcnewsradioonline.com/politics-news/doma-decision-a-victory-for-american-democracy-obama-says.html}.

9 »Remarks by President Obama and President Sall of the Republic of Senegal at Joint Press Conference«.

10 »›Investiert in Afrika und wir teilen den Profit‹«, Präsident des Senegals Macky Sall im Interview mit Christiane Grefe und Ulrich Ladurner, in: *Zeit Online*, 2. April 2014; online verfügbar unter: {https://www.zeit.de/politik/ausland/2014-04/macky-sall-senegal}.

11 Andrew Foxall, »From Evropa to Gayropa: A Critical Geopolitics of the European Union as Seen from Russia«, in: *Geopolitics*, 30. Dezember 2017, S. 3.

12 J. Lester Feder, »The Russian Plot to Take Back Eastern Europe at the Expense of Gay Rights«, in: *BuzzFeed News* (USA), 9. November 2013; online verfügbar unter: {https://www.buzzfeednews.com/article/lester feder/russia-exports-homosexual-propaganda-law-in-effort-to-fight}.

13 Nataliya Vasilyeva, »Putin Defends Conservative Values«, Associated Press, 12. Dezember 2013; online verfügbar unter: {https://apnews.com/article/11425eed12fb4bf8ac54f4a3d01e9713}.

14 »Meeting of the Valdai International Discussion Club«, 19. September 2013; der englische Text von Wladimir Putins Rede ist online verfügbar unter: {http://en.kremlin.ru/events/president/news/19243}.

15 Max Bearak, »Theresa May Criticized the Term ›Citizen of the World‹, but Half the World Identifies that Way«, in: The *Washington Post* (USA), 5. Oktober 2016.

16 Ryan Teague Beckwith, »Read Donald Trump's Speech on the Orlando Shooting«, in: *Time* (USA), 13. June 2016, S. 25; J. Lester Feder, Addie Schulte und Kim Deen, »The Man Who Taught Donald Trump to Pit Gay People Against Immigrants«, in: *BuzzFeed News* (USA), 3. Juli 2018; online verfügbar unter: {https://www.buzzfeednews.com/arti cle/lesterfeder/geert-wilders-the-netherlands}.

17 Ebd.

18 Timothy Snyder, *Der Weg in die Unfreiheit*, München: C. H. Beck 2018, S. 110.

19 Sarah Wildman, »Marine Le Pen Wants to Protect France's LGBTQ Community – but Opposes Same-Sex Marriage«, in: *Vox* (USA), 5. Mai 2017; online verfügbar unter: {https://www.vox.com/world/2017/5/5/15542242/marine-le-pen-french-elections-gay-outreach}.

20 »Europe's Anti-immigrant Parties Are Becoming More Gay-Friendly, Partly as a Way to Bash Muslim Immigrants«, in: *The Economist* (Vereinigtes Königreich), 5. Juli 2018.

21 Rebecca Staudenmaier, »Gay in the AfD: Talking with LGBT Supporters of Germany's Populist Party«, in: Deutsche Welle, 17. März 2017; online verfügbar unter: {https://www.dw.com/en/gay-in-the-afd-talking-with-lgbt-supporters-of-germanys-populist-party/a-38002368}.

22 Thomas Rogers, »Gays Really Love Germany's Racist, Homophobic Far Right Party«, in: *Vice* (USA), 11. Mai 2017; online verfügbar unter: {https://www.vice.com/en/article/53ndzd/gays-really-love-germanys-racist-homophobic-far-right-party}.

23 Shaun Walker, »Ikea Removes Lesbian Couple from Russian Edition of Magazine«, in: The *Guardian* (Vereinigtes Königreich), 21. November 2013.

24 »Lizedej« (»Schauspieler«), *Spezialny Korrespondent* (Sonderkorrespondent), produziert von Nowaja Kompanija (2013, Moskau: Allrussische staatliche Fernseh- und Radiogesellschaft WGTRK); eine Aufzeichnung ist online verfügbar unter: {https://www.youtube.com/watch?v=MYIWgduByfw}.

25 Ebd.

26 Ebd.

27 Ebd.

28 Laurie Essig, *Queer in Russia: A Story of Sex, Self, and the Other*, Durham: Duke University Press 1999, S. 6.

29 Ogala Emmanuel, »No Going Back on Criminalizing Same-Sex Marriage in Nigeria – David Mark«, in: The *Premium Times* (Nigeria), 7. Januar 2013; online verfügbar unter: {https://www.premiumtimesng.com/news/114085-no-going-back-on-criminalizing-same-sex-marriage-in-nigeria-david-mark.html}; der englische Text der Rede von Mahathir bin Mohamad ist online verfügbar unter: {https://www.thestar.com.my/news/nation/2003/06/20/full-text-of-dr-mahathirs-speech/}.

30 »Cardinal Responds to U. N.'s Criticism of Africa's Social Policies«, in: *National Catholic Register* (USA), 21. Februar 2012.

31 Roula Khalaf, »Iran's ›Generation Normal‹«, in: The *Financial Times* (Vereinigtes Königreich), 29. Mai 2015.

32 »Der oberste Führer des Iran: Der unzüchtige Akt der Schwulenehe bedeutet einen Massenangriff auf menschliche Werte«, 6. März 2014; online in Farsi verfügbar unter: {www.leader.ir/fa/speech/11526}.

33 Kate Lamb, »Why LGBT Hatred Suddenly Spiked in Indonesia«, in: The *Guardian* (Vereinigtes Königreich), 22. Februar 2017.
34 Der englische Text von Viktor Orbáns Rede ist online verfügbar unter: {http://www.miniszterelnok.hu/prime-minister-viktor-orbans-opening-speech-at-the-2nd-budapest-world-congress-of-families}.
35 Courtney Weaver, »God's TV, Russian Style«, in: *The Financial Times* (Vereinigtes Königreich), 16. Oktober 2015.
36 Claire Provost, »›This Is a War‹: Inside the Global ›Pro-family‹ Movement Against Abortion and LGBT Rights«, openDemocracy (Vereinigtes Königreich), 6. Juni 2017; online verfügbar unter: {https://www.opendemocracy.net/en/5050/global-anti-abortion-lgbt-rights/}.
37 Ebd.
38 Samuel Wade, »Chinese Cyberchiefs Preach Net Sovereignty in Moscow«, in: The *China Digital Times* (USA), 27. April 2016; online verfügbar unter: {https://chinadigitaltimes.net/2016/04/chinese-cyber chiefs-preach-internet-sovereignty-moscow/}.
39 Hannah Ellis-Petersen, »China Bans Depictions of Gay People on Television«, in: *The Guardian* (Vereinigtes Königreich), 4. März 2016.
40 Heba Kanso, »Amid Egypt's Antigay Crackdown, Gay Dating Apps Send Tips to Stop Entrapment«, Thomson Reuters Foundation News, 23. Oktober 2017; online verfügbar unter: {https://uk.reuters.com/arti cle/us-egypt-gay-apps/amid-egypts-anti-gay-crackdown-gay-dating-apps-send-tips-to-stop-entrapment-idUSKBN1CS0Z5}.
41 Maryana Torocheshnikova, »Nevidimye Deti [Unsichtbare Kinder]«, Radio Liberty (USA), 2. Februar 2015.
42 Human Rights Watch, »UN: General Assembly Statement Affirms Rights for All«, 18. Dezember 2008; online verfügbar unter: {https://www.hrw.org/news/2008/12/18/un-general-assembly-statement-affirms-rights-all}.
43 »Understanding of LGBT Realities ›Non-existent‹ in Most Countries, Says UN Expert«, UN News, 12. Juni 2019; online verfügbar unter: {https://news.un.org/en/story/2019/06/1040381}.
44 Andrew Kohut et al., »The Global Divide on Homosexuality: Greater Acceptance in More Secular and Affluent Countries«, Pew Research Center (USA), 4. Juni 2013; online verfügbar unter: {https://www.pewresearch.org/wp-content/uploads/sites/2/2014/05/Pew-Global-Attitudes-Homosexuality-Report-REVISED-MAY-27-2014.pdf}.
45 Robert Wintemute, »From ›Sex Rights‹ to ›Love Rights‹: Partnership

Rights as Human Rights«, in: Nicholas Bamforth (Hg.), *Sex Rights. The Oxford Amnesty Lectures 2002*, Oxford: Oxford University Press 2005, S. 186-224.

46 Kohut et al., »The Global Divide on Homosexuality«.

47 »The World Factbook: Country Comparison: Distribution of Family Income – Gini Index«; online verfügbar unter: {https://www.cia.gov/library/publications/the-world-factbook/rankorder/2172rank.html}.

48 Carla Sutherland et al., »Progressive Prudes: A Survey of Attitudes Towards Homosexuality & Gender Non-conformity in South Africa«, Pretoria: Human Sciences Research Council 2016; online verfügbar unter: {https://theotherfoundation.org/wp-content/uploads/2016/09/ProgPrudes_Report_d5.pdf}.

49 Mark Gevisser, »Mandela's Stepchildren: Homosexual Identity in Post-apartheid South Africa«, in: Peter Drucker (Hg.), *Different Rainbows*, London: Gay Men's Press 2000, S. 111-119.

50 Ebd.

51 Benjamin Roberts et al., »Sexual Orientation and Gender Identity (SOGI): Tabulation Report Based on the 2015 Round of the South African Social Attitudes Survey (SASAS)«, Pretoria: Human Sciences Research Council 2016; online verfügbar unter: {http://repository.hsrc.ac.za/bitstream/handle/20.500.11910/10376/9476.pdf?sequence=1&isAllowed=y}.

52 Ebd.

2
AUNTY
CHIMBALANGA – BLANTYRE – KAPSTADT

1 Bob Roehr, »How Homophobia Is Fuelling Africa's HIV Epidemic«, in: *The British Medical Journal* 340 (2010), S.x.

2 *Two Men and a Wedding*, Regie Sara Blecher, Real Eyes Films, Johannesburg 2011.

3 Perez Hilton, »The Power of Madonna! Malawi Releases Gay Couple After Madge Protests!«, 31. Mai 2010; online verfügbar unter: {https://perezhilton.com/the-power-of-madonna-malawi-releases-gay-couple-after-madge-protests/}.

4 Rachel Levitan (Hebrew Immigrant Aid Society, HIAS), 2018, persönliche Kommunikation.

5 UNHCR, Genfer Flüchtlingskonvention, 1951; der deutsche Text der Konvention ist online verfügbar unter: {https://www.unhcr.org/dach/wp-content/uploads/sites/27/2017/03/GFK_Pocket_2015_RZ_final_ansicht.pdf}.

6 UNHCR, »UNHCR Guidance Note on Refugee Claims Relating to Sexual Orientation and Gender Identity«, November 2008; online verfügbar unter: {https://www.refworld.org/docid/48abd5660.html}.

7 Sharita Gruberg, »Obama Administration Makes Refugee Program More LGBT-Inclusive«, Center for American Progress, 30. Oktober 2015; online verfügbar unter: {https://www.americanprogress.org/issues/lgbtq-rights/news/2015/10/30/124632/obama-administration-makes-refugee-program-more-lgbt-inclusive/}.

8 Europarat, Discrimination on Grounds of Sexual Orientation and Gender Identity in Europe, 2. Aufl., Straßburg 2012.

9 Ian Willoughby und Alexis Rosenzweig, »EU Says Czech ›Arousal‹ Test for Gay Asylum Seekers Could Violate Human Rights Convention«, Radio Prag, 9. Dezember 2010; online verfügbar unter: {https://english.radio.cz/eu-says-czech-arousal-test-gay-asylum-seekers-could-violate-human-rights-8567737}.

10 Allison Liu Jernow, *Sexual Orientation, Gender Identity and Justice: A Comparative Law Casebook*, Genf: International Commission of Jurists 2011, 287f.

11 Sabine Jansen, »Introduction: Fleeing Homophobia, Asylum Claims Related to Sexual Orientation and Gender Identity in Europe«, in: Thomas Spijkerboer (Hg.), *Fleeing Homophobia: Sexual Orientation, Gender Identity and Asylum*, London: Routledge 2013, S. 4.

12 UNHCR, »Guidelines on International Protection No 9: Claims to Refugee Status Based on Sexual Orientation and/or Gender Identity within the Context of Article 1A(2) of the 1951 Convention and/or its 1967 Protocol Relating to the Status of Refugees«, 23. Oktober 2012; online verfügbar unter: {https://www.unhcr.org/509136ca9.pdf}.

13 Robert Booth, »Judge Rejected Asylum Seeker Who Did Not Have Gay ›Demeanour‹«, in: *The Guardian* (Vereinigtes Königreich), 21. August 2019.

14 Jamie Grierson, »Home Office Refused Thousands of LGBT Asylum

Claims, Figures Reveal«, in: *The Guardian* (Vereinigtes Königreich), 2. September 2019.

15 Agnes Mizere, »NGOs Cash In on Gays«, in: *The Daily Times* (Malawi), 17. Januar 2010.

16 Frantz Fanon, *Schwarze Haut, weiße Masken*, Wien, Berlin: Turia + Kant 2013, S. 229.

3
NEUE GLOBALE CULTURE WARS?

1 Michele K. Lewis und Isiah Marshall, *LGBT Psychology: Research Perspectives and People of African Descent*, New York: Springer 2011, S. 145.

2 Jeffrey Gettleman, »Americans' Role Seen in Uganda Anti-gay Push«, in: *The New York Times* (USA), 3. Januar 2010.

3 Aiden Pink, »Massachusetts GOP Candidate Blames Holocaust on Gay Nazis«, in: *The Forward* (USA), 13. Mai 2018; online verfügbar unter: {https://forward.com/fast-forward/400985/massachusetts-gop-candidate-blames-holocaust-on-gay-nazis/}.

4 Kapya Kaoma, *Globalizing the Culture Wars: U. S. Conservatives, African Churches, and Homophobia*, Somerville: Political Research Associates 2009; online verfügbar unter: {http://www.publiceye.org/publications/globalizing-the-culture-wars/pdf/africa-full-report.pdf}.

5 Heidi Beirich, Evelyn Schlatter und Leah Nelson, »Dangerous Liaisons: The American Religious Right and the Criminalization of Homosexuality in Belize«, Southern Poverty Law Center (USA), 10. Juli 2013; online verfügbar unter: {https://www.splcenter.org/sites/default/files/d6_legacy_files/downloads/publication/splc-report-dangerous-liaisons.pdf}.

6 James Kassaga Arinaitwe, »How US Evangelicals Are Shaping Development in Uganda«, Al Jazeera (Katar), 25. Juli 2014; online verfügbar unter: {https://www.aljazeera.com/opinions/2014/7/25/how-us-evangelicals-are-shaping-development-in-uganda}.

7 Jeff Sharlet, »Jesus Plus Nothing: Undercover Among America's Secret Theocrats«, in: *Harper's Magazine* (USA), März 2003, S. 53-64.

8 Jeff Sharlet, »Straight Man's Burden: The American Roots of Uganda's Anti-gay Persecutions«, in: *Harper's Magazine* (USA), September 2010, S. 44.

9 Andrew Sullivan, »Rick Warren and Uganda's Looming Gay Genocide«, in: *The Atlantic* (USA), 7. Dezember 2009.
10 Graeme Reid, »US Court Dismisses Uganda LGBTI Case, but Affirms Rights«, Human Rights Watch (USA), 7. Juni 2017; online verfügbar unter: {https://www.hrw.org/news/2017/06/07/us-court-dismisses-uganda-lgbti-case-affirms-rights}.
11 Beirich/Schlatter/Nelson, »Dangerous Liaisons«.
12 »Stirm Strikes Back at SPLC«, 7 News Belize, 29. Juli 2013; online verfügbar unter: {http://www.7newsbelize.com/sstory.php?nid=26163}.
13 Adele Ramos, »Churches Call for Referendum on Sodomy Law«, in: *Amandala* (Belize), 28. November 2014; online verfügbar unter: {https://amandala.com.bz/news/churches-call-referendum-sodomy-law/}.
14 »World Congress of Families«, Southern Poverty Law Center; online verfügbar unter: {https://www.splcenter.org/fighting-hate/extremist-files/group/world-congress-families}.
15 »Exposed: The World Congress of Families«, Human Rights Campaign (USA), Juni 2015; online verfügbar unter: {https://www.hrc.org/resources/exposed-the-world-congress-of-families}.
16 Hannah Levintova, »How US Evangelicals Helped Create Russia's Anti-gay Movement«, in: *Mother Jones* (USA), 21. Februar 2014; online verfügbar unter: {https://www.motherjones.com/politics/2014/02/world-congress-families-russia-gay-rights/}.
17 Miranda Blue, »Globalizing Homophobia, Part 3: A New Life for Discredited Research«, Right Wing Watch (USA), 4. Oktober 2013; online verfügbar unter: {https://www.rightwingwatch.org/post/globalizing-homophobia-part-3-a-new-life-for-discredited-research/}.
18 Levintova, »How US Evangelicals Helped Create Russia's Anti-gay Movement«.
19 »Poland's Ruling Party Leader Praises Polish Archbishop for LGBT Opposition«, in: *National Catholic Register* (USA), 19. August 2019.
20 Reuters Staff »Poland's Kaczynski Condemns Gay Pride Marches as Election Nears«, Reuters (Vereinigtes Königreich), 18. August 2019; online verfügbar unter: {https://www.reuters.com/article/us-poland-lgbt/polands-kaczynski-condemns-gay-pride-marches-as-election-nears-idUSKCN1V80FD}.
21 Dariusz Kalan, »In Poland's Upcoming Election, the Law and Justice Party Is Demonizing the LGBT Community to Win«, in: *Foreign Policy*, 9. Oktober 2019; online verfügbar unter: {https://foreignpolicy.

com/2019/10/09/poland-pis-demonizing-lgbt-community-win-upcoming-elections/}.

22 »Lords Hansard Text for 25 October 2012«, British Parliament, 25. Oktober 2012; online verfügbar unter: {https://publications.parliament.uk/pa/ld201213/ldhansrd/text/121025-0002.htm}.

23 Peter Ackroyd, *Queer London: Von der Antike bis heute*, München: Penguin 2018, S. 53.

24 Alok Gupta, »This Alien Legacy: The Origins of ›Sodomy‹ Laws in British Colonialism«, in: Corinne Lennox und Matthew Waites (Hg.) *Human Rights, Sexual Orientation and Gender Identity in the Commonwealth*, London: University of London Press 2013, S. 85 und 94.

25 Fumbuka Ng'wanakilala, »Tanzania Stands Firm on Aid-Gay Rights Spat with UK«, Reuters (Vereinigtes Königreich), 4. November 2011; online verfügbar unter: {https://www.reuters.com/article/oukwd-uk-tanzania-rights-idAFTRE7A35M220111104}.

26 »Statement on British ›Aid Cut‹ Threats to African Countries That Violate LBGTI Rights«, in: *Pambazuka News* (Kenia und Vereinigtes Königreich), 27. Oktober 2011; online verfügbar unter: {https://www.pambazuka.org/activism/statement-british-aid-cut-threats-african-countries-violate-lbgti-rights}.

27 »Uganda: Ambassador Credentialed; Gets Earful on Anti-homosexuality Bill«, WikiLeaks, 28. Januar 2010; online verfügbar unter: {https://wikileaks.org/plusd/cables/10KAMPALA45_a.html}.

28 Elias Biryabarema, »Ugandan President Signs Anti-gay Bill, Defying the West«, Reuters (Vereinigtes Königreich), 24. Februar 2014; online verfügbar unter: {https://www.reuters.com/article/us-uganda-gaybill-idUSBREA1N05S20140224}.

29 Palash Ghosh, »Pakistan Conservatives Condemn Gay Rights Event At US Embassy«, in: *International Business Times* (USA), 4. Juli 2011; online verfügbar unter: {https://www.ibtimes.com/pakistan-conservatives-condemn-gay-rights-event-us-embassy-295961}.

30 *Kandahar Pride*, produziert von Cpl Casimir Krul (AFN Afghanistan 2013), DVIDS (Defence Visual Information Distribution Service).

31 Jasbir K. Puar, *Terrorist Assemblages: Homonationalism in Queer Times*, Durham, London: Duke University Press 2007.

32 Sarah Schulman, »Israel and ›Pinkwashing‹«, in: *The New York Times* (USA), 22. November 2011.

33 Joseph Massad, »Re-orienting Desire: The Gay International and the Arab World«, in: *Public Culture* 14/2 (Frühjahr 2002), S. 363.
34 Felix Onuah, »Nigerian President Signs Anti-gay Bill into Law«, Reuters (Vereinigtes Königreich), 13. Januar 2014; online verfügbar unter: {https://de.reuters.com/article/nigeria-gay/nigerian-president-signs-anti-gay-bill-into-law-idUKL6N0KN2PP20140113}.
35 »»Investiert in Afrika und wir teilen den Profit««, Präsident des Senegals Macky Sall im Interview mit Christiane Grefe und Ulrich Ladurner, in: *Zeit Online*, 2. April 2014; online verfügbar unter: {https://www.zeit.de/politik/ausland/2014-04/macky-sall-senegal}.
36 »Cardinal Responds to U. N.'s Criticism of Africa's Social Policies«, in: *National Catholic Register* (USA), 21. Februar 2012.
37 Andriy Maymulakhin, Olexandr Zinchenkov und Andriy Kravchuk, »Nash Mir (Our World) Gay and Lesbian Centre«, in: *Ukrainian Homosexuals and Society: A Reciprocation*, 2007, S. 69; online verfügbar unter: {https://lib.ohchr.org/HRBodies/UPR/Documents/Session2/UA/NM_UKR_UPR_S2_2008_NashMirGayandLesbianCenter_urpsubmission.pdf}.
38 Kaoma, Globalizing the Culture Wars.
39 David W. Virtue, »Anglican Communion Future Unclear: Realignment Yes, Schism Now Unlikely«, Church of the Word, 27. September 2004; online verfügbar unter: {https://www.churchoftheword.net/wr06-04/windsor_rpt_vol_schism_unlikely.html}.
40 Rahul Rao, »Global Homocapitalism«, in: *Radical Philosophy* 194/1 (November/December 2015), S. 45.

4
MICHAEL
MBARARA – KAMPALA – NAIROBI – VANCOUVER

1 The Anti-homosexuality Act, Parliament of Uganda, Refworld, 2014; online verfügbar unter: {https://www.refworld.org/docid/530c4bc64.html}.
2 »Resettlement Is Not a Human Right, It Is a Privilege – UNHCR to Ugandan LGBTI Refugees in Kenya«, in: *Kuchu Times* (Uganda), 1. April 2015; online verfügbar unter: {https://www.kuchutimes.com/2015/04/resettlement-is-not-a-human-right-it-is-a-privilege-unhcr-to-ugandan-lgbti-refugees-in-kenya/}.

3 Ebd.

4 »Uganda: Anti-homosexuality Act's Heavy Toll«, Human Rights Watch (USA), 14. Mai 2014; online verfügbar unter: {https://www.hrw.org/news/2014/05/14/uganda-anti-homosexuality-acts-heavy-toll}.

5 Rahul Rao, »Re-membering Mwanga: Same-Sex Intimacy, Memory and Belonging in Postcolonial Uganda«, in: *Journal of Eastern African Studies* 9/1 (2015), S. 2 und 6.

6 James Wasula, »Africans Must Join Hands and Fight Homosexuality«, in: *New Vision* (Uganda), 12. Juni 2005; online verfügbar unter: {https://www.newvision.co.ug/news/1123297/africans-join-hands-fight-homosexuality}.

7 *Rolling Stone* (Uganda), 2.-9. Oktober 2010; siehe dazu auch Xan Rice, »Ugandan Paper Calls for Gay People to Be Hanged«, in: *The Guardian* (Vereinigtes Königreich), 21. Oktober 2010.

8 »Uganda Court Orders Anti-gay Paper to Shut: Group«, Reuters (Vereinigtes Königreich), 2. November 2010; online verfügbar unter: {https://de.reuters.com/article/us-uganda-homosexuality/uganda-court-orders-anti-gay-paper-to-shut-rights-group-idUSTRE6A04XT20101101}.

9 David Smith, »Ugandan Minister Shuts Down Gay Rights Conference«, in: *The Guardian* (Vereinigtes Königreich), 15. Februar 2012.

10 Zitiert in Joanna Sadgrove et al., »Morality Plays and Money Matters: Towards a Situated Understanding of the Politics of Homosexuality in Uganda«, in: *Journal of Modern African Studies* 50/1 (2012), S. 121 und 109.

11 Ebd., S. 124f.

12 Crowdfunding-Website: »Rescue Fund to Help LGBT People Escape Africa«: {https://www.indiegogo.com/projects/rescue-fund-to-help-lgbt-people-escape-africa#/}.

13 Melanie Judge, »›Rescuing‹ Gay People from Africa Is No Answer to Homophobic Laws«, in: *The Guardian* (Vereinigtes Königreich), 6. März 2014.

14 Facebook-Post von Michael Bashaija, 9. September 2018.

15 Facebook-Post von Michael Bashaija, 10. September 2018.

16 Facebook-Post von Michael Bashaija, 6. Oktober, 21. September, 30. Oktober, 17. November, 28. Oktober, 11. November und 3. Oktober 2018.

17 AFP, »Kenya Court Refuses to Decriminalise Homosexuality«, eNCA

(Südafrika), 25. Mai 2019; online verfügbar unter: {https://www.youtube.com/watch?v=G4Wryk9hXsA&list=ULt-7sDTlujvc&index=48204}.

5
DIE PINKE LINIE DURCH ZEIT UND RAUM

1 Faith Karimi und Nick Thompson, »Uganda's President Museveni Signs Controversial Anti-gay Bill into Law«, CNN (USA), 25. February 2014; online verfügbar unter: {https://edition.cnn.com/2014/02/24/world/africa/uganda-anti-gay-bill/index.html}.

2 Michel Foucault, *Der Wille zum Wissen. Sexualität und Wahrheit*, Bd. 1, Frankfurt am Main: Suhrkamp 1977, S. 39.

3 Susan Stryker, *Transgender History: The Roots of Today's Revolution*, 2. Aufl., New York: Seal Press 2017, S. 56.

4 John D'Emilio, »Capitalism and Gay Identity«, in: Henry Abelove, Michèle Aina Barale und David M. Halperin (Hg.), *The Lesbian and Gay Studies Reader*, New York und London: Routledge 1993, S. 467-478.

5 Stryker, *Transgender History*, S. 50.

6 »Lizedej« (»Schauspieler«), *Spezialny Korrespondent* (Sonderkorrespondent), produziert von Nowaja Kompanija (2013, Moskau: Allrussische staatliche Fernseh- und Radiogesellschaft WGTRK); eine Aufzeichnung ist online verfügbar unter: {https://www.youtube.com/watch?v=MYIWgduByfw}.

7 Dipak Kumar Dash und Sanjay Yadav, »In a First, Gurgaon Court Recognizes Lesbian Marriage«, in: *The Times of India*, 28. Juli 2011; online verfügbar unter: {https://timesofindia.indiatimes.com/city/gurgaon/In-a-first-Gurgaon-court-recognizes-lesbian-marriage/articleshow/9401421.cms}.

8 Akshay Khanna, *Sexualness*, New Delhi: New Text 2014, S. 2.

9 Arturo Sánchez García, »The Happy Judicialization of Sexual Rights: Abortion and Same Sex Marriage in Mexico«, PhD-Dissertation, Kent Law School, Oktober 2014, S. 128f; online verfügbar unter: {https://kar.kent.ac.uk/48613/1/152arturoSG%20HAPPY%20JUDICIALIZATION.pdf}.

10 Siehe die offizielle englische Website der Stadt Buenos Aires über die

LGBT-Szene und ihre Geschichte: {https://turismo.buenosaires.gob.ar/en/article/diverse-buenos-aires}.

11 Richard Florida, *The Rise of the Creative Class*, New York: Basic Books 2002.

12 Richard Florida, »Gay-Tolerant Societies Prosper Economically«, in: *USA Today* (USA), 30. April 2003.

13 Zitiert in Dennis Altman und Jonathan Symons, *Queer Wars. Erfolge und Bedrohungen einer globalen Bewegung*, Berlin: Wagenbach 2017, S. 90.

14 Stryker, *Transgender History*, S. 46f.

15 Chioma Igbokwei, »HIV Epidemic Looms«, in: *The Sun* (Nigeria), 19. August 2017.

16 »Lebanon: Entry Ban Follows Gender, Sexuality Conference«, Human Rights Watch (USA), 27. August 2019; online verfügbar unter: {https://www.hrw.org/news/2019/08/27/lebanon-entry-ban-follows-gender-sexuality-conference}.

17 »U. S. Providing over $ 20 Million to Ankara LGBT Organisation –Interior Minister«, Ahval News, 4. September 2019; online verfügbar unter: {https://ahvalnews.com/lgbti-rights/us-providing-over-20-million-ankara-lgbt-organisation-interior-minister}.

6
AMIRA UND MAHA
KAIRO – ISTANBUL – AMSTERDAM

1 Shereen El Feki, *Sex and the Citadel: Intimate Life in a Changing Arab World*, New York: Vintage 2014, S. 218 [die zitierte Stelle ist in der deutschen Ausgabe nicht enthalten; Anmerkung der Übersetzer:innen].

2 Human Rights Watch, *In a Time of Torture: The Assault on Justice in Egypt's Crackdown on Homosexual Conduct*, New York: Human Rights Watch 2004; online verfügbar unter: {https://www.hrw.org/reports/2004/egypt0304/egypt0304.pdf}.

3 Brian Whitaker, »Homosexuality on Trial in Egypt«, in: *The Guardian* (Vereinigtes Königreich), 19. November 2001.

4 Human Rights Watch, *In a Time of Torture*.

5 Scott Long, »Entrapped! How to Use a Phone App to Destroy a Life«,

A Paper Bird, 19. September 2015; online verfügbar unter: {https://paper-bird.net/2015/09/19/entrapped-how-to-use-a-phone-app-to-destroy-a-life/}.

6 Howard Schneider, »Cultural Struggle Finds Symbol in Gay Cairo: Arrests of 52 Men Reflect Tension Between Islamic Traditionalists, Secularists«, in: *The Washington Post* (USA), 9. September 2001.

7 Human Rights Watch, *In a Time of Torture*.

8 Ebd.

9 »More Than 274 LGBTQ Victims of Egypt's Ongoing Repression«, Erasing 76 Crimes, 17. November 2016; online verfügbar unter: {https://76crimes.com/2016/11/17/more-than-274-lgbtq-victims-of-egypts-ongoing-repression/}.

10 J. Lester Feder, »LGBT Egyptians Go into Hiding as Regime Cracks Down«, in: *BuzzFeed News* (USA), 23. September 2014; online verfügbar unter: {https://www.buzzfeednews.com/article/lesterfeder/why-egypts-regime-has-launched-a-mass-crackdown-on-lgbt-righ}.

11 Ebd.

12 Liam Stack, »Gay and Transgender Egyptians, Harassed and Entrapped, Are Driven Underground«, in: *The New York Times* (USA), 10. August 2016.

13 »Egyptian Gays Living in Fear Under Sisi Regime«, News24 (Südafrika), 2. Januar 2015; online verfügbar unter: {https://www.news24.com/News24/Egyptian-gays-living-in-fear-under-Sisi-regime-2015 0102-3}.

14 Scott Long, »New Arrests of Alleged Trans and Gay People in Cairo«, A Paper Bird, 1. März 2015; online verfügbar unter: {https://paper-bird.net/2015/03/01/new-arrests-in-cairo/}.

15 Die Sendung ist nicht länger online verfügbar.

16 J. Lester Feder, Addie Schulte und Kim Deen, »The Man Who Taught Donald Trump to Pit Gay People Against Immigrants«, in: *BuzzFeed News* (USA), 3. Juli 2018; online verfügbar unter: {https://www.buzzfeednews.com/article/lesterfeder/geert-wilders-the-netherlands}.

17 »In the Memory of Ehab«, gepostet von SEHAQ, Queer Refugees Group, Facebook, 11. August 2018.

18 Noah Martin, »›We Need Freedom‹: Sehaq, the Party Space for Amsterdam's Queer Refugees«, in: *The Guardian* (Vereinigtes Königreich), 31. Juli 2019.

7
PINKE SÜNDENBÖCKE

1 »Hamed Sino Applauds Rainbow Flag at Cairo Concert«, ScoopEmpire (Ägypten), 19. März 2016; online verfügbar unter: {https://scoopempire.com/hamed-sinno-applauds-rainbow-flag-cairo-concert/}.

2 »Audacity in Adversity: LGBT Activism in the Middle East and North Africa«, Human Rights Watch (USA), 16. April 2018; online verfügbar unter: {https://www.hrw.org/report/2018/04/16/audacity-adversity/lgbt-activism-middle-east-and-north-africa}.

3 United Nations Assistance Mission for Iraq, *Report on Human Rights in Iraq: January to June 2012*, Bagdad: UNAMI Human Rights Office and Office of the High Commissioner for Human Rights 2012; online verfügbar unter: {https://reliefweb.int/report/iraq/report-human-rights-iraq-january-june-2012-enar}.

4 »›They Want Us Exterminated‹: Murder, Torture, Sexual Orientation and Gender in Iraq«, Human Rights Watch (USA), 17. August 2009; online verfügbar unter: {https://www.hrw.org/report/2009/08/17/they-want-us-exterminated/murder-torture-sexual-orientation-and-gender-iraq}.

5 Ebd.

6 »Iran's Supreme Leader Says ›There Is No Worse Form of Moral Degeneration Than Homosexuality‹, OutRight Action International, 27. Mai 2016; online verfügbar unter: {https://outrightinternational.org/content/irans-supreme-leader-says-there-no-worst-form-moral-degeneration-homosexuality}.

7 Mitteilung von Neela Ghoshal von Human Rights Watch an den Autor, 27. November 2018.

8 Amrou Al-Kadhi, »As a Gay Man Born in Iraq, I Know That Western Intervention Is to Blame for the Murder of LGBT Iraqis«, in: *The Independent* (Vereinigtes Königreich), 5. Juli 2017.

9 Stanley Cohen, Folk Devils and Moral Panics: The Creation of the Mods and Rockers, 3. Aufl., London: Blackwell 2011, S. 1; zitiert in Gilbert Herdt, Moral Panics, Sex Panics: Fear and the Fight over Sexual Rights, New York: New York University Press 2009.

10 Gayle S. Rubin, »Thinking Sex: Notes for a Radical Theory of the Politics of Sexuality«, in: V. Henry Abelove, Michele Aina Barale und David M. Halperin (Hg.), *The Lesbian and Gay Studies Reader*, New

York und London: Routledge 1993, S. 25; zitiert in: Herdt, *Moral Panics, Sex Panics*.

11 Rictor Norton, »The Gay Subculture in Early Eighteenth-Century London«, 12. Juli 2013; online verfügbar unter: {http://rictornorton.co.uk/eighteen/molly2.htm}.

12 Ebd.

13 Ebd.

14 Michael Neilson, »Gays and Lesbians Feel Heat of Discrimination and Prejudice in Indonesia«, in: *The Sydney Morning Herald* (Australien), 27. Februar 2016.

15 »›These Political Games Ruin Our Lives‹: Indonesia's LGBT Community Under Threat«, Human Rights Watch (USA), 10. August 2016; online verfügbar unter: {https://www.hrw.org/report/2016/08/10/these-political-games-ruin-our-lives/indonesias-lgbt-community-under-threat}.

16 »Indonesia: Vice Presidential Candidate Has Anti-rights Record«, Human Rights Watch (USA), 10. August 2018; online verfügbar unter: {https://www.hrw.org/news/2018/08/10/indonesia-vice-presidential-candidate-has-anti-rights-record}.

17 Tom Boellstorff, »The Emergence of Political Homophobia in Indonesia: Masculinity and National Belonging«, in: *Ethnos* 64/4 (2004), S. 465.

18 Timothy Snyder, *Der Weg in die Unfreiheit*, München: C. H. Beck 2018, S. 139-141.

19 Der vollständige englischsprachige Text der Rede ist online verfügbar unter: {https://www.thestar.com.my/news/nation/2003/06/20/full-text-of-dr-mahathirs-speech/}.

20 Der vollständige englischsprachige Text der Rede ist online verfügbar unter: {http://en.kremlin.ru/events/president/news/19825}.

21 David K. Johnson, »America's Cold War Empire: Exporting the Lavender Scare«, in: V. Meredith L. Weiss und Michael J. Bosia (Hg.), *Global Homophobia: States, Movements, and the Politics of Oppression*, Champaign: University of Illinois Press 2013, S. 56f.

22 Ebd.

23 Owen Matthews, »Vladimir Putin's New Plan for World Domination«, in: *The Spectator* (Vereinigtes Königreich), 22. Februar 2014.

24 Graeme Reid, *»Traditional Values«: A Potent Weapon Against LGBT Rights*, Human Rights Watch (USA), 6. November 2017; online ver-

fügbar unter: {https://www.hrw.org/news/2017/11/06/traditional-values-potent-weapon-against-lgbt-rights}.

25 Masha Gessen, »The Gay Men Who Fled Chechnya's Purge«, in: *The New Yorker* (USA), 3. Juli 2017.

26 Yelena Milashina, »Honor Killings: How the Ambitions of a Famous LGBT Activist Reawakened Ancient Terrifying Customs in Chechnya«, in: *Nowaja Gaseta* (Russland), 1. April 2017.

27 Herdt, *Moral Panics*, S. 32.

28 Russisches LGBT-Netzwerk und Jelena Milaschina (übers. von Jewgeni Beljakow), Доклад о фактах преследования ЛГБТ в регионе Северного Кавказа [Bericht über die Fakten der Verfolgung von LGBT-Personen in der Region Nordkaukasus], St. Petersburg 2017, S. 4.

8
PASCHA
LJUBERZY – MOSKAU

1 Protokoll der Anhörungen: Paschas Zivilklage gegen Julia (übers. v. Jewgeni Beljakow aus den Akten von Pascha Captanowska), Stadtgericht Ljuberzy, 4.-5. August 2016.

2 Ebd.

3 Urteil in Paschas Sorgerechtsklage (übers. v. Jewgeni Beljakow aus den Akten von Pascha Captanowska), Stadtgericht Ljuberzy, 25. November 2016.

4 »Psychologisches Gutachten eines Kindes: Psychologisches Gutachten 1488/a«, Föderales medizinisches Forschungszentrum für Psychiatrie und Anästhesiologie des Gesundheitsministeriums der Russischen Föderation (übers. v. Jewgeni Beljakow aus den Akten von Pascha Captanowska), 9. Dezember 2014.

5 Ebd.

6 Facebook-Post von Pascha Captanowska, 10. August 2013.

7 Facebook-Post von Pascha Captanowska, 10. August 2013.

8 Facebook-Post von Captanowska, 12. August 2013.

9 Gesetz zum Schutz der Kinder vor für ihre Gesundheit und Entwicklung schädlichen Informationen Nr. 436-FZ (Russische Föderation), 29. Oktober 2010.

10 Facebook-Post von Pascha Captanowska, 27. Januar 2013.

11 Paul Vale, »Russian Lawmaker Proposes Bill to Deny Homosexual Parents Custody of Their Own Children«, in: *HuffPost UK*, 5. September 2013; online verfügbar unter: {https://www.huffingtonpost.co.uk/2013/09/05/russias-anti-gay-law_n_3873612.html?guccounter=1&guce_referrer=aHR0cHM6Ly93d3cuZ29vZ2xlLmNvbS8&guce_referrer_sig=AQAAAAH8yZ7IjMpyw8tOPbK1_qW-3w5cWWoYTFpf4406K-74Lngv3jCw5c16b4KDeKzwJgtzxtLfPh4whDE4v7AKvGkxHohAvkTC_NNp4S40aNHmwXWImpdKrUHuK3Y6AUTq_xFochzqVAb070mqEQ-2QWHBrGx4qjzFDt8VvqNXyEs-}.

12 »Russia: Silencing Activists, Journalists Ahead of Sochi Games«, Human Rights Watch (USA), 7. August 2013; online verfügbar unter: {https://www.hrw.org/news/2013/08/07/russia-silencing-activists-journalists-ahead-sochi-games}.

13 Fiona O'Brien, »Sochi 2014: Russian Anti-gay Stance Exaggerated, Says Lesbian Ski-Jumper«, in: *The Sport Review* (Vereinigtes Königreich), 9. Februar 2014; Andrew Higgins, »Facing Fury over Antigay Law, Stoli Says ›Russian? Not Really‹«, in: *The New York Times* (USA), 7. September 2013.

14 Der vollständige englischsprachige Text der Rede ist online verfügbar unter: {https://russialist.org/transcript-putin-at-meeting-of-the-valdai-international-discussion-club-partial-transcript/}.

15 Roland Oliphant, »Putin Says Gay Visitors to Sochi Olympics Must ›Leave Children Alone‹«, in: *The Telegraph* (Vereinigtes Königreich), 17. Januar 2014.

16 *Young and Gay in Putin's Russia*, Teil 1/5, Drehbuch und Produktion Johnny White (2014, Vice Media), Video, 5:14, 13. Januar 2014; online verfügbar unter: {https://www.youtube.com/watch?v=AZ_aSl3ktjg}.

17 »License to Harm: Violence and Harassment Against LGBT People and Activists in Russia«, Human Rights Watch (USA), 15. Dezember 2014; online verfügbar unter: {https://www.hrw.org/report/2014/12/15/license-harm/violence-and-harassment-against-lgbt-people-and-activists-russia}.

18 Masha Gessen und Joseph Huff-Hannon (Hg.), *Gay Propaganda: Russian Love Stories*, New York: OR Books 2014, S. 19-25.

19 Hayes Brown, »A Gay Couple Had to Flee Russia for the Crime of Caring for Their Adopted Children«, in: *BuzzFeed News*, 12. August 2019; online verfügbar unter: {https://www.buzzfeednews.com/arti

cle/hayesbrown/couple-flee-russia-adopted-children-anti-gay-propaganda}.

20 »Russia: Court Hearing Against LGBT Group«, Human Rights Watch (USA), 2. April 2015; online verfügbar unter: {https://www.hrw.org/news/2015/04/02/russia-court-hearing-against-lgbt-group}.

21 Der vollständige englischsprachige Text der Rede ist online verfügbar unter: {https://www.hollywoodreporter.com/news/lana-wachowskis-hrc-visibility-award-382177}.

22 »Global Attitudes Toward Transgender People«, Ipsos, 29. Januar 2018; online verfügbar unter: {https://www.ipsos.com/en/global-attitudes-toward-transgender-people}.

23 »Lizedej« (»Schauspieler«), *Spezialny Korrespondent* (Sonderkorrespondent), produziert von Nowaja Kompanija (2013, Moskau: Allrussische staatliche Fernseh- und Radiogesellschaft WGTRK), Video, 1:11:57; online verfügbar unter: {https://www.youtube.com/watch?v=MYIWgduByfw}.

9
DAS SCHRECKGESPENST DER GENDERTHEORIE

1 David Paternotte, »Blessing the Crowds: Catholic Mobilizations Against Gender in Europe«, in: Sabine Hark und Paula Villa (Hg.), *Anti-Genderismus: Sexualität und Geschlecht als Schauplätze aktueller politischer Auseinandersetzungen*, Bielefeld 2015: Transcript, S. 130.

2 Siehe Sonia Corrêa, David Paternotte und Roman Kuhar, »The Globalisation of Anti-gender Campaigns«, in: *International Politics and Society*, 31. Mai 2018; online verfügbar unter: {https://www.ips-journal.eu/topics/human-rights/the-globalisation-of-anti-gender-campaigns-2761/}.

3 Kira Cochrane, »From Mary Wollstonecraft to Queer Theory«, in: *The Guardian* (Vereinigtes Königreich), 24. Dezember 2008; »Ansprache an das Kardinalskollegium und die Mitglieder der Römischen Kurie beim Weihnachtsempfang«, 22. Dezember 2008; online verfügbar unter: {http://www.vatican.va/content/benedict-xvi/de/speeches/2008/december/documents/hf_ben-xvi_spe_20081222_curia-romana.html}.

4 »Begegnung mit den polnischen Bischöfen. Ansprache des heiligen

Vaters«, 27. Juli 2016; online verfügbar unter: {http://www.vatican.va/content/francesco/de/speeches/2016/july/documents/papa-francesco_20160727_polonia-vescovi.html}.

5 »Pressekonferenz des heiligen Vaters auf dem Rückflug aus Brasilien«, 28. Juli 2013; online verfügbar unter: {www.vatican.va/content/francesco/de/speeches/2013/july/documents/papa-francesco_20130728_gmg-conferenza-stampa.html}.

6 »Begegnung mit den polnischen Bischöfen. Ansprache des heiligen Vaters«.

7 Ebd.

8 Éric Fassin, »Gender and the Problem of Universals: Catholic Mobilizations and Sexual Democracy in France«, in: *Religion and Gender* 6/2 (2016), S. 176f.

9 German Lodola und Margarita Corral, »Support for Same-Sex Marriage in Latin America«, in: Jason Pierceson, Adriana Piatti-Crocker und Shawn Shulenberg (Hg.), *Same-Sex Marriage in Latin America: Promise and Resistance*, Lanham: Lexington Books 2013, S. 43.

10 Uki Goni, »Defying Church, Argentina Legalizes Gay Marriage«, in: *Time* (USA), 15. Juli 2010.

11 Mario Pecheny, Daniel Jones und Lucía Ariza, »Sexual Politics and Religious Actors in Argentina«, in: *Religion and Gender* 6/2 (2016), S. 212.

12 Adrian Carrasquillo, »Pope Francis, Argentina's President Kirchner Have a History of Contentious Battles«, NBC News (USA), 14. März 2013.

13 Melissa Chernaik und Lisa Grove, Grove Insight, Review of Existing Research on Marriage 2004 to 2009: Report by Grove Insight for Freedom to Marry, Freedom to Marry (USA), 23. Februar 2010.

14 »Colm Tóibín: Catholic Church ›Neutered‹ on Gay Marriage«, Channel 4 News, produziert von ITN (2015, London: BBC), Video, 4:22, 20. Mai 2015; online verfügbar unter: {https://www.youtube.com/watch?v=b-3LDyltfs8}.

15 Sorcha Pollak, »Australian Campaign for Marriage Equality Follows Irish Model«, in: *The Irish Times* (Irland), 24. September 2017.

16 Ergebnisse der Umfrage, Australian Bureau of Statistics, Australian Marriage Law Postal Survey, 2017; Shirleene Robinson und Alex Greenwich, »How the Yes Campaign Was Successful: Thank You, Internet«, in: *HuffPost* (Australien), 24. November 2017; online verfüg-

bar unter: {https://consent.yahoo.com/v2/collectConsent?sessionId=3_cc-session_5612d62d-7e78-4ec1-93df-650dde54ee7f}.

17 »Brazil's Classrooms Become a Battleground in a Culture War«, in: *The Economist* (Nord- und Südamerika), 29. November 2018.

18 Anna Jean Kaiser, »Call for Students to Film ›Biased‹ Teachers Brings Brazil's Culture Wars to the Classroom«, in: *The Guardian* (Vereinigtes Königreich), 3. Mai 2019.

19 Arkady Petrov, »Bolsonaro Calls for Bill to Ban Gender Ideology in Brazilian Elementary Schools«, in: *The Rio Times* (Brasilien), 4. September 2019.

20 Sonia Corrêa, »The Brazilian Presidential Election: A Perfect Catastrophe?«, Sexuality Policy Watch, November 2018; online verfügbar unter: {https://blogs.lse.ac.uk/gender/2019/02/27/brazilian-presidential-election-a-perfect-catastrophe/}.

21 Gustavo Gomes da Costa Santos, »How an Anti-LGBT Agenda Helped Secure Bolsonaro's Election Victory«, in: *Public Seminar*, 29. November 2018.

22 Nicholas Casey, »Colombian Opposition to Peace Deal Feeds Off Gay Rights Backlash«, in: *The New York Times* (USA), 8. Oktober 2016.

23 Zitiert in Ana Campoy, »A Conspiracy Theory About Sex and Gender Is Being Peddled Around the World by the Far Right«, in: *Quartz* (USA), 4. November 2016.

24 José Fernando Serrano Amaya, »La tormenta perfecta: Ideología de género y articulación de públicos«, in: *Revista Latinoamericana Sexualidad Salud y Sociedad* 27 (2017), S. 149-171.

25 Gloria Careaga-Pérez, »Moral Panic and Gender Ideology in Latin America«, in: *Religion and Gender* 6/2 (2016), S. 251-255.

26 »Summary of Violence against Trans and Gender-diverse People Worldwide«, TDoR 2016 Pressemeldung, Transgender Europe, 9. November 2016; online verfügbar unter: {https://tgeu.org/tdor-2016-press-release/}.

27 Sam Cowie, »Violent Deaths of LGBT People in Brazil Hit All-Time High«, in: *The Guardian* (Vereinigtes Königreich), 22. Januar 2018.

28 »Judith Butler Attacked in Brazil: A Briefing«, Sexual Policy Watch, 11. Januar 2018; online verfügbar unter: {https://sxpolitics.org/judith-butler-in-brazil-a-briefing/17916}.

29 Judith Butler, *Das Unbehagen der Geschlechter*, Frankfurt am Main: Suhrkamp 2003.

30 Jay Prosser, *Second Skins: The Body Narratives of Transsexuality*, New York: Columbia University Press 1998.
31 Das Schreiben ist online verfügbar unter: {http://www.vatican.va/roman_curia//congregations/cfaith/documents/rc_con_cfaith_doc_20040731_collaboration_ge.html}.
32 Fassin, »Gender and the Problem of Universals«, S. 176.
33 Miranda Blue, »Globalizing Homophobia, Part 3: A New Life for Discredited Research«, Right Wing Watch (USA), 4. Oktober 2013; online verfügbar unter: {https://www.rightwingwatch.org/post/globalizing-homophobia-part-3-a-new-life-for-discredited-research/}.
34 Hannah Levintova, »How US Evangelicals Helped Create Russia's Anti-gay Movement«, in: *Mother Jones* (USA), 21. Februar 2014; online verfügbar unter: {https://www.motherjones.com/politics/2014/02/world-congress-families-russia-gay-rights/}.
35 Erica L. Green, Katie Better und Robert Pear, »›Transgender‹ Could Be Defined out of Existence Under Trump Administration«, in: *The New York Times* (USA), 21. Oktober 2018.
36 Ryan T. Anderson und Roger Severino, »3 Ways Conservative Lawmakers Should Fight Obama's Bathroom Directive«, in: *The Daily Signal* (USA), 23. Mai 2016.
37 »Poland's Ruling Party Leader Praises Polish Archbishop for LGBT Opposition«, in: *National Catholic Register* (USA), 19. August 2019.
38 Der vollständige englischsprachige Text der Rede ist online verfügbar unter: {http://abouthungary.hu/speeches-and-remarks/prime-minister-viktor-orbans-speech-at-the-27th-congress-of-fidesz-hungarian-civic-union/}.
39 Ebd.
40 Isabela Oliveira Pereira da Silva, »Genero, política e religiao nos protestos contra Judith Butler«, in: *Nexo Jornal* (Brasilien), 21. November 2017.

10
ZAIRA UND MARTHA
GUADALAJARA

1 Einige Bilder von der Hochzeit sind hier zu sehen: »Primera boda gay en GDL«, Video, 14. Dezember 2013; online verfügbar unter: {https://www.youtube.com/watch?v=_4MK4ZItv5s}.

2 Ebd.

3 »GDL Noticias – Pareja de mujeres se une en legítimo matrimonia«, Televisa Guadalajara, 14. Dezember 2013; online verfügbar unter: {https://www.youtube.com/watch?v=T8C3aA4gcaM}.

4 Nachricht von Francisco Robledo an den Autor, 16. Mai 2017.

5 *No Dress Code Required* (*Etiqueta no rigurosa*), Dokumentarfilm von Cristina Herrera Borquez, Mexico 2017, La Cleta Films.

6 »Paternidad asumida con amor desde la homosexualidad«, in: *Laguna* (Mexiko), 21. April 2017.

7 United States Census Bureau, »Same-Sex Couple Households: American Community Survey Briefs«, U.S. Department of Commerce, 2011; online verfügbar unter: {https://www2.census.gov/library/publications/2011/acs/acsbr10-03.pdf}.

8 »Todas las familias, todos los derechos: la petición de los asistentes a la marcha gay en la CDMX«, in: *Animal Politico* (Mexiko), 25. Juni 2016.

9 María De Las Heras, »Matrimonio gay en México: con mayoría en contra«, in: *El País* (Spanien), 11. Januar 2010.

10 »Apoyan legalizar las uniones gay en el país; 25% cree que afecta los valores morales«, in: *Excélsior* (Mexiko), 23. Mai 2016.

11 »ONGs de Aguascalientes exhiben a sacerdotes inducir voto a favor del PAN«, (übers. v. Juliete Cabeza), ADNPolitico (Mexiko), 10. Juni 2016; online verfügbar unter: {https://expansion.mx/politica/2016/06/10/ongs-de-aguascalientes-exhiben-a-sacerdotes-inducir-voto-a-favor-del-pan}.

12 »Este es el discurso completo que dio amlo en el zócalo«, in: *Expansión* (Spanien), 10. Juli 2018.

11
PINKE DOLLARS, GLOBAL GAY

1 Siehe die Website von Atlantis Events: {https://atlantisevents.com/}.

2 Colleen Curry und Olivia Katrandjian, »Gay Cruise Passengers ›Weren't Trying to Put on Show‹«, ABC News (Australien), 24. März 2012; online verfügbar unter: {https://abcnews.go.com/US/gay-cruise-passengers-werent-put-show/story?id=15993808}.

3 »Couple Returns from Gay Cruise to Address Public Sex Allegations«, KESQ (USA), 26. März 2012; online verfügbar unter: {https://kesq.

com/news/2012/03/26/couple-returns-from-gay-cruise-to-address-public-sex-allegations/}.

4 Dennis Mayer und John Hart, »Exclusive: Gay Couple Arrested on Atlantis Events Cruise Tell Their Side of the Story«, in: *Queerty*, 16. Mai 2012; online verfügbar unter: {https://www.queerty.com/exclusive-gay-couple-arrested-on-atlantis-events-cruise-tell-their-side-of-the-story-20120516}.

5 »St. Jean Says Anti-social Behavior, Homosexuality Bigger Than Imagined«, in: *Dominica News Online* (Dominica), 6. September 2012; online verfügbar unter: {https://dominicanewsonline.com/news/homepage/news/educationyouth/st-jean-says-anti-social-behavior-homosexuality-bigger-than-imagined/}.

6 »›I Have to Leave to Be Me‹: Discriminatory Laws Against LGBT People in the Eastern Caribbean«, Human Rights Watch (USA), 21. März 2018; online verfügbar unter: {https://www.hrw.org/report/2018/03/21/i-have-leave-be-me/discriminatory-laws-against-lgbt-people-eastern-caribbean}.

7 »Paradise Lost: The Plight of LGBT People in the Eastern Caribbean«, Human Rights Watch (USA), 21. März 2018; online verfügbar unter: {https://www.hrw.org/video-photos/interactive/2018/03/21/paradise-lost}.

8 »BTA: ›Bill Poses Threat to Success of Tourism‹«, in: *Bernews* (Bermuda), 12. Dezember 2017; online verfügbar unter: {https://bernews.com/2017/12/bta-bill-poses-threat-to-success-of-tourism/}.

9 Rick Morgan und Ryna Ruggiero, »Cruise Line Carnival Corp. Joins the Fight Against Bermuda's Same-Sex Marriage Ban«, CNBC (USA), 3. April 2018; online verfügbar unter: {https://www.cnbc.com/2018/04/03/cruise-line-carnival-joins-the-fight-against-bermudas-same-sex-marriage-ban.html}.

10 Owain Johnston-Barnes, »BTA on Pride: The Message Went Out«, in: *The Royal Gazette* (Bermuda), 4. September 2019; online verfügbar unter: {https://www.royalgazette.com/other/news/article/20190904/bta-on-pride-the-message-went-out/}.

11 Terence Tange, »George Clooney: Brunei Boycott over Gay Death Penalty ›Warning Shot‹ to Malaysia, Indonesia«, in: *Malaymail* (Malaysia), 14. Mai 2019; online verfügbar unter: {https://malaysia.news.yahoo.com/george-clooney-brunei-boycott-over-034912564.html}.

12 »Mahathir: Beware of the West«, Al Jazeera (Katar), 19. Juni 2003; on-

line verfügbar unter: {https://www.aljazeera.com/news/2003/6/19/mahathir-beware-of-the-west}.

13 »Lizedej« (»Schauspieler«), *Spezialny Korrespondent* (Sonderkorrespondent), produziert von Nowaja Kompanija (2013, Moskau: Allrussische staatliche Fernseh- und Radiogesellschaft WGTRK); eine Aufzeichnung ist online verfügbar unter: {https://www.youtube.com/watch?v=MYIWgduByfw}.

14 Tom Phillips und Anna Jean Kaiser, »Brazil Must Not Become a ›Gay Tourism Paradise‹, Says Bolsonaro«, in: *The Guardian* (Vereinigtes Königreich), 26. April 2019.

15 »Transcript: Obama's Remarks on Supreme Court Ruling on Same-Sex Marriage«, in: *The Washington Post* (USA), 26. Juni 2015.

16 Hope King, »Corporate America Celebrates Gay Marriage Decision«, CNN Business (USA), 26. Juni 2015; online verfügbar unter: {https://money.cnn.com/gallery/technology/2015/06/26/companies-social-media-gay-marriage/index.html}.

17 Patrick Kulp, »The Best Reactions by Major Companies to the Historic Gay Marriage Decision«, in: *Mashable* (Vereinigtes Königreich), 26. Juni 2015; online verfügbar unter: {https://mashable.com/2015/06/26/brands-gay-marriage-legalized/?europe=true}.

18 »Target's Same-Sex Registry Ad Praised by LGBT Advocacy Bloggers«, in: *HuffPost* (USA), 26. Juli 2012; online verfügbar unter: {https://www.huffpost.com/entry/target-same-sex-registry-ad-gay-marriage_n_1706599}.

19 Jon Binnie, *The Globalization of Sexuality*, London, New Delhi: Sage 2004, S. 59.

20 Ebd., S. 61.

21 Dennis Altman, »On Global Queering«, in: *Australian Humanities Review* 2 (1996), S. 1-8.

22 »Heineken Launches New Global Brand Campaign; First Film, ›The Entrance‹, an Online Hit«, 18. Januar 2011; online verfügbar unter: {https://www.globenewswire.com/fr/news-release/2011/01/18/1670765/0/en/Heineken-launches-new-Global-Brand-Campaign-First-film-The-Entrance-an-online-hit.html}.

23 Der Ausdruck »Global Gay« stammt von Frédéric Martel, *Global Gay: How Gay Culture Is Changing the World*, Cambridge/Mass.: MIT Press 2018.

24 Akhil Katyal, *The Double Game of Sexuality: Idioms of Same Sex Desire*

in *Modern India*, Dissertation, School of Oriental and African Studies, University of London, 2011, S. 112.

25 Dennis Altman, »Gay Identities in Southeast Asia«, in: Peter Drucker (Hg.), *Different Rainbows*, London: Gay Men's Press 2000, S. 150.

26 Mark Weiss, »Israeli Firms to Back Strike over Surrogacy Exclusion«, in: *The Irish Times* (Irland), 20. Juli 2018; online verfügbar unter: {https://www.irishtimes.com/news/world/middle-east/israeli-firms-to-back-strike-over-surrogacy-exclusion-1.3571626}.

27 Lee Walzer, Between Sodom and Eden: A Gay Journey Through Today's Changing Israel, New York: Columbia University Press 2000, S. 179.

28 Allison Kaplan Sommer, »Why the Battle for Gay Rights in Israel Passes Through Parenthood, Not Marriage«, in: *Haaretz* (Israel), 22. Juli 2018; online verfügbar unter: {https://www.haaretz.com/israel-news/.premium-why-the-battle-for-gay-rights-in-israel-passes-through-parenthood-1.6294801}.

29 Noga Tarnopolsky, »Debate over Surrogacy Draws Tens of Thousands of Israelis into the Streets«, in: *The Los Angeles Times* (USA), 23. Juli 2018; online verfügbar unter: {https://www.latimes.com/world/middleeast/la-fg-israel-surrogacy-protest-20180723-story.html}.

12
FADI UND NADAV
I'BILLIN – TEL AVIV – JAFFA (UND RAMALLAH)

1 *Oriented*, Regie Jake Witzenfeld (2015, Conch Studios), verfügbar bei Netflix.

2 Ebd.

3 Tamara Traubmann, »Drag Against the Occupation«, in: *Haaretz* (Israel), 27. Februar 2008.

4 Max Blumenthal, »Israel Cranks Up the PR Machine«, in: *The Nation* (USA), 16. Oktober 2013; online verfügbar unter: {https://www.thenation.com/article/archive/israel-cranks-pr-machine/}.

5 Sarah Schulman, *Israel/Palestine and the Queer International*, Durham: Duke University Press 2012, S. 117.

6 Facebook-Post von Fadi Daeem, 28. Mai 2016.

7 Sarah Schulman, »A Documentary Guide to Pinkwashing«, in: *Huff-*

Post (USA), 2. Februar 2016; online verfügbar unter: {https://www.huffpost.com/entry/israel-pinkwashing_b_1132369}.

8 Sarah Schulman, »Israel and ›Pinkwashing‹«, in: *The New York Times* (USA), 22. November 2011.

9 Aeyal Gross, »Pinkwashing Debate: Gay Rights in Israel Are Being Appropriated for Propaganda Value«, in: *Haaretz* (Israel), 10. Juni 2015.

10 Aeyal Gross, »The Politics of LGBT Rights in Israel and Beyond: Nationality, Normativity, and Queer Politics«, in: *Columbia Human Rights Law Review* 46/2 (2015), S. 85.

11 Facebook-Post von Nadav Kain, 18. April 2016.

12 Video, auf Facebook gepostet von Nadav Kain, 30. Mai 2016.

13 »Factsheet: Gay Israel«, Website Botschaft des Staates Israel in Berlin, 12. Dezember 2011; online verfügbar unter: {http://www.botschaftisrael.de/2011/12/12/factsheet-gay-israel/}.

14 Harriet Sherwood, »Israeli Military Accused of Staging Gay Pride Photo«, in: *The Guardian* (Vereinigtes Königreich), 13. Juni 2012.

15 Yaakov Katz, »40 % of IDF's Gay Soldiers Suffer Abuse«, in: *The Jerusalem Post* (Israel), 16. August 2011; online verfügbar unter: {https://www.jpost.com/defense/40-percent-of-idfs-gay-soldiers-suffer-abuse}.

16 »Three-Quarters of Jewish Israelis Support Same-Sex Unions: Poll«, i24News (Israel), 6. Januar 2016; online verfügbar unter: {https://www.i24news.tv/en/news/israel/politics/115301-160601-three-quarters-of-jewish-israelis-support-same-sex-unions-poll}.

17 Lena Odgaard, »Gay Pride Parade in Holy Jerusalem«, Al-Monitor (USA), 31. Juli 2013; online verfügbar unter: {https://www.al-monitor.com/pulse/originals/2013/07/gay-pride-parade-jerusalem.html}.

18 Zitiert in Alisa Solomon, »Viva la Diva Citizenship: Post-Zionism and Gay Rights«, in: Daniel Boyarin, Daniel Itzkovits und Ann Pellegrini (Hg.), *Queer Theory and the Jewish Question*, New York: Columbia University Press 2003, S. 156.

19 Gross, »The Politics of LGBT Rights in Israel and Beyond«, S. 94.

20 Ebd., S. 106.

21 »20 000 Attend Tel Aviv Rally for Gay Club Victims«, in: *The Jerusalem Post* (Israel), 8. August 2009; online verfügbar unter: {https://www.jpost.com/israel/20000-attend-tel-aviv-rally-for-gay-club-victims}.

22 Aeyal Gross, »Harvey Milk Was Here«, in: *Zeek* (USA), 25. Oktober 2009; online verfügbar unter: {http://zeek.forward.com/articles/115761/}.
23 Gil Z. Hochberg, »Introduction: Israelis, Palestinians, Queers: Points of Departure«, in: *GLQ: A Journal of Lesbian and Gay Studies* 16/4 (2010), S. 494.
24 Jeffrey Heller, »Israeli Gays' Safe Haven Turns Deadly«, Reuters (Vereinigtes Königreich), 2. August 2009; online verfügbar unter: {https://de.reuters.com/article/us-israel-shooting/israeli-gays-safe-haven-turns-deadly-idUSTRE5701V520090802}.
25 »Bibi Netanyahu Statement on the Orlando Terror Attack«, 15. Juni 2016; online verfügbar unter: {www.youtube.com/watch?v=7FBqTgNb5MA}.
26 Hochberg, »Introduction: Israelis, Palestinians, Queers«, S. 514.
27 James Kirchick, »Sarah Schulman's Pinkwashing Op-Ed Is Nonsense«, in: *Tablet Magazine* (USA), 29. November 2011; online verfügbar unter: {https://www.tabletmag.com/sections/israel-middle-east/articles/pink-eye}.
28 Transkript eines Vortrags von Haneen Maikey und Ramzi Kumsieh, »Resister au Pinkwashing – au coeur du mouvement queer arabe«, (Paris), 21. März 2012.
29 »Any Palestinian Is Exposed to Monitoring by the Israeli Big Brother«, in: *The Guardian* (Vereinigtes Königreich), 12. September 2014.
30 »You Should Be Ashamed of Supporting Israel, Hamas Tells West«, in: *Haaretz* (Israel), 28. Oktober 2010.
31 »Palestinian Authority Bans Events by Local LGBTQ+ Organisation«, The New Arab (Vereinigtes Königreich), 19. August 2019.
32 Amira Hass, »Shin Bet Inquiry: Did the Israeli Slip His Gay Palestinian Lover into the Country Illegally?«, in: *Haaretz* (Israel), 28. Mai 2012.
33 Yossi Klein Halevi, »The Horrors of Being Gay, Palestinian and Refugee«, in: *The New Republic* (USA), 20. August 2002.
34 Michael Kagan und Anat Ben-Dor, Tel Aviv University's Public Interest Law Program (PILP), *Nowhere to Run: Gay Palestinian Asylum-Seekers in Israel* (Israel), April 2008; online verfügbar unter: {https://en-law.tau.ac.il/sites/law-english.tau.ac.il/files/media_server/Law/NowheretoRun,%20Michael%20Kagan%20%26%20Anat%20Ben-Dor%20(2008).pdf}.

35 *The Invisible Men*, Regie Yariv Mozer (2012, Mozer Films und LEV Pictures), Dokumentarfilm.

36 Kathleen Peratis, »For Gay Palestinians, Tel Aviv Is Mecca«, in: *The Forward* (USA), 24. Februar 2006; online verfügbar unter: {https://forward.com/opinion/1125/for-gay-palestinians-tel-aviv-is-mecca/}.

37 Kagan/Ben-Dor, *Nowhere to Run*.

38 Ebd.

39 »Yasmine Hamdan/La Mouch (Tribute Video)«, 25. Januar 2013; online verfügbar unter: {www.youtube.com/watch?v=x1BVhbDw5jI}.

40 »Adonis-Sawt L Madini (Tribute Video)«, 14. April 2013; online verfügbar unter: {www.youtube.com/watch?v=RuEsvOC2hVs}.

41 Ebd.

42 Matthew Schultz, »›We're Fighting Two Fights Here‹: Being Gay and Palestinian in Israel«, in: *Vice* (USA), 29. November 2015; online verfügbar unter: {https://www.vice.com/en/article/kb4vxe/were-fighting-two-fights-here-being-gay-and-palestinian-in-israel}.

13
TRANSGENDER-CULTURE-WARS

1 David Cameron, »Conservative Party Conference Speech«, BBC (Vereinigtes Königreich), 5. Oktober 2011; online verfügbar unter: {https://www.bbc.com/news/uk-politics-15189614}.

2 Charlotte Alter, »First Family: The Unlikely, Untested and Unprecedented Campaign of Mayor Pete Buttigieg«, in: *Time* (USA), 2. Mai 2019.

3 »Biden Surging Among Democrats in Presidential Race, Quinnipiac University National Poll Finds; U. S. Voters Support Wealth Tax, Oppose Free College«, Quinnipiac University Poll, 30. April 2019; online verfügbar unter: {https://poll.qu.edu/national/release-detail?ReleaseID=2617}.

4 Pete Buttigieg, »South Bend Mayor: Why Coming Out Matters«, in: *South Bend Tribune* (USA), 16. Juni 2015.

5 Martin Duberman, *Has the Gay Movement Failed?*, Berkeley: University of California Press 2018.

6 Joseph G. Kosciw, Emily A. Greytak, Adrian D. Zongrone, Caitlin M. Clark und Nhan L. Truong, *The 2017 National School Climate Survey*, Gay Lesbian and Straight Education Network, New York 2018;

online verfügbar unter: {https://www.glsen.org/sites/default/files/2019-10/GLSEN-2017-National-School-Climate-Survey-NSCS-Full-Report.pdf}.

7 Government Equalities Office, *National LGBT Survey: Summary Report*, Juli 2018; online verfügbar unter: {https://assets.publishing.service.gov.uk/government/uploads/system/uploads/attachment_data/file/722314/GEO-LGBT-Survey-Report.pdf}.

8 Human Rights Campaign, »Corporate Equality Index 2018: Rating Workplaces on Lesbian, Gay, Bisexual, Transgender, and Queer Equality«, Washington, DC, 2018.

9 April Guasp, Anne Gammon und Gavin Ellison, *Homophobic Hate Crime: The Gay British Crime Survey 2013*, Stonewall (Vereinigtes Königreich), Januar 2013; online verfügbar unter: {https://www.bl.uk/collection-items/homophobic-hate-crime-the-gay-british-crime-survey-2013#}.

10 Katy Steinmetz, »The Transgender Tipping Point«, in: *Time* (USA), 29. Mai 2014.

11 Ebd.

12 Ebd.

13 Ebd.

14 Seth Adam und Matt Goodman, »Number of Americans Who Report Knowing a Transgender Person Doubles in Seven Years, According to New GLAAD Survey«, Gay and Lesbian Alliance Against Diffamation (GLAAD), 17. September 2015; online verfügbar unter: {https://www.glaad.org/releases/number-americans-who-report-knowing-transgender-person-doubles-seven-years-according-new}.

15 Human Rights Campaign und Trans People of Color Coalition, *A Time to Act: Fatal Violence Against Transgender People in America 2017*, Washington, DC: Human Rights Campaign, 2017; online verfügbar unter: {http://assets2.hrc.org/files/assets/resources/A_Time_To_Act_2017_REV3.pdf}.

16 Claire Zillman, »Changing Genders at Work: Inside the Fortune 500's Quiet Transgender Revolution«, in: *Fortune* (USA), 13. Juli 2015.

17 »Interactive Map: Clinical Care Programs for Gender-Expansive Children and Adolescents«, Human Rights Campaign (USA); online verfügbar unter: {https://www.hrc.org/resources/interactive-map-clinical-care-programs-for-gender-nonconforming-childr}.

18 Johanna Olson-Kennedy, »Referrals to the Center for Transyouth

Health and Development by Year«, CHLA Center for Transyouth Health and Development, 2018.

19 »The Gender Service Background, Funding and Program Logic«, The Royal Children's Hospital, Melbourne, Australien; online verfügbar unter: {https://www.rch.org.au/adolescent-medicine/gender-service/The_Gender_Service_background,_funding_and_program_logic/}.

20 Gender Identity Research and Education Society, »The Number of Gender Variant People in the UK – Update 2011«, 2011; online verfügbar unter: {https://www.gires.org.uk/wp-content/uploads/2014/10/Prevalence2011.pdf}.

21 Susan Stryker, *Transgender History: The Roots of Today's Revolution*, 2. Auf., New York: Seal Press 2017, S. 66.

22 *Transgender Kids: Who Knows Best?*, Dokumentation, Regie: Alex Berk und John Conroy (2017, London: BBC 2).

23 Jesse Singal, »How the Fight over Transgender Kids Got a Leading Sex Researcher Fired«, in: *The Cut* (USA), 7. Februar 2016; online verfügbar unter: {https://www.thecut.com/2016/02/fight-over-trans-kids-got-a-researcher-fired.html}.

24 Molly Hayes, »Doctor Fired from Gender Identity Clinic Says He Feels ›Vindicated‹ After CAMH Apology, Settlement«, in: *The Globe and Mail* (Kanada), 7. Oktober 2018; online verfügbar unter: {https://www.theglobeandmail.com/canada/toronto/article-doctor-fired-from-gender-identity-clinic-says-he-feels-vindicated/}.

25 Polly Carmichael, »GIDS Keynote: Intercom Trust Conference, Plymouth«, Gender Identity Development Service, 26. November 2017; online verfügbar unter: {https://drive.google.com/file/d/16D2m4dRWCTZWfQo29tFb962JKZhaQGDn/view}.

26 Dani Heffernan, »The APA Removes ›Gender Identity Disorder‹ from Updated Mental Health Guide«, 3. Dezember 2012; online verfügbar unter: {https://www.glaad.org/blog/apa-removes-gender-identity-disorder-updated-mental-health-guide}.

27 Holly B. Kozee, Tracy L. Tylka und Loren Bauerband, »Measuring Transgender Individuals' Comfort with Gender Identity and Appearance: Development and Validation of the Transgender Congruence Scale«, in: *Psychology of Women* 36/2 (2012), S. 181.

28 »Argentina Adopts Landmark Legislation in Recognition of Gender Identity«, Out-Right Action International, 8. Juni. 2012; online verfügbar unter: {https://outrightinternational.org/content/argentina-

adopts-landmark-legislation-recognition-gender-identity-it's-'talk-town'-south}.

29 Evan Urquhart, »Gatekeepers vs. Informed Consent: Who Decides When a Trans Person Can Medically Transition?«, in: *Slate* (USA), 11. März 2016; online verfügbar unter: {https://slate.com/human-interest/2016/03/transgender-patients-and-informed-consent-who-decides-when-transition-treatment-is-appropriate.html}.

30 Hadley Freeman, »Sport Can Help to Clarify the Trans Debate«, in: *The Guardian* (Vereinigtes Königreich), 6. März 2019.

31 J. K. Rowling auf Twitter am 6. Juni 2020; der Tweet ist online verfügbar unter: {https://twitter.com/jk_rowling/status/1269382518362509313?lang=de}.

32 J. K. Rowling auf Twitter am 7. Juni 2020; der Tweet ist online verfügbar unter: {https://twitter.com/jk_rowling/status/1269389298664701952?lang=de}.

33 Der Text mit dem Titel »J. K. Rowling Writes about Her Reasons for Speaking out on Sex and Gender Issues« vom 10. Juni 2020 ist online verfügbar unter: {https://www.jkrowling.com/opinions/j-k-rowling-writes-about-her-reasons-for-speaking-out-on-sex-and-gender-issues/}.

34 Government Equalities Office und the Rt. Hon. Penny Mordaunt MP, »Government Announces Plans to Reform Process of Changing Legal Gender«, 3. Juli 2018; online verfügbar unter: {https://www.gov.uk/government/news/government-announces-plans-to-reform-process-of-changing-legal-gender}.

35 »Who Decides Your Gender?«, in: *The Economist* (Vereinigtes Königreich), 27. Oktober 2018.

36 Helen Joyce, »The New Patriarchy: How Trans Radicalism Hurts Women, Children – and Trans People Themselves«, in: *Quillette* (Australien), 4. Dezember 2018; online verfügbar unter: {https://quillette.com/2018/12/04/the-new-patriarchy-how-trans-radicalism-hurts-women-children-and-trans-people-themselves/}.

37 Richard Köhler, »Implementation of Legal Gender Recognition Procedures Based on Self-Determination in Malta, Norway, Denmark, Argentina, and Ireland with a Focus on Fraudulent Intents and Repeated Decisions«, Transgender Europe, 11. Januar 2017.

38 Nick Duffy, »Transphobia and Homophobia Are Inextricably Linked«, in: *The Economist* (Vereinigtes Königreich), 13. Juli 2018.

39 Ebd.
40 Joyce, »The New Patriarchy«.
41 Andrew Surma, »Fliers Distributed Throughout Grass Lake Opposing Transgender Bathroom Rule«, MLive (USA), 8. September 2017; online verfügbar unter: {https://www.mlive.com/news/jackson/2017/09/flier_hits_mailboxes_in_grass.html}; News 10, »Local Mother of Transgender Child Speaks Out«, WILX News 10 (USA), 30. Oktober 2017; online verfügbar unter: {https://www.wilx.com/content/news/Local-mother-of-transgender-child-speaks-out-454119523.html}.
42 Gepostet von Tammy Marie, Facebook, ohne Datum, aus der Korrespondenz mit Terri Tuttle Neely.
43 Jonathan Shorman und Hunter Woodall, »Kansas GOP Votes to ›Oppose All Efforts to Validate Transgender Identity‹«, in: *The Wichita Eagle* (USA), 18. Februar 2018; online verfügbar unter: {https://www.kansas.com/news/politics-government/article200798114.html}.
44 Gepostet von Tammy Gerlach, Facebook, ohne Datum, aus der Korrespondenz mit Terri Tuttle Neely.
45 Catherine E. Lhamon und Vanita Gupta, »Dear Colleague Letter on Transgender Students«, U. S. Department of Justice and U. S. Department of Education, 13. Mai 2016; online verfügbar unter: {https://www.justice.gov/opa/file/850986/download}.
46 »Vice President Joe Biden: Transgender Discrimination ›Civil Rights Issue of Our Time‹«, Transgender Law Center, 31. Oktober 2012; online verfügbar unter: {https://transgenderlawcenter.org/archives/2312}.
47 State of Texas v. United States of America, 7:16-cv-54-O, District Court Northern District of Texas Wichita Falls Division, 2016; online verfügbar unter: {http://www.txnd.uscourts.gov/highprofile/state-texas-et-al-united-states-america-et-al-case-number-716-cv-54}.
48 Tony Perkins, »ADF Takes Highland in Bathroom Fight«, Family Research Council, 20. September 2016; online verfügbar unter: {https://patriotpost.us/opinion/44939-in-the-navy-anchors-aweigh-for-gender-2016-09-21}.
49 Ansprache von Papst Franziskus, »Begegnung mit Priestern, Ordensleuten, Seminaristen und Pastoralarbeitern«, 1. Oktober 2016 in Tiflis, online verfügbar unter: {http://www.vatican.va/content/francesco/de/speeches/2016/october/documents/papa-francesco_20161001_georgia-sacerdoti-religiosi.html}.

50 Perkins, »ADF Takes Highland«.
51 Julian Borger, »Trump Administration Wants to Remove ›Gender‹ from UN Human Rights Documents«, in: *The Guardian* (Vereinigtes Königreich), 25. Oktober 2018.
52 R.G. & G.R. Harris Funeral Homes, Inc. v. EEOC & Aimee Stephens, ACLU, 24. Oktober 2018; online verfügbar unter: {https://www.aclu.org/legal-document/rg-gr-harris-funeral-homes-v-eeoc-aimee-stephens-eeoc-brief-opposition-cert}.
53 Erica L. Green, Katie Better, and Robert Pear, »›Transgender‹ Could Be Defined Out of Existence Under Trump Administration«, in: *The New York Times* (USA), 21. Oktober 2018.
54 »Women's Liberation Front vs. United States«; online verfügbar unter: {https://www.womensliberationfront.org/news/s5fkdchxo5rqahfo8cdmj53l5yrran}.
55 Ebd.
56 Tim Fitzsimons, »Conservative Group Hosts Anti-transgender Panel of Feminists ›from the Left‹«, NBC News (USA), 29. Januar 2019; online verfügbar unter: {https://www.nbcnews.com/feature/nbc-out/conservative-group-hosts-anti-transgender-panel-feminists-left-n964246}.
57 Adam Liptak und Jeremy W. Peters, »Supreme Court Considers Whether Civil Rights Act Protects L.G.B.T. Workers«, in: *The New York Times* (USA), 8. Oktober 2019.
58 Stryker, *Transgender History*, S. 131.
59 Janice Raymond, The Transsexual Empire: The Making of the She-Male, Boston: Beacon Press 1979.
60 Germaine Greer, Die ganze Frau: Körper, Geist, Liebe, Macht, München: dtv 2000.
61 Josh Gabbatiss, »London Pride: Anti-trans Activists Disrupt Parade by Lying Down in the Street to Protest ›Lesbian Erasure‹«, in: *The Independent* (Vereinigtes Königreich), 7. Juli 2018.
62 Ebd.
63 Jonny Best, »Please Join Us in Asking Stonewall to Reconsider Its Transgender Policies and Approach«, iPetitions.com, 2019; online verfügbar unter: {https://www.ipetitions.com/petition/dear-stonewall-please-reconsider-your-approach}.
64 »WoLF vs U.S.: Frequently Asked Questions«; online verfügbar unter: {https://static1.squarespace.com/static/5f232ea74d83423 86a7ebc52/t/

5f6663024c0e7d115148251d/1600545539295/WoLF-v-US-FAQ-final-1.pdf}.

65 Zitiert in Luke Feltham, »›Necessary Discrimination‹: CAS Rejects Caster Semenya's Appeal«, in: *Mail & Guardian* (Südafrika), 1. Mai 2019; online verfügbar unter: {https://mg.co.za/article/2019-05-01-necessary-discrimination-cas-rejects-caster-semenyas-appeal/}.

66 Martina Navratilova, »The Rules on Trans Athletes Reward Cheats and Punish the Innocent«, in: *The Times* (Vereinigtes Königreich), 17. Februar 2019; online verfügbar unter: {https://www.thetimes.co.uk/article/the-rules-on-trans-athletes-reward-cheats-and-punish-the-innocent-klsrq6h3x}.

67 Katelyn Burns, »Caster Semenya and the Twisted Politics of Testosterone«, in: *Wired* (USA), 11. Mai 2019; online verfügbar unter: {https://www.wired.com/story/caster-semenya-and-the-twisted-politics-of-testosterone/}.

68 Ockert de Villiers, »Semenya Starts Legal Battle Against IAAF: ›I Am a Woman and I Am Fast‹«, in: *Independent Online* (Südafrika), 19. Juni 2018; online verfügbar unter: {https://www.iol.co.za/sport/athletics/semenya-starts-legal-battle-against-iaaf-i-am-a-woman-and-i-am-fast-15548230}.

69 Caster Semenya, »I Wanted to Be a Soldier«, in: *The Players' Tribune* (USA), 27. September 2019; online verfügbar unter: {https://projects.theplayerstribune.com/caster-semenya-gender-rights/p/1}.

70 Parker Marie Molloy, »Equality Michigan Petitions Michfest to End Exclusionary Policy«, in: *The Advocate* (USA), 29. Juli 2014; online verfügbar unter: {https://www.advocate.com/politics/transgender/2014/07/29/equality-michigan-petitions-michfest-end-exclusionary-policy}.

71 Ruth Padawer, »When Women Become Men at Wellesley«, in: *The New York Times* (USA), 15. Oktober 2014.

14
RIOT YOUTH
ANN ARBOR UND UMGEBUNG

1 Liam Kai auf Twitter, 18. Juni 2014.

2 Liam Kai auf Twitter, 2. Juni 2014.

3 Peggy T. Cohen-Kettenis und Annelou L.C. de Vries, »Clinical Management of Gender Dysphoria in Children and Adolescents: The Dutch Approach«, in: *Journal of Homosexuality* 59/3 (2012), S. 301-320; Alice Dreger, »Gender Identity Disorder in Childhood: Inconclusive Advice to Parents«, in: *Hastings Center Report* 39 (2009), S. 26-29.

4 Johanna Olson-Kennedy et al., »Health Considerations for Gender Non-conforming Children and Transgender Adolescents«, in: Madeline B. Deutsch (Hg.), *Guidelines for the Primary and Gender-Affirming Care of Transgender and Gender Nonbinary People*, 2. Aufl., San Francisco 2016, S. 186-199; online verfügbar unter: {https://transcare.ucsf.edu/guidelines}.

5 Elyse Pine, »Gender Dysphoria in Children and Adolescents: Medical Considerations«, PowerPoint-Präsentation, 30. April 2016; online verfügbar unter: {http://mdpsych.org/wp-content/uploads/2016/04/3-Pine-Maryland-Psychiatric-Society-Medical-Considerations-April-30.pptx}.

6 Ximena Lopez et al., »Statement on Gender-Affirmative Approach to Care from the Pediatric Endocrine Society Special Interest Group on Transgender Health«, in: *Current Opinions in Pediatrics* 29/4 (2017), S. 475-480.

7 Jay Prosser, *Second Skins: The Body Narratives of Transsexuality*, New York: Columbia University Press 1998, Kap. 2.

8 Henry Rubin, *Self-Made Man: Identity and Embodiment Among Transsexual Men*, Nashville: Vanderbilt University Press 2003.

9 Ebd., S. 11.

10 Tey Meadow, *Trans Kids: Being Gendered in the Twenty-First Century*, Oakland: University of California Press 2018, S. 215.

11 Stephen Rosenthal, »Approach to the Patient: Transgender Youth: Endocrine Considerations«, in: *Journal of Clinical Endocrinology & Metabolism* 99/12 (2014), S. 4379-4389.

12 Meadow, *Trans Kids*, S. 75.

13 »Dr. Medalie Performs FtM Peri Areolar Mastectomy Procedure with Purse String Closure«, Video, 24. Januar 2011, online verfügbar unter {https://www.youtube.com/watch?v=h1UealCPtnU}.

14 Liam Kai auf Twitter, 4. Juli 2014.

15 Liam Kai auf Twitter, 4. Juli 2014

16 American Civil Liberties Union, »GSA Court Victories: A Quick Guide for Gay-Straight Alliances«, Informationsblatt, 2015; online

verfügbar unter: {https://www.aclu.org/other/gsa-court-victories-guide-lgbt-high-school-students}.
17 GenderFluid Support, »Gender Master List«, Tumblr, 2019.
18 »Gay and Transgender Youth Homelessness by the Numbers«, Center for American Progress, 21. Juni 2010; online verfügbar unter: {https://www.americanprogress.org/issues/lgbtq-rights/news/2010/06/21/7980/gay-and-transgender-youth-homelessness-by-the-numbers/}.
19 National Center for Transgender Equality, *Report of the 2015 U. S. Transgender Survey*, 2016; online verfügbar unter: {https://www.transequality.org/sites/default/files/docs/USTS-Full-Report-FINAL.PDF}.
20 *Transgender Kids: Who Knows Best?*, 2017, Regie: Berk und Conroy.
21 Jesse Singal, »When Children Say They're Trans«, in: *The Atlantic* (USA), Juli/August 2018.
22 Sara Solovitch, »When Kids Come in Saying They Are Transgender (or No Gender), These Doctors Try to Help«, in: *The Washington Post* (USA), 21. Januar 2018.
23 Meadow, *Trans Kids*, S. 78.
24 James M. Cantor, »How Many Transgender Kids Grow Up to Stay Trans?«, in: *PsyPost*, 30. Dezember 2017.
25 Charlie Kiss, »The Idea That Trans Men Are ›Lesbians in Denial‹ Is Demeaning and Wrong«, in: *The Economist* (Vereinigtes Königreich), 3. Juli 2018.
26 »GIDS Referrals Increase in 2017/18«, The Tavistock and Portman NHS Foundation Trust (Vereinigtes Königreich), 17. Mai 2018; online verfügbar unter: {https://tavistockandportman.nhs.uk/about-us/news/stories/gids-referrals-increase-201718/}.
27 Johanna Olson-Kennedy, »Referrals to the Center for Transyouth Health and Development by Year«, CHLA Center for Transyouth Health, 2018.
28 Worriedmom, »The Lost Generation Strikes Back«, 4thwavenow.com, 5. Mai 2017; online verfügbar unter: {https://4thwavenow.com/2017/05/05/the-lost-generation-strikes-back/}; Inga Berenson, »Has the UK Become a Police State? (And Has Twitter Become Its Informant?)«, 4thwavenow.com, 22. März 2018; online verfügbar unter: {https://4thwavenow.com/2018/03/22/has-the-uk-become-a-police-state-and-has-twitter-become-its-informant/}.
29 Lisa Littman, »Rapid-Onset Gender Dysphoria in Adolescents and Young Adults: A Study of Parental Reports«, in: *PLOS One* 13/8

(2018); online verfügbar unter: {https://www.researchgate.net/publication/327065646_Rapid-onset_gender_dysphoria_in_adolescents_and_young_adults_A_study_of_parental_reports}.

30 »New Study out of Finland: Girls with Gender Dysphoria Have Many Other Mental Health Issues«, 4thwavenow.com, 23. Mai 2015; online verfügbar unter: {https://4thwavenow.com/2015/05/23/new-study-out-of-finland-girls-with-gender-dysphoria-have-many-other-mental-health-issues/}.

31 Lisa Marchiano, »Misunderstanding a New Kind of Gender Dysphoria«, in: *Quillette*, 6. Oktober 2017; online verfügbar unter: {https://quillette.com/2017/10/06/misunderstanding-new-kind-gender-dysphoria/}.

32 Lisa Marchiano, »Layers of Meaning: A Jungian Analyst Questions the Identity Model for Trans-Identified Youth«, 4thwavenow.com, 25. September 2016; online verfügbar unter: {https://4thwavenow.com/2016/09/25/layers-of-meaning-a-jungian-analyst-questions-the-identity-model-for-trans-identified-youth/}.

33 Avgi Saketopoulou, »Minding the Gap: Race and Class in Clinical Work with Gender Variant Children«, in: *Psychoanalytic Dialogues* 21/2 (2011), S. 1233-1243.

34 Zitiert in Margaret Talbot, »About a Boy«, in: *The New Yorker* (USA), 18. März 2013.

35 Anonym, »No Menses, No Mustaches: Gender Doctor Touts Nonbinary Hormones & Surgery for Self-Sacrificing Youth«, 4thwavenow.com, 4. August 2017; online verfügbar unter: {https://4thwavenow.com/2017/08/04/no-menses-no-mustache-gender-doctor-touts-nonbinary-hormones-surgery-for-self-sacrificing-youth/}.

36 Ebd.

37 World Professional Association for Transgender Health, Standards of Care. Versorgungsempfehlungen für die Gesundheit von transsexuellen, transgender und geschlechtsnichtkonformen Personen, 7. Aufl., 2011; online verfügbar unter: {https://www.wpath.org/publications/soc}.

38 »Who Decides Your Gender?«, in: *The Economist* (Vereinigtes Königreich), 27. Oktober 2018.

39 »Transgender Politics Focuses on Who Determines Someone's Gender«, in: *The Economist* (Vereinigtes Königreich), 25. Oktober 2019.

40 Paul B. Preciado, Testo Junkie. Sex, Drogen und Biopolitik in der Ära der Pharmapornografie, Berlin: b_books 2016, S. 57.

41 Zitiert in Talbot, »About a Boy.«
42 Loretta Ross, »I'm a Black Feminist. I Think Call-Out Culture Is Toxic«, in: *The New York Times* (USA), 17. August 2019.
43 Virginia Goldner, »Trans: Gender in Free Fall«, in: *Psychoanalytic Dialogues* 21/2 (2011), S. 166 und 165.
44 Susan Stryker, *Transgender History: The Roots of Today's Revolution*, 2. Aufl., New York: Seal Press 2017, S. 1.
45 Donna J. Haraway, »Cyborg Manifesto«, in: dies., *Die Neuerfindung der Natur: Primaten, Cyborgs und Frauen*, Frankfurt am Main, New York: Campus 1995, S. 70.
46 Laura Jacobs, »Posthuman Bodies, Posthuman Selves«, in: Genny Beemyn, »Transgender History in the United States«, ungekürzte Sonderausgabe des Kapitels aus Laura Erickson-Schroth (Hg.), *Trans Bodies, Trans Selves*, online verfügbar unter: {https://www.umass.edu/stonewall/sites/default/files/Infoforandabout/transpeople/genny_beemyn_transgender_history_in_the_united_states.pdf}.
47 Olson-Kennedy, »Referrals to the Center for Transyouth Health and Development by Year«.
48 Francesca Mari, »Gender Bender«, in: *Texas Monthly*, März 2016; Colt Keo-Meyer, »Infographics«, coltkeo-meier.com; online verfügbar unter: {http://www.thegenderdoctor.com/research}.

15
DIE NEUE PINKE LINIE: GESCHLECHTSIDENTITÄT

1 Morgan Jerkins und Meredith Talusan, »Writing, Trans Identity, Race, and All the Poetry: An Interview with Meredith Talusan«, in: *The Toast* (USA), 23. April 2015; online verfügbar unter: {https://the-toast.net/2015/04/23/an-interview-with-meredith-talusan/}.
2 Andrea Long Chu, »On Liking Women«, in: *n+1* 30, Winter 2018; online verfügbar unter: {https://nplusonemag.com/issue-30/essays/on-liking-women/}.
3 Andrew Kohut et al., »The Global Divide on Homosexuality: Greater Acceptance in More Secular and Affluent Countries«, Pew Research Center (USA), 4. Juni 2013; online verfügbar unter: {https://www.pewresearch.org/wp-content/uploads/sites/2/2014/05/Pew-Glo

bal-Attitudes-Homosexuality-Report-REVISED-MAY-27-2014.pdf}.

4 Mark Gevisser, »Ang Ladlad Party Brings Beauty Parlours and Gay Pageants out to Vote in Philippines«, in: *The Guardian* (Vereinigtes Königreich), 12. Mai 2013.

5 Mikee Nuñez-Inton, »ILGA Meets ... Mikee Inton«, International Lesbian, Gay, Bisexual, Trans and Intersex Association, 26. August 2015; online verfügbar unter: {https://ilga.org/ilga-meets-mikee-inton}.

6 Mikee Nuñez-Inton, »The *Bakla* and Gay Globality in Chris Martinez's *Here Comes the Bride*«, in: *Intersections: Gender and Sexuality in Asia and the Pacific* 38 (August 2015); online verfügbar unter: {http://intersections.anu.edu.au/issue38/inton.pdf}.

7 Robert Beachy, »Die deutsche Erfindung der Homosexualität«, in: *Das andere Berlin: Die Erfindung der Homosexualität. Eine deutsche Geschichte 1867-1933*, München: Siedler 2015, S. 25-78.

8 Edward Carpenter, *The Intermediate Sex: A Study of Some Transitional Types of Men and Women*, New York: AMS Press 1908.

9 »The Legality of Gender Change«, in: *National Geographic*, Januar 2017; online verfügbar unter: {https://www.nationalgeographic.com/magazine/2017/01/gender-identity-map-where-you-can-change-your-gender-on-legal-documents/}.

10 Eugene K. Chow, »China's Complicated Approach to Transgender Rights«, in: *The Diplomat* (Japan), 23. Oktober 2017; online verfügbar unter: {https://thediplomat.com/2017/10/chinas-complicated-approach-to-transgender-rights/}.

11 Michael Taylor, »Trans Chinese Teens Forced into ›Conversion Therapy‹ – Study«, Thomson Reuters Foundation News (Vereinigtes Königreich), 6. September 2019; online verfügbar unter: {https://uk.reuters.com/article/china-transgender-youth/trans-chinese-teens-forced-into-conversion-therapy-study-idUSL5N25W1WL}.

12 Meredith Talusan, »Why I Chose Thailand for My Gender Reassignment Surgery«, in: *Condé Nast Traveler* (USA), 13. Juni 2018; online verfügbar unter: {https://www.cntraveler.com/story/why-i-chose-thailand-for-my-gender-reassignment-surgery}.

13 Digitale Karte, »Criminalisation and Prosecution of Trans People«, Transgender Europe, 2019; online verfügbar unter: {https://transrespect.org/en/map/criminalization-and-prosecution-of-trans-people/}.

14 Quincy Mc Ewan et al. and Society Against Sexual Orientation Dis-

crimination (SASOD) vs. The Attorney General of Guyana, [2018] CCj 30 (AJ), Caribbean Court of Justice, 2018; der englische Urteilstext ist online verfügbar unter: {https://www.humandignitytrust.org/wp-content/uploads/resources/MC-EWAN-et-al-v-AG-OF-GUYANA-Copy.pdf}.

15 »Kano State Prostitution and Other Immoral Acts (Prohibition) Law 2000«, in: Philip Ostein, *Sharia Implementation in Northern Nigeria, 1999-2006: A Sourcebook*, Bd. III, Ibadan, Nigeria, 2007, S. 207.

16 Elnathan John, »The Keeper of Secrets«, in: Ellah Wakatama Allfrey (Hg.), *Safe House: Explorations in Creative Nonfiction*, Toronto: Dundurn 2016, S. 109-128.

17 »Mahathir: Beware of the West«, Al Jazeera (Katar), 19. Juni 2003; online verfügbar unter: {https://www.aljazeera.com/news/2003/6/19/mahathir-beware-of-the-west}.

18 »Najib: LGBTs, Liberalism, Pluralism Are Enemies of Islam«, in: *The Malaysian Insider* (Malaysia), 19. Juli 2012.

19 Präsentation von Christophe Broqua und Karine Geoffrion, »*Góor-jigéen* and *Kodjo-besia*: The Resignification of Two Categories from Gender to Sexuality in Senegal and Ghana«, International Association for the Study of Sexuality, Culture and Society (IASSCS), 10. Internationale Konferenz in Dublin, Irland, 17.-20. Juni 2015.

20 Ebd.

21 Nkunzi Zandile Nkabinde, *Black Bull, Ancestors and Me: My Life as a Lesbian Sangoma*, Johannesburg: Jacana Media 2009.

22 Emilienne Malfatto und Jelena Prtoric, »Last of the Burrnesha: Balkan Women Who Pledged Celibacy to Live as Men«, in: *The Guardian* (Vereinigtes Königreich), 5. August 2014.

23 Jenny Nordberg, »Afghan Boys Are Prized, So Girls Live the Part«, in: *The New York Times* (USA), 20. September 2010.

24 Genny Beemyn, »Transgender History in the United States«, ungekürzte Sonderausgabe des Kapitels aus Laura Erickson-Schroth (Hg.), *Trans Bodies, Trans Selves*, online verfügbar unter: {https://www.umass.edu/stonewall/sites/default/files/Infoforandabout/transpeople/genny_beemyn_transgender_history_in_the_united_states.pdf}.

25 Zitiert nach Neela Ghoshal und Kyle Knight, »Rights in Transition: Making Legal Recognition for Transgender People a Global Priority«, Human Rights Watch (USA), 2011; online verfügbar unter: {http://www.admin.hrw.org/world-report/2016/rights-in-transition}.

16
DIE *KOTHIS*
DEVANAMPATTINAM – CUDDALORE – PONDICHERRY

1 Zitiert nach akshay khanna, *Sexualness*, New Delhi: New Text 2014, S. 161.

2 Gayatri Reddy, *With Respect to Sex: Negotiating Hijra Identity in South India*, Chicago und London: University of Chicago Press 2005, S. 26.

3 A. Revathi, *The Truth About Me: A Hijra Life Story*, New Delhi: Penguin 2010.

4 M. D. Muthukumaraswamy, »When Graveyards Throb with Life and Women Power«, in: *The Times of India*, 17. März 2016; online verfügbar unter: {https://timesofindia.indiatimes.com/entertainment/events/chennai/When-graveyards-throb-with-life-and-women-power/articleshow/51447808.cms}.

5 Lawrence Cohen, »The Kothi Wars: AIDS Cosmopolitanism and the Morality of Classification«, in: Vincanne Adams und Stacy Leigh Pigg (Hg.), *Sex in Development: Science, Sexuality, and Morality in Global Perspective*, Durham und London: Duke University Press 2005, S. 291.

6 Facebook-Update von Lakshaya, übersetzt aus dem Tamil von Lavanya Keshavraj für den Autor, ohne Datum.

7 khanna, *Sexualness*, S. 54.

8 Ebd., S. 71.

9 Ebd., S. 343.

10 Ruth Vanita und Saleem Kidwai (Hg.), *Same-Sex Love in India: Readings from Literature and History*, New York und Basingstoke: Palgrave Macmillan 2000.

11 Facebook-Update von Lakshaya, für den Autor aus dem Tamil übersetzt von Lavanya Keshavraj, ohne Datum.

12 Ministry of Social Justice and Empowerment, *Report of the Expert Committee on the Issues Relating to Transgender Persons* (Indien), 27. Januar 2014; online verfügbar unter: {http://socialjustice.nic.in/writereaddata/UploadFile/Binder2.pdf}.

13 Chaitanya Mallapur, »Why New Bill Meant to Benefit Transgender People Is Termed Regressive«, IndiaSpend, 22. August 2019; online verfügbar unter: {https://www.indiaspend.com/why-new-bill-meant-to-benefit-transgender-people-is-termed-regressive/}.

14 Lok Sabha, Transgender Persons (Protection of Rights) Bill, Gesetz Nr. 169 von 2019, 15. Juli 2019; der englische Gesetzestext ist online verfügbar unter: {https://en.wikisource.org/wiki/Transgender_Persons_(Protection_of_Rights)_Act,_2019}.

15 Facebook-Update von Lakshaya am 22. April 2013, für den Autor aus dem Tamil übersetzt von Lavanya Keshavraj.

16 Sumit Dutta et al., *Addressing Mental Health Needs Among Male Born Sexual Minorities*, April 2014 (Indien: Karnataka Health Promotion Trust; online verfügbar unter: {https://www.researchgate.net/publication/265160748_ADDRESSING_MENTAL_HEALTH_NEEDS_AMONG_MALE_BORN_SEXUAL_MINORITIES}.

17 »Internet Saathi: das Internet für Frauen in den ländlichen Gebieten Indiens zugänglich machen«; online verfügbar unter: {https://about.google/values-in-action/internet-saathi/}.

18 Monica Bathija, »Internet Saathi: Improving Digital Literacy Among Women«, in: *Forbes India* (Indien), 7. August 2018.

19 »Internet Saathi: das Internet für Frauen in den ländlichen Gebieten Indiens zugänglich machen«.

20 Facebook-Update gepostet von Lakshaya am 6. September 2018, für den Autor aus dem Tamil übersetzt von Lavanya Keshavraj.

21 Facebook-Update gepostet von Lakshaya am 6. September 2018, für den Autor aus dem Tamil übersetzt von Lavanya Keshavraj.

22 Navtej Singh Johar & Ors. vs Union of India, Writ Petition (Criminal) Nr. 76 von 2016. Supreme Court of India, 6. September 2018; der englische Urteilstext ist online verfügbar unter: {https://main.sci.gov.in/supremecourt/2016/14961/14961_2016_Judgement_06-Sep-2018.pdf}.

23 Ebd.

24 Ebd.

25 Facebook-Update gepostet von Lakshaya am 6. September 2018, für den Autor aus dem Tamil übersetzt von Lavanya Keshavraj.

EPILOG

1 Andy Rice, »Malawian Gay Couple's Beautiful Thing, and Its Ugly Consequences«, in: *Daily Maverick* (Südafrika), 9. Juni 2010; online verfügbar unter: {https://www.dailymaverick.co.za/article/2010-06-09-malawian-gay-couples-beautiful-thing-and-its-ugly-consequences/}.

2 Tara Parker-Pope, »Showing Gay Teenagers a Happy Future«, in: *The New York Times* (USA), 22. September 2010.

3 So auf Homepage des Projekts It Gets Better: {https://itgetsbetter.org/}. Die Homepage ist in deutscher Sprache verfügbar.

4 Initiative for Equal Rights and Vivid Rain, »Social Perception Survey on Lesbian, Gay, Bisexual and Transgender Persons Rights in Nigeria«, Juni 2019; online verfügbar unter: {https://www.africaportal.org/publications/social-perception-survey-lesbian-gay-bisexual-and-transgender-persons-rights-nigeria/}.

5 »Zambia to Warn U. S. over Remarks About Jailing of Gay Couple«, Sky News, 2. Dezember 2019; online verfügbar unter: {https://news.sky.com/story/zambia-to-warn-us-over-remarks-about-jailing-of-gay-couple-11876122}.

6 Stefano Gennarini, »Pro-LGBT Governments and U.S. Clash on Campaign to Decriminalize Homosexuality«, C-Fam, 20. Dezember 2019; online verfügbar unter: {https://c-fam.org/friday_fax/pro-lgbt-governments-and-u-s-clash-on-campaign-to-decriminalize-homosexuality/}.

7 Michael K. Lavers, »US Hosts Homosexuality Decriminalization Event at UN«, in: *Washington Blade* (USA), 20. Dezember 2019; online verfügbar unter: {https://www.washingtonblade.com/2019/12/20/us-hosts-homosexuality-decriminalization-event-at-un/}.

8 Zitiert nach den Notizen eines Teilnehmers, die Unterlagen liegen mir vor.

9 Joe Biden, »Memorandum on Advancing the Human Rights of Lesbian, Gay, Bisexual, Transgender, Queer, and Intersex Persons Around the World«, 4. Februar 2021; online verfügbar unter: {https://www.whitehouse.gov/briefing-room/presidential-actions/2021/02/04/memorandum-advancing-the-human-rights-of-lesbian-gay-bisexual-transgender-queer-and-intersex-persons-around-the-world/}.

10 Ryan Lenora Brown, »In Historic Shift, Botswana Declares Homosexuality Is Not a Crime«, in: *The Christian Science Monitor* (USA), 11. Juni 2019; online verfügbar unter: {https://www.csmonitor.com/World/Africa/2019/0611/In-historic-shift-Botswana-declares-homosexuality-is-not-a-crime}.

11 Simone de Beauvoir, *Das andere Geschlecht. Sitte und Sexus der Frau*, Reinbek bei Hamburg: Rowohlt 1951, S. 265.

DANK

Dieses Buch wäre ohne das Stipendium der Open Society Foundations und ohne die Unterstützung von Leonard Benardo, Steve Hubbell, Bipasha Ray und ihrem Team nicht möglich gewesen. Das Team, das bei der Open Society zu dem Thema LGBT-Rechte arbeitet, unterstützte mich selbstlos bei der Entwicklung des Konzepts für mein Buch und stellte wichtige Kontakte für mich her. Dafür danke ich vor allem Michael Heflin, Maxim Anmegichean, Greg Czarnecki, Ian Southey-Swartz, Nguru Karugu, Giselle Kasim und Joy Chua. Joel Bedos, Graeme Reid und Carla Sutherland halfen bei der Konzeption und stellten weitere wertvolle Kontakte her; ebenso wie Julie Dorf und Mark Bromley vom Council for Global Equality, die mich außerdem zu einer Konferenz mitnahmen, um mich mit diesen Ideen vertraut zu machen, und mich zu mehreren von ihnen einberufenen Versammlungen einluden, um Aktivist:innen anzusprechen.

Eine Einladung zur Hivos African Same-Sex Sexualities and Gender Diversity Conference in Nairobi in 2014 bot mir die Gelegenheit, die großen Ideen für mein Buch zusammenzutragen, und ein Auftrag der Commonwealth Writers unterstützte mich bei meiner Recherche in Ostafrika. Aufträge von *Granta* und *The Guardian* ermöglichten mir weitere Recherchen in den USA, Indien und Südafrika. Ich danke daher Sigrid Rausing, Jonathan Shainin und Clare Longrigg für ihren unschätzbaren Rat als Redakteure. Eine entscheidende kreative Phase des Denkens und Schreibens erlebte ich bei einem Aufenthalt in Bellagio im März 2018. Ich danke der Rockefeller Foundation, dass sie mich dafür auswählte, Pilar Palaciá für den wundervollen Zufluchtsort und meinen Mitbewohner:innen für ihre erhellenden Vorschläge.

Graeme Reids Team bei Human Rights Watch – und den Vorgänger:innen unter Scott Long – setzt schon lange Standards für die Dokumentation der Vorgänge entlang der pinken Linie: Das Archiv, das sie geschaffen haben, ist unverzichtbar. Ich möchte vor allem Kyle Knight und Ryan Thoreson danken und noch einmal ganz besonders Neela Ghoshal, die mir (und Michael Bashaija) so engagiert in Ostafrika geholfen hat. Lester Feders Artikel bei *BuzzFeed* waren ebenfalls von unschätzbarem Wert; ich danke ihm für seine Kollegialität. Die Gespräche mit Expert:innen und Aktivist:innen haben ebenfalls dazu beigetragen, den Rahmen und die Ideen für dieses Buch abzustecken: Sonia Corrêa, Scott Long, David Paternotte, Eric Plemons und Rahul Rao waren besonders großzügig mit ihrer Zeit und ihrem Wissen. Mein Dank geht auch an Justus Eisfeld, Maria Margaronis, Frédéric Martel, den mittlerweile verstorbenen Joel Nana, Fernando Serrano Amaya, Jessica Stern und Muthoni Wanyeki. Daniel Wolfe und Richard Elovich werden sich nicht daran erinnern, doch sie lieferten den Anlass für dieses Buch bei einem Gespräch 2011 in ihrem Haus in Brooklyn, als Richard mir als Reaktion auf mein unausgereiftes Gerede Arjun Appadurais *Modernity at Large* in die Hand drückte.

Ein derart umfangreiches Projekt wäre nie zustande gekommen ohne die Großzügigkeit, Gastfreundschaft und Fachkenntnisse von Freund:innen, Kolleg:innen und Fremden auf der ganzen Welt. In Südafrika danke ich Victor Mdluli, Guillane Koko und PASSOP sowie Neville Gabriel und seinem Team bei The Other Foundation; in Malawi danke ich Gift Trapence und Dunker Kamba; in Uganda Richard Lusimbo, Adrian Jjuuko und Sean Mugisha; im Senegal Djiadji Diouf und Mariam Armesen; in Nigeria Jide Macaulay, Jude Onwambor und Cheikh Traore.

In Ägypten stellte Scott Long die Kontakte für mich her und unterstützte mich mit seinen Analysen und seiner herzlichen Gastfreundschaft. Tarek al-Moustafa war nicht nur mein Gehilfe und Dolmetscher, sondern auch ein hervorragender Resonanzboden für meine Thesen und ein außergewöhnlicher Netzwerker. Beim Dolmetschen halfen außerdem Ahmed Awadallah, Ramy Youssef und Noor Sultan. Mein Dank geht außerdem an Azza Sultan, Paul Amar und viele andere, die ich nicht nennen kann.

In Israel und Palästina stellten Sarah Schulman und Elle Flanders wichtige Kontakte für mich her, ebenso Aeyal Gross, der mich sicher durch dieses komplizierte Land lotste. Eve Guterman leistete unschätzbare Dienste bei der Recherche und beim Dolmetschen. Ein großes Dankeschön geht auch an Rawda Morcos, Amira Hass und Louise Bethlehem. Ebenfalls zu großem Dank verpflichtet bin ich Jake Witzenfeld, dem Regisseur von *Oriented*, der mich mit Fadi bekannt machte und mir Einblick ins Filmtranskript gewährte.

Meine Arbeit in Russland wäre ohne den brillanten Jewgeni Beljakow nicht möglich gewesen, der für mich recherchierte und übersetzte – auch so ein außergewöhnlicher Netzwerker. Ich danke außerdem Margret Satterthwaite, Konstantin Jablonski, Jewgeni Byrgyn und Alfred Minjachmetow für ihre Hilfe beim Dolmetschen; Tatjana Winnitschenko und Rakurs, die mich in Archangelsk bei sich unterbrachten, und Polina Sewtschenko sowie Coming Out St. Petersburg, die mich bei sich aufnahmen.

Anastasja Smirnowa und Maria Koslowskaja vom russischen LGBT-Netzwerk machten mich mit Pascha bekannt und waren auch eine große Hilfe, mich in die Thematik einzuführen, ebenso wie Andrei und Yael Demedetskiy sowie Masha Gessen.

In Mexiko möchte ich der klugen und wundervollen Julieta Cabeza Blum danken, die für mich recherchierte, übersetzte, dolmetschte und mir die besten Restaurants und das beste Essen zeigte. Auch Andres Carrillo Marrot dolmetschte für mich und Ricardo Baruch und Arturo Sánchez García übernahmen wichtige Hintergrundrecherche. Miguel Angel Ochoa verdanke ich den Vorschlag, Zaira und Martha zu treffen, und er stellte den Kontakt her; Rodrigo Cruz lieferte zusätzliche Informationen zu Mexiko und Lateinamerika; Alex Ali Mendez, Alehli Ordonez und Rex Wockner klärten uns über die rechtliche Situation in Mexiko auf.

In den USA stellte Laura Wernick mich den Jugendlichen von Riot Youth vor: Ich bin ihr und ihrem engagierten Team, das damals in der Neutral Zone in Ann Arbor tätig war, zu großem Dank verpflichtet, vor allem Lori Roddy und Jonah Thompson.

Alex Kulick übernahm für mich die Recherchen für Ann Arbor und organisierte meinen Aufenthalt, weitere Recherchearbeit wurde von Alexander Pines und Mel Ferrara erledigt. Die folgenden Menschen spielten eine entscheidende Rolle für mich, indem sie mich unterstützten, erhellten und wichtige Kontakte herstellten: Joel Baum, Diane Ehrensaft, Jamison Green, Esther Kaplan, Tey Meadow, Rachel Pepper, Eric Plemons, Asa Radix, Andrew Solomon und Herb Schreier. Mehrere ehemalige Mitglieder von Riot Youth, insbesondere Milo Inglehart, schenkten mir großzügig ihre Zeit und ließen mich an ihren Ansichten teilhaben.

Auf den Philippinen wurde meine Reise dank Ging Cristobal sehr erleichtert. Meine Arbeit dort wäre nicht möglich gewesen ohne die Großzügigkeit von Leo Chiang und Johnny Symons, die dort ihre Dokumentation *Out Run* drehten und mich einfach mit an Bord nahmen.

Die *kothis* von Devanampattinam hätte ich nie kennengelernt und hätte auch nicht über sie schreiben können, wenn ich nicht von drei außergewöhnlichen Menschen unterstützt worden wäre: von meinem Freund Vikram Doctor, der mich geduldig mit Informationen versorgte und in all den Jahren des Projekts als mein Resonanzboden fungierte und meine Thesen messerscharf analysierte; L. »Ramki« Ramakrishnan of Orinam, mein ebenso geduldiger politischer und intellektueller Führer in Tamil Nadu; und Lavanya Keshavraj, die für mich recherchierte und dolmetschte. Sie drängte mich, über den Tellerrand der Stadt hinauszuschauen, und war dann auf dem Dorf meine ständige Begleiterin. Unsere Besuche in Devanampattinam zusammen mit meiner Fotografin Candace Feit und unserem

Fahrer Saravanan waren ein Highlight in der Zeit, die ich an der pinken Linie verbrachte. Vikram Sundarraman danke ich für seine zusätzliche Recherche und fürs Dolmetschen.

Andere, die mir in Indien und darüber hinaus zur Seite standen, waren Vinay Chandran, Alok Gupta, Sameera Jahargirdar, Saleem Kidwai, Arvind Narrain, Siddharth Narrain, akshay khanna und Aniruddhan Vasudevan.

Außerdem möchte ich folgenden Freund:innen, Kolleg:innen und Fremden danken, die mein Manuskript oder einen Teil davon lasen und kommentierten: Tarek al-Mustafa, Ricardo Baruch, Robert Beachy, Louise Bethlehem, Sonia Corrêa, Leena Dallasheh, Maggie Davey, Vivek Divan, Vikram Doctor, Julie Dorf, Peter Gevisser, Ran Greenstein, Aeyal Gross, Alok Gupta, Alfred LeMaitre, Scott Long, Julia Martin, David Paternotte, Eric Plemons, L. Ramakrishnan, Ira Sachs, Yana Sitnikova, Andrew Solomon, Carol Steinberg, Jonny Steinberg und Martine Taub und ganz besonders Edwin Cameron, der das Projekt vorbehaltlos unterstützte.

Vier Freund:innen haben mit der Lektüre der Entwürfe und ihrem guten Zureden dafür gesorgt, dass dieses Buch überhaupt zustande kam: Jessica Dubow, Damon Galgut, Philip Miller und Ellah Wakatama – der als inoffizieller Lektor ebenfalls tatkräftig an der Entstehung mitwirkte. Drei weitere boten mir klugen Rat: Maggie Davey, Bridget Impey und Claire Messud. Ich bin ihnen allen zu großem Dank verpflichtet.

Kay Lalor hielt mich mit ihrer sorgfältigen und gründlichen Recherche bei diesem Projekt auf Kurs. Und Claire Anderson, Evgeny Belyakov und Mel Ferrara übernahmen den Faktencheck für das Manuskript und stellten die Endnoten zusammen: Sie waren ein hervorragendes Team auf der Zielgeraden.

David Godwins Ratschläge waren klug und passgenau: Ich werde ihm für seine Unterstützung während des vergangenen Jahrzehnts ewig dankbar sein.

Ein großes Dankeschön geht auch an Sarah Chalfant, Rebecca

Nagel, Alba Ziegler-Bailey und Luke Ingram von der Wylie Agency. Bei Farrar, Straus and Giroux hatte ich das außergewöhnliche Glück, von einem großartigen Duo betreut zu werden, Ileene Smith und Jackson Howard. Ich bin Ileene sehr dankbar, weil sie an meine Arbeit geglaubt hat und sich hervorragend im Verlagswesen auskennt; Jackson für seine Kenntnisse, sein Engagement und seine Leidenschaft beim Lektorieren und Bearbeiten des Buches.

Chandra Wohleber redigierte das Buch präzise und kenntnisreich, und Alex Merto gestaltete den Umschlag. Scott Auerbach war für die Produktion zuständig. Ihnen und allen anderen bei FSG bin ich unendlich dankbar. Jonathan Ball Publishers bleibt meine Verlagsheimat in Südafrika; wie immer danke ich Jeremy Boraine und seinem Team. Mein Dank geht auch an Helen Conford und ihr Team bei Profile Books in London für die Leidenschaft und Sachkenntnis, mit der sie sich um die britische Ausgabe von *The Pink Line* kümmerten.

Das Schreiben von Büchern verläuft bei mir weder mühelos noch schnell, wie all meine engen Freunde und Familienmitglieder bezeugen können. Ich danke euch allen – ihr wisst, wen ich meine –, weil ihr euch um mich sorgt, mir Halt gebt und mich inspiriert. Zuerst, zuallerletzt, für immer und mehr als je zuvor danke ich einem ganz besonderen Menschen für seine Liebe, Weisheit und Unterstützung: Dhianaraj Chetty.

Und zu guter Letzt danke ich allen, die bereit waren, mir ihr Vertrauen zu schenken und mit mir zu sprechen: Den Personen, denen Sie auf diesen Seiten begegnen, aber genauso auch jenen, die ich aus Platz- und Zeitgründen oder anderen Überlegungen nicht im Buch berücksichtigen konnte. Ihnen allen möchte ich sagen, dass ihre Bemühungen nicht umsonst waren: sie haben mich mit ihren Geschichten erhellt und verändert, selbst wenn sie hier nicht enthalten sind. Ich hoffe, ich bin euch gerecht geworden, und hoffentlich lasst ihr auch weiterhin anderen Gerechtigkeit widerfahren. Der lange Bogen neigt sich …

AUSGEWÄHLTE BIBLIOGRAFIE

BÜCHER UND ESSAYS VON MARK GEVISSER

Meine Artikel und Reportagen zur pinken Linie sind vor der Veröffentlichung dieses Buches erschienen. Einige Kapitel wurden in anderer Form bereits veröffentlicht. Sie alle sind online verfügbar unter: {www.markgevisser.com}.

»House of Rainbow: LGBT Rights Balanced on the Pink Line«, in: *Griffith Review* 59 (Januar 2018). Auch veröffentlicht unter dem Titel »House of Rainbow: The New Pink Line Dividing the World«, in: *The Guardian*, 3. März 2018.

»Walking Girly in Nairobi«, in: Ellah Wakatama Allfrey (Hg.), *Safe House: Explorations in Creative Nonfiction*, Toronto: Dundurn 2016. Auch veröffentlicht unter dem Titel »Love's Runaways: The Gay Ugandans Forced into Exile«, in: *The Guardian*, 18. Mai 2016.

»LGBT Power Surge: Why Russia, Uganda and Other Repressive States Are Fighting a Losing Battle Against Sexual Freedom«, in: *Foreign Policy*, Dezember 2015.

»The Transgender Woman Fighting for Her Right to See Her Son«, in: *The Guardian*, 12. November 2015.

»Engendered: The Trans Community Is Coming Out and Bringing with It a Depth of Understanding of What It Means to Be Human«, in: *The Nation*, 6. April 2015.

»Self-Made Man«, in: *Granta* 129, 2015.

»Kanaga's Choices: Queer and Transgender Identity in the Digital Age«, Global Information Society Watch, 2015; online verfügbar unter: {https://www.giswatch.org/pt-br/node/5769}.

»Homosexuality and the Global Culture Wars«, in: Theo Sandfort, Fabiene Simenel, Kevin Mwachiro und Vasu Reddy (Hg.), *Boldly Queer, Af-*

rican Perspectives on Same-Sex Sexuality and Gender Diversity, Den Haag: Hivos 2015.

»Love in Exile«, in: *The Guardian*, 27. November 2014.

»Ang Ladlad Party Brings Beauty Parlours and Gay Pageants out to Vote in Philippines«, in: *The Guardian*, 12. Mai 2013.

WEITERE LITERATUR

Ackroyd, Peter, *Queer London: Von der Antike bis heute*, München: Penguin 2018.

Ahmed, Sara, *Strange Encounters: Embodied Others in Post-coloniality*, London: Routledge 2000.

Aizura, Aren Z., et al. (Hg.). »Decolonizing the Transgender Imaginary«, in: *Transgender Studies Quarterly* 1/3 (2014).

Altman, Dennis, »On Global Queering«, in: *Australian Humanities Review* 2 (1996), S. 1-8.

–, *Global Sex*, Chicago und London: University of Chicago Press 2001.

–, »AIDS and the Globalization of Sexuality«, in: *Social Identities* 14/2 (2008), S. 145-160.

–, und Jonathan Symons, *Queer Wars. Erfolge und Bedrohungen einer globalen Bewegung*, Berlin: Wagenbach 2017.

Amar Paul, *The Security Archipelago: Human-Security States, Sexuality Politics, and the End of Neo-liberalism*, Durham: Duke University Press 2014.

Appiah, Kwame Anthony, *Der Kosmopolit. Philosophie des Weltbürgertums*, München: C.H. Beck 2007.

Appadurai, Arjun, *Modernity at Large: Cultural Dimensions of Globalization*, Minneapolis: University of Minnesota Press 2000.

Beachy, Robert, *Das andere Berlin: Die Erfindung der Homosexualität. Eine deutsche Geschichte 1867-1933*, München: Siedler 2015.

Beemyn, Genny, »Transgender History in the United States«, ungekürzte Sonderausgabe des Kapitels aus Laura Erickson-Schroth (Hg.), *Trans Bodies, Trans Selves*, online verfügbar unter: {https://www.umass.edu/stonewall/sites/default/files/Infoforandabout/transpeople/genny_beemyn_transgender_history_in_the_united_states.pdf}.

Binnie, Jon, *The Globalization of Sexuality*, London, Thousand Oaks und New Delhi: Sage 2004.

Blue, Miranda. »Globalizing Homophobia, Parts 1-4«, Right Wing Watch, 4. Oktober 2013; online verfügbar unter: {https://www.rightwingwatch.org/topics/globalizing-homophobia/}.
Bob, Clifford, *The Global Right Wing and the Clash of World Politics*, New York: Cambridge University Press 2010.
Boellstorff, Tom, »The Emergence of Political Homophobia in Indonesia: Masculinity and National Belonging«, in: *Ethnos* 64/4 (2004), S. 465-486.
–, *The Gay Archipelago: Sexuality and Nation in Indonesia*, Princeton: Princeton University Press 2005.
Bornstein, Kate, *Gender Outlaws: The Next Generation*, New York: Seal Press 2010.
–, *My New Gender Workbook: A Step-by-Step Guide to Achieving Peace Through Gender Anarchy and Sex Positivity*, New York: Routledge 2013.
Bracke, Sarah, und David Paternotte (Hg.), »Habemus Gender! The Catholic Church and ›Gender Ideology‹«, in: *Religion and Gender* 6/2 (2016), S. 143-338.
Butler, Judith, *Das Unbehagen der Geschlechter*, Frankfurt am Main: Suhrkamp 1991.
–, *Die Macht der Geschlechternormen und die Grenzen des Menschlichen*, Frankfurt am Main: Suhrkamp 2009.

Chiang, Howard, (Hg.), *Global Encyclopedia of Lesbian, Gay, Bisexual, Transgender, and Queer (LGBTQ) History*, New York: Scribner 2019.
Chu, Andrea Long, »On Liking Women«, in: *n+1*, Winter 2018; online verfügbar unter: {https://nplusonemag.com/issue-30/essays/on-liking-women/}.
Cohen, Lawrence, »The Kothi Wars: AIDS Cosmopolitanism and the Morality of Classification«, in: Vincanne Adams und Stacy Leigh Pigg (Hg.), *Sex in Development: Science, Sexuality, and Morality in Global Perspective*, Durham und London: Duke University Press 2005.
Corbett, Ken, *Boyhood: Rethinking Masculinities*, New Haven: Yale University Press 2009.
Corey-Boulet, Robbie, *Love Falls on Us: A Story of American Ideas and African LGBT Lives*, London: Zed Books 2019.
Corrales, Javier, und Mario Pecheny, *The Politics of Sexuality in Latin America: A Reader on Lesbian, Gay, Bisexual and Transgender Rights*, Pittsburgh: University of Pittsburgh Press 2010.

Currah, Paisley, und Susan Stryker (Hg.), *Transgender Studies Quarterly: Making Transgender Count* 2/1, Durham: Duke University Press 2015.

Dehesa, Rafael de la, *Queering the Public Sphere in Mexico and Brazil: Sexual Rights Movements in Emerging Democracies*, Durham und London: Duke University Press 2010.

D'Emilio, John, »Capitalism and Gay Identity«, in: Henry Abelove, Michele Aina Barale und David M. Halperin (Hg.), *The Lesbian and Gay Studies Reader*, New York und London: Routledge 1993.

Drucker, Peter, *Different Rainbows*, London: Gay Men's Press 2000.

Duberman, Martin, *Has the Gay Movement Failed?*, Berkeley: University of California Press 2018.

–, Martha Vicinus und George Chauncey, (Hg.), *Hidden from History: Reclaiming the Gay and Lesbian Past*, New York: Penguin 1989.

Dutta, Aniruddha, »Legible Identities and Legitimate Citizens: The Globalization of Transgender and Subjects of HIV-AIDS Prevention in Eastern India«, in: *International Feminist Journal of Politics* 15/4 (2013), S. 494-514.

–, und Raina Roy, »Decolonizing Transgender in India: Some Reflections«, in: *Transgender Studies Quarterly* 1/3 (2014), S. 320-337.

Ehrensaft, Diane, *The Gender Creative Child: Pathways for Nurturing and Supporting Children Who Live Outside Gender Boxes*, New York: The Experiment 2016.

El Feki, Shereen, *Sex und die Zitadelle: Liebesleben in der sich wandelnden arabischen Welt*, München, Berlin: Hanser Berlin 2018.

Epprecht, Mark, *Hungochani: The History of a Dissident Sexuality in Southern Africa*, Montreal: McGill-Queen's University Press 2004.

–, *Heterosexual Africa? The History of an Idea from the Age of Exploration to the Age of AIDS*, Athens: Ohio University Press 2008.

Essig, Laurie, *Queer in Russia: A Story of Sex, Self, and the Other*, Durham: Duke University Press 1999.

Fassin, Éric, »The Rise and Fall of Sexual Politics in the Public Sphere: A Transatlantic Contrast«, in: *Public Culture* 18/1 (2006), S. 79-92.

Feinberg, Leslie, *Stone Butch Blues: Träume in den erwachenden Morgen*, 5. Aufl., Berlin: Krug & Schadenberg 2008.

Foucault, Michel, *Der Wille zum Wissen. Sexualität und Wahrheit*, Bd. 1, Frankfurt am Main: Suhrkamp 1977.

Garcia, J. Neil C., *Philippine Gay Culture: Binabae to Bakla, Silahis to MSM*, Quezon City, Philippinen: Hong Kong University Press 2008.
Gaudio, Rudolf, *Allah Made Us: Sexual Outlaws in an Islamic African City*, Malden: Wiley-Blackwell 2009.
Gessen, Masha, und Joseph Huff-Hannon, (Hg.), *Gay Propaganda: Russian Love Stories*, New York: OR Books 2014.
Goldner, Virginia, »Trans: Gender in Free Fall«, in: *Psychoanalytic Dialogues* 21/2 (2011), S. 159-171.
Gross, Aeyal, »The Politics of LGBT Rights in Israel and Beyond: Nationality, Normativity, and Queer Politics«, in: *Columbia Human Rights Law Review* 46/2 (2015), S. 81-152.
Gupta, Alok, »This Alien Legacy: The Origins of ›Sodomy‹ Laws in British Colonialism«, in: Corinne Lennox und Matthew Waites (Hg.), *Human Rights, Sexual Orientation and Gender Identity in the Commonwealth*, London: Human Rights Consortium 2013; online verfügbar unter: {https://commonwealth.sas.ac.uk/resources/publications/house-publications/lgbt-rights-commonwealth/contents}.

Halberstam, J. Jack, *Gaga Feminism: Sex, Gender and the End of the Normal*, Boston: Beacon Press 2013.
–, *Trans**, Oakland: University of California Press 2018.
Herdt, Gilbert, *Moral Panics, Sex Panics: Fear and the Fight over Sexual Rights*, New York: Combined Academic Publishing 2009.
Hoad, Neville, »Arrested Development, or The Queerness of Savages: Resisting Evolutionary Narratives of Difference«, in: *Postcolonial Studies* 3/2 (2000), S. 133-158.
–, *African Intimacies: Race, Homosexuality and Globalization*, Minneapolis: University of Minnesota Press 2007.
–, Karen Martin und Graeme Reid (Hg.), *Sex and Politics in South Africa*, Kapstadt: Double Storey Publishers 2005.
Hochberg, Gil, »Queer Politics and the Question of Palestine/Israel«, in: *GLQ: A Journal of Lesbian and Gay Studies* 16/4 (2010), S. 493-663.
Human Rights Watch, »›They Want Us Exterminated‹: Murder, Torture, Sexual Orientation and Gender in Iraq«, 17. August 2009; online verfügbar unter: {https://www.hrw.org/report/2009/08/17/they-want-

us-exterminated/murder-torture-sexual-orientation-and-gender-iraq}.
–, *In a Time of Torture: The Assault on Justice in Egypt's Crackdown on Homosexual Conduct*, März 200; online verfügbar unter: {https://www.hrw.org/reports/2004/egypt0304/egypt0304.pdf}.
–, *Fear for Life: Violence Against Gay Men and Men Perceived as Gay in Senegal*, 30. November 2010; online verfügbar unter: {https://www.hrw.org/report/2010/11/30/fear-life/violence-against-gay-men-and-men-perceived-gay-senegal}.
–, »Rights in Transition: Making Legal Recognition for Transgender People a Global Priority«, 2011; online verfügbar unter: {http://www.admin.hrw.org/world-report/2016/rights-in-transition}.
–, *License to Harm: Violence and Harassment Against LGBT People and Activists in Russia*. 15. Dezember 2014. USA.
–, »›These Political Games Ruin Our Lives‹: Indonesia's LGBT Community Under Threat«, 10. August 2016; online verfügbar unter: {https://www.hrw.org/report/2016/08/10/these-political-games-ruin-our-lives/indonesias-lgbt-community-under-threat}.
–, »›I Have to Leave to Be Me‹: Discriminatory Laws Against LGBT People in the Eastern Caribbean«, 21. März 2018; online verfügbar unter: {https://www.hrw.org/report/2018/03/21/i-have-leave-be-me/discriminatory-laws-against-lgbt-people-eastern-caribbean}.
–, »Audacity in Adversity: LGBT Activism in the Middle East and North Africa«, 16. April 2018; online verfügbar unter: {https://www.hrw.org/report/2018/04/16/audacity-adversity/lgbt-activism-middle-east-and-north-africa}.

Jernow, Allison Liu, *Sexual Orientation, Gender Identity and Justice: A Comparative Law Casebook*, Genf: International Commission of Jurists, 2011.
John, Elnathan, »The Keeper of Secrets«, in: Ellah Wakatama Allfrey (Hg.), *Safe House: Explorations in Creative Nonfiction*, Toronto: Dundurn 2016.
Joyce, Helen, »The New Patriarchy: How Trans Radicalism Hurts Women, Children – and Trans People Themselves«, in: *Quillette*, 4. Dezember 2018; online verfügbar unter: {https://quillette.com/2018/12/04/the-new-patriarchy-how-trans-radicalism-hurts-women-children-and-trans-people-themselves/}.

Kaoma, Kapya, *Globalizing the Culture Wars: U. S. Conservatives, African Churches, & Homophobia*, Somerville: Political Research Associates 2009; online verfügbar unter: {http://www.publiceye.org/publica tions/globalizing-the-culture-wars/pdf/africa-full-report.pdf}.
Kaoma, Kapya, *Colonizing African Values: How the US Christian Right Is Transforming Sexual Politics in Africa*, Somerville: Political Research Associates; online verfügbar unter: {https://www.sxpolitics.org/wp-content/uploads/2012/08/colonizingafricanvaluespra.pdf}.
Katyal, Akhil, *The Doubleness of Sexuality: Idioms of Same-Sex Desire in Modern India*, New Delhi: New Text 2016.
khanna, akshay, *Sexualness*, New Delhi: New Text 2014.
Kollman, Kelly, »Same-Sex Unions: The Globalization of an Idea«, in: *International Studies Quarterly* 51/2 (2007), S. 329-357.
Kuhar, Roman und David Paternotte. *Anti-gender Campaigns in Europe: Mobilizing Against Equality*, London und New York: Rowman & Littlefield 2017.

Levintova, Hannah, »How US Evangelicals Helped Create Russia's Anti-gay Movement«, in: *Mother Jones*, 21. Februar 2014; online verfügbar unter: {https://www.motherjones.com/politics/2014/02/world-congress-families-russia-gay-rights/}.
Long, Scott, »Anatomy of a Backlash: Sexuality and the ›Cultural‹ War on Human Rights«, New York: Human Rights Watch, 2005; online verfügbar unter: {https://www.hrw.org/legacy/wr2k5/anatomy/anatomy.pdf}.
–, »Unbearable Witness: How Western Activists (Mis)recognize Sexuality in Iran«, in: *Contemporary Politics* 15/1 (2009), S. 119-136.

Martel, Frederic, *Global Gay: Comment la revolution gay change le monde*, Paris: Flammarion 2013.
Massad, Joseph, »Re-orienting Desire: The Gay International and the Arab World«, in: *Public Culture* 14/2 (Frühjahr 2002), S. 361-385.
–, *Desiring Arabs*, Chicago: University of Chicago Press 2007.
McBee, Thomas Page, *Man Alive: A True Story of Violence, Forgiveness and Becoming a Man*, San Francisco: City Lights 2014.
–, »Self-Made Man #1-#32«, Kolumne, in: *The Rumpus*, 2012-2015.
Meadow, Tey, *Trans Kids: Being Gendered in the Twenty-First Century*, Berkeley: University of California Press 2018.

Mock, Janet, *Redefining Realness: My Path to Womanhood, Identity, Love & So Much More*, New York: Atria Books 2014.

Morris, Jan, *Conundrum: Bericht von meiner Geschlechtsumwandlung*, München: Piper 1975.

Narrain, Arvind, und Ghautam Bhan, *Because I Have a Voice: Queer Politics in India*, New Delhi: Yoda Press 2005.

Narrain, Arvind, und Alok Gupta, *Law Like Love: Queer Perspectives on Law*, New Delhi: Yoda Press 2011.

Nealy, Elijah C., *Trans Children and Youth: Cultivating Pride and Joy with Families in Transition*, New York: W.W. Norton 2017.

Nelson, Maggie, *Die Argonauten*, Berlin: Hanser Berlin 2017.

Nkabinde, Nkunzi Zandile, *Black Bull, Ancestors and Me: My Life as a Lesbian Sangoma*, Johannesburg: Jacana Media 2009.

Norton, Rictor, »The Gay Subculture in Early Eighteenth-Century London«, 12. Juli 2013; online verfügbar unter: {http://rictornorton.co.uk/eighteen/molly2.htm}.

Parker, Richard, *Beneath the Equator: Cultures of Desire, Male Homosexuality and Emerging Gay Communities in Brazil*, New York: Routledge 1999.

Paternotte, David, »Blessing the Crowds: Catholic Mobilizations Against Gender in Europe«, in: Sabine Hark und Paula-Irene Villa (Hg.), *Anti-Genderismus: Sexualität und Geschlecht als Schauplätze aktueller politischer Auseinandersetzungen*, Bielefeld: Transcript 2015, S. 129-148.

–, »Global Times, Global Debates? Same Sex Marriage Worldwide«, in: *Social Politics: International Studies in Gender, State & Society* 22/4 (Winter 2015), S. 653-674.

–, und Manon Tremblay (Hg.), *The Ashgate Research Companion to Lesbian and Gay Activism*, London: Routledge 2015.

Pepper, Rachel, (Hg.), *Transitions of the Heart: Stories of Love, Struggle and Acceptance by Mothers of Transgender and Gender Variant Children*, Jersey City: Cleis Press 2012.

Plemons, Eric, *The Look of a Woman: Facial Feminization Surgery and the Aims of Trans-Medicine*, Durham: Duke University Press 2017.

Preciado, Paul B., Testo Junkie. Sex, Drogen und Biopolitik in der Ära der Pharmapornographie, Berlin: b_books 2013.

Prosser, Jay, *Second Skins: The Body Narratives of Transsexuality*, New York: Columbia University Press 1998.
Puar, Jasbir K., »Global Circuits: Transnational Sexualities in Trinidad«, in: *Signs* 26/4 (Sommer 2001), S. 1039-1065.
–, *Terrorist Assemblages: Homonationalism in Queer Times*, Durham und London: Duke University Press 2007.

Rao, Rahul, »Queer Questions«, in: *International Feminist Journal of Politics* 16/2 (2014), S. 199-217.
–, »Global Homocapitalism«, in: *Radical Philosophy* 194/1 (November/Dezember 2015), S. 38-49.
–, »Re-membering Mwanga: Same-Sex Intimacy, Memory, and Belonging in Post-colonial Uganda«, in: *Journal of Eastern African Studies* 9/1 (2015), S. 1-19.
Reddy, Gayatri, *With Respect to Sex: Negotiating Hijra Identity in South India*, Chicago und London: University of Chicago Press 2005.
Reid, Graeme, *How to Be a Real Gay: Gay Identities in Small-town South Africa*, Scottsville: Unisa Press 2013.
Revathi, A., *The Truth About Me: A Hijra Life Story*, New Delhi: Penguin 2010.
Rose, Jacqueline, »Who Do You Think You Are?«, in: *London Review of Books*, 5. Mai 2016.
Rubin, Gayle S., »Thinking Sex: Notes for a Radical Theory of the Politics of Sexuality«, in: Henry Abelove, Michele Aina Barale und David M. Halperi (Hg.), *The Lesbian and Gay Studies Reader*, New York und London: Routledge 1993, S. 143-178.
Rubin, Henry, *Self-Made Men: Identity and Embodiment Among Transsexual Men*, Nashville: Vanderbilt University Press 2003.

Sadgrove, Joanna, Robert M. Vanderbeck, Johan Andersson, Gill Valentine und Kevin Ward, »Morality Plays and Money Matters: Towards a Situated Understanding of the Politics of Homosexuality in Uganda«, in: *Journal of Modern African Studies* 50/1 (2012), S. 103-129.
Saketopoulou, Avgi, »Minding the Gap: Race and Class in Clinical Work with Gender Variant Children«, in: *Psychoanalytic Dialogues* 21/2 (2011), S. 1233-1243.
Sánchez García, Arturo, »The Happy Judicialization of Sexual Rights: Abortion and Same-Sex Marriage in Mexico«, PhD-Dissertation, Kent

Law School, Canterbury, Oktober 2014; online verfügbar unter: {https://kar.kent.ac.uk/48613/1/152arturoSG%20HAPPY%20JUDICIALIZATION.pdf}.
Sandfort, Theo, Fabiene Simenel, Kevin Mwachiro und Vasu Reddy, *Boldly Queer: African Perspectives on Same-Sex Sexuality and Gender Diversity*, Den Haag: Hivos 2015.
Schulman, Sarah, *Israel/Palestine and the Queer International*, Durham: Duke University Press 2012.
Sedgwick, Eve Kosofsky, »Epistemologie des Verstecks«, in: Andreas Kraß (Hg.), *Queer denken. Gegen die Ordnung der Sexualität*, Frankfurt am Main: Suhrkamp 2003, S. 113-143.
Serano, Julia, *Excluded: Making Feminist and Queer Movements More Inclusive*, New York: Seal Press 2013.
Serrano-Amaya, José Fernando, »La tormenta perfecta: Ideología de género y articulación de públicos«, in: *Revista Latinoamericana Sexualidad Salud y Sociedad* 27 (2017), S. 149-171.
Sharlet, Jeff, »Straight Man's Burden: The American Roots of Uganda's Anti-gay Persecutions«, in: *Harper's Magazine*, September 2010, S. 36-48.
Snyder, Timothy, *Der Weg in die Unfreiheit*, München: C. H. Beck 2018.
Solomon, Alisa, »Viva la Diva Citizenship: Post-Zionism and Gay Rights«, in: Daniel Boyarin, Daniel Itzkovits und Ann Pellegrini (Hg.), *Queer Theory and the Jewish Question*, New York: Columbia University Press 2003, S. 149-165.
Solomon, Andrew, *Far from the Tree: Parents, Children and the Search for Identity*, New York: Scribner 2012.
Stryker, Susan, *Transgender History: The Roots of Today's Revolution*, 2. Aufl., New York: Seal Press 2017.
–, und Aren Aizura (Hg.), *The Transgender Studies Reader*, Bd. 2, New York: Routledge 2013.
–, und Stephen Whittle, *The Transgender Studies Reader*, New York: Taylor & Francis 2006.
Stychin, Carl F., »Same-Sex Sexualities and the Globalization of Human Rights Discourse«, in: *McGill Law Journal* 49 (2004), S. 951-968.

Tamale, Sylvia (Hg.), *African Sexualities: A Reader*, Kapstadt, Dakar, Nairobi und Oxford: Pambazuka Press 2011.
Thoreson, Ryan Richard, *Transnational LGBT Activism: Working for Sex-*

ual Rights Worldwide, Minneapolis und London: University of Minnesota Press 2014.
–, »Troubling the Waters of ›a Wave of Homophobia‹: Political Economies of Anti-queer Animus in Sub-Saharan Africa«, in: *Sexualities* 17/1-2 (2014), S. 23-42.
Travers, Ann, *The Trans Generation: How Trans Kids (and Their Parents) Are Creating a Gender Revolution*, New York: New York University Press 2018.

Valentine, David, *Imagining Transgender: An Ethnography of a Category*, Durham und London: Duke University Press 2007.
Van Klinken, Adriaan, und Ezra Chitando, *Public Religion and the Politics of Homosexuality in Africa*, London und New York: Taylor & Francis 2016.
Vanita, Ruth, und Saleem Kidwai, *Same-Sex Love in India: Readings from Literature and History*, London: Palgrave Macmillan 2000.

Weber, Cynthia, *Queer International Relations: Sovereignty, Sexuality and the Will to Knowledge*, Oxford: Oxford University Press 2016.
Weiss, Meredith L., und Michael J. Bosia, *Global Homophobia: States, Movements, and the Politics of Oppression*, Urbana: University of Illinois Press 2013.
Whitaker, Brian, *Unspeakable Love: Gay and Lesbian Life in the Middle East*, London: Saqi Books 2008.
Wintemute, Robert, »From ›Sex Rights‹ to ›Love Rights‹: Partnership Rights as Human Rights«, in: Nicholas Bamforth (Hg.), *Sex Rights*, Oxford: Oxford University Press 2005, S. 186-224.

FILME

Blecher, Sara (Regie), *Two Men and a Wedding*, Real Eyes Films 2011.
Bocahut, Laurent, und Phillip Brooks (Regie), *Woubi Cheri*, Dominant 7 Films 1998.
Chiang, S. Leo, und Johnny Symons (Regie), *OutRun: Make Politics Fierce*, New Day Films 2016.
Dubowski, Sandi (Regie), *Trembling Before G-d*, Cinephil 2001.
France, David (Regie), *How to Survive a Plague*, IFC Films 2012.

Herrera Borquez, Cristina (Regie), *No Dress Code Required (Etiqueta no rigurosa)*, La Cleta Films 2017.

Hubbard, Jim (Regie), *United in Anger: A History of ACT UP*, Mix 2012.

Livingston, Jennie (Regie), *Paris Is Burning*, Art Matters In 1990, verfügbar bei Netflix.

Schiller, Greta, und Andrea Weiss (Regie), *Before Stonewall: The Making of a Gay and Lesbian Community*, Jezebel Films 1984.

Sharma, Parvez, und Sandi Dubowski (Regie), *A Jihad for Love*, Halal Films 2008.

Steele, Ben (Regie), *Hunted: The War Against Gays in Russia*, Blakeway Productions 2014.

Treut, Monika (Regie), *Gendernauts: A Journey Through Shifting Identities*, Hyena Films 1999.

White, Johnny (Regie), *Young and Gay in Putin's Russia*, Vice Media 2014.

Williams, Roger Ross (Regie), *God Loves Uganda*, Full Credit Productions 2013.

Witzenfeld, Jake (Regie), *Oriented*, Conch Studios 2015, verfügbar bei Netflix.

Wright, Katherine Fairfax, und Malaka Zouhali-Worrall (Regie), *Call Me Kuchu*, ITVS/POV films 2012.